财经应用统计学

Applied Statistics in Finance and Economics

主编 ◎ 魏石勇　林立伟　郑家兴

首都经济贸易大学出版社
Capital University of Economics and Business Press
·北 京·

图书在版编目(CIP)数据

财经应用统计学 / 魏石勇, 林立伟, 郑家兴主编 . -- 北京 : 首都经济贸易大学出版社, 2022. 9

ISBN 978-7-5638-2865-4

Ⅰ. ①应… Ⅱ. ①魏… ②林… ③郑… Ⅲ. ①统计学-教材 Ⅳ. ①C8

中国版本图书馆 CIP 数据核字(2022)第 049492 号

财经应用统计学

魏石勇　林立伟　郑家兴　主编

责任编辑　薛晓红　王玉荣

封面设计　砚祥志远 · 激光照排 TEL: 010-65976003

出版发行　首都经济贸易大学出版社

地　　址　北京市朝阳区红庙（邮编 100026）

电　　话　(010)65976483　65065761　65071505(传真)

网　　址　http://www. sjmcb. com

E - mail　publish@cueb. edu. cn

经　　销　全国新华书店

照　　排　北京砚祥志远激光照排技术有限公司

印　　刷　唐山玺诚印务有限公司

成品尺寸　185 毫米×260 毫米　1/16

字　　数　736 千字

印　　张　30. 25

版　　次　2022 年 9 月第 1 版　2022 年 9 月第 1 次印刷

书　　号　ISBN 978-7-5638-2865-4

定　　价　59. 00 元

序　言

进行社会科学的研究离不开统计学的应用,否则就会陷入煮饭没有锅、出门没有车的窘境。统计学已经是社会科学研究非常重要的工具,不会统计学就等于不会做实证分析。统计学已经成为所有社会科学的基础课程。

顾名思义,应用统计学就是统计学的应用。统计学在社会科学中的应用是非常广泛的。仅在经管领域的应用就非常多,而经管领域在统计学上的应用重点有所不同。大部分的领域会比较注重横截面的分析,但财务、经济、金融和会计会更加重视时间序列的分析,进而发展到面板数据分析。然而市面上的应用统计学几乎对时间序列分析和面板数据分析没有做详细介绍,那等于少了“应用”的层次,所以本书以“财经”应用统计学为出发点,针对统计学在财经领域的应用进行分析和讲解。

统计学之所以会令很多学生恐惧,最重要的是它承继了“计算”的工具,一堆的计算过程、一堆的公式令人感到惶恐,所幸的是目前计算机技术很发达,发展出很多种统计软件,如 EViews、SPSS、Stata、SAS、Python、MATLAB、S、R、Mathematica 等,解决了这一困扰。然而统计软件琳琅满目,哪一种才是最好的呢? 软件没有什么优劣之分,笔者认为可以帮你解决问题的就是好的统计软件。一般来说,视窗(窗口)式软件就简单易懂,而程序编辑对于财经专业的学生就比较困难。当然它们还有优缺点:程序编辑几乎可以完成你想要的复杂的统计分析;而视窗式软件只能完成内定设计的分析,但随着版本的更新,视窗式的统计软件大部分已经能解决所有的统计分析。所以本书主要使用视窗式统计软件进行讲解。

目前市面上最流行的视窗式统计软件以 EViews、SPSS 两款为主(Stata 也有视窗式选择,但它主要是以程序编辑为主)。SPSS 比较受经管学院的学生喜爱,主要原因是它有中文版,学生学习比较容易,但 SPSS 对于笔者来说少了一个财经专业最重要的东西——面板数据分析以及相关的检验模式,所以笔者比较推崇 EViews 的软件,事实上 EViews 软件本来就是针对财经领域的分析而开发的。

在进行社会科学研究时,数据是相当重要的材料,所以数据整理的能力是非常重要的,对此笔者比较推崇 Excel。Excel 在绘图、制表以及数据整理的功能上非常适用,最重要的,它是目前最平民化的软件。所以本书的财经统计分析使用 EViews 并搭配 Excel。

市面上的应用统计学通常只会介绍到回归分析,而实际上“应用”的介绍几乎没有,基于这种状况,本书的特色是将应用统计学区分为 3 篇,分别为基础篇、理论篇和应用篇,其中应用篇着重讲解各种模型的建立。本书每章的后面都有实证演练的练习,如数据搜集、图表绘制、Excel 绘制分布图、各类概率表的制作,现货、期货和期权的多重比较,市场指标的检验、异常资本资产定价模型、专属性资产与公司绩效、波动不对称与市场机能轮动、研发和营销的调节效果、公司治理、企业能力与三大费用和研发强度递延效果等。

统计学上还有一些复杂烦琐的内容——动差与动差母函数、e 自然底数、正态分布概率等于 1 的证明、二元随机变量、二元正态分布、抽样分布概率密度函数 Excel 的绘制、EViews 回归分析结果说明、多元回归最小平方法的推导、GARCH 家族的模型、残差检验、双因子方差分析(随机区集设计)、因子实验,本书将在附录中进行介绍。

本书的顺利出版离不开合作者的集思广益,在此特别感谢福建江夏学院副教授林立伟(主笔基础篇)和玉林师范学院教授郑家兴(主笔理论篇)的协助,同时要感谢浙江财经大学陈树珍、浙江财经大学东方学院王蕊和郑楚倚等同学通读、校稿,更感谢首都经济贸易大学出版社的大力支持。

最重要的是,希望本书的出版能有利于广大财经专业学生在统计学上的学习与使用。由于经验所限,书中难免有不足之处,敬请各位读者和同行批评指正。

韶关学院数学与统计学院教授
魏石勇
2021 年 10 月 23 日

目　录

第一篇　基础篇

第二篇 理论篇

第三篇　应用篇

第一篇　基础篇

1 数据与统计

本章摘要

统计学是一门充满艺术与科学的学科，它通过搜集、分析、呈现及解释数据来实现，应用统计学更是目前商学院、管理学院必修的重点科目。本章着重介绍了经济、会计、财务、金融等财经学科如何应用统计学工具解决实际问题。统计学的搜集、整理、分析和决策的过程都脱离不了变量的使用，所以认识变量的尺度是本章的介绍重点。变量尺度可以区分为名目、定序、定距和定比 4 个尺度，而变量又必须区别“定性”和“定量”进行分析。当然，统计分析最重要的就是要通过分析产生最佳决策，因此描述统计和推论统计是统计学最大的支柱，支撑这两个支柱的就是分析过程，这直接关系到分析的方法。而分析的方法则有描述分析、预测分析以及规范分析。同时，统计学也有必须要遵守的统计伦理。

1.1 统计在财经上的应用

“统计”一词有合计或汇总计算的意思，而英语中的“统计”(statistics)一词来源于拉丁语 status，是指各种现象的状态或状况。现今，“统计”一词有三种含义，分别是统计资料、统计工作和统计科学。

(1)统计资料是反映大量现象的状态和规律性的数字资料及有关文字说明。

(2)统计工作是关于搜集、整理、分析统计资料并进行推论以探求事物本质和规律性的活动。

(3)统计科学是研究如何搜集、整理和分析大量现象的数量资料并推论其本质和规律性的理论和方法，如社会经济统计学、数理统计学。

统计最早在夏禹时代(公元前 22 世纪)就开始进行，将中国划为九州岛，有人口约 1 352 万，土地约 2 438 万公顷。西方世界在 17 世纪以后，随着统计实践的发展，客观上要求总结丰富的实践经验，使之上升为理论，并进一步指导实践，当时也出现了某些统计理论的著作。由于历史条件、研究领域的不同，西方统计学产生了不同的学派，分别为政治算术学派、国势学派、数理统计学派以及社会统计学派。20 世纪以来，随着科学技术迅猛发展，人类社会发生了巨大变化，统计学进入了快速发展时期，主要有以下几个方面：

(1)与更多学科融合发展，如人口统计、生命统计、社会统计和经济统计。

(2)结合信息论、控制论、系统论，使统计科学进一步得到发展和日趋完善。

(3)从描述统计发展到推论统计。

(4)统计预测和决策科学广泛应用。

(5)结合计算机的应用进行大数据的研究。

所以,统计工作指的是统计实践或统计活动,是在一定的统计理论指导下,采用科学的方法进行搜集、整理、分析统计资料的一系列活动和过程。

一般统计工作包括统计设计、统计调查、统计整理和统计分析四个环节。

(1)统计设计。统计设计是指根据所要研究的问题,在有关学科理论的指导下,确定统计指标、指标体系和统计分类,给出统一的定义、标准,同时提出收集、整理和分析数据的方案和工作进度等。

(2)统计调查。统计调查阶段主要涉及统计报表制度的建立和重点调查、典型调查、普查、抽样调查等方法。

(3)统计整理。统计整理阶段,涉及统计分布、统计分组、分配数列、统计图表的制作技术等。

(4)统计分析。统计分析阶段,所用方法多种多样,主要有综合指标法、动态数列法、指数法、抽样法、相关分析法等。

统计学发展到今日,在全球商业和经济环境中,任何人皆可取得大量统计数据,有了这种条件,最成功的管理者及决策者一定会有效运用这些信息。市面上应用统计学的书相当多,针对财经应用的教材却非常少,本书从财经领域应用的角度对统计学进行介绍。以下为财经领域统计应用实例。

1.1.1 经济学(economics)的应用

经济学家通常要预测未来的经济状况或相关发展趋势,他们运用大量统计信息进行此类预测。例如,使用生产者物价指数、失业率和产能利用率等统计指标来预估通货膨胀率,通过将这些统计指标输入通货膨胀率计算机预测模型,以得到预测值。

1.1.2 会计审计(accountants and auditors)的应用

会计师事务所为客户稽核账目时,会利用统计抽样程序。例如,某家会计师事务所想确定客户资产负债表上的应收账款总数是否与实际相符,但应收账款数量庞大,逐笔验证势必耗时费力且昂贵,所以实务中应对此种情况的做法是:选一部分账目,即样本,在检阅样本账目的正确性后,审计员便可决定是否接受资产负债表的应收账款总数。

1.1.3 财务管理(financial management)的应用

财务管理是一门新兴的管理学科,它结合经济、会计和统计而成,也就是通过企业的内部信息,结合经济的外部信息,让企业或关系人通过评估获得最大的利益。简言之,财务管理的三大要素是收益(return)、风险(risk)和时间(time),换句话说,进行财务管理时都会评估这三种因素。如何在既定的时间下评估风险,以获得的最大收益,可利用应用统计学解决这一问题。而财务管理衍生的五大领域,更是把统计学应用得淋漓尽致(五大领域应用的内容后面会再分别说明)。

1.1.4 公司治理(corporate governance)的应用

经过调查,我国上市公司股权结构中不同程度地存在着一股独大、监事会未能有效发挥职能等问题。24%的被调查公司认为本公司股权高度集中,控股股东占统治地位;30%的被调查公司认为本公司监事会未发挥应有的作用,监事的能力和背景有待提升和优化。对于如何提升公司治理水平,84%的被调查上市公司认为完善内部控制是一个有效的手段,64%的公司认为建设全面风险管理体系能够切实提升公司治理水平,但只有16%的被调查公司在董事会下成立了风险管理委员会。由于企业自身的局限性,67%的被调查公司认为自身的公司治理水平提高需要外部机构的辅助推进和建议。

通过统计获得数据,目的是让关系人获知正确的信息,然后进行决策。取得信息的过程可以是普查也可以是抽查,取得信息后进行统计分析。统计分析过程是一个科学的过程,所以会有其理论依据,而非凭空想象的猜测,通过科学理论分析,让关系人做出正确决策。

1.1.5 投资理财(investment and financing)的应用

金融分析师运用多种统计信息,以其作为投资建议的依据。以股票为例,金融分析师分析包括本益比及现金净利率在内的各种财务资料。通过比较个别股票和整体股票市场平均值的信息,分析师就能决定此股票是否为好的投资目标。

1.1.6 金融市场(financial market)的应用

贷方市场可以通过统计分析来了解借方的信用状况,而借方市场可以通过统计分析来了解利率的变化趋势或是寻求各金融机构的借贷条件。

1.1.7 不动产投资(real estate investment)的应用

不动产投资与一般投资最大的不同在于投资金额大、投资期限长,所以它面对的风险非常高。如何衡量或评估风险,并反映在其投资策略上,以期获得更大的收益或规避损失,统计学提供了非常好的研究手段。

1.1.8 保险(insurance)的应用

保险在法律和经济上的意义,主要用于转嫁经济损失的风险。保险通过缴纳一定的费用,将一个实体潜在损失的风险向一个实体集合平均转嫁,所以保险是风险的管理。如何"合理"地转嫁风险,需要利用统计精算来设计,通过确定最合适的保费,使得在保证保险公司最大利益的前提下,保户还有投保的意愿。

1.1.9 国际财务管理(international financial management)的应用

财务管理的三大活动为融资、投资和经营,国际财务管理也就是跨国进行这三大活动,因此,它与财务管理最大的不同在于对贸易对象的汇率和对经济环境(政策、法律、风俗)的评估,其风险更大于普通财务管理,例如对汇率的预测和风险的评估,应用统计学是最佳的科学方法。

在目前的大数据时代,金融科技(fintech)已成为一门显学。金融科技的发展脱离不了统计学的应用,应用统计学日后将会成为一门"常识"科学。

1.2 统计资料

统计资料是统计工作的成果，是统计理论与方法所处理的对象。统计资料又称统计信息或数量信息，通常是指社会现象或自然现象的某一研究总体在特定的时间、空间条件下，依据总体内个体的特征(属性和数量)而获得的数据资料。故统计资料具有时间、空间和特征数据三个要素，缺一不可。统计资料可以根据计量方法、资料取得方式、数据的时间性和涵盖的范围的不同加以分类。

(1)按计量方法划分，可分为定性资料和定量资料。

不用测量工具而用计点个数的方法而收集到的资料，称为定性资料。由于需先对事物按一定属性进行分类，然后再计点个数，故定性资料又称属性资料或者离散资料。

用一定测量工具(度量衡、货币尺度、工时等)经测量而获得的数据称为定量资料，如长度、重量、时间、价值量等。

(2)按资料取得方式划分，可分为原始资料和次级资料。

调查者直接由资料来源处取得的尚待加工整理的统计资料，称为原始资料。

已经加工整理，由个体过渡到了总体的，能在一定程度上说明总体现象数量特征的现成资料，称为次级资料(间接资料、第二手资料)。此类资料通常取自政府机构、各种年鉴、各类公开资料。

(3)按时间属性划分，可分为静态资料和动态资料。

表示现象在特定时间、空间相对静止状态的资料，称为静态资料或横截面资料，如某年城镇居民生活费支出的分类别的资料，某商场某月各柜组的购、销、存数据等。

表示现象在特定时期内演变过程的资料，称为动态资料或时序资料，它是静态资料依时间顺序排列而成的、长期登记的结果。如某市历年城镇居民生活费收支资料，某商场历年购、销、存统计数据等。

(4)按涵盖范围划分，可分为全面资料和抽样资料。

全面资料是对研究总体内的所有个体进行调查而获得的资料，如普查资料、统计报表资料。

抽样资料是对研究总体内部的个体进行抽查而获得的资料，如工业产品质量抽样检验资料，农产品产量抽样调查资料等。

统计数据的呈现一般有标志和指标。标志是说明个体特征的名称，指标是说明总体数量特征的概念及其数值。可变的数量标志和所有的统计指标称为变量(variables)，变量的具体数值称为变量值。

1.3 变量及其种类

任何研究都是为了探索或证实自然现象中各个因素间的相互关系或因果关系，所以，在实验设计及操控进行的过程中,必须仔细安排这些因素,以探索或测试它们之间的相互关系。这些安排包括排除不必要的因素与操控某个特定因素等。这些因素称为“变量”,这是因为在研究过程中,这些因素会因条件的不同而改变。

变量通过数据(data) 来呈现;数据则是经由搜集、分析及汇总所得到,用以说明或解释之用的事实与数值。为特定研究目的所搜集的所有数据称为数据集(data set)。所以,变量是所搜集的数据的一种特性。

变量可以定义为某一自然现象实际的特质,这个特质有时可以用两个或两个以上的数值来量化。而且,变量的另一个重要特性是它们的存在本质上可分为连续(continuous)和离散(discrete)两类,这个特性对测量程序、数据分析、推论及概括的方法有很大的影响。测量尺度(scale of measure)或称度量水平(level of measurement)、度量类别,是统计和定量研究中,对不同种类的数据依据其尺度水平所划分的类别。以类型区分,数据可分为定性(qualitative)与定量(quantitative)两种。

品质标志表明总体单位属性方面的特征,只能用文字来表现。数量标志表明总体单位数量方面的特征,可以用数值表示,即标志值。

统计指标是反映社会经济现象总体综合数量特征的科学概念或范畴。统计指标反映现象总体的数量特征。一个完整的统计指标应该由总体范围、时间、地点、指标数值和数值单位等内容构成。统计指标和统计标志是一对既有明显区别又有密切联系的概念。

指标是说明总体特征的,标志是说明总体单位特征的;指标具有可量性,无论是数量指标还是质量指标,都能用数值表示,而标志不一定。数量标志具有可量性,品质标志不具有可量性。

进一步细分,则资料有四种类型,分别为名目(又称定类,nominal)、次序(又称定序,ordinal)、等距(定距,interval)、等比(定比,ratio)。

变量数据类型见图 1-1。

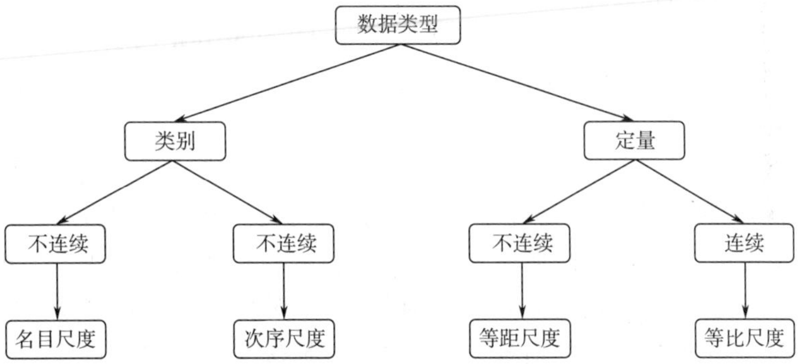

图 1-1 变量数据类型

名目尺度一般是以标记或名称来表示相同类的区别,像性别、产业别、公司别,当然名目尺度也可以通过数值来代替,只是那些数值是没有任何数字意义的。

若名目尺度的数据是有顺序的,那么此变量成为次序尺度。例如,惠誉国际信用评级的衡量尺度就属于次序尺度,从 AAA 到 D 共 11 级的评级标记。全球三大国际信用评级公司的评级尺度如表 1-1 所示。

表 1-1 全球三大评级机构信用等级标准的划分

标准普尔	穆迪	惠誉国际	标准普尔	穆迪	惠誉国际
AAA	Aaa	AAA	CCC	Ccc	CCC
AA	Aa	AA	CC	Cc	CC
A	a	A	C	C	C
BBB	Bbb	BBB	D		RD
BB	Bb	BB			D
B	B	B			

一般次序尺度都会用数值符号来表示,举例来说,大学排名也是次序尺度的一种。名目尺度、次序尺度都属于类别数据(categorical data)。类别数据又称定类数据。

如果变量具备名目尺度的特性,而且观察值之间的间隔有固定的衡量单位,那变量的尺度就变成等距尺度,如温度。

如果等距尺度的观察值之间的比例是有意义的,那就变成等比尺度,像会计科目里面的所有数据、经济数据都属于等比尺度。等距尺度和等比尺度是定量数据(quantitative data),定量数据根据数据是否可数,分为离散的和连续的。

定量数据是以精确的数字形式出现的,所以,在很大程度上具备因果性和演绎性,也就是在数字运算后结果还是有意义的,所以,定量数据可以通过统计数值和图表来进行分析。

而定性数据的概念以主题、宗旨、概括和类型的形式出现,不一定是因果性的,通常是以归纳的方式存在,分析的过程是通过从例证中抽取出主题或概要,并组织资料来展现一个紧凑的、一致的图画,当然,若定性资料以类型方式存在,还是可以通过数据来处理的(虚拟变量,将于本书第 11 章进行介绍)。

整体来说,尺度是可以降级的,也就是等比尺度可以变成等距尺度,甚至变成次序尺度,像上面信用评级公司国家主权和企业信用等级评级结果,都是用等比尺度计算后,再利用次序尺度呈现出来的。

统计分析研究可以划分为分类数据分析和计量分析(这都已经构成了不同的学科),而财经领域的研究大部分都属于计量分析。一般希望计量分析的数据是连续型的数据,不过财经数据往往呈现不连续的状况,所以,在研究过程中,数据的转换变成一个相当不错的研究工具,最常用的转换方法是将变量取自然对数,基于对数函数在其定义域内是单调增函数,取自然对数后不会改变数据的相对关系。取自然对数的作用主要有:

(1)缩小数据的绝对数值,方便计算。如果每个数据项的值都很大,许多这样的值进行计算,可能会超过常用数据类型的取值范围,这时取对数,就把数值缩小了。

(2)取对数后,可以将乘法计算转换为加法计算。某些情况下,在数据的整个值域中,不同区间的差异带来的影响不同。也就是说,数值小的部分的差异的敏感程度比数值大的部分的差异敏感程度更高,这也是符合生活常识的。例如,当购买家电时,价格相差几百块能够很大程度上影响消费者决策,但如果是购买汽车,价格相差几百块钱对消费者的影响通常会忽略不计。

(3)在经济学中,常先取自然对数再做回归,所得到的系数解正好是弹性的定义。

$$\ln y = \alpha + \beta \ln x \xrightarrow{\text{对 } x \text{ 微分}} \frac{1}{y} \cdot \frac{\mathrm{d}y}{\mathrm{d}x} = \beta \cdot \frac{1}{x} \to \beta = \frac{x}{y} \cdot \frac{\mathrm{d}y}{\mathrm{d}x} = \frac{\mathrm{d}y/y}{\mathrm{d}x/x}$$

此外,取对数之后不会改变数据的性质和相关关系,但因压缩了变量的间隔,数据会更加平稳,也削弱了模型的共线性、异方差性等(这些属性会在本书后面的章节一一介绍)。

1.4 财经数据的来源

数据的来源可以是既有的数据,也可以通过观察研究或实验等方式取得,一般来说,财经数据几乎都是通过既有数据得到的,而营销、行为研究的数据一般通过观察(市场调查)得到,医疗数据则通过实验而得,本书是针对财经领域的,所以只介绍既有数据的取得。

财务研究的对象主要是企业,而企业都会有相关的报表定期(月报、季报、半年报和年报)或不定期公示(特别是上市公司,是一定要公示的),这些数据可以通过企业网站或是证券交易所取得。例如,五粮液集团公司(公司代码 000858)的年报公告网页如图 1-2 所示。

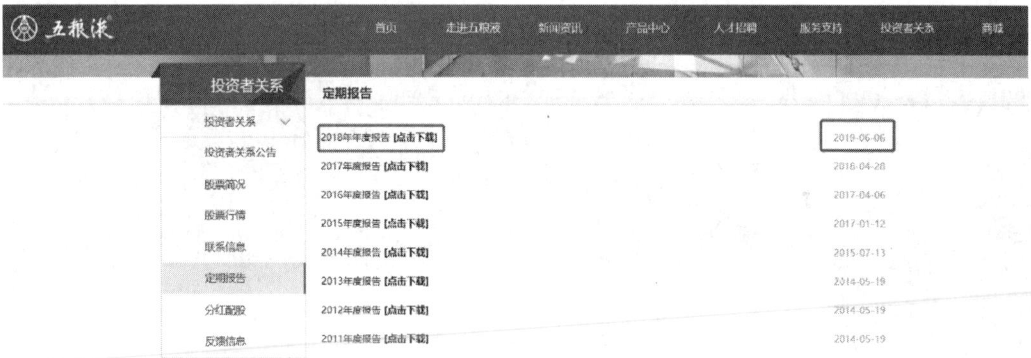

图 1-2 五粮液集团公司年报公告网页

数据来源:https://www.wuliangye.com.cn/zh/main/main.html#/g=INVESTOR&id=55.

不过,上市公司的财报都必须在证券交易所公告,所以也可以从上海证券交易所或深圳证券交易所(未来还有北京证券交易所)取得,如图 1-3 及图 1-4 所示。

此外,各大证券公司为了服务消费者,大部分也会提供各家上市公司的信息,它们也是获得数据的途径,比如,东方财富网(如图 1-5 至图 1-7 所示)。图 1-5 所示网站菜单栏的“行情中心”“全球股市”……都可以获得各家公司相关数据以及经济方面的数据。

不过,通过上面方式取得的都是个别公司的数据,市面上也有许多数据库,直接可以取得大量的财务数据,例如国泰安(CSMAR 数据库,China Stock Market & Accounting Research Database),政府机关的数据库有国家统计局数据库、中国工业企业数据库、中国海关数据库等。

想利用数据与统计分析来帮助制定决策,必须清楚取得数据所需花费的时间和成本。

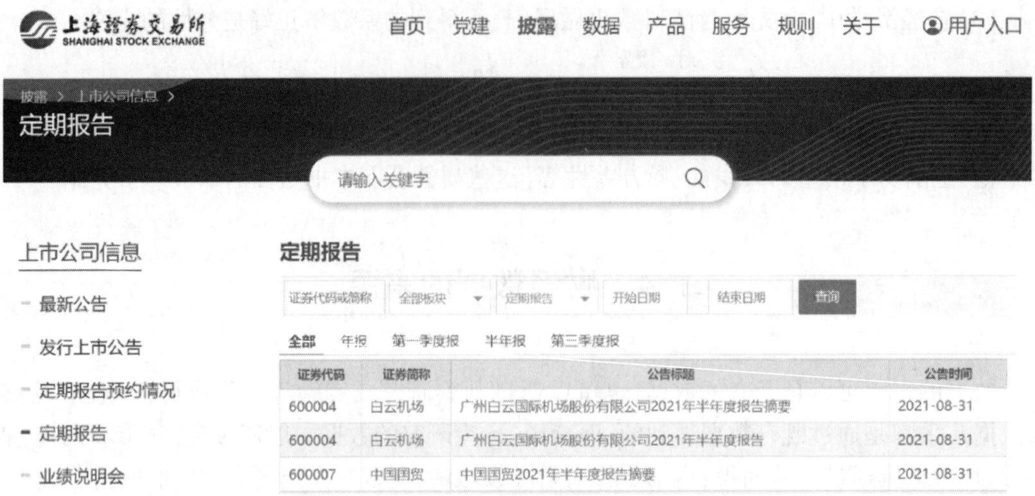

图 1-3　上海证券交易所各公司定期报告网页

数据来源：http://www.sse.com.cn/disclosure/listedinfo/regular/

图 1-4　深圳证券交易所各公司定期报告网页

数据来源：http://www.szse.cn/disclosure/listed/fixed/index.html

若时间紧则利用既有数据较可行。若重要数据无法得自既有来源就必须考虑获取数据额外所需的时间与成本（事实上目前所有数据库数据的取得都必须另外付费）。一般而言，决策者应该考虑统计分析对决策过程的贡献，取得数据与随之而来的统计分析所付出的成本不应超过协助决策时所创造的效益。

数据取得后，分析人员更应该随时注意统计研究中数据错误的可能性。使用错误数据比完全不使用这些数据来得更糟，若取得的数值与经过正确程序取得的真实数值不符合，就

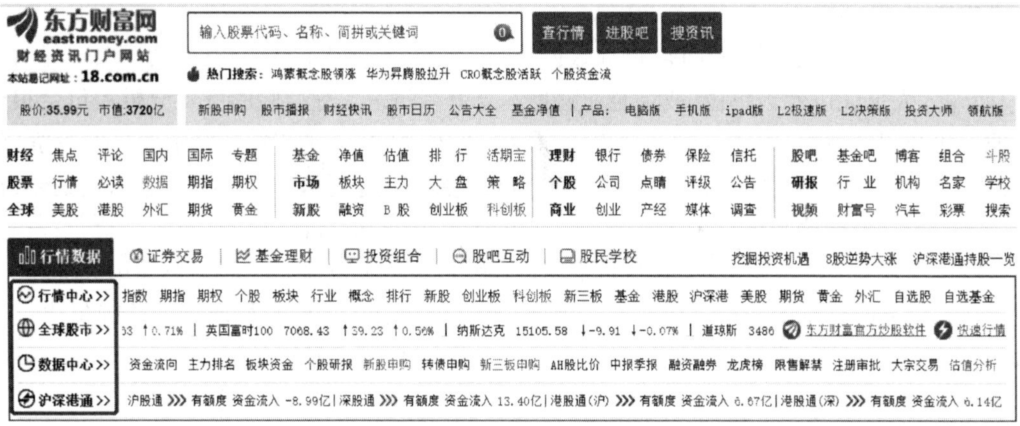

图 1-5　东方财富网

数据来源：https://www.eastmoney.com/

图 1-6　东方财富网中对泸州老窖股票情况的介绍

数据来源：http://data.eastmoney.com/stockdata/000568.html

图 1-7　东方财富网中泸州老窖公司的简介

数据来源：http://data.eastmoney.com/stockdata/000568.html

会产生错误。

此类错误的出现有几种可能，例如数据建立人员记录错误。比如，财报数据以千元为单位，而输入人员误以元当单位，或是企业财报本身就有问题。有经验的资料分析人员会很谨慎地搜集与记录数据，以防止错误发生。在做企业宏观财务分析时，把警示股（ST股票）删除，或是某家公司的营业收入突然暴涨1 000倍，就能很明显地发现当初数据输入时的错误。所以分析人员也会检查异常大或小的资料数值（称为离群值，outlier）。

错误经常发生在取得数据时，盲目地使用任何可用数据或没有小心谨慎地选取资料，会使用令人误解的信息而造成决策错误。因此，采取步骤取得正确数据能帮助并确保决策信息的可信度与价值。所以财经统计分析所采用的既有数据是通过数据库而得时，就必须很清楚地交代数据源，而且数据源必须是有公信力的，这是对研究结果的负责。

1.5 描述统计与推论统计

为了让人们清楚地了解数据的形式而进行的汇总整理，称为描述统计（descriptive statistics），通常会用表格、图形或是数字汇总整理来呈现。如表1-2所示。

表1-2　上市公司行业相对次数分布和百分比次数分布表

行　业	次数	相对次数	百分比次数(%)
农、林、牧、渔业	49	0.012	1.22
采矿业	78	0.019	1.94
制造业	2621	0.652	65.23
电力、热力、燃气及水生产和供应业	127	0.032	3.16
建筑业	104	0.026	2.59
批发和零售业	177	0.044	4.41
交通运输、仓储 & 邮政业	109	0.027	2.71
住宿和餐饮业	8	0.002	0.20
信息传输、软件和信息技术服务业	314	0.078	7.81
房地产业	120	0.030	2.99
租赁和商务服务业	63	0.016	1.57
科学研究和技术服务业	68	0.017	1.69
水利、环境和公共设施管理业	77	0.019	1.92
居民服务及其他服务业	1	0.000	0.02
教育	12	0.003	0.30

续表

行　业	次数	相对次数	百分比次数(%)
卫生和社会工作	13	0.003	0.32
文化、体育和娱乐业	64	0.016	1.59
综合	13	0.003	0.32
总计	4018	1.000	100.00

数据来源:上海、深圳证交所上市企业整理。

图形的呈现方式五花八门。但不管如何呈现,能够完全表达数据即可。在财经领域,最常用的为走势图。关于条形图、散点图和饼图,本书第2章会做详细介绍。

除了以图、表呈现以外,分析人员也常常会利用某一个数值(像平均数)来表达数据集中的状况,称之为集中趋势;还有的用表示分散程度的数值来表示数据分散的状况(标准差),以及用偏态和峰度来呈现数据分布的状况。这些统称为描述统计。

统计分析工作的目的就是要帮助并确保决策信息的可信度与有效性(如标准差)。前面提到有时间性、成本和其他因素的考虑,往往无法进行全面性的分析,只能搜集到整体数据的一小部分进行研究。一个研究中的所有变量之集合称为总体(population),总体的部分集合则称为样本(sample)。

搜集整个总体的数据进行调查,称为普查(census);搜集样本的数据进行调查,称为抽样调查(sample survey)。统计学最主要的贡献之一,就是利用由样本所得的数据对总体特性进行估计与假设检验,这个过程就是统计推论(statistical inference)。

在统计推论的支持下,就可以让统计分析变得更有意义。分析(analysis)是将数据转换成有用的信息以确定最佳决策的科学程序,统计分析过程的决策通常被认为比其他方式更具客观性。因此,妥善运用分析工具,可以借由数据创造独特的观点,提升预测能力,降低风险,找到更好的决策方案。

分析包括多种方法,从简单的报告到优化技术(找出最佳行动的算法)。一般来说,分析分为三大类别:描述分析(descriptive analytics)、预测分析(predictive analytics)及规范分析(prescriptive analytics)。

描述分析的分析方法用于描述过去发生的事实,此类方法如资料查询、报告描述统计、数据可视化、数据仪表板以及基本的工作表制作等。

预测分析的方法是利用过去的数据建立模型,来预测未来或评估一个变量对其他变量的影响。例如,利用过去的股价来建构数学模型,预测未来股价的走势。线性回归、时间序列分析及预测模型都属于预测分析。本书稍后将说明这些方法。

规范分析与描述分析及预测分析有很大不同。规范分析的特殊之处在于,规范模型会产生最佳行动方案,即规范模型产出的结果是最佳决策。因此,规范分析是产生最佳行动方案的分析技术。最适化模型(optimization model)是在已知限制系件下找出可使目标值极大或极小的解答,也是规范模型。得出最适化模型,需要借助微积分工具,或是通过计量方法来解决。本书后面的"应用篇"就属于计量方法的一环。

1.6 计算机与统计

随着计算机的进步,通过计算机的运算与分析,让统计学变得更加简单,让大数据分析得到应用,若没有计算机的协助,时间性的问题往往让决策变得后知后觉。

本书内容以经济、会计、财务和金融的范例来介绍应用统计学,统计学有了计算机的辅助(即统计分析软件),成为研究社会科学必备的学识。目前市面上主流的统计语言有 EViews、SPSS、Stata、SAS、Python、Matlab、S、R、Mathematica 等,这些统计软件除了 EViews 和 SPSS 全是菜单和对话框的操作以外,其他都有命令式的操作,也就是有开放式语言的输入(不过新版的 EViews 已有程序命令框)。也就是说,EViews、SPSS 简单易操作,浅显易懂,当然它的扩展就受到了限制。因此,每个软件各有千秋。EViews、SPSS 的差异主要是 EViews 主要用在经济、会计、财务和金融方面的分析,而 SPSS 主要应用于横截面分析,如市场调查、营销等。本书采用 EViews 进行操作,并配合 Excel 做数据整理,完成所有举例的分析。

EViews 是 Econometrics Views 的缩写,直接翻译为计量经济学陈述,通常称为计量经济学软件包。EViews 的前身是 1981 年版的 Micro TSP。EViews 是经济学家开发的,主要用于经济学领域,但是从软件包的设计来看,其运用领域并不局限于处理经济时间序列。即使是跨部门的大型项目,也可以采用 EViews 进行处理。EViews 的本意是对经济活动与社会经济关系的数量规律,采用计量经济学方法与技术进行"陈述"。计量经济学研究的核心是设计模型、收集数据、估计模型、检验模型、应用模型(结构分析、经济预测、政策评价)。EViews 是完成上述任务比较得力的必不可少的工具之一。

EViews 的应用领域非常广泛,包含了应用经济计量学、总体经济的研究和预测、销售预测、财务分析、成本分析和预测、蒙特卡罗模拟、经济模型的估计和仿真以及利率与外汇预测。EViews 的功能则是采用统一的方式管理数据,通过对象、视图和过程实现对数据的各种操作;输入、扩展和修改时间序列数据或截面数据,依据已有序列按任意复杂的公式生成新的序列;计算描述统计量:相关系数、协方差、自相关系数、互相关系数和直方图;进行 t 检验、方差分析、协整检验、Granger 因果检验;执行普通最小二乘法、带有自回归校正的最小二乘法、两阶段最小二乘法和三阶段最小二乘法、非线性最小二乘法、广义矩估计法、ARCH 模型估计法等;对二择一决策模型进行 probit、logit 和 gompit 估计;对联立方程进行线性和非线性的估计;估计和分析向量自回归系统、多项式分布滞后模型;预测回归方程,模型的求解和模拟,管理数据库;与外部软件进行数据交换。本书侧重于 EViews 在经济、会计、财务和金融方面的应用。

1.7 统计伦理

伦理已经成为时下必须遵守的基本行为规则。由于统计工作包含搜集、分析、呈现及解释等重要角色,因此,统计学在国际上已经有了伦理的议题。在统计研究中,有各种不同形式的不道德的行为,例如,为了"控制"决策结果,在统计工作的过程中采用不当的资料搜集(错误的抽样方法),数据汇整时采用不适当的删减或加入,进行错误的数据分析,并利用图表做出误导式的修正,或是进行有偏差的解释。

进行统计工作时,必须在工作过程中公平、详尽、客观和中立,在判断统计分析结果时,也必须意识到分析人员可能出现不道德行为,甚至必须注意它的数据来源是否合理,要了解他的角色是否与他的分析有某种程度的利益关联(益处或冲突)。

事实上,国际首屈一指的统计业组织——美国统计学会(American Statistical Association)已经在 2018 年 4 月建立了"统计实务伦理准则"(Ethical Guidelines for Statistical Practice),以协助统计实务工作者制定与传递合乎道德的决策,并协助学生学会如何负责任地开展统计工作。

该"准则"包含八大领域的 52 条守则。这八大领域即专业操守与品性、数据及方法完整性、对科学/公众/出资者/客户的责任、对研究主体的责任、对研究团队的责任、对其他统计学家或统计工作者的责任、关于不当行为指控的责任以及雇主的责任(雇主包括组织、个人律师或其他雇用统计工作者的客户)。

举例来说明伦理准则之一的"专业操守与品性"。统计检验的过程是先采用抽样后进行分析,但如果检验结果是不合格的,而检验人员为了迎合公司领导,想办法让分析结果变成合格的(比如增加样本容量,做到合格为止;控制抽样办法,抽取特定对象甚至篡改分析结果),这时检验人员就已经丧失了专业操守与品性。所以,数据源对于统计分析人员和决策者非常重要,数据源合理,至少不会造成误判,也不至于让分析人员和决策人员产生不道德问题。

简单地说,统计分析人员最基本的伦理原则就是不能预设立场,实事求是地使用统计数据,并忠于分析的结果,这样就可以确保遵守伦理准则要求的道德规范。

实训演练——数据下载

1. 从国家统计局网站(https://data. stats. gov. cn/)下载相关数据(如近 20 年的 GDP)。
2. 从上海证券交易所、深圳证券交易所下载个别企业的年报,分别讨论年报数据中属于定类尺度、定序尺度、定距尺度和定比尺度的科目。
3. 从中证指数有限公司、深圳证券交易所指数机构下载各类股票指数。
4. 从中国金融期货交易所下载沪深 300 股指期货并整理出 1 年的数据。

习　题

一、判断题

1. 统计学和统计工作的研究对象是完全一致的。　(　　)
2. 运用大量观察法,必须对研究对象的所有或足够多的单位进行观察。　(　　)

3. 统计学是对统计实践活动的经验总结和理论概括。（ ）

4. 一般而言，指标总是依附在总体上，而总体单位则是标志的直接承担者。（ ）

5. 数量指标是由数量标志汇总来的，质量指标是由品质标志汇总来的。（ ）

6. 某同学计算机考试成绩 80 分，这是统计指标值。（ ）

7. 统计资料就是统计调查中获得的各种数据。（ ）

8. 指标都是用数值表示的，而标志则不能用数值表示。（ ）

9. 按照计量尺度的差异，可以将统计数据分为名目尺度、次序尺度、等距尺度和等比尺度。（ ）

10. 统计表中如果不存在某项数字时，应用符号“-”表示。（ ）

11. 统计分组的首要问题就是正确划分各组的界限。（ ）

12. 在编制变量数列时，若资料有特大或特小的极端数值，则宜采用开口组表示。（ ）

13. 连续型变量只能作组距式分组，且组限只能是重叠组限表示法。（ ）

14. 所谓“上限不在内”原则，是指当某单位的标志值恰好等于某组上限时，就把该单位归入该组。（ ）

15. 次数分布有两种表现方法，一种是用表格表示，另一种是用图表示。（ ）

二、单选题

1. 下列关于统计学范畴描述错误的是（ ）。

A. 统计学之应用，首要为发现统计问题，次要为解决统计问题，以求寻找适当的统计方法。

B. 有些统计问题，不需要数据，也可运用逻辑推理得出统计结论

C. 为了解统计问题，需搜集并进一步整理统计数据，根据数据之特征做适当分析

D. 运用统计方法，由分析结果，进行总体之推论，以期建立普性之结论

2. 某班 5 名同学的某门课的成绩分别为 60、70、75、80、85，这 5 个数是（ ）。

A. 指标　　B. 标志

C. 变量　　D. 变量值

3. 调查某校学生的学习、生活情况，学生“一天中用于学习的时间”是（ ）。

A. 标志　　B. 指标

C. 变异　　D. 变量

4. “性别”“年龄”这样的概念，可能用来（ ）。

A. 表示总体特征　　B. 表示个体特征

C. 作为标志使用　　D. 作为指标使用

5. 下列变量中属于数值型变量的是（ ）。

A. 汽车轮胎的直径　　B. 汽车的内燃机类型

C. 产品等级　　D. 学生生源类别

6. 下列调查结果哪个属于描述统计？（ ）

A. 由于香蕉生产过剩，预计今年香蕉的均价格将跌到每斤不到 5 元台币。

B. 由于政府施行禁烟规定，今年 2 月的香烟销售量较去年同期减少了 5。

C. 由于全球金融风暴,某地区今年失业率将上升 6%。

D. 由于近年少子化的影响,预计自 2025 年开始,我国人口将呈现负成长。

7. 下列于对于数据的描述哪个是正确的?( )

A. 政府定期或不定期所公布出版的数据,属于原始数据。

B. 原始与次级数据的优缺点相同,所以需要时采用任一类并无差异。

C. 资料依取得来源可分为原始与次级资料两大类。

D. 资料直接由来源处搜集,经整理后的资料,称之为原始资料。

8. 下列调查结果哪个属于推论统计?( )

A. 应政府拯救房市方案,今年初各大银行纷纷调降房屋贷款利率,平均利率下降了 2 个百分点。

B. 由于政府去年铁腕施行扫毒行动,今年上半年的犯罪率较去年同期减少了 5 个百分点。

C. 由于猪肉生产过剩,我们预计今年猪肉的均价格将跌到每公斤不到 10 元。

D. 疫情关系,今年 1 月的失业率较去年同期上升了 0.6 个百分点。

9. 抽查雀巢奶粉 2 500g 在 4 家网络商店的售价分别为 200、220、220 和 240 元。下列叙述哪个属于描述统计?( )

A. 4 家网络商店所售雀巢奶粉 2 500g 的平均售价为 220 元。

B. 所有网络商店所售雀巢奶粉 2 500g 的平均售价为 220 元。

C. 网络商店有一半商店所售雀巢奶粉 2 500g 的售价低于 220 元。

D. 网络商店所售雀巢奶粉 2 500g 的售价是 200 元。

10. 下列对于变量的描述哪个是错误的?( )

A. 汽车的里程数是属量的连续性变量

B. 酒驾肇事次数是属量的连续性变量

C. 饮料种类是名目尺度的属质变量

D. 计算机游戏之《李克特五尺度》满意度是次序尺度的属质变量

11. 下列变量属性的描述哪个是错误的?( )

A. 地震强度属等距尺度。

B. 若每 10 岁为一年龄群组,则此年龄群组资料属次序尺度。

C. 车流量数目属离散性数据。

D. 银行利率属连续性资料。

12. 统计学上有四种测量尺度:名目尺度、等距尺度、等比尺度和哪种尺度?( )

A. 标准尺度　　B. 有效尺度

C. 次序尺度　　D. 类别尺度

13. 以下叙述哪个是次级资料?( )

A. 国家统计局公布的每年出生婴儿,男生与女生比值。

B. 学生利用网络问卷收集手机厂牌的市占率。

C. 国家统计局执行的人口普查数据。

D. 民众门诊医保资料。

14. 大队接力赛跑中甲班得到“冠军”，丁班得到“亚军”，句中的“冠军”“亚军”是哪种量度尺度？(　　)

A. 次序尺度　　B. 等距尺度
C. 名目尺度　　D. 以上皆非

15. “阿丁体重 75 公斤”中的“75 公斤”是哪种量度尺度？(　　)

A. 次序尺度　　B. 等距尺度
C. 名目尺度　　D. 以上皆非

16. 上学时使用的交通工具可选择搭公交车 = 1、骑机车 = 2、其他 = 3 是哪种量度尺度？(　　)

A. 次序尺度　　B. 等距尺度
C. 名目尺度　　D. 以上皆非

17. 使用复选题作为衡量工具所获得的数据，属于下列哪种变量？(　　)

A. 次序尺度变量　　B. 连续型变量
C. 虚拟变量　　D. 等距尺度变量

18. “温度”在量度尺度分类中属于下列哪一种？(　　)

A. 名目尺度　　B. 次序尺度
C. 等距尺度　　D. 比率尺度

19. “姚明的球衣号码”在量度尺度分类中属于下列哪一种？(　　)

A. 名目尺度　　B. 次序尺度
C. 等距尺度　　D. 等比尺度

20. 调查化妆品市场消费者职业可用下列何种尺度来衡量？(　　)

A. 名目尺度　　B. 次序尺度
C. 等距尺度　　D. 无法判断

21. 统计整理的资料(　　)。

A. 包括直接资料和二手数据　　B. 只包括直接资料
C. 只包括二手数据　　D. 是统计分析的结果

22. 超市的职工数、商品销售额是(　　)。

A. 连续变量　　B. 离散变量
C. 前者是离散变量，后者是连续变量　　D. 前者是连续变量，后者是离散变量

23. 下列指标中，属于质量指标的是(　　)。

A. 年初在册职工数　　B. 工资总额
C. 年末库存量　　D. 单位产品成本

24. 以下哪一种情形涉及定性数据的收集？(　　)

A. 质量控制工程师测量电灯灯泡的寿命。
B. 社会学家通过抽样调查来估计广州市市民的平均年收入。
C. 运动器材厂家在区分各大俱乐部棒球选手是左撇子还是右撇子时做的调查。
D. 婚礼策划公司通过抽样调查来估计上海市民举办婚礼的平均开销。

25. 以下何者最不适合作为统计分析的数据源？(　　)

A. 个人访谈　　B. 问卷调查

C. 人口普查数据　　D. 信用卡刷卡纪录

26. 统计学上有四种测量尺度:名目尺度、等距尺度、等比尺度,以及哪种尺度？(　　)

A. 标准尺度　　B. 有效尺度

C. 次序尺度　　D. 类别尺度

三、多选题

1. 统计的含义包括(　　)。

A. 统计资料　　B. 统计指标

C. 统计工作　　D. 统计学

E. 统计调查

2. 以下属于统计学的重要组成部分有(　　)。

A. 描述统计学　　B. 数学

C. 推断统计学　　D. 会计学

3. 下列标志中,属于数量标志的有(　　)。

A. 性别　　B. 工种

C. 种族　　D. 年龄

E. 工资

4. 下列变量中属于离散型变量的有(　　)。

A. 粮食产量　　B. 人口年龄

C. 职工工资　　D. 身高

E. 设备台数

5. 下列各项中属于连续变量的是(　　)。

A. 职工人数　　B. 产值

C. 厂房面积　　D. 原材料消耗

E. 设备报废数量

6. 下列指标中属于质量指标的有(　　)。

A. 劳动生产率　　B. 产品合格率

C. 人口密度　　D. 产品单位成本

E. 经济增长速度

7. 下列指标中属于数量指标的有(　　)。

A. 国民生产总值　　B. 国内生产总值

C. 固定资产净值　　D. 劳动生产率

E. 平均工资

8. 下列标志中属于数量标志的有(　　)。

A. 性别　　B. 出勤人数

C. 产品等级　　D. 产品产量

E. 文化程度

9. 下列标志中属于品质标志的有(　　)。
A. 工资级别　B. 人口性别
C. 考试分数　D. 商品使用寿命
E. 企业所有制性质

10. 下列变量中属于离散型变量的有(　　)。
A. 粮食产量　B. 人口年龄
C. 职工工资　D. 身高
E. 设备台数

11. 下列指标中属于质量指标的是(　　)。
A. 单位产品成本　B. 上缴利税总额
C. 产品合格率　D. 资金利润率
E. 废品数

12. 连续变量的数值(　　)。
A. 是连续不断的　B. 是以整数断开的
C. 用测量或计算方法取得　D. 相邻两值之间可取无限数值
E. 相邻两值之间不可能有小数

13. 研究某企业职工的工资水平,“工资”对于各个职工而言是(　　)。
A. 标志　B. 数量标志
C. 指标　D. 数量指标
E. 变量

14. 连续变量的数值(　　)。
A. 是连续不断的　B. 是以整数断开的
C. 用测量或计算方法取得　D. 相邻两值之间可取无限数值
E. 相邻两值之间不可能有小数

四、填空题

1. 统计是______、______和______的统称,是______统计工作的成果,______是统计工作的经验总结和理论概括。

2. 统计工作可划分为______、______、______和______四个阶段。

专有名词

统计:通过搜集、分析、呈现及解释数据的一门艺术和科学结合的学科。

数据:搜集、分析及汇总等所获得和用于科学研究、技术设计、查证、决策等的数值。

数据集:特定研究之目的所搜集的所有数据。

元素:所搜集数据的实体表现。

变量:元素的某一特性。

观察值(变量值):对特定元素的衡量值。

定类尺度:变量的衡量尺度,以标记或名称来表示元素的属性。名目数据可能是数值或非数值。

定序尺度:变量的衡量尺度,具有定类尺度的特性而且数据的次序是有意义的。定序尺度的数据可能是数值或非数值。

定距尺度:变量的衡量尺度,具有次序数据的特性,观察值之间的间隔有固定的衡量单位。定距尺度的数据一定是数值。

定比尺度:变量的衡量尺度,具有定距尺度数据的所有特性而且两个观察值的比例是有意义的。定比尺度的数据一定是数值。

分类数据:用来界定元素特性的标记或名称。分类数据使用名目尺度或顺序尺度可能是数值形态或非数值形态。

定量数据:能够指出某事物有多少数量的数据,使用区间尺度或比例尺度。

描述统计:以表格、图形及数字来呈现数据集的形态。

统计推论:利用从样本所得的数据对总体特性进行估计或假设检验的过程。

分析:是一种将数据转换成洞见,以制定更佳决策的科学程序。

描述分析:描述过去发生的事实的分析技术。

预测分析:对过去的数据通过模型的建构来预测未来或评估变量对其他变量影响的一种分析技术。

规范分析:帮助找到最佳行动方案的分析技术。

2 描述统计与概率

本章摘要

一般来说,很难直接以原始数据来解释数据含义,因此,如何描绘统计数据,是统计学最基本的内容。通过表格和图形来汇总整理呈现数据,更加通俗易懂,容易辨别数据类型。本章介绍次数分布、相对次数分布、频率分布以及利用 Excel 绘制各种图形,包括柱形图、条形图、直方图、散步图、饼图、折线图、股价图、雷达图和泡泡图等。本章还将介绍用于数据描述的四大统计学指标,分别为集中趋势、离散程度、偏态系数和峰度系数。

概率是统计分析的基础,概率的形成以及独立事件、互斥事件、概率分布和贝氏定理是本章的重点。

2.1 数据汇总

在进行统计分析之前,首要的工作就是要了解变量的情况,所以,第一步是要对变量的数值进行分类,然后再求得各种特殊的数值,这个过程称为描述统计量分析。

进行描述统计量分析的前提是变量的数据可视化(data visualization),也就是说数据可以通过图形、图表或其他工具来表达。

数据可视化的第一步就是进行次数分布(frequency distribution),也就是将数据表格化,用来显示每一个不重叠分类或分组内的观察值次数。如表 2-1 所示,它是将 2020 年上市公司(含准上市公司、退市公司,不含金融业)按照中国证监会行业分类的结果。

表 2-1 上市公司行业次数表

行 业	次 数
农、林、牧、渔业	49
采矿业	78
制造业	2 621
电力、热力、燃气及水生产和供应业	127
建筑业	104
批发和零售业	177
交通运输、仓储和邮政业	109
住宿和餐饮业	8

续表

行　业	次　数
信息传输、软件和信息技术服务业	314
房地产业	120
租赁和商务服务业	63
科学研究和技术服务业	68
水利、环境和公共设施管理业	77
居民服务及其他服务业	1
教育	12
卫生和社会工作	13
文化、体育和娱乐业	64
综合	13
总计	4 018

由表 2-1 可以发现,制造业为我国上市公司(不含金融业)的支柱行业,有 2 621 家,占 $\frac{2\ 621}{4\ 018}$=0. 652(0. 652 × 100% = 65. 2%)。其中,0. 652 为相对次数,而 65. 2%为频率。

$$一个组别的相对次数 = \frac{该组别的次数}{总数}$$

整体相对次数分布(relative frequency distribution)和百分比次数分布(percent frequency distribution)整理如表 2-2 所示。

表 2-2　上市公司行业相对次数分布和频率分布表

行　业	次数	相对次数	频率(%)
农、林、牧、渔业	49	0. 012	1. 22
采矿业	78	0. 019	1. 94
制造业	2 621	0. 652	65. 23
电力、热力、燃气及水生产和供应业	127	0. 032	3. 16
建筑业	104	0. 026	2. 59
批发和零售业	177	0. 044	4. 41
交通运输、仓储和邮政业	109	0. 027	2. 71
住宿和餐饮业	8	0. 002	0. 20
信息传输、软件和信息技术服务业	314	0. 078	7. 81
房地产业	120	0. 030	2. 99
租赁和商务服务业	63	0. 016	1. 57
科学研究和技术服务业	68	0. 017	1. 69
水利、环境和公共设施管理业	77	0. 019	1. 92

续表

行　业	次数	相对次数	频率(%)
居民服务及其他服务业	1	0.000	0.02
教育	12	0.003	0.30
卫生和社会工作	13	0.003	0.32
文化、体育和娱乐业	64	0.016	1.59
综合	13	0.003	0.32
总计	4 018	1.000	100.00

上述数值的计算结果都可以通过计算机软件取得，由于 Excel 是目前最常用的图表制作软件，本书有关图表的操作都采用 Excel。

2.1.1　Excel 实例操作——数据透视表

所谓数据透视表，简单来说，就是将明细表进行分类汇总后得到的结果。现有一组数据，为 2020 年上市公司(含准上市公司、退市公司，不含金融业)按照中国证监会行业分类的 Excel 档案，通过 Excel，建立如表 2-2 所示的表格。

插入→数据透视表(图 2-1)→在新产生的窗口内输入变量的范围(图 2-2)→结果如图 2-3 所示。

图 2-1　数据透视表指引图

图 2-3 中行与列标签处可以放入分类标准的变量，数值放入要进行次数分布分析的变量，结果可参见表 2-1；分析行业类别时，在行处放入行业，数值的地方也放入行业，则可产生分析结果，如图 2-4、图 2-5 所示。

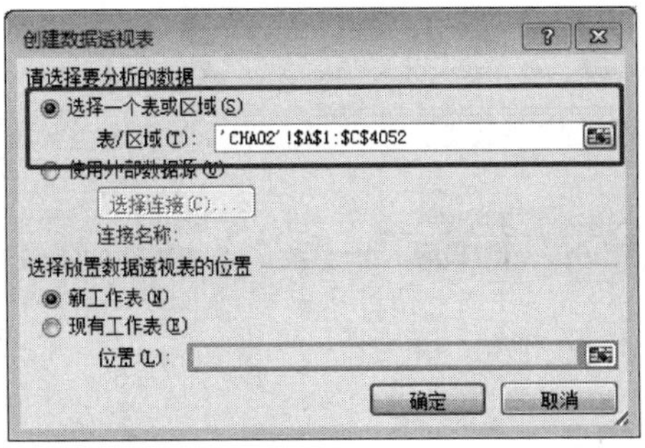

图 2-2　数据透视表中输入变量范围

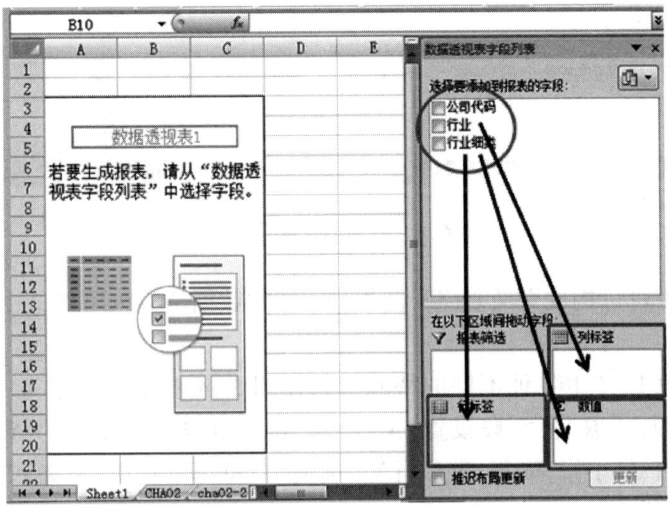

图 2-3　数据透视表

行标签	计数项:行业
A 农、林、牧、渔业	49
B 采矿业	78
B 採礦業	1
C 制造业	2621
C 製造業	23
D 电力、热力、燃气及水生产和供应业	127
D 電力、熱力、燃氣及水	2
E 建筑业	104
E 建築業	2
F 批发和零售业	177
F 批發和零售業	1
G 交通运输、仓储&邮政业	109
H 住宿和餐饮业	8
I 信息传输、软件和信息技术服务业	314
I 信息傳輸&軟體	1
K 房地产业	120
K 房地產業	1
L 租赁和商务服务业	63
L 租賃和商務服務業	1
M 科学研究和技术服务业	68
N 水利、环境和公共设施管理业	77
O 居民服务及其他服务业	1
P 教育	12
Q 卫生和社会工作	13
R 文化、体育和娱乐业	64
R 文化、體育和娛樂業	1
S 综合	13
总计	4051

图 2-4　数据透视表结果(1)

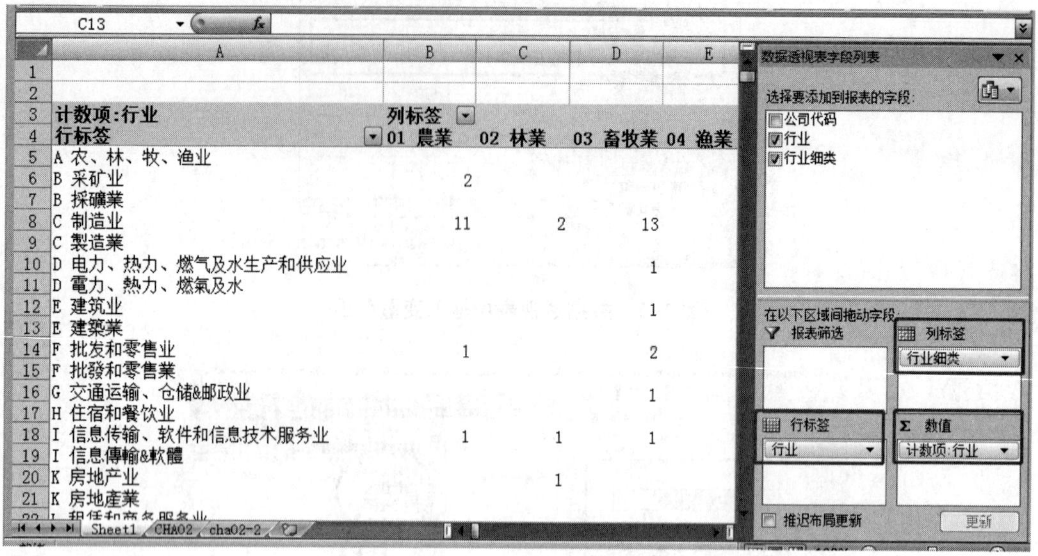

图 2-5　数据透视表结果(2)

行列的应用就可以构成交叉表格。此外,Excel 的数据透视也可以行中有行,列中有列,本书不再示范。

在值的地方可以产生各种不同的特殊值。在图 2-4 右下红色框点一下,即可产生如图 2-6 所示的窗口,选取“值字段设置(N)...”,就可以选择所需要的特殊值(有求和、计数、平均值、最大值、最小值、乘积、数值计数、准偏差、总体准偏差、方差和总体方差),如图 2-7 所示。

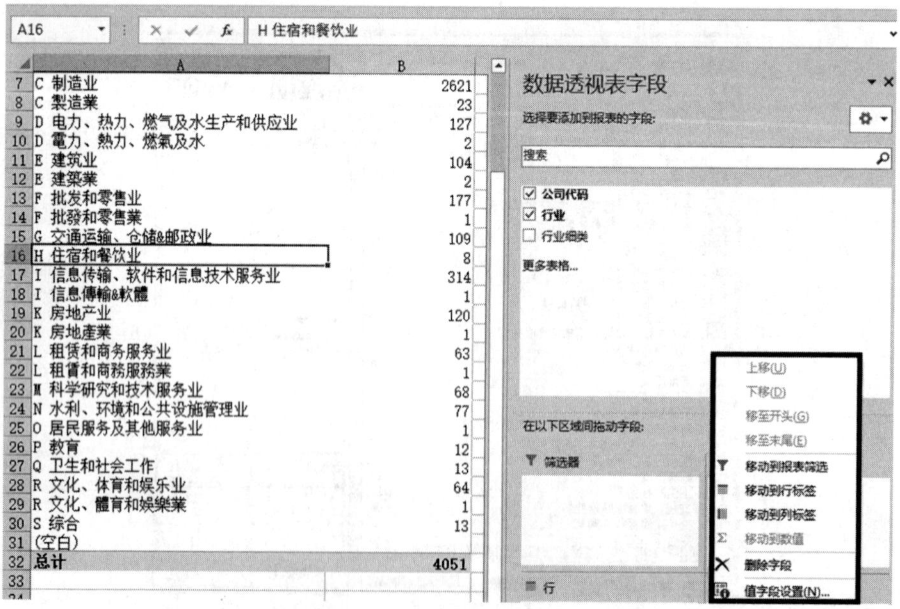

图 2-6　数据透视表值的选取

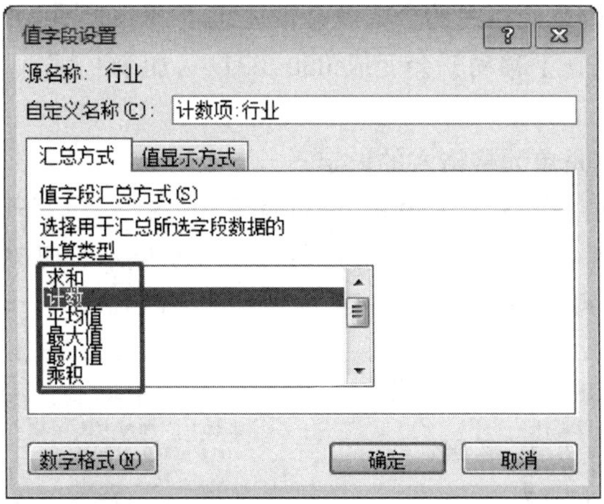

图 2-7 数据透视表可选取的特殊值

之后利用 Excel 对产生的结果进行图形制作,这将于本书 2.2 节加以介绍。产生次数分布可以利用 Excel 的四则运算和单元格式来计算,如图 2-8 所示。

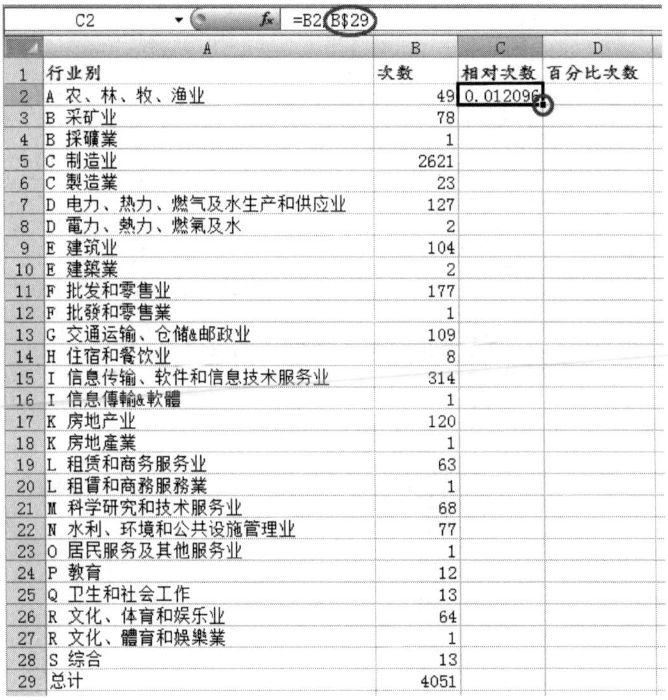
C2 =B2/B$29

	A	B	C	D
1	行业别	次数	相对次数	百分比次数
2	A 农、林、牧、渔业	49	0.012096	
3	B 采矿业	78		
4	B 採礦業	1		
5	C 制造业	2621		
6	C 製造業	23		
7	D 电力、热力、燃气及水生产和供应业	127		
8	D 電力、熱力、燃氣及水	2		
9	E 建筑业	104		
10	E 建築業	2		
11	F 批发和零售业	177		
12	F 批發和零售業	1		
13	G 交通运输、仓储&邮政业	109		
14	H 住宿和餐饮业	8		
15	I 信息传输、软件和信息技术服务业	314		
16	I 信息傳輸&軟體	1		
17	K 房地产业	120		
18	K 房地產業	1		
19	L 租赁和商务服务业	63		
20	L 租賃和商務服務業	1		
21	M 科学研究和技术服务业	68		
22	N 水利、环境和公共设施管理业	77		
23	O 居民服务及其他服务业	1		
24	P 教育	12		
25	Q 卫生和社会工作	13		
26	R 文化、体育和娱乐业	64		
27	R 文化、體育和娛樂業	1		
28	S 综合	13		
29	总计	4051		

图 2-8 Excel 表格运算图

对于图 2-8 有两点需注意的地方:一是当鼠标选中某一单元格时,那一格右下方有一个小黑点,那是复制的意思,只要连续双击,下面列的空格就会复制公式;二是复制用的小黑点往右,则列数就会跟着往右(格子中若"=B3"复制,只要往右 2 格移动,则"=B3"就会变成"=D3",只要往下 3 格移动,则"=B3"就会变成"=B6")。为避免这种情况,可以在英文或数字前面多加个“＄”,则单元格内的公式就会被固定了,例如,图 2-9 的次数分布都要除以总计所在单元格(B29),往下移动就会变成 B30、B31…,加个“＄”改成 B ＄ 29,则移动时就不会变了。

图 2-10 至图 2-13 是单元格格式的设定。

由图 2-9 可以看到,往下复制 B29 的 29 前面有个“＄”,所以下方依然是 B29,但 B2 的 2 前面没有“＄”,所以就变成 B3 了。最后进行频率分布展示。要改变数值呈现方式,只要通过设置单元格格式即可(鼠标右键),如图 2-14、图 2-15 所示。

C3 =B3/B$29

	A	B	C	D
1	行业别	次数	相对次数	百分比次数
2	A 农、林、牧、渔业	49	0.012096	
3	B 采矿业	78	0.019255	
4	B 採礦業	1	0.000247	
5	C 制造业	2621	0.647001	
6	C 製造業	23	0.005678	
7	D 电力、热力、燃气及水生产和供应业	127	0.03135	
8	D 電力、熱力、燃氣及水	2	0.000494	
9	E 建筑业	104	0.025673	
10	E 建築業	2	0.000494	
11	F 批发和零售业	177	0.043693	
12	F 批發和零售業	1	0.000247	
13	G 交通运输、仓储&邮政业	109	0.026907	
14	H 住宿和餐饮业	8	0.001975	
15	I 信息传输、软件和信息技术服务业	314	0.077512	
16	I 信息傳輸&軟體	1	0.000247	
17	K 房地产业	120	0.029622	
18	K 房地產業	1	0.000247	
19	L 租赁和商务服务业	63	0.015552	
20	L 租賃和商務服務業	1	0.000247	
21	M 科学研究和技术服务业	68	0.016786	
22	N 水利、环境和公共设施管理业	77	0.019008	
23	O 居民服务及其他服务业	1	0.000247	
24	P 教育	12	0.002962	
25	Q 卫生和社会工作	13	0.003209	
26	R 文化、体育和娱乐业	64	0.015799	
27	R 文化、體育和娛樂業	1	0.000247	
28	S 综合	13	0.003209	
29	总计	4051	1	

图 2-9　Excel 中“＄”的应用

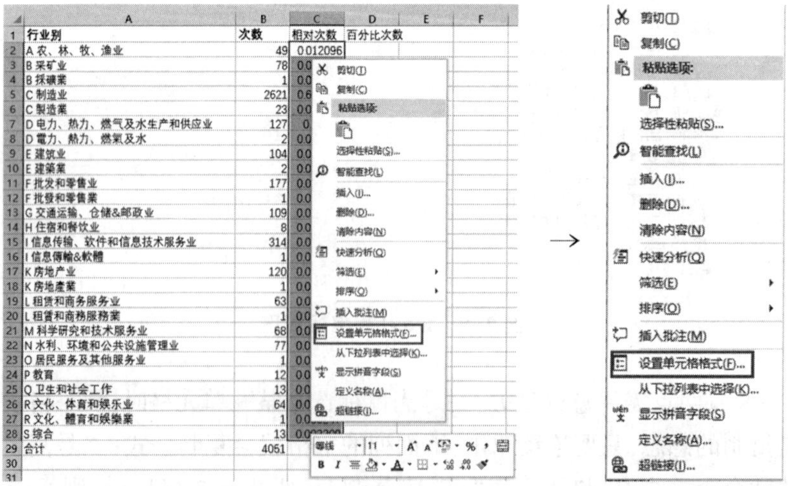

图 2-10　设置单元格格式

图 2-11 单元格格式选择框

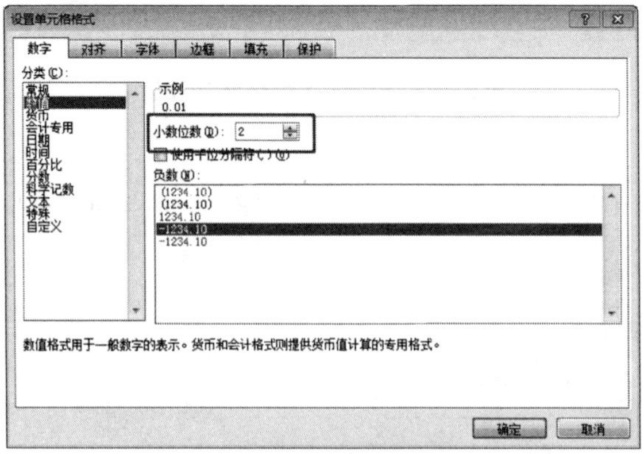

图 2-12 设置单元格格式——数值

C2 =B2/B$29

	A	B	C	D
1	行业别	次数	相对次数	百分比次数
2	A 农、林、牧、渔业	49	0.012	
3	B 采矿业	78	0.019	
4	B 採礦業	1	0.000	
5	C 制造业	2621	0.647	
6	C 製造業	23	0.006	
7	D 电力、热力、燃气及水生产和供应业	127	0.031	
8	D 電力、熱力、燃氣及水	2	0.000	
9	E 建筑业	104	0.026	
10	E 建築業	2	0.000	
11	F 批发和零售业	177	0.044	
12	F 批發和零售業	1	0.000	
13	G 交通运输、仓储&邮政业	109	0.027	
14	H 住宿和餐饮业	8	0.002	
15	I 信息传输、软件和信息技术服务业	314	0.078	
16	I 信息傳輸&軟體	1	0.000	
17	K 房地产业	120	0.030	
18	K 房地產業	1	0.000	
19	L 租赁和商务服务业	63	0.016	
20	L 租賃和商務服務業	1	0.000	
21	M 科学研究和技术服务业	68	0.017	
22	N 水利、环境和公共设施管理业	77	0.019	
23	O 居民服务及其他服务业	1	0.000	
24	P 教育	12	0.003	
25	Q 卫生和社会工作	13	0.003	
26	R 文化、体育和娱乐业	64	0.016	
27	R 文化、體育和娛樂業	1	0.000	
28	S 综合	13	0.003	
29	总计	4051	1.000	
30				

图 2-13 单元格格式设定结果

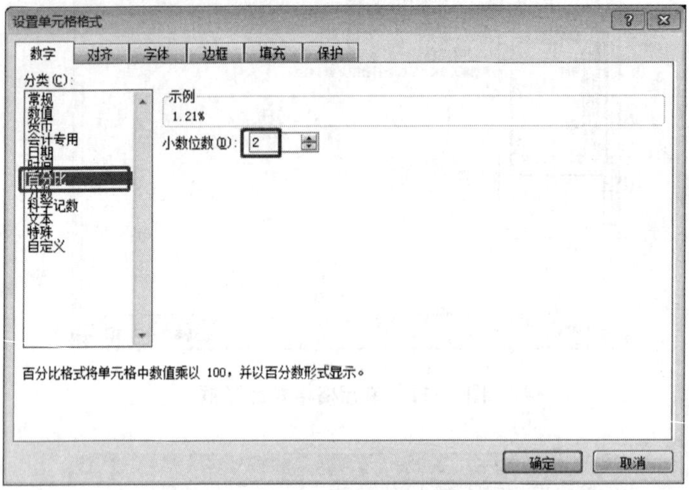

图 2-14 Excel 单元格格式设置

	A	B	C	D
1	行业别	次数	相对次数	百分比次数
2	A 农、林、牧、渔业	49	0.012	1.21%
3	B 采矿业	78	0.019	1.93%
4	B 採礦業	1	0.000	0.02%
5	C 制造业	2621	0.647	64.70%
6	C 製造業	23	0.006	0.57%
7	D 电力、热力、燃气及水生产和供应业	127	0.031	3.14%
8	D 電力、熱力、燃氣及水	2	0.000	0.05%
9	E 建筑业	104	0.026	2.57%
10	E 建築業	2	0.000	0.05%
11	F 批发和零售业	177	0.044	4.37%
12	F 批發和零售業	1	0.000	0.02%
13	G 交通运输、仓储&邮政业	109	0.027	2.69%
14	H 住宿和餐饮业	8	0.002	0.20%
15	I 信息传输、软件和信息技术服务业	314	0.078	7.75%
16	I 信息傳輸&軟體	1	0.000	0.02%
17	K 房地产业	120	0.030	2.96%
18	K 房地產業	1	0.000	0.02%
19	L 租赁和商务服务业	63	0.016	1.56%
20	L 租賃和商務服務業	1	0.000	0.02%
21	M 科学研究和技术服务业	68	0.017	1.68%
22	N 水利、环境和公共设施管理业	77	0.019	1.90%
23	O 居民服务及其他服务业	1	0.000	0.02%
24	P 教育	12	0.003	0.30%
25	Q 卫生和社会工作	13	0.003	0.32%
26	R 文化、体育和娱乐业	64	0.016	1.58%
27	R 文化、體育和娛樂業	1	0.000	0.02%
28	S 综合	13	0.003	0.32%
29	总计	4051	1.000	100.00%

图 2-15 频率次数分布结果

上面描述的是针对分类数据进行数据次数分布分析。如果数据为量化数据,要进行量化数据的次数分布,则具体步骤如下。

步骤 1:决定不相重迭的组数。

组数可由数据值的数量来决定(number of classes)。一般而言,会将数据分成 5 至 20 组。如果数据数量较少,那么分成 5 组或 6 组即可。如果数据数量较多,则组数随之增加,但又不宜组数太多而让每组只包含很少的数据，此时通常以 $\log_2 n$ 来分组。

步骤 2：决定每组的组距。

有了组数，就要决定各组的组距（width of classes），一般每组的组距是一致的，所以每组的组距为

$$近似组距 = \frac{最大数据值 - 最小数据值}{组数}$$

计算出近似组距的结果后，微调，得出最终的组距。

步骤 3：决定每组的组限。

知道了组距之后，再决定每组组限（class limits），即每组的上限值（upper class limit）和下限值（lower class limit），之后就可以进行分组了。

【例 2-1】 对 2020 年零售批发业的公司规模进行分组。（财务上的公司规模一般都会用 3 个代理变量即总资产、营业总收入和员工总数取自然对数代替，本书以总资产除以 10 亿后再取自然对数。）

解：已知 2020 年零售批发业的公司共计 177 家，分成 8 组（$2^7 = 128$，$2^8 = 256$），最大值为 5.90，最小值为-1.57，所以

$$近似组距 = \frac{5.90 - (-1.57)}{8} = 0.93$$

所以将组距定为 1，各组的组限分别为-2～-1，-1～0，0～1，…，5～6，分组结果见表 2-3。

表 2-3　2020 年批发零售业公司规模分组

公司规模	次数	次数分布	频率分布（%）
-2～-1	1	0.006	0.565
-1～0	10	0.056	5.650
0～1	35	0.198	19.774
1～2	53	0.299	29.944
2～3	38	0.215	21.469
3～4	30	0.169	16.949
4～5	7	0.040	3.955
5～6	3	0.017	1.695
总计	177	1.000	100.000

事实上，表 2-3 也可以通过 Excel 数据透视表（如图 2-16 所示）得到。

点击鼠标右键选择“组合”（图 2-16），然后设定上限、下限和组距（如图 2-18 所示），确定后可得到结果（图 2-19）。

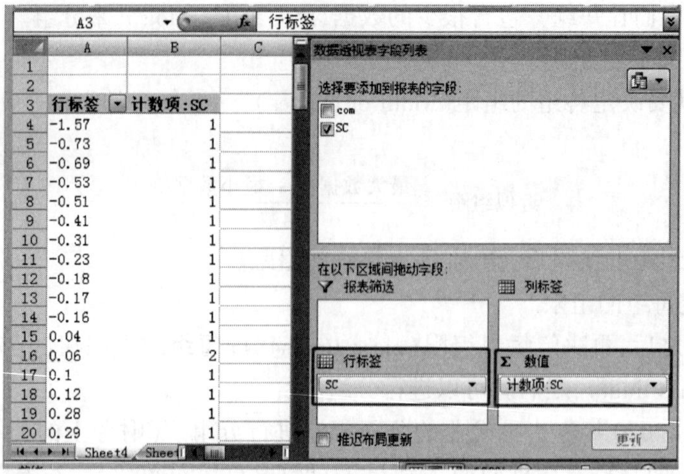

图 2-16　Excel 数据透视表

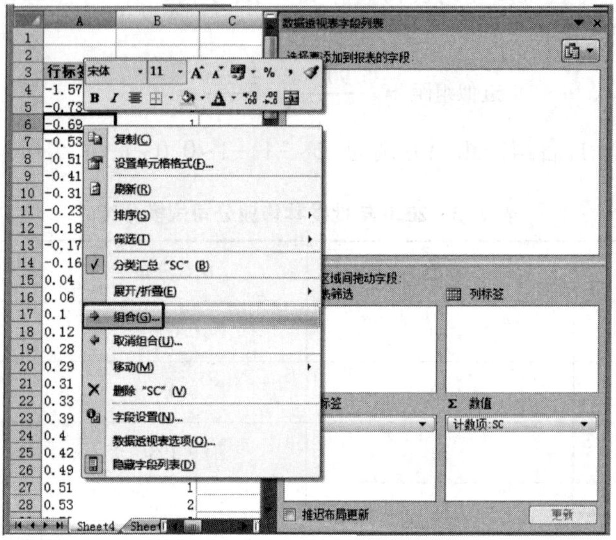

图 2-17　数据透视表分组选择

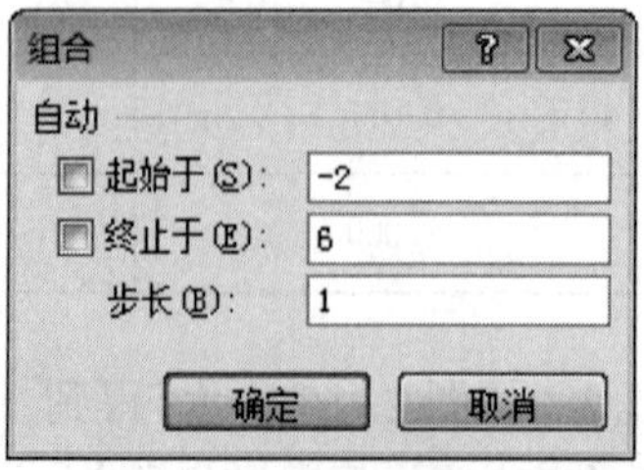

图 2-18　上、下限和组距设定图

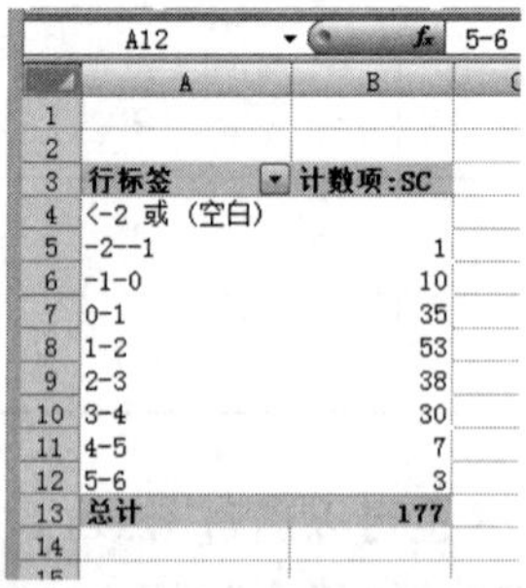

图 2-19　数据透视表分组结果

2.2 图表应用

在对数列进行描述时,通常文字不如表清晰直观,表又不如图,所以能用图形表示数据的形态,我们就尽量选择使用图形表示。一般常用的统计图表有柱形图、直方图、散点图、饼图,还有时间序列常用的折线图,当然,茎叶图、股价图、雷达图和泡泡图也常常被用来描述数据的形态。

Excel 可用的图很多,如图 2-20 和图 2-21 所示。

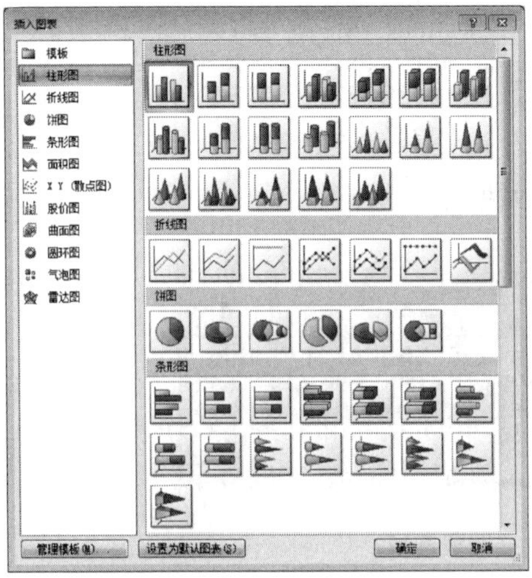

图 2-20 Excel 图表综合图(1)

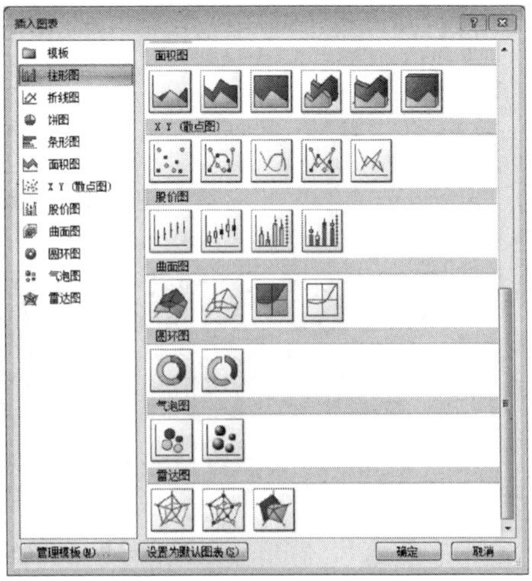

图 2-21 Excel 图表综合图(2)

本书只介绍折线图、柱形图、组合图、散点图、饼图和茎叶图。

2.2.1 折线图

折线图一般用于对趋势的分析,适用于对与时间序列有关的数据进行分析、形成图表,如股票股价走势图或财报数据的走势图。

【例 2-2】绘制贵州茅台 2006—2020 年总资产、营业总收入、员工总人数折线图。

选取数据(先不选也行),然后选取图表形式,如图 2-22~图 2-23 所示。

选择所要绘制的数据区域,如图 2-24 所示。

结果如图 2-25 所示。

Excel 生成的图表有些会显示在原来的工作表上,有些会另建新的工作表,图建在哪里见仁见智。图 2-25 是建立在原来的工作表上,若要改在新的工作表上,可以依照图 2-26 或图 2-28 的方式操作(或是点击鼠标右键选择,见图 2-27),结果见图 2-29。

年月的数据因为也以数字方式呈现,所以会被 Excel 自动画进去,可以按鼠标右键进行更改,"图表标题"可以修改或删除。

图表的数据可以修改,如图 2-30 所示。

	A	B	C	D
1	年月	资产总计(百万)	营业总收入(百万)	员工人数
2	2006	9570.794	4903.376	6418
3	2007	10481.472	7237.431	7306
4	2008	15754.188	8241.686	8363
5	2009	19769.623	9669.999	9149
6	2010	25587.58	11633.284	10062
7	2011	34900.869	18402.355	11456
8	2012	44998.209	26455.335	13717
9	2013	55454.151	31070.596	16800
10	2014	65873.165	32217.214	17487
11	2015	86301.463	33446.859	21115
12	2016	112934.538	40155.084	21237
13	2017	134610.117	61062.757	24029
14	2018	159846.675	77199.384	26568
15	2019	183042.372	88854.337	27005
16	2020	213395.811	97993.241	27005

图 2-22　Excel 绘图数据选取

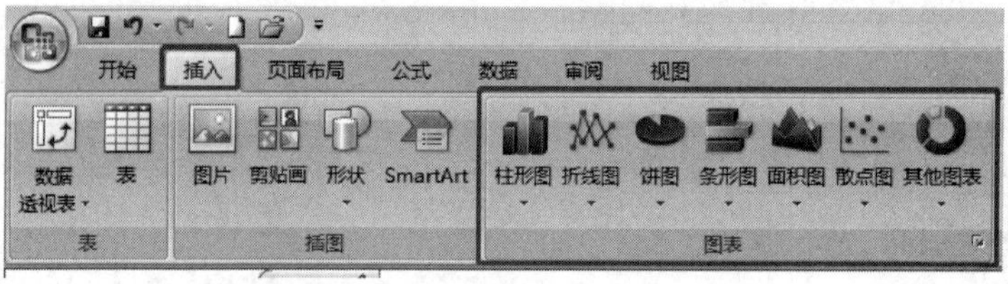

图 2-23　Excel 绘图数据图表选取

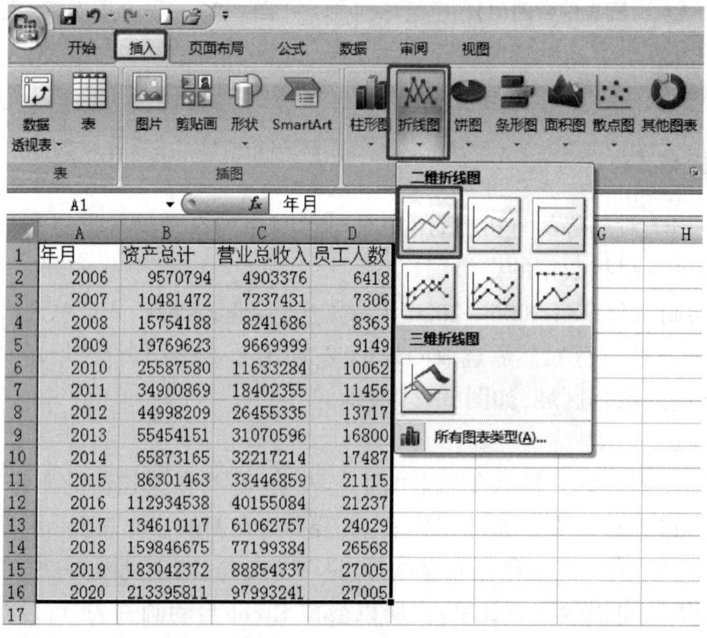

图 2-24　Excel 图表选择

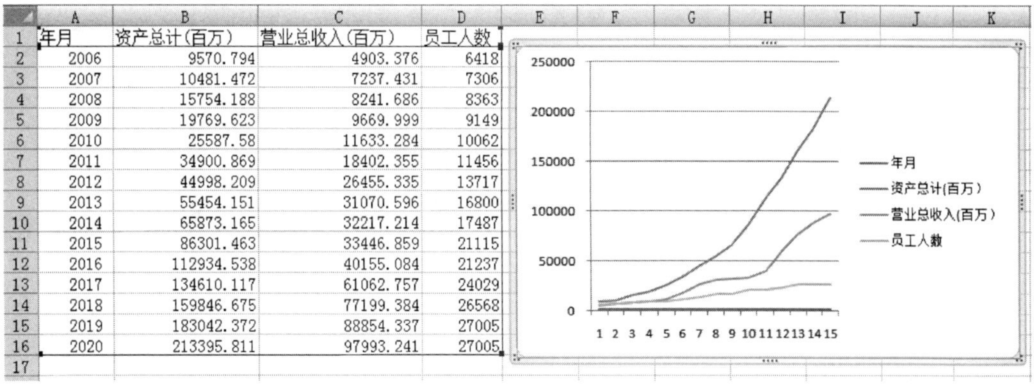

	年月	资产总计(百万)	营业总收入(百万)	员工人数
2	2006	9570.794	4903.376	6418
3	2007	10481.472	7237.431	7306
4	2008	15754.188	8241.686	8363
5	2009	19769.623	9669.999	9149
6	2010	25587.58	11633.284	10062
7	2011	34900.869	18402.355	11456
8	2012	44998.209	26455.335	13717
9	2013	55454.151	31070.596	16800
10	2014	65873.165	32217.214	17487
11	2015	86301.463	33446.859	21115
12	2016	112934.538	40155.084	21237
13	2017	134610.117	61062.757	24029
14	2018	159846.675	77199.384	26568
15	2019	183042.372	88854.337	27005
16	2020	213395.811	97993.241	27005

图 2-25 Excel 折线图

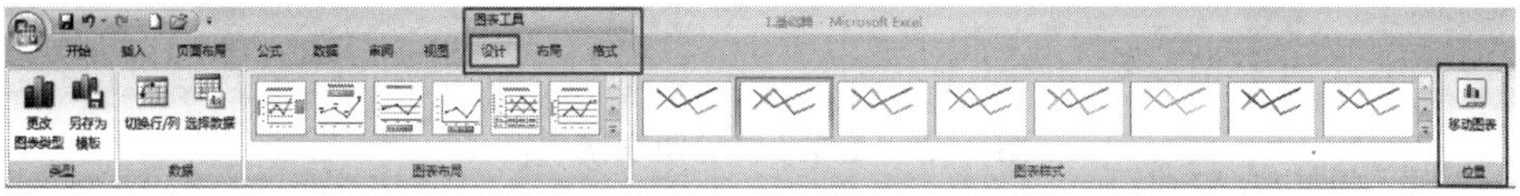

图 2-26 Excel 移动图表

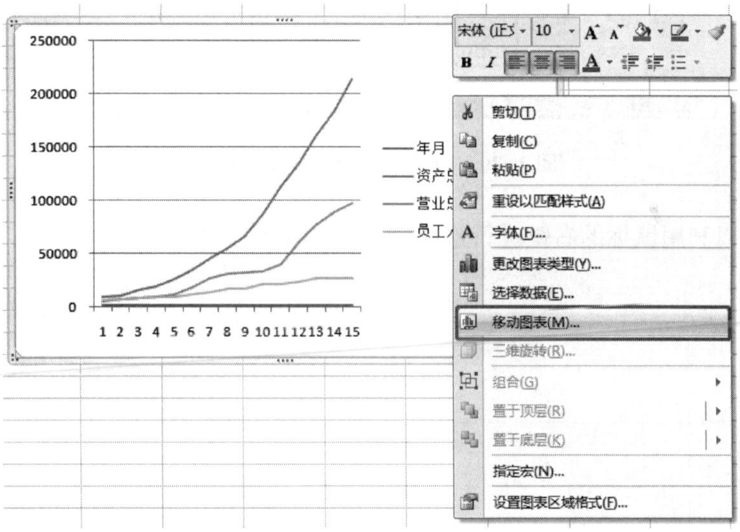

图 2-27 Excel 右键移动图表

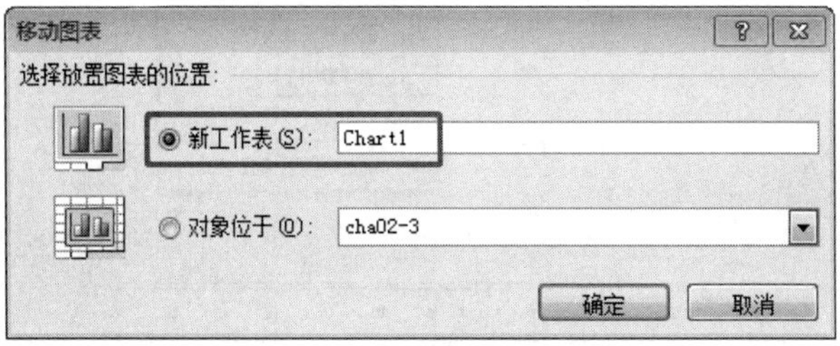

图 2-28 Excel 移动图表选择框

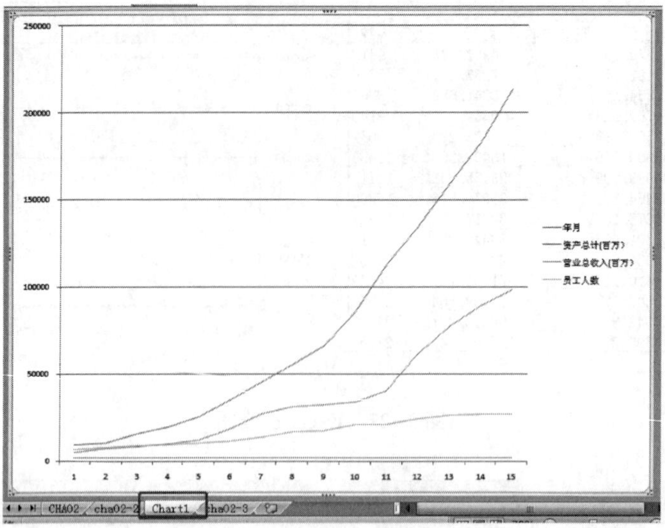

图 2-29 Excel 移动图表结果框

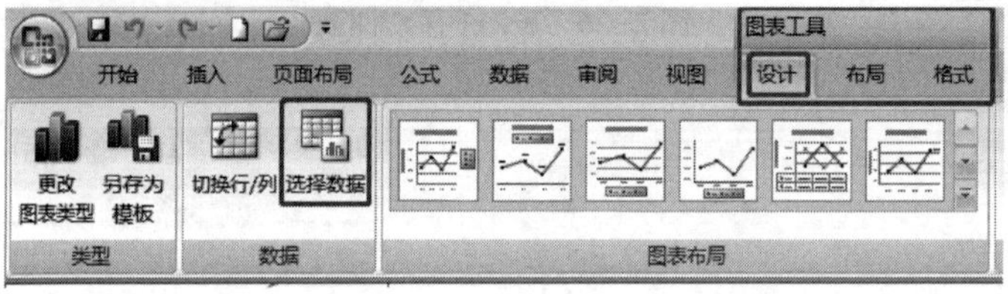

图 2-30 Excel 图表数据修改示范图

当然也可以利用鼠标的右键进行修改,见图 2-31 至图 2-34。

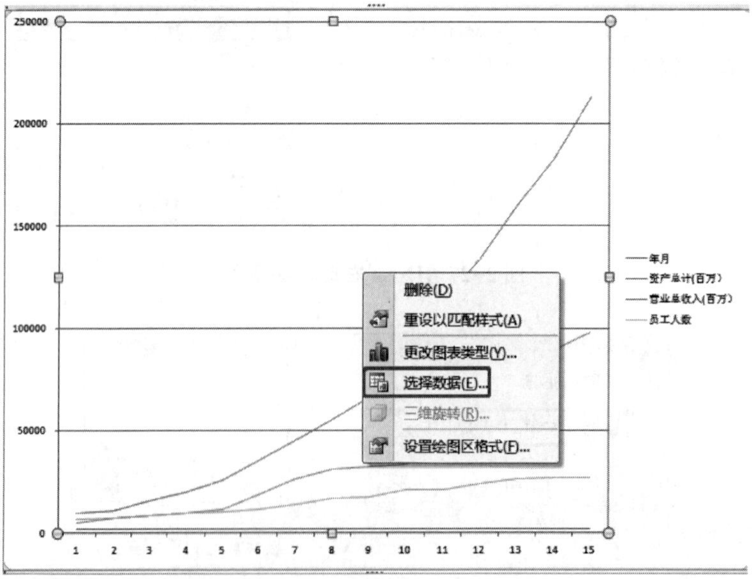

图 2-31 右键修改示范图(右键选取)

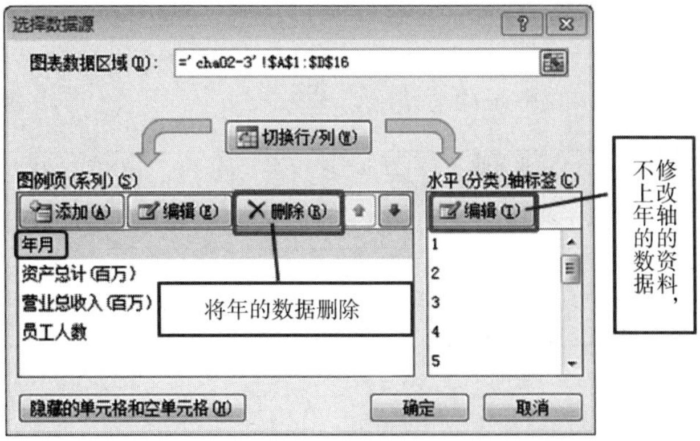

图 2-32 右键修改示范图右键(选取画面)

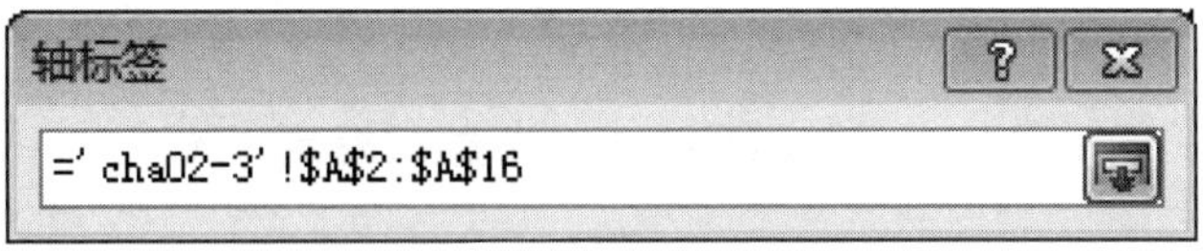

图 2-33 右键修改示范图(数据选取)

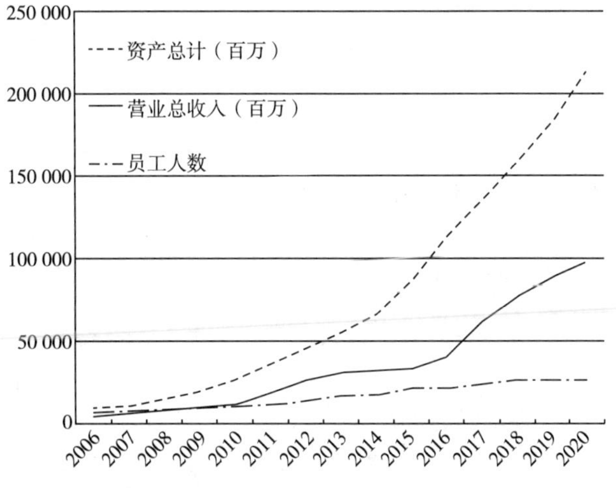

图 2-34 右键修改示范图(结果)(1)

坐标轴、走势图的曲线都可以美化(图 2-35),其过程本书就不再介绍了。

2.2.2 柱形图

柱形图可以用来比较两个或两个以上的对象(不同时间或者不同条件)。绘制柱形图时,长条柱或柱组中线需对齐项目刻度。相较之下,折线图则是将数据代表之点对齐项目刻度。在数字大且接近时,两者皆可使用波浪形省略号,以扩大表现数据间的差距,增强理解和清晰度。

【例 2-3】绘制贵州茅台 2006—2020 年总资产、营业总收入及员工总人数柱形图。

做法一样,所以本例直接从图 2-30 修改,如图 2-36 至图 2-37 所示,结果见图 2-38。

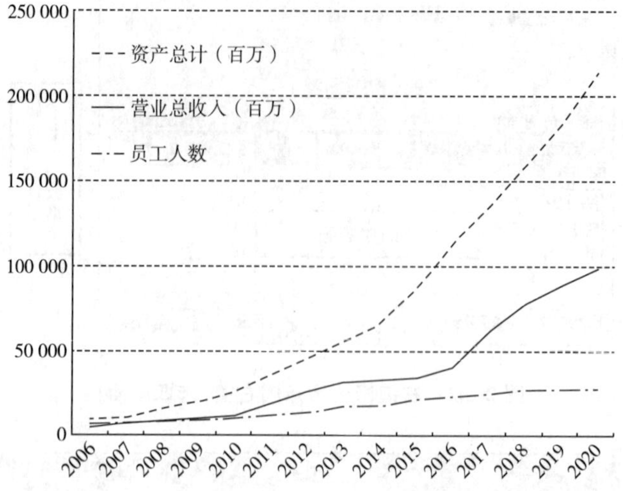

图 2-35 Excel 右键修改示范图(结果)(2)

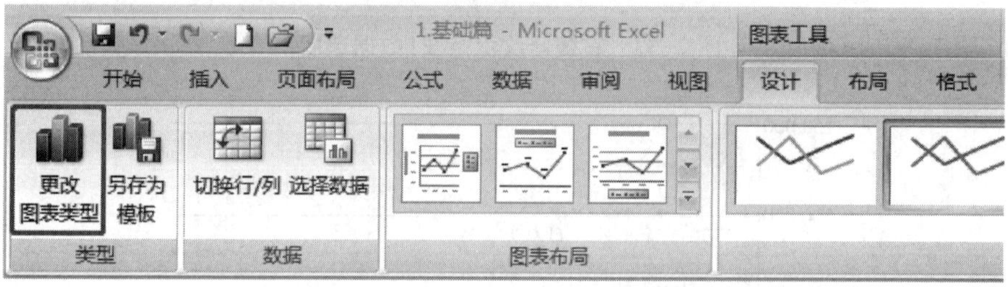

图 2-36 Excel 图形修改示意图

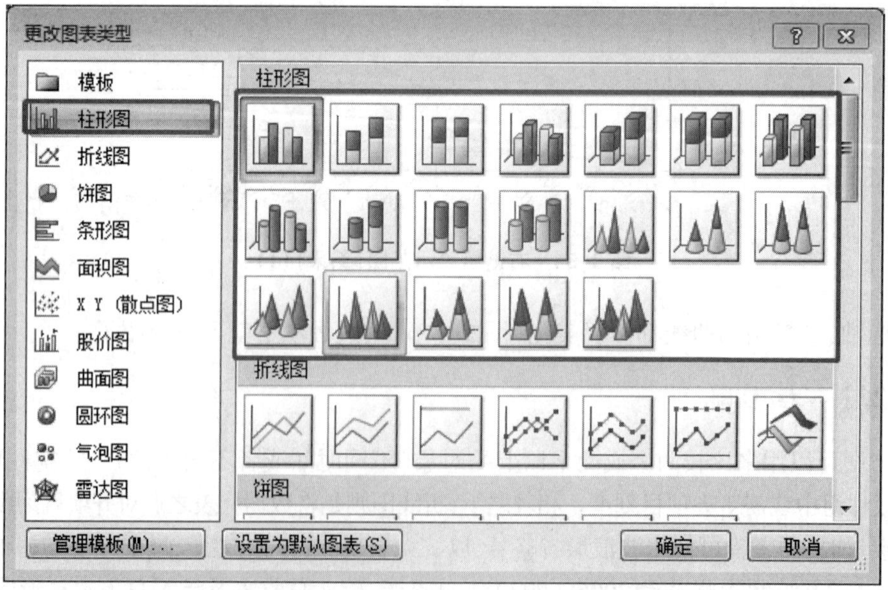

图 2-37 Excel 图形修改示范(选定欲修改图形)

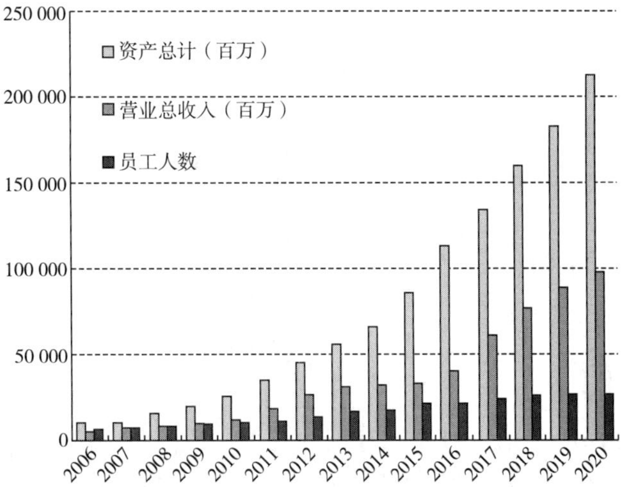

图 2-38 Excel 柱形图

Excel 的条形图与柱状图其实是一样的，只是旋转 90 度而已。

2.2.3 组合图

Excel 也有组合图(2 种图形画在一起)，但有些版本并不存在此功能，不过没有此功能的版本仍然可以通过对已有图形进行修改添加后实现此功能。组合图在介绍股票的价跟量时是非常好用的。

【例 2-4】 绘制 2020 年国证 1000 指数及成分股成交值价量关系图（走势图加柱状图的组合图），如图 2-39、图 2-40 所示。

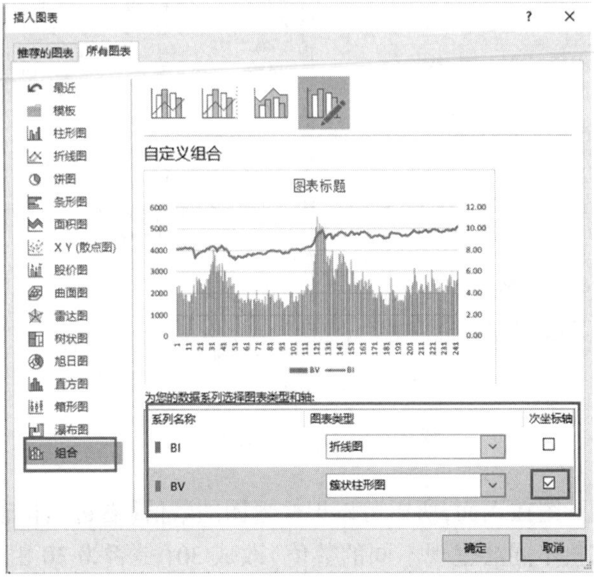

图 2-39 Excel 选取组合图

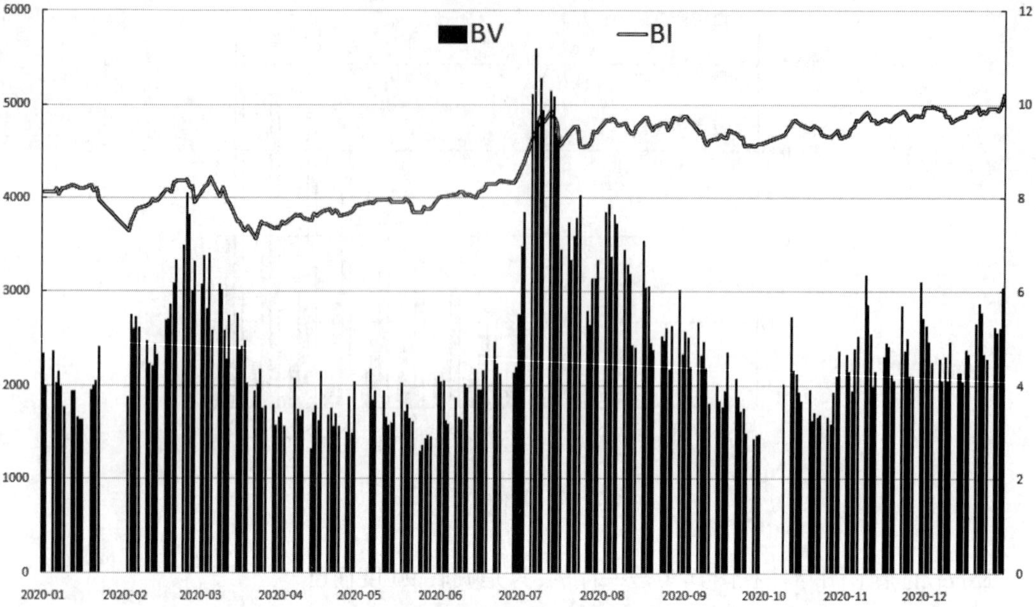

图 2-40　Excel 组合图

当然,最重要的还是要进行图形的美化,如图 2-41、图 2-42 所示。

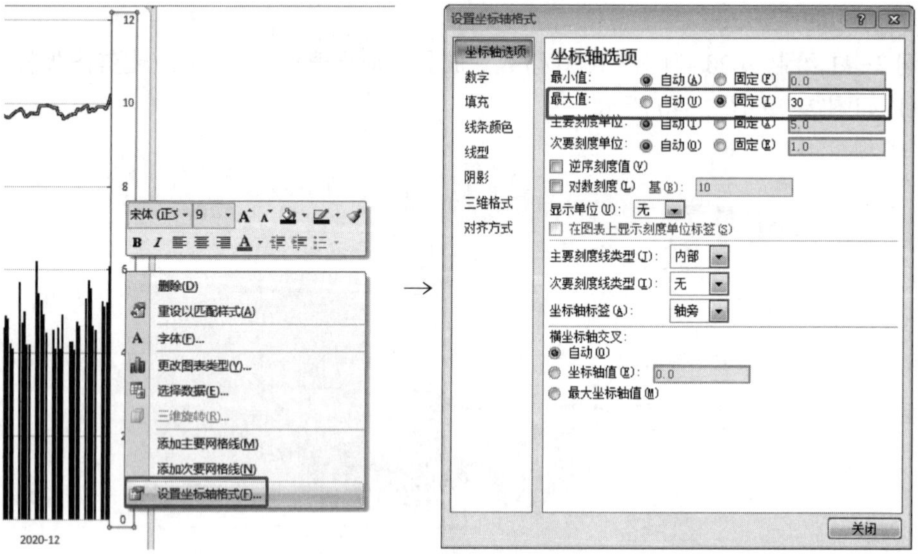

图 2-41　纵坐标轴修正(1)

一般成交值的柱形图在下面,所以可以把柱形图的数值(右边坐标轴)变大,将最大值的 12(内定值,根据计算机不同会呈现不同的数值)改成 30(是否为 30 由个人来定,但就是要变大,才能让柱形变小),如图 2-41 所示(一样使用鼠标右键进行修改)。

Excel 自行判断横坐标为时间,所以节假日也会被列入,造成空白的产生。为了让数据

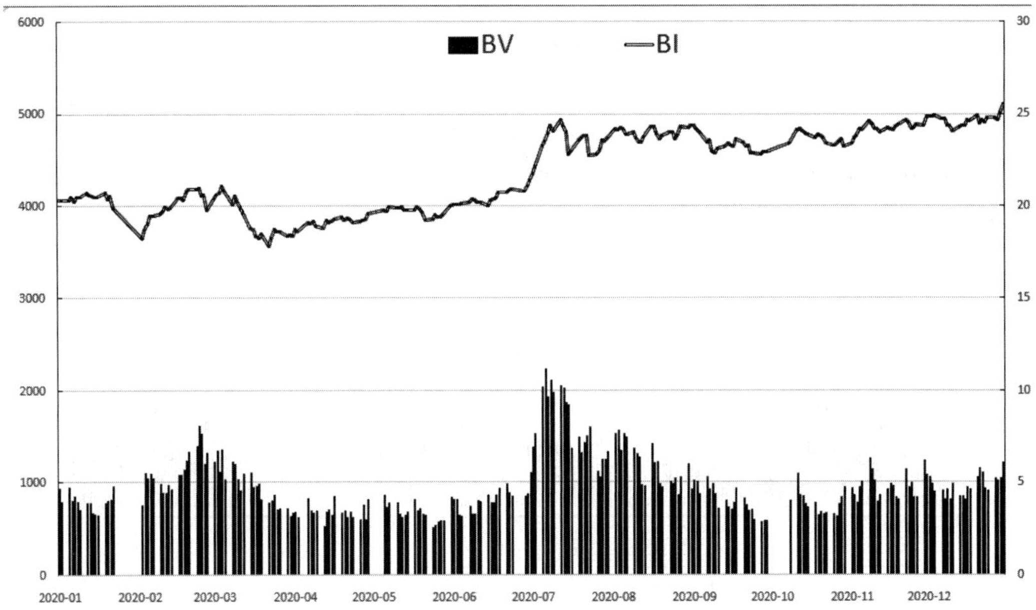

图 2-42 纵坐标轴修正(2)

可以连续呈现,宜先通过设置单元格格式将日期改成数字形态,再将图形的横坐标改成日期的格式,如图 2-43 所示,结果见图 2-44。

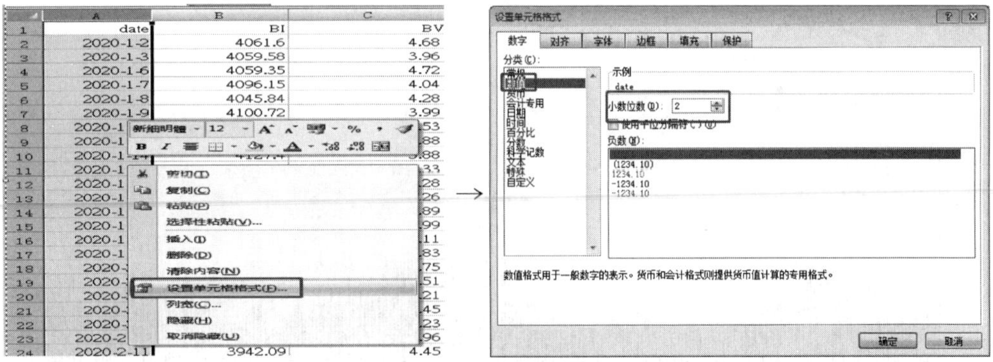

图 2-43 横坐标轴修正

再将图 2-44 的横坐标改成日期格式,并改变呈现的间隔即可,结果见图 2-45。

2.2.4 散点图

散点图又叫相关图,它是将两个可能相关的变量数据用点画在坐标图上,用来对成对的数据之间是否有相关性进行分析。这种成对的数据或许是呈现特性—原因、特性—特性—原因的关系。通过对其观察分析,来判断两个变量之间的相关关系。

【例 2-5】绘制贵州茅台 2006—2020 年总资产、营业总收入的散点图,如图 2-46 及图 2-47 所示。

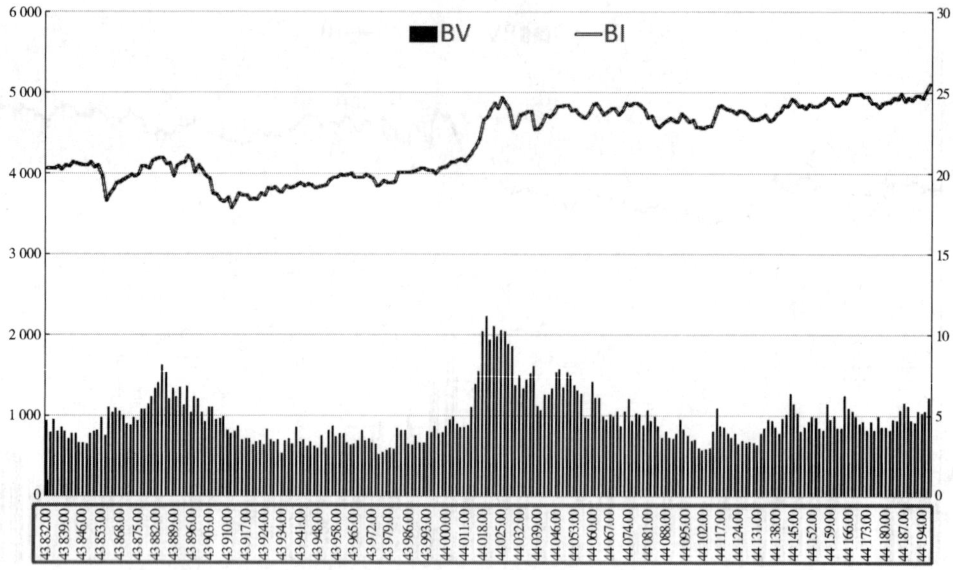

图 2-44　横坐标轴修正结果图

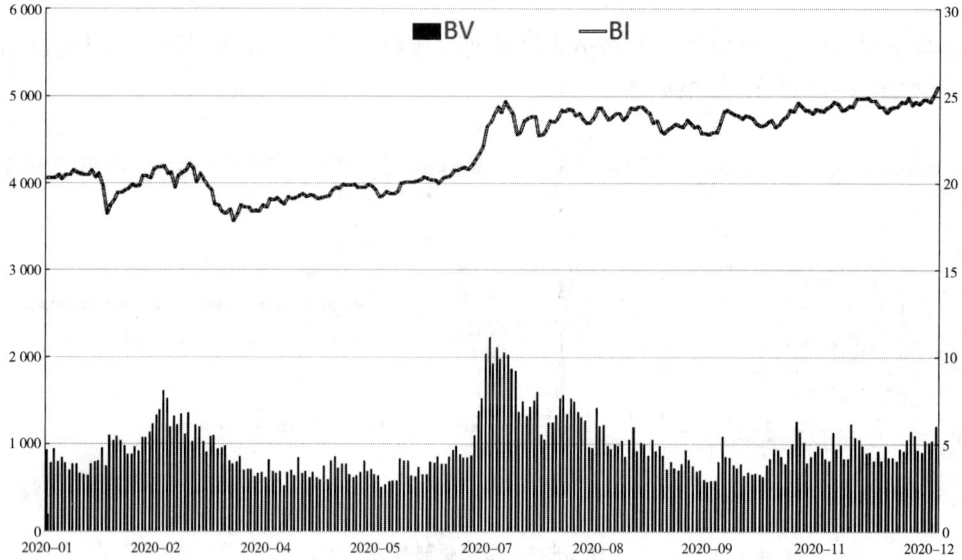

图 2-45　组合结果图

图 2-46　散点图选定

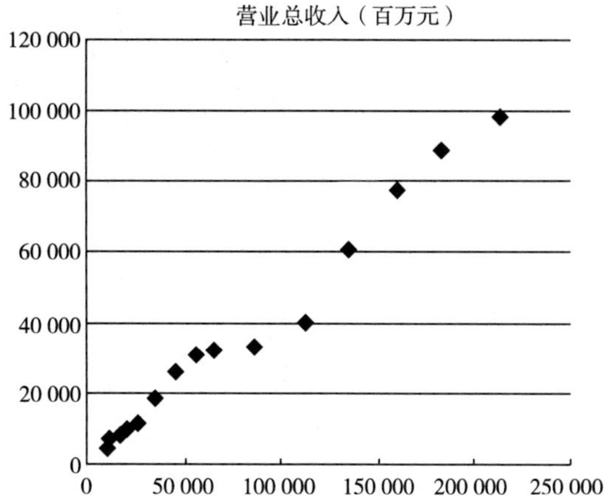

图 2-47 散点图结果

2.2.5 饼图

饼图是用扇形的面积,也就是圆心角的度数来表示比例。圆饼图主要用来表示组数不多的质量数据或间断性数量数据的内部构成,且各部分百分比之和必须是 100%。饼图可以使企业根据圆中各个扇形面积的大小,判断某一部分在总体中所占比例的多少。

【例 2-6】公司净利润=营业收入-营业成本-营业费用-所得税+营业外收入,所以,公司的营业总收入=营业收入+营业外收入=营业成本+期间费用+所得税+营业外支出+净利润,而期间费用一般指三大费用(管理费用、销售费用、财务费用)、营业税金及附加和其他费用。利用表 2-4,试将 2019 年贵州茅台全部营业收入分解为成本、费用和利润的饼图,并将营业费用拆解成上述的小费用。

表 2-4 贵州茅台 2019 年收入、成本、费用及利润表 单位:百万元

收　入		成本、费用及利润	
营业内收入	888.54	营业成本	74.30
营业外收入	0.09	营业费用	223.83
		业外支出	2.68
		所得税	148.13
		净利润	439.70
总和	888.64	总和	888.64

营业总额饼图的选定见图 2-48,饼图的结果见图 2-49。

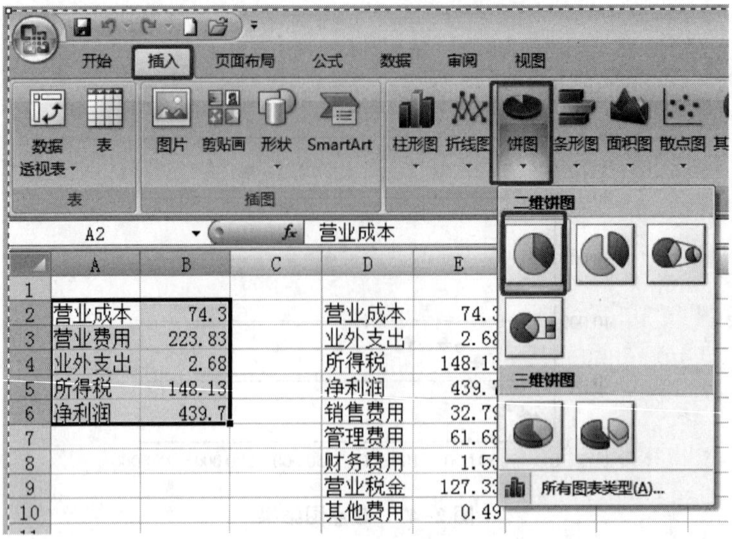

图 2-48 饼图选定

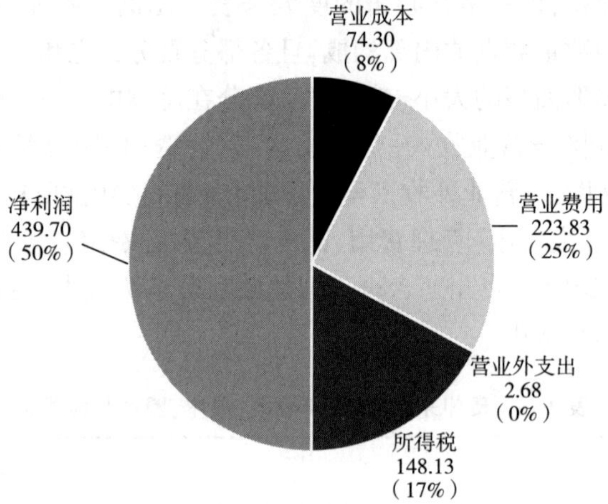

图 2-49 饼图

再将科目细分(需将要细分的科目列在最下方),如表 2-5 所示。然后如图 2-50 那样操作。

表 2-5 费用、利润表

单位:百万元

营业成本	74.3	管理费用	61.68
业外支出	2.68	财务费用	1.53
所得税	148.13	营业税金	127.33
净利润	439.7	其他费用	0.49
销售费用	32.79		

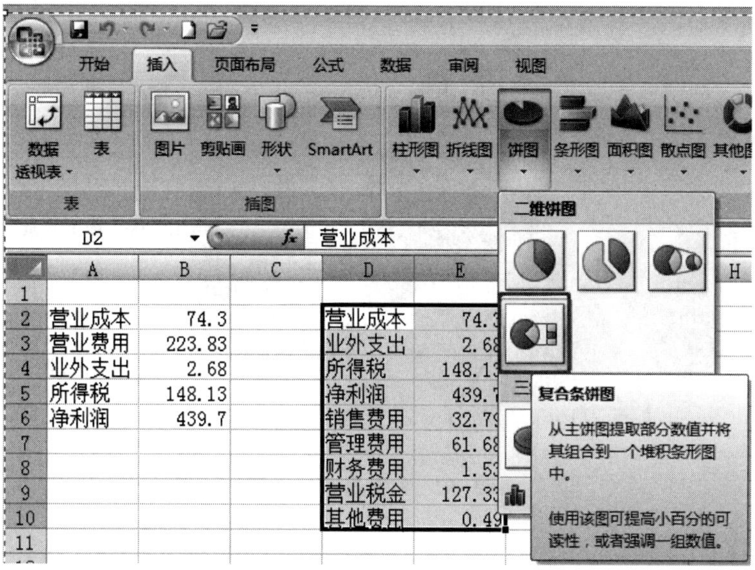

图 2-50　饼图进阶示范图

接着进行第二次调整，如图 2-51 所示。

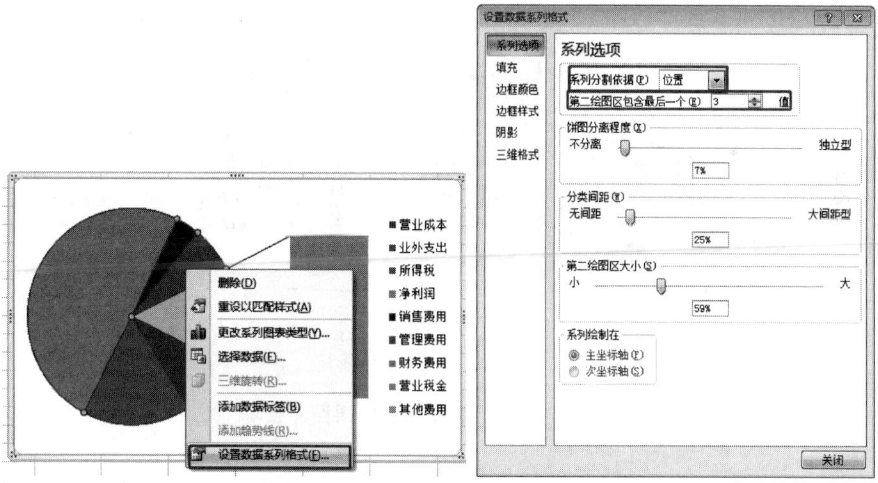

图 2-51　饼图进阶选定图

“系列分割依据”选“位置”的话，就必须要把要分割的数据放在最下面（Excel 内定值为 3 个），结果见图 2-52。

也可以将第二图区变更为 5 个，再把科目显示出来，结果如图 2-53 所示。

2.2.6　茎叶图

茎叶图（Stem-and-Leaf display）又称“枝叶图”，它是由英国统计学家阿瑟·鲍利（Arthur Bowley）设计的。1977 年统计学家约翰·托奇（John Tukey）在其著作《探索性数据

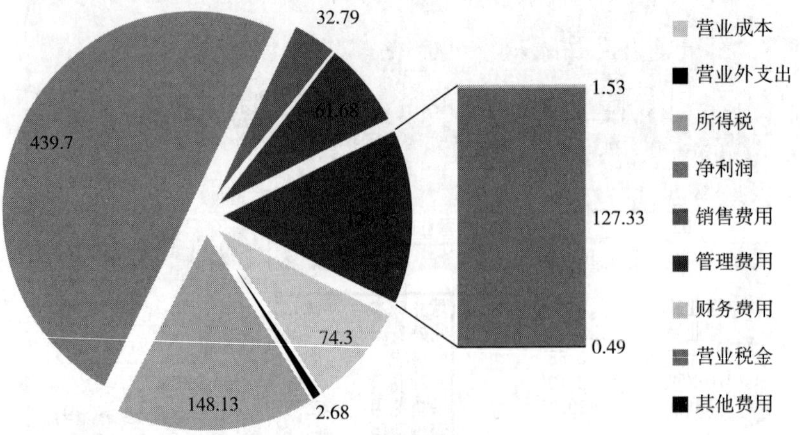

图 2-52　饼图进阶结果图

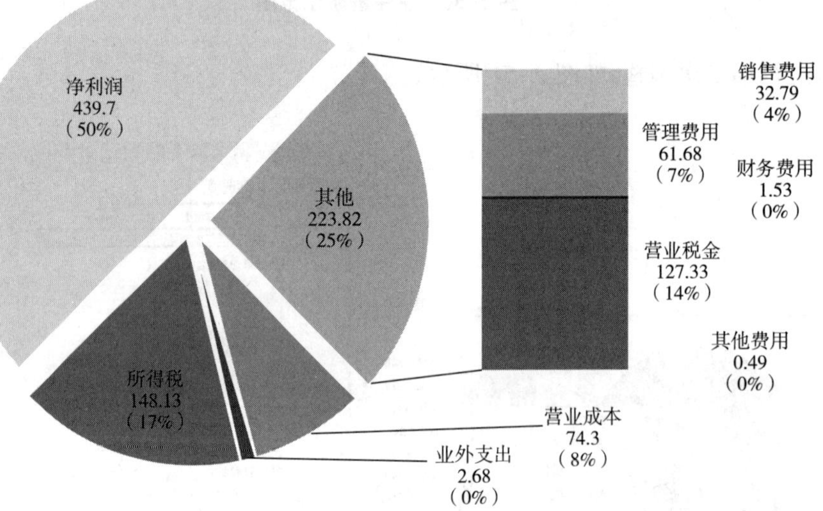

图 2-53　饼图修正结果图

分析》(*Exploratory Data Analysis*)中将这种绘图方法介绍给大家,从此,这种作图方法变得流行起来。

茎叶图的思路是将数组中的数按位数进行比较,将数的大小基本不变或变化不大的位的数作为一个主干,将变化大的位的数作为分枝(叶),列在主干的后面,这样就可以清楚地看到每个主干后面有几个数,每个数具体是多少。

【例 2-7】试将 2019 年零售业和批发业的速动比例利用茎叶图来呈现。结果见图 2-54。

图 2-54 是 2 组数据所构成的茎叶图,茎叶图一般由一组数据构成。茎叶图是一个与直方图相类似的特殊工具,但又与直方图不同,茎叶图保留原始数据,直方图则会丢失原始数

零售业		批发业
叶	茎	叶
5	1	2
9 7 6 5 3 2 1 1 1 0	2	3 8
8 8	3	8 8
9 8 5 4 2	4	5 5 5 9
9 8 5 5 3 3 1 0	5	2 2 3 6 7 9
8 8 7 5 4 2 1 0	6	1 2 3 6 6 7 7
9 8 8 7 6 4 2 2 1 1 1 1 1	7	2 2 6 6 7 7 8
8 5 5 4 1	8	1 2 5 6 9 9
9 7 6 3 3 3 2	9	1 7 8 9 9
3 0	10	8 9 9
6 5 3 1	11	0 5 6
9 7 3 0	12	2 4 5 6 7 9 9
8 2	13	0 2 6
8 7 2 2 1	14	1 5 7
0	15	4 8
3	16	
1	17	0 5
	18	
3	19	5

图 2-54　茎叶图

据。将茎叶图的茎和叶逆时针方向旋转 90 度,实际上就是一个直方图,可以从中统计出次数,计算出各数据段的频率或百分比,从而可以看出分布是否与正态分布或单峰偏态分布逼近。所以,茎叶图可以得到所有数据信息,弥补其他统计图上没有原始数据信息的缺失,且茎叶图中的数据便于记录和表示,可以随时添加。但茎叶图只便于表示个位之前相差不大的数据,而且,茎叶图只方便记录两组数据,两组以上的数据虽然能够记录,但是没有表示两组记录那么直观、清晰。

茎叶图在质量管理上的用途与直方图差不多,但它通常是在更细致的分析阶段使用。由于它是用数字组成直方图,所以我们常使用专业的软件进行绘制。

我们在第一章曾有介绍,数据可以分为分类数据和定量数据,图表也会依据不同的数据类别而有不同。有所不同的是,表格制作中,次数分布、相对次数分布、频率分布、累积次数分布、累积相对次数分布、累积频率分布和交叉表格定量数据都可以使用,而有关累积的分布、分类数据就无法制作;此外,分类数据图形的呈现可以使用条形图、圆形图,定量数据使用散点图、长条图、茎叶图为最佳，而折线图（走势分析）、泡泡图（3 个定量数据）和股票图（股票分析）则适合特殊的领域。

2.3 变量描述

上一节讨论了如何运用表格与图形进行数据汇总，本节将探讨几种数量方法，是汇总数据的另一种方式。

利用数量方法来描述变量，主要有集中趋势、离散程度、偏态和峰度系数以及相关性。若这些测量值是由样本数据计算而得的，则称为样本统计量（sample statistics）；若是由整个总体计算而得的，则称为总体参数（population parameters）。统计推论的样本统计量是指相对应的总体参数的点估计量（point estimator）。

2.3.1 集中趋势

反映集中趋势的指标一般有平均数、中位数、众数。

一个变量最重要的集中趋势或许就是平均数（mean, average value），记作 $E(X)$。平均数是中间位置量数。若数据来源是某一样本，则平均数记为 $\bar{x}$；若数据来自某一总体，则以 μ 表示。

统计公式习惯将变量 x 的第 1 个观察值记为 x_1，第 2 个观察值记为 x_2，以此类推。一般而言，变量 x 的第 i 个观察值记为 x_i。一个有 n 个观察值的样本，样本平均数的公式如下：

$$\text{样本平均数 } \bar{x} = \frac{\sum x_i}{n}$$

计算总体平均数的公式也相同，只是符号表示不同，总体所包含的所有元素的个数以 N 来表示。公式为：

$$\text{总体平均数 } \mu = \frac{\sum x_i}{N}$$

【例 2-8】2020 年畜牧业上市公司的董事会规模见表 2-6，试计算畜牧业上市公司董事会规模的算术平均数。

解：

$$\bar{x} = \frac{\sum x_i}{n} = \frac{7+9+9+12+7+9+9+10+12+9+9+16+9}{13} = 9.769$$

2.3.2 Excel 指令介绍

(1)总和：SUM(＊＊:＊＊)，＊＊指行列位置。

SUM(A2:C4)表示 A2+A3+A4+B2+B3+B4+C2+C3+C4；

SUM(A1:A5)表示 A1+A2+A3+A4+A5。

表 2-6　畜牧业上市公司的董事会规模表

公司代码	董事会规模	公司代码	董事会规模
735	7	300106	10
2234	9	300498	12
2299	9	300761	9
2458	12	300967	9
2714	7	600975	16
2746	9	603477	9
2982	9		

(2)算术平均数:AVERAGE(* * : * *)。

①加权平均数。当样本平均数或总体平均数中的每个 x_i 被赋予 ω_i 的权重时,则为加权平均数,表示为

$$\text{加权平均数}\ \bar{x} = \frac{\sum \omega_i x_i}{\sum \omega_i}$$

以前面 2020 年畜牧业上市公司的董事会为例可得到其规模权重表,如表 2-7 所示。

表 2-7　畜牧业上市公司的董事会规模权重表

董事会规模	家数	权重	董事会规模	家数	权重
7	2	$\frac{2}{13}$	12	2	$\frac{2}{13}$
9	7	$\frac{7}{13}$	16	1	$\frac{1}{13}$
10	1	$\frac{1}{13}$			

$$\bar{x} = \frac{\sum \omega_i x_i}{\sum \omega_i} = \frac{\frac{2}{13}\times 7 + \frac{7}{13}\times 9 + \frac{1}{13}\times 10 + \frac{2}{13}\times 12 + \frac{1}{13}\times 16}{\frac{2}{13} + \frac{7}{13} + \frac{1}{13} + \frac{2}{13} + \frac{1}{13}} = 9.769$$

实际上算术平均数的算法就是每个观察值乘以其发生的“概率”,若我们将发生的概率用函数 $f(x)$ 来表示,则平均数就等于

$$\bar{x} = \sum x_i \cdot f(x_i)$$

上面的算术平均数,$f(x_i)$ 采用“主观法”来衡量每个事件发生的概率(每个事件发生的概率都一样),所以 $f(x_i) = \frac{1}{n}$,而加权平均数则是采用“相对次数法”来衡量概率。概率、主观法、相对次数法将于本章下一节介绍。

②算术平均数的基本公式。具体如下:

$$E(aX + b) = aE(X) + b$$

【**例 2-9**】由于期末考试成绩不佳，所以全班同学加 10 分，则平均数也会加 10 分，或是全班成绩乘以 1.2，平均数也会变成 1.2 倍。即

$$E(X+10)=E(X)+10$$
$$E(1.2\cdot X)=1.2\cdot E(X)$$

上述的平均数属于算术平均数，一般都直接称为平均数。事实上，还有几何平均数(*geometric mean*)，记作 $\bar{x}_g$（几何平均数必须在 $x_i>0$ 的情况下才有意义），调和平均数(*harmonic mean*)，记作 $\bar{x}_h$。公式如下：

$$\bar{x}_g=\sqrt[n]{x_1\cdot x_2\cdot\cdots\cdot x_n}=\sqrt[n]{\prod x_i}$$

$$\frac{1}{\bar{x}_h}=\frac{\sum\frac{1}{x_i}}{n}\Rightarrow\bar{x}_h=\frac{n}{\sum\frac{1}{x_i}}$$

Excel 指令介绍：

- 乘积：PRODUCT(* * : * *)
- 几何平均数：GEOMEAN(* * : * *)
- 调和平均数：HARMEAN(* * : * *)

前面畜牧业上市公司的董事会规模平均数的 Excel 应用示范如图 2-55 所示。

	A	B	C	D	E	F
1	公司代码	董事会规模				
2	735	7				
3	2234	9				
4	2299	9				
5	2458	12			指令	结果
6	2714	7		总和	SUM(B2:B14)	127
7	2746	9		乘积	PRODUCT(B2:B14)	5399780682240
8	2982	9		算术平均数	AVERAGE(B2:B14)	9.769
9	300106	10		几何平均数	GEOMEAN(B2:B14)	9.537
10	300498	12		调和平均数	HARMEAN(B2:B14)	9.335
11	300761	9				
12	300967	9				
13	600975	16				
14	603477	9				

图 2-55 Excel 平均数指令图

算术平均数如果运用在有关连续时期的比较数列(如成长率)时，会把数据高估，如下例是算术平均数被高估的情况。

【**例 2-10**】若有一个基金投资沪深 300 指数(2010 年指数为 3 128 点，各年收益率见表 2-8)，试分析此基金收益率的算术平均数、成长因子的几何平均数。

解析：

$$\text{收益率 } r=\frac{\text{本期收益}-\text{上期收益}}{\text{上期收益}}$$

$$\text{成长因子(growth factor) } g_f=\frac{\text{本期收益}}{\text{上期收益}}$$

表 2-8 沪深 300 指数各年收益率表

年　份	沪深 300 指数	$r(\%)$	g_f
2020	5 211	27. 19	1. 271 9
2019	4 097	36. 07	1. 360 7
2018	3 011	−25. 30	0. 747 0
2017	4 031	21. 78	1. 217 8
2016	3 310	−11. 28	0. 887 2
2015	3 731	5. 57	1. 055 7
2014	3 534	51. 67	1. 516 7
2013	2 330	−7. 65	0. 923 5
2012	2 523	7. 54	1. 075 4
2011	2 346	−25. 00	0. 750 0

计算结果如下：

$$\bar{x} = 8.06$$

$$\bar{x}_g = 1.052\ 4$$

年收益率的算术平均数为 8. 06，这是通过 10 年的总收益率 80. 6 除以 10 而得出的，但如果就此得出结论说 10 年的平均收益率为 8. 06%，这个数字会令人感到怀疑，因为若每年的收益率为 8. 06%，那 10 年的总收益率将达到$(1.0806)^{10}-1=117.09\%$，但事实上这个指数并没有涨那么多，所以，算术平均数是不能用来计算投资的平均收益率的。

成长因子的概念通过以下例子说明。若使用 100 元在 2010 年底购买此基金，则 2011 年若该基金下跌 25. 01%，则成长因子为 0. 75，表示这 100 元变成 75 元；所以，第二年剩下 75 元进行投资，第二年收益率为 7. 55%，此时资本变成

$$100 \times (1 - 25\%) \times (1 + 7.54\%) = 80.658\ 7$$

80. 658 7 就成为第三年的资本，再进行投资。依此类推，第十年则是

$$100 \times (1 + 25\%) \times (1 + 7.54\%) \times (1 - 7.65\%) \times (1 + 51.67\%) \times \cdots \times (1 + 27.19\%)$$
$$= 100 \times 1.665\ 9 = 166.59$$

所以 1. 665 9 为这 10 年的成长因子($\dfrac{5\ 211}{3\ 128}=1.665\ 9$)，这是 10 个成长因子的乘积。所以，取 10 次方根，则

$$\bar{x}_g = \sqrt[10]{1.665\ 9} = 1.052\ 360$$

也就是说，10 年的平均收益率为 5. 236 0%，第一年投资 100 元，10 年后的本利和为

$$100 \times (1 + 5.24\%)^{10} = 166.59$$

换句话说，算术平均数用在成长率方面会严重夸大。算术平均数只适用于加法程序，对于乘法程序，诸如与成长率有关的应用，几何平均数才是合适的方法。

事实上，几何平均数特别普遍地运用在财务、金融及银行相关的问题中，只要是有关若干连续时期的平均成长率，就可运用几何平均数。几何平均数除了年度的变化以外，季、月、周甚至天的改变均可使用。

(3)中位数。中位数(median)是另外一个中间趋势的变量。将数列由大到小(或由小到大)排列后,取数列中间那个数值。若数据个数为奇数,则中位数即位于中间的数值;若数列个数为偶数,数列就没有唯一的中间项,根据中位数的定义,则将中间两个数取平均数当中位数。为方便起见,将中位数的定义重新说明如下:

将数据递增排列(即由小到大排列):

①数据个数为奇数时,中位数为处于数据中间位置的值。

②数据个数为偶数时,中位数为次数据中间两个数值的平均数。

以上面畜牧业的董事会规模为例,中位数等于9,Excel 指令为

Median(B2:B14)= 9

就整体公式来判断,若存在极端值,则平均数容易被影响,而中位数就不会被影响,所以,中位数与平均数的比较也是判断极端值存在与否的好办法。

(4)众数。另一个中间趋势的变量为众数(mode)。众数的定义为数据集中出现次数最多的数据值。当数据中出现次数最多的值有两个或以上时,众数就不止一个。若数据集有两个众数,则称为双峰(bimodal)。若出现两个以上的众数,则称为多峰(multimodal)。在多峰的例子中,几乎不采用众数,因为列出两个或两个以上的众数,对数据集的分析并不特别有用。

以前面畜牧业上市公司的董事会规模为例,中位数等于9,Excel 指令为

Mode(B2:B14)= 9

(5)百分位数。百分位(percentile)可以让分析人员了解数据在最小值与最大值间的分布情况。对有 n 个观察值的所有数据而言,以 *pth* 百分位数(pth percentile)可将数据分割成两部分,大约有 p 百分比会小于 *pth* 百分位数,而大约有($100-p$)百分比的观察值会大于 *pth* 百分位数。

计算 n 个观察值的 *pth* 百分位数时,必须先将数据按递增(由小至大)排序,最小值排第1位,次小值排第2位,依此类推。*pth* 百分位数所在位置以 L_p 表示,计算公式如下:

$$pth\text{ 百分位数址 } L_p = \frac{p}{100}(n+1)$$

以上面畜牧业上市公司的董事会规模为例,董事会规模的排序如表2-9所示。

表2-9　畜牧业上市公司董事会规模的排序表

排序	1	2	3	4	5	6	7	8	9	10	11	12	13
规模	7	7	9	9	9	9	9	9	9	10	12	12	16

90th 百分位数的位置在

$$L_{90} = \frac{90}{100}(13+1) = 12.6$$

通过内插法计算出12.6位置的数值

$$(13-12.6)\times 12+(12.6-12)\times 13 = 14.4$$

(6)四分位数。四分位数的使用比百分位数还要广泛,它就是将观察值由小到大分割成4等分,处于三个分割点位置的数据称为四分位数(quartiles),并定义如下:

Q_1 =第一四分位数或 25h 百分位数

Q_2 =第二四分位数或 50th 百分位数(即中位数)

Q_3 =第三四分位数或 75th 百分位数

因为四分位数是百分位数的特例,可以通过计算百分位数的步骤来计算四分位数。

$$Q_1 = L_{25} = \frac{25}{100}(n+1)$$

$$Q_2 = L_{50} = \frac{50}{100}(n+1)$$

$$Q_3 = L_{75} = \frac{75}{100}(n+1)$$

Excel 指令为:QUARTILE. INC(数列,0~5)。如图 2-56 所示。

图 2-56 Excel 4 分位指令图

2.3.3 离散程度

在了解观察值的中间趋势(像平均数)后仍旧无法知道观察值的状况,通常要通过离散程度才能了解观察值的状况。举例来说,两家企业历年的平均盈利都是每股 1 元,光知道这个是无法进行决策的,只有通过离散程度的分析,才能了解哪一家企业的盈利比较稳定。是否稳定,就要通过比较离散程度的大小来判断,离散程度越小,相对来说就越稳定。离散程度的指标一般有全距、四分位差、方差、标准差和离散系数,分别介绍如下。

(1)全距(range)。公式具体如下:

$$全距=最大值-最小值$$

全距虽然很好计算,但很少被分析人员单独使用,因为它只使用最大值和最小值两个数据,容易被极端值所影响。

Excel 指令:最大值 MAX(**:**);最小值 MIN(**:**)。

(2)四分位差(inter quartile range),记得 IQR。公式表示如下:

$$IQR = Q_3 - Q_1$$

四分位差可以避免被极端值影响的问题,选取中间50%观察值的全距。但是也只用了2个数据值,所以使用效果不如下面所说的方差、标准差。

(3)方差(variance)。方差是利用全部数据而得到的离散量数,记作 Var(X),它是通过计算每一个观察值 x_i 与其平均数之差的平方和而得。

$$\text{Var}(X) = E[X - E(X)]^2 = E(X^2) - E(X)^2$$

每一个观察值 x_i 与平均数($\bar{x}$ 为样本平均数,μ 为总体平均数)之差称为离差(deviation about themean),即 $X-E(X)$。对于样本而言,离差可写成 $(x_i - \bar{x})$,对于总体而言,则写成 $(x_i - \mu)$。在计算方差时,取离差的平方值(squared)。

若数据为总体所有观察值,这些离差平方的平均称为总体方差(population variance),以 σ^2 表示。定义如下:

$$\text{总体方差}\ \sigma^2 = \frac{\sum (x_i - \mu)^2}{N} = \frac{\sum x_i^2 - N\mu^2}{N}$$

在大部分统计应用中,分析的都是样本数据,计算样本方差多半是为了利用它来估计总体方差。一般来说,总体的平均数是不知道的,所以,必须计算出样本平均数来代替总体,这时候我们所知道的样本自由度由 n 变成 $n-1$(也就是当样本平均数固定后,所有 n 个样本会有一个无法变动),所以,样本离差平方和就必须除以 $n-1$ 而非 n,此样本方差也会成为总体方差的无偏估计量。基于此,样本方差(sample variance)记为 s^2,定义如下:

$$\text{样本方差}\ s^2 = \frac{\sum (x_i - \bar{x})^2}{n-1} = \frac{\sum x_i^2 - n\bar{x}^2}{n-1}$$

Excel 指令:方差 VAR(* *:* *)。

方差的基本公式表示如下:

$$\text{Var}(aX + b) = a^2\text{Var}(X)$$

【例2-11】由于期末考试成绩不佳,所以老师给全班同学的成绩每人加10分,但是学生分数离散的程度不会改变,如果全班成绩乘以1.2,离散程度则会变成 $1.2^2 = 1.44$ 倍。

$$\text{Var}(X + 10) = \text{Var}(X)$$

$$\text{Var}(1.2 \cdot X) = 1.44 \cdot \text{Var}(X)$$

(4)标准差。方差的计算是选取离差平方和的平均,其单位很明显就与观察值的单位不一样,因此,建立标准差(standard derivation),它为方差的平方根,这时候标准差的单位就与观察值的单位一样了。用 σ 表示总体的标准差,s 表示样本的标准差,则

$$\text{总体标准差}\ \sigma = \sqrt{\sigma^2} = \sqrt{\frac{\sum (x_i - \mu)^2}{N}}$$

$$\text{样本的标准差}\ s = \sqrt{s^2} = \sqrt{\frac{\sum (x_i - \bar{x})^2}{n-1}}$$

Excel 指令:标准差 STDEV(* *:* *)。

(5)离散系数。想要衡量观察值变异的状况是平均数的百分之多少,可以利用离散系数(coefficient of variation),记作 CV。它是评估离散程度的另一个指标。

$$\text{总体离散系数}\ CV = \frac{\sigma}{\mu} \times 100(\%)$$

$$样本离散系数 CV = \frac{s}{\bar{x}} \times 100(\%)$$

2.3.4 分布形状

(1)偏态系数。偏态(skewness)系数又称偏差系数,用来表示观察值不对称的程度,用 SK 表示。偏态系数为正,就表示观察值为右偏的状况,反之,就是观察值为左偏的状况。偏态系数绝对值越大,偏斜越严重。

$$总体偏态系数 SK = \frac{1}{N} \cdot \frac{\sum (x_i - \mu)^3}{\sigma^3} = \frac{\frac{1}{N}\sum (x_i - \mu)^3}{\left(\frac{\sum (x_i - \mu)^2}{N}\right)^{\frac{3}{2}}}$$

$$样本偏态系数 SK = \frac{n}{(n-1)(n-2)} \cdot \frac{\sum (x_i - \bar{x})^3}{\left(\frac{\sum (x_i - \bar{x})^2}{n-1}\right)^{\frac{3}{2}}}$$

Excel 指令:偏态系数 SKEW(＊＊:＊＊)。

(2)峰度系数。峰度系数(kurtosis),记作 K,又称峰态系数,它是表示观察值在平均值处峰值高低的特征数。直观看来,峰度系数反映了峰部的尖度。一般会与 3 做比较,大于 3 则称为高峡峰,小于 3 则称为低阔峰。(不过有些书会与 0 做比较,原因是在计算式中已经减掉 3 了。)

$$总体峰度系数 K = \frac{\frac{1}{N}\sum (x_i - \mu)^4}{\sigma^4} = \frac{\frac{1}{N}\sum (x_i - \mu)^4}{\left(\frac{\sum (x_i - \mu)^2}{N}\right)^2}$$

$$样本峰度系数 K = \frac{n(n+1)\sum (x_i - \bar{x})^4}{(n-1)(n-2)(n-3)\left(\frac{\sum (x_i - \bar{x})^2}{n-1}\right)^2}$$

Excel 指令:峰度系数 KURT(＊＊:＊＊)。

相关离散程度指针的 Excel 指令,如图 2-57 所示。

	A	B	C	D	E	F
1	公司代码	董事会规模				
2	735	7				
3	2234	9		统计量	指令	结果
4	2299	9		最大值	MAX(B2:B14)	16.000
5	2458	12		最小值	MIN(B2:B14)	7.000
6	2714	7		方差	VAR(B2:B14)	5.692
7	2746	9		标准差	STDEV(B2:B14)	2.386
8	2982	9		偏态	SKEW(B2:B14)	1.584
9	300106	10		峰度	KURT(B2:B14)	3.208
10	300498	12				
11	300761	9				
12	300967	9				
13	600975	16				
14	603477	9				

图 2-57 离散程度指针的 Excel 指令

所有描述统计量均可利用 EViews 计算求得,本书示范都是从 Excel 建立的档案直接开启(当然也可以从 EViews 直接建档,这里就不再介绍了)。

步骤 1:Excel 建档。

工作表不要出现中文,不然 EViews 无法开启,如图 2-58 所示。

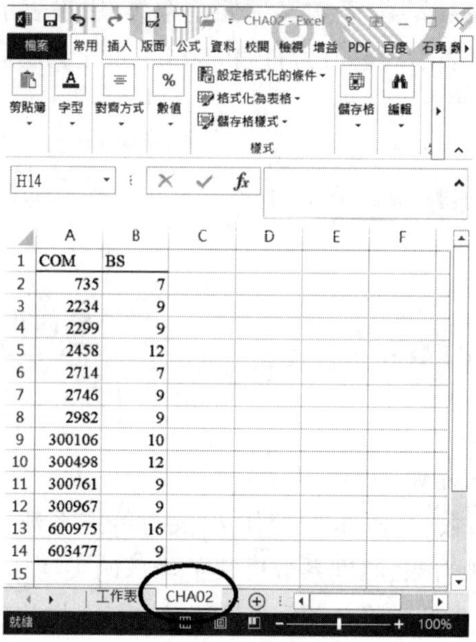

图 2-58 Excel 工作表示范

步骤 2:EViews 开启。

File→ Open →EViews Workfile. . . ,如图 2-59 所示。

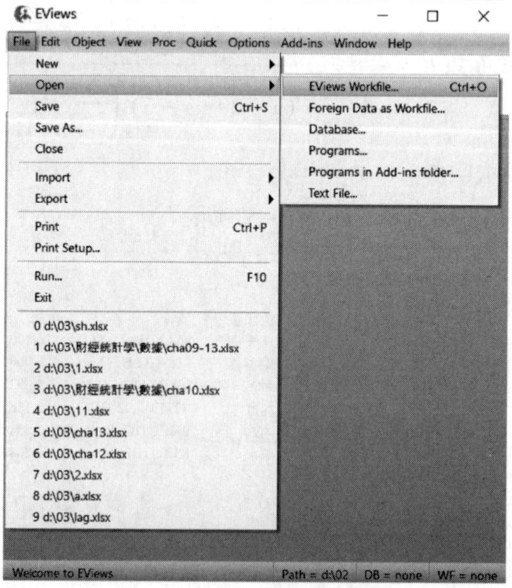

图 2-59 EViews 开启示范

步骤 3：将档案开启种类改为 *．* 或是 Excel 档案，参见图 2-60。

图 2-60　EViews 档案选取

步骤 4：选择工作表后即可直接点击"完成"，如图 2-61 所示。

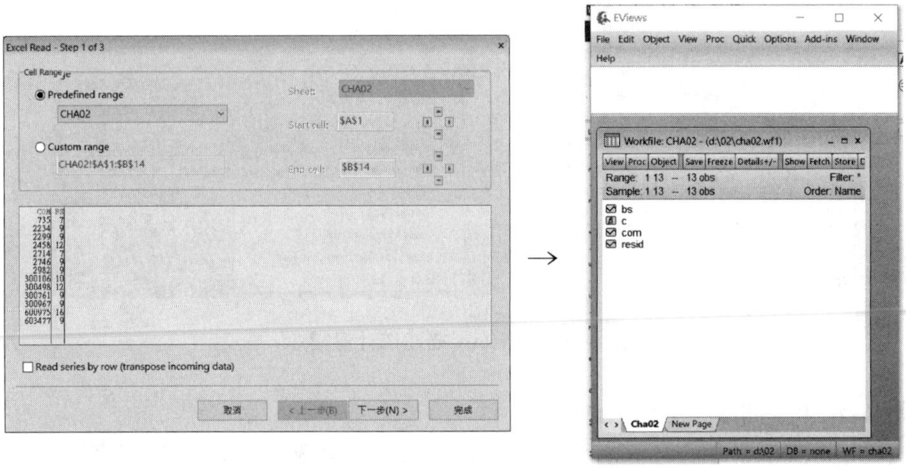

图 2-61　EViews 档案开启结果

从以上图中可以发现，除了 Excel 建构的 2 个数列（com，BS，尽量用英文命名，输入中文会出现空格或乱码）以外，还有 2 个变量，分别是 c（常数项）和 redid（残差项），这 2 个变量名称是 EViews 内定值，符号不能使用，而且档案一开启就一定会出现。除此之外，EViews 还有 ABS、ACOS、AR、ASIN、C、CON、CNORM、COEF、COS、D、DLOG、DNORM、ELSE、ENDIF、EXP、LOG、LOGIT、LPT1、LPT2、MA、NA、NRND、PDL、RESID、RND、SAR、SIN、SMA、SQR 和 THEN 等变量名称也是内定的，变量命名时也要尽量避开，不然 EViews 会在命名的名称后面加上数字（01、02、…）。

如果工作表用中文命名，则会无法开启，如图 2-62 所示。

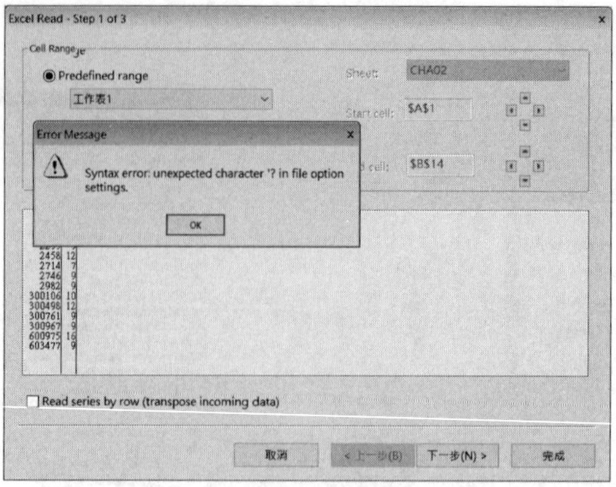

图 2-62　EViews 错误示范

步骤 5:描述统计量分析:Quick→ Group Statistics→ Descriptive Statistics→ Common sample,如图 2-63 所示。

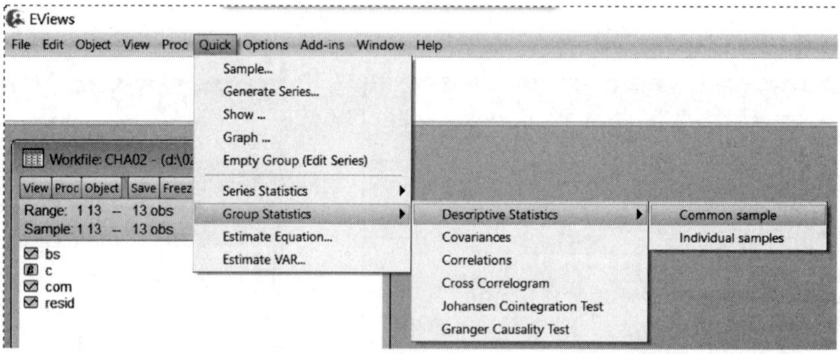

图 2-63　EViews 描述统计量指令

步骤 6:结果。如图 2-64 所示。

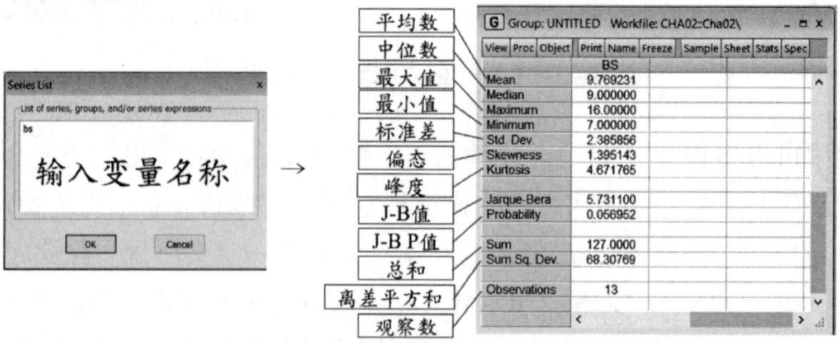

图 2-64　EViews 描述统计结果

可以发现,Excel 和 EViews 的偏态系数和峰度系数不一样,造成不同的原因是 Excel 是按照样本的公式来计算,而 EViews 是用总体来计算的,如表 2-10 所示。

表 2-10 Excel、EViews 偏态系数和峰度系数计算公式

	EViews	Excel
偏态系数	$SK=\frac{1}{N}\cdot\frac{\sum(x_i-\mu)^3}{\sigma^3}=\frac{\frac{1}{N}\sum(x_i-\mu)^3}{\left(\frac{\sum(x_i-\mu)^2}{N}\right)^{\frac{3}{2}}}$	$SK=\frac{n}{(n-1)(n-2)}\cdot\frac{\sum(x_i-\bar{x})^3}{\left(\frac{\sum(x_i-\bar{x})^2}{n-1}\right)^{\frac{3}{2}}}$
峰度系数	$K=\frac{\frac{1}{N}\sum(x_i-\mu)^4}{\sigma^4}=\frac{\frac{1}{N}\sum(x_i-\mu)^4}{\left(\frac{\sum(x_i-\mu)^2}{N}\right)^2}$	$K=\frac{n(n+1)\sum(x_i-\bar{x})^4}{(n-1)(n-2)(n-3)\left(\frac{\sum(x_i-\bar{x})^2}{n-1}\right)^2}$

当观察值很大时,他们两个就都一样了。

一般来说,描述统计量所需要呈现的是观察值的样本容量和四大指标,后者分别是集中趋势(平均数、中位数)、离散程度(最大值、最小值和标准偏差)以及偏态系数和峰度系数。

2.4 概率导论

2.4.1 概率的含义

概率(probability)是统计学的基础,统计的应用很多都已经融入了概率的概念,举例来说,管理者常要根据不确定的分析结果来进行决策,例如:

(1)若降低商品价格,能不能达到薄利多销的效果,公司获利会增加多少?

(2)按照新的存货管理制度,缺货的可能性有多大?

(3)未来投资获利的机会有多大?

这些都是概率的问题。理解了概率,然后再利用统计学的方法进行分析。概率是事件发生可能性的数值衡量。概率值永远介于 0 与 1 之间:概率值接近 0,表示非常不可能发生;如果接近 1,就表示非常可能发生。然后再用 0.5 去区分,若预测发生的概率为 0.5,这样的预测是没有意义的。举例来说,明天股票有 50%的概率会上涨,那到底会涨还是会跌?但如果说明天会涨的概率是 70%,那大部分人觉得会涨,因此,概率能被用来衡量以下 4 种情况发生的不确定程度:非常可能发生,可能发生,可能不发生,非常可能不发生。可能发生和可能不发生的临界点是 50%,非常可能发生和可能发生的临界点就因人而异了。在统计学上,临界点定在 90%(显著)、95%(很显著)和 99%(非常显著);有些学科定得较高,达 99.9%。

2.4.2 随机实验

要进行概率的衡量,就必须先了解随机实验、计数法则,随机实验(random experiments)必须满足以下条件:

(1)实验结果有清楚定义,大多情况下,甚至在实验之前就能列出所有可能结果。

(2)实验的任何重复进行或试行(trial),都会出现一个且仅有一个实验结果。

(3)出现哪种结果全凭概率而定。

2.4.3 随机实验的样本空间

随机实验所产生的实验结果就称为随机实验的样本空间(sample space),而每个实验结果可以称为样本点(sample point),即样本空间的一个元素。

(1)考虑丢掷1枚硬币的随机实验。如果令 S 为样本空间,当我们丢1枚硬币时,可用以下符号表示样本空间:

$$S=\{正面,反面\}$$

(2)投骰子的实验。可能的实验结果是投掷1颗骰子出现的点数,样本空间将有6个样本点,表示为

$$S=\{1,2,3,4,5,6\}$$

2.4.4 计数法则、组合及排列

当准备判断概率时,一开始也是最重要的步骤就是计算样本空间的样本点有多少个,这称为计数实验结果,常用的计数法有3种,分别为多重步骤实验(multiple-step experiments)计数法则、组合计数法则和排列计数法则。

多重步骤实验计数法则:若有一个可分成 k 个步骤,而第1个步骤有 n_1 种可能结果,第2个步骤有 n_2 种可能结果,其他以此类推,则此实验共有 $n_1, n_n, \cdots, n_k$ 种实验结果。

(1)将1枚硬币随机掷3次。若H代表正面,T代表反面。(T,H,T)符号表示第一次出现反面、第二次出现正面及第三次出现反面。这个实验的样本空间(S)可以描述如下:

$$S=\{(H,H,H),(H,H,T),(H,T,H),(H,T,T),(T,H,H),(T,H,T),(T,T,H),(T,T,T)\}$$

由计数法则可知共有 $2\times2\times2=8$ 种不同的实验结果。

(2)投骰子的随机实验掷2次。这个实验的样本空间(S)可以描述如下:

$$\begin{aligned}S=\{&(1,1),(1,2),(1,3),(1,4),(1,5),(1,6),\\&(2,1),(2,2),(2,3),(2,4),(2,5),(2,6),\\&(3,1),(3,2),(3,3),(3,4),(3,5),(3,6),\\&(4,1),(4,2),(4,3),(4,4),(4,5),(4,6),\\&(5,1),(5,2),(5,3),(5,4),(5,5),(5,6),\\&(6,1),(6,2),(6,3),(6,4),(6,5),(6,6)\}\end{aligned}$$

可能的实验结果是 $6\times6=36$ 种。

组合计数法则:从 n 个个体中取 k 个组合体,共有

$$C_n^k=\frac{n!}{k!\ (n-k)!}$$

排列计数法则:从 n 个个体中取 k 个进行排列,共有

$$P_n^k=\frac{n!}{(n-k)!}$$

2.4.5 事件与概率

(1)事件的表述。判断概率的基础是,了解事件(event)进而利用事件计算概率。事件就是样本点的集合。举例来说,投骰子的随机实验,丢2次、点数总和小于5的事件 E 表示为

$$E=\{(1,1),(1,2),(1,3),(2,1),(2,2)(3,1)\}$$

这时候就可以进行概率的衡量,举例来说,投骰子的随机实验,丢 2 次、总和小于 5 的概率为

$$\frac{\text{该事件样本点}}{\text{全部事件样本点}}=\frac{6}{36}\text{(每个样本点发生的概率都一样)}$$

通过事件的描述可以计算出概率,但不管采用古典法(每个实验结果出现的可能性皆相等)、主观法(实验结果出现的可能性不相等,可通过经验或是直接判断)还是相对次数法(通过实验结果发生的次数比例来计算)来衡量,都必须满足 2 个条件:

①任一实验结果的概率值必须介于 0 与 1 之间,假设 E_i 表示第 i 个实验结果,而 $P(E_i)$ 表示该事件发生的概率,则

$$\text{对所有 } i \text{ 而言},0\leqslant P(E_i)\leqslant 1$$

②所有实验结果概率的总和必须等于 1,假设一样本含有 k 个实验结果,则

$$P(E_1)+P(E_2)+\cdots+P(E_k)=1$$

通过上述的概率定义,形成概率的基本关系如下:

(2)概率的基本关系。

①补。事件 A 的补(complement of A)指的是所有不包含在事件 A 中的样本点,所以事件 A 发生的概率(如图 2-65 所示)$P(A)=1-P(A)$,如图 2-65 所示。

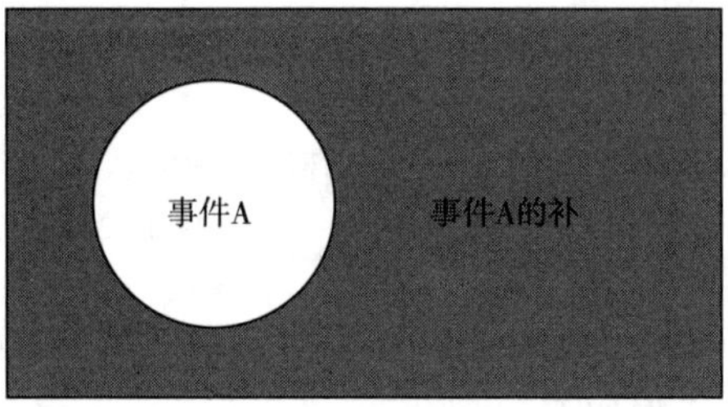

图 2-65　事件示意

②加法律。两个圆形区域所在的部分就是事件 A 和 B 的并(union of A and B),其中重叠的部分说明有一些样本点既属于 A 又属于 B,可以称之为交(intersection),如图 2-66 所示。

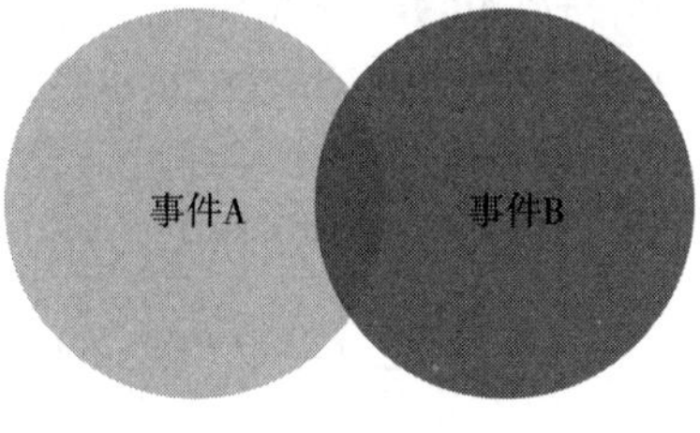

图 2-66　事件并交

加法公式(加法律, addition law)为

$$P(A\cup B)=P(A)+P(B)-P(A\cap B)$$

③乘法律。如果某个事件 A 发生的可能性受到另外一个事件 B 的影响,此时 A 发生的可能性称作条件概率,记作 $P(A|B)$。表明我们是在 B 条件已经发生的条件下考虑 A 发生的可能性,统计学中称为给定条件 B 下事件 A 的概率。进而又得出了乘法公式(乘法律,

multiplication law)：

$$p(A|B)=\frac{P(A\cap B)}{P(B)}$$

$$\Rightarrow \quad P(A\cap B)=P(B)\cdot P(A|B)$$

或

$$P(A\cap B)=P(A)\cdot P(B|A)$$

如果事件 A 的概率不受事件 B 的影响，即 $P(A|B)=P(A)$ $P(B|A)=P(B)$，则称 A 和 B 为独立事件(independent event)，否则就称 A 和 B 两事件相依。

所以，可以推出独立事件乘法律

$$P(A\cap B)=P(A)\cdot P(B)$$

2.4.6 贝叶斯定理

贝叶斯定理：先假设一个事件发生的概率，然后找到一个信息，最后得出在这个信息下这一事件发生的概率。

举一个我们生活中的例子，当我们和一个被怀疑做坏事的人聊天时，我们首先假设他做坏事的概率为 a，然后我们根据和他交谈的信息，得出对他新的认识，重新判断他做坏事的概率 b。

贝叶斯公式就是阐述了这么一个事实：

新信息 A 出现后 B 的概率=B 的概率×新信息 A 带来的影响

$$P(B|A)=P(B)\cdot\frac{p(A|B)}{P(A)}$$

当直接计算 $P(A)$ 较为困难，而 $P(B_j)$，$P(A|B_j)$ $(j=1,2,\cdots)$ 的计算较为简单时，可以利用全概率公式计算 $P(A)$。步骤如下：

将事件 A 分解成几个小事件，通过求小事件的概率，然后相加从而求得事件 A 的概率。将事件 A 进行分割的时候，不是直接对 A 进行分割，而是先找到样本空间 Ω 的一个个划分 $B_1,B_2,\cdots,B_n$，这样事件 A 就被事件 $AB_1,AB_2,\cdots,AB_n$ 分解成了 n 部分，即 $A=AB_1+AB_2+\cdots+AB_n$，每一 B_j 发生都可能导致 A 发生相应的概率是 $P(A|B_j)$，由加法公式得

$$\begin{aligned}P(A)&=P(AB_1)+P(AB_2)+\cdots+P(AB_n)\\&=P(A|B_1)P(B_1)+P(A|B_2)P(B_2)+\cdots+P(A|B_n)P(B_n)\end{aligned}$$

所以，调整后的贝叶斯公式为：

$$P(B_i\mid A)=\frac{P(B_i)\ P(A|B_i)}{\sum_{j=1}^{n}P(B_j)\ P(A|B_j)}$$

2.5 二元变量

前面所介绍的都是单一总体的情况，但统计分析往往是针对多个总体，举例来说，单一总体的情况就是某一只股票的平均收益率、平均风险…，但如果是购买 2 只股票或是计算股票和债券的平均收益，风险又会是多少呢？这 2 只股票(或是股票和债券)的关系如何呢？

这就不再是单一总体的情况了。本节将依次介绍。

2.5.1 平均数

$$\text{平均数}\ E(aX+bY+c)=aE(X)+bE(Y)+c$$

证明：

$$\begin{aligned}E(aX+bY+c)&=\sum_i\sum_j((aX_i+bY_i+c)\cdot f(X_i,Y_j))\\&=\sum_i\sum_j(aX_i\cdot f(X_i,Y_j))+\sum_i\sum_j(bY_i\cdot f(X_i,Y_j))+\sum_i\sum_j(c\cdot f(X_i,Y_j))\\&=a\sum_i(X_i\cdot f(X_i))+b\sum_j(Y_i\cdot f(Y_j))+c\sum_i\sum_j(f(X_i,Y_j))\\&=aE(X)+bE(Y)+c\end{aligned}$$

2.5.2 协方差

协方差(covariance)指的是两变量间线性相关的描述量，记做 $COV(X,Y)$。

$$\text{样本协方差}\ s_{xy}=\frac{\sum(x_i-\bar{x})(y_i-\bar{y})}{n-1}$$

$$\text{总体协方差}\ \sigma_{xy}=\frac{\sum(x_i-\mu_x)(y_i-\mu_y)}{N}$$

由上面的公式可知，方差其实就是协方差的一个特例，方差就是相同的两个变量的协方差。

若把 X、Y 两个变量的平均数视为 x 轴和 y 轴，通过 4 个象限进行分析。可以知道在第Ⅰ象限的 x_i 和 y_i 均大于 $\bar{x}$ 与 $\bar{y}$，在第Ⅲ象限的 x_i 和 y_i 均小于 $\bar{x}$ 与 $\bar{y}$，所以Ⅰ、Ⅲ象限的 $(x_i-\bar{x})(y_i-\bar{y})$ 必为正，而在第Ⅱ象限的 x_i 小于 $\bar{x}$，y_i 大于 $\bar{y}$，在第Ⅳ象限的 x_i 大于 $\bar{x}$，y_i 小于 $\bar{y}$，所以在Ⅱ、Ⅳ象限必为负。因此，若 s_{xy} 的值为正，则对 s_{xy} 有最大影响的点必落在第Ⅰ、Ⅲ象限，因此 s_{xy} 为正值可推导出 x 与 y 之间有正的线性相关，也就是当 x 值增加时，y 值也增加。若 s_{xy} 的值为负，则对 s_{xy} 有最大影响的点会落在第Ⅱ、第Ⅳ象限。因此由 s_{xy} 为负值，可推导出 x 与 y 有负的线性相关，也就是当 x 值增加，y 值减少。

Excel 指令：相关系数=COVAR(数列，数列)。

2.5.3 相关系数

协方差易受变量的单位影响，也就是说随着变量的单位不同，协方差也会不同(这与离散系数的概念是一样的)，所以创建出相关系数进行比较。这里的相关系数是指皮尔森相关系数(Pearson product moment correlation coefficient)，定义如下：

$$\text{样本相关系数}\ r_{xy}=\frac{s_{xy}}{s_x s_y}$$

其中：s_{xy} 为样本协方差；s_x 为 x 的样本标准差；s_y 为 y 的样本标准差。

$$\text{总体相关系数}\ \rho_{xy}=\frac{\sigma_{xy}}{\sigma_x\sigma_y}$$

其中：σ_{xy} 为总体协方差；σ_x 为 x 的总体标准差；σ_y 为 y 的总体标准差。

上述的公式计算中，相关系数会落在-1 到 1 之间，也就是

$$-1 \leqslant r_{xy} \leqslant 1$$

$$-1 \leqslant \rho_{xy} \leqslant 1$$

若所有的数据集均落在一条正斜率的直线上，样本相关系数为+1，这代表 x 与 y 完全正线性相关。此外，若所有的数据集均落在一条负斜率的直线上，则样本相关系数为-1，代表 x 与 y 是完全负线性相关。

若某一特定数据集显示 x 与 y 正线性相关但不是完全正线性相关，则相关系数的值将会小于1，表示在散布图上的点并非全部落在一条直线上。当数据集的各点越来越偏离完全正线性相关，则相关系数的值会越来越小；当相关系数之值等于零，表示 x 与 y 之间没有线性关系；相关系数的值接近零，表示一种弱的线性相关关系。

Excel 指令：相关系数=CORREL(数列，数列)。

【例 2-12】 分析美元指数与人民币指数 2020 年 7 月 1 日—2021 年 6 月 30 日的收益率协方差及相关系数。

解析： 财会中的收益率计算式前面有提到，最好使用成长因子的公式，所以收益率

$$r = \ln\left(\frac{\text{本期}}{\text{上期}}\right) \times 100$$

(1) Excel 计算。

协方差为-0.001，相关系数为-0.015，结果如图 2-67 所示。

	A	B	C	D	E	F	G	H	I
1	date	USB	CNY	RU	RC				
2	2020/6/30	97.3910	111.9297				统计量	指令	结果
3	2020/7/1	97.1960	111.9369	-0.20	0.01		协方差	COVAR(D3:D246,E3:E246)	-0.001011
4	2020/7/2	97.3170	111.7776	0.12	-0.14		相关系数	CORREL(D3:D246,E3:E246	-0.015078
5	2020/7/3	97.1720	111.8875	-0.15	0.10				
245	2021/6/29	92.0490	119.3121	0.18	0.12				
246	2021/6/30	92.4360	119.3315	0.42	0.02				

图 2-67　Excel 协方差、相关系数指令结果

(2) EViews 计算。

步骤 1： 打开数列。选取要使用的变量(RC、RU)→鼠标右键→Open→ as Group，如图 2-68 所示。

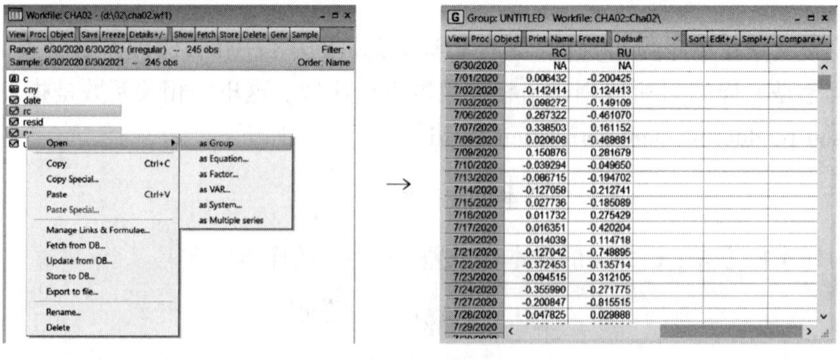

图 2-68　数据开启示范

步骤 2:进行分析。View→ Covariance Analysis...,如图 2-69 所示。

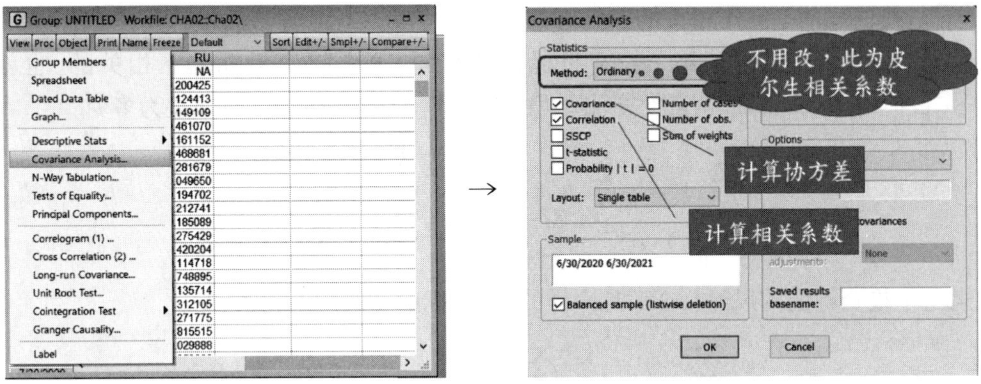

图 2-69 相关系数选择框

步骤 3:结果。结果如图 2-70 所示,可以发现,呈现为下三角的矩阵图,RC 与 RC,RU 与 RU 交叉的第一排数字为方差,自己和自己的相关系数一定会等于 1,而 RC 与 RU 交叉的数据第一排为协方差-0.001 011,第二排为相关系数-0.015 078。

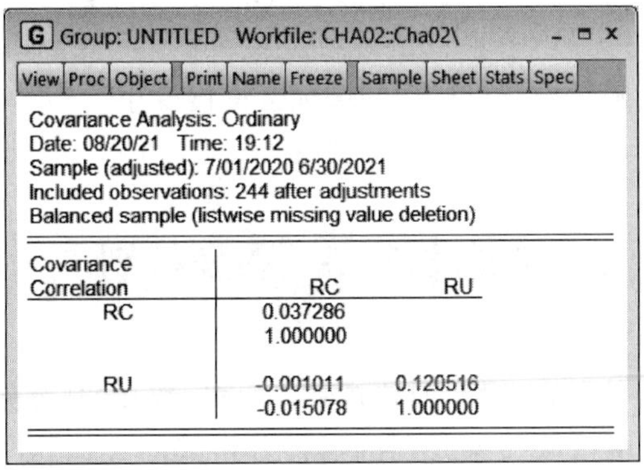
Group: UNTITLED Workfile: CHA02::Cha02\

View Proc Object Print Name Freeze Sample Sheet Stats Spec

Covariance Analysis: Ordinary
Date: 08/20/21 Time: 19:12
Sample (adjusted): 7/01/2020 6/30/2021
Included observations: 244 after adjustments
Balanced sample (listwise missing value deletion)

Covariance Correlation	RC	RU
RC	0.037286 1.000000	
RU	-0.001011 -0.015078	0.120516 1.000000

图 2-70 相关系数结果

2.5.4 方差

$$\mathrm{Var}(aX + bY + c) = a^2\mathrm{Var}(X) + b^2\mathrm{Var}(Y) + 2ab\mathrm{COV}(X,Y)$$

$$\begin{aligned}
\mathrm{Var}(aX + bY + c) &= E((aX + bY + c) - E(aX + bY + c))^2 \\
&= E((aX + bY + c) - (aE(X) + bE(Y) + c))^2 \\
&= E((aX - aE(X)) + (bY - bE(Y)))^2 \\
&= E((aX - aE(X))^2 + 2(aX - aE(X)) \cdot (bY - bE(Y)) + (bY - bE(Y))^2) \\
&= E(a^2(X - E(X))^2 + 2ab(X - E(X)) \cdot (Y - E(Y)) + b^2(Y - E(Y))^2) \\
&= E(a^2(X - E(X))^2) + E(2ab(X - E(X)) \cdot (Y - E(Y))) + E(b^2(Y - E(Y))^2) \\
&= a^2E((X - E(X))^2) + 2abE((X - E(X)) \cdot (Y - E(Y))) + b^2E((Y - E(Y))^2) \\
&= a^2\mathrm{Var}(X) + 2ab\mathrm{COV}(X,Y) + b^2\mathrm{Var}(Y)
\end{aligned}$$

方差的财会应用：在投资资金固定的情况下，随着投资组合的数量的不断增加，可以降低投资风险。

前提：投资标的是互不相关的。

假设有 n 个投资目标，每个投资目标比例相同，每个投资目标是不相关的，也就是 $COV\ (x_i,x_j)=0$，用标准偏差衡量投资风险，所以要计算 n 个投资目标后的方差为多少。

$$\begin{aligned}\mathrm{Var}\left(\sum \frac{x_i}{n}\right) &= \sum \frac{1}{n^2}\cdot \mathrm{Var}(x_i) + \sum_{i>j} 2\cdot\frac{1}{n}\cdot\frac{1}{n}\mathrm{COV}(x_i,x_j)\\ &= \frac{1}{n^2}\cdot\sum \mathrm{Var}(x_i) + 2\cdot\frac{1}{n^2}\cdot\sum_{i>j}\mathrm{COV}(x_i,x_j)\end{aligned}$$

若每个投资标的的风险（σ）都是一样的，并且标的物两两不相关，则

$$\begin{aligned}\mathrm{Var}\left(\sum \frac{x_i}{n}\right) &= \frac{1}{n^2}\cdot\sum \mathrm{Var}(x_i) + 2\cdot\frac{1}{n^2}\cdot\sum_{i>j}\mathrm{COV}(x_i,x_j)\\ &= \frac{1}{n^2}\cdot n\sigma^2 + 0\\ &= \frac{\sigma^2}{n}\end{aligned}$$

但事实上，两两目标物是不可能不相关的，因为存在不可分散的风险，在财务管理中称之为市场风险（或系统风险），即 $2\cdot\frac{1}{n^2}\cdot\sum_{i>j}\mathrm{COV}(x_i,x_j)$，而个别风险（可分散风险，非系统风险）指的就是 $\frac{\sigma^2}{n}$，其会随着投资目标物的增加会慢慢变小。

实训演练——图表绘制

（1）根据上一章所搜寻到的 GDP、股票指数、期货指数，绘制走势图。

（2）随机从东方财富网选取一家公司的财报分析其四大指标（偿债能力、经营能力、盈利能力和发展能力），并制作描述统计量表。

提示：东方财富网网址：https://data.eastmoney.com/，选取一家公司，例如在该网按下列三个截图的顺序找到某家公司的相关数据。

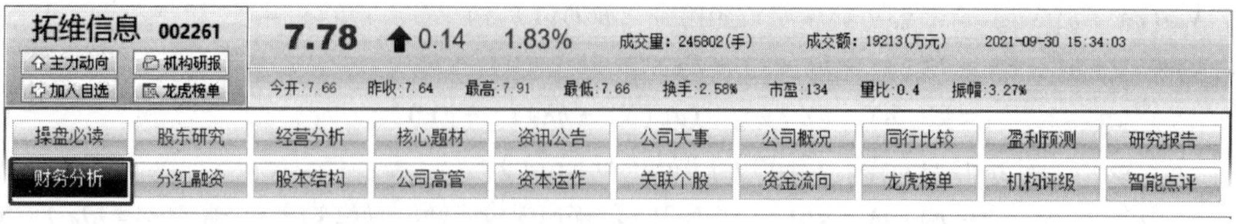

○ 主要指标

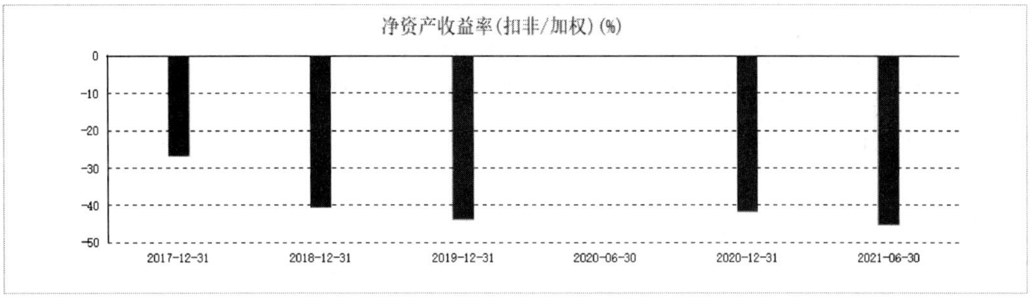

注：点击表格内的指标名称可切换图片查看该指标的历史趋势

按报告期　按年度　按单季度

每股指标	21-06-30	20-12-31	20-06-30	19-12-31	18-12-31	17-12-31
基本每股收益(元)	-0.4000	-0.8600	-0.5100	-0.6300	-0.6500	-0.7100
扣非每股收益(元)	-0.4700	-0.6900	—	-0.5900	-2.1300	-1.2700
稀释每股收益(元)	-0.4000	-0.8600	-0.5100	-0.6300	-0.6500	-0.7100
每股净资产(元)	0.8457	1.2422	—	2.0731	5.0432	5.3142
每股公积金(元)	2.0207	2.0155	—	1.9919	5.3025	4.9411
每股未分配利润(元)	-2.2050	-1.8001	—	-0.9436	-1.3315	-0.6886
每股经营现金流(元)	0.0001	-0.3190	—	-0.2573	0.3562	-2.3273
成长能力指标	**21-06-30**	**20-12-31**	**20-06-30**	**19-12-31**	**18-12-31**	**17-12-31**
营业总收入(元)	3.404亿	5.782亿	2.316亿	7.897亿	8.487亿	7.781亿
归属净利润(元)	-1.792亿	-3.792亿	-2.243亿	-2.560亿	-7893万	-8258万
扣非净利润(元)	-2.092亿	-3.063亿	-1.214亿	-2.417亿	-2.585亿	-1.492亿
营业总收入同比增长(%)	46.98	-26.78	—	-6.96	9.08	—
归属净利润同比增长(%)	20.09	-48.08	—	-224.38	4.42	—

习　题

一、判断题

1. 统计表从内容来看由主词和宾词所组成。（　　）

2. 所谓"上组限不在内"原则，是指对连续型变量采用重合组限分组时，习惯上规定一般只包括本组下限变量值的单位，而当个体的变量值恰为组的上限时，不包括在本组 。（　　）

3. 次数分布有两种呈现方式，一种是用表格表示，另一种是用图表示。（　　）

4. 在组距相等的条件下，频数分布和频数密度的分布是一致的。（　　）

5. 饼图是以圆的面积或圆内各扇形的面积来表示数值大小或总体内部结构的一种图表形式。（　　）

6. 如果你是一个投资咨询公司的员工，你告诉你的客户，根据历史数据分析结果，企业A的平均投资回报比企业B的高，并且其标准差也比企业B的大。那么，企业A的投资回报肯定会比企业B的高。（　　）

7. A、B、C三个企业产量计划完成程度分别为95%、100%、105%，则这三个企业产量计划平均完成程度为100%。（　　）

8. 一个数列不可能没有众数,也不可能没有中位数。 (　　)

9. 中位数和众数都属于平均数,因此它们数值的大小受到总体内各单位标志值大小的影响。 (　　)

10. 如果两个总体的标准差相等,则它们平均数的代表性也一定相同。 (　　)

11. 平均差与标准差都表示各标志值对其算术平均数的平均离差。 (　　)

12. 直接用标准差比较两个平均数代表性大小的前提条件是两个被比较数列的平均数相等。 (　　)

13. 根据组距数列计算的算术平均数只是一个近似值。 (　　)

14. 总体中各标志值之间的差异程度越大,标准差系数就越小。 (　　)

15. 如果两个数列的极差相同,那么它们的离中程度就相同。 (　　)

16. 离中趋势指标既反映了数据中各标志值的共性,又反映了它们之间的差异性。 (　　)

17. 在对称分布的条件下,高于平均数的离差之和与低于平均数的离差之和必然相等,全部的离差之和一定等于0。 (　　)

18. 当变量值的连乘积等于总比率或总速度时,适合用几何平均法计算平均数。 (　　)

19. 当变量数列的单位数不多或单位数虽多但无明显集中趋势时,则不适合计算众数。 (　　)

20. 某表中,X_1 的发生概率为0.2,X_2 的发生概率是0.4,X_3 的发生概率是0.6,表示构成一个随机变量的分布。 (　　)

21. 若已知甲数列的标准差小于乙数列,则可说明甲数列均值的代表性比乙数列好。 (　　)

二、单选题

1. 下列叙述哪一个恒为正确? (　　)

A. 一组资料的最大值为100最小值为0,其中位数为50,则此数据为对称数据。

B. 以算术平均数为中心的标准差,比以任何其他均数为中心的标准差小。

C. 若两组资料有相同均数且皆为正数,则标准差大者离散系数(CV)更小。

D. 两组不同单位的数列可通过全距比较数据之间的离散程度。

2. 变量数列的组中值是(　　)。

A. 组内任意一变量值　　B. 组间变量值

C. 上限与下限的平均数　　D. 总体单位变量值

3. 在全距一定的情况下,组距的大小与组数的多少成(　　)。

A. 正比　　B. 反比

C. 无比例关系　　D. 有时成正比有时成反比

4. 等距分组适合于(　　)。

A. 一切变量　　B. 变量变动比较均匀的情况

C. 呈急剧升降变动的变量　　D. 按一定比率变动的变量

5. 确定连续型变量的组限时,相邻的组限一般要求(　　)。

A. 不重叠　　B. 重叠

C. 不等　　D. 重叠或不重叠

6. 某连续变量数列,其末组为开口组,下限为 200,已知其邻组的组中值为 170,末组的中值为(　　)。

A. 260　　B. 215

C. 230　　D. 185

7. 由组距数列确定众数时,如果众数组的两个邻组的次数相等,则(　　)。

A. 众数为 0　　B. 众数组的组中值就是众数

C. 众数组的上限就是众数　　D. 众数组各单位变量值的平均数为众数

8. 累计次数或累计频率中的"向上累计"是指(　　)。

A. 将各组变量值由小到大依次相加

B. 将各组次数或频率由小到大依次相加

C. 将各组次数或频率从变量值最低的一组向最高的一组依次相加

D. 将各组次数或频率从变量值最高的一组向最低的一组依次相加

9. 不能全面反映总体各单位标志值变异程度的标志变异指标是(　　)。

A. 全距　　B. 平均差

C. 标准差　　D. 标准差系数

10. 在标志变异指标中,能相对反映总体各单位标志值变异程度的指标是(　　)。

A. 平均差　　B. 标准差

C. 全距　　D. 离散系数

11. 受极端数值影响最小的集中趋势值是(　　)。

A. 算术均值　　B. 调和均值

C. 几何均值　　D. 众数和中位数

12. 某连续变量分为五组:第一组为 40~50,第二组为 50~60,第三组为 60~70,第四组为 70~80,第五组为 80 以上。习惯上规定(　　)。

A. 80 在第四组,50 在第二组　　B. 50 在第一组,70 在第四组

C. 70 在第四组,80 在第五组　　D. 60 在第二组,80 在第五组

13. 在分组时,凡遇到某单位的变量值刚好等于相邻两组上、下限数值时,一般是将此值(　　)。

A. 随便归入任何一组　　B. 归入上限所在组

C. 另立一组　　D. 归入下限所在组

14. 某连续变量的分组中,其末组为开口组,下限为 200,又知其邻组的组中值为 170,则末组的组中值为(　　)。

A. 185　　B. 215

C. 230　　D. 245

15. 对同一数据集编制几种不同组距的次数分配表,则组距为最宽的次数分配表(　　)。

A. 组数最多　　B. 组数最少

C. 各组发生的次数都变小

D. 与其他表的分组结果一样各组发生次数一样多

16. 下列哪种图形适合用于定性和定量数据？(　　)

A. 直方图　　　　B. 折线图

C. 条形图　　　　D. 茎叶图

17. 下列哪一个不是茎叶图的优点？(　　)

A. 提供原始数值及其取得条件。

B. 较容易制作,就算有数据遗漏或重复可立即补充或删除,不需要重新绘制。

C. 便于阅读。

D. 容易得到各分组的百分比。

18. 适用于多变量的图表形式是(　　)。

A. 直方图　　　　B. 条形图

C. 圆环图　　　　D. 雷达图

19. 下列哪一个不是条形图的特性？(　　)

A. 各条形依其长度而区别与其宽度无关。

B. 各条形间应留空隙,不能连接在一起,便于区别。

C. 各条形以某一变量特性的顺序排列,使其清晰美观,便于分析。

D. 各长条连接在一起以求美观。

20. 可以用来表示定性数据的统计图是(　　)。

A. 条形图　　　　B. 直方图

C. 茎叶图　　　　D. 散点图

21. 如果分组标志是连续型变量,则相邻组的组限(　　)。

A. 不能重合　　　　B. 必须重合

C. 不一定重合　　　　D. 以上都不对

22. 下列属于位置平均数的是(　　)。

A. 调和平均数　　　　B. 算术平均数

C. 几何平均数　　　　D. 中位数

23. 总体各单位中标志值的最大值和最小值的差为(　　)。

A. 组距　　　　B. 组中值

C. 极差　　　　D. 平均值

24. 要将累积次数用图标表示,下列哪一种图形最为恰当？(　　)

A. 折线图　　　　B. 饼图

C. 直方图　　　　D. 次数多边形图

25. 比较数量的成对样本(X,Y)数据时,想了解两变量数据的分配是否一致,选择下列哪一种图形最为恰当？(　　)

A. 两直方图　　　　B. X 与 Y 的散点图

C. 茎叶图　　　　D. 饼图

26. 某汽车公司希望比较上年与今年公司销售的轻型卡车及轿车的数目。下列哪一种

图形最为恰当？(　　)

A. 直方图　　B. 条行图

C. 茎叶图　　D. 饼图

27. 下列哪一个不是算术平均数的特性？(　　)

A. 位于中间位置的数据值　　B. 是整个数据的平衡点

C. 与整个数据差异的总和为0　　D. 与整个数据差异的平方和是最小的

28. 平均差与标准差的主要区别在于(　　)。

A. 计算条件不同　　B. 指标意义不同

C. 数学处理方法不同　　D. 计算结果不同

29. 若两总体平均水平不同,在比较它们的离散程度时,应采用(　　)。

A. 全距　　B. 平均差

C. 标准差　　D. 离散系数

30. 根据同一资料计算的数值平均数通常是各不相同的,三者之间的关系是(　　)。

A. 算术平均数≥几何平均数≥调和平均数

B. 几何平均数≥调和平均数≥算术平均数

C. 调和平均数≥算术平均数≥几何平均数

D. 没有确定的关系

31. 计算平均指标时最常用的方法和最基本的形式是(　　)。

A. 中位数　　B. 众数

C. 调和平均数　　D. 算术平均数

32. 大明公司有50位的员工拿很低的工资做着日复一日相同的工作,另外有10位员工拿普通员工10倍的工资做日晒雨淋的辛苦工作,若大明公司想要告诉外界他们的员工工资水平不错,请问该引用下列哪一种数据？(　　)

A. 平均数　　B. 中位数

C. 众数　　D. 标准差

33. 若两组数据的标准差相等而平均数不等,则(　　)。

A. 平均数小代表性大　　B. 平均数大代表性大

C. 代表性也相等　　D. 无法判断

34. 如果所有变量值的频数都减少为原来的1/5,而变量值仍然保持不变,那么算术平均数(　　)。

A. 不变　　B. 扩大到5倍

C. 减少为原来的1/5　　D. 不能预测其变化

35. 一组资料如右:1,2,3,5,8,10,12,17,22,26,29,30。其第三个四分位数为(　　)。

A. 17　　B. 22

C. 24　　D. 26

36. 四群学生人数分别是10,20,30,40人,平均体重分别是50,55,60,65公斤,则全部学生的平均体重是(　　)(四舍五入)。

A. 55　　B. 57

C. 60　　D. 数据不足不能计算

37. 一组样本的观察值为 3,5,7,5,6,7,则样本众数为(　　)。

A. 5　　B. 7

C. 5 与 7　　D. 不存在众数

38. 5 位学生每人投篮 8 次,投中球数分别为 4,4,5,5,6,则投中次数的第一个四分位数是(　　)。

A. 4　　B. 5

C. 5.5　　D. 6

39. 哪一种种测量离散程度的测度量最容易受到极端值的影响?(　　)

A. 标准差　　B. 四分位距

C. 方差　　D. 全距

40. 离中趋势指标中,最容易受极端值影响的是(　　)。

A. 方差　　B. 极差

C. 标准差　　D. 离散系数

41. 当数据组为高度偏态系数时,哪一种平均数更具有代表性?(　　)

A. 算术平均数　　B. 中位数

C. 众数　　D. 几何平均数

42. 一组数据的偏态系数为 1.3,表明该组数据的分布是(　　)。

A. 正态分布　　B. 平顶分布

C. 左偏分布　　D. 右偏分布

43. 5 位学生每人投篮 8 次,而投中球数分别为 4,4,5,5,6,则投中次数的标准差为哪一个?(　　)

A. $\frac{\sqrt{2.8}}{4}$　　B. $\frac{\sqrt{2.8}}{5}$

C. $\frac{\sqrt{3}}{4}$　　D. $\frac{\sqrt{3}}{5}$

44. 一组数据中,介于第一个四分位数和第六个百分位数之间的数据比例为(　　)。

A. 20%　　B. 35%

C. 40%　　D. 65%

45. 饮料工厂有两条生产线,A 生产线产出 250 毫升的饮料且产品容量的标准差为 2 毫升,B 生产线产出 500 毫升的饮料且产品容量的标准差为 3 毫升。就产品容量的观点而言(　　)。

A. 生产线的质量较好　　B. 生产线的品质较好

C. 两条生产线质量一样　　D. 难以断论

46. 阿美班上期中考的会计学与统计学成绩统计如下:全班会计学成绩的平均分数为 65 分,标准差为 5 分,统计学成绩的平均分数为 70 分,标准差为 7 分,阿美会计学的成绩为 8 分,统计学的成绩为 84 分。相较于全班同学,阿美(　　)。

A. 会计学成绩较好

B. 统计学成绩较好

C. 会计学与统计学一样好

D. 均数与标准差皆不同,两科成绩无法比较

47. 某国际大公司招聘员工的流程条件是初试的英语考试成绩必须达到 200 分,再根据其分数高低决定面试与否。过去经验显示测验分数为钟形分布。假设今年公司预定录取分数最高的前 16 人进行面试,而报考人数有 100 人,计算其平均成绩为 150 分,标准差为 15 分。该公司面试前录取分数会(　　)。

A. 上 150 分高　　B. 比 165 分高

C. 比 180 分高　　D. 比 195 分高

48. 下列哪一个统计量能够同时表示一组样本中,体重的变异程度高于身高的变异程度?(　　)

A. 四分位距　　B. 标准差

C. 全距　　D. 离散系数

49. 在计算样本的相关系数时,要求相关的两个变量(　　)。

A. 其中因变量是随机变量　　B. 都是随机变量

C. 都不是随机变量　　D. 其中自变量是随机变量

50. 变量数列中各组频率的总和应该(　　)。

A. 不等于 1　　B. 大于 1

C. 等于　　D. 小于 1

51. 当数据组高度偏态时,哪一个中间趋势更具有代表性?(　　)

A. 众数　　B. 中位数

C. 几何平均数　　D. 算术平均数

52. 分配数列各组变量值都减少 1/2,每组次数加 1 倍,则中位数(　　)。

A. 增加 1 倍　　B. 不变

C. 减少 1/2　　D. 增加 2 倍

53. 下列哪个统计量无法表示数据变异的程度?(　　)

A. 四分位距　　B. 标准差

C. 中位数　　D. 全距

54. 若某组资料的标准差 0,则下列哪一个表述是正确的?(　　)

A. 数据分配成对称　　B. 均数大于中位数

C. 数据中所有观察值都相同　　D. 资料中观察值的数值正负各占一半

55. 下列哪一个配对可以提供关于次数分配的偏态系数方面的信息?(　　)

A. 众数、均数　　B. 标准差、中位数

C. 中位数、均数　　D. 以上皆非

56. 分配的第三级动差是在衡量分配的(　　)。

A. 离散程度　　B. 中间趋势

C. 峰度系数　　D. 偏态系数

57. 当一组数据属于左偏分布时,则(　　)。

A. 平均数、中位数与众数是相同的　　　B. 众数在左边、平均数在右边

C. 众数的数值较小、平均数的数值较大　D. 众数在右边、平均数在左边

58. 彩票的中奖号码是由四个箱中各抽一个号码球组成的，而每个箱内有 0 到 9 的号码球各一颗，则样本空间中有多少样本点？（　　）

A. 40　　　B. 7

C. 1 000　　　D. 10 000

59. 两个互斥事件 A、B 概率分别是 0.5 和 0.6，则 $P(A^c \cup B^c) =$（　　）。（注：A^c、B^c 分别表示 A、B 的余集合。）

A. 0.7　　　B. 0.8

C. 0.9　　　D. 1.0

60. 两个独立事件 A、B 概率分别是 0.5、0.6，则 $P(A \cup B) =$（　　）。

A. 0.9　　　B. 0.8

C. 0.7　　　D. 0.6

61. 5 位助理的工资分别是（单位：百元）25，27，30，32，36，平均是 30。现在随机抽出 3 人，则其中 2 人的薪水大于平均数 30 的概率是（　　）。

A. 0.3　　　B. 0.4

C. 0.5　　　D. 0.6

62. 一枚公正的骰子 8 次结果均出现奇数点，则（　　）。

A. 第 9 次出现奇数点的概率比出现偶数点的概率大

B. 出现偶数点的概率比出现奇数点的概率大

C. 出现偶数点的概率与出现奇数点的概率一样

D. 应该会出现偶数点

63. 袋中有相同大小的 1 个黑球与 1 个白球。事件 A 表示第 1 球取到白球。事件 B 表示第 2 球取到白球。一次取 1 球，而且取出不放回，则下列哪一项正确？（　　）

A. A 与 B 是互斥事件且与 B 是独立事件。

B. A 与 B 是互斥且事件 A 与 B 是相依事件。

C. A 与 B 不互斥且事件 A 与 B 是相依事件。

D. A 与 B 不互斥且 A 与 B 是独立事件。

64. 若 $P(A) = 0.30$，$P(B) = 0.40$，$P(A \cap B) = 0.06$，则 A 与 B 是（　　）。

A. 独立事件　　　B. 相依事件

C. 互斥事件　　　D. 互补事件

65. 若 A 与 B 独立事件，$P(A) = 0.7$ 且 $P(A|B) = 0.7$，则 $P(B) =$（　　）。

A. 1.0　　　B. 0.7

C. 0.49　　　D. 数据不足无法确定

66. 以下哪一种衡量尺度的数据能计算平均数、标准差、偏态系数、峰态等所有数值量数？（　　）

A. 名目、次序、等距和等比等衡量尺度都可以

B. 除了名目尺度之外，次序、等距和等比等衡量尺度都可以

C. 除了名目与次序尺度之外,等距和等比尺度都可以

D. 只有等比尺度数据才可以计算所有数值量数

67. 若 A、B 两事件独立且 $P(A)=03$,$P(B)=07$,求 A 事件或者 B 事件发生的概率。(　　)

A. 低于 85　　B. 介于 85%到 90%之间

C. 介于 90%到 95%之间　　D. 大于 95%

68. 某医学检验中心正在进行艾滋病的例行检查,该中心对于健康民众的检出率为 95%,对艾滋病原者的检出率为 99%。假设艾滋病带原者的比率为 0.6%,某位民众的检查呈阳性,请问他是艾滋病带原者的概率为多少?(　　)

A. 10.09%　　B. 10.5%

C. 10.7%　　D. 10.8%

69. 当一个变量增加时,相应的另一个变量随之减少,我们称这两个变量之间为(　　)。

A. 单相关　　B. 复相关

C. 正相关　　D. 负相关

三、多选题

1. 构成数分布表的基本要素是(　　)。

A. 各组的组别　　B. 组限

C. 组中值　　D. 分配在各组的次数

E. 组距

2. 组限的确定通常有两种方法,它们是(　　)。

A. 对离散变量采用重叠分组法　　B. 对连续变量采用重叠分组法

C. 对离散变量采用不重叠分组法　　D. 对连续变量采用不重叠分组法

E. 对连续变量和离散变量均采用重叠分组法

3. 影响次数分布的要素是(　　)。

A. 变量性质不同　　B. 组距与组中值

C. 组限与组中值　　D. 选择的分组标志

E. 变量值的大小

4. 某单位 100 名职工按工资额分为 3 000 元以下、3 000~4 000 元、4 000~6 000 元、6 000~8 000 元、8 000 元以上 5 个组。这一分组(　　)。

A. 是等距分组　　B. 分组标志是连续变量

C. 末组组中值为 8 000 元　　D. 相邻的组限是重叠的

E. 某职工工资 4 000 元,应计在 4 000~6 000 元组内

5. 变量数列中,频率应满足的条件是(　　)。

A. 各组频率大于 1　　B. 各组频率大于或等于 0

C. 各组频率之和等于 1　　D. 各组频率之和小于 1

E. 各组频率之和大于 0

6. 表示定性数据可以采用的统计图有(　　)。

A. 条形图　　B. 直方图
C. 饼图　　D. 散点图
7. 下列表述哪一项是正确的？(　　)
A. 一组数据的最大值为100,最小值为0,其中位数为60,则此数据右偏。
B. 一组数据的所有数值与其算术平均数的差,其总和为0。
C. 若两组数据有相同标准差,且均数皆为正数,则下均数越大者离散系数(*CV*)越小。
D. 两组不同均值的数据可通过离散系数(*CV*)比较数据之间的离散程度。
8. 一组数据中,若平均数减去中位数的值是很大的正数时,则下列表述不正确的是(　　)。
A. 中位数必须小于零
B. 平均数必须是大的正数
C. 中位数必须小于同时平均数必须大于零
D. 数据分布呈右偏
9. 影响次数分布的主要因素有(　　)。
A. 组距与组数　　B. 组限
C. 组中值　　D. 总体单位实际分布的特征或类型
10. 组距数列中影响各组分配次数的因素是(　　)。
A. 组距的大小　　B. 组数的多少
C. 不同的组限　　D. 变量值的大小
E. 分组标志的性质
11. 在组距数列中,组距大小与(　　)。
A. 单位数的多少成正比　　B. 单位数的多少成反比
C. 单位数的多少无关系　　D. 组数多少成正比
E. 组数多少成反比
12. 统计分组的作用在于(　　)。
A. 区分现象的类型　　B. 反映现象总体的内部结构
C. 比较现象间的一般水平　　D. 分析现象的数量变化
E. 研究现象之间的依存关系
13. 组距数列中影响各组分配次数的因素是(　　)。
A. 组距的大小　　B. 组数的多少
C. 不同的组限　　D. 变量值的大小
E. 分组标志的性质
14. 在组距数列中,组中值(　　)。
A. 是上限与下限的中点数　　B. 在开口组中可参照相邻组来确定
C. 在开口组中无法计算　　D. 是用来代表各组标志值的一般水平
E. 就是组平均数
15. 统计表一般由(　　)和表外附注组成。
A. 表头　　B. 列标题

C. 数字资料　　D. 行标题

16. 平均数的作用是(　　)。

A. 反映总体的一般水平。

B. 对不同时间、不同地点、不同部门的同质总体平均数进行对比。

C. 测定总体各单位的离散程度。

D. 测定总体各单位分布的集中趋势。

E. 反映总体的规模。

17. 众数是(　　)。

A. 位置平均数

B. 总体中出现次数最多的标志值

C. 不受极端值的影响

D. 适用于总体单位数多,有明显集中趋势的情况

E. 处于变量数列中点位置的那个标志值

18. 几何平均数主要适用于(　　)。

A. 标志值的代数和等于标志值总量的情况

B. 标志值的连乘积等于总比率的情况

C. 标志值的连乘积等于总速度的情况

D. 具有等比关系的变量数列

E. 求平均比率时

19. 加权平均数的大小受下列哪些因素的影响?(　　)

A. 受各组变量值和频数的共同影响。

B. 受各组值大小的影响。

C. 只受各组变量值的影响。

D. 受各组频数或频率的影响。

20. 关于众数,下列说法正确的是(　　)。

A. 众数是一种位置平均数。

B. 众数不受数列中的各单位标志值的影响。

C. 当数列中存在异常标志值时,众数能够较准确的代表总体的集中趋势。

D. 如果总体中没有明显的集中趋势,则众数不存在。

21. 数列中存在极端数值的情况下,(　　)能较好地反映数据的集中趋势。

A. 算术平均数　　B. 中位数

C. 众数　　D. 调和平均数

22. 观测了一组资料:3,5,2,4,6,5,9,5,7,8,下列表述哪一个是正确的?(　　)

A. 均数>中位数　　B. 中位数>众数

C. 均数>众数　　D. 以上皆非

23. 离散程度的测度值大,会反映一定的信息。下列说法不正确的是(　　)。

A. 反映变量值越分散,均值代表性越好。　B. 反映变量值越集中,均值代表性越好。

C. 反映变量值越分散,均值代表性越差。　D. 反映变量值越集中,均值代表性越差。

24. 测度离散趋势常用指标有(   )。

A. 平均差　　B. 方差

C. 离散系数　　D. 异众比率

25. 在下列哪些情况下,必须计算离散系数来比较两数列离散程度的大小(   )。

A. 平均数大的标准差也大,平均数小的标准差也小

B. 平均数大的标准差小,平均数小的标准差大

C. 两平均数相等

D. 两数列的计量单位不同

E. 两标准差相等

26. 离散程度测度值中,由总体中最大变量值和最小变量值之差决定的不是(   )。

A. 标准差　　B. 平均差

C. 极差　　D. 方差

27. 测度集中趋势常用的指标有(   )。

A. 均值　　B. 分位数

C. 中位数　　D. 众数

28. 下列相关现象中,(   )是负相关的。

A. 家庭的消费支出随工资收入的增加而增加。

B. 商品流转的规模越大,流通水平则越低。

C. 商品产品成本越高,则利润越低。

D. 产量增加,则产品成本随之降低。

29. 统计数据分布的特征,可以从以下方面进行测度(   )。

A. 集中趋势　　B. 偏态系数

C. 峰度系数　　D. 离散程度

30. 当变量值中有一项为零时,不能计算(   )。

A. 调和平均数　　B. 中位数

C. 几何平均数　　D. 算术平均数

E. 众数

31. 下列说法中正确的是(   )。

A. 各个观察值与算术平均数的离差之和等于零

B. 各个观察值与算术平均数的离差之和最小

C. 各个观察值与算术平均数的离差平方之和最小

D. 各个观察值与算术平均数的离差平方之和最大

32. 一随机样本数据为:2,4,6,8,10,12,则(   )。

A. 中位数为7　　B. 全距为7

C. 众数为7　　D. 均数为7

33. 关于算术平均值,以下正确的是(   )。

A. 简单算术平均值是加权算术平均值的特例

B. 各标志值与算术平均值的离差之和等于0

C. 各标志值与算术平均值的离差平方和最小

D. 简单算术平均值是权数相等条件下的加权算术平均值

34. 一般来说,离散系数指标越大,说明(　　)。

A. 总体各单位离散的相对程度越大　　B. 总体平均数的代表性越差

C. 总体各单位离散的相对程度越小　　D. 总体平均数的代表性越强

35. 不同数据组间各标志值的差异程度可以通过标准差系数进行比较,因为标准差系数(　　)。

A. 消除了不同数据组各标志值的计量单位的影响

B. 消除了不同数列平均水平高低的影响

C. 消除了各标志值差异的影响

D. 数值的大小与数列的差异水平无关

E. 数值的大小与数列的平均数大小无关

36. 若两个非空事件(A,B)彼此互斥,则以下有关这两个事件的描述哪一个是正确的?(　　)。

A. 二者概率的乘积为0

B. 二者的联合概率为0

C. 二者彼此相依不独立

D. 二者概率的相加等于联集的概率 $P(AUB)$

37. 关于极差,下列说法正确的有(　　)。

A. 只能说明变量值变异的范围。　　B. 不反映所有变量值差异的大小。

C. 反映数据的分配状况。　　D. 最大的缺点是受极端值的影响。

E. 最大的优点是不受极端值的影响。

四、填空题

1. 变量值中最大值与最小值的差额称为______。在组距数列中,各组上限与下限的差额称为______。

2. 在组距数列中,用______来代表各组内变量值的一般水平,它是假定各组内变的量值是______分布。

3. 已知一个组距式分组的最后一组的下限为900,其相邻的组中值为850,则最后一组的上限和组中值分别为______和______。

4. 统计数据的显示形式主要有______和______。

5. 统计表主要由______、______、______和 ______4 部分组成。

6. 统计中的变量数列是以 ______为中心而左右波动,所以平均数反映了总体分布的______。

7. ______是位于一组数据中间位置的那个变量值,______是在总体中出现次数最多的那个变量值。中位数和众数也可以称为______平均数。

8. 某班50名学生的统计学平均成绩为68分,若已知一名学生成绩登记错误,已经将40分更正为65分,可求得更正后之全班平均成绩为______分。

9. 某班50名学生的统计学成绩平均数为68分,标准差为10分。若已知一名学生成绩登记错误，已经将40分更正为65分，求得更正后之全班成绩的标准差为______。

10. 一班级男生20人，女生30人，已知某次统计学测验成绩男生的平均数为65分，标准差为12分，女生的平均数70，标准差为10分，则此次统计学测验全班50人成绩的平均数为______分。

11. 一班级男生20人，女生30人。已知某次统计学测验成绩，男生的平均数为65分，标准差为12分，女生的平均数为70分，标准差为10分，则此统计学测验全班50人成绩的标准差为______。

12. 某班学生的统计学成绩的平均数为45分，标准差为15分，老师决定调整成绩，试求以下列方式调整成绩后的平均数和标准差：每人加20分，则平均数为______分，标准差为______。

13. 某公司生产的零件来自甲、乙两工厂。甲工厂生产其中70%，不合格率是0.5%；乙工厂生产其余30%，不合格率是1%。则该公司螺丝不合格率是______。

14. 投一公正骰子一次（有6面，分别是1，2，3，4，5，6点），则出现点的期望值是______。

15. 若$P(A)=0.8$，$P(B)=0.7$且$P(A\cup B)=0.90$，则$P(A\cap B)=$______。

16. 若$P(A)=0.3$，$P(B)=0.4$且$P(A\cap B)=0.25$，则$P(A|B)=$______。

17. 若$P(A_1)=0.2$，$P(A_2)=0.8$，$P(B|A_1)=0.2$，$P(B|A_2)=0.4$，那么$P(A_1|B)=$______。

18. 假定有90%买彩票的人是由计算机选号，中奖的概率为0.05；10%的人是自己圈选号码，中奖的概率为0.01。假设某一个人中奖了，那么是由他自己圈选号码的概率是______。

19. 某疾病的发生率为1%，而某药厂宣称发明了一种很准确的检测：若有病，则检测结果为阳性（有病）的概率是99%；若无病，则检测结果为阴性（没病）的概率也是99%。现某人检验结果显示阳性（带病），则他真的带病的概率是______。

五、计算题

1. 某班40名学生统计学考试成绩分别为

67	88	89	83	85	86	74	72	71	67
74	81	99	51	81	53	70	78	94	74
73	60	90	65	76	72	76	85	88	92
67	57	83	81	74	77	72	61	70	81

学校规定：60分以下为不及格，60~70分为及格，70~80分为中，80~90分为良，90~100分为优。要求：

（1）将该班学生分为不及格、及格、中、良、优五组，编制一张次数分配表。

（2）指出分组标志及类型、分组方法的类型，分析学生考试成绩的分布情况。

2. 某班学生的统计学成绩平均数为45分，标准差为15分，老师决定调整成绩，试求通过以下列方式调整成绩后的平均数和标差。

（1）每人成绩乘以1.5倍后平均数、标准差为多少？

（2）每人成绩乘以1.5倍后再加5分，平均数、标准差为多少？

3. 某生产车间 40 名工人日加工零件数(件)如下:

30 26 42 41 36 44 40 37 43 35

37 25 4529 43 31 36 49 34 47

33 43 38 42 32 25 30 46 29 34

38 46 43 39 35 40 48 33 27 28

(1)根据以上资料分组:25~30,30~35,35~40,40~45,45~50,编制次数分布表。

(2)根据整理后的次数分布表,计算工人的平均日产量。

4. 若王先生得到甲工作的概率为 0.5,得到乙工作的概率为 0.6,在得到甲工作条件下王先生会得到乙工作的概率为 0.5。请问:王先生同时得到甲工作及乙工作的概率为多少?

5. 若李先生得到甲工作的概率为 0.5,得到乙工作的概率 0.6,在得到甲工作的条件下,李先生会得到乙工作的概率 0.5。请问:李先生得到甲工作或乙工作的概率为多少?

6. 全国抽样 1 000 家公司,调查其去年的业绩,结果如下:业绩增长的有 150 家,业绩衰退的有 550 家,业绩保持不变的有 300 家,而其中服务业所占的比例分别 45%、30%和 50%。若从中选取一家公司:

(1)选中服务业的概率为多少?

(2)已知选中的是服务业,则其去年业绩增长的概率为多少?

7. 假设妇女就业调查中发现,40%在上班,60%为家庭主妇。若已知在上班工作的妇女中,大学毕业者占 50%;在家庭工作的家庭主妇中,大学毕业者占 60%。从所有妇女中随机抽取一人:

(1)其为大学毕业者的概率是多少?

(2)若其是大学毕业者,则其在上班工作的概率是多少?

专有名词

分类资料:标记或名称,用以表示类同项目的类别。

定量数据:以数值来显示数量多少。

数据可视化:用图形显示,以汇总并呈现数据集合的信息的用语。

量表:以数字或其他符号代表客体的某一特征,从而对所考察客体的不同特征以多个数字来代表的测量工具。

次数分布:数据表格化的汇总,用以显示每一个不重叠类别或分组的观察值次数。

频率:也称比重,是指各类中的数据个数占全部数据总数的比例,通常以百分数来表示。

组中点:为每一分组的上、下组限的中间值。

交叉表格:双变量的数据表格化汇总,双变量的分类类别分别置于列与行上面。

样本统计量:用来描述样本总变量之特征值(例如样本平均数 $\bar{x}$、样本方差 s^2 以及样本标准差 s)。

总体参数:用来描述总体变量的特征值(例如总体平均数 μ、总体方差 σ^2 以及总体标准差 σ)。

点估计量:如 $\bar{x}$ 、s^2 以及 s,用于估计相对应的母数参数。

平均数:一个数据集将所有数据值之和除以观察值个数而得。

加权平均数:确定反映每个观察值重要性的权重后得到的平均数。

中位数:一数据由小到大排序后,位于中间位置的量数。

几何平均数:为位置量数,计算方式是 n 个值连乘的 n 次方根。

成长因子:在一段时间内增加一个百分比,成长因子小于 1,表示负成长,成长因子大于 1,表示正成长。成长因子不可能为 0。

众数:位置量数之一,是数据集中出现次数最多的数据值。

百分位数:一个至少有 pth 百分比的观察值小于或等于它的值,且至少有($100-p$)百分比的观察值大于或等于它的值,而 50th 百分位数即为中位数。

四分位数:25th 百分位数、50th 百分位数和 75th 百分位数,通常又分别称为第一四分位数、第二四分位数(中位)、第三四分位数。四分位数可将数据分割成四等分,每一等分包含 25%的数据集。

全距:离散量数的一种,定义为最大值减去最小值。

四分位距:离散量数之一,定义为第一四分位与第三四分位数的差。

方差:数据集的离散量数,所有数据与平均数差的平方和的平均值。

标准差:离散量数,为方差的正平方根。

离散系数:也称为离散系数,它等于一组数据的标准差与其相应的平均数之比。

偏度:衡量数据分布形式的量数。偏度为负值,表示分布左偏;偏度为正值,表示分布右偏;如果数据的分布是对称的,则偏度等于 0。

经验法则:应用于单峰或钟形分布的数据集的法则。一般落在 1 个正负标准偏差之内的有 68. 3%,落在 2 个正负标准偏差之内的有 95. 4%,落在 3 个正负标准偏差之内的则有 99. 7%。

离群值:极端小或极端大的数据。

协方差:两变量间线性相关的数值量数,正值表示一种正的关系,负值表示一种负的关系。

相关系数:两变量间线性相关的一种量数,其值介于-1 与+1 之间。接近+1 的值意指一种强的正线性关系,接近-1 的值则意指一种强的负线性关系,而接近 0 的值指缺乏线性关系。

概率:事件发生可能性的数值衡量。

试验:可产生明确试验结果的过程。

样本空间:随机试验的所有基本结果组成的集合。

样本点:样本空间的元素,一个样本点代表一个试验结果。

多重步骤试验:可分成 k 个步骤的实验,若一个试验可分成 k 个步骤,第 1 个步骤有 n_1 个可能结果,第 2 个步骤有 n_2 个可能结果,其他依此类推,则此试验共有 $n_1, n_2, \cdots, n_k$ 个试验结果。

组合:在一个试验中,不考虑 n 个物体出现的顺序时,N 个物体中取出 n 个物体时(通常 $N>n$)的取法有 C_n^N 种。

$$C_n^N = \binom{N}{n} = \frac{N!}{n! \cdot (N-n)!}, n = 0,1,2,\cdots,N$$

排列：在一个试验中，考虑 n 个物体出现的顺序时，N 个物体中取出 n 个物体时（通常 $N>n$）共有几种取法。计算公式如下：

$$P_n^N = \frac{N!}{(N-n)!}, n = 0,1,2,\cdots,N$$

概率指派的基本条件：概率指派时的两个限制件：

(1) 对每个实结果 E_i，$0 \leqslant p(E_i) \leqslant 1$；

(2) 对所有的试验结果而言，$p(E_1) + p(E_2) + \cdots + p(E_n) = 1$。

古典法：一种概率指派的方法，假设每一试验结果出现的可能性皆相等。

相对次数法：概率指派的方法之一，是试验重复相当多次，可根据试验或历史数据来计算试验结果出现的比例，以进行概率计算。

主观法：以主观判断进行概率的计算。

事件：样本点的集合。

A 的余集（或补集）：不在 A 内的所有样本点所构成的事件，记做 A^c。

A 和 B 的并集：所有在 A 或 B，或同时在 A 且在 B 中的样本点的集合，记作 $A \cup B$。

A 和 B 的交集：所有在 A 且在 B 的样本点的集合，记作 $A \cap B$。

互斥事件：没有共同样本点的事件，即 $A \cap B$ 为空集且 $P(A \cap B) = 0$。

独立事件：两事件 A 和 B 彼此互不影响，即 $P(A|B) = P(A)$ 或 $P(B|A) = P(B)$。

联合概率：两事件同时发生的概率，也就是两个事件交集的概率。

边际概率：联合概率表的边栏（列），表示个别事件的概率。

事后概率：根据额外信息得到的修正概率。

贝氏定理：计算事后概率的一种方法。

重要公式

频率

$$频率 = \frac{该组别的次数}{总次数}$$

近似组距

$$\frac{最大资料值 - 最小资料值}{组数}$$

样本平均数

$$\bar{x} = \frac{\sum x_i}{n}$$

总体平均数

$$\mu = \frac{\sum x_i}{N}$$

加权平均数

$$\bar{x} = \frac{\sum \omega_i x_i}{\sum \omega_i}$$

期望值四则运算

$$E(aX + bY + b) = aE(X) + bE(Y) + c$$

几何平均数

$$\bar{x}_g = \sqrt[n]{x_1 \cdot x_2 \cdot \cdots \cdot x_n} = \sqrt[n]{\prod x_i}$$

调和平均数

$$\frac{1}{\bar{x}_h} = \frac{\sum \frac{1}{x_i}}{n} \Rightarrow \bar{x}_h = \frac{n}{\sum \frac{1}{x_i}}$$

收益率的计算

$$r = \frac{本期 - 上期}{上期}$$

成长因子

$$g_f = \frac{本期}{上期}$$

pth 百分位数址

$$L_p = \frac{p}{100}(n+1)$$

四分位数

$$Q_1 = L_{25} = \frac{25}{100}(n+1)$$

$$Q_2 = L_{50} = \frac{50}{100}(n+1)$$

$$Q_3 = L_{75} = \frac{75}{100}(n+1)$$

四分位差

$$IQR = Q_3 - Q_1$$

方差

$$\mathrm{Var}(X) = E(X - E(X))^2 = E(X^2) - E(X)^2$$

总体方差

$$\sigma^2 = \frac{\sum (x_i - \mu)^2}{N} = \frac{\sum x_i^{\ 2} - N\mu^2}{N}$$

样本方差

$$s^2 = \frac{\sum (x_i - \bar{x})^2}{n-1} = \frac{\sum x_i^{\ 2} - n\bar{x}^2}{n-1}$$

方差四则运算

$$\mathrm{Var}(aX + bY + c) = a^2\mathrm{Var}(X) + b^2\mathrm{Var}(Y)$$

总体标准偏差

$$\sigma = \sqrt{\sigma^2} = \sqrt{\frac{\sum (x_i - \mu)^2}{N}}$$

样本的标准差

$$s = \sqrt{s^2} = \sqrt{\frac{\sum (x_i - \bar{x})^2}{n - 1}}$$

总体离散系数

$$CV = \frac{\sigma}{\mu} \times 100(\%)$$

样本离散系数

$$CV = \frac{s}{\bar{x}} \times 100(\%)$$

总体偏态系数

$$SK = \frac{1}{N} \cdot \frac{\sum (x_i - \mu)^3}{\sigma^3} = \frac{\frac{1}{N}\sum (x_i - \mu)^3}{\left(\frac{\sum (x_i - \mu)^2}{N}\right)^{\frac{3}{2}}}$$

样本偏态系数

$$SK = \frac{n}{(n-1)(n-2)} \cdot \frac{\sum (x_i - \bar{x})^3}{\left(\frac{\sum (x_i - \bar{x})^2}{n-1}\right)^{\frac{3}{2}}}$$

总体峰度系数

$$K = \frac{\frac{1}{N}\sum (x_i - \mu)^4}{\sigma^4} = \frac{\frac{1}{N}\sum (x_i - \mu)^4}{\left(\frac{\sum (x_i - \mu)^2}{N}\right)^2}$$

样本峰度系数

$$K = \frac{n(n+1)\sum (x_i - \bar{x})^4}{(n-1)(n-2)(n-3)\left(\frac{\sum (x_i - \bar{x})^2}{n-1}\right)^2}$$

补集(或余集)的概率

$$P(A^c) = 1 - P(A)$$

独立事件

$$P(A|B) = P(A) \text{或} P(B|A) = P(B) \rightarrow P(A \cap B) = P(A) \cdot P(B)$$

加法律

$$P(AUB) = P(A) + P(B) - P(A \cap B)$$

乘法律

$$P(A \cap B) = P(B) \cdot P(A|B) \text{或} P(A \cap B) = P(A) \cdot P(B|A)$$

条件概率

$$P(A \mid B) = \frac{P(A \cap B)}{P(B)}$$

贝氏定理

$$P(A_i \mid B) = \frac{P(A_i) \cdot p(B \mid A)}{P(A_1) \cdot p(B \mid A) + P(A_2) \cdot p(B \mid A) + \cdots + P(A_n) \cdot p(B \mid A)}$$

3 离散型概率分布

本章摘要

随机变量是试验结果的数值描述。随机变量的概率分布描述了随机变量的可能值及其对应的概率分布。对于任何随机变量 x,以概率函数来定义概率分布,记作 $f(x)$(有些离散行概率分布也会写成 $p(x)$),此函数提供各随机变量值的对应概率。

本章介绍离散型概率分布。离散型概率分布的随机变量是离散的,也就是随机变量间是有间隔的,而其随机变量的个数可以是有限的也可以是无限的。本章对离散型概率函数的介绍将会涉及伯努利分布、二项分布、泊松分布和超几何分布。

3.1 随机变量

随机变量(random variable)是试验结果的数值描述。随机变量不论与数量是否直接有关,都可以数量化,即都能用数量化的方式表达。数量化方式表达的好处是可以利用数学分析的方法来研究随机现象。

事实上,随机变量将所有可能的结果值与数值进行联结,随机变量的特定数值是根据试验结果而定,可以把它们分为两种基本类型:离散型(discrete)随机变量和连续型(continuous)随机变量。

3.1.1 离散型随机变量

随机变量的可能值若是有限个值或是诸如 0,1,2,…的无限数列,则称之为离散型随机变量(discrete random variable)。

例如,注册会计师专业阶段考试科目有《会计》《审计》《财务成本管理》《经济法》《税法》《公司战略与风险管理》6 个科目,并且需要 5 年内考过这 6 个科目。令随机变量 x=已通过的注册会计师专业阶段考试科目数,则此随机变量为离散型随机变量,其可能值为 0,1,2,3,4,5,6。

另一个例子是将证券交易所申请上市公司的数量视为一个实验,令 x=每年申请上市的公司数,则 x 的可能值为 0,1,2,…因此 x 就为离散型随机变量,是一个无穷数列中的任一个值。

虽然很多结果都可以自然而然地用数值来表达,但是并非所有实验都可以这样。例如,内地证券交易所有 3 家,要调查企业上市的其中两所交易所。这个实验结果有 2 种,分别为上海证券交易所和深圳证券交易所。令 x 表示此实验结果的随机变量并且令 $x=0$ 表示在上海证券交易所的企业,$x=1$ 表示在深圳证券交易所的企业。当然,这个随机变量可以任意选定(可以选 4,8 来代替 0,1),以随机变量的定义来看也是可以接受的,因为它是实验结果的数值表,但若要就未来的情形进一步分析,就可能出现问题。

3.1.2 连续随机变量

一个随机变量的值可以为某一区间或若干个区间中的任何值,此随机变量称为连续随机变量(continuous random variable)。

例如,某家公司要分析客户投诉来电的状况,x = 两次来电的时间间隔,则此随机变量的范围为 $x \geqslant 0$。事实上 x 的可能值有无限多个,如 1.97 分钟、0.226 分钟、2.4 分钟或 9.23 分钟等。

所有的财务和经济数据都是离散随机变量,因为它们都是计量(数)出来的,比如,

$$\text{成长率 } g = \frac{\text{本期} - \text{上期}}{\text{上期}}$$

它的结果依旧是有理数,所以还是属于离散随机变量。当然,在统计学分析上,会将此"视为"连续随机变量(统计的科学论证讲求的是严谨性,越严谨越有说服力),所以要将这个"离散"随机变量转换成"连续"随机变量,运用数学的转换也就是通过自然对数来处理,将成长率这变量改为

$$g = \ln\left(\frac{\text{本期}}{\text{上期}}\right)$$

这时候的成长率就转变为连续随机变量了。当然数量转换有很多种方式,只是自然对数是大多数学者采用的模式。

3.2 离散概率分布

随机变量的概率分布(probability distribution)是描述随机变量的各种不同值出现的概率是如何分布的。对离散随机变量 x 而言,概率函数(probability function)用 $f(x)$ 来表示,由它可以得出随机变量每个数出现的概率。

概率一般采用古典法、主观法及相对次数分布法,也可用来建构离散概率分布。利用此套方法,可以得到所谓的表格式离散概率分布,也就是用表格表示的概率分布。

古典法指的是随机变量值相等情况下的实验结果。例如,投掷 1 颗"公正"的骰子并观察其正面出现的点数。试验结果一定是 1,2,3,4,5,6 中的任一数值,而且出现的可能性相等。也就是说令 x = 投掷一颗骰子出现的点数,且 $f(x) = x$ 出现的概率,x 的概率分布如表 3-1 所示。

表 3-1 投掷一颗骰子出现点数的概率分布

变量 x	概率 $f(x)$	变量 x	概率 $f(x)$
1	$\frac{1}{6}$	4	$\frac{1}{6}$
2	$\frac{1}{6}$	5	$\frac{1}{6}$
3	$\frac{1}{6}$	6	$\frac{1}{6}$

主观法是以个人最佳判断来指定概率以得到概率分布的方法。所以,主观法不同于古典法所建构的概率分布,主观法得到的概率分布因人而异。

若有大量合理可用的数据,则适合选择相对次数法来决定概率。可将这些数据视为总体并以相对数法计算概率得出试验结果。运用相对次数法建构离散概率分布,即得到所谓的实证离散分布(empirical discrete distribution)。在目前拥有大量可用数据的状况下,这类概率分布方法在实务中的应用越来越广泛。

举例来说,一个"不公平"的骰子,投掷200次,结果发现出现1点的次数为76次,出现2点的次数为48次,出现3点的次数为32次,出现4点的次数为28次,出现5点的次数为12次,出现6点的次数为4次。观察此不公平的骰子出现的点数,x=出现的点数,此时可以利用相对次数法来决定 x 的概率分布。200次中出现1点的概率=76/200=0.38,就可以用 $f(1)=0.38$,而 $f(2)=48/200=0.24$,依此类推,可以计算出各个点数出现的概率,见表3-2。

表3-2 投掷一颗"不公平"骰子点数出现的概率分布

变量 x	概率 $f(x)$
1	0.38
2	0.24
3	0.16
4	0.14
5	0.06
6	0.02
总和	1.00

所以,根据上述古典法、主观法和相对次数法可以得知,一个离散概率函数必须满足以下2个条件:

$$0 \leqslant f(x) \leqslant 1$$

$$\sum f(x) = 1$$

也就是说,对于所有 x 而言,其发生的概率一定会大于或等于0,并且所有 x 发生的概率的总和会等于1。

当然,离散概率函数也存在特殊的函数,被分析者广泛使用,它们分别是均匀概率分布、二项分布、泊松分布。

均匀概率分布(uniform probability distribution)是最简单的分布,其概率函数如下:

$$f(x) = \frac{1}{n}$$

式中,n 为随机变量可能值的数目。

均匀概率分布最简单的例子就是掷骰子,x=出现的点数,此时概率函数为

$$f(x) = \frac{1}{6}, \qquad x = 1,2,3,4,5,6$$

至于二项分布、泊松分布,我们将在后面几节介绍。

3.3 期望值与方差

3.3.1 期望值

期望值(expected value)或平均数是衡量随机变量的中间位置的数量。离散随机变量 x 的期望值公式如下：

$$E(x) = \mu = \sum x \cdot f(x)$$

$E(x)$和μ皆可表示随机变量的期望值。

所以,期望值的计算是以每一个随机变量 x 乘以它所对应的概率 $f(x)$后加总而得。

举例来说,上一节提到的公平骰子和不公平骰子的期望值各是多少？见表 3-3。

表 3-3 期望值的计算

公平骰子			不公平骰子	
变量 x	概率 $f(x)$	$x \cdot f(x)$	概率 $f(x)$	$x \cdot f(x)$
1	$\frac{1}{6}$	$1 \times \frac{1}{6} = \frac{1}{6}$	0.38	$1 \times 0.38 = 0.38$
2	$\frac{1}{6}$	$2 \times \frac{1}{6} = \frac{2}{6}$	0.24	$2 \times 0.24 = 0.48$
3	$\frac{1}{6}$	$3 \times \frac{1}{6} = \frac{3}{6}$	0.16	$3 \times 0.16 = 0.48$
4	$\frac{1}{6}$	$4 \times \frac{4}{6} = \frac{4}{6}$	0.14	$4 \times 0.14 = 0.56$
5	$\frac{1}{6}$	$5 \times \frac{1}{6} = \frac{5}{6}$	0.06	$5 \times 0.06 = 0.30$
6	$\frac{1}{6}$	$6 \times \frac{1}{6} = \frac{6}{6}$	0.02	$6 \times 0.02 = 0.12$
总和	1	$\frac{21}{6} = 3.5$	1.00	2.32

所以,公平骰子的期望值为 3.5,而不公平骰子期望值为 2.32。也就是说,若一个赌局规定以所得到的点数表示可以获得的金额,公平的骰子平均可以获得 3.5 元,而不公平骰子只能获得 2.32 元。

3.3.2 方差

期望值是随机变量的集中趋势的衡量值。但在了解随机变量的分散程度时,一般都会使用方差(variance)来表示一组数据的分散程度。离散随机变量的方差计算公式如下：

$$\mathrm{Var}(x) = \sigma^2 = \sum (x - \mu)^2 \cdot f(x)$$

方差公式的重要部分是离差 $x-\mu$，离差是衡量特定随机变量值与期望值或平均数 μ 的距离。方差的计算就是将离差取平方后再与各随机变量的概率函数相乘，最后将各乘积加总，记作 $\mathrm{Var}(x)$ 或 σ^2。

利用不公平骰子进行计算，结果见表 3-4。

表 3-4 方差的计算

变量 x	$x-\mu$	$(x-\mu)^2$	$f(x)$	$(x-\mu)^2 \cdot f(x)$
1	1-2.32=-1.32	1.742 4	0.38	1.742 4 ×0.38 =0.662 112
2	2-2.32=-0.32	0.102 4	0.24	0.102 4 ×0.24 =0.024 576
3	3-2.32=0.68	0.462 4	0.16	0.462 4 ×0.16 =0.073 984
4	4-2.32=1.68	2.822 4	0.14	2.822 4 ×0.14 =0.395 136
5	5-2.32=2.68	7.182 4	0.06	7.182 4 ×0.06 =0.430 994
6	6-2.32=3.68	13.542 4	0.02	13.542 4 ×0.02 =0.270 848
总和			1.00	1.857 6

方差 σ^2 的单位是衡量位的平方，其概念解释起来较为困难，所以将方差开平方得到标准差(standard deviation)，记作 σ，标准偏差与随机变量具有相同的单位，因此更常被用来衡量随机变量的离散程度。

$$\sigma = \sqrt{\sigma^2} = 1.857\,6 = 1.362\,9$$

3.4 二项分布

在介绍二项分布之前，首先介绍伯努利(Bernoulli)分布，又称作两点分布或者 0-1 分布。其定义为：如果试验成功，则随机变量取值为 1；如果失败，则随机变量取值为 0。而其成功的概率等于 1，那么失败的概率就等于 0。根据上面的定义，就可以产生概率分布如下

$$f(x) = p^x(1-p)^{1-x} \qquad x = 0,1$$

期望值和方差分别为

$$E(X) = 1 \cdot p + 0 \cdot (1-p) = p$$

$$\mathrm{Var}(X) = \sum_{i=0}^{1}(X_i - E(X))^2 f(x) = (0-p)^2(1-p) + (1-p)^2 p = p(1-p)$$

二项分布属于多重试验的结果，也就是 0-1 分布经过 n 次试验的结果，一般也可以称之为二项试验(binomial experiment)。它在离散型概率分布中被广泛使用。

所以，要构成二项实验，必须具备以下条件：

(1)由 n 个相同的试验所构成的实验。

(2)每一试验只有 2 种可能的结果，我们常称为成功和失败。

(3)成功的概率为 p，失败的概率为 $1-p$(一般会写成 q)，每一试验的成功和失败的概率

都维持不变。

(4)每一试验都独立。

若满足特性(2)、特性(3)和特性(4),则称此试验为伯努利程序(Bernoulli process),即为点二项试验,若加上特性(1),则为二项实验。

在二项实验中,n 次试验,令 x 代表成功次数,x 的可能值为 0,1,2,3,…由于 x 的可能值个数有限,x 为一离散数,其概率分布称为二项概率分布(binomial probability distribution)。

所以二项实验的结果就是 x 次成功与 $n-x$ 次不成功组合而成的,所构成的概率为

$$p^x \cdot q^{n-x}$$

因为 x 次成功与 $n-x$ 次不成功组合,所以发生的次数为

$$C_x^n \binom{n}{x} = \frac{n!}{x! \cdot (n-x)!}$$

将发生次数与发生概率整合,就会形成二项概率分布如下

$$f(x) = \binom{n}{x} p^x . q^{n-x} \qquad x = 0,1,2,\cdots,n$$

此时通过计算,可以获得期望值与方差如下

$$E(x) = \mu = np$$

$$\mathrm{Var}(x) = \sigma^2 = npq$$

【例 3-1】Wei 等(2020)研究发现,上海、深圳制造产业的股票有 10%存在异常报酬,如果一个投资者未经分析,选择 10 支制造业企业的股票进行投资组合,则 10 家企业中:

(1)有 2 家存在异常报酬的概率是多少?

(2)至少有 3 家有异常报酬的概率是多少?

解:建立二项概率函数:

$$f(x) = \binom{10}{x} 0.1^x . 0.9^{n-x} \quad x = 0,1,2,\cdots,10$$

11 种状况的概率如表 3-5 所示。

表 3-5　二项分布概率表

x	C_x^n	$f(x) = \binom{10}{x} 0.1^x . 0.9^{n-x}$
0	1	0.348 678 440
1	10	0.387 420 489
2	45	0.193 710 245
3	120	0.057 395 628
4	210	0.011 160 261
5	252	0.001 488 035
6	210	0.000 137 781

续表

x	C_x^n	$f(x)=\binom{10}{x}0.1^x.0.9^{n-x}$
7	120	0.000 008 748
8	45	0.000 000 365
9	10	0.000 000 009
10	1	0.000 000 000

(1)有 2 家存在异常报酬的概率 $=f(2)=0.1937$。

(2)至少有 3 家有异常报酬的概率 $=1-f(0)-f(1)-f(2)=0.0702$。

可以利用 Excel 来计算二项分布的值 = BINOMDIST(x,n,p,t),x 为成功次数,n 为试验次数,p 成功概率,$t=0$(或 False)即为上述所求,表示计算成功次数恰好等于指定数值的概率,$t=1$ 或 True 表示计算成功次数小于或等于指定数值的累计概率值。Excel 中的相应操作如图 3.1 所示。

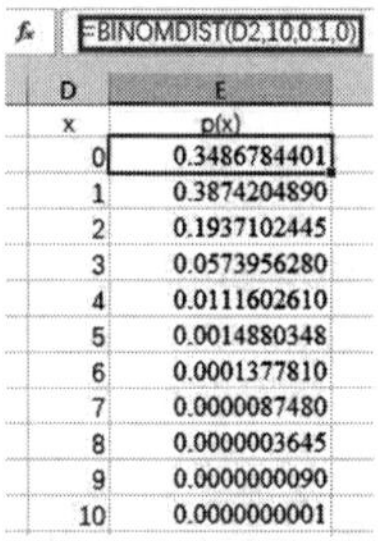

图 3-1 Excel 二项分布概率值

并利用条形图来呈现,如图 3-2 所示。

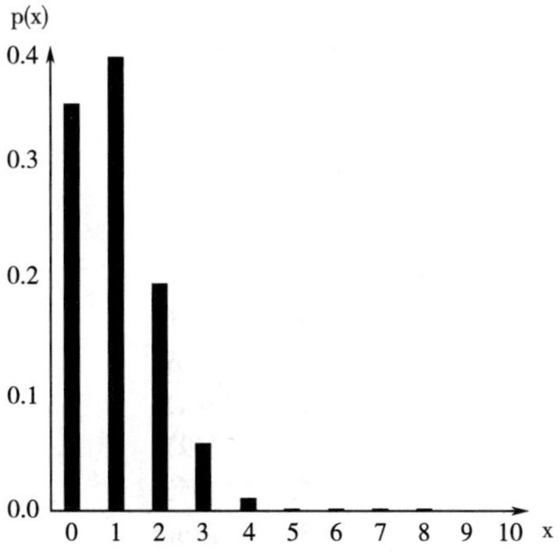

图 3-2 二项分布条形图

3.5 泊松分布

泊松分布(possion probability distribution)主要研究某个特定时段或特定空间下,发生特定事件的次数。例如,随机变量 x 表示1个月内上市公司退市(或是上市)的公司数量,在其他领域,也可用于分析商店一段时间内的客户流量等。

所以,可以得出泊松的特性如下:

(1)任意两个等长的时间或区域,发生特定事件的概率都相等。

(2)各区间(或时间)发生或不发生某特定事件彼此独立。

因此,建立泊松概率函数如下

$$f(x) = \frac{\mu^x e^{-\mu}}{x!} \qquad x = 0,1,2,3,\cdots$$

μ 为一个区间中发生次数的平均数或期望值;e 为自然底数(尤拉数)= 2.718 28…

【例 3-2】2005年到2020年,上海、深圳交易所退市公司共有101家。假设在任何相同的时段,退市的企业数量概率皆相同且独立,则可以建立每年退市公司数量的概率函数如下:

$$\mu = \frac{101}{16} \approx 6.3(\text{家})$$

$$f(x) = \frac{6.3^x e^{-6.3}}{x!} \qquad x = 0,1,2,3,\cdots$$

(1)全年都没有公司退市的概率:

$$f(0) = \frac{6.3^0 e^{-6.3}}{0!} = 0.001\,8$$

(2)全年有6家公司退市的概率:

$$f(6) = \frac{6.3^6 e^{-6.3}}{6!} = 0.159\,5$$

Excel 指令操作:POSSION(x,λ,t)。

x 表示出现次数,λ 为平均数,t=0,1,如图3-3所示。

=POISSON(D2,6.3,0)

D	E
x	p(x)
0	0.001836
1	0.011569
2	0.036441
3	0.076527
4	0.12053
5	0.151868

图 3-3 Excel 泊松分布概率值

(3)可以绘制泊松概率函数分布图,见图 3-4。

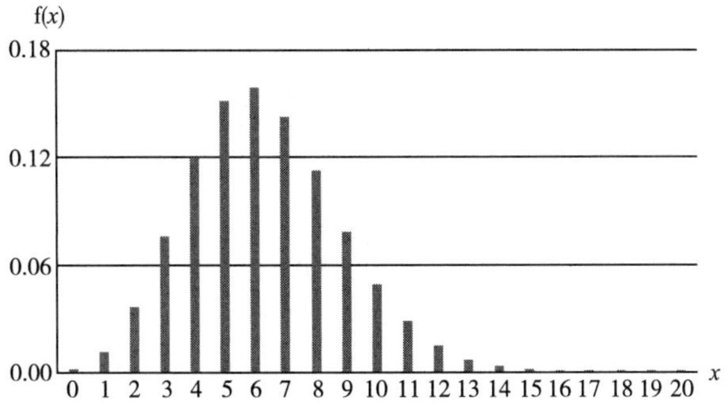

图 3-4　泊松分布图

(4)泊松概率函数 $\sigma^2=\mu$,本例标准偏差 = $\sqrt{6.3}$ = 2.51。

3.6　超几何分布

超几何分布(hypergeometric probability distribution)与二项分布关系相当密切,主要有两个差别:

(1)超几何分布的各试验并不独立;

(2)超几何分布的成功概率随各试验不同而有不同。

以 r 表示大小为 N 的总体的成功个数,失败个数以 $N-r$ 来表示,超几何概率函数(hypergeometric probability function)用来计算以取出不放回方式随机选出的 n 个元素中有 x 个成功、$n-x$ 个失败的概率。在 n 个样本中选出 x 个成功个数,表示要从总体总成功个数中抽出 x 个,从总体总失败个数 $N-r$ 中抽出 $n-x$ 个。下列超几何概率函数可以计算 n 个试验中有 x 个成功的个数的概率 $f(x)$。

超几何概率函数

$$f(x)=\frac{\binom{r}{x}\cdot\binom{N-r}{n-x}}{\binom{N}{n}}$$

其中:$\binom{N}{n}$ 表示从大小为 N 的总体中抽出 n 个样本的可能组合;$\binom{r}{x}$ 表示从 r 个总成功数中抽出 x 个成功个数的可能组合;$\binom{N-r}{n-x}$ 表示从 $N-r$ 个总体失败数中抽出 $n-x$ 个失败个数的可能组合。

对超几何概率分布而言,x 是离散随机变量,而且 $f(x)$ 是概率函数,x 的值通常是 0,1,2,…,n。然而,只有表示成功次数的 x 少于或等于总体中成功的个数($x\leqslant r$),并且观察到的失败个数少于或等于总体的失败个数($n-x\leqslant N-r$)时才有效。只要 1 个或多个的 x 值不符合上两个条件,则对应的 $f(x)=0$ 表示 x 等于此值的概率为0。

通过公式计算,可得到超几何分布的平均数和方差如下:

$$E(x)=\mu=n\cdot\frac{r}{N}$$

$$Var(x)=\sigma^2=n\cdot\frac{r}{N}\cdot\left(\frac{N-r}{N}\right)\cdot\left(\frac{N-n}{N-1}\right)$$

比较二项分布的平均数和方差如下:

$$E(x)=\mu=np$$

$$Var(x)=\sigma^2=npq$$

$$p=\frac{r}{N},q=1-p=\frac{N-r}{N}$$

其中: $\left(\frac{N-n}{N-1}\right)$ 为校正因子。

【例3-3】某家公司生产保险丝,12个保险丝装成1盒。品管检验员随机从1盒产品中抽出3个进行检验。假定该盒恰有5个瑕疵品:

(1)建立超几何概率函数,并计算平均数及方差。

(2)检验员抽出的3个保险丝中,恰有1个是瑕疵品的概率为多少?

(3)检验员抽出的3个保险丝中,至少有1个是瑕疵品的概率为多少?

解:(1)利用上面的符号,可以得知 $n=3$ 且 $N=12$,每盒里有 $r=5$ 个瑕疵品,则:

$$f(x)=\frac{\binom{5}{x}\cdot\binom{7}{3-x}}{\binom{12}{3}}$$

$$E(x)=\mu=n\cdot\frac{r}{N}=3\cdot\frac{5}{12}=1.25$$

$$Var(x)=\sigma^2=n\cdot\frac{r}{N}\cdot\left(1-\frac{r}{N}\right)\cdot\left(\frac{N-n}{N-1}\right)=3\cdot\frac{5}{12}\cdot\left(1-\frac{5}{12}\right)\cdot\left(\frac{12-3}{12-1}\right)=0.60$$

(2)抽出1个瑕疵品的概率是:

$$f(x)=\frac{\binom{r}{x}\cdot\binom{N-r}{n-x}}{\binom{N}{n}}=\frac{\binom{5}{1}\cdot\binom{7}{2}}{\binom{12}{3}}=\frac{\frac{5!}{1!\cdot4!}\cdot\frac{7!}{2!\cdot5!}}{\frac{12!}{3!\cdot9!}}=\frac{5\cdot21}{220}=0.477$$

(3)要求至少1个瑕疵品的概率,可先算出没有瑕疵品的概率:

$$f(x)=\frac{\binom{r}{x}\cdot\binom{N-r}{n-x}}{\binom{N}{n}}=\frac{\binom{5}{0}\cdot\binom{7}{3}}{\binom{12}{3}}=\frac{\frac{5!}{0!\cdot5!}\cdot\frac{7!}{3!\cdot5!}}{\frac{12!}{3!\cdot9!}}=\frac{1\cdot35}{220}=0.159$$

所以至少有1个环疵品的概率=1-0.159=0.841。

也可通过Excel来计算:

Excel指为HYPGEOMDIST(x,n,r,N)。

n 个元素中有 x 个成功,r 表示大小为 N 的总体的成功个数。

Excel 指令为 HYPGEOMDIST(0,3,5,12)= 0.159 1。

结果如图 3-5 所示。

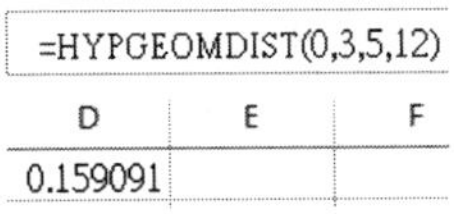

图 3-5 超几何分布 Excel 指令图

实训演练——分布图绘制

1. 利用 Excel 画出二项分布柱形图(n, p 请老师自行指定)。

2. 利用 Excel 画出泊松分布柱形图(λ 请老师自行指定)。

3. 利用 Excel 画出标准正态分布折线图(x 的范围设定为(-3,3)和(-10,10),间隔 0.1 单位)。

$$f(x) = \frac{1}{\sqrt{2\pi}}e^{-\frac{x^2}{2}} \qquad -\infty < x < \infty$$

4. 利用 Excel 画出指数分布折线图(λ 请老师自行指定)。

$$f(x) = \frac{1}{\lambda}e^{-\frac{x}{\lambda}} \qquad x \geqslant 0$$

习　题

一、判断题

1. 设某种试验成功的概率为 0.7,现独立地进行 10 次这样的试验。可以用二项分布的随机变量来描述这 10 次成功的次数。 (　　)

2. p 或 $1-p$ 小于 5%,n 很大时,二项分布可用 Poisson 分布来近似。 (　　)

3. 在二项分布或 Poisson 分布中,变量 x 只能取非负整数。 (　　)

4. 例数不同时,即使两个样本率相同,其抽样误差也不同。 (　　)

5. 二项分布的图形是一些离散的线段,纵轴代表的是概率密度。 (　　)

6. 两样本率的比较也可用二项分布法直接计算概率,但较繁琐。 (　　)

7. 从一已知概率的总体中随机抽取无数个样本,若样本数很大且固定,其样本概率的分布属正态或近似正态。 (　　)

8. 只要具备两分类互斥性的现象,即可采用二项分布法进行处理。 (　　)

9. 当样本含量小时,总体概率的估计适合采用二项分布法直接计算其上下限(表)。 (　　)

10. 一般说来,样本概率不同其变异度不一样,故不同的概率不能直接计算其平均。( )
11. 估计总体率的可信区间时,若用阳性数 x 查不到表,可查 $n-x$ 后再计算。( )
12. 两样本均数比较的 z 检验与两样本率比较的 z 检验都基于标准正态分布。( )
13. 二项分布是多项分布中的一种特殊情况。( )
14. 二项分布中的两分类必须是互相排斥的。( )
15. 双胞胎的发生数既可视为 Poisson 分布,也可视为二项分布。( )
16. 样本率与总体率的比较,如果可用正态近似法检验,那么也可用二项分布法直接计算概率。( )
17. Poisson 分布的观察数具有均数的含义。( )
18. 当 n 已知时,符合 Poisson 分布的数据也可用二项分布来处理。( )
19. 单位空间内发生任何稀有现象的次数均可视为 Poisson 分布。( )
20. 在二项分布或 Poisson 分布中,计算发生次数最多例的概率时需用上累计概率。( )
21. Poisson 分布具有可加性,因此可将小单位相加以满足正态近似性。( )
22. 研究单位时间、面积、容积内某独立稀有事件发生数的分布,可用 Poisson 分布来处理。( )
23. 在二项分布或 Poisson 分布中,变量 x 只能取非负整数。( )
24. 两样本均数比较的 z 检验与两样本率比较的 z 检验都基于标准正态分布。( )
25. 双胞胎的发生数既可视为 Poisson 分布,也可视为二项分布。( )

二、单选题

1. 在下列数组中,哪一个数组可以作为离散型随机变量的概率分布?( )

A. 1/2, 1/3, 1/4, 1/5　　B. 1/2, 1/4, 1/8, 1/8

C. 1/2, 1/2, 1/2, −1/2　　D. 1/2, 1/4, 1/8, 1/16

2. 下列数组中,哪一个数组可以作为离散型随机变量的概率分布?( )

A. 1/2, 1/4, 1/4, 1/4　　B. 1/2, 1/4, 1/16, 3/16

C. 1/2, 1/4, 3/8, −1/8　　D. 1/2, 1/4, 1/8, 1/16

3. 设离散型随机变量的概率分布为 $P(x=k)=\dfrac{k+1}{10}$, $k=0.123$,则 $E(x)=$( )。

A. 1.8　　B. 2

C. 2.2　　D. 2.4

4. 一个不公正六面骰子号码(2,5)每面出现的概率都是 1/4,号码(1,3,4,6)每面出现的概率都是 1/8,令 X 为掷这个骰子两次的点数和。请问 X 等于 9 的概率为多少?( )

A. 5/64　　B. 7/64

C. 3/32　　D. 1/9

5. 一个不公正六面骰子,号码(2,5)每面出现的概率都是 1/4,号码(1,3,4,6)每面出现的概率都是 1/8,令 X 为投骰子两次的点数和,请问 X 大于或等于 4 且小于或等于 10 的概率为何?( )

A. 5/9　　B. 27/32

C. 5/36　　D. 53/64

6. 盒中有 10 个球,其中 4 个红球,6 个黑球。以抽取后不放回的方式随机选取 4 球。令随机变量 x 表示黑球数。请问概率 $P(X\geqslant 2)$ 的值为多少？(　　)

A. 0.048 5　　B. 0.119 1

C. 0.125 6　　D. 0.167 0

7. 假设一上市股票按照过去股价分析趋势可知隔天上升 1 元的概率为 0.4,维持相同股价的概率为 0.4,而隔天下降 1 元的概率为 0.2。当某日的成交价格为 80 元时,请问股票第二天的期望价格为多少元？(　　)

A. 79.8 元　　B. 80.2 元

C. 81 元　　D. 78 元

8. 假设某人投一枚公正的硬币,在投掷 100 次之后,共有 55 次出现正面,请问根据古典概率理论,投掷此枚硬币出现正面的概率为多少？(　　)

A. 0.55　　B. 0.45

C. 0.5　　D. 0.6

9. 若离散型随机变量 X 之概率如下表所示。

X	1	2	3
$f(x)$	0.3	0.2	0.5

求 $P(X=1 \mid X>1)=$ (　　)。

A. 0　　B. 0.7

C. 0.3　　D. 0.5

10. 离散型的样本点数和连续型样本点的个数为(　　)。

A. 离散型无限个,连续型有限个　　B. 都是有限个

C. 都是无限个　　D. 离散型有限个,连续型无限个

11. 在一个有 30 位男生与 20 位女生的班级,随机抽出 5 人参加演讲比赛。设随机变量 X 是抽出的女生人数,则随机变量的概率分布是(　　)。

A. 正态分布　　B. 二项分布

C. 几何分布　　D. 超几何分布

12. 在太平洋捕鱼作业中捕获畸形鲑鱼的概率 0.2%,现在想要得到从该处捕获的 1 000 条鱼中最多有两条畸形鱼的概率,应该采用哪一种统计方法较为合适？(　　)

A. 正态分布　　B. 超几何分布

C. 泊松分布　　D. F 分布

13. 经验数据表明,某电话订票点每小时接到订票电话的次数 X 服从常数为 120 的泊松分布,请问该订票点每 10 分钟内接到订票电话次数 Y 的分布类型是(　　)。

A. 正态分布　　B. 泊松分布

C. 二项分布　　D. 超几何分布

14. 假设某随机变量(X)符合二项分布,则以下哪一个表述错误？(　　)

A. X 的最小值是 0　　B. X 的最大值是有限整数

C. 期望值 $E(X)$ 是连续型数值　　D. X 是连续型随机变量

15. 二项分布(概率分布)在以下哪种条件时是对称的?(　　)

A. 当总体率 $r=0.5$ 时　　B. 当总体率 0.5 时

C. 当总体率 $r<0.5$ 时　　D. 当总体率 π 接近于 0.1 或 0.9 时

E. p 为任意值

16. 当二项分布的数据符合(　　)情况时,可采用正态分布法处理。(　　)

A. 样本例数 n 足够大时　　B. 样本率 p 不太大时

C. np 和 $n(1-p)$ 大于 5 时　　D. 样本率的个数很多时

E. p 接近 1 或 0 时

17. 对于二项分布,理论上其均数与方差的关系是(　　)。

A. 平均数等于方差　　B. 平均数大于方差

C. 均数小于方差　　D. 平均数等于标准差

E. 无确定关系

18. 某随机变量符合二项分布,其成功概率不是 0 就是 1,请问以下哪一说法是正确的?(　　)

A. 平均数=方差　　B. 平均数>方差

C. 平均数<方差　　D. 平均数、方差的关系不一定

19. 已知中学生使用智能手机的比例为 0.4,现在随机选取 300 位中学生调查使用智能手机者之比例,其中至少(含)有 139 位中学生使用智能手机的概率为(　　)。

A. 0.314 6　　B. 0.214 6

C. 0.114 6　　D. 0.014 6

20. 假设从工厂随机挑出 100 个零件,其中为不良品的件数符合二项分布。若不良率为 0.1,则不良品件数的期值与标准差分别为多少?(　　)

A. 10, 9　　B. 9, 10

C. 10, 3　　D. 3, 10

21. 以下哪一种情况的结果最不符合二项分布?(　　)

A. 从 50 位同学中随机抽出 5 位作为班级干部,其中女生的人数

B. 从 2 万名全校学生中随机抽出 5 位作为校际比赛的代表,其中四年级的人数

C. 20 道相互独立的单选题,四选一,某一学生随机乱答,答对的总次数

D. 某一条生产线的瑕疵品比例为 0.02,从 5 万个产品中抽出 200 个做检验,其中瑕疵品的个数

22. 假设根据资料,百货商店属连锁商店的比率为 0.6,若参观一条商业街经过了 10 家百货商店,若 X 代表 10 家百货商店中连锁商店的个数,则下列哪一个表述是错误的?(　　)

A. 连锁商店的个数(X)属于二项分布

B. 经过的 10 家商店中完全没有连锁商店的概率为 $(0.4)^{10}$

C. 上述概率是实证概率

D. 若在不同商业街均随机停过 10 家百货商店,则平均每个商业街有 4 家是连锁商店

23. 以下的哪个例子最可能符合二项分布?( )

A. 餐厅内的用餐人数　　B. 选择题试题卷答对的题数

C. 以李克特量表衡量的品牌忠诚度　　D. 报纸头版的字数

24. 假设抽 1 次血得血清性肝炎的概率为 2%,某人共抽血 10 次,得血清性肝炎的概率为( )。

A. 10×0.02　　B. 0.02^{10}

C. $1-0.98^{10}$　　D. $(1-0.02)^{10}$

E. $1-0.02^{10}$

25. 已知一录音室 180 分钟的光盘片的错误数符合平均数为 6 的泊松分布,随机抽取一片 180 分钟的光盘片,已播放前 30 分钟,未出现错误,则接着的 60 分钟不会出现错误的概率为( )。

A. 0.049 8　　B. 0.135 3

C. 0.367 9　　D. 0.950 2

26. 盒中有 10 个球,其中 3 个红球、5 个黑球、2 个白球,以抽取后归还的方式随机选取 3 球。令 X 表示红球数,Y 表示黑球数,请问:概率 $P(X=1,Y=2)$ 的值是多少?( )

A. 1/5　　B. 1/4

C. 1/9　　D. 1/6

27. 假设钻探 1 口井会发现天然气的概率为 0.36,而且每次钻探的结果互相“独立”,现在要求钻探少于 10 次就发现第 1 口天然气井的概率。问:这个问题中的随机变量具有什么概率分布的特点?( )

A. 二项分布　　B. 负二项分布

C. 超几何分布　　D. 泊松分布

28. 袋中共有 10 个球,其中有 2 个红球。一次取 1 球,取出不放回,则第 2 球会取到红球的概率为( )。

A. 2/10　　B. 2/9

C. 1/9　　D. 不一定

29. 长荣航空 747 班机预售了 300 个座位,但此班机只有 298 个座位可供乘客使用,假设平均有 2%旅客取消其班机,试求无人取消班机的概率为多少?( )

A. e^{-6}　　B. e^{-4}

C. e^{-2}　　D. e^{2}

30. 设产品不良率为 0.2,随机从产品中取出 200 件检查。令 200 件中不良品个数为 X,则概率 $P(X\geqslant3)$ 的近似值是( )。

A. 0.323 4　　B. 0.761 9

C. 0.488 0　　D. 0.594 0

31. 一喷射机有 4 个引擎,每个引擎的故障率均为 0.01,且每个引擎故障的事件之间均互相独立。只要有两个引擎可以正常运作,此喷射机便可以安全飞行。令 P 表示此喷射机可以安全飞行的概率,则( )。

A. 0.999 995≤p<0.999 996　　B. 0.999 996≤p<0.999 997

C. 0.999 997≤p<0.999 998　　D. 0.999 998≤p<0.999 999

32. 设 X 为一离随机变量，其概率函数如下表所示，令 $F(x)=P(X\leqslant x)$，请选出错误的描述。(　　)

X	1	2	3	4	5
$P(x)$	0.2	0.35	0.2	0.15	0.1

A. $F(1)=0.2$　　B. $F(3)0.75$

C. $F(5)=1$　　D. $F(6)=0$

33. 设 X 为伯努利(Bemoulln) 变量，概率分布为 $P(X=1)=0.3$，$P(X=0)=0.7$，设 $Y=\sum_{i=1}^{20} X_i$，则 Y 的方差为多少？(　　)

A. 2.7　　B. 3.1

C. 3.5　　D. 4.2

34. 假设有两个离散型随机变量 X 和 Y，其联合概率分布是 $f(X,Y)=k(x+y)$，$x=1,2,3$，$y=0,1,2$。试问 $k=$(　　)。

A. 1/2　　B. 1/5

C. 4/9　　D. 2/15

35. 设随机变量 X 与 Y 为独立变量，则下列哪一项是正确的(其中 $E(X)$、$E(Y)$ 为 X 与 Y 的期望值，$VAR(X)$、$VAR(Y)$ 为 X 与 Y 的方差)？(　　)

A. $E(X/Y)=E(X)/E(Y)$　　B. $E(X|Y)=E(Y|X)$

C. $\text{Var}(Y|X)=\text{Var}(X|Y)$　　D. $\text{Var}(X+Y)=\text{Var}(X)+\text{Var}(Y)$

36. 有关泊松随机变量的陈述，下列哪一项是正确的？(　　)

A. 具有无限多个可能值的离散随机变量。B. 具有有限多个可能值的离散随机变量。

C. 具有无限多个可能值的连续随机变量。D. 具有有限多个可能值的连续随机变量。

37. 下面关于 n 重贝努里试验的陈述中，哪一个是错误的？(　　)。

A. 一次试验只有两个可能结果，即“成功”和“失败”

B. 每次试验成功的概率都是相同的

C. 试验是相互独立的

D. 在每次试验中，“成功”的次数对应一个连续型随机变量

38. 已知一批产品的次品率为 4%，从中有放回地抽取 5 个。则 5 个产品在 n 次有次品的概率为(　　)。

A. 0.815　　B. 0.170

C. 0.014　　D. 0.099

39. 指出下面的分布中哪一个不是离散型随机变量的概率分布。(　　)

A. 0-1 分布　　B. 二项分布

C. 泊松分布　　D. 正态分布

40. 设 X 是参数为 $n=4$ 和 $p=0.5$ 的二项随机变量，则 $P(X<2)=$（　　）。

A. 0.312 5　　B. 0.212 5

C. 0.687 5　　D. 0.787 5

41. 一个养鹅场中鹅的重量超过 4 公斤的概率为 0.25，求随机抓取 20 只鹅，其中有 5 只超过 4 公斤的概率。这个问题中的随机变量具有什么概率分布？（　　）

A. 二项分布　　B. 负二项分布

C. 几何分布　　D. 泊松分布

42. 总体均数为 μ 的 Poisson 分布，当 μ 较大时近似于正态分布，其（　　）。

A. 均数为 μ，方差为 μ　　B. 均数为 μ，标准差为 μ

C. 均数为 μ^2，标准差为 μ^2　　D. 均数为 μ，方差为 $\sqrt{\mu}$

E. 均数为 $\sqrt{\mu}$，标准差为 μ

43. 某高中应届毕业生考取一本的比率为 80%。随机选出 10 位应届毕业生，至少半数考取一本的概率为多少？（　　）

A. 0.99　　B. 0.83

C. 0.93　　D. 0.95

44. 一般医院的医疗事故发生次数分布属于（　　）。

A. 二项分布　　B. 泊松分布

C. 对数正态分布　　D. 正态分布

E. 以上都不对

三、填空题

1. 设 X 的分布如下表，则 $P(X<2)=$ ______。

X	0	1	2	3
$P(x)$	0.1	0.3	0.4	0.2

2. 如果随机变量 $X \sim B(10, 0.3)$，则 $E(X)=$ ______，$\mathrm{Var}(X)=$ ______。

3. 设 $X \sim B(n, p)$，$E(X)=2$，$\mathrm{Var}(X)=1.2$，则 $n=$ ______，$p=$ ______。

4. 设随机变量 $X \sim B(4, 0.2)$，则 $P(X>3)=$ ______。

5. 假定 X 为一随机变量，且其 $E(X)=100$，$\mathrm{Var}(X)=60$，变量 Y 为 X 的线性函数 $Y=2X+150$，那 $E(Y)=$ ______，$\mathrm{Var}(Y)=$ ______。

6. 某高中的应届毕业生有 60%会考进一本大学，令 X 为随机选出 100 人考进一本大学的人数，请问 X 的标准差= ______。

7. 设随机变量 x 服从以 n，p 为参数的二项分布，且 $E(x)=15$，$\mathrm{Var}(x)=10$，则 $n=$ ____。

8. 某人投篮，每次命中率为 0.7，现独立投篮 5 次，恰好命中 4 次的概率是______。

9. 设 x 是 10 次独立重复试验成功的次数，若每次试验成功的概率为 0.4，则 $E(x^2)=$ ____。

10. 设随机变量服从 $\lambda=2$ 的泊松分布，则 $P(x \geqslant 1)=$ ______。

11. 设随机变量 x 服从参数为 λ 的泊松分布，且已知 $E(x-1)(x-2)=1$，则 $\lambda=$ ______。

12. 设随机变量 x 服从参数为 λ 的泊松分布,且 $3P(x=2)=P(x=4)$,则 $\lambda=$______。

13. 设随机变量 x 服从参数为 λ 的泊松分布,且 $P(x=2)=P(x=4)$,则 $\lambda=$______。

14. 随机变量 X 为 $n=25, P=036$ 的二项分布,则 X 之期望值 $\mu=$______,标准差 $\sigma=$______。

15. 设随机变量与相互独立,且 $X\sim B(16,0.5)$,Y 则服从参数为 9 的泊松分布,则 $\mathrm{Var}(X-2Y+3)=$______。

16. 一次试验的成功率为 P,进行 100 次独立重复试验,当 $P=$______时,成功次数的方差的值最大,最大值为______。

四、计算题

1. 有一个随机变量 x,其概率分布如下:

$$f(x)=\begin{cases}\dfrac{ax^2}{x!} & x=1,2,3,4\\ 0 & \text{其他值}\end{cases}$$

则

A. 常数 $a=$______。

B. $P(x>1)=$______。

C. $P(x>1|x<4)=$______。

D. $E(x)=$______。

E. $\mathrm{Var}(x)=$______。

2. 有一个随机变量数 x,其概率分布如下:

$$f(x)=\begin{cases}a(1+x^2) & x=-1,0,1,2\\ 0 & \text{其他值}\end{cases}$$

则

A. 常数 $a=$______。

B. 若 $y-2x^2+2$,$p(y>2)=$______。

C. $E(y)=$______,$Var(y)=$______。

3. 假如你投资 2 万元于某风险很高的创投基金,有 40%的机会可以获得 5 万元,有 25%的机会可以将投资的钱拿回来,有 35%的机会一分钱都拿不回来。令随机变量 X 为你可能的净回报,则:

(1)随机变量 X 的平均数和方差为多少?

(2)若你改变心意,想追加投资到 10 万元,则你可能的净回报的平均数和方差为多少?

4. 某一考试有 10 道选择题每一题均有 4 个可能答案,而每一题都只有一个是正确的。若某学生纯粹以猜答案的方式来答题。设随机变量丫代表此学生猜对的题,求:(1)随机变量 Y 的概率分布;(2)随机变量 Y 的平均数及方差;(3)$P(Y>2)$。

5. 如果有一个非正常硬币出现反面的概率为出现正面的概率的三倍,掷这个非正常硬币 10 次,令随机变量 X 代表出现反面的次数,则:(1)求随机变量 X 的平均数及方差。(2)求 $P(2<X\leqslant 4)$ 和 $P(X>1)$。

6. 某一特定必修科目中有 25%的学生会挂科,现有 20 个学生修此门课,令随机变量 X 代表挂科的学生人数:则

A. 随机变量 X 的平均数=?方差=?

B. $P(X=0)=$______,$P(X\geqslant 2)=$______。

7. 设 10 个小孩的家庭中,男生的概率为 0.3,则:

(1)此家庭中恰有 2 位男生的概率=______。

(2)此家庭中至少有 2 位男生的概率______。

8. 假定每天在人民路与解放路的交叉路口发生的车祸次数符合泊松(Poisson)分布而且每天平均有 2 次车祸发生。问某天在此交叉路口,

(1)至多只会发生一次车祸的概率?

(2)不会有车祸发生的概率?

(3)至少有 3 辆车发生的概率?

9. 已知一个池塘中的泰国虾带病率 2%,假设病虾在池水中呈随机分布,则在一网捞出的 100 只虾中刚好有 3 只病虾的概率是多少?

(1)用二项分布(Binomial Distribution)解释此问的概率。

(2)用泊松分布(Poisson Distribution)解释此问的概率。

10. 某公司在电子产品运输出售之前对其进行可行性测试,并以二阶段进行其计划,25 个电子产品为一盒,每盒取 2 个产品来做不良品试验。如果找到任何不良品,则整盒送回厂内进行 100%的筛选;如果没有找到任何不良品,则此盒就运出。

(1)装有 3 个瑕疵品的盒子被选中的概率是多少?

(2)只有 1 个瑕疵品的盒子被送回厂做 100%筛选的概率是多少?

11. 盒中有黑球 5 个,红球 4 个,从中连续抽取 4 球,令随机变量 X 代表抽出黑球的个数,试求:

(1)$P(3\leqslant X\leqslant 5)$ 和 $P(X\geqslant 2)$;

(2)变量 X 的平均数和方差。

12. 一个袋子内装有 24 张彩票,其中有 5 张有奖,从袋子中随机抽出 5 张,随机变量 X 代表有奖彩票的张数,则:

(1)平均数和方差分别是多少?

(2)求 $P(X\geqslant 1)$ 的值。

13. H 牌汽车潜在消费者较关心 Q-PLUS 车型刹车系统的一种故障。此故障发生率不高,但在高速行驶时会引发严重的事故。假定每年有过此故障的汽车数量为 X,服从 $\lambda=4$ 的泊松概率分布,那么

(1)每年最多 3 辆汽车造成严重事故的概率是多少?

(2)每年超过 2 辆汽车会造成严重事故的概率是多少?

(3)$E(X)$ 和 $\mathrm{Var}(X)$ 各为何值?

专有名词

随机变量:试验结果的数值描述。

离散随机变量:随机变量的可能值是有限个或是诸如 0,1,2…的无限数列。

连续随机变量:一个随机变量,其值可为某一区间或若干个区间中的任何值。

概率分布：描述随机变量的各种不同值如何分布。

古典法：一种概率指派的方法，它实质上反映的是将试验结果产生的随机变量值出现的可能性相等时的情况。

主观法：一种概率指派的方法，以个人最佳判断来指派概率以得到概率分布。

相对次数法：一种概率指派的方法，根据历史数据或是试验重复相当多次而产生的多个数据，通过这些数据来计算实验结果出现的比例，以进行概率指定。

伯努利分布：又名两点分布或者0~1分布。若试验成功，则随机变量取值为1；若失败，则随机变量取值为0。

二项试验：必须具备以下条件：

(1)由 n 个相同的试验所构成的实验。

(2)每一试验只有2种可能的结果：成功和失败。

(3)成功的概率为 p，失败的概率为 $1-p$（一般会写成 q），每一试验成功和失败的概率皆保持不变。

(4)每一试验皆独立。

二项概率分布：在二项试验中，n 次试验中，令 x 代表成功次数，x 的可能值为0,1,2,3…由于 x 的可能值个数有限，x 彼此互相独立，则随机变量 x 所产生的概率分布为二次项概率分步。

泊松分布：某个特定时段或特定空间下，发生特定事件的次数服从此分布。

超几何概率分布：与二项概率分布关系相当密切，主要差别为超几何分布的各试验并不独立、超几何分布的成功概率随各试验而有不同。

重要公式

离散概率函数必须满足以下两个条件：

$$f(x) \geqslant 0$$

$$\sum f(x) = 1$$

均匀概率分布：

$$f(x) = \frac{1}{n} \qquad n\text{ 为随机变量可能值的数目}$$

离散随机变量 x 的期望值：

$$E(x) = \mu = \sum x \cdot f(x)$$

离散随机变量 x 的方差：

$$\mathrm{Var}(x) = \sigma^2 = \sum (x-\mu)^2 \cdot f(x)$$

伯努利概率函数、期望值和方差：

$$f(x) = p^x.(1-p)^{1-x} \qquad x = 0,1$$

$$E(X) = 1 \cdot p + 0 \cdot (1-p) = p$$

$$\mathrm{Var}(X) = \sum_{i=0}^{1} (X_i - E(X))^2 f(x) = (0-p)^2(1-p) + (1-p)^2 p = p(1-p)$$

二项概率函数、期望值和方差：

$$f(x) = \binom{n}{x} p^x . q^{n-x} \qquad x = 0,1,2,\cdots,n$$

$$E(x) = \mu = np$$

$$\mathrm{Var}(x) = \sigma^2 = npq$$

泊松概率函数、期望值和方差：

$$f(x) = \frac{\mu^x e^{-\mu}}{x!} \qquad x = 0,1,2,3,\cdots$$

超几何概率函数：

$$f(x) = \frac{\binom{r}{x} \cdot \binom{N-r}{n-x}}{\binom{N}{n}}$$

$$E(x) = \mu = n \cdot \frac{r}{N}$$

$$\mathrm{Var}(x) = \sigma^2 = n \cdot \frac{r}{N} \cdot \left(\frac{N-r}{N}\right) \cdot \left(\frac{N-n}{N-1}\right)$$

附录 3-1：动差与动差母函数

【定义 1】 随机变量 Y 以 0（原点）为中心的 k 阶动差（kth moment）定义为

$$\mu'_k \overset{Def}{=} E(Y^k)$$

所以：

一阶动差

$$E(Y) = E(Y^1) = \mu'_1 = \mu$$

二阶动差

$$E(Y^2) = \mu'_2$$

【定义 2】 随机变量 Y 以 μ 为中心的 k 阶中央动差（kth central moment）定义为

$$\mu_k \overset{Def}{=} E[(Y-\mu)^k]$$

则随机变量 Y 的方差：

$$\sigma^2 = E[(Y-\mu)^2] = \mu_2$$

故方差又称作二阶中间动差。

【定理 1】 若两个随机变量 Y，Z 有相同的 k 阶动差，$k = 1, 2, 3, \cdots$，则在一般条件下，

$$Y \overset{D}{=} Z$$

亦即，Y 与 Z 有相同的分布。

【定义 3】 随机变量 Y 的动差母函数（moment-generating function，mgf）

$$m(t) \overset{Def}{=} E(e^{tY})$$

若存在 $b>0$,使得 $|t|\leqslant b$,则 $m(t)$ 有限个。

e 为数学常数、自然底数或欧拉数(Euler’s number)。

$$\begin{aligned}
e &= \lim_{h\to 0}(1+h)\frac{1}{h} \overset{\text{或}}{=} \lim_{h\to\infty}(1+)h \\
&= 1+1+\frac{1}{2!}+\frac{1}{3!}+\cdots+\frac{x^k}{k!}+\cdots \\
&= 1+1+\frac{1}{1\times 2}+\frac{1}{1\times 2\times 3}+\cdots \\
&= 2.718\ 28\cdots
\end{aligned}$$

$$\begin{aligned}
e^x &= \frac{x^0}{0!}+\frac{x^1}{1!}+\frac{x^2}{2!}+\frac{x^3}{3!}+\cdots+\frac{x^k}{k!}+\cdots\left(=\sum_{i=1}^{\infty}\frac{x^i}{i!}\right) \\
&= 1+x+\frac{x^2}{2!}+\frac{x^3}{3!}+\cdots+\frac{x^k}{k!}+\cdots
\end{aligned}$$

为何称 $m(t)=E(e^{tY})$ 为 Y 的动差母函数?

$$\begin{aligned}
m(t) &\overset{\text{Def}}{=} E(e^{tY}) = \sum_{Y} e^{tY}\cdot f(x) \\
&= \sum_{Y}\left(1+ty+\frac{(ty)^2}{2!}+\frac{(ty)^3}{3!}+\cdots+\frac{(ty)^k}{k!}+\cdots\right)\cdot f(x) \\
&= \sum_{Y}1\cdot f(x)+\sum_{Y}ty\cdot f(x)+\sum_{Y}\frac{(ty)^2}{2!}\cdot f(x)+ \\
&\quad \sum_{Y}\frac{(ty)^3}{3!}\cdot f(x)+\cdots+\sum_{Y}\frac{(ty)^k}{k!}\cdot f(x)+\cdots \\
&= \sum_{Y}f(x)+t\sum_{Y}y\cdot f(x)+\frac{t^2}{2!}\sum_{Y}y^2\cdot f(x)+ \\
&\quad \frac{t^3}{3!}\sum_{Y}y^3\cdot f(x)+\cdots+\frac{t^k}{k!}\sum_{Y}y^k\cdot f(x)+\cdots \\
&= 1+t\cdot\mu'_1+\frac{t^2}{2!}t\cdot\mu'_2+\frac{t^3}{3!}\cdot\mu'_3+\cdots+\frac{t^k}{k!}\cdot\mu'_k+\cdots
\end{aligned}$$

故 k 阶动差 μ'_k 为 $m(t)$ 的展开式中 $\frac{t^k}{k!}$ 的系数,$k=1,2,3,\cdots$, 也就是说,所有的 k 阶动差均可用 $m(t)$ 来表示,并可由其展开式求出各个动差。因此,称 $m(t)=E(e^{tY})$ 为 Y 的动差母函数。

【定理 2】 若 $m(t)$ 存在,则对任意的正整数 k,

$$\frac{d^k m(t)}{dt^k}\Big|_{t=0}\Big| = m^{(k)}(0) = \mu'_k$$

$$\begin{aligned}
m(t) &= 1+t\cdot\mu'_1+\frac{t^2}{2!}t\cdot\mu'_2+\frac{t^3}{3!}\cdot\mu'_3+\cdots+\frac{t^k}{k!}\cdot\mu'_k+\cdots \\
m^{(1)}(t) &= \mu'_1+\frac{2t}{2!}t\cdot\mu'_2+\frac{3t^2}{3!}\cdot\mu'_3+\cdots+\frac{kt^{k-1}}{k!}\cdot\mu'_k+\cdots \\
&= \mu'_1+\frac{t}{1!}t\cdot\mu'_2+\frac{t^2}{2!}\cdot\mu'_3+\cdots+\frac{t^{k-1}}{(k-1)!}\cdot\mu'_k+\cdots \\
m^{(2)}(t) &= \mu'_2+\frac{2t}{2!}\cdot\mu'_3+\cdots+\frac{(k-1)t^{k-2}}{(k-1)!}\cdot\mu'_k+\cdots \\
&\ \vdots \\
m^{(k)}(t) &= \mu'_k+\frac{2t}{2!}\cdot\mu'_{k+1}+\frac{3t^2}{3!}\cdot\mu'_{k+2}+\cdots
\end{aligned}$$

将 $t=0$ 代入得：

$$
\begin{aligned}
m^{(1)}(0) &= \mu'_1 \\
m^{(2)}(0) &= \mu'_2. \\
&\vdots \\
m^{(k)}(0) &= \mu'_k \\
&\vdots
\end{aligned}
$$

【例 3-4】试求 $Y\sim$ Poisson(λ) 的 mgf $m(t)$，并推导平均数 μ 和方差 σ^2。

解：

$$
\begin{aligned}
m(t) &= \mathrm{E}(\mathrm{e}^{tY}) = \sum_{Y=0}^{\infty}\mathrm{e}^{tY}\cdot f(x) \\
&= \sum_{Y=0}^{\infty}\mathrm{e}^{tY}\cdot \mathrm{e}^{-\lambda}\frac{\lambda^{Y}}{Y!} \\
&= \mathrm{e}^{-\lambda}\cdot\sum_{Y=0}^{\infty}\mathrm{e}^{tY}\cdot\frac{\lambda^{Y}}{Y!} \\
&= \mathrm{e}^{-\lambda}\cdot\sum_{Y=0}^{\infty}\cdot\frac{(\lambda\mathrm{e}^{t})^{Y}}{Y!} \\
&= \mathrm{e}^{-\lambda}\cdot\mathrm{e}^{\lambda\mathrm{e}^{t}} \\
&= \mathrm{e}^{\lambda(e^{t}-1)}
\end{aligned}
$$

平均数

$$
\begin{aligned}
\mu = \mu'_1 &= m^{(1)}(0) \\
&= \frac{\mathrm{d}}{\mathrm{d}t}[\mathrm{e}^{\lambda(e^{t}-1)}]\Big|_{t=0} \\
&= \lambda\mathrm{e}^{t}\cdot\mathrm{e}^{\lambda(e^{t}-1)}\Big|_{t=0} \\
&= \lambda\mathrm{e}^{0}\cdot\mathrm{e}^{\lambda(e^{0}-1)} \\
&= \lambda\cdot 1\cdot\mathrm{e}^{0} \\
&= \lambda
\end{aligned}
$$

方差

$$
\begin{aligned}
E(Y^2) &= \mu'_2 = m^{(2)}(0) \\
&= \frac{\mathrm{d}}{\mathrm{d}t}[\lambda\mathrm{e}^{t}\cdot\mathrm{e}^{\lambda(e^{t}-1)}]\Big|_{t=0} \\
&= \left\{\left[\frac{\mathrm{d}}{\mathrm{d}t}\lambda\mathrm{e}^{t}\right]\cdot\mathrm{e}^{\lambda(e^{t}-1)} + \lambda\mathrm{e}^{t}\frac{\mathrm{d}}{\mathrm{d}t}[\mathrm{e}^{\lambda(e^{t}-1)}]\right\}\Big|_{t=0} \\
&= \{(\lambda\mathrm{e}^{t})^{2}\cdot\mathrm{e}^{\lambda(e^{t}-1)} + \lambda\mathrm{e}^{t}\cdot\mathrm{e}^{\lambda(e^{t}-1)}\}\Big|_{t=0} \\
&= \lambda^2+\lambda \\
\sigma^2 &= \mathrm{E}(Y^2)-\mathrm{E}(Y)^2 \\
&= \lambda^2+\lambda-\lambda^2 \\
&= \lambda
\end{aligned}
$$

各离散型动差母函数如下：

伯努利分布：

$$(1-p+pe^{t})$$

二项分布：

$$(1-p+pe^t)^n$$

泊松分布：

$$e^{\lambda(e^t-1)}$$

附录 3-2：e 自然底数

e 称作自然底数，由瑞士数学家欧拉发现，所以又称欧拉数(Euler's number)，该值约等于

$$e = 2.718\ 281\ 828\ 459\ 045\ 235\ 36\cdots$$

该定义是一个指数函数 $f(x)=a^x$，微分后会等于自己的 a 的值。

$$f'(x)=\frac{d}{dx}a^x=\lim_{h\to 0}\frac{a^{x+h}-a^x}{h}=\lim_{h\to 0}\frac{a^x\cdot a^h-a^x}{h}=a^x\lim_{h\to 0}\frac{a^h-1}{h}$$

所以，根据定义，$\lim_{h\to 0}\frac{a^h-1}{h}=1$

$$\frac{a^h-1}{h}=1\Leftrightarrow a^h-1=h\Leftrightarrow a^h=1+h\Leftrightarrow a=(1+h)^{\frac{1}{h}}$$

将 $\lim_{h\to 0}(1+h)^{\frac{1}{h}}$ 转换成 $\lim_{h\to\infty}\left(1+\frac{1}{h}\right)^h$。

利用二项式定理

$$(x+y)^n=\binom{n}{0}x^n+\binom{n}{1}x^{n-1}y^1+\cdots+\binom{n}{i}x^{n-i}y^i+\cdots+\binom{0}{n}y^n=\sum_{i=0}^{n}\binom{n}{i}x^{n-i}y^i$$

$$\lim_{h\to\infty}\left(1+\frac{1}{h}\right)^h=\lim_{h\to\infty}\sum_{i=0}^{\infty}\binom{h}{i}1^{h-i}\frac{1}{h}^i$$

$$=\lim_{h\to\infty}\left(\binom{h}{0}\frac{1}{h^0}+\binom{h}{1}\frac{1}{h^1}+\binom{h}{2}\frac{1}{h^2}+\binom{h}{3}\frac{1}{h^3}+\cdots\right)$$

$$=\lim_{h\to\infty}\left(\frac{h!}{0!\cdot h!}\frac{1}{h^0}+\frac{h!}{1!\cdot(h-1)!}\frac{1}{h^1}+\frac{h!}{2!\cdot(h-2)!}\frac{1}{h^2}+\frac{h!}{3!\cdot(h-3)!}\frac{1}{h^3}+\cdots\right)$$

$$=\lim_{h\to\infty}\left(\frac{1}{0!\cdot}\frac{1}{h^0}+\frac{h}{1!\cdot}\frac{1}{h^1}+\frac{h\cdot(h-1)}{2!}\frac{1}{h^2}+\frac{h\cdot(h-1)\cdot(h-2)}{3!\cdot}\frac{1}{h^3}+\cdots\right)$$

$$=\lim_{h\to\infty}\left(\frac{1}{0!\cdot}+\frac{1}{1!\cdot}+\frac{1}{2!}+\frac{1}{3!\cdot}+\cdots\right)$$

$$=\lim_{h\to\infty}\sum_{n=0}^{\infty}\frac{1}{n!}$$

$$=\frac{1}{0!}+\frac{1}{1!}+\frac{1}{2!}+\frac{1}{3!}+\cdots$$

所以当 $a=e=\frac{1}{0!}+\frac{1}{1!}+\frac{1}{2!}+\frac{1}{3!}+\cdots$ 时(用符号 e 来表示)

$$f(x)=e^x$$

$$f'(x)=e^x=f(x)$$

4 连续型概率分布

本章摘要

本章延续前一章的讨论,并针对连续型随机变量的情形加以探讨,离散型概率分布与连续型概率分布主要的不同点在于概率计算的方法不同。用离散型分布概率函数$f(x)$可以直接计算出随机变量X的概率值,然而,连续型概率函数却不能直接利用概率密度函数来计算其概率值,因为连续型函数的概率值是由其概率密度函数$f(x)$曲线下方与x轴所形成的面积计算所得,而在曲线下任意一点的面积等于零,所以任何一个特定的连续随机变量所对应的概率均为0。

本章共介绍3种连续型概率分布,分别为均匀分布、正态分布和指数分布,而正态分布在统计推论中被广泛运用,本书其他章节也会经常用到此分布。

除此外,还介绍了抽样分布中最常用的卡方分布、学生(t)分布和F分布。

上一章介绍的二项分布、泊松分布和超几何分布都属于离散型概率分布,本章主要讨论连续型的概率分布,离散型与连续型最大的不同是变量的使用,离散型的概率分布指的是每一个随机变量会有一个相对应的概率值,而连续型的概率分布则是用概率密度函数[probability densitky function, pdf,$f(x)$]表示。两者最大的差别在于概率密度函数不是直接计算某个随机变量的概率值,而是计算特定区间内$f(x)$与x轴所形成的面积,该面积就是在这个特定区间的概率值。

可以发现,在离散型概率中,每个特定值都会产生一个概率值,但连续型概率中,每个特定值与x轴所形成的面积为0,所以每个特定值的概率等于0,连续型的概率计算必须是以一个特定区间来计算。因此,$P(x \leqslant a)$和$P(x < a)$的概率都是一样的,不会因为有无等号而有所不同。

所以,构成一个连续型概率密度函数必须满足以下条件:

$$0 \leqslant f(x) \leqslant 1$$

$$\int_{-\infty}^{\infty} f(x)\,\mathrm{d}x = 1$$

【例4-1】连续概率函数的判定。

(1) $f(x)=\begin{cases}2 & 0 \leqslant x \leqslant 0.5\\ 0 & \text{其他}\end{cases}$ 不是概率密度函数,因为$f(x)=2$, $0 \leqslant x \leqslant 0.5$, $f(x)>1$。

(2) $f(x)=\begin{cases}0.5 & 0 \leqslant x \leqslant 4\\ 0 & \text{其他}\end{cases}$ 不是概率密度函数,因为$\int_{-\infty}^{\infty} f(x)\,\mathrm{d}x = 2 \neq 1$。

本章将介绍3个连续型概率函数,分别为均匀分布、正态分布和指数分布,其中以正态分布最为重要,该方法在统计研究中被大量使用。

4.1 均匀分布

设随机变量 x 为从上海乘坐 G102 号高铁到北京的时间。假设 G102 车程为 360 分到 370 分的任何值,则随机变量 x 可以是 360 分钟到 370 分钟之间的任何值,所以 x 是一个连续型的随机变量,非离散随机变量。假设车程为 360 分到 370 分之间的 1 分钟的概率全都相等,该随机变量在任何一个区间发生的概率皆相同的情况下,则称随机变量 x 具有均匀概率分布(uniform probability distribution),这时的车程概率密度函数可以表示如下:

$$f(x)=\begin{cases}\dfrac{1}{10} & 360\leqslant x\leqslant 370\\ 0 & 其他\end{cases}$$

均匀分布概率密度函数:

$$f(x)=\begin{cases}\dfrac{1}{b-a} & a\leqslant x\leqslant b\\ 0 & 其他\end{cases}$$

均匀分布概率密度函数如图 4-1 所示。

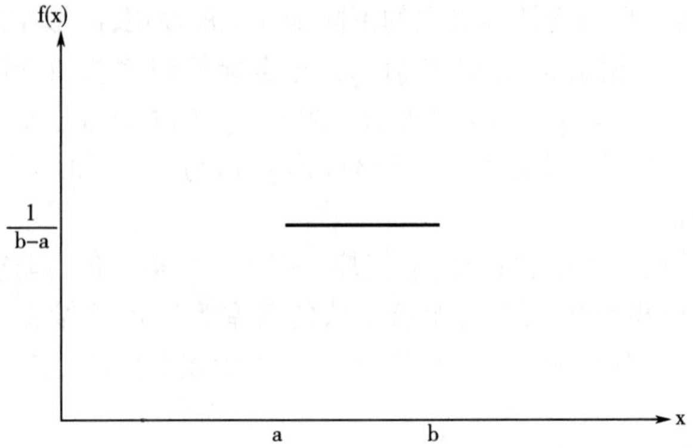

图 4-1 均匀分布概率密度函数图

累积分布函数(cumulative distribution function, CDF)

$$F(x)=P(X\leqslant x)=\int_{-\infty}^{x}\frac{1}{b-a}\cdot \mathrm{d}t=\int_{a}^{x}\cdot\frac{1}{b-a}\cdot \mathrm{d}t=\frac{1}{b-a}\cdot t\,\Big|_{a}^{x}=\frac{x-a}{b-a}$$

$$F(x)=\begin{cases}0, & x\leqslant a\\ \dfrac{x-a}{b-a}, & a<x\leqslant b\\ 1, & x>b\end{cases}$$

均匀分布概率密度函数如图 4-2 所示。

变量 x 服从均匀概率分布,其期望值:

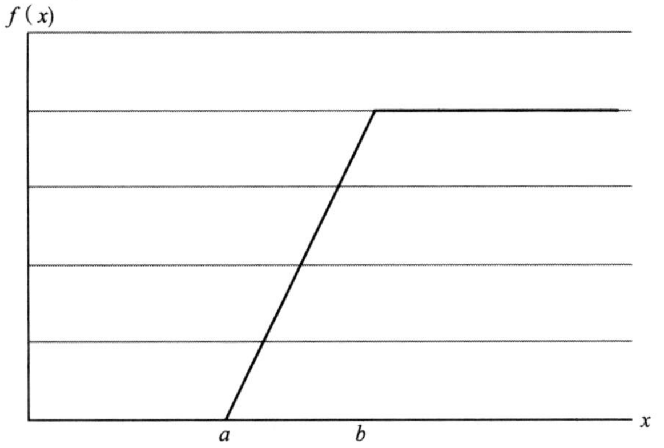

图 4-2 均匀分布累积分布函数图

$$\mu = E(x) = \int_{-\infty}^{\infty} x \cdot f(x) \cdot dx = \int_{a}^{b} x \cdot \frac{1}{b-a} \cdot dx$$

$$= \frac{1}{b-a} \cdot \frac{1}{2}x^2 \Big|_a^b = \frac{1}{2(b-a)}(b^2 - a^2) = \frac{b+a}{2}$$

方差：

$$E(x^2) = \int_{-\infty}^{\infty} x^2 \cdot f(x) \cdot dx = \int_{a}^{b} x^2 \cdot \frac{1}{b-a} \cdot dx = \frac{1}{b-a} \cdot \frac{1}{3}x^3 \Big|_a^b$$

$$= \frac{1}{3(b-a)}(b^3 - a^3) = \frac{b^2 + b \cdot a + a^2}{3}$$

$$\sigma^2 = Var(x) = E(x^2) - (E(x))^2 = \frac{b^2 + b \cdot a + a^2}{3} - \left(\frac{b+a}{2}\right)^2$$

$$= \frac{b^2 + b \cdot a + a^2}{3} - \frac{b^2 + 2b \cdot a + a^2}{4}$$

$$= \frac{(b-a)^2}{12}$$

动差母函数(有兴趣的同学可以自行推导)：

$$m(t) = \frac{e^{tb} - e^{ta}}{t(b-a)}$$

4.2 正态分布

在所有已知的概率分布中，正态分布是最重要的一个，它是样本平均值的极限分布，在本书后面的统计推论中，经常会提到正态分布，它是统计的核心分布。

假设一个随机变量 x，其概率密度函数为(Excel 指令为 NORM. S. DIST(x,0))：

$$f(x) = \frac{1}{\sqrt{2\pi}\,\sigma} e^{-\frac{(x-\mu)^2}{2\sigma^2}} \qquad -\infty < x < \infty$$

其中，μ、σ 属于未知参数；$\pi = 3.141\,59\cdots$ 为圆周率；$e = 2.718\,28\cdots$ 为自然底数；e =

$\frac{1}{0!}+\frac{1}{1!}+\frac{1}{2!}+\frac{1}{3!}+\frac{1}{4!}+\cdots$，则 x 为正态随机变量，且通过上述计算可以获得 μ 为平均数，σ 为标准偏差。

正态随机变量可以记作：

$$x \sim N(\mu, \sigma^2)$$

正态分布的形状见图 4-3。

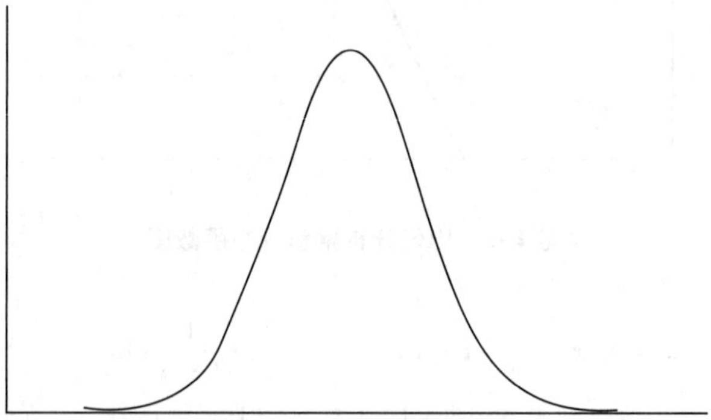

图 4-3　正态分布曲线

由图 4-3 可以发现正态分布的几点特性：

(1)正态分布曲线的形状似钟形，中央部分最高，为其顶峰。正态分布曲线以其平均数为中心，左右对称，其偏态等于 0。由于分布曲线是对称的，平均数以左的曲线下方的总面积是 0.50，以右的曲线下方的总面积也是 0.50，如图 4-4 所示。

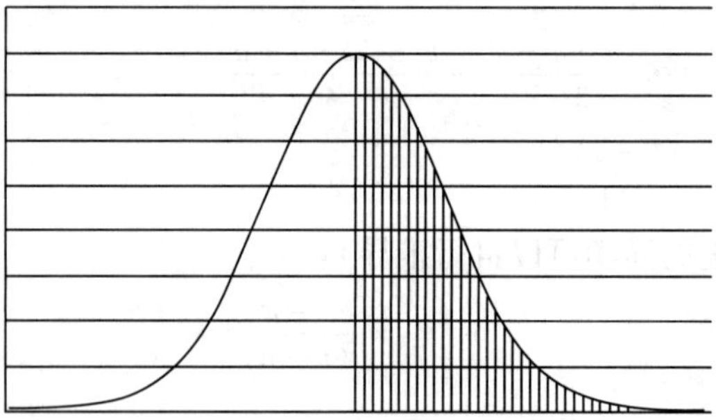

图 4-4　半边正态分布涵盖图

(2)较常用的正态随机度量区间概率如下(如图 4-5 所示)：

①落在 $\mu \pm \sigma$ 范围内的概率为 68.3%；

②落在 $\mu \pm 2\sigma$ 范围内的概率为 95.4%；

③落在 $\mu \pm 3\sigma$ 范围内的概率为 99.7%。

(3)在正态分布曲线的中心点上，平均数 = 中位数 = 众数。

(4)正态分布曲线以平均数为中心，向左右两边趋近 0，但永远大于 0。也就是说，正态分布的曲线将会趋近于 x 轴但不会接触到 x 轴。

(5)正态曲线中心点到曲线拐点的距离为一个标准偏差。

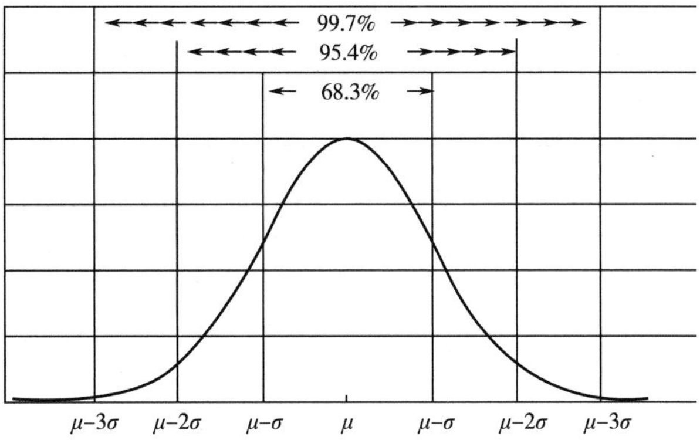

图 4-5 正态分布曲线下的面积

(6)由图 4-6 可知,正态分布的平均数可以是任意数值:负值、零或正值。正态分布会随着平均数的不同而平移。

(7)图 4-7 为三个不同的正态分布,从中可见标准偏差可以决定曲线的宽度与扁平程度,标准偏差较大的曲线较宽较扁平,表示数据比较分散。

(8)正态分布有 2 个参数,分别为 μ 和 σ,平均数和标准偏差决定了正态分布的位置和形状。

(9)动差母函数(有兴趣的同学可以自行推导):

$$m(t) = e^{t\mu-\frac{1}{2}\sigma^2t^2}$$

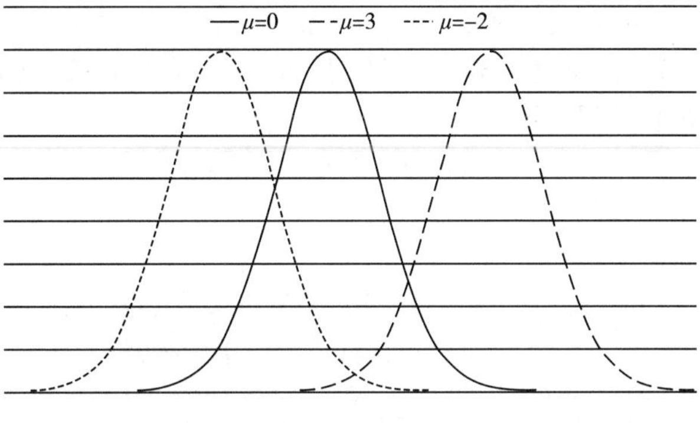

图 4-6 不同平均数(-2,0,3)下的正态分布曲线

标准正态分布也具备其他分布没有的特性,说明如下:

(1)若 $x \sim N(\mu,\sigma^2)$,a 与 b 均为常数,则 $ax + b \sim N(a\mu + b,(a\sigma)^2)$

(2)若 $x \sim N(\mu_x,\sigma^2_x)$ 且 $y \sim N(\mu_y,\sigma^2_y)$,x、y 为独立的正态随机变量,则

$$ax + by + c \sim N(a\mu_x + b\mu_y + c, a^2\sigma^2_x + b^2\sigma^2_y)$$

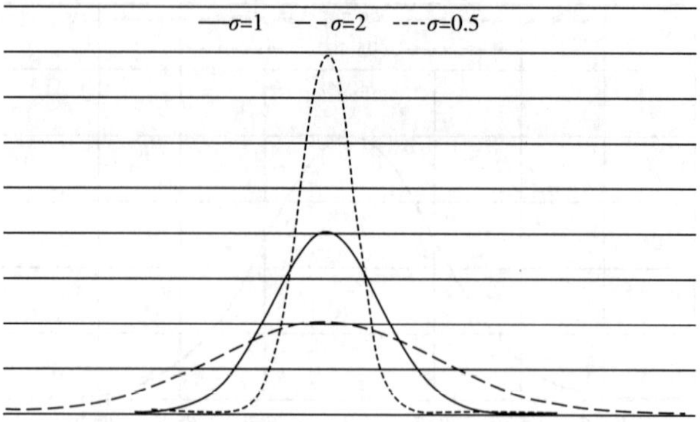

图 4-7　不同标准偏差(0.5,1,2)下的正态分布曲线

(3)若 $x_i \sim N(\mu_i, \sigma^2{}_i)$ 且对所有 i 均为独立,则

$$x_1{}^2 + x_2{}^2 + \cdots + x_n{}^2 \sim \chi^2(n) \text{（卡方分布,自由度为 } n\text{）}$$

综上可知,正态分布会随平均值 μ 和标准偏差 σ 两者改变其曲线风貌,为使正态分布的曲线一致化,可以设定平均值 $\mu=0$ 和标准偏差 $\sigma=1$,称为标准正态分布(standardized normal distribution)或标准正态概率分布（Standardized normal probability distribution),记作 $x \sim N(0,1)$ 。

所以,任何服从正态分布的随机变量 x 都可以转换成标准正态分布的随机变量 z,转换公式如下:

$$z = \frac{x - \mu}{\sigma}$$

转换后,可以通过已被制成的标准正态分布的对照表(如图 4-8 所示),查询相对应的面积。不过每种 Z 分布表的表达方式不一样(见表 4-1 及表 4-2),图 4-8 中的表格利用表 4-2 的表达方式,查表过程如下:

$$P(z \geq 1.96) = 1 - 0.975 = 0.025$$

0.975 即为左排 1.9 和列 0.06 交叉的数值。

z	0.00	0.01	0.02	0.03	0.04	0.05	0.06	0.07	0.08	0.09
0.0	0.5000	0.5040	0.5080	0.5120	0.5160	0.5199	0.5239	0.5279	0.5319	0.5359
0.1	0.5398	0.5438	0.5478	0.5517	0.5557	0.5596	0.5636	0.5675	0.5714	0.5753
0.2	0.5793	0.5832	0.5871	0.5910	0.5948	0.5987	0.6026	0.6064	0.6103	0.6141
⋮					⋮					
1.9	0.9713	0.9719	0.9726	0.9732	0.9738	0.9744	0.9750	0.9756	0.9761	0.9767
2.0	0.9772	0.9778	0.9783	0.9788	0.9793	0.9798	0.9803	0.9808	0.9812	0.9817
2.1	0.9821	0.9826	0.9830	0.9834	0.9838	0.9842	0.9846	0.9850	0.9854	0.9857
2.2	0.9861	0.9864	0.9868	0.9871	0.9875	0.9878	0.9881	0.9884	0.9887	0.9890
2.3	0.9893	0.9896	0.9898	0.9901	0.9904	0.9906	0.9909	0.9911	0.9913	0.9916
2.4	0.9918	0.9920	0.9922	0.9925	0.9927	0.9929	0.9931	0.9932	0.9934	0.9936
2.5	0.9938	0.9940	0.9941	0.9943	0.9945	0.9946	0.9948	0.9949	0.9951	0.9952

图 4-8　标准正态分布查表

如果要计算 $P(z \geqslant x)=0.99$ 的 x 值，就可以利用 $p(z \geqslant 2.32)=0.989\,8$，$P(z \geqslant 2.33)=0.990\,1$，然后通过内插法计算出 x 的近似值如下：

$$x=\frac{(0.990\,1-0.99)\times 2.32+(0.99-0.989\,8)\times 2.33}{0.990\,1-0.989\,8}=2.326\,7$$

然后利用 Excel 就可以算得

$$NORM.S.INV(0.99)=2.326\,3$$

另外，也采用 $P(-\infty<x<z)$ 的形式，如表 4-2 即是。

这时候，

$$P(z>1.96)=1-0.975=0.025$$

表 4-1　正态分布表 $p(0.5<x<z)$

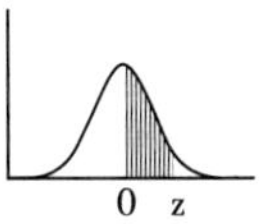

$p(0.5<x<z)$

z	0.00	0.01	0.02	0.03	0.04	0.05	0.06	0.07	0.08	0.09
0.0	0.000 0	0.004 0	0.008 0	0.012 0	0.016 0	0.019 9	0.023 9	0.027 9	0.031 9	0.035 9
0.1	0.039 8	0.043 8	0.047 8	0.051 7	0.055 7	0.059 6	0.063 6	0.067 5	0.071 4	0.075 3
0.2	0.079 3	0.083 2	0.087 1	0.091 0	0.094 8	0.098 7	0.102 6	0.106 4	0.110 3	0.114 1
0.3	0.117 9	0.121 7	0.125 5	0.129 3	0.133 1	0.136 8	0.140 6	0.144 3	0.148 0	0.151 7
0.4	0.155 4	0.159 1	0.162 8	0.166 4	0.170 0	0.173 6	0.177 2	0.180 8	0.184 4	0.187 9
0.5	0.191 5	0.195 0	0.198 5	0.201 9	0.205 4	0.208 8	0.212 3	0.215 7	0.219 0	0.222 4
0.6	0.225 7	0.229 1	0.232 4	0.235 7	0.238 9	0.242 2	0.245 4	0.248 6	0.251 7	0.254 9
0.7	0.258 0	0.261 1	0.264 2	0.267 3	0.270 4	0.273 4	0.276 4	0.279 4	0.282 3	0.285 2
0.8	0.288 1	0.291 0	0.293 9	0.296 7	0.299 5	0.302 3	0.305 1	0.307 8	0.310 6	0.313 3
0.9	0.315 9	0.318 6	0.321 2	0.323 8	0.326 4	0.328 9	0.331 5	0.334 0	0.336 5	0.338 9
1.0	0.341 3	0.343 8	0.346 1	0.348 5	0.350 8	0.353 1	0.355 4	0.357 7	0.359 9	0.362 1
1.1	0.364 3	0.366 5	0.368 6	0.370 8	0.372 9	0.374 9	0.377 0	0.379 0	0.381 0	0.383 0
1.2	0.384 9	0.386 9	0.388 8	0.390 7	0.392 5	0.394 4	0.396 2	0.398 0	0.399 7	0.401 5
1.3	0.403 2	0.404 9	0.406 6	0.408 2	0.409 9	0.411 5	0.413 1	0.414 7	0.416 2	0.417 7
1.4	0.419 2	0.420 7	0.422 2	0.423 6	0.425 1	0.426 5	0.427 9	0.429 2	0.430 6	0.431 9
1.5	0.433 2	0.434 5	0.435 7	0.437 0	0.438 2	0.439 4	0.440 6	0.441 8	0.442 9	0.444 1
1.6	0.445 2	0.446 3	0.447 4	0.448 4	0.449 5	0.450 5	0.451 5	0.452 5	0.453 5	0.454 5
1.7	0.455 4	0.456 4	0.457 3	0.458 2	0.459 1	0.459 9	0.460 8	0.461 6	0.462 5	0.463 3
1.8	0.464 1	0.464 9	0.465 6	0.466 4	0.467 1	0.467 8	0.468 6	0.469 3	0.469 9	0.470 6
1.9	0.471 3	0.471 9	0.472 6	0.473 2	0.473 8	0.474 4	0.475 0	0.475 6	0.476 1	0.476 7
2.0	0.477 2	0.477 8	0.478 3	0.478 8	0.479 3	0.479 8	0.480 3	0.480 8	0.481 2	0.481 7
2.1	0.482 1	0.482 6	0.483 0	0.483 4	0.483 8	0.484 2	0.484 6	0.485 0	0.485 4	0.485 7

续表

z	0.00	0.01	0.02	0.03	0.04	0.05	0.06	0.07	0.08	0.09
2.2	0.486 1	0.486 4	0.486 8	0.487 1	0.487 5	0.487 8	0.488 1	0.488 4	0.488 7	0.489 0
2.3	0.489 3	0.489 6	0.489 8	0.490 1	0.490 4	0.490 6	0.490 9	0.491 1	0.491 3	0.491 6
2.4	0.491 8	0.492 0	0.492 2	0.492 5	0.492 7	0.492 9	0.493 1	0.493 2	0.493 4	0.493 6
2.5	0.493 8	0.494 0	0.494 1	0.494 3	0.494 5	0.494 6	0.494 8	0.494 9	0.495 1	0.495 2
2.6	0.495 3	0.495 5	0.495 6	0.495 7	0.495 9	0.496 0	0.496 1	0.496 2	0.496 3	0.496 4
2.7	0.496 5	0.496 6	0.496 7	0.496 8	0.496 9	0.497 0	0.497 1	0.497 2	0.497 3	0.497 4
2.8	0.497 4	0.497 5	0.497 6	0.497 7	0.497 7	0.497 8	0.497 9	0.497 9	0.498 0	0.498 1
2.9	0.498 1	0.498 2	0.498 2	0.498 3	0.498 4	0.498 4	0.498 5	0.498 5	0.498 6	0.498 6
3.0	0.498 7	0.498 7	0.498 7	0.498 8	0.498 8	0.498 9	0.498 9	0.498 9	0.499 0	0.499 0
3.1	0.499 0	0.499 1	0.499 1	0.499 1	0.499 2	0.499 2	0.499 2	0.499 2	0.499 3	0.499 3
3.2	0.499 3	0.499 3	0.499 4	0.499 4	0.499 4	0.499 4	0.499 4	0.499 5	0.499 5	0.499 5
3.3	0.499 5	0.499 5	0.499 5	0.499 6	0.499 6	0.499 6	0.499 6	0.499 6	0.499 6	0.499 7
3.4	0.499 7	0.499 7	0.499 7	0.499 7	0.499 7	0.499 7	0.499 7	0.499 7	0.499 7	0.499 8
3.5	0.499 8	0.499 8	0.499 8	0.499 8	0.499 8	0.499 8	0.499 8	0.499 8	0.499 8	0.499 8
3.6	0.499 8	0.499 8	0.499 9	0.499 9	0.499 9	0.499 9	0.499 9	0.499 9	0.499 9	0.499 9
3.7	0.499 9	0.499 9	0.499 9	0.499 9	0.499 9	0.499 9	0.499 9	0.499 9	0.499 9	0.499 9
3.8	0.499 9	0.499 9	0.499 9	0.499 9	0.499 9	0.499 9	0.499 9	0.499 9	0.499 9	0.499 9
3.9	0.500 0	0.500 0	0.500 0	0.500 0	0.500 0	0.500 0	0.500 0	0.500 0	0.500 0	0.500 0
4.0	0.500 0	0.500 0	0.500 0	0.500 0	0.500 0	0.500 0	0.500 0	0.500 0	0.500 0	0.500 0

表 4-2　正态分布表 $p(-\infty<x<z)$

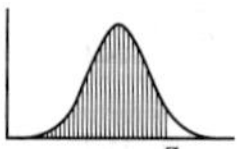

$p(-\infty<x<z)$

z	0.00	0.01	0.02	0.03	0.04	0.05	0.06	0.07	0.08	0.09
0.0	0.500 0	0.504 0	0.508 0	0.512 0	0.516 0	0.519 9	0.523 9	0.527 9	0.531 9	0.535 9
0.1	0.539 8	0.543 8	0.547 8	0.551 7	0.555 7	0.559 6	0.563 6	0.567 5	0.571 4	0.575 3
0.2	0.579 3	0.583 2	0.587 1	0.591 0	0.594 8	0.598 7	0.602 6	0.606 4	0.610 3	0.614 1
0.3	0.617 9	0.621 7	0.625 5	0.629 3	0.633 1	0.636 8	0.640 6	0.644 3	0.648 0	0.651 7
0.4	0.655 4	0.659 1	0.662 8	0.666 4	0.670 0	0.673 6	0.677 2	0.680 8	0.684 4	0.687 9
0.5	0.691 5	0.695 0	0.698 5	0.701 9	0.705 4	0.708 8	0.712 3	0.715 7	0.719 0	0.722 4
0.6	0.725 7	0.729 1	0.732 4	0.735 7	0.738 9	0.742 2	0.745 4	0.748 6	0.751 7	0.754 9
0.7	0.758 0	0.761 1	0.764 2	0.767 3	0.770 4	0.773 4	0.776 4	0.779 4	0.782 3	0.785 2
0.8	0.788 1	0.791 0	0.793 9	0.796 7	0.799 5	0.802 3	0.805 1	0.807 8	0.810 6	0.813 3

续表

z	0.00	0.01	0.02	0.03	0.04	0.05	0.06	0.07	0.08	0.09
0.9	0.815 9	0.818 6	0.821 2	0.823 8	0.826 4	0.828 9	0.831 5	0.834 0	0.836 5	0.838 9
1.0	0.841 3	0.843 8	0.846 1	0.848 5	0.850 8	0.853 1	0.855 4	0.857 7	0.859 9	0.862 1
1.1	0.864 3	0.866 5	0.868 6	0.870 8	0.872 9	0.874 9	0.877 0	0.879 0	0.881 0	0.883 0
1.2	0.884 9	0.886 9	0.888 8	0.890 7	0.892 5	0.894 4	0.896 2	0.898 0	0.899 7	0.901 5
1.3	0.903 2	0.904 9	0.906 6	0.908 2	0.909 9	0.911 5	0.913 1	0.914 7	0.916 2	0.917 7
1.4	0.919 2	0.920 7	0.922 2	0.923 6	0.925 1	0.926 5	0.927 9	0.929 2	0.930 6	0.931 9
1.5	0.933 2	0.934 5	0.935 7	0.937 0	0.938 2	0.939 4	0.940 6	0.941 8	0.942 9	0.944 1
1.6	0.945 2	0.946 3	0.947 4	0.948 4	0.949 5	0.950 5	0.951 5	0.952 5	0.953 5	0.954 5
1.7	0.955 4	0.956 4	0.957 3	0.958 2	0.959 1	0.959 9	0.960 8	0.961 6	0.962 5	0.963 3
1.8	0.964 1	0.964 9	0.965 6	0.966 4	0.967 1	0.967 8	0.968 6	0.969 3	0.969 9	0.970 6
1.9	0.971 3	0.971 9	0.972 6	0.973 2	0.973 8	0.974 4	0.975 0	0.975 6	0.976 1	0.976 7
2.0	0.977 2	0.977 8	0.978 3	0.978 8	0.979 3	0.979 8	0.980 3	0.980 8	0.981 2	0.981 7
2.1	0.982 1	0.982 6	0.983 0	0.983 4	0.983 8	0.984 2	0.984 6	0.985 0	0.985 4	0.985 7
2.2	0.986 1	0.986 4	0.986 8	0.987 1	0.987 5	0.987 8	0.988 1	0.988 4	0.988 7	0.989 0
2.3	0.989 3	0.989 6	0.989 8	0.990 1	0.990 4	0.990 6	0.990 9	0.991 1	0.991 3	0.991 6
2.4	0.991 8	0.992 0	0.992 2	0.992 5	0.992 7	0.992 9	0.993 1	0.993 2	0.993 4	0.993 6
2.5	0.993 8	0.994 0	0.994 1	0.994 3	0.994 5	0.994 6	0.994 8	0.994 9	0.995 1	0.995 2
2.6	0.995 3	0.995 5	0.995 6	0.995 7	0.995 9	0.996 0	0.996 1	0.996 2	0.996 3	0.996 4
2.7	0.996 5	0.996 6	0.996 7	0.996 8	0.996 9	0.997 0	0.997 1	0.997 2	0.997 3	0.997 4
2.8	0.997 4	0.997 5	0.997 6	0.997 7	0.997 7	0.997 8	0.997 9	0.997 9	0.998 0	0.998 1
2.9	0.998 1	0.998 2	0.998 2	0.998 3	0.998 4	0.998 4	0.998 5	0.998 5	0.998 6	0.998 6
3.0	0.998 7	0.998 7	0.998 7	0.998 8	0.998 8	0.998 9	0.998 9	0.998 9	0.999 0	0.999 0
3.1	0.999 0	0.999 1	0.999 1	0.999 1	0.999 2	0.999 2	0.999 2	0.999 2	0.999 3	0.999 3
3.2	0.999 3	0.999 3	0.999 4	0.999 4	0.999 4	0.999 4	0.999 4	0.999 5	0.999 5	0.999 5
3.3	0.999 5	0.999 5	0.999 5	0.999 6	0.999 6	0.999 6	0.999 6	0.999 6	0.999 6	0.999 7
3.4	0.999 7	0.999 7	0.999 7	0.999 7	0.999 7	0.999 7	0.999 7	0.999 7	0.999 7	0.999 8
3.5	0.999 8	0.999 8	0.999 8	0.999 8	0.999 8	0.999 8	0.999 8	0.999 8	0.999 8	0.999 8
3.6	0.999 8	0.999 8	0.999 9	0.999 9	0.999 9	0.999 9	0.999 9	0.999 9	0.999 9	0.999 9
3.7	0.999 9	0.999 9	0.999 9	0.999 9	0.999 9	0.999 9	0.999 9	0.999 9	0.999 9	0.999 9
3.8	0.999 9	0.999 9	0.999 9	0.999 9	0.999 9	0.999 9	0.999 9	0.999 9	0.999 9	0.999 9
3.9	1.000 0	1.000 0	1.000 0	1.000 0	1.000 0	1.000 0	1.000 0	1.000 0	1.000 0	1.000 0
4.0	1.000 0	1.000 0	1.000 0	1.000 0	1.000 0	1.000 0	1.000 0	1.000 0	1.000 0	1.000 0

连续型概率函数累积分布的计算都采用积分方式,正态分布的 CDF 如下:

$$F(x) = \int_{-\infty}^{x} f(t)\,dt = \int_{-\infty}^{x} \frac{1}{\sqrt{2\pi}\,\sigma} e^{-\frac{(t-\mu)^2}{2\sigma^2}}\,dt$$

计算过程颇为复杂,本书就不再介绍了。

上述各种 Z 所对应的累积概率也可以通过 Excel 来计算(=NORM. S. DIST(* * ,1))。

4.3 指数分布

指数概率分布可以用来计算发生一个事件所需时间的概率,例如,下一个客人来的时间,货物装满的时间,等等。指数概率密度函数定义如下:

$$f(x) = \frac{1}{\lambda} e^{-\frac{x}{\lambda}} \qquad x \geqslant 0$$

平均数=λ, 标准差=λ

动差母函数(有兴趣的同学可以自行推导):

$$m(t) = \frac{1}{(1 - t\lambda^{-1})}$$

【例 4-2】沿用前面泊松分布的例子。2005—2020 年 A 股上市公司中共有 101 家退市,建立每增加一家上市公司退市所需时间的指数概率密度函数。

解析:(1)平均一家公司退市所需的时间为:

16×12/101=1.9(月)

(2)概率密度函数如下:

$$f(x) = \frac{1}{1.9} e^{-\frac{x}{1.9}} \qquad x \geqslant 0$$

(3)指数概率密度函数分布图如图 4-9 所示。

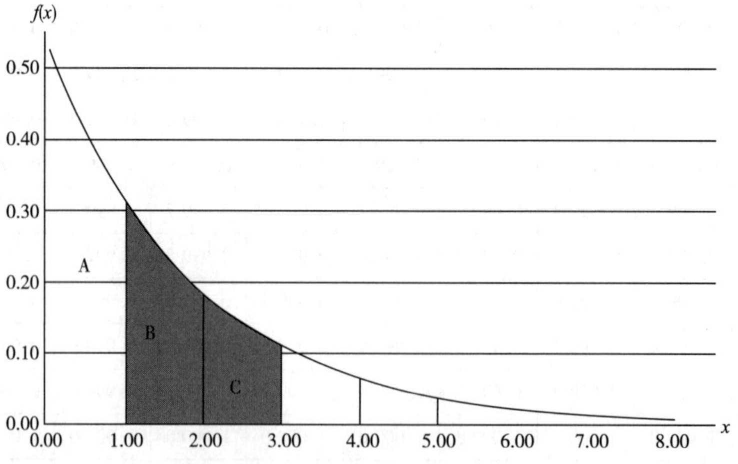

图 4-9 指数分布函数图

阴影的面积(B+C)表示在 1~2 个月有公司退市的概率,即 $P(1 \leqslant x \leqslant 2)$,若要计算 2 个月内公司退市的概率，则为阴影的面积加上左边那一块(A)面积。

(4)累积概率。利用指数分布来评估发生的概率，必须利用累积概率密度函数来计算：

$$F(x) = \int_0^x f(t)\,dt = \int_0^x \frac{1}{\mu} e^{-\frac{t}{\lambda}}\,dt = 1 - e^{-\frac{x}{\lambda}}$$

x_0 个月内有公司退市的概率：

$$P(x \leqslant x_0) = 1 - e^{-\frac{x_0}{\lambda}}$$

1 个月有公司退市的概率：

$$P(x \leqslant 1) = 1 - e^{-\frac{1}{1.9}} = 0.41$$

2 个月有公司退市的概率：

$$P(x \leqslant 2) = 1 - e^{-\frac{2}{1.9}} = 0.65$$

4.4 其他连续型分布

本节主要介绍抽样分布中最常用的分布，分别是卡方(χ^2)分布、(学生) t 分布和 F 分布，实践中，这 3 种分布也经常被使用。

4.4.1 卡方(χ^2)分布

卡方分布的密度函数为：

$$f(\chi^2) = \frac{1}{\Gamma\left(\frac{\nu}{2}\right)} \cdot \frac{1}{2^{\frac{\nu}{2}}} (\chi^2)^{\frac{\nu}{2}-1} e^{-\frac{\chi^2}{2}} \qquad \chi^2 \geqslant 0, \nu > 2$$

其中：$\Gamma(z) = \int_0^{\infty} t^{z-1} \cdot e^{-t}\,dt$，是 gamma 函数；$\nu$ 为自由度(degrees of freedom)；z 为正整数，$\Gamma(z+1) = z!$ ，$\Gamma\left(z + \frac{1}{2}\right) = \frac{(2z)!\ \sqrt{\pi}}{z!\ 4^z}$)。

卡方分布的平均值与方差分别如下：

$$E(\chi^2) = \nu$$

$$\mathrm{Var}(\chi^2) = 2\nu$$

卡方分布函数图参见图 4-10。

卡方分布的概率及临界值也可以通过查表取得，见表 4-3。举例来说，自由度等于 10，右尾 α 值=0.1 的χ^2 为 15.987 2，如图 4-11 所示。

也可以利用 Excel 来计算：

(1)计算右尾 α 值：

CHIDIST([χ^2],[ν])→CHIDIST(15.987 2,10)= 0.1

(2)计算临界值：

CHIINV([α],[ν])→CHIINV(0.1,10)= 15.9872 或(=CHISQ.INV([1-α],[ν]))

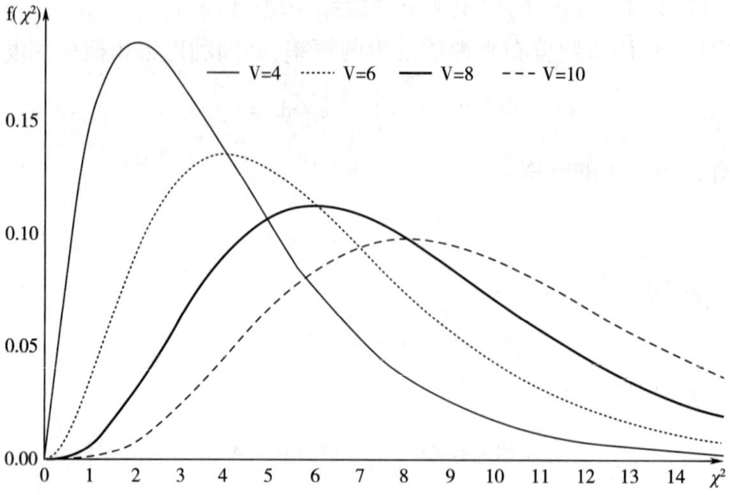

图 4-10　卡方分布函数

表 4-3　卡方分布临界值表

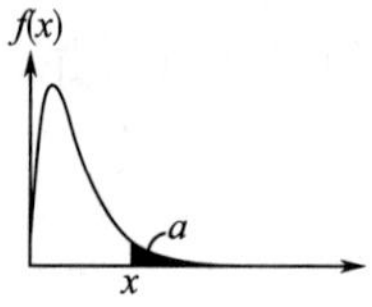

$P(x > \chi^2) = \alpha$

DF/χ^2	0. 995	0. 990	0. 975	0. 950	0. 900	0. 100	0. 050	0. 025	0. 010	0. 005
1	0. 000 0	0. 000 2	0. 001 0	0. 003 9	0. 015 8	2. 705 5	3. 841 5	5. 023 9	6. 634 9	7. 879 4
2	0. 010 0	0. 020 1	0. 050 6	0. 102 6	0. 210 7	4. 605 2	5. 991 5	7. 377 8	9. 210 3	10. 596 6
3	0. 071 7	0. 114 8	0. 215 8	0. 351 8	0. 584 4	6. 251 4	7. 814 7	9. 348 4	11. 344 9	12. 838 2
4	0. 207 0	0. 297 1	0. 484 4	0. 710 7	1. 063 6	7. 779 4	9. 487 7	11. 143 3	13. 276 7	14. 860 3
5	0. 411 7	0. 554 3	0. 831 2	1. 145 5	1. 610 3	9. 236 4	11. 070 5	12. 832 5	15. 086 3	16. 749 6
6	0. 675 7	0. 872 1	1. 237 3	1. 635 4	2. 204 1	10. 644 6	12. 591 6	14. 449 4	16. 811 9	18. 547 6
7	0. 989 3	1. 239 0	1. 689 9	2. 167 3	2. 833 1	12. 017 0	14. 067 1	16. 012 8	18. 475 3	20. 277 7
8	1. 344 4	1. 646 5	2. 179 7	2. 732 6	3. 489 5	13. 361 6	15. 507 3	17. 534 5	20. 090 2	21. 955 0
9	1. 734 9	2. 087 9	2. 700 4	3. 325 1	4. 168 2	14. 683 7	16. 919 0	19. 022 8	21. 666 0	23. 589 4
10	2. 155 9	2. 558 2	3. 247 0	3. 940 3	4. 865 2	15. 987 2	18. 307 0	20. 483 2	23. 209 3	25. 188 2
11	2. 603 2	3. 053 5	3. 815 7	4. 574 8	5. 577 8	17. 275 0	19. 675 1	21. 920 0	24. 725 0	26. 756 8
12	3. 073 8	3. 570 6	4. 403 8	5. 226 0	6. 303 8	18. 549 3	21. 026 1	23. 336 7	26. 217 0	28. 299 5
13	3. 565 0	4. 106 9	5. 008 8	5. 891 9	7. 041 5	19. 811 9	22. 362 0	24. 735 6	27. 688 2	29. 819 5
14	4. 074 7	4. 660 4	5. 628 7	6. 570 6	7. 789 5	21. 064 1	23. 684 8	26. 118 9	29. 141 2	31. 319 3
15	4. 600 9	5. 229 3	6. 262 1	7. 260 9	8. 546 8	22. 307 1	24. 995 8	27. 488 4	30. 577 9	32. 801 3
16	5. 142 2	5. 812 2	6. 907 7	7. 961 6	9. 312 2	23. 541 8	26. 296 2	28. 845 4	31. 999 9	34. 267 2

续表

DF/χ^2	0.995	0.990	0.975	0.950	0.900	0.100	0.050	0.025	0.010	0.005
17	5.697 2	6.407 8	7.564 2	8.671 8	10.085 2	24.769 0	27.587 1	30.191 0	33.408 7	35.718 5
18	6.264 8	7.014 9	8.230 7	9.390 5	10.864 9	25.989 4	28.869 3	31.526 4	34.805 3	37.156 5
19	6.844 0	7.632 7	8.906 5	10.117 0	11.650 9	27.203 6	30.143 5	32.852 3	36.190 9	38.582 3
20	7.433 8	8.260 4	9.590 8	10.850 8	12.442 6	28.412 0	31.410 4	34.169 6	37.566 2	39.996 8
21	8.033 7	8.897 2	10.282 9	11.591 3	13.239 6	29.615 1	32.670 6	35.478 9	38.932 2	41.401 1
22	8.642 7	9.542 5	10.982 3	12.338 0	14.041 5	30.813 3	33.924 4	36.780 7	40.289 4	42.795 7
23	9.260 4	10.195 7	11.688 6	13.090 5	14.848 0	32.006 9	35.172 5	38.075 6	41.638 4	44.181 3
24	9.886 2	10.856 4	12.401 2	13.848 4	15.658 7	33.196 2	36.415 0	39.364 1	42.979 8	45.558 5
25	10.519 7	11.524 0	13.119 7	14.611 4	16.473 4	34.381 6	37.652 5	40.646 5	44.314 1	46.927 9
26	11.160 2	12.198 1	13.843 9	15.379 2	17.291 9	35.563 2	38.885 1	41.923 2	45.641 7	48.289 9
27	11.807 6	12.878 5	14.573 4	16.151 4	18.113 9	36.741 2	40.113 3	43.194 5	46.962 9	49.644 9
28	12.461 3	13.564 7	15.307 9	16.927 9	18.939 2	37.915 9	41.337 1	44.460 8	48.278 2	50.993 4
29	13.121 1	14.256 5	16.047 1	17.708 4	19.767 7	39.087 5	42.557 0	45.722 3	49.587 9	52.335 6
30	13.786 7	14.953 5	16.790 8	18.492 7	20.599 2	40.256 0	43.773 0	46.979 2	50.892 2	53.672 0
31	14.457 8	15.655 5	17.538 7	19.280 6	21.433 6	41.421 7	44.985 3	48.231 9	52.191 4	55.002 7
32	15.134 0	16.362 2	18.290 8	20.071 9	22.270 6	42.584 7	46.194 3	49.480 4	53.485 8	56.328 1
33	15.815 3	17.073 5	19.046 7	20.866 5	23.110 2	43.745 2	47.399 9	50.725 1	54.775 5	57.648 4
34	16.501 3	17.789 1	19.806 3	21.664 3	23.952 3	44.903 2	48.602 4	51.966 0	56.060 9	58.963 9
35	17.191 8	18.508 9	20.569 4	22.465 0	24.796 7	46.058 8	49.801 8	53.203 3	57.342 1	60.274 8
40	20.706 5	22.164 3	24.433 0	26.509 3	29.050 5	51.805 1	55.758 5	59.341 7	63.690 7	66.766 0
50	27.990 7	29.706 7	32.357 4	34.764 3	37.688 6	63.167 1	67.504 8	71.420 2	76.153 9	79.490 0
60	35.534 5	37.484 9	40.481 7	43.188 0	46.458 9	74.397 0	79.081 9	83.297 7	88.379 4	91.951 7
70	43.275 2	45.441 7	48.757 6	51.739 3	55.328 9	85.527 0	90.531 2	95.023 2	100.425 2	104.214 9
80	51.171 9	53.540 1	57.153 2	60.391 5	64.277 8	96.578 2	101.879 5	106.628 6	112.328 8	116.321 1
90	59.196 3	61.754 1	65.646 6	69.126 0	73.291 1	107.565 0	113.145 3	118.135 9	124.116 3	128.298 9
100	67.327 6	70.064 9	74.221 9	77.929 5	82.358 1	118.498 0	124.342 1	129.561 2	135.806 7	140.169 5

4.4.2 （学生）t 分布

t 分布是由 William Gosset 导出的，因为他是以 Student 身份发表的，所以称为（Student）t 分布。

DF/χ^2	0.995	0.990	0.975	0.950	0.900	0.100	0.050	0.025	0.010	0.005
1	0.0000	0.0002	0.0010	0.0039	0.0158	2.7055	3.8415	5.0239	6.6349	7.8794
2	0.0100	0.0201	0.0506	0.1026	0.2107	4.6052	5.9915	7.3778	9.2103	10.5966
3	0.0717	0.1148	0.2158	0.3518	0.5844	6.2514	7.8147	9.3484	11.3449	12.8382
4	0.2070	0.2971	0.4844	0.7107	1.0636	7.7794	9.4877	11.1433	13.2767	14.8603
5	0.4117	0.5543	0.8312	1.1455	1.6103	9.2364	11.0705	12.8325	15.0863	16.7496
6	0.6757	0.8721	1.2373	1.6354	2.2041	10.6446	12.5916	14.4494	16.8119	18.5476
7	0.9893	1.2390	1.6899	2.1673	2.8331	12.0170	14.0671	16.0128	18.4753	20.2777
8	1.3444	1.6465	2.1797	2.7326	3.4895	13.3616	15.5073	17.5345	20.0902	21.9550
9	1.7349	2.0879	2.7004	3.3251	4.1682	14.6837	16.9190	19.0228	21.6660	23.5894
10	2.1559	2.5582	3.2470	3.9403	4.8652	15.9872	18.3070	20.4832	23.2093	25.1882
11	2.6032	3.0535	3.8157	4.5748	5.5778	17.2750	19.6751	21.9200	24.7250	26.7568
12	3.0738	3.5706	4.4038	5.2260	6.3038	18.5493	21.0261	23.3367	26.2170	28.2995
13	3.5650	4.1069	5.0088	5.8919	7.0415	19.8119	22.3620	24.7356	27.6882	29.8195
14	4.0747	4.6604	5.6287	6.5706	7.7895	21.0641	23.6848	26.1189	29.1412	31.3193
15	4.6009	5.2293	6.2621	7.2609	8.5468	22.3071	24.9958	27.4884	30.5779	32.8013

图 4-11　卡方分布临界值查表法

假设 $Z\sim N(0,\ 1)$，$Y\sim\chi^2(\nu)$，$t=\dfrac{Z}{\sqrt{Y/\nu}}$，则 t 称为自由度为 ν 的 t 分布，记作 $t(\nu)$。

密度函数：

$$f(t)=\frac{\Gamma\left(\frac{\nu+1}{2}\right)}{\sqrt{\nu\pi}\,\Gamma\left(\frac{\nu}{2}\right)}\cdot\left(1+\frac{t^2}{\nu}\right)^{-\frac{(\nu+1)}{2}}$$

t 分布的平均值与方差分别如下：

$$E(t)=0$$

$$\mathrm{Var}(t)=\frac{\nu}{\nu-2}\qquad \nu>2$$

t 分布函数图参见图 4-12。

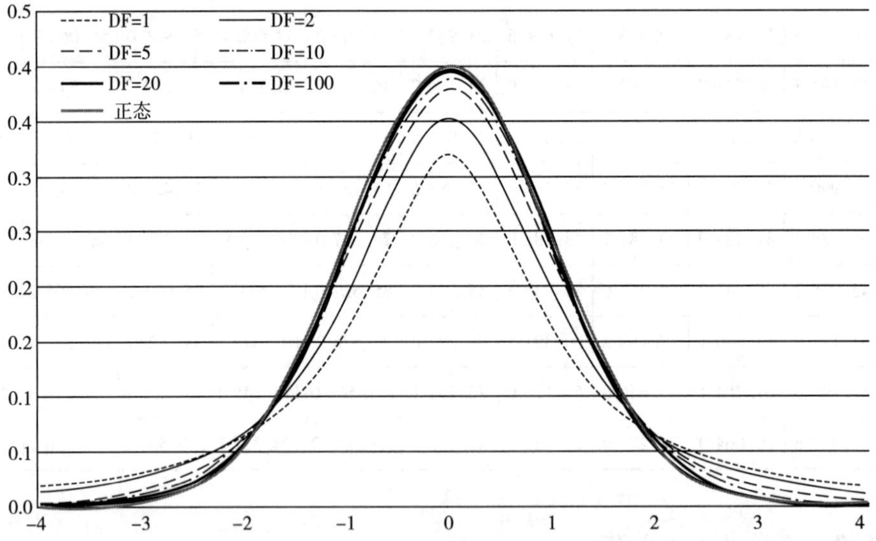

图 4-12　t 分布函数

随着自由度变大，t 分布将会趋近于标准正态分布。

t 分布的概率及临界值也可以查表获得，见表 4-4。举例来说，自由度等于 10，右尾 $\alpha=0.1$ 的 t 临界值为 1.372，如图 4-13 所示。

表 4-4　t 分布临界值表

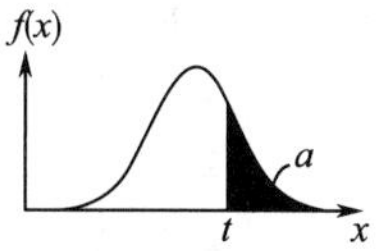

DF^{α}	25.0%	20.0%	10.0%	5.0%	2.5%	1.0%	0.5%	0.25%	0.10%	0.05%
1	1.000 0	1.376 4	3.077 7	6.313 8	12.706 2	31.820 5	63.656 7	127.321 3	318.308 8	636.619 2
2	0.816 5	1.060 7	1.885 6	2.920 0	4.302 7	6.964 6	9.924 8	14.089 0	22.327 1	31.599 1
3	0.764 9	0.978 5	1.637 7	2.353 4	3.182 4	4.540 7	5.840 9	7.453 3	10.214 5	12.924 0
4	0.740 7	0.941 0	1.533 2	2.131 8	2.776 4	3.746 9	4.604 1	5.597 6	7.173 2	8.610 3
5	0.726 7	0.919 5	1.475 9	2.015 0	2.570 6	3.364 9	4.032 1	4.773 3	5.893 4	6.868 8
6	0.717 6	0.905 7	1.439 8	1.943 2	2.446 9	3.142 7	3.707 4	4.316 8	5.207 6	5.958 8
7	0.711 1	0.896 0	1.414 9	1.894 6	2.364 6	2.998 0	3.499 5	4.029 3	4.785 3	5.407 9
8	0.706 4	0.888 9	1.396 8	1.859 5	2.306 0	2.896 5	3.355 4	3.832 5	4.500 8	5.041 3
9	0.702 7	0.883 4	1.383 0	1.833 1	2.262 2	2.821 4	3.249 8	3.689 7	4.296 8	4.780 9
10	0.699 8	0.879 1	1.372 2	1.812 5	2.228 1	2.763 8	3.169 3	3.581 4	4.143 7	4.586 9
11	0.697 4	0.875 5	1.363 4	1.795 9	2.201 0	2.718 1	3.105 8	3.496 6	4.024 7	4.437 0
12	0.695 5	0.872 6	1.356 2	1.782 3	2.178 8	2.681 0	3.054 5	3.428 4	3.929 6	4.317 8
13	0.693 8	0.870 2	1.350 2	1.770 9	2.160 4	2.650 3	3.012 3	3.372 5	3.852 0	4.220 8
14	0.692 4	0.868 1	1.345 0	1.761 3	2.144 8	2.624 5	2.976 8	3.325 7	3.787 4	4.140 5
15	0.691 2	0.866 2	1.340 6	1.753 1	2.131 4	2.602 5	2.946 7	3.286 0	3.732 8	4.072 8
16	0.690 1	0.864 7	1.336 8	1.745 9	2.119 9	2.583 5	2.920 8	3.252 0	3.686 2	4.015 0
17	0.689 2	0.863 3	1.333 4	1.739 6	2.109 8	2.566 9	2.898 2	3.222 4	3.645 8	3.965 1
18	0.688 4	0.862 0	1.330 4	1.734 1	2.100 9	2.552 4	2.878 4	3.196 6	3.610 5	3.921 6
19	0.687 6	0.861 0	1.327 7	1.729 1	2.093 0	2.539 5	2.860 9	3.173 7	3.579 4	3.883 4
20	0.687 0	0.860 0	1.325 3	1.724 7	2.086 0	2.528 0	2.845 3	3.153 4	3.551 8	3.849 5
21	0.686 4	0.859 1	1.323 2	1.720 7	2.079 6	2.517 6	2.831 4	3.135 2	3.527 2	3.819 3
22	0.685 8	0.858 3	1.321 2	1.717 1	2.073 9	2.508 3	2.818 8	3.118 8	3.505 0	3.792 1
23	0.685 3	0.857 5	1.319 5	1.713 9	2.068 7	2.499 9	2.807 3	3.104 0	3.485 0	3.767 6
24	0.684 8	0.856 9	1.317 8	1.710 9	2.063 9	2.492 2	2.796 9	3.090 5	3.466 8	3.745 4
25	0.684 4	0.856 2	1.316 3	1.708 1	2.059 5	2.485 1	2.787 4	3.078 2	3.450 2	3.725 1
26	0.684 0	0.855 7	1.315 0	1.705 6	2.055 5	2.478 6	2.778 7	3.066 9	3.435 0	3.706 6
27	0.683 7	0.855 1	1.313 7	1.703 3	2.051 8	2.472 7	2.770 7	3.056 5	3.421 0	3.689 6
28	0.683 4	0.854 6	1.312 5	1.701 1	2.048 4	2.467 1	2.763 3	3.046 9	3.408 2	3.673 9
29	0.683 0	0.854 2	1.311 4	1.699 1	2.045 2	2.462 0	2.756 4	3.038 0	3.396 2	3.659 4
30	0.682 8	0.853 8	1.310 4	1.697 3	2.042 3	2.457 3	2.750 0	3.029 8	3.385 2	3.646 0
40	0.680 7	0.850 7	1.303 1	1.683 9	2.021 1	2.423 3	2.704 5	2.971 2	3.306 9	3.551 0
50	0.679 4	0.848 9	1.298 7	1.675 9	2.008 6	2.403 3	2.677 8	2.937 0	3.261 4	3.496 0
60	0.678 6	0.847 7	1.295 8	1.670 6	2.000 3	2.390 1	2.660 3	2.914 6	3.231 7	3.460 2
70	0.678 0	0.846 8	1.293 8	1.666 9	1.994 4	2.380 8	2.647 9	2.898 7	3.210 8	3.435 0

续表

DF^{α}	25.0%	20.0%	10.0%	5.0%	2.5%	1.0%	0.5%	0.25%	0.10%	0.05%
80	0.677 6	0.846 1	1.292 2	1.664 1	1.990 1	2.373 9	2.638 7	2.887 0	3.195 3	3.416 3
90	0.677 2	0.845 6	1.291 0	1.662 0	1.986 7	2.368 5	2.631 6	2.877 9	3.183 3	3.401 9
100	0.677 0	0.845 2	1.290 1	1.660 2	1.984 0	2.364 2	2.625 9	2.870 7	3.173 7	3.390 5
120	0.676 5	0.844 6	1.288 6	1.657 7	1.979 9	2.357 8	2.617 4	2.859 9	3.159 5	3.373 5
200	0.675 7	0.843 4	1.285 8	1.652 5	1.971 9	2.345 1	2.600 6	2.838 5	3.131 5	3.339 8
∞	0.674 5	0.841 6	1.281 6	1.644 9	1.960 0	2.326 3	2.575 8	2.807 0	3.090 2	3.290 5

DF \ α	25.0%	20.0%	10.0%	5.0%	2.5%	1.0%	0.5%	0.25%	0.10%	0.05%
1	1.0000	1.3764	3.0777	6.3138	12.7062	31.8205	63.6567	127.3213	318.3088	636.6192
2	0.8165	1.0607	1.8856	2.9200	4.3027	6.9646	9.9248	14.0890	22.3271	31.5991
3	0.7649	0.9785	1.6377	2.3534	3.1824	4.5407	5.8409	7.4533	10.2145	12.9240
4	0.7407	0.9410	1.5332	2.1318	2.7764	3.7469	4.6041	5.5976	7.1732	8.6103
5	0.7267	0.9195	1.4759	2.0150	2.5706	3.3649	4.0321	4.7733	5.8934	6.8688
6	0.7176	0.9057	1.4398	1.9432	2.4469	3.1427	3.7074	4.3168	5.2076	5.9588
7	0.7111	0.8960	1.4149	1.8946	2.3646	2.9980	3.4995	4.0293	4.7853	5.4079
8	0.7064	0.8889	1.3968	1.8595	2.3060	2.8965	3.3554	3.8325	4.5008	5.0413
9	0.7027	0.8834	1.3830	1.8331	2.2622	2.8214	3.2498	3.6897	4.2968	4.7809
10	0.6998	0.8791	1.3722	1.8125	2.2281	2.7638	3.1693	3.5814	4.1437	4.5869
11	0.6974	0.8755	1.3634	1.7959	2.2010	2.7181	3.1058	3.4966	4.0247	4.4370
12	0.6955	0.8726	1.3562	1.7823	2.1788	2.6810	3.0545	3.4284	3.9296	4.3178
13	0.6938	0.8702	1.3502	1.7709	2.1604	2.6503	3.0123	3.3725	3.8520	4.2208

图 4-13　t 分布临界值查表法

也可以利用 Excel 来计算：

(1)计算右尾 α 值：

TDIST([t], [ν],1)→TDIST(1.372,10,1)= 0.10

(2)计算双尾 α 值：

TDIST([t],[ν],2) →TDIST(1.372,10,2)= 0.20

(3)计算临界值：

TINV([2α],[ν])→TINV (0.2,10)= 1.372

4.4.3　*F* 分布

F 分布是英国统计学家罗纳德·费希尔(Ronald Fisher)在 1942 年提出的,是两个服从卡方分布的独立随机变量各除以其自由度后的比值,是一种非对称分布,且位置不可互换。

X、Y 均服从标准正态分布,则

$$F = \frac{\dfrac{\sum_{i=1}^{n_1} X_i^2}{n_1}}{\dfrac{\sum_{i=1}^{n_2} Y_i^2}{n_2}} \sim F(n_1, n_2)$$

其密度函数：

$$f(x,\nu_1,\nu_2) = \frac{\Gamma\left(\dfrac{\nu_1+\nu_2}{2}\right)\cdot \nu_1^{\frac{\nu_1}{2}}\nu_2^{\frac{\nu_2}{2}}}{\Gamma\left(\dfrac{\nu_1}{2}\right)\cdot\Gamma\left(\dfrac{\nu_2}{2}\right)} \cdot \frac{x^{\frac{\nu_1}{2}-1}}{(\nu_2+\nu_1\cdot x)^{\frac{\nu_1+\nu_2}{2}}}$$

其平均值与方差分别为：

$$E(F)=\frac{\nu_2}{\nu_2-2}\qquad \nu_2>2$$

$$\mathrm{Var}(F)=\frac{2\nu_2{}^2(\nu_1+\nu_2-2)}{\nu_1(\nu_2-2)^2(\nu_2-4)}\qquad \nu_2>4$$

$F(x,20,20)$分布函数图如图 4-14 所示，可以清楚地发现，其为非对称函数。

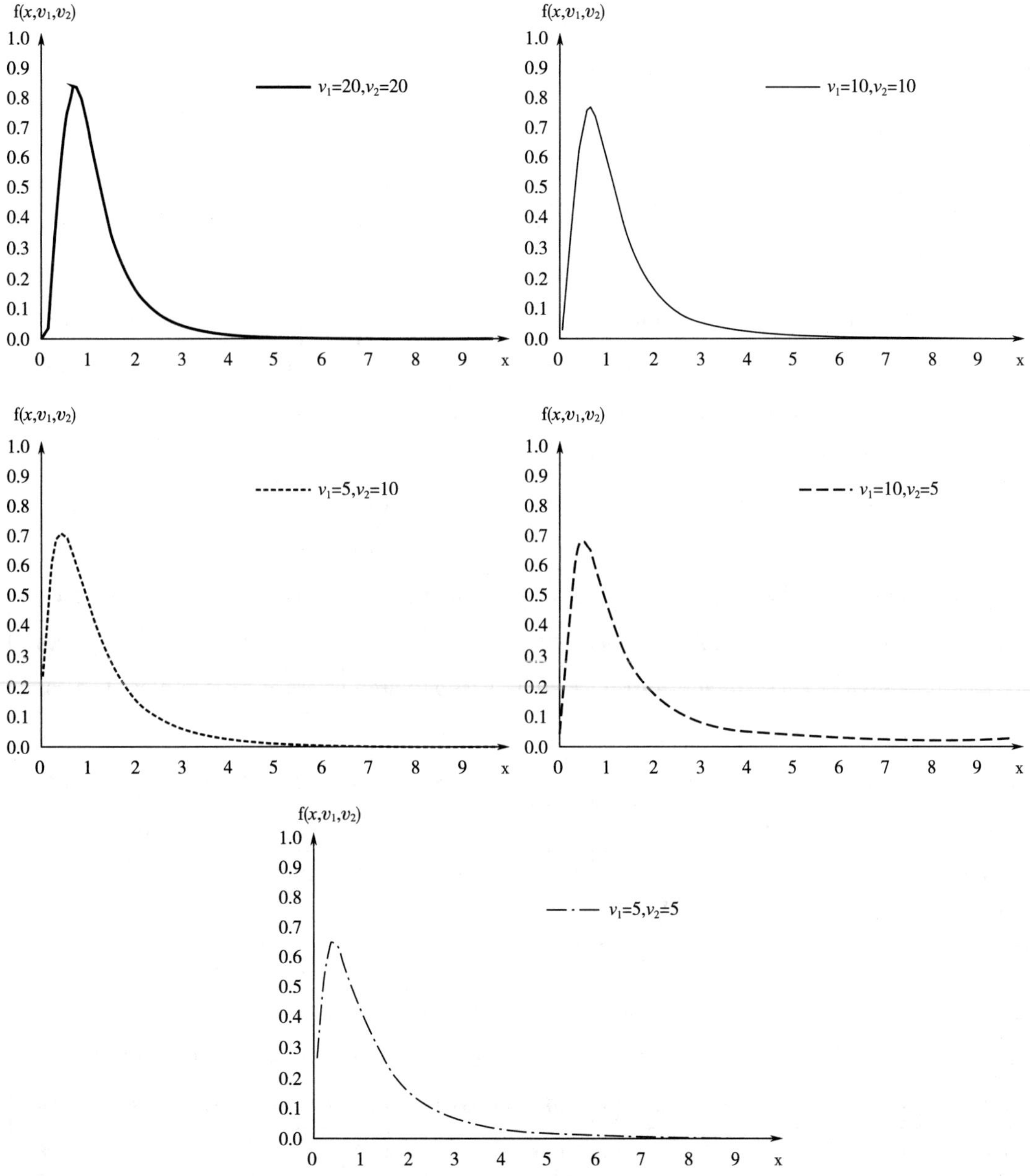

图 4-14　F 分布函数

F 分布的概率及临界值也可以通过查表取得，但每个 α 值对应一张表，如表 4-5、表 4-6 所示。举例来说，自由度(ν_1, ν_2)=(5,9)，右尾 α 值=0.05 的临界值为 3.481 7，如图 4-15 所示。

表 4-5　$F_{0.05}$ 分布临界值表

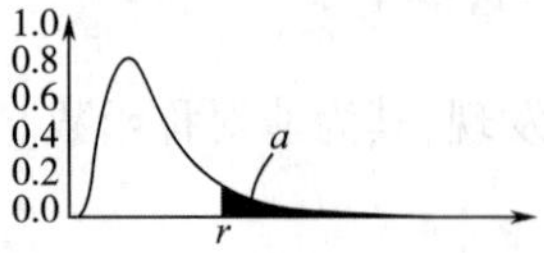

ν_1 / ν_2	1	2	3	4	5	10	20	30	40	50	100	∞
1	161.447 6	199.500 0	215.707 3	224.583 2	230.161 9	241.881 7	248.013 1	250.095 1	251.143 2	251.774 2	253.041 1	254.314 4
2	18.512 8	19.000 0	19.164 3	19.246 8	19.296 4	19.395 9	19.445 8	19.462 4	19.470 7	19.475 7	19.485 7	19.495 7
3	10.128 0	9.552 1	9.276 6	9.117 2	9.013 5	8.785 5	8.660 2	8.616 6	8.594 4	8.581 0	8.553 9	8.526 4
4	7.708 6	6.944 3	6.591 4	6.388 2	6.256 1	5.964 4	5.802 5	5.745 9	5.717 0	5.699 5	5.664 1	5.628 1
5	6.607 9	5.786 1	5.409 5	5.192 2	5.050 3	4.735 1	4.558 1	4.495 7	4.463 8	4.444 4	4.405 1	4.365 0
6	5.987 4	5.143 3	4.757 1	4.533 7	4.387 4	4.060 0	3.874 2	3.808 2	3.774 3	3.753 7	3.711 7	3.668 9
7	5.591 4	4.737 4	4.346 8	4.120 3	3.971 5	3.636 5	3.444 5	3.375 8	3.340 4	3.318 9	3.274 9	3.229 8
8	5.317 7	4.459 0	4.066 2	3.837 9	3.687 5	3.347 2	3.150 3	3.079 4	3.042 8	3.020 4	2.974 7	2.927 6
9	5.117 4	4.256 5	3.862 5	3.633 1	3.481 7	3.137 3	2.936 5	2.863 7	2.825 9	2.802 8	2.755 6	2.706 7
10	4.964 6	4.102 8	3.708 3	3.478 0	3.325 8	2.978 2	2.774 0	2.699 6	2.660 9	2.637 1	2.588 4	2.537 9
11	4.844 3	3.982 3	3.587 4	3.356 7	3.203 9	2.853 6	2.646 4	2.570 5	2.530 9	2.506 6	2.456 6	2.404 5
12	4.747 2	3.885 3	3.490 3	3.259 2	3.105 9	2.753 4	2.543 6	2.466 3	2.425 9	2.401 0	2.349 8	2.296 2
13	4.667 2	3.805 6	3.410 5	3.179 1	3.025 4	2.671 0	2.458 9	2.380 3	2.339 2	2.313 8	2.261 4	2.206 4
14	4.600 1	3.738 9	3.343 9	3.112 2	2.958 2	2.602 2	2.387 9	2.308 2	2.266 4	2.240 5	2.187 0	2.130 7
15	4.543 1	3.682 3	3.287 4	3.055 6	2.901 3	2.543 7	2.327 5	2.246 8	2.204 3	2.178 0	2.123 4	2.065 8
16	4.494 0	3.633 7	3.238 9	3.006 9	2.852 4	2.493 5	2.275 6	2.193 8	2.150 7	2.124 0	2.068 5	2.009 6
17	4.451 3	3.591 5	3.196 8	2.964 7	2.810 0	2.449 9	2.230 4	2.147 7	2.104 0	2.076 9	2.020 4	1.960 4
18	4.413 9	3.554 6	3.159 9	2.927 7	2.772 9	2.411 7	2.190 6	2.107 1	2.062 9	2.035 4	1.978 0	1.916 8
19	4.380 7	3.521 9	3.127 4	2.895 1	2.740 1	2.377 9	2.155 5	2.071 2	2.026 4	1.998 6	1.940 3	1.878 0
20	4.351 2	3.492 8	3.098 4	2.866 1	2.710 9	2.347 9	2.124 2	2.039 1	1.993 8	1.965 6	1.906 6	1.843 2
30	4.170 9	3.315 8	2.922 3	2.689 6	2.533 6	2.164 6	1.931 7	1.840 9	1.791 8	1.760 9	1.695 0	1.622 3
40	4.084 7	3.231 7	2.838 7	2.606 0	2.449 5	2.077 2	1.838 9	1.744 4	1.692 8	1.660 0	1.589 2	1.508 9
50	4.034 3	3.182 6	2.790 0	2.557 2	2.400 4	2.026 1	1.784 1	1.687 2	1.633 7	1.599 5	1.524 9	1.438 3
60	4.001 2	3.150 4	2.758 1	2.525 2	2.368 3	1.992 6	1.748 0	1.649 1	1.594 3	1.559 0	1.481 4	1.389 3
70	3.977 8	3.127 7	2.735 5	2.502 7	2.345 6	1.968 9	1.722 3	1.622 0	1.566 1	1.530 0	1.449 8	1.352 9

续表

ν_1 / ν_2	1	2	3	4	5	10	20	30	40	50	100	∞
80	3.960 4	3.110 8	2.718 8	2.485 9	2.328 7	1.951 2	1.703 2	1.601 7	1.544 9	1.508 1	1.425 9	1.324 7
90	3.946 9	3.097 7	2.705 8	2.472 9	2.315 7	1.937 6	1.688 3	1.585 9	1.528 4	1.491 0	1.407 0	1.302 0
100	3.936 1	3.087 3	2.695 5	2.462 6	2.305 3	1.926 7	1.676 4	1.573 3	1.515 1	1.477 2	1.391 7	1.283 2
∞	3.841 5	2.995 7	2.604 9	2.371 9	2.214 1	1.830 7	1.570 5	1.459 1	1.394 0	1.350 1	1.243 4	1.000 0

ν_1 / ν_2	1	2	3	4	5	6	7	8	9	10
1	161.4476	199.5000	215.7073	224.5832	230.1619	233.9860	236.7684	238.8827	240.5433	241.8817
2	18.5128	19.0000	19.1643	19.2468	19.2964	19.3295	19.3532	19.3710	19.3848	19.3959
3	10.1280	9.5521	9.2766	9.1172	9.0135	8.9406	8.8867	8.8452	8.8123	8.7855
4	7.7086	6.9443	6.5914	6.3882	6.2561	6.1631	6.0942	6.0410	5.9988	5.9644
5	6.6079	5.7861	5.4095	5.1922	5.0503	4.9503	4.8759	4.8183	4.7725	4.7351
6	5.9874	5.1433	4.7571	4.5337	4.3874	4.2839	4.2067	4.1468	4.0990	4.0600
7	5.5914	4.7374	4.3468	4.1203	3.9715	3.8660	3.7870	3.7257	3.6767	3.6365
8	5.3177	4.4590	4.0662	3.8379	3.6875	3.5806	3.5005	3.4381	3.3881	3.3472
9	5.1174	4.2565	3.8625	3.6331	3.4817	3.3738	3.2927	3.2296	3.1789	3.1373
10	4.9646	4.1028	3.7083	3.4780	3.3258	3.2172	3.1355	3.0717	3.0204	2.9782

图 4-15 *F* 分布临界值查表法

表 4-6 $F_{0.1}$ 分布临界值表

ν_1 / ν_2	1	2	3	4	5	10	20	30	40	50	100	∞
1	39.863 5	49.500 0	53.593 2	55.833 0	57.240 1	60.195 0	61.740 3	62.265 0	62.529 1	62.688 1	63.007 3	63.328 1
2	8.526 3	9.000 0	9.161 8	9.243 4	9.292 6	9.391 6	9.441 3	9.457 9	9.466 2	9.471 2	9.481 2	9.491 2
3	5.538 3	5.462 4	5.390 8	5.342 6	5.309 2	5.230 4	5.184 5	5.168 1	5.159 7	5.154 6	5.144 3	5.133 7
4	4.544 8	4.324 6	4.190 9	4.107 2	4.050 6	3.919 9	3.844 3	3.817 4	3.803 6	3.795 2	3.778 2	3.760 7
5	4.060 4	3.779 7	3.619 5	3.520 2	3.453 0	3.297 4	3.206 7	3.174 1	3.157 3	3.147 1	3.126 3	3.105 0
6	3.775 9	3.463 3	3.288 8	3.180 8	3.107 5	2.936 9	2.836 3	2.800 0	2.781 2	2.769 7	2.746 3	2.722 2
7	3.589 4	3.257 4	3.074 1	2.960 5	2.883 3	2.702 5	2.594 7	2.555 5	2.535 1	2.522 6	2.497 1	2.470 8
8	3.457 9	3.113 1	2.923 8	2.806 4	2.726 4	2.538 0	2.424 6	2.383 0	2.361 4	2.348 1	2.320 8	2.292 6
9	3.360 3	3.006 5	2.812 9	2.692 7	2.610 6	2.416 3	2.298 3	2.254 7	2.232 0	2.218 0	2.189 2	2.159 2
10	3.285 0	2.924 5	2.727 7	2.605 3	2.521 6	2.322 6	2.200 7	2.155 4	2.131 7	2.117 1	2.086 9	2.055 4
11	3.225 2	2.859 5	2.660 2	2.536 2	2.451 2	2.248 2	2.123 0	2.076 2	2.051 6	2.036 4	2.005 0	1.972 1
12	3.176 5	2.806 8	2.605 5	2.480 1	2.394 0	2.187 8	2.059 7	2.011 5	1.986 1	1.970 4	1.937 9	1.903 6
13	3.136 2	2.763 2	2.560 3	2.433 7	2.346 7	2.137 6	2.007 0	1.957 6	1.931 5	1.915 3	1.881 7	1.846 2
14	3.102 2	2.726 5	2.522 2	2.394 7	2.306 9	2.095 4	1.962 5	1.911 9	1.885 2	1.868 6	1.834 0	1.797 3

续表

ν_1 / ν_2	1	2	3	4	5	10	20	30	40	50	100	∞
15	3.073 2	2.695 2	2.489 8	2.361 4	2.273 0	2.059 3	1.924 3	1.872 8	1.845 4	1.828 4	1.792 9	1.755 1
16	3.048 1	2.668 2	2.461 8	2.332 7	2.243 8	2.028 1	1.891 3	1.838 8	1.810 8	1.793 4	1.757 0	1.718 2
17	3.026 2	2.644 6	2.437 4	2.307 7	2.218 3	2.000 9	1.862 4	1.809 0	1.780 5	1.762 8	1.725 5	1.685 6
18	3.007 0	2.623 9	2.416 0	2.285 8	2.195 8	1.977 0	1.836 8	1.782 7	1.753 7	1.735 6	1.697 6	1.656 7
19	2.989 9	2.605 6	2.397 0	2.266 3	2.176 0	1.955 7	1.814 2	1.759 2	1.729 8	1.711 4	1.672 6	1.630 8
20	2.974 7	2.589 3	2.380 1	2.248 9	2.158 2	1.936 7	1.793 8	1.738 2	1.708 3	1.689 6	1.650 1	1.607 4
30	2.880 7	2.488 7	2.276 1	2.142 2	2.049 2	1.819 5	1.667 3	1.606 5	1.573 2	1.552 2	1.506 9	1.456 4
40	2.835 4	2.440 4	2.226 1	2.090 9	1.996 8	1.762 7	1.605 2	1.541 1	1.505 6	1.483 0	1.433 6	1.376 9
50	2.808 7	2.412 0	2.196 7	2.060 8	1.966 0	1.729 1	1.568 1	1.501 8	1.464 8	1.440 9	1.388 5	1.326 7
60	2.791 1	2.393 3	2.177 4	2.041 0	1.945 7	1.707 0	1.543 5	1.475 5	1.437 3	1.412 6	1.357 6	1.291 5
70	2.778 6	2.380 0	2.163 7	2.026 9	1.931 3	1.691 3	1.525 9	1.456 7	1.417 6	1.392 2	1.335 2	1.265 2
80	2.769 3	2.370 1	2.153 5	2.016 5	1.920 6	1.679 6	1.512 8	1.442 6	1.402 7	1.376 7	1.318 0	1.244 6
90	2.762 1	2.362 5	2.145 7	2.008 4	1.912 3	1.670 5	1.502 5	1.431 5	1.391 1	1.364 6	1.304 4	1.228 0
100	2.756 4	2.356 4	2.139 4	2.001 9	1.905 7	1.663 2	1.494 3	1.422 7	1.381 7	1.354 8	1.293 4	1.214 2
∞	2.705 5	2.302 6	2.083 8	1.944 9	1.847 3	1.598 7	1.420 6	1.341 9	1.295 1	1.263 3	1.185 0	1.000 0

F 分布还有一个特点,也就是

$$F(\alpha,\nu_1,\nu_2) = \frac{1}{F(1-\alpha,\nu_2,\nu_1)}$$

所以

$$F(95\%,9,5) = \frac{1}{F(5\%,5,9)} = \frac{1}{3.487\ 1} = 0.286\ 8$$

也可以利用 Excel 来计算:

(1)计算 α 值:

$FDIST([x],[\nu_1],[\nu_2]) \to FDIST(3.487\ 1,5,9) = 0.05, FDIST(0.286\ 81,9,5) = 0.95$

(2)计算临界值:

$FINV([\alpha],[\nu_1],[\nu_2]) \to FINV(0.05,5,9) = 3.487\ 1$

4.5 离散与连续的关联性

4.5.1 二项分布与正态分布

当试验次数很多时(一般指 $np>5$,且 $n(1-p)>5$),可以发现,二项分布会近似于正态分

布。举例来说,从 10%存在异常报酬的制造业股票中选取 100 支,有异常报酬的股票的概率分布如下:

100 只股票只有 12 只股票有异常报酬的概率为

$$f(12) = \binom{100}{12} 0.1^{12} \times 0.9^{88} = 0.0988 \approx 0.10$$

改用正态分布来计算,则该二项分布的平均数与标准偏差分别为

$$\mu = np = 100 \times 0.1 = 10$$

$$\sigma = \sqrt{npq} = \sqrt{100 \times 0.1 \times 0.9} = 3$$

因为是离散转连续,所以必须使用连续校正因子(continuity correction fact),离散型二项分布的 $P(x=12)$ 利用正态分布的 $P(11.5 \leqslant x \leqslant 12.5)$ 来计算:

$$\begin{aligned} P(11.5 \leqslant x \leqslant 12.5) &= P\left(\frac{11.5-10}{\sqrt{100 \times 0.1 \times 0.9}} \leqslant \frac{x-\mu}{\sigma} \leqslant \frac{12.5-10}{\sqrt{100 \times 0.1 \times 0.9}}\right) \\ &= P(0.5 \leqslant z \leqslant 0.83) \\ &= 0.7967 - 0.6915 \\ &= 0.1052 \approx 0.11 \end{aligned}$$

当然也存在误差,不过随着 n 的变大,误差将会变小。

上面只计算了 1 种可能。若改成至少有 12 支异常报酬的股票的概率,这时的计算就复杂了,也就是必须计算 12~100 支异常报酬股票的概率进行相加或是 1 扣除 1~11 支异常股票的概率,但若使用正态分布来计算,则

$$\begin{aligned} P(x \geqslant 11.5) &= P\left(\frac{x-\mu}{\sigma} \geqslant \frac{11.5-10}{\sqrt{100 \times 0.1 \times 0.9}}\right) \\ &= P(z \geqslant 0.5) = 1 - P(z \leqslant 0.5) \\ &= 1 - 0.7967 = 0.2033 \approx 0.20 \end{aligned}$$

4.5.2 泊松分布与指数分布

泊松分布与指数分布的关联性如表 4-7 所示。

表 4-7 柏松分布与指数分布的关联性

	泊松分布	指数分布
变量型态	离散型	连续型
函数	$f(x) = \frac{\mu^x e^{-\lambda}}{x!} \quad x = 0,1,2,3,\cdots$	$f(x) = \frac{1}{\lambda} e^{-\frac{x}{\lambda}} \quad x \geqslant 0$
含义	某个时段或是某个空间事件发生的次数的概率	发生 2 个事件的时间间隔

【例 4-3】承例 4-2。2005 年到 2020 年上海深圳交易所退市公司共有 101 家,所以平均每年有 6.3 家上市公司退市,建构的泊松概率函数为

$$f(x) = \frac{6.3^x e^{-6.3}}{x!} \quad x = 0,1,2,3,\cdots$$

将之转换,平均 $\frac{1}{6.3}$ 年有 1 家上市公司退市,因此,建构的指数概率密度函数为

$$f(x) = \frac{1}{\frac{1}{6.3}} e^{-\frac{x}{\frac{1}{6.3}}} = 6.3e^{-6.3x} \qquad x \geqslant 0$$

而本章的范例只是将单位由年变成月，所以函数为

$$f(x) = \frac{1}{1.9} e^{-\frac{x}{1.9}} \qquad x \geqslant 0$$

实训演练

1. 利用 Excel 绘制正态分布图。

(1)标准正态分布；

(2)$\mu=0,-2,4,\sigma=1$；

(3)$\mu=0,\sigma=0.5,1,3$。

2. 利用 Excel 绘制指数分布图。

(1)$\mu=0.5$；

(2)$\mu=2$。

3. 比较二项分布及正态分布的图形(例：二项分布 $n=20,p=0.4$，则正态分布 $\mu=n\cdot p=8,\sigma^2=np(1-p)=4.8$)。(注：正态分布 x 的间隔建议为 0.1 单位，因为 Excel 无法画出直方图，所以建议可由 10 个柱形图组合而成，结果如图 4-16 所示。)

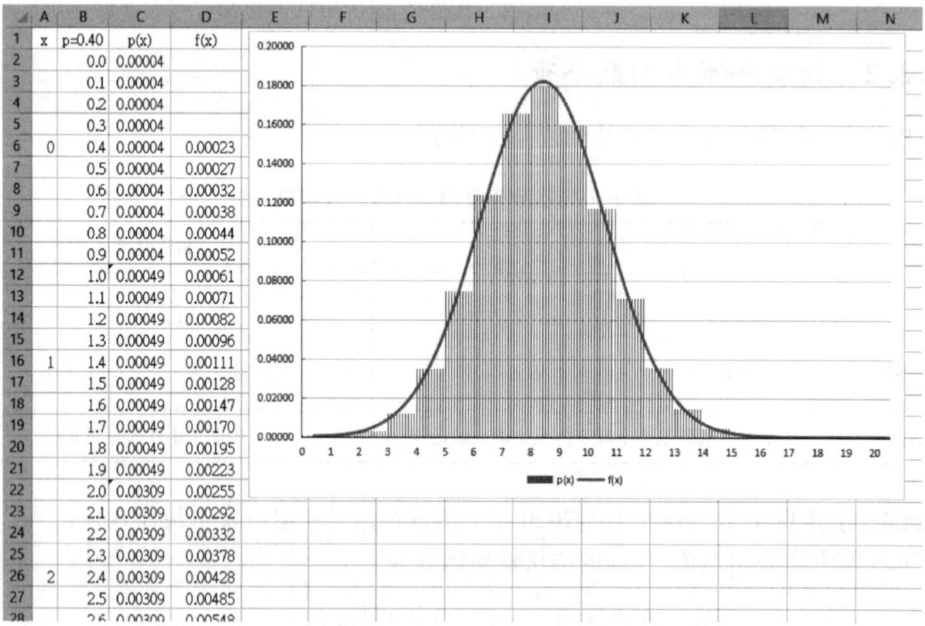

	A	B	C	D
1	x	p=0.40	p(x)	f(x)
2		0.0	0.00004	
3		0.1	0.00004	
4		0.2	0.00004	
5		0.3	0.00004	
6	0	0.4	0.00004	0.00023
7		0.5	0.00004	0.00027
8		0.6	0.00004	0.00032
9		0.7	0.00004	0.00038
10		0.8	0.00004	0.00044
11		0.9	0.00004	0.00052
12		1.0	0.00049	0.00061
13		1.1	0.00049	0.00071
14		1.2	0.00049	0.00082
15		1.3	0.00049	0.00096
16	1	1.4	0.00049	0.00111
17		1.5	0.00049	0.00128
18		1.6	0.00049	0.00147
19		1.7	0.00049	0.00170
20		1.8	0.00049	0.00195
21		1.9	0.00049	0.00223
22		2.0	0.00309	0.00255
23		2.1	0.00309	0.00292
24		2.2	0.00309	0.00332
25		2.3	0.00309	0.00378
26	2	2.4	0.00309	0.00428
27		2.5	0.00309	0.00485
28		2.6	0.00309	0.00548

图 4-16 二项分布及正态分布比较

习　题

一、判断题

1. 多数情况下，t 分布是一个右偏分布。　（　　）

2. 多数情况下，χ^2 分布是一个右偏分布。　（　　）

3. 多数情况下，F 分布是一个右偏分布。　（　　）

二、单选题

1. 连续型随机变量 X 的密度函数 $f(x)$ 必满足条件（　　）。

A. 在定义域内单调不减　　B. $0 \leqslant f(x) \leqslant 1$

C. $\int_{-\infty}^{\infty} f(x)\,\mathrm{d}x = 1$　　D. $\lim_{x \to \infty} f(x) = 1$

2. 给定一连续随机变量下，其概率密度函数下的面积（　　）。

A. 等于此连续随机变量的均数　　B. 依不同概率密度函数而定

C. 等于 1.00　　D. 不能判断

3. 设随机变量 $x \sim f(x)$，满足 $f(x)=f(-x)$，$F(x)$ 是 x 的分布函数，则对任意实数 α 有（　　）。

A. $F(-\alpha) = 1 - \int_0^{\alpha} f(x)dx$　　B. $F(-\alpha) = \frac{1}{2} - \int_0^{\alpha} f(x)dx - f(\alpha)$

C. $F(-\alpha) = F(\alpha)$　　D. $F(-\alpha) = 2F(\alpha) - 1$

4. 两次地震间隔时间的随机变量最适合下列何种分布？（　　）

A. 正态分布　　B. 指数分布

C. 二项分布　　D. 几何分布

5. 某计算机执行程序的时间（以秒计）为一连续随机变量，其概率密度函数如下

$$f(x) = \begin{cases} 0.1 & 0 \leqslant x \leqslant 10 \\ 0 & \text{其他} \end{cases}$$

其执行程序时间（X）的期望值与方差分别为（　　）。

A. 3.62, 16.67　　B. 5.00, 8.33

C. 7.5, 3.3　　D. 9.31, 108.33

6. 下列对正态分布的叙述，哪一项是错误的？（　　）

A. 对称的分布　　B. 单峰的分布

C. 有相同的平均数与标准差　　D. 在概率密度函数下的面积永远等于 1.00

7. 标准正态分布与正态分布的不同点是（　　）。

A. 标准正态分布为对称于 0 的分布，然而正态分布却不一定对称于 0。

B. 标准正态分布的标准差为 0，而正态分布的标准差永远大于 0。

C. 标准正态分布是间断型分布，而正态分布为连续型分布。

D. 标准正态分布在密度函数下的面积永远等于 1.00，而正态分布在密度函数下的面积

永远大于 1.00。

8. 下列哪一项是正确的？(　　)

A. 正态分布的算术平均值在众量的右边

B. 偏斜分布的中位数与众数在同一位置

C. 自由度 1 时，卡方分布近似正态分布

D. $Z=(x-\mu)/\sigma$ 是标准化正态分布转换公式

9. 设 $X\sim N(\mu,\ \sigma^2)$，若 $aX+b$ 服从标准正态分布，则下述哪一项是正确的？(　　)

A. $a=1/\sigma$，$b=-\mu/\sigma$　　B. $a=1/\sigma^2$，$b=-\mu/\sigma^2$

C. $a=-\mu/\sigma$，$b=-\mu$　　D. $a=-\mu/\sigma^2$，$b=-\mu$

10. 随机抽出 200 位某高中一年级新生，其身高(单位：公分)数据的部分描述统计为：样本平均数为 164.24，样本中位数为 165.00，样本标准差 9.72。假设这些身高数据服从正态分布，请估计身高 179 厘米以上的同学有多少人？(请四舍五入并取整数)(　　)

A. 11　　B. 13

C. 15　　D. 17

11. 随机抽出 200 名某高中一年级新生，其身高(单位：厘米)数据的部分描述统计如下：样本平均数为 164.24，样本中位数为 165.00，样本标准差为 9.72。假设这些身高资料服从正态分布，请问最矮的 10 个人身高应该在多少厘米以下？(　　)

A. 148　　B. 150

C. 152　　D. 154

12. 假设火器寿命服从正态分布 $N(3,1)$，单位为年，则一个灭火器在放置 5 年之后还有作用的概率是(　　)。

A. 0.023　　B. 0.046

C. 0.159　　D. 0.318

13. 假设火器寿命服从正态分布 $N(3,1)$，单位是年，则一个灭火器在放置 5 年之后，至少有一个还有作用的概率是(　　)。

A. 0.029　　B. 0.090

C. 0.045　　D. 0.54

14. 某一跨国商务公司在招考员工时，先进行初试(满分 200 分之性向测试)，再以其分数高低决定面试与否。过去的经验显示，测验分数为正态分布。假设今年公司预定录取分数最高的 30 人并对其进行面试，而报考人数有 150 人，计算出其平均成绩为 120 分、标准差 15 分。则公司面试前录取分数会(　　)。

A. 比 129 分高　　B. 比 132 分高

C. 比 135 分高　　D. 比 138 分高

15. 烟台农场所出产苹果的重量服从正态分布，其中 $\mu=300$(克)，$\sigma=10$(克)，现在 36 粒装一箱，设其总重量是 X 克，则与 X 在 10 800 ± 720 克之间的概率最接近的数字是(　　)。

A. 0.901 8　　B. 0.930 6

C. 0.954 4　　D. 0.997 4

16. 假设随机变量 Z 服从标准正态分布,则下列哪一项是错误的?(　　)

A. $Z=0$ 的概率为 0,即 $P(Z=0)=0$　　B. 期望值 $E(Z)=0$

C. 方差 $Var(Z)=1$　　D. $Z<-3$ 的概率为 0,即 $P(Z<-3)=0$

17. 假设随机变量 X 的分布为二项分布 $B(25, 0.5)$,若要计算 $P(10<X\leqslant 15)$ 的概率,我们采取正态分布逼近而且使用连续性修正,下列哪一项是正确的?(　　)

A. $F(1.2)-F(-0.8)$　　B. $F(1.0)-F(-1.0)$

C. $F(0.12)-F(-0.08)$　　D. $F(0.10)-F(-0.10)$

18. 在一个正态分布中,观测值落在均数左右 1 个标准差范围的概率约为多少?(　　)

A. 95.45%　　B. 25.25%

C. 99.73%　　D. 68.27%

19. 标准正态分布之标准差是多少?(　　)

A. 0.5　　B. 1

C. 1.5　　D. 2

20. 设随机变量 $x\sim N(\mu, 81)$,$y\sim N(\mu, 16)$。若 $p_1=P(X\leqslant -\mu-9)$,$p_2=(Y>\mu+4)$,则(　　)。

A. $p_1<p_2$　　B. $p_1=p_2$

C. $p_1>p_2$　　D. 无法判断

21. 设标准正态分布下,95 百分位数落于标准化值,$Z=$(　　)。

A. 1.28　　B. 1.645

C. 1.96　　D. 2.054

E. 2.326

22. 设随机变量 X 服从一个二项分布 $B(n,p)$,请问在什么条件下最适合利用正态分布求其二项概率的近似值?(　　)

A. $n\geqslant 30$　　B. $np>5$

C. $n(1-p)>5$　　D. $np>5$ 且 $n(1-p)>5$

23. 若某校学生的经济学分数为正态分布,该校学生经济学平均分数为 68 分,标准差为 8。若 70 分以上为 B,而 B 以上成绩的学生有 120 人,则该校修经济学的学生一共大约有多少人?(　　)

A. 320 人　　B. 300 人

C. 480 人　　D. 600 人

24. 假设随机变量 X 的分布为二项分布 $B(25,0.5)$,若要计算 $P(10\leqslant X\leqslant 15)$ 的概率,下列哪一项可以采取正态分布逼近而且使用连续性修正?(　　)

A. $\Phi(1.2)-\Phi(-0.8)$　　B. $\Phi(1.0)-\Phi(-1.0)$

C. $\Phi(0.12)-\Phi(-0.08)$　　D. $\Phi(0.10)-\Phi(-0.10)$

25. 设 X_1,X_2 是互相独立的随机变量,且其分布分别是 $N(1,3)$ 和 $N(3,4)$(亦即 X_1,X_2 服从正态分布,平均数分别为 1,3,标准差分别为 3,4),令 $Y=4X_1-2X_2$,则下列叙述哪一项是正确的?(　　)

①$E(Y)=2$；②$E(Y)=0$；③$\mathrm{Var}(Y)=4$；④$\mathrm{Var}(Y)=32$。其中，$E(\cdot)$表示平均数，$\mathrm{Var}(\cdot)$表示方差。

A. ①③　　B. ②③

C. ①④　　D. 四者皆错

26. 某大学有一万名男生，其身高服从正态分布 $N(170,100)$（单位：厘米），若超过 190 厘米是高个子，则高个子人数最接近的数字是(　　)。

A. 500 人　　B. 250 人

C. 223 人　　D. 25 人

27. 经济专业二年级共有 100 个学生，若统计学成绩分布呈正态分布且平均分数为 70，标准差为 10 分，则大约有多少人的成绩在 60 分以下？(　　)

A. 16 人　　B. 32 人

C. 84 人　　D. 90 人

28. 10 公里的长跑比赛，假设选手跑完全程的时间服从正态分布，其平均值为 60 分钟，标准差为 10 分钟，试问选手跑完全程时间超过 80 分钟的概率为多少？(　　)

A. 0　　B. 0.025 6

C. 0.022 8　　D. 0.977 2

29. 若 Z 是一个标准正态随机变量，则 $P(-1<Z<0)$将(　　)$P(1.5<Z<2.5)$。

A. 等于　　B. 大于

C. 小于　　D. 无法判断

30. 投掷一公正之硬币 100 次，每次投掷结果互相独立。设 X 为出现正面的次数，利用二项分布之正态近似，下列哪一项是 $P\{45\leqslant X\leqslant 60\}$ 的值？(　　)

A. 0.846 4　　B. 0.728 6

C. 0.797 8　　D. 0.818 5

31. 在二项实验中，若成功事件的期望次数与失败事件的期望次数都超过 5，则除了使用二项分布外，还可以使用哪一种概率分布逼近二项分布？(　　)

A. 泊松分布　　B. 多项式分布

C. 超几何分布　　D. 正态分布

32. 有关 t 分布与正态分布的峰态系数，下列哪一项是真的？(　　)

A. t 分布的峰态条数比较小　　B. t 分布的峰态条数比较大

C. 两分布的峰态数一样大　　D. 两分布的峰态系数无法比较

33. 以下哪一项是古典归分析中的基本假设？甲：误差项服从正态分布；乙：误差项彼此不相关；丙：反应变量 Y 服从正态分布。(　　)

A. 甲、乙　　B. 甲、丙

C. 乙、丙　　D. 甲、乙、丙

34. 当 α 相同时，t 值和 z 值的关系是(　　)。

A. $|t|\leqslant|z|$　　B. $|t|\geqslant|z|$

C. $|t|=|z|$　　D. $|t|$可能大于也可能小于$|z|$

E. t 和 z 没有关系

35. 若 X 服从标准正态分布，令 $a=P(X<-1.645)+P(X<1.96)$，请问以下哪一项是正确的？(　　)

A. $1<a$　　B. $0.975<a<1$

C. $0.025<a<0.5$　　D. $0<a<0.075$

36. 设正态随机变量 $X\sim N(\mu,\sigma^2)$，则 $P(\mu-\sigma<X<\mu+2\sigma)=$(　　)。

A. 0.808 7　　B. 0.818 5

C. 0.823 4　　D. 0.852 7

37. 假设投资者在某证券经纪商的投资报酬率遵循正态分布，平均数是 10%，标准差是 2%，试问投资者在该证券经纪商可以实现的报酬率超过 8% 的概率最接近下列哪一项？(　　)

A. 16%　　B. 84%

C. 5%　　D. 95%

38. 以下哪一个概率分布最接近正态分布？(　　)

A. $n=5$，$p=0.01$ 之二项分布　　B. 平均数为 1 之泊松分布

C. 自由度为 200 之 t 分布　　D. 自由度为 1 之卡方分布

39. 由标准正态总体中随机选出一样本，请问该样本数据小于 2 的概率大约是多少？(　　)

A. 0.025　　B. 0.05

C. 0.95　　D. 0.975

40. 假定某公司职员每周的加班津贴服从均值为 50 元、标准差为 10 元的正态分布，那么全公司中每周加班津贴超过 70 元的职员比例为(　　)。

A. 0.977 2　　B. 0.022 8

C. 0.682 6　　D. 0.317 4

41. 假定某公司职员每周的加班津贴服从均值为 50 元、标准差为 10 元的正态分布，那么全公司中每周加班津贴 40~60 元的职员比例为(　　)。

A. 0.977 2　　B. 0.022 8

C. 0.682 6　　D. 0.317 4

42. 设 Z 服从标准正态分布。则 $P(1<Z<1.2)=$(　　)。

A. 0.384 9　　B. 0.431 9

C. 0.184 4　　D. 0.317 4

43. 设 Z 服从标准正态分布，则 $P(-0.48\leqslant Z\leqslant 0)=$(　　)。

A. 0.384 9　　B. 0.431 9

C. 0.184 4　　D. 0.414 7

44. 设 Z 服从标准正态分布，则 $P(Z>1.33)=$(　　)。

A. 0.384 9　　B. 0.431 9

C. 0.091 8　　D. 0.414 7

45. 推销员向客户推销某种产品成功的概率为 0.3。他在一天中共向 5 名客户进行了推销，则成功谈成客户数不超过 2 人的概率为(　　)。

A. 0.168 1　　B. 0.360 2

C. 0.836 9　　D. 0.308 7

46. 一种电梯的最大承载重量为 1 000 千克，假设该电梯一次进入 15 人，如果每个人的体重（千克）服从 $N(60,15^2)$，则电梯超重的概率为（　　）。

A. 0.042 6　　B. 0.052 8

C. 0.078 5　　D. 0.014 2

47. 若班上共有 100 位同学，某次考试分数遵循正态分布，平均数是 68 分，标准差是 10 分。请问考 85 分的同学在班上的排名最接近下列哪一项？（　　）

A. 第 5 名　　B. 第 10 名

C. 第 15 名　　D. 第 20 名

48. 某电子商店宣称其顾客满意度为 60%，随机调查该电子商店的 200 位顾客，恰好 110 位顾客满意的概率是多少？（　　）

A. 0.21　　B. 0.23

C. 0.25　　D. 0.27

49. 若括号标示的是抽样分布的右尾概率与自由度，则临界值的大小顺序哪一项是正确的？（　　）

A. $z(0.05)>t(0.05,20)>t(0.05,10)$　　B. $z(0.1)>z(0.05)>z(0.01)$

C. $t(0.1,10)>t(0.05,10)>t(0.01,10)$　　D. $t(0.1,10)>t(0.05,20)>t(0.01,30)$

三、多选题

1. 下列对正态分布的描述正确的是（　　）。

A. 对称的分布　　B. 单峰的分布

C. 有相同的均数与标准差　　D. 在概率密度函数下的面积永远等于 1.00

2. 关于 t 分布和 z 分布的关系，以下哪些是正确的？（　　）

A. t 分布和 z 分布都是单峰对称分布

B. t 分布和 z 分布的均数都为零

C. t 分布和 z 分布曲线下的面积（或 t 和 z 的界值）都与自由度有关

D. 当样本含量较大时，t 分布趋于 z 分布

E. z 分布是一条与自由度无关的曲线，而 t 分布是一簇与自由度有关的曲线

3. 下列描述哪一项是错误的？（　　）

A. 正态分布的算术平均值在众量的右边

B. 偏斜分布的中位数与众数在同一位置

C. 自由度为 1 时，卡方分布近似正态分布

D. $z=\frac{x-\mu}{\sigma}$ 是标准化正态分布转换公式

4. 以下哪一项显示一组数据是正态分布？（　　）

A. 一组数据 99% 的观察值介于平均数左右 3 个标准差之内

B. 一组数据 68% 的观察值介于平均数左右 2 个标准差之内

C.

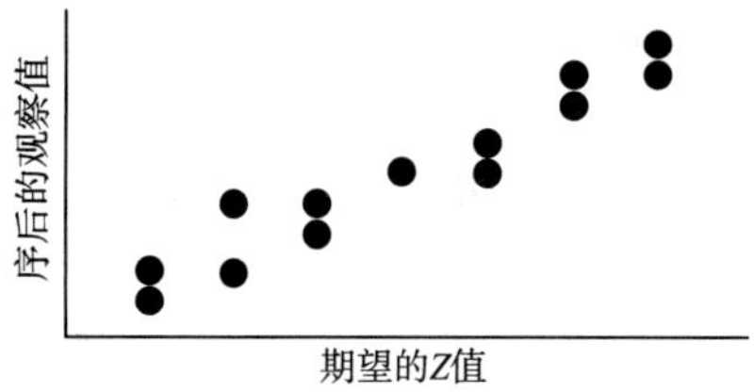

D.

枝	叶
2	1 1 8
3	2 2 3 7
4	1 2 3 3 4 8 9
5	0 2 2 3 5 7 8 9
6	2 5 7
7	4 8

四、填空题

1. 设随机变量 x 服从$[1,\ 5]$上的均匀分布，则 $P(2\leqslant x\leqslant 4)=$______。

2. 某计算机执行程序的时间(以秒计)为一连续随机变量，其概率密度数如下：

$$f(x)=\begin{cases}0.1 & 0\leqslant x\leqslant 10\\ 0 & \text{其他}\end{cases}$$

其执行程序时间(X)的期望值=______，方差=______。

3. 设随机变量 x 服从$[0,2]$上均匀分布，则 $\dfrac{\mathrm{Var}(x)}{E(x)^2}=$______。

4. 若 Z 为标准正态分布，请问 $P(|Z|>1)=$______。(四舍五入至小数点第二位)

5. 假设小老鼠的寿命为正态分布，平均寿命为 5 年，标准差 2 年。现有三只小老鼠，请问此三只小老鼠的寿命都大于平均寿命之概率=______。

6. 百货公司化妆品柜员之月销售业绩服从正态分布，月平均业绩为 200 万元，标准差为 50 万元。假设小云是公司化妆品柜员之一，她本月销售业绩会超过 315 万元之概率=______。

7. 百货公司举办周年庆，凡当日购物总金额在全部顾客中属金额最高之前千分之二者，可获赠电动踏车一台。已知根据往年百货公司周年庆数据，顾客之购物总金额服从正态分布，平均购物总金额为 10 万元，标准差为 19 万元。试问：若想获赠电动脚踏车一台，当日购物总金额需______万元以上。(取 2 位小数)

8. 若某一次统计学期中考试之成绩 $X\sim N(35,\ 16)$，其中 16 为方差，若老师想以公式 $Y=aX+b$ 将成绩之分布改为 $Y\sim N(80,4)$，则 $a=$______，$b=$______。

9. 一统计学课程获得成绩 A 的同学每周(以五天计)学习统计学的时间服从正态分布，平均数为 9 小时，标准差为 1.5 小时。成绩 A 的同学有 10%每周学习统计学时间不到 a 小时，另有 10%每周统计学学习时间超过 b 小时，则 $a=$______，$b=$______。

10. 设随机变量 $X\sim N(2,4)$，且 $P(X>a)=P(X<a)$，则 $a=$______。

11. 若随机变量 $X\sim\ N(1,4)$，$Y\sim N(2,9)$，且 X 与 Y 相互独立，设 $Z=X-Y+3$，则 $Z\sim$______。

12. 随机变量 $x\sim\ N(\mu,\ \sigma^2)$，其密度函数 $f(x)=\dfrac{1}{\sqrt{6\pi}}\mathrm{e}^{-\frac{x^2-4x+4}{6}}$ 则 $\mu=$______，$\sigma^2=$______。

13. 设随机变量 $x\sim N(1/2,2)$，以 Y 表示对 x 的三次独立重复观察中“$X\leqslant 1/2$”出现的次数，则 $P(Y=2)=$ ______。

14. 设随机变量 $x\sim N(1/4,9)$，以 Y 表示对 x 的 5 次独立重复观察中“$X\leqslant 1/4$”出现的次数，则 $P(Y=2)=$ ______。

15. 设随机变量 $x\sim N(1,4)$，已知 $\Phi(0.5)=06\ 915$，$\Phi(1.5)=0.933\ 2$，则 $P(|x|<2)=$ ______。

16. 已知总体 $x\sim N(0,1)$，设 $x_1, x_2, \cdots, x_n$ 为来自总体 x 的简单随机样本，则 $\sum_{i=1}^{n} x_i^2\sim$ ______。

17. 已知总体 $x\sim N(0,1)$，设 $x_1, x_2, \cdots, x_n$ 为来自总体 x 的简单随机样本，则 $\sum_{i=1}^{n}(x_i-\bar{x})^2\sim$ ______。

18. 设 T 服从自由度为 n 的 t 分布，若 $P(|T|>\lambda)=\alpha$，则 $P(T<-\lambda)=$ ______。

19. 设随机变量 $x\sim N(2,\sigma^2)$，且 $P(2<x<4)=0.3$，则 $P(x<0)=$ ______。

20. 设 $X\sim N(\mu,\sigma^2)$，即随机变量 X 服从正态分布，平均数 $=\mu$，方差 $=\sigma^2$，若 $aX+b$ 服从标准正态分布，则 $a=$ ______，$b=$ ______。

21. 随机抽出某校 200 位高中一年级新生，其身高（单位：厘米）数据的部分描述性统计如下：样本平均数 = 164.24，样本中位数 = 165.00，样本标准差 = 9.72，假设这些身高数据服从正态分布，则身高 179 厘米以上的同学有______人，最矮的 10 个人身高应该在______厘米以下。（请四舍五入到整数。）

22. 假设灭火器寿命是正态分布 $N(3,1)$，单位是年，则一灭火器在放置五年之后还有用的概率 p 是______，两只灭火器放置五年之后至少有一只有用的概率约是______。

23. 根据历史数据，牛排馆月营业收入服从正态分布，平均月营业收入为 170 万元，标准差为 32 万元；今年抽出牛排馆 10 家，调查其月营业收入状况，试问这 10 家牛排馆平均月营业收入大于 140 万元的概率为______。

24. 某一跨国商务公司在招考员工时，必须先初试（满分为 200 分之性向测验），再以其分数高低决定面试与否。过去经验显示，测验分数为正态分布。假设今年公司预定录取分数最好的 30 人面试，而报考人数有 150 人，已计算出其平均数成绩 120 分，标准差分数为 15 分。该公司面试前录取分数比______分高（整数，注意小数是无条件进位法）。

25. 山东烟台一农场所出产的苹果的重量服从 $N(300,10^2)$，单位为克。现在 36 粒装一箱，设其总重量是 X 克，则 X 取值在 10 800±720 克之间的概率是______。（取 3 位小数。）

26. 某加油站的洗车服务包括机器自动冲洗和人工擦干两阶段，若这两个阶段的服务时间皆服从正态分布且彼此互相独立，其平均数分别为 10 和 8 分钟，标准差分别为 4 和 3 分钟，则洗一部车用时超过 23 分钟的概率是______。（取 3 位小数。）

27. 百货公司化妆品柜员之月售业绩为一正态分布，月平均业绩为 2（百万），标准差为 0.5（百万）。若随机抽取 10 个化妆品柜员，本月这些化妆品柜员的平均销售业绩会超过 2.15（百万）的概率 = ______。

28. 设随机变量 X 代表某商品之售价且服从正态分布，平均数为 30，方差为 5。设随机

变量 Y 代表此商品的进货成本且也服从正态分布，平均数是 25，方差为 4。若可假设售价与成本互为独立，则不亏本（即 $X-Y>0$）之概率是______。（保留 3 位小数）

29. 若 X 服从二项分布（$n=100,\ p=0.5$），今欲计算 $P(30<X<40)$，使用正态近似是一个合理的方式。若 Z 服从标准正态分布，且 $P(a<Z<b)$ 约等于 $P(30<X<40)$，请问：若考虑连续性修正，则 $a=$______，$b=$______。

30. 设随机变量 T 服从自由度为 n 的 t 分布，若 $P(|T|>\lambda)=\alpha$，则 $P(T<\lambda)=$______。

31. 设 $x\sim N(0,\ 1)$，$y\sim \chi^2(n)$ 且 x 相互独立，则 $\dfrac{x}{\sqrt{\dfrac{y}{n}}}\sim$______。

五、计算题

1. x 为一随机变量，服从均匀分布（uniform distribution），其概率密度函数如下

$$f(x)=\begin{cases}\dfrac{1}{20} & 20\leqslant x\leqslant 40\\ 0 & \text{其他}\end{cases}$$

则：

（1）x 之平均数与方差为何？

（2）求 $P(25<X<32)$。

2. 秒表的最小刻度差为 0.01 秒。若计时精度是取最近的刻度值，求使用该秒表计时产生的随机误差 X 的概率密度，并计算误差的绝对值不超过 0.004 秒的概率。

3. 已知 z 为标准正态分布，查表求：

（1）$P(z\geqslant 1.28)$

（2）$P(z\geqslant 1.645)$

（3）$P(z\geqslant 1.96)$

（4）$P(z\geqslant 2.35)$

（5）$P(z\geqslant 2.575)$

4. 已知 z 为标准正态分布，查表求：

（1）$P(-1\leqslant z\leqslant 2)$

（2）$P(-0.56\leqslant z\leqslant 1.27)$

（3）$P(-1.2\leqslant z)$

（4）$P(z\leqslant 1.2)$

（5）$P(-1.2\leqslant z\leqslant 1.2)$

5. 已知 x 为正态分布，$\mu=2$，$\sigma=0.5$，求：

（1）$P(x\geqslant 2.5)$

（2）$P(x\leqslant 1.5)$

（3）$P(-0.5\leqslant x\leqslant 3.5)$

6. 制成后的型号为 A1012 之螺母，其内径平均值服从均值 5 厘米、标准差 0.01 厘米的正态分布，问：

（1）内径超过 5.025 厘米之螺母的概率为多少？

(2)活塞环内径在 4.988 3 厘米和 5.01 厘米之间的概率为何?

(3)15%的活塞环其内径会低于多少厘米?

7. 某公司会计部为了解下游通路商应收账款天数的情形,整理了所有下游通路商应收账款的天数资料,发现应收账款天数呈现正态分布 $N(20,82)$,则:

(1)计算账款介于 20 天至 40 天之概率?

(2)若该公司想寄给欠账款最久的 2.5%发催收函,则欠几天以上的下游通路商将会收到信函?

8. 已知指数概率密度函数为

$$f(x) = \frac{1}{2}e^{-\frac{x}{2}} \qquad x \geqslant 0$$

求:

(1) $P(x \leqslant 1)$;

(2) $P(x \geqslant 2)$;

(3) $P(1 \leqslant x \leqslant 3)$ 。

9. 已知某大型指数 3 年的平均收益率为 13.2%,标准差为 4.4%,且其收益率呈正态分布。问:

(1)此大型指数 3 年的收益率至少 20%的概率是多少?

(2)此大型指数 3 年收益率小于 10%的概率是多少?

(3)此大型指数 3 年收益率为负的概率是多少?

10. 设打一次电话所用的时间 X(单位:分钟)是以 $\lambda=1/10$ 为参数的指数随机变量,如果某人刚好在你前面走进公用电话间,求你需等待 10~20 分钟的概率。

11. 某家公司平均每 2 个月就有呆账发生,假设呆账发生概率呈现指数分布:

(1)写出该指数概率密度函数。

(2)该公司半年内不会有呆账发生的概率多大?

(3)该公司 1 个月发生呆账的概率是多少?

12. 阿克苏农场生产水梨,其重量为正态分布,平均数 560 克,标准差 20 克,试求:

(1)某一个水梨重量大于 580 克的概率;

(2)抽取 5 个水梨,恰有 3 个水梨重量大于 580 克的概率;

(3)抽取 5 个水梨,至少有 2 个水梨重量大于 580 克的概率。

13. 已知大千企业所生产的 AQ03 件,其长度符合正态分布,平均数为 118 厘米,标准差 3.2 厘米。则:

(1)任取一个 AQ03 件其长度超过 122 厘米之概率;

(2)任取四个 AQ03 件,最多只有一个长度超过 120 厘米之概率。

14. 某广告公司招考相关广告设计人员时,初试为满分 180 分的关于“设计概念与创意”的测试,第二阶段面试人员名单是以初试分数高低来决定。假设“设计概念与创意”测验分服从正态分布,且今年公司预定选择分数最好的 24 人面试,而报考的有 150 人,计算出其平均成绩为 120 分、标准差为 15 分,则:

(1)该公司第二阶段面试的最低分数为多少?

（2）若某位先生考试成绩 140 分，估计他的分数至少第几名？

15. 某大学一学院共有 6 000 位学生，其学生的年龄服从正态分布 $N(20.8,\ 1.8^2)$，则：

（1）年龄低于 20 岁的学生有多少人？

（2）若在全体学生中随机抽问 10 位学生的年龄，正好有 2 位同学高于 20 岁的概率为多少？

16. 一产品的重量分布为正态分布 $N(200,\ 4^2)$，单位：克。则：

（1）现在有户要求的合格品为 199 ±4 克，过重或过轻均为不合格。试问目前的机器设备生产出不合格的比例是多少？

（2）若该产品的标准差仍维持为 4 克，想要使其重量超过 210 克的概率等于 5%，则平均重量应定多少？

17. 根据调查，年轻人喜欢红色的手机的比例为 20%。则在某一手机直营店未来两个月所出售的 800 部手机中，试求下列概率：

（1）红色手机的数量在 140~170（含两端）的概率。

（2）至少 180 部手机是红色手机的概率？

专有名词

概率密度函数：用来计算连续随机变量的概率分布的函数。概率密度函数图形与 X 轴的面积即概率。

均匀概率分布：某随机变数的概率分布只要落在长度相同的区间内，则概率都相等。

正态概率分布：为连续概率分布，其概率密度函数由平均数与标准偏差 σ 所决定，图形曲线呈钟形。

标准常态概率分布：唯一平均数等于 0、标准偏差为 1 的正态分布。

连续校正因子：当利用连续型随机变量来分析离散型随机变量时，在 x 值上所加减的 0.5 为连续校正因子。

指数概率分布：连续型概率分布，主要用来计算一个事件或完成一个工作需要的时间。

χ^2分布：属于抽样分布中常用的分布，是利用标准正态分布平方后除以自由度而得。

t 分布：属于抽样分布中常用的分布，利用标准正态分布除以卡方分布而得。

F 分布：属于抽样分布中常用的分布，利用 2 个卡方分布相除而得。

重要公式

连续型概率密度函数必须满足以下条件：

$$0 \leqslant f(x) \leqslant 1$$

$$\int_{-\infty}^{\infty} f(x)\,\mathrm{d}x = 1$$

均匀分布：

$$\text{概率密度函数} \quad f(x)=\begin{cases}\dfrac{1}{b-a}, & a\leqslant x\leqslant b\\ 0, & \text{其他}\end{cases}$$

$$\text{累积概率密度函数} \quad F(x)=\begin{cases}0 \quad, & x\leqslant a\\ \dfrac{x-a}{b-a} \quad, & a<x\leqslant b\\ 1 \quad, & x>b\end{cases}$$

$$\text{期望值} \quad \mu=E(x)=\frac{b+a}{2}$$

$$\text{方差} \quad \sigma^2=\mathrm{Var}(x)=\frac{(b-a)^2}{12}$$

$$\text{动差母函数} \quad m(t)=\frac{e^{tb}-e^{ta}}{t(b-a)}$$

正态分布：

$$\text{概率密度函数} \quad f(x)=\frac{1}{\sqrt{2\pi}\sigma}e^{-\frac{(x-\mu)^2}{2\sigma^2}} \quad -\infty<x<\infty$$

$$\text{累积概率密度函数} \quad F(x)=\int_{-\infty}^{x}f(t)\,dt=\int_{-\infty}^{x}\frac{1}{\sqrt{2\pi}\sigma}e^{-\frac{(t-\mu)^2}{2\sigma^2}}dt$$

$$\text{动差母函数} \quad m(t)=e^{t\mu-\frac{1}{2}\sigma^2t^2}$$

指数分布：

$$\text{概率密度函数} \quad f(x)=\frac{1}{\lambda}e^{-\frac{x}{\lambda}} \quad x\geqslant 0$$

$$\text{累积概率密度函数} \quad F(x)=1-e^{-\frac{x}{\lambda}} \quad x\geqslant 0$$

$$\text{期望值} \quad \mu=E(x)=\lambda$$

$$\text{方差} \quad \sigma^2=\mathrm{Var}(x)=\lambda^2$$

$$\text{动差母函数} \quad m(t)=\frac{1}{(1-t\lambda^{-1})}$$

转换标准正态随机变量：

$$z=\frac{x-\mu}{\sigma}$$

正态分布较常用的区间概率百分比为：

(1)落在$\mu\pm\sigma$范围内，概率为68.3%；

(2)落在$\mu\pm 2\sigma$范围内，概率为95.4%；

(3)落在$\mu\pm 3\sigma$范围内，概率为99.7%。

正态分布的加法率：

(1)若$x\sim N(\mu,\sigma^2)$，a与b均为常数，则$ax+b\sim N(a\mu+b,(a\sigma)^2)$；

(2)若$x\sim N(\mu_x,\sigma^2_x)$且$y\sim N(\mu_y,\sigma^2_y)$，$x$、$y$为统计独立的正态随机变量，则$ax+by+c\sim N(a\mu_x+b\mu_y+c,\ \sigma^2_x+\sigma^2_y)$；

(3)若$x_i\sim N(\mu_i,\sigma^2_i)$均为独立，则$x_1^2+x_2^2+\cdots+x_n^2\sim\chi^2(n)$（自由度为$n$的卡方

分布)。

(1)卡方(χ^2)分布。

概率密度函数:

$$f(\chi^2) = \frac{1}{\Gamma\left(\frac{\nu}{2}\right)} \cdot \frac{1}{2^{\frac{\nu}{2}}} (\chi^2)^{\frac{\nu}{2}-1} e^{-\frac{\chi^2}{2}} \chi^2 \geqslant 0$$

其中,$\Gamma(z) = \int_0^{\infty} t^{z-1} \cdot e^{-t} dt$ 是 gamma 函数;ν 为自由度(degrees of freedom);

z 若为正整数,$\Gamma(z+1) = z!$,$\Gamma\left(z + \frac{1}{2}\right) = \frac{(2z)!\ \sqrt{\pi}}{z!\ 4^z}$。

期望值:

$$\mu = E(x) = \nu$$

方差:

$$\sigma^2 = \mathrm{Var}(x) = 2\nu$$

(2)t 分布。概率密度函数:

$$f(t) = \frac{\Gamma\left(\frac{\nu+1}{2}\right)}{\sqrt{\nu\pi}\,\Gamma\left(\frac{\nu}{2}\right)} \cdot \left(1 + \frac{t^2}{\nu}\right)^{-\frac{(\nu+1)}{2}}$$

期望值:

$$\mu = E(t) = 0$$

方差:

$$\sigma^2 = Var(t) = \frac{\nu}{\nu - 2}$$

(3)F 分布。

概率密度函数:

$$f(x,\nu_1,\nu_2) = \frac{\sqrt{\frac{(\nu_1 \cdot x)^{\nu_1} \cdot \nu_2^{\nu_2}}{(\nu_1 \cdot x + \nu_2)^{\nu_1+\nu_2}}}}{x \cdot B(\frac{\nu_1}{2},\frac{\nu_2}{2})} = \frac{1}{B(\frac{\nu_1}{2},\frac{\nu_2}{2})}\left(\frac{\nu_1}{\nu_2}\right)^{\frac{\nu_1}{2}} \cdot x^{\frac{\nu_1}{2}-1} \cdot \left(1 + \frac{\nu_1}{\nu_2} \cdot x\right)^{-\frac{\nu_1+\nu_2}{2}}$$

其中,$B(x,y)$ 为 B 的函数。

$$B(x,y) = \int_0^1 t^{x-1} \cdot (1-t)^{y-1} dt$$

期望值:

$$\mu = E(F) = \frac{\nu_2}{\nu_2 - 2} \nu_2 > 2$$

方差:

$$\sigma^2 = \mathrm{Var}(F) = \frac{2\nu_2^{\,2}(\nu_1 + \nu_2 - 2)}{\nu_1(\nu_2 - 2)^2(\nu_2 - 4)} \nu_2 > 4$$

F 分布自由度变换：

$$F(\alpha,\nu_1,\nu_2) = \frac{1}{F(1-\alpha,\nu_2,\nu_1)}$$

附录 4-1：正态分布概率等于 1 的证明

正态分布的函数又称为高斯函数，公式如下：

$$f(x) = \frac{1}{\sqrt{2\pi}\sigma} e^{-\frac{(x-\mu)^2}{2\sigma^2}}$$

在证明高斯函数积分等于 1 之前，先证明 $\int_{-\infty}^{\infty} - e^{x^2} dx = \sqrt{\pi}$ 如下：

$$\int_{-\infty}^{\infty}\int_{-\infty}^{\infty} - e^{-(x^2+y^2)} dxdy = \int_0^{2\pi}\int_0^{\infty} - e^{-r^2} \cdot rdrd\theta$$

$$= \int_0^{2\pi} - \frac{1}{2}e^{-r^2} |_0^{\infty} d\theta$$

$$= \int_0^{2\pi} - \frac{1}{2}\left(\frac{1}{e^{\infty^2}} - \frac{1}{e^{0^2}}\right) d\theta$$

$$= \int_0^{2\pi} \frac{1}{2} d\theta$$

$$= \pi$$

所以

$$\int_{-\infty}^{\infty} - e^{-x^2} dx = \sqrt{\pi}$$

$$\Rightarrow \int_{-\infty}^{\infty} \frac{1}{\sqrt{2\pi}\sigma} e^{-\frac{(x-\mu)^2}{2\sigma^2}} dx \overset{令 t=x-\mu}{=} \frac{1}{\sqrt{\pi}}\int_{-\infty}^{\infty} \frac{1}{\sqrt{2}\sigma} e^{-\frac{t^2}{2\sigma^2}} dt$$

$$= \frac{1}{\sqrt{\pi}}\int_{-\infty}^{\infty} \frac{1}{\sqrt{2}\sigma} e^{-\left(\frac{t}{\sqrt{2}\sigma}\right)^2} dt \left(令\ \theta = \frac{t}{\sqrt{2}\sigma} \to d\theta = \frac{1}{\sqrt{2}\sigma} dt\right)$$

$$= \frac{1}{\sqrt{\pi}}\int_{-\infty}^{\infty} e^{-\theta^2} d\theta$$

$$= \frac{1}{\sqrt{\pi}}\sqrt{\pi}$$

$$= 1$$

附录 4-2：二元随机变量

设 X，Y 为二元随机变量，X 为 $x_1,x_2,\cdots,x_n$ 之值，Y 为 $y_1,y_2,\cdots,y_m$ 之值，若 $f(x,y)$ 满足概率的以下两条件：

$$0 \leqslant f(x_i,y_j) \leqslant 1$$

$$\sum_{i=1}^{n}\sum_{j=1}^{m} f(x_i,y_j) = 1\ (离散型)$$

$$\int_{-\infty}^{\infty}\int_{-\infty}^{\infty} f(x,y)\,\mathrm{d}y\mathrm{d}x = 1\ (\text{连续型})$$

则 $f(x_i,y_j)$ 简单表示为 $f(x,y)$，为联合概率函数。

为方便介绍，以下都第一行为离散型，第二行为连续型。

这时 X,Y 在某一个范围($a \leqslant x \leqslant b,\ c \leqslant y \leqslant d$)内的概率为

$$P(a \leqslant x \leqslant b,\ c \leqslant y \leqslant d) = \sum_{a\leqslant x\leqslant b}\ \sum_{c\leqslant y\leqslant d} f(x_i,y_j)$$

$$P(a \leqslant x \leqslant b,\ c \leqslant y \leqslant d) = \int_a^b\int_c^d f(x_i,y_j)\,\mathrm{d}y\mathrm{d}x$$

二元累加概率函数为：

$$F(x,y) = P(X \leqslant x,\ Y \leqslant y) = \sum_{X\leqslant x}\ \sum_{Y\leqslant y} f(x_i,y_j)$$

$$F(x,y) = P(X \leqslant x,\ Y \leqslant y) = \int_{-\infty}^{x}\int_{-\infty}^{y} f(u_i,v_j)\,\mathrm{d}v\mathrm{d}u$$

X 与 Y 的边际概率函数分别为：

$$f_x(x) = \sum_y f(x,y) = f(x,y_1) + f(x,y_2) + \cdots + f(x,y_m)$$

$$f_x(x) = \int_{-\infty}^{\infty} f(x,y)\,\mathrm{d}y$$

$$f_y(x) = \sum_x f(x,y) = f(x_1,y) + f(x_2,y) + \cdots + f(x_n,y)$$

$$f_y(y) = \int_{-\infty}^{\infty} f(x,y)\,\mathrm{d}x$$

这就变成与一般一元概率函数相同，一样必须满足概率函数的 2 个条件：

$$0 \leqslant f_x(x_i) \leqslant 1$$

$$\text{离散型：}\sum_{i=1}^{n} f_x(x_i) = 1$$

$$(\text{连续型：}\int_{-\infty}^{\infty} f_x(x)\,dx = 1)$$

Y 的边际概率函数也必须满足概率函数的 2 个条件：

$$0 \leqslant f_y(y_i) \leqslant 1$$

$$\text{离散型：}\sum_{i=1}^{m} f_y(y_i) = 1$$

$$(\text{连续型：}\int_{-\infty}^{\infty} f_y(y)\,dy = 1)$$

联合概率函数分布和边际概率函数分布可以用表 4-8 来表示。

表 4-8　联合概率函数分布和边际概率函数分布

X/Y	y_1	y_2	…	y_j	…	y_m	$f_x(x_i)$
x_1	$f(x_1, y_1)$	$f(x_1, y_2)$	…	$f(x_1, y_j)$	…	$f(x_1, y_m)$	$f_x(x_1)$
x_2	$f(x_2, y_1)$	$f(x_2, y_2)$	…	$f(x_2, y_j)$	…	$f(x_2, y_m)$	$f_x(x_2)$
⋮	⋮	⋮	⋮	⋮	⋮	⋮	⋮
x_i	$f(x_i, y_1)$	$f(x_i, y_2)$	…	$f(x_i, y_j)$	…	$f(x_i, y_m)$	$f_x(x_i)$

续表

X/Y	y_1	y_2	…	y_j	…	y_m	$f_x(x_i)$
⋮	⋮	⋮	⋮	⋮	⋮	⋮	⋮
x_n	$f(x_n, y_1)$	$f(x_n, y_2)$	…	$f(x_n, y_j)$	…	$f(x_n, y_m)$	$f_x(x_n)$
$f_y(y_j)$	$f_y(y_1)$	$f_y(y_2)$		$f_y(y_j)$		$f_y(y_j)$	1

条件概率：

设$f(x,y)$为二元概率函数，则在 $Y=y_j$ 条件下，发生 x_i 的条件概率为：

$$f(x_i \mid Y = y_j) = \frac{f(x_i, y_j)}{f_y(y_j)}$$

在 $X=x_i$ 条件下，发生 y_j 的条件概率为：

$$f(y_j \mid X = x_i) = \frac{f(x_i, y_j)}{f_y(x_i)}$$

这边的条件概率是可以单独构成一个概率函数的，所以他们也一样必须满足条件概率的 2 个条件。

下面就联合概率分布的期望值、方差、条件概率、条件期望值、条件方差分别介绍。

附录 4-3：期望值、方差

X 的期望值：

$$\begin{aligned} E(X) &= \sum_x \sum_y x \cdot f(x,y) \\ &= \sum_x x \sum_y f(x,y) \\ &= \sum_x x f_x(x) \end{aligned}$$

Y 的期望值：

$$\begin{aligned} E(Y) &= \sum_x \sum_y y \cdot f(x,y) \\ &= \sum_y y \sum_x f(x,y) \\ &= \sum_y y f_y(y) \end{aligned}$$

X 的方差：

$$\begin{aligned} Var(X) &= \sum_x \sum_y (x - \mu_x)^2 \cdot f(x,y) \\ &= \sum_x (x - \mu_x)^2 f_x(x) \\ &= \sum_x x^2 f_x(x) - \mu_x^2 \end{aligned}$$

Y 的方差：

$$Var(Y) = \sum_x \sum_y (y-\mu_y)^2 \cdot f(x,y)$$
$$= \sum_y (y-\mu_y)^2 f_y(y)$$
$$= \sum_y y^2 f_y(y) - \mu_y^2$$

附录 4-4：条件概率

X 的条件概率：

$$0 \leqslant f(x_i \mid Y = y_j) \leqslant 1$$

离散型：$\sum_{i=1}^{n} f(x_i \mid Y = y_j) = 1$

Y 的条件概率：

$$0 \leqslant f(y_j \mid X = x_i) \leqslant 1$$

离散型：$\sum_{j=1}^{m} f(y_j \mid X = x_i) = 1$

附录 4-5：条件期望值、条件方差

X 的条件期望值、条件方差：

$$E(X \mid Y = y_j) = \sum_x x \cdot f(x \mid Y = y_j)$$
$$Var(X \mid Y = y_j) = E[X - E(X \mid Y = y_j)]^2$$
$$= E(X^2 \mid Y = y_j) - E[E(X \mid Y = y_j)]^2$$

X 的条件期望值、条件方差：

$$E(Y \mid X = x_i) = \sum_y y \cdot f(y \mid X = x_i)$$
$$Var(Y \mid X = x_i) = E[Y - E(Y \mid X = x_i)]^2$$
$$= E(Y^2 \mid X = x_i) - E[E(Y \mid X = x_i)]^2$$

【例 4-4】指数联合分布：公司想了解计算机电源供应器寿命与硬盘机寿命的关系，假设 X 与 Y 分别代表电源供应器寿命与硬盘机的寿命，且已知 X 与 Y 的联合概率密度函数为 $f(x,y) = e^{-(x+y)}, x > 0, y > 0$，试计算 X 和 Y 的边际概率函数和条件概率函数。

解：(1) 边际概率函数。

计算机电源供应器(X)寿命的边际概率函数为：

$$f_x(x) = \int_0^{\infty} f(x,y)\,\mathrm{d}y = \int_0^{\infty} \mathrm{e}^{-(x+y)}\,\mathrm{d}y = \mathrm{e}^{-x} \cdot \int_0^{\infty} \mathrm{e}^{-y}\,\mathrm{d}y$$
$$= \mathrm{e}^{-x} \cdot (-\mathrm{e}^{-y} \mid_0^{\infty}) = \mathrm{e}^{-x}(-(\mathrm{e}^{-\infty} - \mathrm{e}^{0})) = \mathrm{e}^{-x}$$

同理，硬盘机(Y)寿命的密度函数为：

$$f_y(y) = e^{-y}$$

注：很明显 $f_x(x) \cdot f_y(y) = e^{-x} \cdot e^{-y} = e^{-(x+y)} = f(x,y)$，所以，计算机电源供应器寿命与硬盘机寿命相互独立。

(2)条件概率函数。

计算机电源供应器寿命 2 年的情况下，硬盘机寿命的概率函数为：

$$f(y \mid x = 2) = \frac{f(y,x = 2)}{f_x(x = 2)} = \frac{e^{-(2+y)}}{e^{-2}} = e^{-y}$$

硬盘机寿命超过 2 年的情况下，计算机电源供应器寿命的概率函数为：

$$f(x \mid y > 2) = \frac{p(x,y > 2)}{P(y > 2)} = \frac{\int_2^{\infty} e^{-(x+y)}\, dy}{\int_2^{\infty} e^{-y} dy} = \frac{e^{-(x+2)}}{e^{-2}} = e^{-x}$$

硬盘机寿命少于 2 年的情况下，计算机电源供应器寿命少于 1 年的概率是多少？

$$\begin{aligned} f(0 < x < 1 \mid 0 < y < 2) &= \frac{p(0 < x < 1,0 < y < 2)}{P(0 < y < 2)} \\ &= \frac{\int_0^1\int_0^2 e^{-(x+y)}\, dy}{\int_0^2 e^{-y} dy} \\ &= \frac{(1 - e^{-1})(1 - e^{-2})}{1 - e^{-2}} \\ &= 1 - 0.367\,9 \end{aligned}$$

由上可以发现，当 x,y 互为独立时，一个变量的条件概率是不受另一个变量影响的。

【例 4-5】 设 X 与 Y 分别为男性与女性一天运动时间占休闲时间的比例，且概率密度函数为：

$$f(x,y) = axy, 0 < x < 1, 0 < y < x$$

$$\int_0^1\int_0^x f(x,y)\, dydx = \int_0^1\int_0^x axy dydx = 1$$

$$\Rightarrow \int_0^1 a \cdot \frac{1}{2} xy^2 \mid_0^x dx = 1 \Rightarrow \int_0^1 a \cdot \frac{1}{2} x^3 dx = 1$$

$$\Rightarrow a \cdot \frac{1}{2} \cdot \frac{1}{4} x^4 \mid_0^1 = 1 \Rightarrow a \cdot \frac{1}{8} = 1 \Rightarrow a = 8$$

要求：计算其边际函数期望值和方差、条件概率函数、条件期望值和方差。

解：(1)边际函数：

$$f_x(x) = \int_0^x 8xy dy = 4xy^2 \mid_0^x = 4x^3$$

$$f_y(y) = \int_y^1 8xy dx = 4yx^2 \mid_y^1 = 4y - 4y^3$$

(2)期望值和方差：

$$\begin{aligned} E(X) &= \int_0^1\int_0^x x \cdot f(x,y)\, dydx = \int_0^1\int_0^x x \cdot 8xydydx \\ &= \int_0^1 4x^2y^2 \mid_0^x \mid dx = \int_0^1 4x^4 dx = \frac{4}{5} x^5 \mid_0^1 = \frac{4}{5} \end{aligned}$$

$$E(X^2) = \int_0^1\int_0^x x^2 \cdot f(x,y)\,dydx = \int_0^1\int_0^x x^2 \cdot 8xydydx$$

$$= \int_0^1 4x^3y^2 \mid_0^x \mid dx = \int_0^1 4x^5 dx = \frac{4}{6}x^6 \mid_0^1 = \frac{2}{3}$$

$$Var(X) = E(X^2) - E(X)^2 = \frac{2}{75}$$

$$E(Y) = \int_0^1\int_0^x y \cdot f(x,y)\,dydx = \int_0^1\int_0^x y \cdot 8xydydx$$

$$= \int_0^1 \frac{8}{3}xy^3 \mid_0^x \mid dx = \int_0^1 \frac{8}{3}x^4 dx = \frac{8}{15}x^5 \mid_0^1 = \frac{8}{15}$$

$$E(X^2) = \int_0^1\int_0^x x^2 \cdot f(x,y)\,dydx = \int_0^1\int_0^x x^2 \cdot 8xydydx$$

$$= \int_0^1 4x^3y^2 \mid_0^x \mid dx = \int_0^1 4x^5 dx = \frac{4}{6}x^6 \mid_0^1 = \frac{2}{3}$$

$$Var(X) = E(X^2) - E(X)^2 = \frac{2}{75}$$

(3)条件概率函数：

$$f(x\mid y) = \frac{f(x,y)}{f_y(y)} = \frac{8xy}{4y - 4y^3} = \frac{2x}{y - y^3}$$

$$f(y\mid x) = \frac{f(x,y)}{f_x(x)} = \frac{8xy}{4x^3} = \frac{2y}{x^2}$$

(4)条件期望值和方差

$$E(y\mid x) = \int_0^x y \cdot f(y\mid x)\,dy = \int_0^x y \cdot \frac{2y}{x^2}dy$$

$$= \frac{2}{3x^2}y^3 \mid_0^x = \frac{2}{3}x$$

$$E(y^2\mid x) = \int_0^x y^2 \cdot f(y\mid x)\,dy = \int_0^x y^2 \cdot \frac{2y}{x^2}dy$$

$$= \frac{2}{4x^2}(y^4 \mid_0^x) = \frac{x^2}{2}$$

所以 $$Var(y\mid x) = \frac{x^2}{2} - \left(\frac{2}{3}x\right)^2 = \frac{1}{18}x^2$$

有关$f(X|Y)$的条件期望值和方差就不再重复了。

附录 4-6:二元正态分布

在概率及统计里,两个变量以上之正态分布很重要,本附录介绍二变量正态分布,此分布具有大部分多维正态分布的特性,不但是很重要的多维正态分布,而且二变量之相关系数,亦为其联合 *pdf* 的一个参数。

定义如下:

设随机变量（X, Y）为有参数 $\mu_1,\mu_2,\sigma_1,\sigma_2,\rho$ 之二变量正态分布，以 $N(\mu_1,\mu_2,\sigma_1{}^2,\sigma_2{}^2,\rho)$ 或 $BVN(\mu_1,\mu_2,\sigma_1{}^2,\sigma_2{}^2,\rho)$ 表示。其联合 *pdf* 为.

$$f(x,y)=\frac{1}{2\pi\sigma_1\sigma_2\sqrt{1-\rho^2}}e^{-\frac{N}{2}}$$

$$N=\frac{1}{1-\rho^2}\left(\frac{(x-\mu_1)^2}{\sigma_1{}^2}-2\rho\cdot\frac{x-\mu_1}{\sigma_1}\cdot\frac{y-\mu_2}{\sigma_2}+\frac{(y-\mu_2)^2}{\sigma_2{}^2}\right)$$

虽然上述 *pdf* 看起来是相当复杂，不过此为一极常出现之二变量的分布。此分布性质如下：

(1) X、Y 之边际分布，分别为 $N(\mu_1,\sigma_1{}^2)$ ，$N(\mu_2,\sigma_2{}^2)$ 。

(2) $\rho(X,Y)=\rho$ 。

(3) 对任二常数 a,b 且 $a^2+b^2\neq 0$，则：

$$aX+bY\sim N(a\mu_1+b\mu_2,a^2\sigma_1{}^2+b^2\sigma_2{}^2+2ab\rho\sigma_1\sigma_2)$$

(4) X 与 Y 独立，当且仅当 $\rho=0$。

(5) $Y|X=x$ 及 $X|Y=y$ 等二条件分布，皆仍为正态分布，且

$$Y|X=x\sim N\left(\mu_2+\rho\left(\frac{\sigma_2}{\sigma_1}\right)(x-\mu_1),\sigma_2{}^2(1-\rho^2)\right)$$

$$X|Y=y\sim N\left(\mu_1+\rho\left(\frac{\sigma_1}{\sigma_2}\right)(y-\mu_2),\sigma_1{}^2(1-\rho^2)\right)$$

(6) 动差母函数

$$\begin{aligned}M(s,t)&=E(\mathrm{e}^{sX+tY})\\&=\mathrm{e}^{\left(\mu_1 s+\mu_2 t+\frac{(\sigma_1{}^2s^2+\sigma_2{}^2t^2+2\sigma_1\sigma_2\rho st)}{2}\right)}\end{aligned}$$

第二篇　理论篇

5 随机抽样

本章摘要

本章介绍抽样与抽样分配的概念,并说明如何由有限总体或无限总体选取简单样本。

通过样本的形成来估计总体,由此样本的数据可建立总体参数的点估计。样本的不同,使得点估计量有不同计算方式,诸如 $\bar{x}$ 和 $\bar{p}$ 的点估计量也是随机变量。此种随机变量的概率分布即为抽样分布(前一章已经介绍过,如正态分布、卡方分布、t 分布和 F 分布)。

$\bar{x}$ 和 $\bar{p}$ 的抽样分布有其特性时,如果要让样本的点估计量可以完美地估计总体参数,就必须满足无偏、有效和一致,本章都将对其进行详细介绍。此外,除了样本的随机抽样,本章也将讨论其他几种抽样方法,如分层随机抽样、系统抽样、集群抽样,还有非随机抽样的便利抽样、判断抽样和滚雪球抽样。只要是抽样就会产生误差,误差又分抽样误差和非抽样误差,本章对此有详尽的介绍。

5.1 总体与样本

统计的研究必须要有对象,研究对象所有元素的集合称为总体(population),总体的部分集合称为样本(sample)。

总体是指在同一性质基础上结合起来的许多个别单位的整体。构成总体的这些个别单位称为总体单位。总体中的每个成员称为个体。当总体所含个体总数有限的时候,称为有限总体,否则称为无限总体。

统计总体具有同质性、大量性和差异性三个主要特点。

(1)同质性。同质性是指总体中的各个单位必须具有某种共同的属性或标志数值。只有个体单位是同质的,统计才能通过对个体特征的观察研究,归纳和揭示出总体的综合特征和规律性。

(2)大量性。大量性是指总体中包含的个体单位有足够多的数量。总体是由许多个体在某一相同性质基础上结合起来的整体,个别或很少几个单位不能构成总体。总体的大量性会受个别单位某些偶然因素的影响,表现为数量上的偏高、偏低,相互抵消,从而显示出总体的本质和规律性。

(3)差异性(或称变异性)。差异性是指总体的各单位之间有一个或若干个可变的品质标志或数量标志,从而表现出的差异。例如,某领域的职工总体中各单位之间有男、女的性别属性差异,有年龄标志数值的差异。

搜集整个总体的资料并对其进行调查的过程,称为普查(census)。搜集样本的数据进行调查的过程,称为抽样调查(sample survey)。

所有的调查都需要时间和成本,随着元素的增加,成本和时间会随着近似指数分布的状况增加。进行研究时,出于对经费的考虑,往往无法进行普查,加上时效问题——如果调查出来时结果已经发生,这个调查就更没有意义了,所以抽样调查更显其重要性。统计学的主要贡献之一,就是利用样本所得的数据对总体特性做估计与假设检验,这种程序就称为统计推论(statistical inference)。

所以,在进行统计推论时,必须先了解:

(1)研究对象(总体)是谁?

(2)成本和时间。

(3)样本是否与总体相似?

然后,利用所抽样出来的样本进行统计推论,去分析总体的特性,以便决策。然而,现在的很多统计研究,关于总体是谁,研究者自己都不知道,只知道有样本就可以做统计推论了;在样本与总体不相似的情况下,任何推论都是错的,所以这样得到的结论根本没有意义。样本与总体要相似,最重要的是要做到随机抽样,在没有随机抽样的情况下,所得到的结果更不具备解释力。举例来说,总体为正态分布,那随机抽样所得到的样本也会成正态分布,若不是随机抽样,可能抽到的是某特定的位置,那样本就不会成正态分布了。像网络问卷,在没有刻意操作的情况下,都是随机抽样,但是,很多研究者为了使收回的样本数足够,选择特定人士(朋友、特定区域)来填写,这种抽样就不满足随机抽样,而他研究的总体就不是他当初特定的,而是他的"朋友"或是"特定人"的。

所以,在进行研究时,首先要知道抽样的总体(sampled population)是谁,也就是要知道研究的对象是谁,进而了解总体的数值特性,然后做决策。总体的数值特性称为参数(parameters),统计推论就是在估计这些参数。

依据总体的元素状况划分,可区分为有限总体和无限总体。

有限总体抽样即从大小为 N 的有限总体中抽出大小为 n 的随机样本,而每个总体元素被抽到的概率都相等。最简单的操作是将所有的元素都予以编号,通过乱码抽取所需要的样本。乱码可以通过 Excel 的指令"RANDOM(　)"来计算。

在抽样过程中,可以分不归还抽样(sampling without replacement)和归还抽样(sampling with replacement),二者最大的差别是归还抽样总体的元素可以多次被抽取。

从无限大总体元素进行抽样,称为无限总体抽样,这时候无法对总体的元素进行编号,但抽样过程仍须满足样本为随机样本(random sample),所以,无限总体抽样必须满足以下 2 个条件:

(1)每个元素都来自同一个总体;

(2)每个元素都是独立抽出。

5.2 点估计

统计推论就是估算总体参数,针对总体参数计算出的与样本相对应的数值称为样本统计量(sample statistic)。

统计推论最常用的总体参数为总体平均数 μ 和总体标准差 σ,对应的样本统计量为样本平均数 $\bar{x}$ 和样本标准差 s。

【例 5-1】 根据国家统计局《统计上大中小微型企业划分办法(2017)》,房地产业的大中小型企业划分办法如表 5-1 所示。

表 5-1　房地产业大中小微型企业的划分

指标名称	营业收入(Y)
大型	$Y \geqslant 20$ 亿元
中型	1 000 万元$\leqslant Y<20$ 亿元
小型	100 万元$\leqslant Y<1\ 000$ 万元
微型	$Y<100$ 万元

试计算 2020 年上市房地产公司的平均营业收入以及营业收入标准差,并计算房地产业大型企业的占比。

解:

$$\bar{x} = \frac{\sum x_i}{n} = \frac{27\ 314.07}{110} = 248.309\ 7$$

$$s = \sqrt{\frac{\sum (x_i - \bar{x})^2}{n-1}} = \sqrt{\frac{\sum x_i^2 - n\bar{x}^2}{n-1}} = \sqrt{\frac{54\ 569\ 479 - 110 \times 248.31 \times 248.31}{109}} = 665.13$$

营收大于等于 20 亿元的企业有 77 家,所以

$$p = \frac{77}{110} = \frac{7}{10} = 0.7$$

一般来说,财经的研究,如果研究总体企业,就会采用随机抽样的方式进行,但如果只研究上市公司,就会进行总体的研究——从上述数据可以很清楚地了解到,上市公司几乎都是大型企业,所以研究出来的结果只能代表上市企业,不能代表全体企业的状况。而科学研究的重大贡献之一是“数据”,数据越难取得,贡献程度就越大,所以,若有全部企业的数据,贡献度将会是很大的,但就花费的成本来说,上市公司对经济的贡献度相当高,所以就政策的制定而言,往往根据上市公司的属性来制定就够了。

5.3 抽样分布

通过计量进行预测、分析时,都必须进行统计推论,从而做决策。统计推论最常使用的就是平均数 μ,因此 $\bar{x}$ 这一统计量就特别重要。以下针对 $\bar{x}$ 的期望值、标准差和抽样分布进行介绍。

5.3.1 $\bar{x}$ 期望值

$$E(\bar{x}) = \mu$$

$$E(\bar{x}) = \bar{x} \text{ 期望值}$$

$$\mu = \text{总体平均数}$$

在随机抽样下，$\bar{x}$ 的抽样分配的期望值或平均数等于总体平均数。

5.3.2 $\bar{x}$ 标准差

在了解 $\bar{x}$ 标准差之前，先要知道一些符号的定义：

$$\sigma_{\bar{x}} = \bar{x} \text{ 的标准差}$$

$$\sigma = \text{总体标准差}$$

$$n = \text{样本大小}$$

$$N = \text{总体大小}$$

则

$$\sigma_{\bar{x}} = \sqrt{\frac{N-n}{N-1}}\left(\frac{\sigma}{\sqrt{n}}\right)$$

其中，$\sqrt{\frac{N-n}{N-1}}$ 称为有限总体校正因子(finite population correction factor)，当 N 很大时，$\sqrt{\frac{N-n}{N-1}}$ 就会趋近于 1，所以无限总体

$$\sigma_{\bar{x}} = \frac{\sigma}{\sqrt{n}}$$

一般来说，若有限总体 $\frac{n}{N} \leqslant 0.05$，则无须使用有限总体校正因子。

为了方便区别样本标准差 s 与 $\bar{x}$ 的标准差 $\sigma_{\bar{x}}$，我们会称 $\sigma_{\bar{x}}$ 为平均数的标准误(standard error)。

5.3.3 $\bar{x}$ 抽样分布

$\bar{x}$ 的期望值和标准差的算式对于任何分布的总体都适用，而 $\bar{x}$ 的抽样分布事实上也呈正态分布，但根据或原理不同：

(1)总体为正态分布时，无论样本大小，$\bar{x}$ 的抽样分配都是正态分布；

(2)总体不是正态分布，则根据中央极限定理(central limit theorem)，样本平均数 $\bar{x}$ 的抽样分布将会趋近于正态分布。

图 5-1 分别给出了均匀分布、兔耳分布(rabbit-eared distribution，分布状况为对称的，但大部分的数值落于两端)和指数分布的样本数 $n=2,5,30$ 时的抽样分布形状。

在大部分的统计应用实例中，样本数大于 30 的抽样分布便会趋近正态分布，如果总体的偏度高或者离群值，可能要求样本数大于 50。如果总体是离散的正态近似，所需的样本大小通常视总体比例而定。有关样本数的大小及影响，本书将于下一章进行介绍。

样本比例 $\bar{p}$ 的抽样分布定理跟 $\bar{x}$ 相类似，其期望值、标准差和抽样分布分别如下：

$$x = \text{具有某个特性元素的个数}$$

$$n = \text{样本大小}$$

$$E(\bar{p}) = p$$

$$E(\bar{p}) = \bar{p} \text{ 期望值}$$

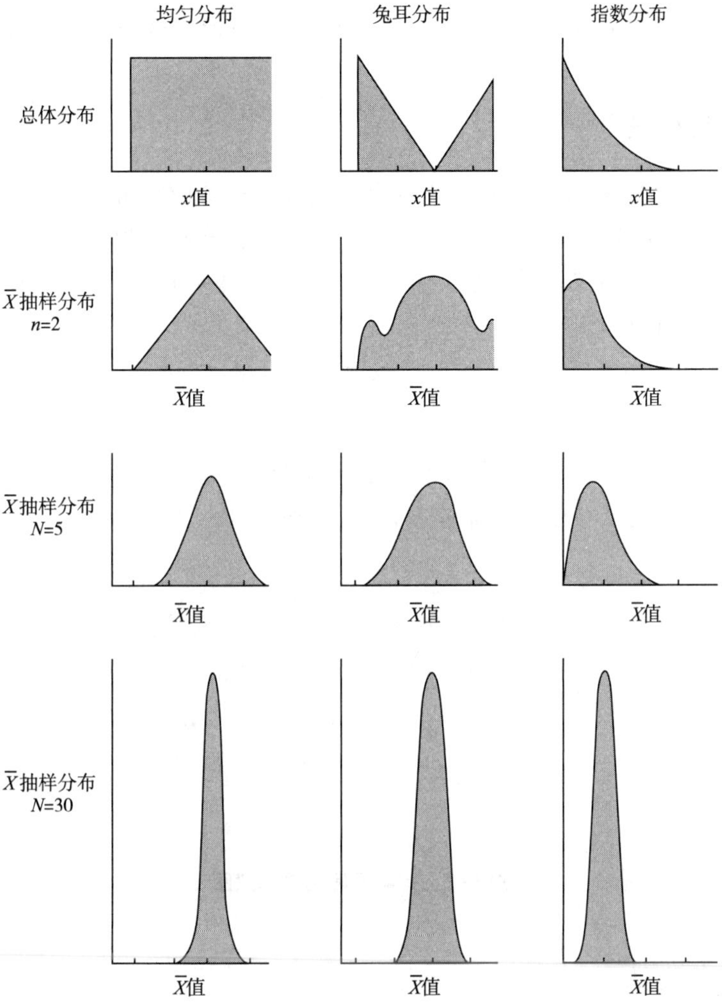

图 5-1　三种分布的中央极限定理的应用

$$p = \text{总体比例}$$

$$\sigma_{\bar{p}} = \sqrt{\frac{N-n}{N-1}} \cdot \sqrt{\frac{p(1-p)}{n}} \xrightarrow{\text{当 } N \text{ 很大}} \sqrt{\frac{p(1-p)}{n}}$$

前面第四章曾说明，用正态分布求二项分布近似值时，须满足两个条件

$$np \geqslant 5, \text{且 } n(1-p) \geqslant 5$$

同样，当满足这 2 个条件时，$\bar{p}$ 的分布也会近似正态分布。

5.4　点估计的性质

本章已说明了样本平均数 $\bar{x}$、样本标准差 s 以及本比例 $\bar{p}$ 之类的样本统计量是怎样作为相对应的总体参数 μ、σ 及 p 的点估计量的。一般来说，每个样本统计量都是对应的总体参数的点估计量，但是，在以样本统计量作为点估计量前，统计学者会检验样本统计量是否具备某些良好的点估计量必须具备的性质，而这些良好的点估计量的3种性质就是无偏性、有效性及一致性。

5.4.1 无偏性

当我们在进行估计时，最重要的一点就是，我们所利用的统计值能够准确估算出我们需要的参数，虽然每次抽样所抽取出的样本不同，可能会算出不同的统计量，但是这个统计量的期望值应当等于我们所要估计的总体参数。而这样的性质即是无偏性（unbiasedness），也相当于准确度（accuracy）。

若我们想要估计的总体参数为 θ，则 θ 的无偏估计值应记为 $\hat{\theta}$，因此可得：

$$E(\hat{\theta}) = \theta$$

$$E(\hat{\theta}) = \text{样本统计量 } \hat{\theta} \text{ 的期望值}$$

即估计值之期望值会等于欲估计之总体参数，可以利用图 5-2 来表示。

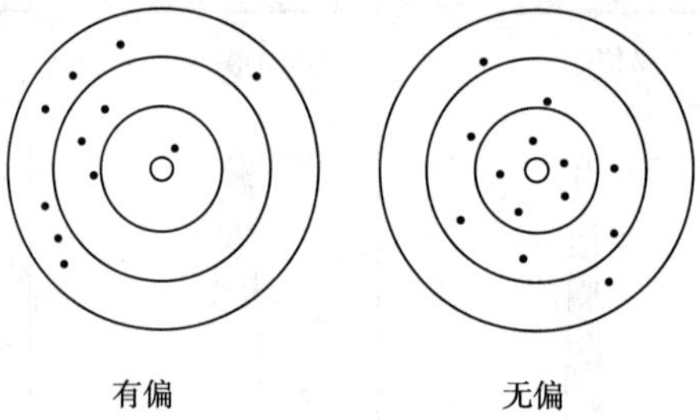

图 5-2 有偏无偏比较示意图

5.4.2 有效性

虽然了解了无偏性，在抽样时，就算能够确保估计值的期望值符合所要估计之总体参数，但是每次估计时，因抽取的样本不同，估计出来的结果仍会不相同。因此，我们希望每次估计时所得到的估计量都不要相差太多，才能确保不会有相差太多的极端值产生；也就是说，估计值的方差越小越好。方差较小的估计值，即是较具有效性（efficiency）的估计值，有效性也相当于精密度（precision）。

因此，我们可以得知，当 θ 为我们欲估计之总体参数，而 $\hat{\theta}$ 为其估计值时，$\mathrm{Var}(\hat{\theta})$ 越小，则该估计值越能准确表达出我们欲估计之总体的参数。如图 5-3 所示。

5.4.3 一致性

根据大数法则，我们在抽样时抽出的样本数越多，则估计值等于欲估计之总体参数的真值的概率就越高。而在抽出的样本趋近无限多的情况下，估计值等于总体参数真值的概率应该等于1，因为当样本数趋近无限大时，可预期能够抽出所有总体，因此，估计值应当与总体参数真值相等。此性质即为一致性。

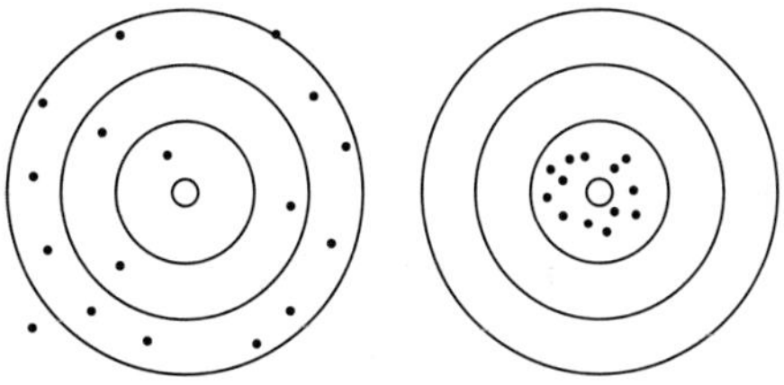

相对无效　　　　相对有效

图 5-3　示意图

因此,根据一致性的定义,当 θ 为我们欲估计之总体参数,在求抽出 n 个样本之下的估计值时,可得:$p(\lim_{n\to\infty}\hat{\theta}_n = \theta) = 1$。

另一方面,在已知某个估计值为无偏估计值的情况下,当样本数趋近于无穷大时,若该估计值的方差等于 0,也能说明该值符合一致性。因为无偏性的性质说明此估计值的期望值会是总体参数,而方差为 0 说明没有偏差,因此此估计值等于总体参数真值。

举例来说,样本平均数是总体平均数的无偏估计值,而样本平均数的方差 $\mathrm{Var}(\bar{x}) = \frac{o^2}{n}$,在样本数趋近无限大的情况下,可得 $\lim_{n\to\infty}\mathrm{Var}(\bar{x}) = \lim_{n\to\infty}\frac{o^2}{n} = 0$

因此,样本平均数作为总体平均数的估计值,具有一致性。

5.5　抽样方法

对总体进行抽样,必须要满足随机抽样,这样样本才会与总体形成相似,所做的统计推论才有效。而随机抽样有其困难度,所以会采用乱码的模式进行抽样,在没有对总体进行特殊处理时,所做的随机抽样称为简单随机抽样。但在某些特殊的情况下,下列抽样会优于简单随机抽样。

5.5.1　分层随机抽样(stratified random sampling)

分层随机抽样又称类型随机抽样,是将总体的所有元素区隔成数群,称为层(strata),总体中的每一个元素只归属在某一个数据层中。常见的区分基准如部门、地理位置(省、县、市)、年龄、产业类别等,由样本设计者自行决定。较好的区分方法是数据层内的元素越相像越好。如图 5-4 所示。

区隔出数据层后,再由每个数据层进行简单随机抽样。分层抽样质量的好坏,取决于数据层内元素的同构型程度,同构型高,层内的变异将减少,只要少量的抽样数据就可得到良好的估计值。

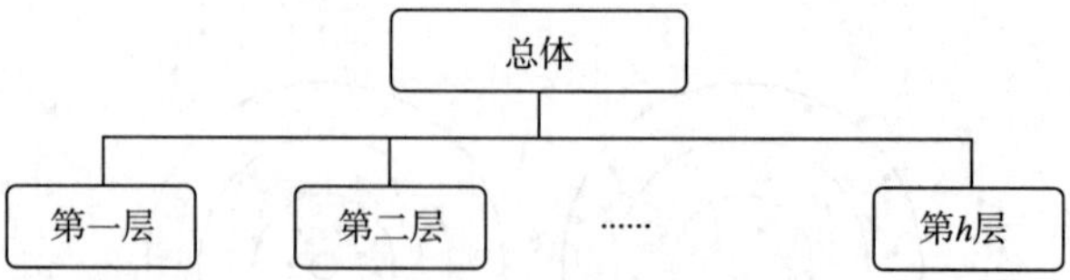

图 5-4　分层随机抽样示意图

5.5.2　集群抽样(cluster sampling)

集群抽样又称为等群抽样,是指整群地抽选样本单位,对被抽选的各群进行全面调查的一种抽样组织方式。总体首先被分成几个群,称为集群(clusters),每个元素只归属一个集群;然后再就所有集群进行简单随机抽样,被抽出的集群中的所有元素即构成样本。当一个集群内的元素是异质的(不相同),集群抽样就可以得到好的分析结果。集群抽样好坏的评断标准在于所抽取的集群对总体是否有代表性。

集群抽样主要的应用之一是地区抽样,每一集群可以是城市的某个地区或其他定义清楚的地区。集群抽样通常抽取的样本数量会比简单随机抽样和分层随机抽样多,由于已经分成几个集群或地区,访问者可在同一地区访问(例如某市、县的一区),成本反而会降低,时间也可缩短。因此,集群抽样可以让我们在较低的成本下,取得较多的样本。

5.5.3　系统抽样(systematic sampling)

系统抽样又称为等距抽样。在某些抽样情况下,特别是在总体数量很多的情况下,用简单随机抽样即利用随机数找对应的样本元素将会相当费时,此时系统抽样就是可行的选择。例如,要在 5 000 个元素的总体中抽出 50 个作样本,可以从每 5 000/50=100 个元素中抽出一个元素,直到抽出 50 个元素为止。更简单的描述就是,5 000 个元素均已经编号,抽取最后 2 位数为 01 的元素(或是 00~99 的其中一个元素)。这样的抽样方法比简单随机抽样还要简单,尤其是当总体元素呈随机排序时,由于第一个被抽出的元素是随机决定的,系统抽样通常也被假设为具有简单随机抽样的特性。

分层随机抽样和系统抽样都是随机抽样的常用方法,有些学者甚至将这两种方法结合在一起使用,称为分层系统抽样。举个例子,要调查全校学生的属性(如学生每月零用钱),这时候就可以抽取每班的任一随机号码或是 2 个随机号码(全校班级都是固定号),这就是分层系统抽样。

在统计推论抽取样本时,随机抽样是一种非常不错的方法。但有很多总体是无法进行随机抽样的,比如,针对“特定人”的调查研究,如调查农民工的行为。这时候就无法采用随机抽样了,因为你根本不知道总体在哪里,这时候就必须采用非随机抽样。前面说过,非随机抽样极有可能造成样本与总体不相似,所做的推论将会是无效的,所以,使用非随机抽样必须非常小心(一般可以利用信度和效度来分析抽样出来的结果)。

5.5.4　便利抽样(convenience sampling)

便利抽样属于非概率抽样(nonprobability sampling),此方法正如其名,样本是否被抽出的关键是便利性,我们无法知道样本中的元素被抽中的概率。例如:教授可能以自愿参与实验的学生为样本,因为学生是现成的,资料取得的成本也低;同样的,检验员要检验整个货柜的柳橙时,会随意抽出几箱柳橙作为样本。便利抽样法的优点是样本抽选与数据搜集都相当简单,但样本的代表性不详,不能用来评估样本的"适合度"(goodness)。便利抽样的结果可好可坏,没有统计程序可以对其抽样结果的质量进行概率分析或推论。

5.5.5 判断抽样(judgment sampling)

使用这种方法的研究者必须非常了解研究对象,选出他认为最能代表总体的样本。这个方法通常也非常简便。例如,一名记者可能会选出他认为最能反映全体参议员看法的2位或3位参议员,采用这个方法选出的样本的质量视研究者的判断而定。同样地,利用此法做统计推论时也要特别小心。

5.5.6 滚雪球抽样(snowball sampling)

滚雪球抽样是以"滚雪球"的方式抽取样本。即以少量样本单位获取更多样本单位的信息。这种方法的运用前提是总体样本单位之间具有一定的联系,是在不很了解总体的情况下,获取总体或总体部分单位的情况。人为寻找最初的调查对象,然后依靠他们提供他们认识的合格的调查对象,再由这些人提供第三批调查对象。依次类推,样本如同雪球般由小变大。滚雪球抽样多用于总体信息不足的情况。像前面所言对农民工行为的研究,就必须采用这种方法进行抽样。

5.6 抽样误差

统计推论的目的是运用样本,快速且不必花太多成本就可以了解总体的某些特征。因此,一个重要的前提就是样本很像总体或可以代表总体,也就是说样本与总体是相似的,但实际上,样本或多或少都与总体存在偏差,因此就会产生抽样误差。所谓抽样误差,是指由于随机抽样的偶然因素,使样本各单位的结构不足以代表总体各单位的结构,而引起抽样指标和总体指标的绝对离差。样本可能无法代表总体的原因,分别是抽样误差和非抽样误差。

5.6.1 抽样误差

抽样的标准误表示以样本数据估计总体平均数 μ 以及总体比例 p 时可能出现的抽样误差。当样本大小 n 增加时,极端值对统计量的可能影响会减少,所以,由样本产生的统计量的可能值的变异会比较小,抽样分配的标准误也变小。由于这些标准误,反映使用样本数据估计总体平均数 μ 及总体比例 p 时可能的抽样误差,我们看到,对于极大的样本而言,抽样误差(sampling error)会极小。但搜集随机样本时无法避免抽样误差,这是我们选择搜集随机样本时必须承担的风险,而不是投入更多成本进行总体普查。

不管样本大小是多少,抽样误差是无法避免的。因此,样本无法代表其总体的理由之一是抽样误差,或者说由于随机抽样造成样本与总体之间的偏误。也就是说,使用随机抽样方法自总体重复抽选出独立随机样本,平均来说这些样本会代表总体,这就是随机选取样本数据的正当性。但是,随机选出的样本数据并不能确保任何单一样本足以完全代表总体,随机抽选一个样本不能期待此样本的数据可以完全代表样本来自的总体。

5.6.2 非抽样误差

当样本大小增加时,抽样分配的标准误差就会减少,但不表示我们可以认定让样本数大量增加就可以提供总体完全可靠的信息。这是因为抽样误差并非样本无法代表总体的唯一理由。造成样本与总体间的差距的随机抽样以外的原因称为非抽样误差(non-sampling error),一般来说有测量误差(measurement error)、无反应误差(non-response error)和涵盖误差(coverage error)。

测量误差的发生主要在元素本身。举例来说,问卷调查最常使用的“非常同意”“同意”“没意见”“不同意”“非常不同意”这五个选项,有时候答题者不想作答,就会直接勾选没意见,甚至有人根本不回答;再如,财报形成时人为的错误,有时候不小心多写一个0(那等于变成10倍,这往往发生在数据来源取自某某数据库,数据库的输入人员输入错误)。这些都属于测量误差的范围。

通过随机抽样取得需要抽样的样本,常因为总体的区隔设定不当,造成系统代表性不足或过度反应,造成非抽样误差。举例来说,问卷调查进行时造成总体的某一个系统因某个因素没有回复,或是某个属性大量回复(如前所述,研究者为了方便取得样本,请朋友来填写网络问卷),就会造成偏误,这种误差称为无反应误差。

测量误差和无反应误差都是因为样本。若设计者在进行随机抽样时发生某个部分的组成分子都没抽到的情况,而没有被包括进去的这部分与包括进去的部分是有差异的,则会影响调查结果,此种误差称为涵盖误差。

抽样误差可以通过样本数的增加来解决,但增加样本数却丧失了抽样的精神(节省成本、具实效性),所以抽样误差往往是无法避免的。非抽样误差却是设计者的问题。设计错误,所有的推论都是错的,会影响决策者的行为,所以,分析者必须致力避免非抽样误差。以下是有利于避免非抽样误差的办法:

(1)搜集样本数据前,谨慎定义目标总体,然后设计搜集数据的程序,使样本可以代表目标总体。

(2)谨慎设计搜集数据的程序,并训练搜集数据者。

(3)建立预测数据搜集程序,确认非抽样误差的来源,改善并修正后,再进行最后的资料搜集。

(4)分层随机抽样是避免非抽样误差产生的抽样办法。

(5)当总体已经有分群,每个群内的元素是异质(不相同)时,集群抽样是一个不错的选择。

(6)当重要的定量变量的信息有总体层次的数据可以提供时,使用系统随机抽样也可以保证样本能代表总体。

(7)非随机抽样一定会发生非抽样误差,非必要不建议使用。

任何随机样本(即使是极大的随机样本)都有某种程度的抽样误差,要去除抽样误差的所有可能来源,是不切实际的。了解各种误差是如何造成的,再进行样本对总体的推论,可以使结果更符合实际状况。

实训演练

利用 Excel 提供的统计函数“NORMSDIST”,可以生成标准正态分布概率表 $P(Z \leqslant x)$。具体操作步骤如下:

第 1 步:将 x 的值(可根据需要确定)输入工作表的 A 列,将 x 取值的尾数输入第 1 行,形成标准正态分布表的表头,如图 5-5 所示。

	A	B	C	D	E	F	G	H	I	J	K
1	x	0.00	0.01	0.02	0.03	0.04	0.05	0.06	0.07	0.08	0.09
2	0.0										
3	0.1										
4	0.2										
5	0.3										
6	0.4										
7	0.5										
8	0.6										
9	0.7										
10	0.8										
11	0.9										
12	1.0										

图 5-5　Excel 正态分布表的 x 值设定

第 2 步,在 B2 单元格输入公式“=NORM. S. DIST(\$A2 +B \$1,1)”,如图 5-6 所示。

B2　=NORM.S.DIST(\$A2+B\$1,1)

	A	B	C	D	E	F	G	H	I	J	K
1	x	0.00	0.01	0.02	0.03	0.04	0.05	0.06	0.07	0.08	0.09
2	0.0	0.5000									
3	0.1										
4	0.2										
5	0.3										
6	0.4										
7	0.5										
8	0.6										
9	0.7										
10	0.8										
11	0.9										
12	1.0										

图 5-6　Excel 正态分布概率值设定

第 3 步,将其向下、向右复制即可得到标准正态分布概率表,部分结果如图 5-7 所示(读者可根据需要生成不同 x 的标准正态分布概率表)。

	A	B	C	D	E	F	G	H	I	J	K
1	x	0.00	0.01	0.02	0.03	0.04	0.05	0.06	0.07	0.08	0.09
2	0.0	0.5000	0.5040	0.5080	0.5120	0.5160	0.5199	0.5239	0.5279	0.5319	0.5359
3	0.1	0.5398	0.5438	0.5478	0.5517	0.5557	0.5596	0.5636	0.5675	0.5714	0.5753
4	0.2	0.5793	0.5832	0.5871	0.5910	0.5948	0.5987	0.6026	0.6064	0.6103	0.6141
5	0.3	0.6179	0.6217	0.6255	0.6293	0.6331	0.6368	0.6406	0.6443	0.6480	0.6517
6	0.4	0.6554	0.6591	0.6628	0.6664	0.6700	0.6736	0.6772	0.6808	0.6844	0.6879
7	0.5	0.6915	0.6950	0.6985	0.7019	0.7054	0.7088	0.7123	0.7157	0.7190	0.7224
8	0.6	0.7257	0.7291	0.7324	0.7357	0.7389	0.7422	0.7454	0.7486	0.7517	0.7549
9	0.7	0.7580	0.7611	0.7642	0.7673	0.7704	0.7734	0.7764	0.7794	0.7823	0.7852
10	0.8	0.7881	0.7910	0.7939	0.7967	0.7995	0.8023	0.8051	0.8078	0.8106	0.8133
11	0.9	0.8159	0.8186	0.8212	0.8238	0.8264	0.8289	0.8315	0.8340	0.8365	0.8389
12	1.0	0.8413	0.8438	0.8461	0.8485	0.8508	0.8531	0.8554	0.8577	0.8599	0.8621
13	1.1	0.8643	0.8665	0.8686	0.8708	0.8729	0.8749	0.8770	0.8790	0.8810	0.8830
14	1.2	0.8849	0.8869	0.8888	0.8907	0.8925	0.8944	0.8962	0.8980	0.8997	0.9015
15	1.3	0.9032	0.9049	0.9066	0.9082	0.9099	0.9115	0.9131	0.9147	0.9162	0.9177
16	1.4	0.9192	0.9207	0.9222	0.9236	0.9251	0.9265	0.9279	0.9292	0.9306	0.9319
17	1.5	0.9332	0.9345	0.9357	0.9370	0.9382	0.9394	0.9406	0.9418	0.9429	0.9441
18	1.6	0.9452	0.9463	0.9474	0.9484	0.9495	0.9505	0.9515	0.9525	0.9535	0.9545
19	1.7	0.9554	0.9564	0.9573	0.9582	0.9591	0.9599	0.9608	0.9616	0.9625	0.9633
20	1.8	0.9641	0.9649	0.9656	0.9664	0.9671	0.9678	0.9686	0.9693	0.9699	0.9706
21	1.9	0.9713	0.9719	0.9726	0.9732	0.9738	0.9744	0.9750	0.9756	0.9761	0.9767
22	2.0	0.9772	0.9778	0.9783	0.9788	0.9793	0.9798	0.9803	0.9808	0.9812	0.9817
23	2.1	0.9821	0.9826	0.9830	0.9834	0.9838	0.9842	0.9846	0.9850	0.9854	0.9857
24	2.2	0.9861	0.9864	0.9868	0.9871	0.9875	0.9878	0.9881	0.9884	0.9887	0.9890
25	2.3	0.9893	0.9896	0.9898	0.9901	0.9904	0.9906	0.9909	0.9911	0.9913	0.9916
26	2.4	0.9918	0.9920	0.9922	0.9925	0.9927	0.9929	0.9931	0.9932	0.9934	0.9936
27	2.5	0.9938	0.9940	0.9941	0.9943	0.9945	0.9946	0.9948	0.9949	0.9951	0.9952
28	2.6	0.9953	0.9955	0.9956	0.9957	0.9959	0.9960	0.9961	0.9962	0.9963	0.9964
29	2.7	0.9965	0.9966	0.9967	0.9968	0.9969	0.9970	0.9971	0.9972	0.9973	0.9974
30	2.8	0.9974	0.9975	0.9976	0.9977	0.9977	0.9978	0.9979	0.9979	0.9980	0.9981
31	2.9	0.9981	0.9982	0.9982	0.9983	0.9984	0.9984	0.9985	0.9985	0.9986	0.9986
32	3.0	0.9987	0.9987	0.9987	0.9988	0.9988	0.9989	0.9989	0.9989	0.9990	0.9990
33	3.1	0.9990	0.9991	0.9991	0.9991	0.9992	0.9992	0.9992	0.9992	0.9993	0.9993
34	3.2	0.9993	0.9993	0.9994	0.9994	0.9994	0.9994	0.9994	0.9995	0.9995	0.9995
35	3.3	0.9995	0.9995	0.9995	0.9996	0.9996	0.9996	0.9996	0.9996	0.9996	0.9997
36	3.4	0.9997	0.9997	0.9997	0.9997	0.9997	0.9997	0.9997	0.9997	0.9997	0.9998
37	3.5	0.9998	0.9998	0.9998	0.9998	0.9998	0.9998	0.9998	0.9998	0.9998	0.9998
38	3.6	0.9998	0.9998	0.9999	0.9999	0.9999	0.9999	0.9999	0.9999	0.9999	0.9999
39	3.7	0.9999	0.9999	0.9999	0.9999	0.9999	0.9999	0.9999	0.9999	0.9999	0.9999
40	3.8	0.9999	0.9999	0.9999	0.9999	0.9999	0.9999	0.9999	0.9999	0.9999	0.9999
41	3.9	1.0000	1.0000	1.0000	1.0000	1.0000	1.0000	1.0000	1.0000	1.0000	1.0000
42	4.0	1.0000	1.0000	1.0000	1.0000	1.0000	1.0000	1.0000	1.0000	1.0000	1.0000

图 5-7 Excel 正态分布概率表

2. 利用 Excel 提供的统计函数“NORMSINV”,可以生成标准正态分布数表。
3. 利用 Excel 提供的统计函数“TINV”,可以生成 t 分布临界值表。
4. 利用 Excel 提供的统计函数“CHISQINV”,可以生成χ^2 分布临界值表。
5. 利用 Excel 提供的统计函数“FINV”,可以生成 F 分布临界值表。

习 题

一、判断题

1. 总体和总体单位可能随着研究目的的变化而相互转化。 ( )
2. 在统计调查中,抽样调查因为诸多优点而最经常被使用。 ( )
3. 总体和总体单位是永远固定不变的。 ( )
4. 抽样调查是非全面调查,但却可以对全面调查的资料进行验证和补充。 ( )
5. 样本容量是指一个总体一共可以组成多少不同的样本,而样本个数则是一样本中的单位数。 ( )
6. 每一次抽样的实际误差虽然不可知,但却是唯一的,因而抽样误差不是随机变量。 ( )
7. 系统性误差和登记误差是可以避免的,而偶然性误差是不可避免的。 ( )
8. 分层抽样要求组与组之间的差异越大越好,而整群抽样则希望群与群之间的差异越小越好。 ( )
9. 抽样误差可以事先计算并加以控制。 ( )
10. 抽样误差是由于抽样的偶然因素而产生的误差,这种误差既可以避免,也可以控制其大小。 ( )
11. 抽样误差是抽样调查中可以设法消除的误差。 ( )
12. 对统计总体中的全部单位进行调查称为普查。 ( )
13. 由于总体指标是唯一的,所以样本指标也是唯一的。 ( )
14. 抽样误差是抽样法本身所固有的,但可以尽量避免。 ( )
15. 有意选择样本单位所造成的误差不是抽样误差。 ( )
16. 抽样调查不仅存在抽样误差,而且也存在登记误差。 ( )
17. 抽样平均误差实际上是所有可能出现的样本平均数的标准差。 ( )
18. 对于无限总体,不能进行全面调查,只能使用抽样推断。 ( )
19. 重复简单随机抽样的抽样平均误差小于不重复简单随机抽样。 ( )
20. 抽样误差的产生是由于破坏了抽样的随机原则而造成的。 ( )
21. 抽样极限误差可能小于、大于或等于抽样平均误差。 ( )
22. 点估计是用样本的统计量直接估计和代表总体参数。 ( )
23. 样本指标是随机变量,它只与给定的样本有关。 ( )

二、单选题

1. 下列哪一项是总体参数?( )

A. 有 6 万名网友参加的网络投票结果　　B. 每年公布的新生儿出生数

C. 每个月的失业率为 4.919%　　D. 卫生局抽查食用油的不合格率

2. 下列有关总体的说法,哪一个最适当?(　　)

A. 性格开朗的人　　B. 每天早睡早起的人

C. 35 岁以下的年轻人　　D. 在台北市小学担任教师职位的人

3. 设总体 x 满足 $E(x)=4$,$\mathrm{Var}(x)=\sigma^2$,x_1,x_2,x_3 是来自总体 x 的简单随机样本,则下列的估计量中最有效的是(　　)。

A. $\frac{1}{4}x_1+\frac{1}{2}x_2+\frac{1}{4}x_3$　　B. $\frac{1}{3}x_1+\frac{1}{3}x_2+\frac{1}{3}x_3$

C. $\frac{3}{5}x_1+\frac{4}{5}x_2-\frac{2}{5}x_3$　　D. $\frac{1}{6}x_1+\frac{2}{6}x_2+\frac{1}{2}x_3$

4. 如果某个总体参数估计量的期望值等于参数真值,那么这个估计量具有(　　)。

A. 无偏性　　B. 一致性

C. 相对有效性　　D. 以上都不对

5. 计算本变异差的方法有两种,即 $S_1{}^2=\frac{\sum(x_i-\bar{x})^2}{n-1}$ 及 $S_2{}^2=\frac{\sum(x_i-\bar{x})^2}{n}$,下列正确的为(　　)。

A. S_2 是无偏估计量　　B. S_1 是最大概似估计量

C. S_1 是无偏估计量　　D. S_2 是最大概似估计量

6. 调查某市职工家庭的生活状况时,统计总体是(　　)。

A. 该市全部职工家庭　　B. 该市每个职工家庭

C. 该市全部职工　　D. 该市职工家庭户数

7. 调查某班 50 名学生的学习情况,则总体单位是(　　)。

A. 该班 50 名学生　　B. 该班每一名学生

C. 该班 50 名学生的学习情况　　D. 该班每一名学生的学习情况

8. 一个统计总体(　　)。

A. 只能有一个标志　　B. 只能有一个指标

C. 可以有多个标志　　D. 可以有多个指标

9. 统计对总体数量的认识是(　　)。

A. 从总体到单位　　B. 从单位到总体

C. 从定量到定性　　D. 以上都对

10. 下列有关参数估计的说法错误的是(　　)。

A. 参数估计就是利用样本统计量的值来对总体的参数进行估计

B. 参数估计有点估计和区间估计等形式

C. 区间估计必须有相应的置信度作为保证

D. 区间估计的宽度越大说明估计的精确度越高

11. 下列何种抽样方法能得到无偏的民意调查?(　　)

A. call-in,观众听众自主电话响应调查问题

B. write-in,读者自主写信响应调查问题

C. 白天在车站每 10 人取 1 人的调查访谈

D. 简单随机抽样

12. 下列哪一项是总体参数?(　　)

A. 有 5 万名网友参加的网络民调结果

B. 统计局每年公布的新生儿出生数

C. 统计局调查表示,2020 年失业率 4.2%

D. 卫生局抽查冰店红豆冰的不合格率

13. 抽样推断是建立在(　　)基础上的。

A. 有意抽样　　B. 随意抽样

C. 随机抽样　　D. 任意抽样

14. 估计总体比例 P,在决定最小样本数时,总体比例的估计值为多少,所计算出的样本数会最大?(　　)

A. 0.1　　B. 0.5

C. 0.8　　D. 0.9

15. 假设某随机变量 X 服从平均数为 25 的泊松分布。今自此分布随机抽取 100 个观察值,构成一样本平均数,请问此统计量的标准误为下列哪一项?(　　)

A. 25　　B. 5

C. 0.5　　D. 数据不够,无法计算

16. 在抽样方法中,最简单和最基本的一种抽样方法是(　　)。

A. 分层抽样　　B. 等距抽样

C. 简单随机抽样　　D. 整群抽样

17. 在抽样推断中,可以计算和控制的误差是(　　)。

A. 抽样实际误差　　B. 抽样标准误差

C. 非随机误差　　D. 系统性误差

18. 样本统计量是(　　)。

A. 唯一且已知　　B. 不唯一但可抽样计算而可知

C. 不唯一也不可知　　D. 唯一但不可知

19. 下列哪一项是抽样调查优于普查的不正确描述?(　　)

A. 抽样搜集数据的速度较快

B. 抽样搜集资料的成本较低

C. 在某些状况下,抽样的价值仅止于搜集样本

D. 只要抽到足够的样本数,抽样调查所取得的资料都呈正态分配

20. 因邮寄问卷回收率过低所成的偏估,可以通过下列哪一种方式避免?(　　)

A. 邮寄更多问卷

B. 对于样本中未回答者,进行进一步调查

C. 对于样本中回答者,进行进一步调查

D. 放弃未回答者的意见,把它当成无效样本

21. 有线电视公司为预测新闻节目的收视率,在收视户中加装收视率监控器种数据搜集的方法是属于(　　)。

A. 派员调查　　B. 邮寄问卷调查

C. 实验性资料　　D. 观察性资料

22. 按照随机性原则,从研究现象的总体中抽取出一部分单位进行调查,从数量上对总体进行推断,这种调查方式是(　　)。

A. 重点调查　　B. 典型调查

C. 统计报表　　D. 抽样调查

23. 我国最近完成的人口普查属于(　　)。

A. 抽样调查　　B. 经常性调查

C. 统计报表制度　　D. 全面调查

24. 以下各种抽样方式中,一定属于非随机抽样的方式是(　　)。

A. 简单随机抽样　　B. 系统抽样

C. 重点抽样　　D. 集群抽样

25. 某大学研究生与本科生共有 20 000 名,其中研究生占 40%,如果用分层抽样抽 100 名学生的随机样本,那么(　　)。

A. 每个研究生被抽到的概率大于每个本科生被抽到的概率

B. 每个研究生被抽到的概率小于每个本科生被抽到的概率

C. 每个研究生被抽到的概率等于每个本科生被抽到的概率

D. 每个研究生被抽到的概率是八十分之一

26. 检查产品寿命应采用(　　)。

A. 普查　　B. 重点调查

C. 抽样调查　　D. 典型调查

27. 为调查在中国的省会城市和 4 个直辖市的居民年收入,需要从这些城市的居民中抽取一个样本,你认为以下四种抽样方式哪一种会得到更有代表性的样本?(　　)

A. 简单随机抽样　　B. 整群抽样

C. 系统随机抽样　　D. 分层随机抽样

28. 目前我国进行的城镇职工家庭收支调查是(　　)。

A. 重点调查　　B. 普查

C. 典型调查　　D. 抽样调查

29. 下列关于非抽样误差说法正确的是(　　)。

A. 只有非全面调查中才有　　B. 只有全面调查中才有

C. 全面调查和非全面调查中都有　　D. 全面调查和非全面调查中都没有

30. 抽样误差是由于(　　)引起的。

A. 观察、测量、计算的失误　　B. 破坏了随机原则

C. 抽样过程中的偶然因素　　D. 样本容量过小

31. 网站把调查问卷刊登在网页上,然后由感兴趣的网民自行填写。对于此类调查,以下说法正确的是(　　)。

A. 这是简单随机抽样　　B. 这是方便抽样

C. 这是雪球抽样　　D. 这是全面调查

32. 抽样调查所必须遵守的基本原则是(　　)。

A. 随机性原则　　B. 准确性原则

C. 可靠性原则　　D. 经济性原则

33. 按地理划片所进行的区域抽样,其抽样的方式属于(　　)。

A. 整群抽样　　B. 纯随机抽样

C. 分层抽样　　D. 等距抽样

34. 用简单随机抽样(重复)方法抽取样本单位,如果要使抽样平均误差降低 50%,则样本容量需扩大为原来的(　　)。

A. 5 倍　　B. 3 倍

C. 4 倍　　D. 2 倍

35. 抽样分布系指下列哪一项的概率分配?(　　)

A. 样本统计量　　B. 总体统计量

C. 样本参数　　D. 总体参数

36. 统计学上的"参数"一词,是指(　　)。

A. 样本所计算的数量值　　B. 总体中某种未知特性值

C. 推论中引用的某种统计量　　D. 计算中所得的有效数量

37. 统计学上的"统计量"一词,主要是指(　　)。

A. 总体中的某种未知特性值　　B. 总体中的某些部分集合

C. 研究者所要探讨的未知特征数　　D. 由样本所计算的数量

38. 根据中央极限定理,样本均数的抽样分配,在什么情况下趋于正态分布?(　　)

A. 总体平均数为 0　　B. 样本平均数为 0

C. 总体方差为 1　　D. 趋近于正态分布的速度与样本数大小

39. 在做抽样调查时,试问下列哪一项是正确的?(　　)

A. 样本大小与方差大小成正比　　B. 样本大小与所能接受的误差大小成正比

C. 样本大小与置信水平高低成反比　　D. 样本大小与总体大小成反比

40. 抽样推断的目的是(　　)。

A. 以样本指标推断总体指标　　B. 取得样本指标

C. 以总体指标估计样本指标　　D. 以样本的某一指标推断另一指标

41. 总体参数是(　　)。

A. 唯一且已知　　B. 唯一但未知

C. 非唯一但可知　　D. 非唯一且不可知

42. 在重复抽样条件下,平均数的抽样平均误差计算公式是(　　)。

A. $\frac{\sigma^2}{n}$　　B. $\frac{\sigma}{\sqrt{n}}$

C. $\frac{\sigma}{n}$　　D. $\frac{\sqrt{\sigma}}{n}$

43. 抽样平均误差和抽样极限误差相比,其差值(　　)。

A. 小　　B. 大

C. 相等　　D. 不一定

44. 某实验欲知总体的平均数为何,于是经由简单随机抽样从总体抽出 10 个样本。请问以下哪一个总体平均数的估计式是有偏的(biased)?(　　)

A. 第一个样本　　B. 第十个样本

C. 样本平均数　　D. 最大的样本

45. 随着样本单位数增大,样本统计量也趋于接近总体参数,成为抽样推断优良估计的(　　)。

A. 无偏性　　B. 一致性

C. 有效性　　D. 均匀性

46. 若说"普查优于抽查",试问下列是正确的?(　　)

A. 普查所取得的数据都呈正态分布

B. 普查可提供较正确的数据

C. 普查可消除抽查因对母体信息不完整所产生的错误

D. 普查花费较少

47. 就统计学上的公正而言,下列何种抽样方法较佳?(　　)

A. 非概率抽样　　B. 简单随机抽样

C. 立意抽样　　D. 系统抽样

48. 若每一个可能的样本被抽的机会相等,此抽样方法称为(　　)。

A. 简单随机抽样　　B. 分层随机抽样

C. 集体抽样　　D. 系统抽样

49. 一个总体含有 100 个个体,由 1 到 100 编号,然后利用随机乱数表选出一个介于 1 和 10 的号码,例如 8,然后抽出 8,18,28,…,98 等 10 个对应的总体个体当作样本,此为何种抽样?(　　)

A. 单纯随机抽样　　B. 分层随机抽样

C. 丛式抽样　　D. 系统抽样

50. 抽样调查结果表明,甲企业职工平均工资方差为 25,乙企业为 100,又知乙企业工人数比甲企业工人数多 3 倍,则随机抽样误差(　　)。

A. 乙企业较大　　B. 甲企业较大

C. 不能做出结论　　D. 相同

51. 上海浦东新区的调查员从该市 12 个街道、24 个镇中,随机抽出 3 个,然后以这 3 个的全部成年人作为调查对象,请问调查员采用了哪种抽样方法?(　　)

A. 集群抽样　　B. 系统抽样

C. 简单随机抽样　　D. 分层抽样

52. 设 $X_1, X_2, \cdots, X_n$ 是从平均数为 μ、方差为 σ^2 的总体中取出的随机样本,且 $\bar{X} = \frac{\sum_{i=1}^{n} X_i}{n}$,下列表述何者不正确?(　　)

A. 样本方差 $S^2 = \dfrac{\sum_{i=1}^{n}(X_i - \bar{X})^2}{n-1}$，则 $E(S^2) = \sigma^2$

B. 令 $m_1 = \dfrac{X_1 + X_2}{2}$ 及 $m_2 = \dfrac{X_1 + X_2 + X_3}{3}$，则 $\mathrm{Var}(m_1) < \mathrm{Var}(m_2)$

C. X_1 可用来估计 μ

D. n 越大，$\dfrac{\bar{X} - \mu}{n}$ 越接近标准正态分布

53. 从标准正态分布的总体中，随机抽取一组样本大小为 n 的随机样本，令 $\bar{X}$ 表示样本平均数，且 $P(\bar{X} \leqslant c) = 0.99$，则 c 值为(　　)。

A. $1.96\sqrt{n}$　　B. $\dfrac{1.96}{\sqrt{n}}$

C. $2.58\sqrt{n}$　　D. 2.58

54. 设 M 牌手机的市场占有率为 12%，若随机调查 400 位手机持有人，令 p 表示此 400 人中持用该厂牌手机的样本比率。求 p 的抽样误差不超过 3% 的近似概率是(　　)。

A. 0.875 6　　B. 0.905 2

C. 0.935 0　　D. 0.969 0

55. 民意调查中得知，设立电动车专用道的赞成比率是 62%，假设民意没有改变，若现在重新随机抽样调查 400 人，则在此 400 人中最接近赞成比率 64.5% 以上的概率的数字是(　　)。

A. 0.151 6　　B. 0.138 9

C. 0.105 6　　D. 0.078 2

56. 设 $X_1, X_2, \cdots, X_n$ 是服从 $N(\mu, \sigma^2)$（正态分布）的一组随机样本。若 $n = 20$ 时，$\bar{X}$ 的标准误是 2，则 n 是多少时，才会使 X 的方差为 0.2？(　　)

A. 200　　B. 400

C. 600　　D. 800

57. 在大样本的条件下，样本平均数的抽样分布是(　　)。

A. 正态分布　　B. 标准正态分布

C. t 分布　　D. 观察值的概率分布

58. 某一公司想估计其市场占有率，希望其估计值误差有 95% 的概率低于 0.03。若采取随机抽样，则其样本最少应该为多少？(　　)

A. 401　　B. 601

C. 801　　D. 1 068

59. 橄榄油标示每瓶容量为 600 毫升，公司抽取 100 瓶橄榄油，以下哪一个统计量显示该公司装瓶的质量良好？(　　)

A. 平均数略小于 600 毫升，标准差小　　B. 平均数略大于 600 毫升，标准差小

C. 平均数略小于 600 毫升，标准差大　　D. 平均数略大于 600 毫升，标准差大

60. 样本容量分别为 40 与 50 的两独立样本分别随机抽取自两个总体，已检定两个总体

均差$\mu_1-\mu_2$，其样本均数差$\bar{X}_1-\bar{X}_2$之抽样分配为(　　)。

A. 正态分布　　B. 近似于正态分布

C. 自由度88之t分布　　D. 自由度90之卡方分布

61. 某民调公司想了解民众对于三胎政策的反应，在95%的置信之下，请问有效样本应该在多少以上才能使抽样误差控制在3%之下？(　　)

A. 423　　B. 752

C. 1 068　　D. 1 692

62. 某民调公司想了解民众对于三胎政策的反应，采用电话访问方式，成功访问400人。调查结果显示，该议题的支持率为70%，在95%的置信之下，抽样误差有多少？(　　)

A. 0.032 9　　B. 0.039 2

C. 0.042 6　　D. 0.044 9

63. 总体平均数μ，方差σ^2，假设$X_1,X_2\cdots X_{100}$为该总体的随机样本，则$\bar{X}$的方差为(　　)。

A. $\sigma^2/100$　　B. $\sigma^2/10$

C. $\sigma^2/2$　　D. σ^2

64. 令(X_1,X_2,X_3)为由正态分布，总体$N(\mu,\sigma^2)$抽出的一组随机样本，T_1,T_2,T_3,T_4均为μ的估计量，且

$T_1=(3X_1+3X_2+4X_3)/10$　　$T_2=(X_1+X_2+X_3)/3$

$T_3=(X_1+2X_2+3X_3)/6$　　$T_4=(2X_1+3X_2+4X_3)/9$

请问：下列何者的μ的无偏估计量变异最小？(　　)

A. T_1　　B. T_2

C. T_3　　D. T_4

三、多选题

1. 普查属于(　　)。

A. 专门调查　　B. 全面调查

C. 非全面调查　　D. 一次性调查

E. 经常性调查

2. 全国人口普中(　　)。

A. 全国人口数是统计总体　　B. 总体单位是每一个人

C. 全部男性人口数是统计指标　　D. 男女性别比是总体的品质标志

E. 人的年龄是变量

3. 抽样调查与其他非全面调查的主要区别在于(　　)。

A. 它是根据随机原则来抽选样本单位的

B. 抽样推断产生的误差可以事先计算并加以控制

C. 它是一种专门组织的非全面调查

D. 调查单位少，调查范围小，可节省开支

E. 根据部分资料对全部总体的数量特征做出估计

4. 在重复抽样中(　　)。

A. 每个单位在每次抽样中都有相同被抽中的概率
B. 每个单位都有可能在样本中出现
C. 每抽一次,总体单位减少一个
D. n 次抽样之间相互独立
E. 可以形成 N 个可能样本

5. 抽样调查的误差可包括(　　)。
A. 登记性误差
B. 系统性误差
C. 偶然性误差
D. 责任性误差
E. 技术性误差

6. 从一个总体中可以抽取许多个样本,因此(　　)。
A. 抽样指标的数值不是唯一确定的
B. 抽样指标是用来估计总体参数的
C. 总体指标是随机变量
D. 样本指标是随机变量
E. 样本指标称为统计量

7. 影响抽样误差的因素有(　　)。
A. 样本容量
B. 总体方差
C. 概率保证程度
D. 抽样方式
E. 抽样方法

8. 抽样调查具有(　　)等特点。
A. 数量方面的推算
B. 随机原则
C. 适用面广
D. 可靠性高
E. 误差可以计算和控制

9. 下列选项哪些属于抽样调查的特点?(　　)
A. 不存在误差
B. 经济性
C. 时效性
D. 主观性强

10. 概率抽样最基本的组织方式有(　　)。
A. 分层抽样
B. 纯随机抽样
C. 等距抽样
D. 整群抽样

11. 邮寄问卷适用于以下哪些调查对象?(　　)
A. 企业
B. 机关团体
C. 个人
D. 特定的群体
E. 所有的人群

12. 重复抽样的特点是(　　)。
A. 每次抽选样本时,总体各单位抽中的机会不相等,各次抽选样本时相互影响
B. 每次抽选样本时,总体各单位被抽中的机会相等
C. 每次抽选样本时,总体单位数逐渐减少
D. 每次抽选样本时,总体单位数始终不变

13. 判别点估计优良性的准则是(　　)。
A. 一致性
B. 鲁棒性

C. 有效性　　D. 无偏性

14. 整群抽样是对被抽中的群做全面调查，下列关于整群抽样的说法不正确的是(　　)。

A. 非全面调查　　B. 经常性调查

C. 一次性调查　　D. 全面调查

15. 以下哪些抽样方法是随机抽样方法？(　　)

A. 分群抽样法　　B. 分层抽样法

C. 简单抽样法　　D. 判断抽样法

16. 普查是(　　)。

A. 全面调查　　B. 经常性调查

C. 实时调查　　D. 非全面调查

E. 专门调查

17. 抽样调查是(　　)。

A. 专门调查广泛用于自然科学领域和社会经济现象数量方面的研究

B. 按照随机原则抽取样本单位

C. 对调对象进行科学的估计和推断的方法

D. 专门调查

E. 非全面调查

18. 影响抽样单位数的因素有(　　)。

A. 被调查标志的变异程度　　B. 允许误差

C. 概率度　　D. 抽样方法

E. 抽样的组织方式

19. 抽样调查的组织形式有(　　)。

A. 重复抽样　　B. 不重复抽样

C. 纯随机抽样　　D. 系统抽样

E. 分层抽样

20. 随机试验满足的条件有哪些？(　　)

A. 试验可在相同条件下重复进行

B. 每次试验哪个结果出现是未知的

C. 试验的可能结果不止一个，且所有可能结果是已知的

D. 以上都对

21. 判断抽样的两种具体方式是(　　)。

A. 两段式分群抽取样本　　B. 统计判断抽取样本

C. 多段式分群抽取样本　　D. 专家判断抽取样本

22. 下列哪一项属于代表性误差产生的原因？(　　)

A. 样本容量不足　　B. 抄录错误

C. 样本结构与总体结构存在差异　　D. 没遵循随机原则

23. 所谓“简单随机样本”，必须符合以下哪些条件？(　　)

A. 样本中的观察值必须符合正态分布的假设

B. 样本中的观察值间必须是统计独立的

C. 样本中的观察值必须来自同一概率分布

D. 每个样本中的观察值被抽到的概率必须是一样的

24. 影响抽样误差的因素有(　　)。

A. 总体各单位标志值的差异程度　　B. 样本容量的大小

C. 抽样方法不同　　D. 抽样组织方式不同

25. 抽样推断的特点是(　　)。

A. 随机取样　　B. 有意选取有代表性的单位进行调查

C. 以部分推断总体　　D. 运用概率估计方法

E. 抽样误差可以计算和控制

26. 计算抽样平均误差,总体标准差常常是未知的,经常采用的方法有(　　)。

A. 用过去同类问题的全面调查或抽样调查的经验数据

B. 用样本的标准差

C. 抽样调查之后再经验确定

D. 用总体方差

E. 先组织试验性抽样,用试验样本的标准差

四、填空题

1. 总体是由许多具有______ 的个别事物组成的整体,______ 是总体的组成单位。

2. 从总体中抽出来的个别事物称为______,作为代表这一总体的部分单位组成的集合体。

3. 样本统计量的概率分布称为______。

4. 抽样误差是由于抽样的______ 性而产生的误差, 这种误差不可避免, 但可以______。

5. 抽样调查可以是______ 抽样,也可以是______ 抽样,但作为抽样推断基础的必须是______ 抽样。

6. 在抽样推断中, 不论是总体参数还是样本统计量, 常用的指标有______、______ 和______。

7. 在实际的抽样推断中,常用的抽样方法有______、______、______ 和______ 等。

8. 评价估计量好坏的标准有______、______、______ 三个。

9. 若 $E(\hat{\theta})=\theta$,点估计的期望值等于总体参数,则称 $\hat{\theta}$ 是 θ 的______ 估计量。

10. $\hat{\theta}_1,\hat{\theta}_2$ 是常数 θ 的两个无偏估计量,若______,则称 $\hat{\theta}_1$ 比 $\hat{\theta}_2$ 有效。

11. 利用样本统计量的值来估计总体参数的过程称为 ________ 。

12. $\hat{\theta}$ 是 θ 的无偏估计量的条件是______。

13. 假设样本大小 100,样本平均数 16.5,总体标准差 10,总体平均数 15,则检定统计量之 Z 值 =______。

14. 某公司所生产的10公斤装的洗衣粉,其标准差为0.4公斤,估计总体平均数,在95%

置信水平下并使估计误差不超过 0.08 公斤，至少应抽______包洗衣粉来称重。

15. 目前想要估计一鸭场里每一只鸭子的平均体重μ，假设养鸭场鸭的体重为具有标准差$\sigma = 0.5$公斤的正态分布。若要求具有 95% 的置信水平使得所观察到的样本平均体重$\bar{x}$与μ之距离小于 0.12 公斤，则最少应抓取______只鸭出来称重？（$P(|z|>2)=5\%$，$P(|z|>1)=32\%$，其中z为标准正态分布。）

16. 若已知总体平均数$\mu=50$，方差$\sigma^2=25$，若欲达到$P(|\bar{x}-\mu|\leqslant 1)\geqslant 0.99$的准确度，至少要抽______个样本。

五、计算题

1. 假定总体共有 1 000 个单位，总体平均值$\mu=32$，总体标准差$\sigma=5$。从中抽取一个样本容量为 30 的简单随机样本用于获得总体信息。要求：

（1）$\bar{x}$的数学期望是多少？

（2）$\bar{x}$的标准差是多少？

2. 假定总体比例$p=0.55$，从该总体中分别抽取样本容量为 100、200、500 和 1 000 的样本。

（1）分别计算样本比例的标准差σ_p。

（2）当样本量增大时，样本比例的标准差有何变化？

3. 假设设有一总体之概率分配如下：

x	5	9	12
$f(x)$	0.3	0.2	0.5

若自总体以抽出放回方式随机抽两个样本，

（1）$\bar{x}=\dfrac{x_1+x_2}{2}$，$X=(X_1+X_2)/2$的期望值及方差为何？

（2）与总体的平均数及方差的关系为何？

4. 某大学对学生身高进行调查，从该校 10 000 名学生中，随机抽取 5%的学生进行调查，测得学生的平均身高为 172.05cm，样本方差 60，求所抽取到学生平均身高的抽样标准误。（重复和不重复抽样）

5. 假定总体为 5 000 个单位，被研究标志的方差不小于 400，抽样允许的误差不超过 3，当概率保证程度为 95%时，问：

（1）若采用重复抽样，需抽多少单位？

（2）若要求抽样允许误差减少 50%，又需抽多少单位？

专有名词

总体：研究对象所有的元素的集合。

底册：供抽选样本用的所有元素的列表。

样本:总体的部分集合。

参数:总体的数值特征,如总体平均数 μ、总体标准差 σ 及总体比例 p 等。

样本统计量:针对总体参数计算出样本相对应的数值。

简单随机样本:由大小为 N 的有限总体选出大小为 n 的简单随机样本,意指大小为 n 的每个样本被选出的概率都相同。

随机样本:由无限总体选出的随机样本是指抽样过程满足以下两个件:①每个被选出的元素都来自相同总体;②每个元素都被独立选出。

不归还抽样:某元素被抽出后,不放回总体中,因此这一元素不会再被抽中。

归还抽样:某元素被抽出后可再放回总体中,之前选中的元素可能再被抽出,因此在样本中可能出现超过 1 次。

样本统计量:一个样本特征值,如样本平均数 $\bar{x}$ 、样本标准差 s 和样本比例 $\bar{p}$ 等样本统计量的值可以用来估计总体参数的值。

点估计量:一个样本统计量,如 $\bar{x}$ 、s 或 $\bar{p}$,这个统计量可以提供总体数的点估计值。

点估计值:点估计量的特定值,点估计量可作为总体参数的估计。

抽样分布:由某样本统计量所有可能值所构成的概率分配。

无偏:点估计量的一种特征,若点估计量的期望值与总体参数相等时,称点估计量具无偏性。

有限总体校正因子:有限总体的情况下,计算与公式之乘数项 N 时可忽略有限总体校正因子 $\sqrt{\frac{N-n}{N-1}}$ 。

标准误:点估计量之标准差。

中央极限定理:样本够大时,样本的分布符合以近似正态分布。

相对有效性:已知某总体参数有两个无偏点估计量,标准差较小的点估计量较有效。

一致性:点估计量的一种特征,若样本越大,点估计值就越接近总体参数值,则点估计量具一致性。

分层随机抽样:一种随机抽样方法,首先将总体分出数个资料层,再分别从各层中抽出数据。

集群(整群)抽样:一种概率抽样方法,首先将总体分出数个群,再随机以 1 个或数个群构成样本。

系统(等距)抽样:一种随概率抽样方法,由前 k 个元素中随机抽出 1 个,再由该元素起,按固定间隔选出元素。

便利抽样:非随机抽样方法,以方便取得元素作为选择样本的原则。

判断抽样:非随机抽样方法,样本选择随抽样者的判断而定。

抽样误差:由于以随机样本估计总体参数而生的样本统计量(如样本平均数、样本标准差或是样本比例)与总体参数(如总体平均数、总体标准差或是总比例)的任何差异。

非抽样误差:并非由抽样误差造成的样本统计量(如样本平均数样本比例)与总参数(如总体平均数、总体标准差)之间的差异,包括但不止以下数种误差如涵盖误差、测量误差、无反应误差、访员误差及处理误差。

涵盖误差：因为研究目的及得出样本的总体不能配合所造成的非抽样误差。

无反应误差：某些总体的区隔更可能或更不可能回复抽样调查而造成的非抽样误差。

测量误差：因为未能正确衡量总体特征值所造成的非抽样误差。

重要公式

$\bar{x}$ 的期望值：

$$E(\bar{x}) = \mu$$

μ=总体平均数

$\bar{x}$ 的标准差：

$$\sigma_{\bar{x}} = \sqrt{\frac{N-n}{N-1}}\left(\frac{\sigma}{\sqrt{n}}\right)$$

式中，$\sigma_{\bar{x}}$ 为 $\bar{x}$ 的标准差；σ 为总体标准差；n 为样本大小；N 为总体大小。

有限总体校正因子：

$$\sqrt{\frac{N-n}{N-1}}$$

样本比例 $\bar{p}$ 的样本估计量：

$$\sigma_{p} - = \sqrt{\frac{N-n}{N-1}} \cdot \sqrt{\frac{p(1-p)}{n}} \xrightarrow{\text{当} N \text{很大}} \sqrt{\frac{p(1-p)}{n}}$$

其中：n 为样本大小；$E(\bar{p}) = p$ ；$E(\bar{p})$ 为 $\bar{p}$ 的期望值；p=总体比例。

无偏性

$$E(\hat{\theta}) = \theta$$

其中：$E(\hat{\theta})$ 为 样本统计量 $\hat{\theta}$ 的期望值。

一致性

$$p(\lim_{n \to \infty} \hat{\theta}_n = \theta) = 1$$

$$\lim_{n \to \infty} \mathrm{Var}(\bar{x}) = \lim_{n \to \infty} \frac{o^2}{n} = 0$$

附录：用 Excel 绘制抽样分布概率密度函数

1. 正态分布与指数分布。

正态分布的函数：

$$f(x) = \frac{1}{\sqrt{2\pi}\sigma} e^{-\frac{(x-\mu)^2}{2\sigma^2}} \qquad -\infty < x < \infty$$

指数分布

$$f(x) = \frac{1}{\lambda}e^{-\frac{x}{\lambda}} \qquad x \geqslant 0$$

这2个分布只要利用Excel的指数指令即可画出，这里就不再示范了。指数函数的Excel指令为POWER(a,b) →a^b，而正态分布含有开根号(Excel指令为SQRT)，也可以利用POWER(a,0.5)来完成。

2. χ^2 分布。

在画χ^2 分布前，要先了解伽马分布函数。

$\Gamma(\alpha)$ 为伽马分布函数，

$$\Gamma(z) = \int_0^{\infty} t^{z-1} \cdot e^{-t}dt$$

$$f(x,\alpha,\beta) = \frac{x^{\alpha-1}e^{-\frac{x}{\beta}}}{\beta^{\alpha} \cdot \Gamma(\alpha)}$$

而 χ^2 分布函数为：

$$f(\chi^2) = \frac{1}{\Gamma\left(\frac{\nu}{2}\right)} \cdot \frac{1}{2^{\frac{\nu}{2}}}(\chi^2)^{\frac{\nu}{2}-1}e^{-\frac{\chi^2}{2}} \qquad \chi^2 \geqslant 0$$

很明显，χ^2 分布函数为伽马函数的特例，即 $x = \chi^2, \alpha = \frac{\nu}{2}, \beta = 2$。

Excel伽马函数的语法为GAMMA. DIST(x,α,β,积累与否)，所以χ^2 分布函数的Excel指令为GAMMA. DIST(χ^2,自由度/2,2,0)(0也可输入false表示不是累积函数)。

3. t 分布。

$$f(t) = \frac{\Gamma\left(\frac{\nu+1}{2}\right)}{\sqrt{\nu\pi} \cdot \Gamma\left(\frac{\nu}{2}\right)} \cdot \left(1 + \frac{t^2}{\nu}\right)^{-\frac{(\nu+1)}{2}}$$

看起来很复杂，但可以利用Excel分别计算伽马函数和指数函数，逐次输入即可。

伽马函数语法为GAMMA(α)→ $\Gamma(\alpha)$ ；

指数函数为POWER(a,b) →a^b。

相关结果分别如图5-8和图5-9所示。

4. F 分布。

F 分布的概率密度函数如下：

$$f(x,\nu_1,\nu_2) = \frac{\Gamma\left(\frac{\nu_1+\nu_2}{2}\right) \cdot \nu_1^{\frac{\nu_1}{2}}\nu_2^{\frac{\nu_2}{2}}}{\Gamma\left(\frac{\nu_1}{2}\right) \cdot \Gamma\left(\frac{\nu_2}{2}\right)} \cdot \frac{x^{\frac{\nu_1}{2}-1}}{(\nu_2 + \nu_1 \cdot x)^{\frac{\nu_1+\nu_2}{2}}}$$

看起来很复杂，一样可以利用Excel分别计算伽马函数和指数函数。

伽马函数的Excel指令为GAMMA(α)→ $\Gamma(\alpha)$ ；

指数函数的Excel指令为POWER(a,b) →a^b。

F 分布中，伽马函数有：

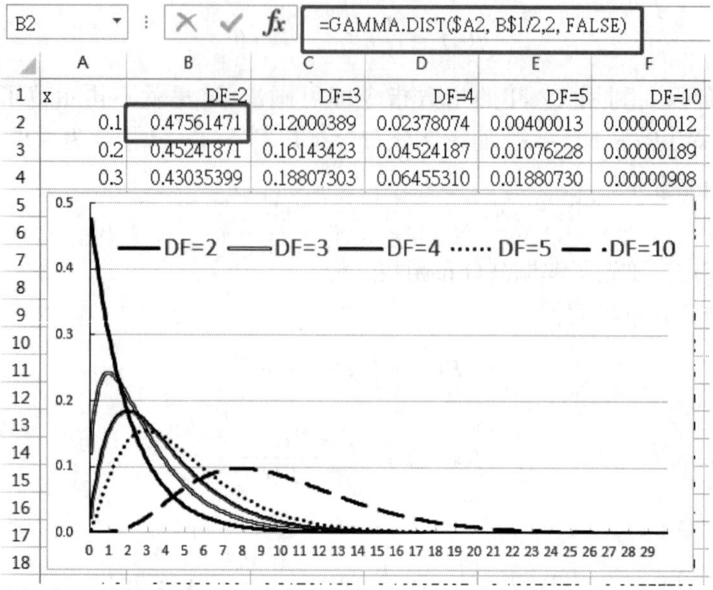

图 5-8 Excel 绘制卡方分布结果图

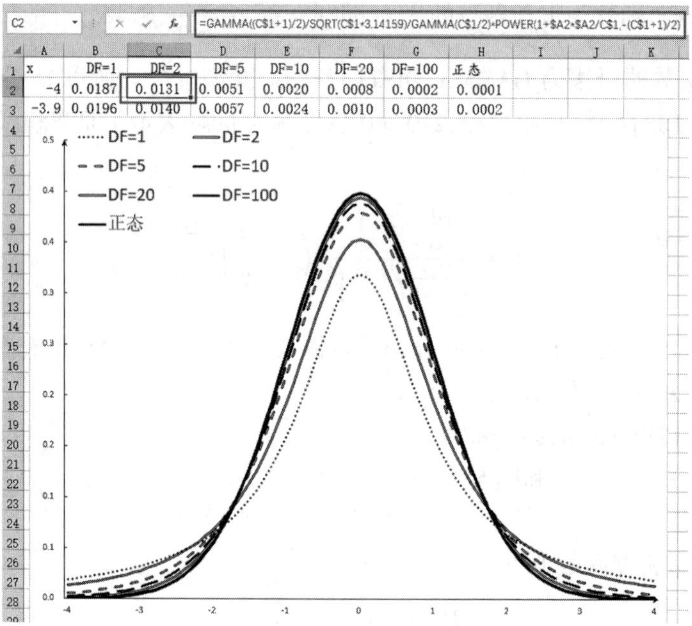

图 5-9 Excel 绘制 t 分布结果图

$$\Gamma\left(\frac{\nu_1+\nu_2}{2}\right)\ ;\ \Gamma\left(\frac{\nu_1}{2}\right)\ ;\ \Gamma\left(\frac{\nu_2}{2}\right)$$

指数函数有：

$$\nu_1^{\frac{\nu_1}{2}}\ ;\ \nu_2^{\frac{\nu_2}{2}}\ ;\ x^{\frac{\nu_1}{2}-1}\ ;\ (\nu_2+\nu_1\cdot x)^{\frac{\nu_1+\nu_2}{2}}$$

则 Excel 的设定如图 5-10 和图 5-11 所示。

B3 =C3*F3*G3*H3/I3/D3/E3

	A	B	C	D	E	F	G	H	I
1	DF1=2	DF2=5	伽马函数			指数函数			
2	x	f(x)	I	II	III	a	b	c	d
3	0.1	0.8717	3.3234	1.0000	1.3293	2.0000	55.9017	1.0000	320.6356
4	0.2	0.7639	3.3234	1.0000	1.3293	2.0000	55.9017	1.0000	365.9133
5	0.3	0.6726	3.3234	1.0000	1.3293	2.0000	55.9017	1.0000	415.5833
6	0.4	0.5948	3.3234	1.0000	1.3293	2.0000	55.9017	1.0000	469.8919
7	0.5	0.5283	3.3234	1.0000	1.3293	2.0000	55.9017	1.0000	529.0898
8	0.6	0.4710	3.3234	1.0000	1.3293	2.0000	55.9017	1.0000	593.4319
9	0.7	0.4215	3.3234	1.0000	1.3293	2.0000	55.9017	1.0000	663.1777
10	0.8	0.3784	3.3234	1.0000	1.3293	2.0000	55.9017	1.0000	738.5906
11	0.9	0.3409	3.3234	1.0000	1.3293	2.0000	55.9017	1.0000	819.9383
12	1.0	0.3080	3.3234	1.0000	1.3293	2.0000	55.9017	1.0000	907.4927
13	1.1	0.2791	3.3234	1.0000	1.3293	2.0000	55.9017	1.0000	1001.5295
14	1.2	0.2536	3.3234	1.0000	1.3293	2.0000	55.9017	1.0000	1102.3285
15	1.3	0.2310	3.3234	1.0000	1.3293	2.0000	55.9017	1.0000	1210.1733
16	1.4	0.2109	3.3234	1.0000	1.3293	2.0000	55.9017	1.0000	1325.3516
17	1.5	0.1930	3.3234	1.0000	1.3293	2.0000	55.9017	1.0000	1448.1547

图 5-10 Excel 绘制 *F* 分布表

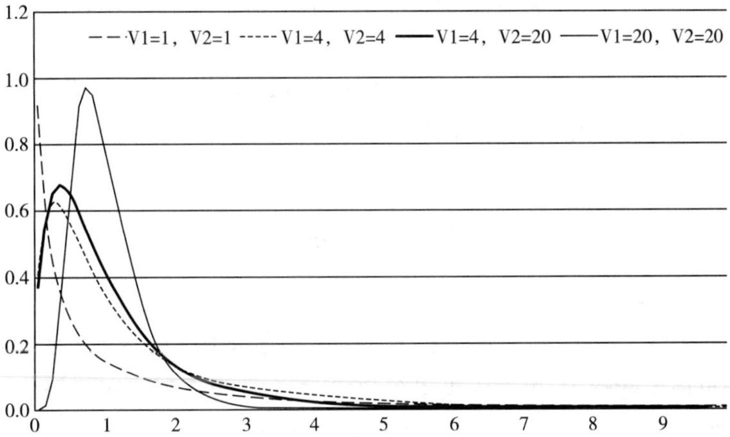

图 5-11 Excel 绘制 *F* 分布结果图

上述概率分布及累积概率分布我们可以直接用函数将图形绘制出来，事实上 EXCEL 也提供了相关的公式＊＊＊. DIST，如表 5-2 所示。

表 5-2

概率分布	EXCEL 公式	备注
指数分布	EXPON. DIST(x, λ, Cumulative)	概率分布 Cumulative=0 累积概率分布 Cumulative=1
正态分布	NORM. DIST(x, μ, σ, Cumulative)	
标准正态分布	NORM. S. DIST(x, Cumulative)	
卡方分布	CHISQ. DIST(x, 自由度, Cumulative)	
t 分布	T. DIST(x, 自由度, Cumulative)	
F 分布	T. DIST(X, 自由度 1, 自由度 2, Cumulative)	

6 区间估计

本章摘要

点估计量不一定是总体参数的良好估计值,而区间估计可以衡量估计值的精确度。所以,本章主要说明如何计算总体参数的区间估计值。总体参数的区间估计值的形式都是:点估计值±边际误差。本书总体参数所讨论的分别是平均数和方差的区间估计,也就是在给定一个置信度后推估总体参数的置信区间。

平均数的区间估计可以分为方差已知和未知的状况,已知采用 z 分布,未知则利用 t 分布进行估计,当然,若是大样本,则可都采用 z 分布。总体比例的估计则都用 z 分布进行估计。因为估计式中会利用到样本容量,所以也可以利用这个估计式来进行样本容量需求的计算。

除了平均数的区间估计以外,方差的区间估计也是本章的重点。总体的方差采用卡方分布来估计,而双总体则利用 F 分布来推估。

6.1 z 分数

第 5 章提到了 $\bar{x}$ 和 $\bar{p}$ 的分布。当总体是正态分布时,$\bar{x}$ 和 $\bar{p}$ 也会是正态分布;而总体不是正态分布时,如果样本数够大,根据中央极限定理,$\bar{x}$ 和 $\bar{p}$ 也会形成正态分布。所以,正态分布在应用统计学上经常被使用,其中一个即标准正态化 $N(0,1)$,就是将所有元素转换成 z 分数。

$$z_i = \frac{x_i - \mu}{\sigma}$$

其中:z_i 为 x_i 的 z 分数;μ 为平均数;σ 为标准差。

所以,在知道总体是正态分布或是大样本的情况下,在转换成 z 分数之后,就可以利用标准正态分布的性质进行估计、检验。

6.2 区间估计——平均数

前面一章说明点估计量是用来估计总体参数的样本统计量。样本平均数 $\bar{x}$ 是总体平均数 μ 的点估计量。样本比例 $\bar{p}$ 是总体比例 p 的估计量。由于点估计量的值不会恰好等于总体参数值,区间估计(interval estimate)通常是由点估计值相加或相减某个值求得,这个加减

值就是边际误差(margin of error)。区间估计的一般形式是

点估计值 ±边际误差

如图 6-1 所示,区间估计可以通过由样本得到的点估计值与总体参数值的接近程度进行计算。所以,边际误差的计算成为区间估计最重要的步骤。

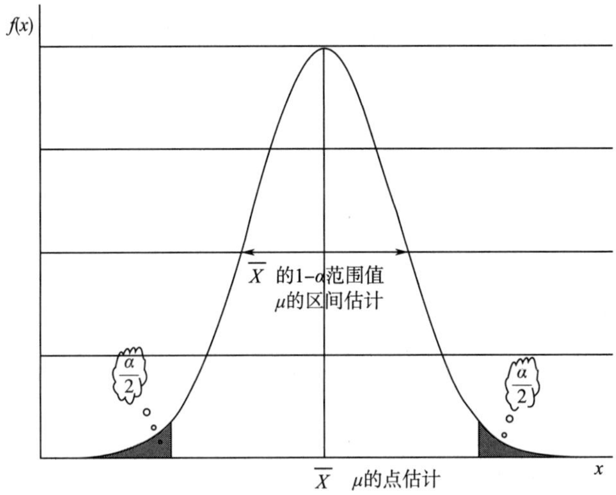

图 6-1 点估计与区间估计

通过 z 分数的计算(标准正态化),就可以计算出临界值。

$$P(-a < x < a) = 1 - \alpha$$

$$-z_{\frac{\alpha}{2}} < \frac{x-\mu}{\sigma} < z_{\alpha/2}$$

$$\mu - z_{\alpha/2} \cdot \sigma < x < \mu + z_{\alpha/2} \cdot \sigma$$

$1-\alpha$ 则称为系数。

上面是通过 $\bar{x}$ 获得区间估计值 μ,所以最后的式子应该为

$$\bar{x} - z_{\alpha/2} \cdot \sigma_{\bar{x}} < \mu < \bar{x} + z_{\alpha/2} \cdot \sigma_{\bar{x}}$$

$\bar{x}$ 为点估计值,$z_{\alpha/2} \cdot \sigma_{\bar{x}}$ 为边际误差,要进行区间估计,就必须取得 $\bar{x}$ 和 $\sigma_{\bar{x}}$ 的数值。

很明显,$\bar{x} = \dfrac{\sum x_i}{n}$,$\sigma_{\bar{x}} = \dfrac{\sigma}{\sqrt{n}}$,$\sigma$ 为总体标准差,所以,关键在于 σ 是已知还是未知。

6.2.1 σ 已知

σ 已知,则算式可以正常使用,所以 μ 的区间估计为

$$\bar{x} \pm z_{\alpha/2} \cdot \frac{\sigma}{\sqrt{n}}$$

【例 6-1】上市公司零售与批发业流动比例的历史数据 $\sigma=160$,并且总体服从正态分布。现在 2019 年上市公司零售与批发业 $n=177$,其样本均值 $\bar{x}=168.70$。求总体均值的区间估计。

解：

(1)总体服从正态分布,所以样本均值的抽样分布也是正态分布。

(2)根据 $\sigma=160$,得出 $\sigma_{\bar{x}}=\frac{160}{\sqrt{177}}=12.03$。

(3)所以 $\bar{x}$ 的抽样分布服从标准差为 $\sigma_{\bar{x}}=12.03$ 的正态分布。

(4)任何正态分布的随机变量都有95%的值在均值加减1.96个标准差的范围以内(通过查表可得)。

(5) $\sigma_{\bar{x}}=12.03$, $\bar{x}$ 所有值的95%都落在[$\mu\pm1.96\sigma_{\bar{x}}$]区间。即

$$\mu-1.96\sigma_{\bar{x}}\leqslant\bar{x}\leqslant\mu+1.96\sigma_{\bar{x}}$$

$$\rightarrow\mu-1.96\times12.03\leqslant168.70\leqslant\mu+1.96\times12.03$$

$$\rightarrow145.12\leqslant\mu\leqslant192.28$$

所以 μ 的区间估计是(145.12, 192.28)

而且,这个区间是在95%置信水平下建立的,置信系数 $\alpha=5\%$。

故区间(145.12, 192.28)为95%的置信区间。

由上述例子可得知:

(1)边际误差 $=z_{\alpha/2}\cdot\sigma_{\bar{x}}=z_{\alpha/2}\cdot\frac{\sigma}{\sqrt{n}}$。

(2)区间估计 $=\bar{x}\pm z_{\alpha/2}\cdot\frac{\sigma}{\sqrt{n}}$。

(3)在90%、95%、99%的置信水平下,边际误差和置信区间情况如表6-1所示。

表6-1 置信水平状况

置信水平	α	$\frac{\alpha}{2}$	$z_{\alpha/2}$
90%	0.1	0.05	1.645
95%	0.05	0.025	1.960
99%	0.01	0.005	2.576

所以,置信水平越高,边际误差就越大,置信区间也越宽。

6.2.2 σ 未知

σ 未知,则必须使用 σ 的点估计 s,这时候 $\bar{x}$ 则变成 $t_{(n-1)}$ 分布,所以 μ 的区间估计为

$$\bar{x}\pm t_{(\frac{\alpha}{2},n-1)}\cdot\frac{s}{\sqrt{n}}\quad s=\sqrt{\frac{\sum(x_i-\bar{x})^2}{n-1}}$$

在实务操作中,σ 常常是未知的,所以 t 分布的使用范围远比正态分布还要广。

上述情况表明,如果总体是正态分布, $\bar{x}\pm t_{(\frac{\alpha}{2},n-1)}\cdot\frac{s}{\sqrt{n}}$ 的区间估计可以适用于任何大小的样本,并产生确切的区间估计值;但如果总体不是正态分布,此公式的区间估计只是近似

值,在这种情况下,近似值的近似程度视总体分配及样本大小而定。

在大部分实务操作中,用这个公式估计总体平均数的区间时,样本大小 $n>30$ 就已足够。但如果总体分配有严重的偏态或极端值,建议最好将样本大小增加到 50 或更多。

如果总体不是正态分布,但大致上是对称的(也就是钟形),则样本大小至少为 15,此公式仍可得到良好的 μ 近似区间估计;但在样本更小的时候,只有分析人员相信或可以假定总体分配至少近似常态时,才能使用此公式。

如果是对总体比例 p 的区间估计也一样:

$$\bar{p} \pm z_{(\alpha/2)} \cdot \sigma_p = \bar{p} \pm z_{(\alpha/2)} \cdot \sqrt{\frac{p(1-p)}{n}}$$

【例 6-2】2019 年零售与批发业(retail and wholesale)上市公司 ST 股有 13 家,流动比例如表 6-2 所示。求上市公司零售与批发业 ST 股均值的区间估计。

表 6-2　零售与批发业警示股流动比例状况表

公司代码	流动资产	流动负债	流动比例
679	3 508 702	3 439 034	102.03
2336	2 558 064	3 225 239	79.31
2356	1 505 044	3 633 200	41.42
2872	1 644 156	1 200 539	136.95
600083	92 535	118 913	77.82
600122	11 317 290	8 791 990	128.72
600241	564 857	458 616	123.17
600247	13 324	830 645	1.60
600280	10 022 688	13 479 583	74.35
600306	105 515	1 494 225	7.06
600677	4 306 551	5 571 537	77.30
600821	29 811	1 073 566	2.78
601258	11 183 570	8 343 113	134.05

$$\bar{x} = \frac{\sum x_i}{n} = 75.89\ ;\ s = \sqrt{\frac{\sum (x_i - \bar{x})}{n-1}} = 49.70 \qquad t_{(0.025,12)} = 2.179$$

区间估计:

$$\bar{x} \pm t_{\alpha/2} \cdot \frac{\sigma}{\sqrt{n}} = 75.89 \pm 2.179 \times \frac{49.70}{\sqrt{13}} = 75.89 \pm 30.04 \text{ 即}(45.85,\ 105.93)$$

6.3 样本数大小

上一节提到了边际误差$= 2 \cdot t_{\alpha/2} \cdot \frac{s}{\sqrt{n}}$,构成边际误差的 3 个要素为临界值 $z_{\frac{\alpha}{2}}$、标准差 s 和样本数 n,临界值则取决于系数 $1-\alpha$。

所以,确定了临界值 $t_{\alpha/2}$、标准差 σ 和样本数 n,就可以判断边际误差是多少。很明显,边际误差和样本数的平方根成反比,也就是说,随着样本数的增加,边际误差会减少,但减少的幅度会随着样本数的增加而变少。举例来说,当标准差 $s=20$ 时,样本大小 n 和边际误差 $2 \cdot t_{\alpha/2} \cdot \frac{s}{\sqrt{n}}$ 的关系如表 6-3 所示。

表 6-3 样本容量与边际误差关系表

样本大小	边际误差 $2 \cdot t_{\alpha/2} \cdot s_{\bar{x}}$
10	33. 962 999
100	9. 104 014
1 000	2. 839 455
10 000	0. 896 696
100 000	0. 283 522
1 000 000	0. 089 656
10 000 000	0. 028 352
100 000 000	0. 008 966
1 000 000 000	0. 002 835

从表 6-3 可以发现,边际误差随着样本容量变大而缩小,但缩小速度是减缓的,这一趋势用图 6-2 可以更清楚地展示出来。

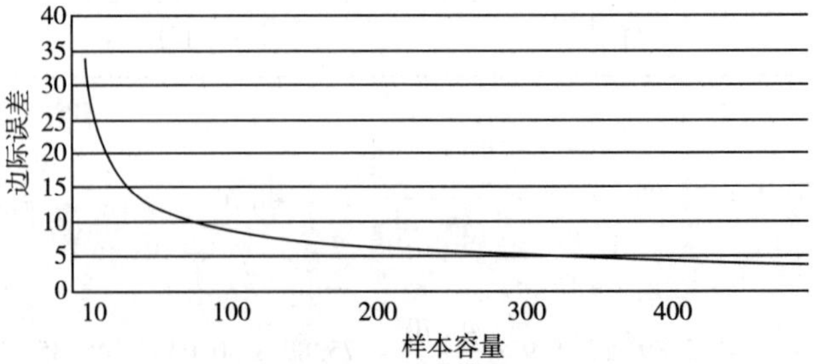

图 6-2 样本大小与边际误差的关系图

从图 6-2 可以发现，样本容量到 300 左右时就非常接近并行线了，也就是说，过了 300，样本容量必须大幅增加才能使边际误差有明显的下降。

若总体是比例的模式，取 $p \cdot (1-p)$ 的最大值 $\frac{1}{4}$，则样本大小与边际误差的关系如表 6-4 所示。

表 6-4　总体比例样本容量与边际误差关系表

样本大小	边际误差 $2 \cdot z_{\alpha/2} \cdot \sigma_{\bar{p}}$
10	0.309 90
100	0.098 00
1 000	0.030 99
10 000	0.009 80
100 000	0.003 10
1 000 000	0.000 98
10 000 000	0.000 31
100 000 000	0.000 10
1 000 000 000	0.000 03

所以，在已经知道总体标准差 σ 的情况下，若要边际误差为 d，则可以计算出所需的样本数。

$$d = z_{\frac{\alpha}{2}} \cdot \frac{\sigma}{\sqrt{n}}$$

$$\Rightarrow n = \left(\frac{z_{\alpha/2} \cdot \sigma}{E}\right)^2$$

一般置信水平通常会设为 95%，也就是 $\alpha=0.05$，即 $z_{0.025}=1.96$。

不过，总体标准差通常是不知道的，但可以先计算 σ 的计划值，根据经验法则，可以进行如下 3 种操作：

(1) 以先前来自相同或类似单位的样本求得样本比例。

(2) 以前测（或先驱）实验取得初步样本，以此样本得到的样本标准差作为 σ 的计划值。

(3) 利用判断或"最佳猜测法"决定 σ 值。例如：先估计总体的最大值与最小值，最大值与最小值的差距可作为全距（range）的估计值，再将全距除以 4 作为标准差的约略估计值，作为总体的 σ 的计划值。

不过，对于样本数应该为多少的估计，一般都会用总体比例 p 来进行估计，也就是

$$d = z_{\alpha/2} \cdot \sqrt{\frac{p(1-p)}{n}}$$

$$\Rightarrow \quad n = \frac{p(1-p) \cdot {z_{\alpha/2}}^2}{d^2} \leqslant \frac{{z_{\alpha/2}}^2}{4d^2}$$

所以，当置信水平为 95%，边际误差为 0.03 时，样本数为 1 068 就一定可以达到。

$$n \leqslant \frac{1.96^2}{4 \times 0.03^2} = 1\,067.1$$

不过,在大数据的世代,样本数据都是以万、10 万起跳的,将边际误差降到 0.01 以下已经不是难事了。

6.4 区间估计——方差

前面 6.2 节所谈置信区间的估计,是针对总体平均数的估计。总体参数还有一个最常被讨论的就是方差,特别是在财经上的应用,财经上的风险都会利用变量标准差当指标。方差的区间估计有 2 种,分别是单一总体的区间估计和两个总体方差比值估计。

6.4.1 单一总体方差区间估计

当总体为正态分布,则抽样所得到的样本的平均数离差平方和(即 $\sum(x_i - \bar{x})^2$)除以总体方差就构成自由度为 n-1 的卡方分布,即

$$\frac{\sum(x_i - \bar{x})^2}{\sigma^2} \sim \chi^2_{(n-1)}$$

而 $\sum(x_i - \bar{x})^2 = (n-1)s^2$,所以$\chi^2 = \dfrac{(n-1)s^2}{\sigma^2}$。

置信区间的估计:

$$P(\chi^2_{\left(1-\frac{\alpha}{2}\right)} < \chi^2 < \chi^2_{\left(\frac{\alpha}{2}\right)}) = 1-\alpha$$

$$\frac{(n-1)s^2}{\chi^2_{\left(\frac{\alpha}{2}\right)}} < \sigma^2 < \frac{(n-1)s^2}{\chi^2_{\left(1-\frac{\alpha}{2}\right)}}$$

以下将对股票及债券的风险进行分析。股票采用中证全指指数,债券则用中证全债指数。分别介绍如下:

中证全指指数(000985):由全部 A 股股票中剔除 ST 股票、*ST 股票以及上市时间不足 3 个月股票后的剩余股票构成样本股,具有较高的市场代表性。

中证全债指数(H11001):是综合反映银行间债券市场和沪深交易所债券市场的跨市场债券指数,也是中证指数公司编制并发布的首只债券类指数。该指数的样本由上述两个市场的国债、金融债券及企业债券组成。

【例 6-3】试以 2021 年 9 月份中证全指指数评估该指数 95%置信区间的方差,以及风险的置信区间。

解:通过 Excel 软件计算$(n-1)s^2$。

样本标准差的 Excel 指令:STDEV(**:**)。

卡方值的 Excel 指令:CHIINV(α,υ)。

结果如图 6-3 所示。

Excel 计算求得:

$$\chi^2_{(0.025,20)} = 34.170, \quad \chi^2_{(0.975,20)} = 9.591$$

$$\frac{(n-1)s^2}{\chi^2_{\left(\frac{\alpha}{2}\right)}} < \sigma^2 < \frac{(n-1)s^2}{\chi^2_{\left(1-\frac{\alpha}{2}\right)}}$$

D23 =STDEV(D2:D22)

	A	B	C	D	E
1	日期	中证全指	中证全债	Rs	Rd
2	2021/8/31	5759.26	214.51		
3	2021/9/1	5761.87	214.71	0.05	0.09
4	2021/9/2	5798.48	214.73	0.64	0.01
5	2021/9/3	5767.88	214.73	-0.53	0.00
6	2021/9/6	5861.81	214.75	1.63	0.01
7	2021/9/7	5943.95	214.69	1.40	-0.03
8	2021/9/8	5943.76	214.65	0.00	-0.02
9	2021/9/9	5954.42	214.64	0.18	0.00
10	2021/9/10	5980.36	214.59	0.44	-0.02
11	2021/9/13	5981.76	214.60	0.02	0.00
12	2021/9/14	5920.57	214.49	-1.02	-0.05
13	2021/9/15	5910.01	214.50	-0.18	0.00
14	2021/9/16	5807.10	214.49	-1.74	0.00
15	2021/9/17	5827.81	214.54	0.36	0.02
16	2021/9/22	5824.67	214.74	-0.05	0.09
17	2021/9/23	5854.08	214.74	0.50	0.00
18	2021/9/24	5807.96	214.73	-0.79	0.00
19	2021/9/27	5743.80	214.69	-1.10	-0.02
20	2021/9/28	5723.46	214.63	-0.35	-0.03
21	2021/9/28	5752.75	214.64	0.51	0.00
22	2021/9/29	5639.47	214.71	-1.97	0.03
23	标准差			0.92	0.04
24	(n-1)s²			16.75769837	0.025563

图 6-3 Excel 计算 $(n-1)s^2$ 结果图

$$\frac{16.758}{34.170} < \sigma^2 < \frac{16.758}{9.591}$$

$$0.490 < \sigma^2 < 1.747$$

中证全指指数的方差估计为 $0.490 < \sigma^2 < 1.747$。

同理,中证全债指数方差估计为 $0.0007 < \sigma^2 < 0.0027$。

不过,财经风险指标都采用标准差,进行标准差的估计则要采用单尾的方式进行估计,即:

$$\chi^2_{(0.95,20)} = 10.851$$

$$\sigma^2_{stock} < \frac{16.758}{10.851} = 1.544, \quad \sigma^2_{bond} < \frac{0.0256}{10.851} = 0.0024$$

$$-1.234 < \sigma_{stock} < 1.243, \quad -0.0485 < \sigma_{bond} < 0.0485$$

很明显,债券风险比股票风险低。

6.4.2 两个总体方差比值估计

进行 2 个变量方差的比值估计时,必须用到两个独立样本的卡方分布相除就形成 F 分布的定理,即

$$\frac{\dfrac{\dfrac{(n_1-1)s_1^2}{\sigma_1^2}}{n_1-1}}{\dfrac{\dfrac{(n_2-1)s_2^2}{\sigma_2^2}}{n_2-1}} \sim F(n_1-1, n_2-1) \rightarrow \frac{\dfrac{s_1^2}{\sigma_1^2}}{\dfrac{s_2^2}{\sigma_2^2}} \sim F(n_1-1, n_2-1)$$

所以,形成的置信区间如下:

$$\frac{\dfrac{s_1^{\ 2}}{s_2^{\ 2}}}{F\left(\dfrac{\alpha}{2},n_1-1,n_2-1\right)}<\frac{\sigma_1^{\ 2}}{\sigma_2^{\ 2}}<\frac{\dfrac{s_1^{\ 2}}{s_2^{\ 2}}}{F\left(1-\dfrac{\alpha}{2},n_1-1,n_2-1\right)}$$

在本书第 4 章有提到：

$$\frac{1}{F\left(\dfrac{\alpha}{2},n_1-1,n_2-1\right)}=F\left(\frac{1-\alpha}{2},n_2-1,n_1-1\right)$$

所以置信区间变成：

$$\frac{s_1^{\ 2}}{s_2^{\ 2}}\cdot F\left(1-\frac{\alpha}{2},n_2-1,n_1-1\right)<\frac{\sigma_1^{\ 2}}{\sigma_2^{\ 2}}<\frac{\dfrac{s_1^{\ 2}}{s_2^{\ 2}}}{F\left(1-\dfrac{\alpha}{2},n_1-1,n_2-1\right)}$$

【例 6-4】试比较市场股票、债券、利率和汇率的方差。

解：变量依据如下。

股票：中证全指指数；

债券：中证全债指数；

利率：国证利率指数（选取发行期限 1~10 年，剩余期限超过 91 天的规模较大的国债和政策性金融债，深圳证券信息有限公司发布）；

汇率：人民币指数（通过当前人民币指数的样本货币，包括美元、欧元、日元、韩元、港币、澳元、加元、英镑、俄罗斯卢布和林吉特，依一定的加权数计算而得，深圳证券信息有限公司发布）。

通过 Excel 计算各值，如图 6-4 所示。

	A	B	C	D	E	F	G	H	I
1	日期	股票	债券	利率	汇率	RS	RB	RR	RE
2	2021/6/30	5834.19	210.78	105.8065	119.3315				
3	2021/7/1	5801.89	210.82	105.8161	119.5261	-0.5536	0.0190	0.0091	0.1631
4	2021/7/2	5687.29	210.88	105.7994	119.4325	-1.9752	0.0285	-0.0158	-0.0783
5	2021/7/5	5720.74	210.99	105.8622	119.4704	0.5882	0.0522	0.0594	0.0317
6	2021/7/6	5710.24	211.03	105.8221	119.4342	-0.1835	0.0190	-0.0379	-0.0303
7	2021/7/7	5781.48	211.2	105.8946	119.6522	1.2476	0.0806	0.0685	0.1825
8	2021/7/8	5748.98	211.76	106.1292	119.4704	-0.5621	0.2652	0.2215	-0.1519
9	2021/7/9	5752.11	211.78	106.0711	119.3578	0.0544	0.0094	-0.0547	-0.0942
10	2021/7/12	5839.9	212.18	106.1996	119.3939	1.5262	0.1889	0.1211	0.0302
11	2021/7/13	5861.07	212.39	106.278	119.5936	0.3625	0.0990	0.0738	0.1673
12	2021/7/14	5798.98	212.59	106.313	119.7064	-1.0594	0.0942	0.0329	0.0943
13	2021/7/15	5845.15	212.41	106.2584	119.6175	0.7962	-0.0847	-0.0514	-0.0743
14	2021/7/16	5795.53	212.55	106.256	119.6779	-0.8489	0.0659	-0.0023	0.0505
15	2021/7/19	5798.31	212.64	106.2634	119.5732	0.0480	0.0423	0.0070	-0.0875
16	2021/7/20	5805.93	212.76	106.3481	119.7157	0.1314	0.0564	0.0797	0.1192
17	2021/7/21	5875.68	212.92	106.4077	120.0007	1.2014	0.0752	0.0560	0.2381
18	2021/7/22	5898.53	213.02	106.4113	119.9296	0.3889	0.0470	0.0034	-0.0592
19	2021/7/23	5833.64	213.17	106.4848	119.7705	-1.1001	0.0704	0.0691	-0.1327
20	2021/7/26	5694.92	213.49	106.6336	119.6773	-2.3779	0.1501	0.1397	-0.0778
21	2021/7/27	5517.65	213.33	106.587	119.3258	-3.1128	-0.0749	-0.0437	-0.2937
22	2021/7/28	5481.89	213.38	106.5014	119.1437	-0.6481	0.0234	-0.0803	-0.1526
23	2021/7/29	5618.94	213.5	106.5611	119.4963	2.5001	0.0562	0.0561	0.2959
24	2021/7/30	5607.75	213.82	106.701	119.5289	-0.1991	0.1499	0.1313	0.0273
25	标准差					1.2976	0.0801	0.0768	0.1480
26	s^2					1.6838	0.0064	0.0059	0.0219

图 6-4　市场经济四大数据标准

$$F_{(0.975,21,21)} = 0.415$$

$$\frac{1.683\ 8}{0.006\ 4} \cdot 0.415\ 2 < \frac{\sigma^2_{stock}}{\sigma^2_{bond}} < \frac{\frac{1.683\ 8}{0.006\ 4}}{0.415\ 2}$$

即

$$31.907 < \frac{\sigma^2_{stock}}{\sigma^2_{bond}} < 185.104$$

再进行多重比较分析,结果见表 6-5。

表 6-5　*F* 区间估计多重比较分析

	RS(股票)	RE(汇率)	RB(债券)	RR(利率)
RS	—			
RE	76.851 6	—		
	(31.907,185.104)			
RB	262.360 5	3.413 9	—	
	(108.927,631.919)	(1.417,8.223)		
RR	285.382 0	3.713 4	1.087 7	—
	(118.485,687.368)	(1.542,8.944)	(0.452,2.620)	

实训演练——现货、期货和期权的多重比较

(1)比较沪深 300 指数的现货、期货和期权平均数、方差。分别比较 2 年、1 年、一季和一个月。

注:沪深 300 指数到中证指数(https://www.csindex.com.cn/)下载,见图 6-5。

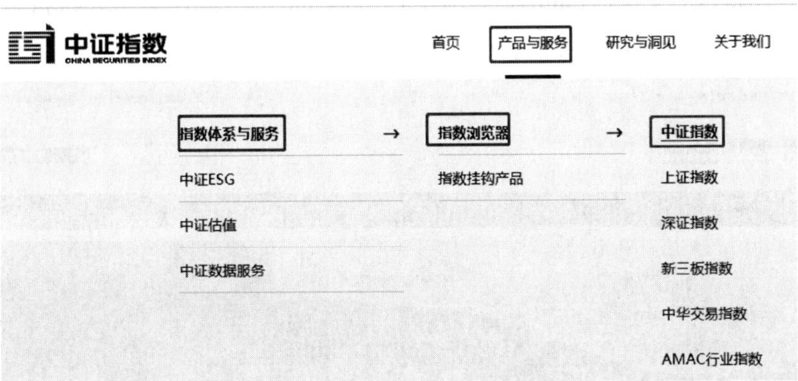

图 6-5　中证指数网页示意图

期货和期权指数到中国金融期货交易所(http://www.cffex.com.cn/,见图6-6)下载。

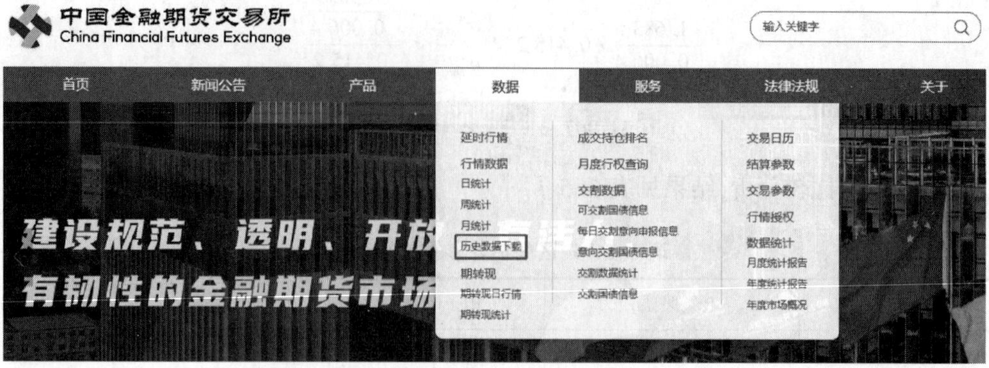

图6-6　中国金融期货交易所网页示意图

(2)检验大连商品交易所(http://www.dce.com.cn/,见图6-9)豆粕现货、期货和期权平均数、方差,分别比较2年、1年、一个季度和一个月的。

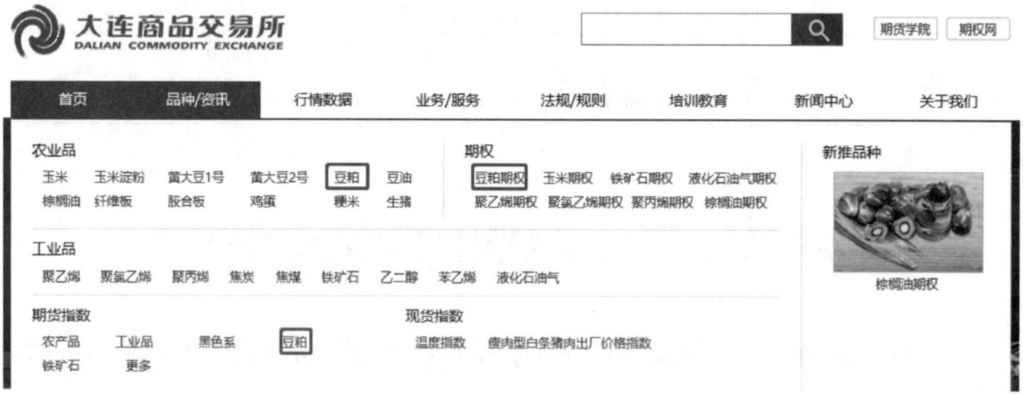

图6-7　大连商品交易所网页示意图

(3)检验郑州商品交易所(http://www.czce.com.cn/,见图6-8、图6-9)存在期货和期权2种指数的商品上个月的平均数、方差的异同。

图6-8　郑州商品交易所网页示意图

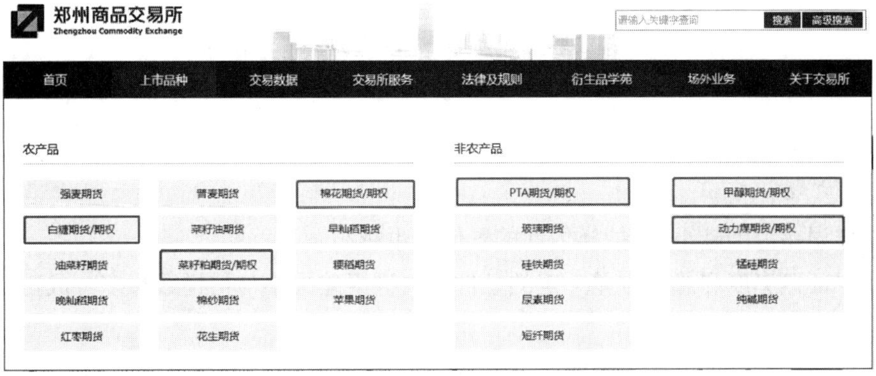

图 6-9　郑州商品交易所网页示意图

注:数据下载如图 6-10 所示。

AP112	6,261.00	6,271.00	6,353.00	6,210.00	6,309.00	6,289.00	48.00	28.00	4,797	9,321	-1,100	30,17
AP201	6,386.00	6,470.00	6,500.00	6,336.00	6,496.00	6,429.00	110.00	43.00	272,522	214,500	-40,136	1,752,
AP203	6,598.00	6,648.00	6,667.00	6,560.00	6,664.00	6,633.00	66.00	35.00	3,170	15,316	-1,369	21,02
AP204	6,781.00	6,768.00	6,838.00	6,732.00	6,809.00	6,771.00	28.00	-10.00	2,096	9,280	-1,296	14,19
AP205	6,892.00	6,988.00	6,988.00	6,862.00	6,933.00	6,913.00	41.00	21.00	9,608	23,825	-1,909	66,42
小计									310,019	282,702	-53,165	1,997,
CF111	19,245.00	19,660.00	20,135.00	19,390.00	20,060.00	19,845.00	815.00	600.00	29,678	53,651	-3,699	294,4
CF201	19,050.00	19,460.00	20,035.00	19,200.00	20,005.00	19,680.00	955.00	630.00	950,681	422,504	19,153	9,355,
CF203	19,015.00	19,200.00	19,855.00	19,050.00	19,840.00	19,665.00	825.00	650.00	492	4,779	247	4,837
CF205	18,710.00	19,095.00	19,730.00	18,775.00	19,710.00	19,355.00	1,000.00	645.00	94,981	89,561	2,884	919,1
CF207	18,715.00	18,885.00	19,640.00	18,700.00	19,620.00	19,075.00	905.00	360.00	1,538	4,270	-878	14,66
CF209	18,565.00	18,910.00	19,520.00	18,635.00	19,495.00	19,200.00	930.00	635.00	827	2,891	321	7,938
小计									1,078,197	577,656	18,028	10,59
CJ112	15,405.00	15,650.00	15,940.00	15,445.00	15,940.00	15,595.00	535.00	190.00	351	5,953	8	2,736
CJ201	15,525.00	15,750.00	16,065.00	15,545.00	16,065.00	15,770.00	540.00	245.00	95,724	85,249	-5,159	754,8
CJ203	15,785.00	15,935.00	16,300.00	15,805.00	16,295.00	16,035.00	510.00	250.00	2,768	7,487	-65	22,19
CJ205	15,945.00	16,165.00	16,505.00	15,980.00	16,490.00	16,210.00	545.00	265.00	19,158	34,792	-1,421	155,2
CJ207	16,130.00	16,295.00	16,615.00	16,140.00	16,600.00	16,315.00	470.00	185.00	1,646	4,948	135	13,42
CJ209	16,060.00	16,120.00	16,600.00	16,090.00	16,585.00	16,310.00	525.00	250.00	1,053	2,173	-75	8,588
小计									120,700	140,602	-6,577	957,0
CY110	26,380.00	0.00	0.00	0.00	0.00	27,010.00	630.00	630.00	0	0	0	0.00
CY111	25,610.00	0.00	0.00	0.00	0.00	26,220.00	610.00	610.00	0	1	0	0.00

图 6-10　郑州商品交易所数据下载网页示意图

(4)检视上海期货交易所(http://www.shfe.com.cn/)和上海国际能源交易所(http://www.ine.cn/)的商品。

习　题

一、判断题

1. 抽样误差范围越小，则抽样估计的置信度也越小。（　）

2. 在保证概率度和总体方差一定的条件下允许误差大小与抽样数目多少成正比。（　）

3. 抽样估计置信度就是表明抽样指标和总体指标的误差不超过一定范围的概率保证程度。（　）

4. 在其他条件不变的情况下，提高抽样估计的可靠程度，可以提高抽样估计的精确度。（　）

5. 扩大抽样误差的范围，会降低推断的把握程度，但会提高推断的准确度。（　）

二、单选题

1. 总体参数的置信区间以下列哪一项为中心？（　）

A. 总体参数　　B. 样本估计量

C. 临界值　　D. 标准误

2. 抽样调查的主要目的是（　）。

A. 了解现象发展的具体过程和变化趋势

B. 对调查单位做深入具体的研究

C. 用样本指标对总体综合数量特征做出具有一定可靠程度的推断估计

D. 为计划和决策提供详细生动的资料

3. 从总体中选取样本时，必须遵循的基本原则是（　）。

A. 可靠性　　B. 随机性

C. 代表性　　D. 准确性和及时性

4. 样本指标（　）。

A. 都是随机变量　　B. 都不是随机变量

C. 有些是随机变量有些不是随机变量　　D. 既是随机变量又是非随机变量

5. 下列哪一项不能使得置信区间的长度变小？（　）

A. 平均数变小　　B. 方差变小

C. 置信度（信心水平）降低　　D. 样本容量变大

6. 以下哪一个因素对于总体平均数的双尾置信区间之宽度不会造成影响？（　）

A. 显著水平（α）　　B. 样本容量

C. 样本方差　　D. 总体平均数

7. 能够事先加以计算和控制的误差是（　）。

A. 登记性误差　　B. 代表性误差

C. 系统性误差　　D. 抽样误差

8. 抽样误差是指(　　)。

A. 调查中所产生的登记性误差　　B. 调查中所产生的系统性误差

C. 随机性的代表性误差　　D. 计算过程中产生的误差

9. 抽样误差(　　)。

A. 既可以避免,也可以控制　　B. 既不可以避免,也不可以控制

C. 可以避免,但不可以控制　　D. 不能避免,但可以控制

10. 重复抽样条件下的抽样平均误差与不重复抽样条件下的抽样平均误差相比(　　)。

A. 前者总是大于后者　　B. 前者总是小于后者

C. 两者总是相等　　D. 不能确定大小

11. 总体是唯一确定的,样本(　　)。

A. 也唯一　　B. 有无数个

C. 不唯一　　D. 有有限个

12. 抽样调查中,无法消除的误差是(　　)。

A. 随机误差　　B. 责任性误差

C. 登记性误差　　D. 系统性误差

13. 在重复简单随机抽样中,抽样平均误差要减少为原来的 1/3,则样本单位数就要扩大到原来的(　　)。

A. 4 倍　　B. 2 倍

C. 3 倍　　D. 9 倍

14. 点估计(　　)。

A. 不考虑抽样误差及可靠程度　　B. 考虑抽样误差及可靠程度

C. 适用于推断的准确度要求高的情况　　D. 无须考虑无偏性、有效性、一致性

15. 设$(X_1,X_2\cdots,X_n)$为取自总体 S 的一组随机样本,若总体平均数为μ,样本平均数为$\bar{x}$,则$|\bar{x}-\mu|$称为(　　)。

A. 偏误(Bias)　　B. 抽样误差

C. 估计误差　　D. 估计标准误

16. 在其他条件不变的情况下,以下哪一种情况会缩小置信区间的宽度?(　　)

A. 增加样本数　　B. 提高置信水平

C. 标准差变大　　D. 点估计值变小

17. 估计量的含义是指(　　)。

A. 用来估计总体参数的统计量的名称　　B. 用来估计总体参数的统计量的具体数值

C. 总体参数的名称　　D. 总体参数的具体数值

18. 在参数估计中,要求通过样本的统计量来估计总体参数,评价统计量的标准之一是使它与总体参数的离差越小越好。这种评价标准称为(　　)。

A. 无偏性　　B. 有效性

C. 一致性　　D. 充分性

19. 根据一个具体的样本求出的总体均值的95%的置信区间(　　)。

A. 以95%的概率包含总体均值

B. 有5%的可能性包含总体均值

C. 一定包含总体均值

D. 要么包含总体均值,要么不包含总体均值

20. 无偏估计是指(　　)。

A. 样本统计量的值恰好等于待估的总体参数

B. 所有可能样本估计值的数学期望等于待估总体参数

C. 样本估计值围绕待估总体参数使其误差最小

D. 样本量扩大到和总体单元相等时与总体参数一致

21. 总体均值的置信区间等于样本均值加减边际误差,其中的边际误差等于所要求置信水平的临界值乘以(　　)。

A. 样本均值的抽样标准差　　B. 样本标准差

C. 样本方差　　D. 总体标准差

22. 当样本量一定时,置信区间的宽度(　　)。

A. 随着置信系数的增大而减小　　B. 随着置信系数的增大而大

C. 与置信系数的大小无关　　D. 与置信系数的平方成反比

23. 当置信水平一定时,置信区间的宽度(　　)。

A. 随着样本量的增大而减小　　B. 随着样本量的增大而增大

C. 与样本量的大小无关　　D. 与样本量的平方根成正比

24. 一个95%的置信区间是指(　　)。

A. 总体参数有95%的概率落在这一区间内

B. 总体参数有5%的概率未落在这一区间内

C. 在用同样方法构造的总体参数的多个区间中,有95%的区间包含该总体参数

D. 在用同样方法构造的总体参数的多个区间中,有95%的区间不包含该总体参数

25. 95%的置信水平是指(　　)。

A. 总体参数落在一个特定的样本所构造的区间内的概率为95%

B. 在用同样方法构造的总体参数的多个区间中,包含总体参数的区间比例为95%

C. 总体参数落在一个特定的样本所构造的区间内的概率为5%

D. 在用同样方法构造的总体参数的多个区间中,包含总体参数的区间比例为5%

26. 一个估计量的有效性是指(　　)。

A. 该估计量的数学期望等于被估计的总体参数

B. 该估计量的一个具体数值等于被估计的总体参数

C. 该估计量的方差比其他估计量大

D. 该估计量的方差比其他估计量小

27. 一个估计量的一致性是指(　　)。

A. 该估计量的数学期望等于被估计的总体参数

B. 该估计量的方差比其他估计量小

C. 随着样本量的增大,该估计量的值越来越接近被估计的总体参数

D. 该估计量的方差比其他估计量大

28. 置信系数$(1-\alpha)$表达了置信区间的(　　)。

A. 准确性　　B. 精确性

C. 显著性　　D. 可靠性

29. 在总体均值和总体比例的区间估计中,边际误差由(　　)。

A. 置信水平确定　　B. 统计量的抽样标准差确定

C. 置信水平和统计量的抽样标准差确定　　D. 统计量的抽样方差确定

30. 在置信水平不变的条件下,要缩小置信区间,则(　　)。

A. 需要增加样本量　　B. 需要减少样本量

C. 需要保持样本量不变　　D. 需要改变统计量的抽样标准差

31. 当正态总体的方差未知时,在小样本条件下,估计总体均值使用的分布是(　　)。

A. 正态分布　　B. t 分布

C. χ^2 分布　　D. F 分布

32. 当正态分布总体的方差未知时,在大样本条件下,估计总体均值使用的分布是(　　)。

A. 正态分布　　B. t 分布

C. χ^2 分布　　D. F 分布

33. 当正态总体的方差已知时,在小样本条件下,估计总体均值使用的分布是(　　)。

A. 正态分布　　B. t 分布

C. χ^2 分布　　D. F 分布

34. 对于非正态总体,在大样本条件下,估计总体均值使用的分布是(　　)。

A. 正态分布　　B. t 分布

C. χ^2 分布　　D. F 分布

35. 根据两个独立的大样本估计两个总体均值之差时,当两个总体的方差未知时,使用的分布是(　　)。

A. 正态分布　　B. t 分布

C. χ^2 分布　　D. F 分布

36. 根据两个独立的大样本估计两个总体均值之差,当两个总体的方差已知时,使用的分布是(　　)。

A. 正态分布　　B. t 分布

C. χ^2 分布　　D. F 分布

37. 根据两个独立的小样本估计两个总体均值之差,当两个总体的方差未知但相等时,使用的分布是(　　)。

A. 正态分布　　B. t 分布

C. χ^2 分布　　D. F 分布

38. 根据两个独立的小样本估计两个总体均值之差时,当两个总体的方差未知且不相等时,使用的分布是(　　)。

A. 正态分布　　B. t 分布

C. χ^2 分布　　D. F 分布

39. 根据两个总体的小样本估计两个总体均值之差,使用的分布是(　　)。

A. 正态分布　　B. t 分布

C. χ^2 分布　　D. F 分布

40. 估计两个总体方差比的置信区间比时,使用的分布是(　　)。

A. 正态分布　　B. t 分布

C. χ^2 分布　　D. F 分布

41. 在其他条件不变的情况下,总体数据的方差越大,估计正态分布时所需的样本量(　　)。

A. 越大　　B. 越小

C. 可能大也可能小　　D. 不变

42. 在他条件不变的情况下,可以接受的边际误差越大,估计时所需的样本量(　　)。

A. 越大　　B. 越小

C. 可能大也可能小　　D. 不变

43. 使用统计量 $z=\frac{\bar{x}-\mu}{\frac{s}{\sqrt{n}}}$ 估计总体均值的条件是(　　)。

A. 总体为正态分布　　B. 总体为正态分布且方差已知

C. 总体为正态分布但方差未知　　D. 大样本

44. 对非正态总体,使用统计量 $z=\frac{\bar{x}-\mu}{\frac{s}{\sqrt{n}}}$ 估计总体均值的条件是(　　)。

A. 小样本　　B. 总体方差已知

C. 总体为正态分布但方差未知　　D. 大样本

45. 某厂牌个人计算机的市场占有率为 15%,若随机调查 100 位个人计算机用户,则使用该厂牌个人计算机的比率超过 20%的概率是多少?(　　)

A. 0.021　　B. 0.041

C. 0.061　　D. 0.081

46. 相对而言,用样本指标去推断相应的总体指标,点估计的可靠性比区间估计的(　　)。

A. 高　　B. 低

C. 基本相同　　D. 时高时低

47. 区间估计的置信度是指(　　)。

A. 概率度　　B. 概率保证程度

C. 抽样允许误差的大小　　D. 抽样平均误差的大小

48. 在其他条件相同的条件下,重复抽样所需的样本单位数比不重复抽样(　　)。

A. 多　　B. 少

C. 相等　　D. 难以判断

49. 棒球教练想要通过假说检验确认某选手的打击率是否超过 3 成，他以收集到的过去 50 次的打击记录作为样本，得到的打击率为 0.33。假设该选手的每次打击都是独立事件，请问在设定显著水平为 5%的条件下，P 值系指下列哪一个概率值？（　　）

A. 0.05　　B. $P(Z>1.645)$

C. P(样本打击率>03 | 真实打击率=0.3)　　D. P(样本打击率 0.33 | 真实打击率=0.3)

50. 小陈集 100 个样本观察值，据此建立总体平均的置信区间为(24,36)，请问样本平均数的标准误乘以临界值的结果是多少？（　　）

A. 2.4　　B. 3.6

C. 6　　D. 12

51. 根据历史数据，火锅店总体营业额的标准差为 15 万元。若今年欲再进行一次火锅店营业状况调查，默认总体平均营业额与抽样平均营业额之误差为 5 万元以内，调查置信水平为 90%，则抽样的样本量最少需要多少？（　　）

A. 24　　B. 25

C. 26　　D. 27

52. 某公司想估计其市场占有率，希望它的估计值的误差有 95%的概率低于 0.03，若采取随机抽样，则其样本容量最少是多少？（　　）

A. 401　　B. 601

C. 801　　D. 1 068

53. 25 个正态总体样本的样本方差为 5.68，请问总体方差的单尾 95%置信区间上限为多少？（　　）

A. 10.992 5　　B. 3.463 1

C. 3.743 5　　D. 9.843 7

54. 小明为了了解大一新生微积分的掌握程度，于是随机抽样了 400 位大一新生进行测验，结果平均数 50 分，标准差 20 分。根据这个结果，小明想要做一个置信区间，请问以下哪一个 95%置信区间的下界会使得整个置信区间的长度最短？（　　）

A. 50　　B. 0

C. 46.04　　D. 48.04

55. 在 95%的信心水平下，某航空公司每天取消航班的比率的置信区间是(2.5%，3.9%)，试问每天取航班比率的估计值是多少(假设为大样本调查)？（　　）

A. 0.03　　B. 0.032

C. 0.039　　D. 0.025

56. 假设航空机票订位在当日被取消之总体比例的 90%，置信区间为(2.19%，5.3%)，则在当日被取消订位的点估计值是多少？（　　）

A. 2.54　　B. 3.7

C. 4.1　　D. 4.2

57. 自同一总体分布进行四次抽样，每次抽样的样本大小不一，在相同的置信水平之下，以下哪个置信区间是来自于数据的笔数最多的样本？（　　）

A. (72,128)　　B. (90,110)

C. (92,108)　　D. (95,105)

58. 在最近针对 100 名小学六年级学生的研究中,得知他们每周平均玩网络游戏的时间是 20 小时,方差为 25 小时平方,请问全体小学六年级学生每周平均玩网络游戏时间的 95%置信区间最接近下列哪一项?( )

A. (19 小时,21 小时)　　B. (20 小时,25 小时)

C. (15 小时,25 小时)　　D. (17 小时,23 小时)

59. 若学生的考试分数服从正态分布,平均数是 78.0,标准差是 10 分。假设只有 5%的学生得到 A,则拿到 A 的最低分数最接近下列哪一项?( )

A. 85　　B. 90

C. 95　　D. 99

60. 小明为了了解大一新生男生的身高,随机抽样了 100 位大一新生,对他们进行测量,结果发现平均身高 175 厘米,标准差 15 厘米。根据卫生局的数据,总体标准差为 20 厘米。请问:大一新生男生身高的 95%区间是多少?( )

A. 175+1.96×15/10　　B. 175+1.96×20/10

C. 175+1.98×15/10　　D. 175+1.98×20/10

61. 店员想要估计顾客性别比例,观察 100 位来店的客人之后,建立女性比例之 95%置信区间为(0.538, 0.694),以下论述哪一项是正确的?( )

A. 有 95%的信心宣称总体的女性顾客比例为 53.8%

B. 总体的女性顾客比例有可能是 64.0%

C. 有 95%的信心宣称总体的女性顾客比例不是 60.0%

D. 总体的女性顾客比例是 55.4%

62. 置信区间因为太宽而没有用,可通过下列何种方式来修正?( )

A. 提高总体标准差　　B. 提高置信水平

C. 提高样本均数　　D. 提高样本容量

63. 资产的方差越大则代表风险越大,反之,若方差越小则风险越小,但是高报酬要面对高风险,低风险则只有低报酬。小明根据此理念挑选投资组合,并希望方差能够控制在一定的水平。于是在正态假设下计算出一个有关方差数的置信区间。请问下列叙述哪一项是正确的?( )

A. 置信区间的正中央刚好等于样本方差　　B. 置信区间的计算是根据卡方分布

C. 数据必需来自正态　　D. 置信区间的下界不会比 0 小

64. 一地区的自有房屋住宅报告指出该地区目前每户平均占地面积为 40 坪,标准差为 20 坪。从该地区居民中随机抽取 25 户,请问样本平均数的平均值与标准差是多少?(假设自有房屋住宅面积服从正态分布)( )

A. (40, 20)　　B. (40, 4)

C. (1.5, 20)　　D. (1.5, 4)

65. 为了解某地区人民的网络使用情形,随机抽取该地区 600 位年满 15 岁以上的居民进行调查,其中有 360 位每天都使用网络,若据此估计该地区 15 岁以上的居民每天都使用网络的比率 $\hat{p}$ 为=0.6,则在置信系数(信心水平)为 95%时,估计误差的最大值为( )。

A. 0.020 0　　B. 0.033 7

C. 0.039 2　　D. 0.047 5

66. 已知咖啡店月营业收入服从正态分布,平均月营业收入为 50 万元,标准差为 12 万元。若随机抽出咖啡店 9 家调查其月营业收状况,试问此 9 家咖啡店的平均月营业收入大于 60 万元的可能性有多少?(　　)

A. 0.59%　　B. 0.60%

C. 0.61%　　D. 0.62%

67. 对同一总体分布进行四次抽样,每次抽样的样本大小不一。在相同的置信水平之下,以下哪个置信区间来自数据笔数最多的样本?(　　)

A. (72, 128)　　B. (90, 110)

C. (92, 108)　　D. (95, 105)

68. 中国消费者权益保护基金会抽查市面上两种品牌之包装米的重量在显著水平为 0.05 时是否有差异,第一个品牌随机抽取 100 个样本,平均数为 22.5,方差=404,第二个品牌随机抽取 260 个样本,平均数为 21.8,方差=24.87。下列哪一项叙述是正确的?(　　)

A. $\bar{x}_1 - \bar{x}_2$ 之抽样分布的标准差为 0.642　　B. 检验统计量为 t 变量

C. 零假设(null hypothesis)为 $\mu_1 - \mu_2 \neq 0$　　D. $\bar{x}_1 - \bar{x}_2$ 之抽样分布的期望值为零

69. 某制造工厂为决定到底要用哪一种方法来组合新款式的椅子,随机选取 25 位使用方法 A 的工人,另外随机选取 25 位使用方法 B 的工人,这些工人组合椅子所用时间的统计量见下表:

	样本容量	样本平均数	样本方差
方法 A	25	6.58	1.5
方法 B	25	6.13	1.8

问:此两种方法平均组合时间差的 95%置信区间是多少?(　　)

A. (0.28, 138)　　B. (0.28, 1.18)

C. (0.38, 1.48)　　D. (0.28, 1.18)

70. 考虑一样本包含 10 个随机抽取自正态分布的数据点且总体方差已知,若把样本容量从 10 提高至 40,请问以下哪一项一定会发生?(　　)

A. 总体平均数之 95%置信区间的宽度会是原来的 2 倍

B. 总体平均数之 95%置信区间的宽度会是原来的 1/2

C. 总体平均数落入以 40 个样本建构的 95%置信区间的概率会比落入以 10 个样本建构之 95%置信区间的概率高。

D. 以上都不会

71. 令 μ 表示平均每户每辆车的燃油支出,某机构随机取样 6 841 户,假设标准差为 0.65 元,在 95%置信水平下,试问 μ 的边际误差是多少?(　　)

A. 0.248 8　　B. 0.409 3

C. 0.489 3　　D. 0.975 3

72. 某小学要了解在校学生每星期的零食费用,随机抽取10位学生进行调查,这10位学生该星期的花费(元)分别为300,250,310,320,260,450,180,270,460,400。假设该校学生每星期吃零食的花费为正态分布,试估计平均零食花费90%区间的上限。(　　)

A. 小于372.56　　B. 介于134.28与267.44

C. 介于372.56与450.32　　D. 大于372.56

73. 以下有关总体平均数之95%置信区间的叙述哪一项是错误的?(　　)

A. 置信区间误差越大,包含总体数的置信系数越大

B. 要缩小置信区间误差,又要同时提高包含总体参数的置信度,最好的方法是加大样本容量

C. 代表每一个置信区间有0.95的概率包含总体参数

D. 样本容量越大,置信区间的误差亦越小

74. 一份样本数为100的简单随机抽样中,男女生的比例为1∶1,请问男生部分占整体样本比例之95%置信区间的长度是多少?(　　)

A. 2×1.96/20　　B. 2×1.96/4

C. 2×1.96　　D. 2×1.96×5

75. 从深圳市抽取20名20岁女青年,测定其血红蛋白值,估计该市20岁女青年血红蛋白均值可能的范围,应选用的公式是(　　)。

A. $\bar{x} \pm 1.96s$　　B. $\bar{x} \pm 1.96s_{\bar{x}}$

C. $\mu \pm 1.96\sigma$　　D. $\bar{x} \pm 1.96t_{(0.05,20)}$

E. $\mu \pm 1.96\sigma_{\bar{x}}$

三、多选题

1. 参数估计就是根据样本统计量确定总体参数。一般说来,参数估计的方法有(　　)。

A. 点估计　　B. 区间估计

C. 最大似然估计　　D. 矩估计

2. 从一个全及总体中抽取一系列样本,则(　　)。

A. 样本指标的数值不是唯一确定的　　B. 样本指标是样本变量的函数

C. 总体指标是随机变量　　D. 样本指标也是随机变量

E. 样本指标随着样本的不同而不同

3. 抽取样本单位的方法有(　　)。

A. 重复抽样　　B. 简单随机抽样

C. 系统抽样　　D. 不重复抽样

E. 集群抽样

4. 在全面调查和抽样调查中都存在的误差是(　　)。

A. 系统性误差　　B. 登记性误差

C. 责任心误差　　D. 技术性误差

E. 代表性误差

5. 在总体100个单位中抽取40个单位,下列说法中正确的是(　　)。

A. 样本个数 40 个
B. 样本容量 40 个
C. 是一个大样本
D. 是一个小样本，有 40 个单位

6. 区间估计必须具备的要素是（　　）。
A. 点估计量
B. 置信区间
C. 置信度
D. 概率
E. 抽样平均误差

7. 抽样推断中缩小抽样误差的方法有（　　）。
A. 缩小总体方差
B. 适当增加抽样数目
C. 最大限度地增加抽样数目
D. 改进抽样组织方式
E. 改重复抽样为不重复抽样

8. 适合采用抽样推断的有（　　）。
A. 连续大量生产的某种小件产品的质量检验
B. 某城市居民生活费支出情况
C. 具有破坏性与消耗性的产品质量检验
D. 对全面调查资料进行评价与修正、食品质量检验

9. 区间估计的三要素是（　　）。
A. 点估计值
B. 抽样平均误差
C. 估计的可靠程度
D. 抽样极限误差
E. 总体的分布形式

10. 影响必要样本容量的因素主要有（　　）。
A. 总体的标志变异程度
B. 允许误差的大小
C. 抽样方式
D. 抽样方法
E. 估计的可靠程度

11. 在区间估计中，如果其他条件保持不变，概率保证程度与精确度之间存在下列关系（　　）。
A. 前者越低，后者也越低
B. 前者越高，后者也越高
C. 前者越低，后者越高
D. 前者越高，后者越低
E. 两者呈相反方向变化

四、填空题

1. 在抽样推断中，若其他条件不变，当极限误差缩小一半，则抽样单位数必须变为原来的______倍；若极限误差增加为原来的 2 倍，则抽样单位数变为原来的______。

2. 以样本指标去估计总体指标有______和______两种方法。

3. 假设某地区 15 岁以上的国民每天都使用网络的比率为 p，今随机抽取 600 位年满 15 岁以上的国民调查，其中有 360 位每天都使用网络，若据此得到 $\hat{p}$ 的估计值 = 0.6，则信赖区间为[0.57, 0.63]的置信系数为______。

4. 为估计民众对三胎政策的支持度，随机电话访问 800 人，调查结果显示 77%的民众支持三胎政策。若以此结果估计民众对三胎政策的支持度，在 95%的置信水平下，该估计量的抽样误差为______。

5. 要估计某小学六年级男同学的平均体重，先随机抽取30位小学六年级男同学做测试调查，若测试学童体重的样本方差为$S^2=256$，则该小学六年级男同学体重方差的95%置信区间为______。（小数点第2位以下四舍五入）

6. 为了解民众对三胎政策的支持度，随机以电话访问600人，调查结果显示约3/5的民众支持三胎政策，在95%的信心水平之下，此估计量的抽样误差为______。

7. 欲了解晶圆厂的生产状况，遂进行调查。已知晶圆每小时生产量成正态分布。晶圆厂的品管师随机选取20个工作小时，知每小时平均生产150个晶圆，标准差为5个，根据此取样，试推论所有晶圆每小时平均生产量之99%区间估计=______。

8. 要估计某小学六年级男同学的平均体重，先随机抽取30位小学六年级男同学进行测量调查，若测量学童体重之样本方差为$S^2=256$，则小学六年级男同学体重方差的95%置信水平下的置信区间为______。（第2位小数四舍五入。）

9. 某维修中心随机抽样64台计算机，其平均维修成本为2 000元，标准差为80元。请问该维修中心全部计算机的平均维修成本在95%置信水平下的置信水平下的置信区间是______。（取整数位。）

10. 100位高中生挑选新制服试穿，其中63人喜欢新制服的设计，37人喜欢旧制服的设计，喜欢新制服之比例的90%置信水平下的置信区间=______。

11. 一项研究调查10个社群网站，发现访客数的月平均值为5.2（百万）人次，标准差为0.5（百万）人次。已知访客数为正态分布，则访客数月平均值的90%置信水平下的置信区间=______。

12. 某停车场的经理为估计汽车在停车场的平均停留时间，随机挑选了离场的16辆车并记录其停留时间平均值为20.2分钟，标准差为2.5分钟。假设汽车在停车场的停留时间服从正态分布，请问汽车在该停车场的平均停留时间的95%置信水平下的置信区间=______。（取1位小数。）

13. 随机抽出咖啡店100家，其月平均营业收入为50万元，标准差为16万元；若咖啡店营业收入为正态分布，则所有咖啡店月平均营业收入的99%置信水平下的置信区间为______。

14. 设$(X_1,X_2,\cdots,X_n)$与$(Y_1,Y_2,\cdots,Y_n)$分别为取自两正态总体$N(\mu_x,\ \sigma_x^2)$与$N(\mu_Y,\ \sigma_Y^2)$的随机样本，且其样本平均数分别为$\bar{X}$、$\bar{Y}$，样本方差分别为${S_x}^2$与${S_Y}^2$，设$\bar{X}=120$，$\bar{Y}=112$，${S_x}^2=160$，${S_Y}^2=200$，$X=120$，检验$H_0:\sigma_X^2=\sigma_Y^2$，$H_1:{\sigma^2}_X\neq{\sigma^2}_Y$；若$\sigma_X^2=\sigma_Y^2$，则共同方差估计量=______。

15. 某产品喜好度市场调研显示，随机抽出的300位受访者中，有180位喜欢该产品。请问该品牌喜好度的95%置信区间为______。

16. 某一统计学课程获得成绩A的同学，每周（以五天计）花在学习统计学上的时间服从正态分布，平均数为9小时，标准差为1.5小时。该同学每周有10%读统计学，时间不到______小时，另有每周10%读书时间超过______小时。（取2位小数。）

17. 小陈想要估计全校学生身高的方差，假设已知身高数据服从正态分布，则小陈可根据______抽样分布建立总体方差的95%置信区间。

18. 在方差分析中，组间平方和除以组内平方和的概率分布是______分布。

19. 有一研究调查在大城市中无家可归人数的变动程度。若 12 个月无家可归人数的标准差是 354 人,则无家可归人数的变动程度之 95%置信区间 = ______。

20. 某年随机抽取 16 位消费者进行消费者行为研究,调查得,每月平均上网购物金额为 4 500 元,标准差为 1 000 元。若已知上网购物金额为正态分布,则根据上述数据,所有消费者每月平均上网购物金额的 95%区间估计值为______。

五、计算题

1. 随机抽取 400 只袖珍半导体收音机,测得平均使用寿命 5 000 小时。若已知该种收音机使用寿命的标准差为 595 小时,求保证程度为 99.73%的总体平均使用寿命的置信区间。

2. 某市对居民工资水平进行抽样调查,随机抽出 324 户家庭,得到平均工资水平为 2 420 元,样本标准差为 205 元,那么根据这次抽样调查的结果,该市居民平均工资水平为多少? 取 $\alpha=5\%$,其范围如何?

3. 从某同类零件中抽取 9 件,测得其长度为(单位:mm):

6.0　5.7　5.8　6.5　7.0　6.3　5.6　6.1　5.0

设零件长度 x 服从正态分布 $N(\mu,1)$。求置信度为 0.95 的置信区间。

4. 某车间生产滚球,其直径 $\sim N(\mu,0.05)$,从某天的产品里随机抽出 9 个量得直径如下(单位:毫米):

14.6　15.1　14.9　14.8　15.2　15.1　14.8　15.0　14.7

若已知该天产品直径的方差不变,试找出平均直径的置信度为 0.95 的置信区间。

5. 工厂生产一种零件,其口径(单位:毫米)服从正态分布 $N(\mu,\alpha^2)$,现从某日生产的零件中随机抽出 9 个,分别测得其口径如下

14.6　14.7　15.1　14.9　14.8　15.0　15.1　15.2　14.7

已知零件口径 x 的标准差 $\sigma=0.15$,求 μ 的置信度为 0.95 的置信区间。

6. 随机抽取某种炮弹 9 发做实验,测得炮口速度的样本标准差 $S=3$(m/s),设炮口速度服从正态分布,求这种炮弹的炮口速度 σ^2 的置信度为 0.95 的置信区间。

7. 设某校女生的身高服从正态分布,今从该校某班中随机抽取 9 名女生,测得数据后经计算获得结果如下:$\bar{x}=162.67$cm, $s=4.20$cm。求该校女生身高方差 σ^2 的置信度为 0.95 的置信区间。

8. 一批螺丝钉中,随机抽取 9 个,得数据且经计算获得结果如下:$\bar{x}=16.10$cm, $S=2.10$cm。设螺丝钉的长度服从正态分布,试求该批螺丝钉长度方差 σ^2 的置信度为 0.95 的置信区间。

9. 从水平锻造机的一大批产品随机地抽取 20 件,测得其尺寸的平均值 $\bar{x}=32.58$, 样本方差 $S^2=0.097$。假定该产品的尺寸 x 服从正态分布 $N(\mu,\sigma^2)$,其中 μ 与 σ^2 均未知。求 σ^2 的置信度为 0.95 的置信区间。

10. 已知某批铜丝的抗拉强度 x 服从正态分布 $N(\mu, \sigma^2)$。从中随机抽取 9 根,经计算得其标准差为 8.069。求 σ^2 的置信度为 0.95 的置信区间。

专有名词

z 分数:正态分布的数值转换成标准正态分布的算式。

区间估计:估计总体参数的方法,此方法可求出包含总体数值的区间。

边际误差:在求算总体参数的区间估计时,点估计值所加上和减掉的值。

置信水平:对于一区间估计的信心度。例如,一个区间估计程序所建立的95%区间会包含总体参数,则我们可以说此区间估计值是建立在95%置信水平上的。

置信系数:以小数表示的置信水平。例如,置信系数0.95表示95%置信水平。

置信区间:区间估计的另一名称。

自由度:抽样分布的一个参数,指的是计算某一统计量时,取值不受限制的变量个数。通常 $df=n-k$。其中 n 为样本数量,k 为被限制的条件数或变量个数,或计算某一统计量时用到其他独立统计量的个数。

重要公式

z 分数

$$z_i = \frac{x_i - \mu}{\sigma}$$

式中,z_i 为 x_i 的 z 分数; μ 为平均数;σ 为标准差。

双尾区间估计

$$\mu - z_{\alpha/2} \cdot \sigma < x < \mu + z_{\alpha/2} \cdot \sigma$$

式中,$1-\alpha$ 称为系数。

$$\sigma \text{已知} \ \bar{x} \pm z_{\alpha/2} \cdot \frac{\sigma}{\sqrt{n}}$$

$$\sigma \text{未知} \ \bar{x} \pm t_{(\alpha/2,n-1)} \cdot \frac{s}{\sqrt{n}} \quad s = \sqrt{\frac{\sum (x_i - \bar{x})^2}{n-1}}$$

样本容量大小

$$n = 2 \cdot \left(\frac{z_{\frac{\alpha}{2}} \cdot \sigma}{d}\right)^2$$

$$n = 2 \cdot \frac{p(1-p) \cdot z_{(\alpha/2)}{}^2}{d^2}$$

单一总体方差区间估计

$$\frac{(n-1)s^2}{\chi^2_{(\alpha/2)}} < \sigma^2 < \frac{(n-1)s^2}{\chi^2_{(1-\alpha/2)}}$$

两个总体方差比值估计

$$\frac{s_1^{\ 2}}{s_2^{\ 2}} \cdot F\left(1-\frac{\alpha}{2}, n_2-1, n_1-1\right) < \frac{\sigma_1^{\ 2}}{\sigma_2^{\ 2}} < \frac{\dfrac{s_1^{\ 2}}{s_2^{\ 2}}}{F\left(1-\dfrac{\alpha}{2}, n_1-1, n_2-1\right)}$$

7 假设检验

本章摘要

假设检验是统计方法中利用样本数据来决定是否要拒绝母体参数的相关描述。所以它是统计推论的重要工具。假设的来源虽有很多,但必须是一组对立描述,分别是零假设 H_0 和备择假设 H_a。零假设和备择假设往往是对立的,但许多实际应用的零假设及备择假设并非显而易见,一般最常见的有三种。

统计推论通常会针对平均数或方差进行推论,并且分为单总体和双总体。平均数的推论不管是单总体还是双总体,其使用的检验程序都是 z 分布或 t 分布,主要根据总体的标准偏差是否已知和样本容量的大小来区分。而方差的检验,单总体采用卡方检验,双总体则用 F 检验。此外还有总体比例的检验,比例抽样的平均数会呈现正态分布,所以检验程序是采用 z 分布。当然,除了单总体和双总体的检验以外,还有多总体的检验,这可以通过多重比较分析来进行。

无论检验的方法如何,所使用的检验统计量都是运用 p 值和 α 值来决定是否拒绝零假设。若 p 值小于或等于显著水平 α 就拒绝零假设,再或是利用 α 值来计算临界值。以左尾检验为例,如果假设检验值小于等于临界值,则拒绝零假设。右尾检验则是若假设检验值大于等于临界值,则拒绝零假设。双尾检验有两个临界值,一个在抽样分布的左尾,另一个在抽样分布的右尾;如果检验统计量小于等于左尾的临界值或大于等于右尾的临界值,就拒绝零假设。

检验也会有误差的发生,这误差有 2 种,分别是 Ⅰ 型误差(α)和 Ⅱ 型误差(β)。一般来说,犯 Ⅰ 型错误的更严重,所以大部分分析人员会以减少犯 Ⅰ 型错误为准则。而在条件一样的情况下,α 和 β 正好是反向的,也就是减少 α 就会增加 β,所以,要同时减少 α 和 β,只能靠增加样本容量来实现。

7.1 假设设定

第五章和第六章说明了如何使用样本进行总体参数点估计和区间估计,本章继续探讨如何利用假设检验来决定是否拒绝某项针对总体参数所建立的假设。

在假设检验(hypothesis testing)中,首先要针对总体参数做暂时的假设,此假设称为零假设(null hypothesis),一般称为原假设或虚无假设,不过笔者认为零假设比较符合原文意思,以 H_0 表示(H_0 发音 H nought, nought 英式英文表示 0 的意思);因为是暂时的假设,所以有

人称为 H_0 虚无假设。然后再建立另一个假设,称为备择假设(alternative hypothesis)或研究假设(research hypothesis),以 H_1 表示(不过目前已有很多学者用 H_a 来表示,本书也都将以 H_a 来表示),它与零假设的叙述刚好相反(所以 H_a 也称为对立假设)。假设检验的过程即利用样本数据检验 H_0 和 H_a 两个对立的叙述。但事实上,只能用样本数据去检验 H_0,也就是说在置信水平(90%,或 95%,或 99%)下,可以拒绝 H_0,但拒绝 H_0 就可以接受 H_a 吗? 正确地说,只能说我们没有证据可以拒绝 H_a,也就是无法拒绝 H_a,拒绝 H_0 而有利于 H_a。

所以,怎么建立 H_0 和 H_a? 虽然它们两个是互相对立的,但却无法很明显地加以区分。所以在建立前必须要很谨慎,才能提供研究人员或决策者需要的信息。换句话说,假设的建立必须根据研究人员或决策者的需求而定。举例来说,对于犯人,法官必须主张无罪推论,所以法官所建立的假设应该为:

H_0:犯人是有罪的

H_a:犯人是无罪的

所以法官想办法去拒绝 H_0(犯人是有罪的)假设。但主控律师则认为犯人是有罪的,他建立的假设就刚好相反:

H_0:犯人是无罪的

H_a:犯人是有罪的

所以主控律师就要想办法去拒绝 H_0(犯人是无罪的)假设。

再举一例。如果一个汽车制造商宣称他生产的汽车汽油消耗量最少,想要提出证据证明,那么他就说他的汽车每公升汽油在市区可以行使 10 公里,这时候建立的假设为:

$$H_0: \mu \leqslant 10$$

$$H_1: \mu > 10$$

这时候制造商只要能拒绝 H_0 就可以了。但消费者则会质疑他的汽车在市区每公升能否行驶 10 公里,所以建立的假设就变成:

$$H_0: \mu \geqslant 10$$

$$H_1: \mu < 10$$

当消费者拒绝 H_0 的时候,就可以判定制造商的说法是不对的。

一般统计的推论都会先建立零假设,不过就财经实证研究来说,通常都会根据“现况”或“过去的研究结果”来进行检验(这也就是“经济显著”),在已知(这个“已知”往往是过去的结果或是不同集群的结果)的情况下,变成先建立目标研究的 H_a 再建立对立的 H_0,然后通过样本数据去拒绝,让根据“现况”或“过去的研究结果”的推论是无法被拒绝的。

根据上述对假设的说明,研究人员若想了解总体参数的状况,他不外乎会确立“大于”、“小于”或“不会等于”某一个数这 3 种形式。

$$\begin{matrix} H_0: \mu \geqslant \mu_0 \\ H_a: \mu < \mu_0 \end{matrix} \; ; \; \begin{matrix} H_0: \mu \leqslant \mu_0 \\ H_a: \mu > \mu_0 \end{matrix} \; ; \; \begin{matrix} H_0: \mu = \mu_0 \\ H_a: \mu \neq \mu_0 \end{matrix}$$

前面两种模式称为单尾检验(one-tailed tests),第三种模式则称为双尾检验(two-tailed tests)。不管如何设定,“等号”一定会在零假设那边。

在给定的置信水平（1−α，一般为 90%或 95%或 99%）之下，拒绝 H_0，置信水平并非 100%，所以会有误判的状况。误判的情况有两种，分别称为Ⅰ型错误（又称拒真错误，第一类错误）、Ⅱ型错误（又称采伪错误，第二类错误）。Ⅰ型错误指的是应当 H_0 真，但拒绝了 H_0；Ⅱ型错误是应当 H_0 假，但选择不拒绝。形成Ⅰ型错误的概率为 α，形成Ⅱ型错误的概率是 β，统计上称 α 为显著水平，$1-\beta$ 为检验力。参见表 7-1。

表 7-1 假设检验的Ⅰ型错误与Ⅱ型错误

		事　实	
		H_0 真	H_0 假
结论	接受 H_0	正确结论	P(Ⅱ型错误) = β
	拒绝 H_0	P(Ⅰ型错误) = α	正确结论

因为统计学上认为犯Ⅰ型错误的后果相当严重，所以在实务上，大部分假设检验应用都会控制犯Ⅰ型错误的概率，而犯Ⅱ型错误的概率则不一定在控制中。所以，执行假设检验的人员都会确定显著水平 α，也就是选定犯Ⅰ型错误的概率，一般希望能将发生Ⅰ型错误的概率（α）控制在一定的程度内（一般为 0.1、0.05 或 0.01，有关疫苗、医药的有效性甚至会控制到万分之一）。只控制Ⅰ型错误概率的假设检验通常称为显著性检验。大部分假设检验皆为此类型。

假若在置信水平下，我们决定接受 H_0，但我们还是不能确定此决定有多大信心，因为存在不确定的犯Ⅱ型错误的发生概率，所以统计学家通常建议我们用"不拒绝 H_0"而不用"接受 H_0"的陈述。事实上，统计学家不直接接受 H_0，可以避免犯Ⅱ型错误的风险。

只要尚未确定或控制犯Ⅱ型错误的概率，就无法做出"接受 H_0"的陈述。在这种情况下，只有两种可能的结论：不拒绝 H_0 或拒绝 H_0。

至于 β 值是怎么计算的，我们会在后面介绍统计推论时介绍。

7.2　统计推论

统计推论就是研究如何根据样本数据去推断总体的数量特征，为进行决策判断服务。所以在做统计推论前必须先做假设检验。前面一节提到了两个基本观念：

（1）假设检验有 2 种，正确来说是有 3 种，分别是单尾检验的左尾检验和右尾检验，以及双尾检验。

（2）实务上，大部分研究的假设检验应用都会控制犯Ⅰ型错误的概率 α。

根据上面两个观念，将 3 种检验形式用表 7-2 表示。

表 7-2 3 种检验形式

检验形式	假设检验	图　　例
左尾检验	$H_0:\mu \geqslant \mu_0$ $H_a:\mu < \mu_0$	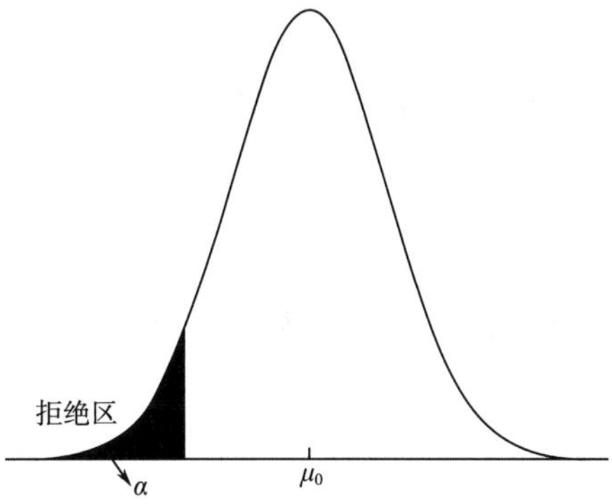
右尾检验	$H_0:\mu \leqslant \mu_0$ $H_a:\mu > \mu_0$	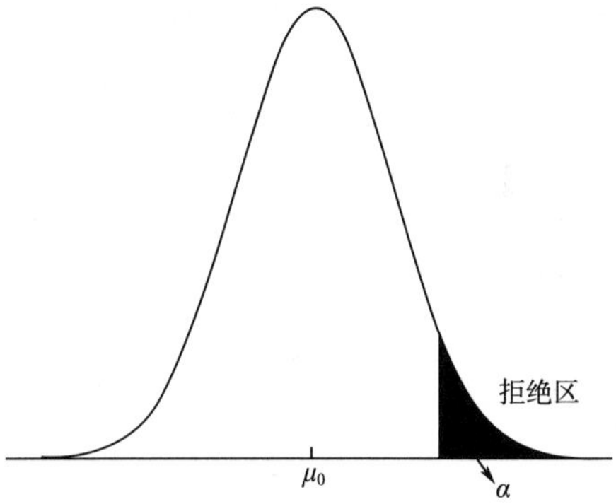
双尾检验	$H_0:\mu = \mu_0$ $H_a:\mu \neq \mu_0$	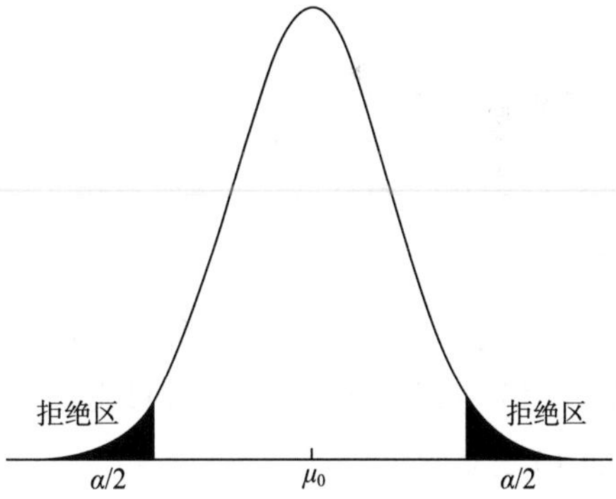

表 7-2 已经说明了显著水平 α 与假设检验（H_0 和 H_a）的关系。有了显著水平，通过统计分析计算出检验统计量（test statistic），就可以判断是否要拒绝 H_0：若检验统计量落在拒绝区（黑色的部分），那就是拒绝 H_0；否则就表示没有拒绝 H_0 的证据。

所以，如何计算检验统计量，才是统计推论的最重要的步骤。

检验统计量的计算公式在前面第 6 章已经介绍过，即

$$\frac{\bar{x} - \mu_0}{\sigma_{\bar{x}}}$$

这时候要考虑总体的 σ 是已知还是未知。

(1)总体 σ 是已知的，则检验统计量为

$$z=\frac{\bar{x}-\mu_0}{\sigma_{\bar{x}}}=\frac{\bar{x}-\mu_0}{\frac{\sigma}{\sqrt{n}}}$$

(2)总体 σ 是未知的，则检验统计量为

$$t=\frac{\bar{x}-\mu_0}{\sigma_{\bar{x}}}=\frac{\bar{x}-\mu_0}{\frac{s}{\sqrt{n}}}$$

(3)基于总体比例，则检验统计量为

$$z=\frac{p-p_0}{\sqrt{\frac{p_0\cdot(1-p_0)}{n}}}$$

检验方式有 2 种，一种是临界值(critical value)的检验，另一种是 p 值的比较。

临界值法是当检验统计量落在黑色区域时，就拒绝 H_0。3 种检验状况如表 7-3 所示。

表 7-3　临界值法决策模式

检验形式	假设检验	σ 已知	σ 未知	决策
左尾检验	$H_0:\mu\geqslant\mu_0$ $H_a:\mu<\mu_0$	$z<z_\alpha$	$t<t_{(\alpha,n-1)}$	拒绝 H_0
右尾检验	$H_0:\mu\leqslant\mu_0$ $H_a:\mu>\mu_0$	$z>z_\alpha$	$t>t_{(\alpha,n-1)}$	拒绝 H_0
双尾检验	$H_0:\mu=\mu_0$ $H_a:\mu\neq\mu_0$	$\|z\|>z_{\alpha/2}$	$\|t\|>t_{(\alpha,n-1)}$	拒绝 H_0

表 7-3 中，z_α 和 $t_{(\alpha,n-1)}$ 就是所谓的临界值。

【例 7-1】检验 2019 年零售和批发业的速动比例是否大于 100(数据参考例 6-1)。

解：(1)建立假设检验：

$$H_0:QR\leqslant 100$$

$$H_0:QR>100$$

(2)确定误差值 $\alpha=0.05$。

(3)计算数值：

$$n=164,\ \bar{x}=119.86,\ s=139.34$$

(4)计算 t 值：

$$z=\frac{\bar{x}-c}{\frac{s}{\sqrt{n}}}=\frac{119.86-100}{\frac{139.34}{\sqrt{164}}}=1.83>1.654t_{(0.05,163)}$$

(5)结果：拒绝 H_0，没有证据显示上市公司零售与批发业的速动比例小于 100%。

【例 7-2】检验 2020 年零售和批发业的速动比例是否大于 100。

解:从上面开始计算。

计算数值:

$$n=166,\ \bar{x}=108.60,\ s=117.78$$

(1)计算 t 值:

$$z=\frac{\bar{x}-c}{\frac{s}{\sqrt{n}}}=\frac{108.60-100}{\frac{117.78}{\sqrt{166}}}=0.991<1.654t_{(0.05,165)}$$

(2)结果:不拒绝 H_0,没有证据显示上市公司零售与批发业的速动比例大于 100%。

另外一种为 P 值(p-value)的比较法。P 值是概率,由检验统计量计算而得,也就是评量临界值后(左尾检验就是临界值左边面积,右尾检验就是临界值右边面积,双尾检验就是二端的面积)的面积,当面积小于 α,就拒绝 H_0。P 值的推导一般都由查表而得,当然也可以利用 Excel 指令算出:z_αNORMSDIST(z)。

NORMSDIST 为 Excel 的公式指令,z 为临界值,NORMSDIST 为输出累积概率函数,所以右尾检验必须用 1 扣掉该值,左尾检验则不用,或是直接输入负数的值即可。

【例 7-3】$z=1.96$,NORMSDIST(1.96)= 0.975,NORMSDIST (-1.96) = 0.025,$t_{(\alpha,n-1)}$= TDIST(t,n-1 ,1 或 2),

式中,t 为临界值,n-1 为自由度,1 为单尾,2 为双尾。

【例 7-4】利用例 7-1 和 7-2 的资料,用 Excel 计算出 P 值并做统计推论。

解:例 7-1 中,TDIST(1.83,163 ,1)= 0.035<α(0.05),所以拒绝 H_0。

例 7-2 中,TDIST(0.991,165 ,1)= 0.162>α(0.05),所以无法拒绝 H_0。

图 7-1 为例 7-4 之 P 值的概念示意图。该图表示若 P 值涵盖面积小于显著水平 α,就拒绝 H_0;超过 α,则无法拒绝 H_0。

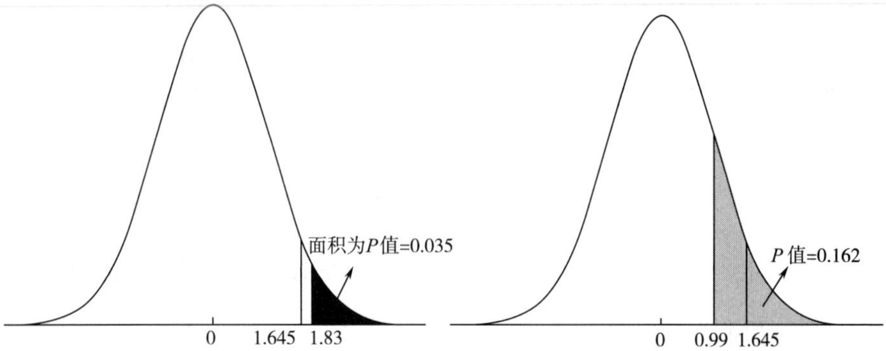

图 7-1 P 值示意图

上面的例子很清楚地告诉我们,虽然样本平均数是 108.60(大于 100),但还是没有足够证据可以证明总体平均数会大于 100,很清楚地表明样本数不够,扩大样本数或许就可以让证据增加而加以证明。此外,从式中也可以得知,唯有平均数大于(小于)要检验的数,然后再去检验是否大于(小于)才有意义。平均数若已经小于(大于)了,去检验大于(小于)没有必要。

本节所介绍的假设检验，是统计推论最重要的过程。兹将假设检验的步骤重新介绍如下：

步骤 1，建立零假设和备择假设 H_0、H_a。

步骤 2，确认显著水平 α。

步骤 3，搜集样本数据，计算检验统计量的值。

步骤 4，决定使用检验的方法。

(1) P 值法：查表或应用 Excel 得到 P 值。

(2) 临界值法：找出与 α 相对应的统计量(临界值)

z 值：(0.1→1.28)、(0.05→1.645)、(0.025→1.96)、(0.01→2.326)、(0.005→2.276)

t 值，若是大样本，则直接使用 z 值。

步骤 5，判断是否拒绝 H_0：

(1) p 值法：p 值 $\leqslant \alpha$，则拒绝 H_0。

(2) 临界值法：检验统计量绝对值大于临界值，则拒绝 H_0。

步骤 6，应用各种脉络解释步骤 5 的统计推论。

假设检验除了上述使用的临界值法和 P 值法以外，也可以利用前面一章讲述过的置信空间来判断。也就是说，当显著水平为 α，则表示置信区间为 $1-\alpha$。若置信空间包含了零假设的 μ_0，则不能拒绝 H_0，不包含则就拒绝 H_0。举例来说，当 α 已知的双尾检验，

$$\text{置信区间：} \bar{x} \pm z_{\frac{\alpha}{2}} \frac{\sigma}{\sqrt{n}}$$

$$\text{假设检验形式：} \begin{array}{l} H_0: \mu = \mu_0 \\ H_1: \mu \neq \mu_0 \end{array}$$

若 $\left(\bar{x} - z_{\frac{\alpha}{2}} \frac{\sigma}{\sqrt{n}}, \bar{x} + z_{\frac{\alpha}{2}} \frac{\sigma}{\sqrt{n}}\right)$ 包含了 μ_0，则无法拒绝 H_0。

总体参数最常用的是平均数以及方差。上述的检验是检验平均数。至于方差的检验，单总体的检验采用卡方检验，而双总体则采用 F 检验。以下分别介绍。

前面已述样本方差：

$$s^2 = \frac{\sum (x_i - \bar{x})^2}{n-1}$$

作为总体方差的点估计量，如果要以样本方差为基础来进行总体方差的统计推论，就必须利用 $\frac{(n-1)s^2}{\sigma^2}$ 的抽样分配。

$$\frac{(n-1)s^2}{\sigma^2} \sim \chi^2_{(n-1)}$$

所以当 μ，σ^2 均未知时，若想要估计 σ^2，就可以利用随机抽样获得 n 个互相独立的样本 $x_1, x_2, \cdots, x_n$，并计算其样本平均值及样本方差，通过上述方法进行置信区间的估计或检验。

有 $(1-\alpha)$ 的概率可抽取到一个 χ^2 值，则

$$\chi^2_{\left(1-\frac{\alpha}{2}\right)} \leqslant \chi^2_{(n-1)} \leqslant \chi^2_{\left(\frac{\alpha}{2}\right)}$$

$$\Leftrightarrow \quad \chi^2_{\left(1-\frac{\alpha}{2}\right)} \leqslant \frac{(n-1)s^2}{\sigma^2} \leqslant \chi^2_{\left(\frac{\alpha}{2}\right)}$$

$$\Leftrightarrow \quad \frac{(n-1)s^2}{\chi^2_{\left(\frac{\alpha}{2}\right)}} \leqslant \sigma^2 \leqslant \frac{(n-1)s^2}{\chi^2_{\left(1-\frac{\alpha}{2}\right)}}$$

所以 $\frac{(n-1)s^2}{\chi^2_{\left(\frac{\alpha}{2}\right)}} \leqslant \sigma^2 \leqslant \frac{(n-1)s^2}{\chi^2_{\left(1-\frac{\alpha}{2}\right)}}$ 为方差的置信区间,置信水平为 $1-\alpha$。

【例 7-5】选取 20 个容器为一样本,并计算出装填量的样本方差为 $s^2=0.0025$。试估计总体方差的区间估计。

解析:卡方自由度 $v=19$ 的图形如图 7-2 所示。

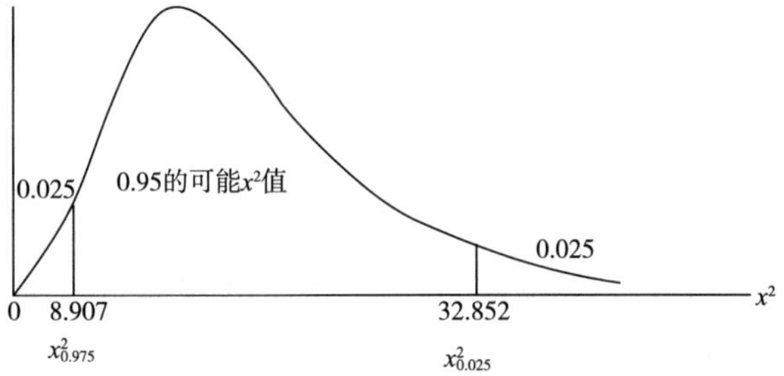

图 7-2 卡方自由度 $v=19$ 的分布

$$\frac{(n-1)s^2}{\chi^2_{\left(\frac{\alpha}{2}\right)}} \leqslant \sigma^2 \leqslant \frac{(n-1)s^2}{\chi^2_{\left(1-\frac{\alpha}{2}\right)}}$$

$$\frac{19\times 0.0025}{32.852} \leqslant \sigma^2 \leqslant \frac{19\times 0.0025}{8.907}$$

$$0.0014 \leqslant \sigma^2 \leqslant 0.0053$$

很清楚,检验统计量 χ^2 会服从自由度为 $n-1$ 的卡方分布:

$$\frac{(n-1)s^2}{\sigma^2} \sim \chi^2_{(n-1)}$$

接下来就是方差检验的三种情况,见表 7-4。

表 7-4 单一总体方差之假设检验摘要

	左尾	右尾	双尾
假设	$H_0:\sigma^2 \geqslant \sigma^2_0$ $H_a:\sigma^2 < \sigma^2_0$	$H_0:\sigma^2 \leqslant \sigma^2_0$ $H_a:\sigma^2 > \sigma^2_0$	$H_0:\sigma^2 = \sigma^2_0$ $H_a:\sigma^2 \neq \sigma^2_0$
检验统计量	$\chi^2 = \frac{(n-1)s^2}{\sigma^2}$		

续表

<table>
<tr><td colspan="2"></td><td>左尾</td><td>右尾</td><td>双尾</td></tr>
<tr><td rowspan="2">法则</td><td>P 值法</td><td colspan="3">$P \leqslant \alpha$</td></tr>
<tr><td>临界值法</td><td>$\frac{(n-1)s^2}{\sigma^2} \leqslant \chi^2_{(\alpha,n-1)}$</td><td>$\frac{(n-1)s^2}{\sigma^2} \geqslant \chi^2_{(1-\alpha,n-1)}$</td><td>$\frac{(n-1)s^2}{\sigma^2} \leqslant \chi^2_{(1-\frac{\alpha}{2},n-1)}$ 或
$\frac{(n-1)s^2}{\sigma^2} \geqslant \chi^2_{(\frac{\alpha}{2},n-1)}$</td></tr>
</table>

【例 7-6】某公交公司希望驾驶员行车准时，提升该公司可信赖的形象。公司提出的标准政策为，希望各站到达时间有极低的变异性，其订定的标准为到达时间的方差必须在 4 分钟以内。经过数据抽查，随机样本 24 辆公交车的到站时间的样本方差为 $s^2=4.9$。试判断该公司车辆到达时间的总体方差是否过大。

解：假设检验

$$H_0: \sigma^2 \leqslant 4$$

$$H_a: \sigma^2 > 4$$

$$\chi^2 = \frac{(n-1)s^2}{\sigma^2} = \frac{(24-1)\times 4.9}{4} = 28.18 < 32.007\chi^2_{(0.1,23)}$$

因为 $\chi^2=28.18<32.007, P>\alpha=0.05$，故我们不能拒绝零假设。故此样本并不支持到站时间的总体方差超过标准的说法。

7.3 检验力

前面提到Ⅱ型错误 β，也就是当 H_0 为假却不拒绝 H_0。所以计算 β 前要先确定 α 值，导出临界值后才能计算出来，如图 7-3 所示。

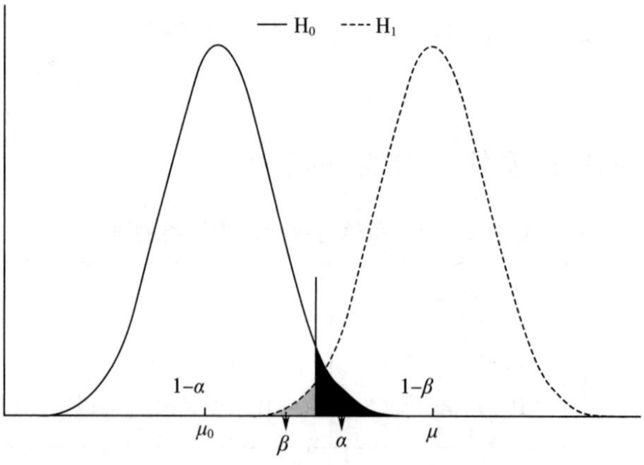

图 7-3 Ⅰ型错误与Ⅱ型错误示意图

由图 7-2 可以发现，α 与 β 互为拮抗，即 α 提高，则 β 会降低，反之亦然。所以 β 的计算

过程如下：

步骤 1：假设检验的设定(以右尾检验为例,参见图 7-2)。

$$H_0: \mu \leqslant \mu_0$$

$$H_0: \mu > \mu_0$$

步骤 2：确定显著水平 α。

步骤 3：计算临界值。

拒绝 H_0 的条件为：

$$z > z_\alpha(\sigma \text{ 已知}), t > t_{(\alpha, n-1)}(\sigma \text{ 未知})$$

$$z = \frac{\bar{x} - \mu_0}{\frac{\sigma}{\sqrt{n}}} > z_\alpha; \quad t = \frac{\bar{x} - \mu_0}{\frac{s}{\sqrt{n}}} > t_{(\alpha, n-1)}$$

$$\bar{x} > \mu_0 + z_\alpha \cdot \frac{\sigma}{\sqrt{n}}; \quad \bar{x} > \mu_0 + t_{(\alpha, n-1)} \cdot \frac{s}{\sqrt{n}}$$

所以不拒绝 H_0 的条件为：

$$\bar{x} < \mu_0 + z_\alpha \cdot \frac{\sigma}{\sqrt{n}}; \quad \bar{x} < \mu_0 + t_{(\alpha, n-1)} \cdot \frac{s}{\sqrt{n}}$$

步骤 4：计算在特定值 μ 下的检验力 $1-\beta$。

$$z = \frac{\mu_0 + z_\alpha \cdot \frac{\sigma}{\sqrt{n}} - \mu}{\frac{\sigma}{\sqrt{n}}} = z_{(1-\beta)} \qquad t = \frac{\mu_0 + t_{(\alpha, n-1)} \cdot \frac{s}{\sqrt{n}} - \mu}{\frac{s}{\sqrt{n}}} = t_{(1-\beta, n-1)}$$

通过查表或用 Excel 指令的方式,就可以得到检验力 $1-\beta$ 和Ⅱ型错误 β。

所以,根据上面的公式就可以发现：当固定 α 时,可通过增加样本数达到降低 β 的目的。

【例 7-7】 使用例 7-1 的数据,Ⅱ型错误 β 为多少?

$$t = \frac{\bar{x} - \mu}{\frac{s}{\sqrt{n}}} = \frac{117.997 - 119.86}{\frac{139.34}{\sqrt{164}}} = -0.171 = z_{(0.432)}$$

所以 $\beta = 0.432$。

检验力 $1-\beta = 0.568$。

按照例 7-5,分别计算出检验力如表 7-5 所示。

表 7-5 例 7-5 检验中发生Ⅱ型错误的概率

μ	t	β	$1-\beta$
100	1.654	0.951	0.049
105	1.195	0.884	0.116
110	0.735	0.769	0.231
115	0.275	0.609	0.391
120	-0.184	0.427	0.573
125	-0.644	0.260	0.740

续表

μ	t	β	$1-\beta$
130	-1.103	0.135	0.865
135	-1.563	0.059	0.941
140	-2.022	0.022	0.978
145	-2.482	0.007	0.993
150	-2.941	0.002	0.998

由各种 μ 值可以计算出不同的检验力，将之连接，就成为检验力曲线，如图 7-3 所示。

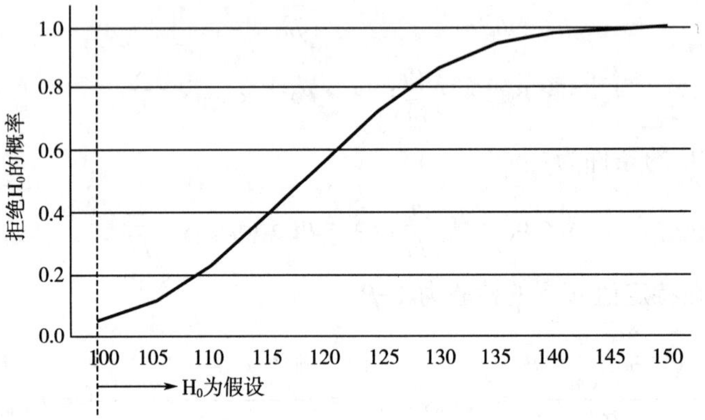

图 7-3　检验力曲线图

前面曾提及，固定 α 时，可通过增加样本数达到降低 β 的目的，所以研究人员若要控制Ⅰ型(α)和Ⅱ型(β)错误，也可以利用调整样本大小来控制。如表 7-6 所示。

表 7-6　控制Ⅰ型和Ⅱ型错误所需的样本数

σ	样本数
已知	$n=\dfrac{(z_\alpha - z_{(1-\beta)})^2\cdot\sigma^2}{(\mu_0-\mu)^2}$
未知	$n=\dfrac{(t_{(\alpha,n-1)} - t_{(1-\beta,n-1)})^2\cdot s^2}{(\mu_0-\mu)^2}$

7.4　两总体的检验

进行平均数检验所需要的数值分别为点估计量、标准误以及样本数。其中，点估计量是样本的平均数；标准误就是总体标准偏差，分为已知和未知——标准误已知的前提下，就采用标准正态分布进行检验；未知，则采用 t 分布进行检验。

在介绍 2 个总体之差的检验前，我们先将符号界定清楚，兹整理如表 7-7 所示。

表 7-7 总体检验符号说明

参数	符　　号
n_i	总体 i 的样本数
μ_i	总体 i 的平均数
$\bar{x}_i$	样本 i 的平均数
σ_i	总体 i 的标准差
s_i	样本 i 的标准差

考虑两个总体平均数之差的检验时，首先要建立需检验的假设，假设 D_0 为 μ_1 和 μ_2 之假设差异，则三种假设检验的形式如表 7-8 所示。

表 7-8

左尾	右尾	双尾
$H_0:\mu_1-\mu_2\geqslant D_0$ $H_a:\mu_1-\mu_2<D_0$	$H_0:\mu_1-\mu_2\leqslant D_0$ $H_a:\mu_1-\mu_2>D_0$	$H_0:\mu_1-\mu_2=D_0$ $H_a:\mu_1-\mu_2\neq D_0$

两总体平均数之差的点估计为：

$$\bar{x}_1-\bar{x}_2$$

$\bar{x}_1-\bar{x}_2$ 的标准误为

$$\sigma_{\bar{x}_1-\bar{x}_2}=\sqrt{\frac{{\sigma_1}^2}{n_1}+\frac{{\sigma_2}^2}{n_2}}$$

这时，对于总体标准偏差的认知一样区分为已知和未知，如表 7-9 所示。

表 7-9 σ_1 和 σ_2 已知和未知时 $\mu_1-\mu_2$ 的统计检验量

σ_1 和 σ_2	已知	未知
统计检验量	$z=\dfrac{(\bar{x}_1-\bar{x}_2)-D_0}{\sqrt{\dfrac{{\sigma_1}^2}{n_1}+\dfrac{{\sigma_2}^2}{n_2}}}$	$t=\dfrac{(\bar{x}_1-\bar{x}_2)-D_0}{\sqrt{\dfrac{{s_1}^2}{n_1}+\dfrac{{s_2}^2}{n_2}}}$

这边的 t 检验较为复杂，还需要计算出它的自由度：

$$df=int\left(\frac{\left(\dfrac{{s_1}^2}{n_1}+\dfrac{{s_2}^2}{n_2}\right)^2}{\dfrac{1}{n_1-1}\cdot\left(\dfrac{{s_1}^2}{n_1}\right)^2+\dfrac{1}{n_2-1}\cdot\left(\dfrac{{s_2}^2}{n_2}\right)^2}\right)$$

算出来数值之后向下调整，并舍去小数。

【例 7-8】试比较 2019 年零售业和批发业的速动比例是否相等。

解：(1)提出零假设和备择假设如下(双尾检验)：

$$H_0:\mu_{ret}-\mu_{who}=0$$

$$H_a:\mu_{ret}-\mu_{who}\neq 0$$

(2)确定误差值：$\alpha=0.1$，$\dfrac{\alpha}{2}=0.05$

(3)计算数值如表 7-10 所示。

表 7-10

	n	$\bar{x}$	s
retail	86	99. 17	94. 84
wholesale	78	142. 68	173. 69

(4)计算自由度:

$$df = int\left(\frac{\left(\frac{s_1^{\ 2}}{n_1}+\frac{s_2^{\ 2}}{n_2}\right)^2}{\frac{1}{n_1-1}\cdot\left(\frac{s_1^{\ 2}}{n_1}\right)^2+\frac{1}{n_2-1}\cdot\left(\frac{s_2^{\ 2}}{n_2}\right)^2}\right)$$

$$= int\left(\frac{\left(\frac{94.84^2}{86}+\frac{173.39^2}{78}\right)^2}{\frac{1}{86-1}\cdot\left(\frac{94.84^2}{86}\right)^2+\frac{1}{78-1}\cdot\left(\frac{173.39^2}{78}\right)^2}\right)$$

$$= 116$$

(5)找出临界值:

$$t_{(0.95,116)} = 1.658$$

Excel 指令为: T. INV(0. 95,116)。

(6)计算 t 值:

$$t = \left|\frac{(\bar{x}_{ret}-\bar{x}_{who})-(\mu_{ret}-\mu_{who})}{\sqrt{\frac{s_{ret}^{\ 2}}{n_{ret}}+\frac{s_{who}^{\ 2}}{n_{who}}}}\right|$$

$$= \left|\frac{99.17-142.68}{\sqrt{\frac{94.94^2}{86}+\frac{173.69^2}{78}}}\right|$$

$$= 1.963 > 1.658$$

(7)结果:拒绝 H_0,即没有证据显示上市公司零售与批发业的速动比例相等。

这两个总体差的置信区间与第 6 章置信区间估计一样(也要区分 σ_1 和 σ_2 已知和未知),估计公式如表 7-9 所示。

表 7-9 σ_1 和 σ_2 已知和未知时 $\mu_1-\mu_2$ 的区间估计

σ_1 和 σ_2	已知	未知
区间估计	$\lvert\bar{x}_1-\bar{x}_2\rvert \pm z_{\frac{\alpha}{2}}\sqrt{\frac{\sigma_1^{\ 2}}{n_1}+\frac{\sigma_2^{\ 2}}{n_2}}$	$\lvert\bar{x}_1-\bar{x}_2\rvert \pm t_{(\frac{\alpha}{2}, df)}\sqrt{\frac{s_1^{\ 2}}{n_1}+\frac{s_2^{\ 2}}{n_2}}$

所以,2019 年零售业和批发业的速动比例差的置信区间为

$$\lvert\bar{x}_1-\bar{x}_2\rvert \pm t_{(\frac{\alpha}{2}' df)}\sqrt{\frac{s_1^{\ 2}}{n_1}+\frac{s_2^{\ 2}}{n_2}}$$

$$= \lvert 99.17-142.68\rvert \pm t_{(0.05'116)}\sqrt{\frac{94.94^2}{86}+\frac{173.69^2}{78}}$$

$$= 43.51 \pm 1.658 \times 22.137$$

$$= (6.806,\ 80.214)$$

置信区间未含 0,所以拒绝 H_0。

此外,两个总体的应用除了差的检验,还有乘积的检验,检验方式在后面 12 章第 1 节里有详细介绍。

结束双总体平均数的检验后,方差亦可进行双总体检验,即 F 检验,检验统计量为

$$F = \frac{s_1^{\ 2}}{s_2^{\ 2}} \sim F_{(1-\alpha, n_1, n_2)}$$

GH 面通过例子来解释双总体方差检验。

【例 7-9】叫车服务的基本服务水平为准时到达。今抽样 A 和 B 两家叫车服务公司,抽样 26 个 A 公司到达时间的样本,方差为 48,抽样 16 个 B 公司到达时间的样本,方差为 20,问这两家公司服务水平是否一样?

解析:准点到达为服务质量的主要指针,方差越低表示越准时且服务质量越高。如果这两家到达时间的方差相等,表示服务水平一样。A 的样本有较大的样本变异数,故我们将其视为总体 1。

$$H_0: \sigma^2{}_1 = \sigma^2{}_2$$

$$H_a: \sigma^2{}_1 \neq \sigma^2{}_2$$

检验统计量为

$$F = \frac{s_1^{\ 2}}{s_2^{\ 2}} = \frac{48}{20} = 2.40 > F_{(95\%, 25, 15)} = 2.28$$

进行双尾检验,$\alpha = 0.1$ 下,拒绝 H_0,两家公司的方差有显著差异。(不过在 $\alpha = 0.05$ 下,$2.40 < F_{(97.5\%, 25, 15)} = 2.69$,这两家公司就没有显著差异了。)

【例 7-10】要研究男性和女性对于三胎政策看法的集体差异状况,分别针对男性和女性对政策支持的态度(从 0~100 分),调查 31 位男性和 41 位女性后发现,男性评分的方差为 80,女性评分的方差则为 120。问:女性集体思维的变异是否高过男性?

解析:女性的方差比较大,所以使其作总体为 1。

$$H_0: \sigma^2{}_{女} \geqslant \sigma^2{}_{男}$$

$$H_a: \sigma^2{}_{女} > \sigma^2{}_{男}$$

$$F = \frac{s_1^{\ 2}}{s_2^{\ 2}} = \frac{120}{80} = 1.5 < F_{(95\%, 40, 130)} = 1.57$$

故无法拒绝 H_0,无法支持女性对三胎政策态度变异高于男性的推论。

对双总体异数的假设检验,可以归纳为表 7-12。

表 7-12 双总体异数之假设检验摘要

	右尾	双尾
假设	$H_0: \sigma^2 \leqslant \sigma^2{}_0$ $H_1: \sigma^2 > \sigma^2{}_0$	$H_0: \sigma^2 = \sigma^2{}_0$ $H_1: \sigma^2 \neq \sigma^2{}_0$
检验统计量	$F = \frac{s^2{}_1}{s^2{}_2}$	

续表

		右尾	双尾
拒绝法则	P 值法	$P \leqslant \alpha$	
	临界值法	$\frac{s_1^2}{s_2^2} \geqslant F_{(\alpha, n_1-1, n_2-1)}$	$\frac{s_1^2}{s_2^2} \geqslant F_{(\frac{\alpha}{2}, n_1-1, n_2-1)}$

7.5 其他检验

本节将介绍的是卡方的适合度检验(chi-squared goodness-of-fit test)和卡方的列联表检验(chi-squared test of a contingency table)。

在统计学的应用里,我们可以用卡方适合度检验来检验某组样本是否服从某个理论分布。适合度即观测到的次数和服从某个理论分布下所期望发生的次数之间的适配程度。该检验所得的检验统计量大小会反映观测次数和期望次数之间的差距,若两者差距不大,则统计量小;若两者差距很大,则统计量大。这样,我们便可以用检验统计量来判断观测值的数据是否符合某个我们期望它符合的理论分布。这种检验都无须假设总体分布是何种分布,所以,这种检验方式也常常被称为无母数检验。当遇到名目尺度和次序尺度的变量时,采用本检验方式最为合适。

进行此类检验的前提假设有:

(1)变项为类别变项 (categorical variable)。

(2)每一检验细格(cell)内的数据应该设为频率或计数数目,而不是百分比也不是经过转换的数据。

(3)至少有 80%以上的细格,其理论数据至少大于 5。样本数目至少要为细格数目的 5 倍。

其方列联表检验会应用到独立事件的定理,后面都会举例说明。

这两种检验的方式都属于卡方右尾检验,其检验统计量为

$$\chi^2 = \sum_{i=1}^{k} \frac{(f_i - e_i)^2}{e_i}$$

其中:f_i 观察值;e_i 为理论值。

该统计量服从自由度 $v=k-1$ 的卡方分布。若为列联表检验,自由度 $v=(r-1)(c-1)$。

服从自由度 $U=k-1$ 的卡方分布。若为列联表检验自由度 $U=(r-1)(c-1)$。检验准则如图 7-4,当卡方值超过临界值时则表示进入拒绝区。

7.5.1 适合度检验

适合度检验——分析某一变项是否与理论或者与总体分配相符合。适用于单一类别变量的随机样本对已知预期值的检验。

【例 7-11】想要知道某次抽血血型的分布比例是否符合国人血型的分布,就要进行总

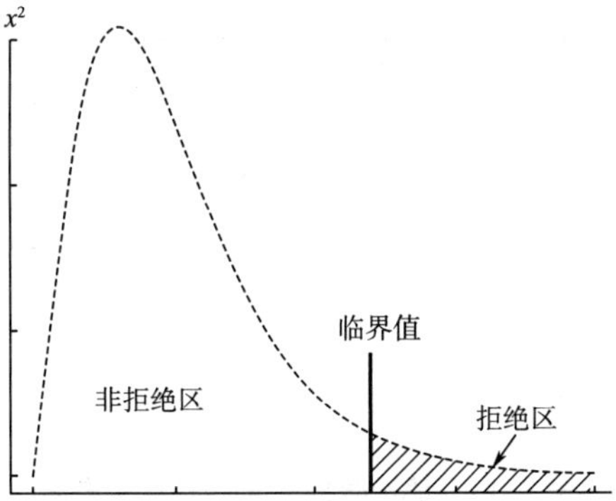

图 7-4　卡方检验示意图

体与样本的比较。假设此次抽血的样本数有 100 个，结果如表 7-13 所示。

表 7-13　血型的样本分布比例

血　　型	A	B	AB	O
总体分布(频率)	25%	25%	30%	20%
样本分布(个数)	20	30	30	20

根据前面的公式，我们可以计算：

$$\chi^2 = \sum_{i=1}^{k} \frac{(f_i - e_i)^2}{e_i} = \frac{(20-25)^2}{25} + \frac{(30-25)^2}{25} + \frac{(30-30)^2}{30} + \frac{(20-20)^2}{20} = 2$$

假设显著水平 $\alpha = 0.05$，自由度为 3，$\chi^2_{(0.95,3)} = 7.82 = $ CHIINV(0.05,3)，卡方值为 2 未达显著，所以无法拒绝 H_0，故样本分布与总体分布是相同的。

【例 7-12】适合度检验——某数据分布是否符合正态分布：根据例 7-2，判断 2020 年零售批发业的公司规模是否呈正态分布。

解：(1)先将数据标准化 $z = \dfrac{x - \bar{x}}{s}$。

(2)将数据分成 10 组，理论数据(共 177 个样本数)如表 7-14 所示。

表 7-14　理论数据分布表

范　　围	范围-标准化	频　　率	理论个数
$-\infty \sim (\mu-2\sigma)$	$-\infty \sim -2$	0.022 8	4.035 6
$(\mu-2\sigma) \sim (\mu-1.5\sigma)$	$-2 \sim -1.5$	0.044 0	7.788 0
$(\mu-1.5\sigma) \sim (\mu-\sigma)$	$-1.5 \sim -1$	0.091 9	16.266 3
$(\mu-\sigma) \sim (\mu-0.5\sigma)$	$-1 \sim 0.5$	0.149 8	26.514 6
$(\mu-0.5\sigma) \sim \mu$	$-0.5 \sim 0$	0.191 5	33.895 5
$\mu \sim (\mu+0.5\sigma)$	$0 \sim 0.5$	0.191 5	33.895 5
$(\mu+0.5\sigma) \sim (\mu+\sigma)$	$0.5 \sim 1$	0.149 8	26.514 6
$(\mu+\sigma) \sim (\mu+1.5\sigma)$	$1 \sim 1.5$	0.091 9	16.266 3

续表

范围	范围-标准化	频率	理论个数
$(\mu+1.5\sigma)\sim(\mu+2\sigma)$	1.5~2	0.044 0	7.788 0
$(\mu+2\sigma)\sim\infty$	2~∞	0.022 8	4.035 6

很明显,前面和后面两组要合并。

(3)分组结果如表 7-15 所示。

表 7-15　理论数据与实际频率分布表

范围	观测值 f_i	理论值 e_i	$(f_i-e_i)^2$	$\frac{(f_i-e_i)^2}{e_i}$
-2~-1.5	11	11.824	0.678	0.057
-1.5~-1	19	16.266	7.473	0.459
-1~0.5	26	26.515	0.265	0.010
-0.5~0	37	33.896	9.638	0.284
0~0.5	32	33.896	3.593	0.106
0.5~1	25	26.515	2.294	0.087
1~1.5	16	16.266	0.071	0.004
1.5~2	11	11.8236	0.678	0.057
合计	177	177	24.690	1.065

$\chi^2=\sum_{i=1}^{k}\frac{(f_i-e_i)^2}{e_i}=1.065<\chi^2_{(0.05,2)}=14.067$,无法拒绝 H_0,所以符合正态分布。

【例 7-13】适合度检验——频率分布是否发生变化:某一产品主要被 2 种品牌 A 和 B 寡占,其市场占有率分别为 0.45,0.4,其他 0.15 则为杂牌(C)占有。现有一位研究者想研究该市场占有率是否发生变化,他随机观察了 200 位消费者,发现购买 A 品牌的有 102 位,购买 B 品牌的有 82 位,其他 16 位购买了其他品牌。请问:该产品的市场占有率发生变化了吗?

解析:H_0:没有变化,即 $p_a=0.45,p_b=0.4,p_c=0.15$。

H_a:有变化,即至少一个比例不相等。

适合度检验见表 7-16。

表 7-16　市场占有率适合度检验表

品牌	观测值 f_i	理论值 e_i	f_i-e_i	$\frac{(f_i-e_i)^2}{e_i}$
A	102	90	12	1.60
B	82	80	2	0.05

续表

品牌	观测值f_i	理论值e_i	$f_i - e_i$	$\frac{(f_i - e_i)^2}{e_i}$
C	16	30	−14	6.53
合计	200	200		

$$\chi^2 = \sum_{i=1}^{k} \frac{(f_i - e_i)^2}{e_i} = 8.18 > \chi^2_{(0.05,2)} = 5.99$$

故拒绝 H_0,市场占有率发生了变化。

7.5.2 列联表检验

列联表检验一般应用在同构型检验(test of homogeneity)和独立性检验(test of independence)上。

H_0:两个变量相互独立

H_a:两个变量非相互独立

【例 7-14】大学本科学位与 MBA 主修之间的关系如表 7-17 所示。

表 7-17 本科学位与 MBA 主修之间的关系表

	MBA 主修			
大学学位	会计	财金	营销	合计
艺术	31	13	16	60
工程	8	16	7	31
商管	12	10	17	39
其他	10	5	7	22
合计	61	44	47	152

试问:本科学位与 MBA 主修是否有关?

解析:利用独立事件 $P(A \cap B) = P(A)\ P(B)$ 判断,所以理论值即为 $P(A)P(B)$,建构理论值,并转换为个数,如表 7-18 所示。

表 7-18 本科学位与 MBA 主修理论与实际之间的关系表

		MBA 主修			
大学学位		会计	财经	营销	合计
艺术	理论概率	0.158	0.114	0.122	0.395
	理论值	24.079	17.368	18.553	60.000
	实际值	31	13	16	60

续表

		MBA 主修			
工程	理论概率	0.082	0.059	0.063	0.204
	理论值	12.441	8.974	9.586	31.000
	实际值	8	16	7	31
商管	理论概率	0.103	0.074	0.079	0.257
	理论值	15.651	11.289	12.059	39.000
	实际值	12	10	17	39
其他	理论概率	0.058	0.042	0.045	0.145
	理论值	8.829	6.368	6.803	22.000
	实际值	10	5	7	22
合计		0.401	0.289	0.309	1.000

表 7-18 中本科学位为艺术类、MBA 主修会计的理论概率(0.158)= 艺术类合计(0.395)×会计合计(0.401),理论值=0.158×152=24.079。

$$\chi^2 = \sum_{i=1}^{k} \frac{(f_i - e_i)^2}{e_i} = 14.70 > \chi^2_{(0.05,2\times3)} = 12.6$$

所以拒绝 H_0,即本科学位和 MBA 主修科目之间有关系。

实训演练——市场指标的检验

针对 5 个市场指标(股票现货指数、股票期货指数、债券指数、利率指数、汇率指数),通过多重比较分析,检验 2021 年各指数的平均数及方差的异同。

(1)股票现货指数:沪深 300 指数,从中证指数(https://www.csindex.com.cn/)下载(见图 7-5)。

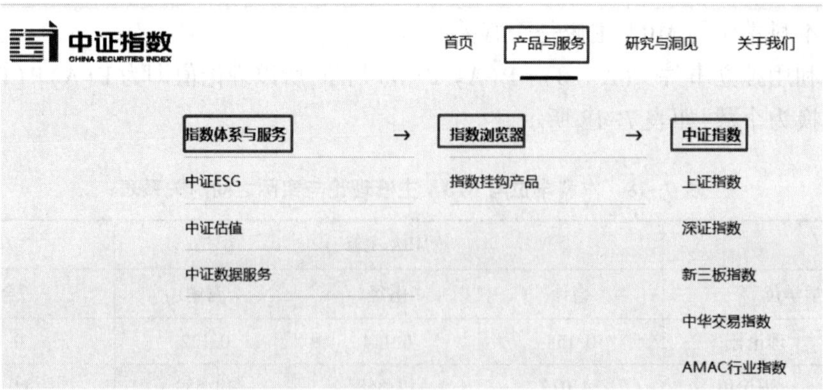

图 7-5　中证指数网址示意图

(2)债券指数:中证全债指数,从中证指数网站(https://www.csindex.com.cn/)下载(见图 7-5)。

(3)股票期货指数:沪深 300 期货指数,从中国金融期货交易所网站(http://www.cffex.com.cn/)下载(见图 7-6)。

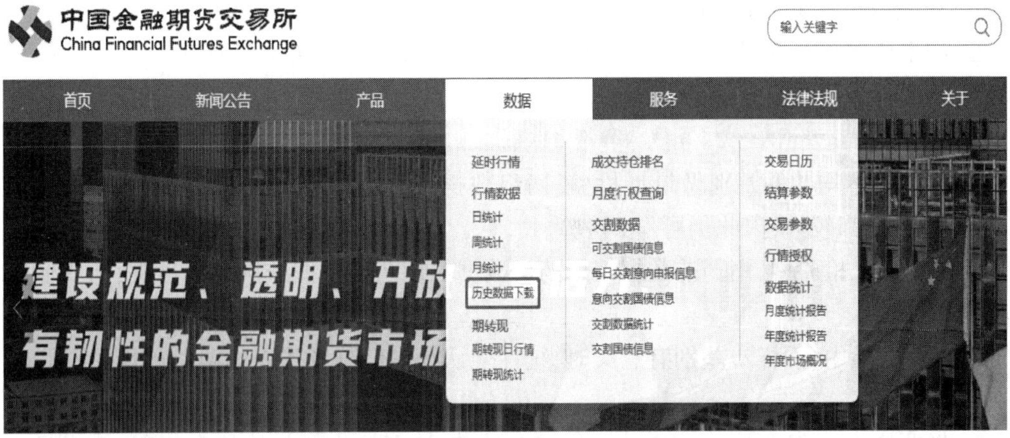

图 7-6 中国金融期货交易所网址示意图

(4)利率指数:国证利率指数,从深圳证券信息有限公司网站(http://www.cnindex.com.cn/)下载(见图 7-7)。

(5)汇率指数:人民币指数,从深圳证券信息有限公司网站(http://www.cnindex.com.cn/)下载(见图 7-7)。

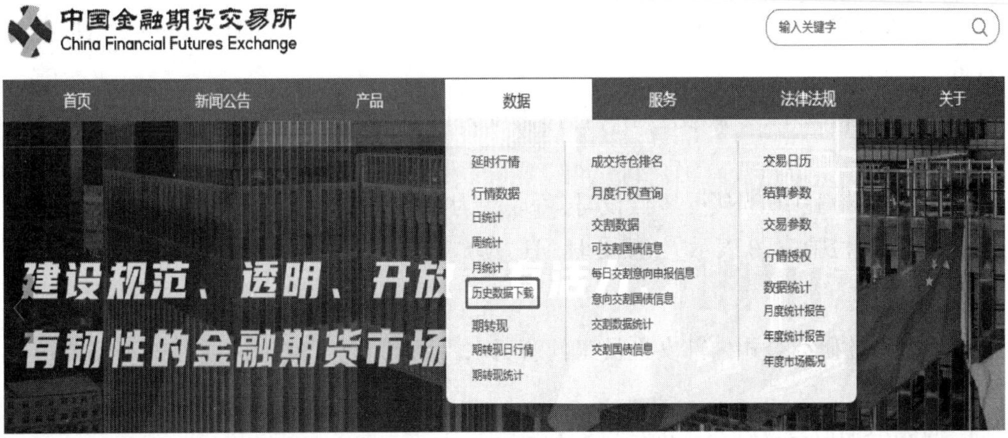

图 7-7 国证指数网址示意图

习　题

一、判断题

1. 在假设检验中,如果所计算的 P 值越小,说明检验结果越不显著。（　）

2. 如果样本不是通过随机抽样得来的,那么做假设检验就失去了意义。（　）

3. 在两样本均数比较的检验中,若 $P<0.05$,则在 0.05 水平上可认为两总体均数不等。（　）

4. 对两样本均数的差别做统计检验,两组数据具有方差齐性,但与正态分布相比略有偏离,样本含量都较大,因此仍可作 t 检验。（　）

5. 在配对 t 检验中,用药前数据减用药后数据与用药后数据减用药前数据,所得到的结论相同。（　）

6. 在 t 检验中,两样本差别有意义时,统计上认为它们分别代表的两总体均数不同。（　）

7. 做两样本均数差别的比较,当 $P<0.01$ 时,统计上认为两总体均数不同,此时推断错误的可能性小于 0.01。（　）

8. 配对资料也可以用成组 t 检验处理,但这样做降低了统计效率。（　）

9. 两总体的标志平均值相等,则两总体标志变异程度相同。（　）

10. 重复抽样和不重复抽样这两种抽样方法,对抽样误差没有影响。（　）

11. 在假设检验中,如果根据样本数值计算出的统计量的值比临界值大,则接受零假设。（　）

12. 假设检验的基本思想可以利用小概率事件原理来解释。（　）

13. 在总体服从正态分布,但总体方差未知的情况下,$H_0:\mu=\mu_0$,$H_a:\mu<\mu_0$,则 H_0 拒绝域为 $|t|<t_{(\alpha,n-1)}$。（　）

14. 在假设检验中,零假设为 H_0,备择假设为 H_a,则“H_0 为真,却拒绝 H_0”为犯第 2 类错误。（　）

15. 在假设检验中,当接受零假设时,可以认为零假设绝对正确。（　）

16. 在假设检验中,β 表示 P(接受 $H_0|H_a$ 真)。（　）

二、单选题

1. 某公司欲研究公司内部女性员工的薪资水平,请问以下何种抽样方式不需要统计推论?（　）

A. 收集公司所有女性员工的薪资资料

B. 收集公司研究部门女性员工的薪资资料

C. 以简单随机抽样的方式收集公司女性员工的薪资数据

D. 收集今天早上前 5 位来上班的女性员工的薪资数据

2. 做两样本平均数的 t 检验,当差别有统计意义时,t 值越大则（　）。

A. 两样本均数差异越大　　B. 两总体均数差异越大
C. 越有理由说两总体均数不同　　D. 越有理由说两样本均数相同
E. 以上都不对

3. t 检验中，$t>t_{(0.05,\nu)}$，$P<0.05$，拒绝检验假设，其依据是(　　)。
A. 零假设本身是人为的，应该拒绝。　　B. 若认为零假设成立，正确的可能性很小。
C. 零假设成立是完全荒谬的。　　D. 计算结果证明零假设是错误的。
E. 零假设不可能成立

4. 两样本均数 t 检验中，如果 $t>t_{(0.05,\nu)}$，可认为(　　)。
A. 两个总体均数不同　　B. 两个总体均数相同
C. 两个样本均数不同　　D. 两个样本均数相同
E. 两总体均数差别有统计学意义

5. 若比较云南丽江市和大理市抽样调查的健康成年男子血清胆固醇的平均含量，可采用(　　)。
A. 样本均数与总体均数比较的 t 检验　　B. 两样本均数比较的 t 检验
C. 配对两样本均数比较的 t 检验　　D. 以上都可以
E. 以上都不对

6. 比较两药疗效时，若(　　)，可做单侧检验。
A. 已知 A 药与 B 药均有效　　B. 不知 A 药好还是 B 药好
C. 已知 A 药不会优于 B 药　　D. 已知 A 药与 B 药差不多好
E. 不知 A 药和 B 药是否有效

7. 在假设检验中，我们提出零假设 H_0，与零假设对立的假设称为(　　)。
A. 备择假设　　B. 单边检验
C. 双边检验　　D. 以上都不对

8. 下列属于双边备择假设的是(　　)。
A. $H_a:\mu<500$　　B. $H_a:\mu>500$
C. $H_a:\mu\neq500$　　D. 以上都不对

9. 两样本比较时，分取以下检验水准，下列哪个选项所取第二类错误最大？(　　)
A. $\alpha=0.15$　　B. $\alpha=0.05$
C. $\alpha=0.01$　　D. $\alpha=0.20$
E. $\alpha=0.30$

10. 两样本比较时，分别取以下检验水准，下列哪个选项所取第二类错误最小？(　　)
A. $\alpha=0.05$　　B. $\alpha=0.01$
C. $\alpha=0.15$　　D. $\alpha=0.20$
E. $\alpha=0.30$

11. 两样本平均数的 t 检验(　　)。
A. 要求两组均数相近　　B. 要求两组方差齐性
C. 对均数和方差没有要求　　D. 要求均数和方差相近
E. 对资料没有要求

12. 关于检验假设,下面哪个说法是正确的?(　　)

A. 检验假设是对总体做的某种假定　　B. 检验假设是对样本做的某种假定

C. 检验假设包括零假设和无效假设　　D. 检验假设是希望被拒绝的假设

E. 检验假设是被证明的假设

13. 在两样本均数比较的假设检验中,如 $P<0.05$,则下面哪个结论正确?(　　)

A. 两总体均数相同　　B. 两总体均数不同

C. 两样本均数相同　　D. 两样本均数不同

E. 以上都不正确

14. 做两样本平均数的比较,当方差不齐时,下述哪一个是错误的?(　　)

A. 做变量变换　　B. 做 z 检验

C. 做秩和检验　　D. 仍做 t 检验

E. 不能做 t 检验

15. 对服从对数正态分布的资料,要进行两样本的比较,可直接用(　　)检验

A. t 检验　　B. 只能用其他检验方法

C. 可用 χ^2 检验　　D. 将数据取对数后,用 t 检验

E. 用 z 检验

16. 两样本比较时,分别取以下检验水准,下列哪个选项第二类错误最小?(　　)

A. $\alpha=0.05$　　B. $\alpha=0.01$

C. $\alpha=0.15$　　D. $\alpha=0.20$

E. $\alpha=0.30$

17. 在假设检验中,如果根据样本数值计算出的检验统计量的值比临界值大,应该(　　)。

A. 接受零假设　　B. 拒绝零假设

C. 零假设为真　　D. 零假设为假

18. 总体之标准差即总体的(　　)。

A. 参数　　B. 标准误

C. 统计量　　D. 方差

19. 反映抽样指标与总体指标之间抽样误差可能范围的指标是(　　)。

A. 概率度　　B. 抽样平均误差

C. 抽样极限误差　　D. 概率

20. 在假设检验中,如果所计算出的 P 值越小,说明检验结果(　　)。

A. 越不真实　　B. 越不显著

C. 越真实　　D. 越显著

21. 就统计推论的合理性而言,下列何种抽样方法较佳?(　　)

A. 非概率抽样　　B. 简单随机抽样

C. 立意抽样　　D. 配额抽样

22. 以下何种论述属于零假说的内容?(　　)

A. 年龄与年薪彼此独立　　B. 成年人的平均体重超过 60 公斤

C. 小学生的平均身高矮于 150 厘米　　　　D. 三班的统计学平均成绩不完全相等

23. 市售大杯手摇茶宣称每杯容量是 700cc。为了了解平均容量为 700cc 是否为真，小明买了十杯大杯手摇茶。经过测量，这十杯茶的平均容量是 660cc，标准误是 15cc。在这十杯茶的容量来自一正态分布的假设下，小明使用单一样本 t 检验来确认容量是否为 700cc。请问以下哪个选项正确？(　　)

A. P 值大于 0.2

B. 检验统计量在零假设成立之下服从 t 分布，自由度为 9

C. 结论是市售大杯手摇茶的平均容量小于 700cc

D. 正态假设是多余的

24. 在假设检验中，如果零假设为真，而根据样本所得到的检验结论否定了零假设，则认为(　　)。

A. 检验结论是正确的　　　　B. 犯了Ⅰ类错误

C. 抽样是不科学的　　　　D. 犯了Ⅱ类错误

25. 当雷达屏幕上出现不明物体时，警报单位有下列两种假设：①一切安好，仅雷达屏幕受干扰而已，不拉警报。②敌机来袭，拉警报。若Ⅰ型误差(α)为一切安好但拉警报，则(　　)。

A. ①为零假设　　　　B. ①为备择假设

C. ②为零假设　　　　D. 无法确定①或②为零假设

26. 假设检验中，显著性水平表示(　　)。

A. 检验结果犯Ⅰ类错误的最小概率　　　　B. H_a 为真时拒绝 H_a 的概率

C. H_0 为真时拒绝 H_0 的概率　　　　D. 根据样本计算的拒绝真实 H_0 的概率

27. 在假设检验中，Ⅰ类错误是指(　　)。

A. 当假设正确时拒绝零假设　　　　B. 当零假设错误时拒绝零假设

C. 当备择假设正确时拒绝备择假设　　　　D. 当备择假设不正确时未拒绝备择假设

28. 假设检验和抽样估计的不同和联系正确的答案是(　　)。

甲、都是对总体某一数量特征的推断，都是运用概率估计来得到自己的结论

乙、前者需要事先对总体参数作出某种假设，然后根据已知的抽样分布规律确定可以接受的临界值

丙、后者无须事先对总体数量特征做出假设。它是根据已知的抽样分布规律做出恰当的区间，给定总体参数落在这一区间的概率

A. 甲　　　　B. 甲丙

C. 甲乙　　　　D. 乙丙

29. 某研究员想了解人的正常体温是否为 37.5 摄氏度，该学者随机抽取 93 位健康的受试者，并测量其体温。假设 93 位健康受试者的体温均服从正态分布，令 μ 表示其平均体温，$\bar{X}$ 表示样本的平均值，则针对健康受试者的体温与正常体温的比较，下列哪个选项为正确的设定？(　　)

A. $H_0: \mu=37.5$ 与 $H_a: \mu\neq37.5$　　　　B. $H_0: \mu\geq37.5$ 与 $H_a: \mu<37.5$

C. $H_0: \mu=37.5$ 与 $H_a: \mu>37.5$　　　　D. $H_0: \mu\leq37.5$ 与 $H_a: \mu=37.5$

30. 请问品管部门应该采用以下的哪一种假检验，才能确保“生产线的良率在98%以上”的检验结论有错误率的保障？（ ）

A. $H_0: p \leqslant 0.98$ 与 $H_a: p > 0.98$　　B. $H_0: p \geqslant 0.98$ 与 $H_a: p < 0.98$

C. $H_0: p = 0.98$ 与 $H_a: p \neq 0.98$　　D. $H_0: p \neq 0.98$ 与 $H_a: = 0.98$

31. 假设检验是利用样本的实际资料来检验原先对总体某些数量特征所做的假设，如果两者的差异很小，则有理由认为这种差异（ ）。

（甲）是由随机因素引起的（我们可以接受无差异的零假设）

（乙）是由随机因素引起的，同时还存在条件变化的因素造成的（我们就不能接受无差异的零假设，而应拒绝它）两者的差异越大

（丙）零假设真实的可能性越小

（丁）零假设真实的可能性越大

A. 甲丙　　B. 甲丁

C. 乙丙　　D. 乙丁

32. 假设检验中，显著性水平 α 表示（ ）。

A. H_0 为真时接受 H_0 的概率　　B. H_0 为真时拒绝 H_0 的概率

C. H_0 不真时接受 H_0 的概率　　D. H_0 不真时拒绝 H_0 的概率

33. 假设检验中，Ⅱ类错误的概率 β 表示（ ）。

A. H_0 为真时接受 H_0 的概率　　B. H_0 为真时拒绝 H_0 的概率

C. H_0 不真时接受 H_0 的概率　　D. H_0 不真时拒绝 H_0 的概率

34. 当样本统计量的观测值未落入零假设的拒绝域时，表示（ ）。

A. 可以放心地接受零假设　　B. 备择假设是错误的

C. 没有充分的理由否定备择假设　　D. 没有充分的理由否定零假设

35. 关于 t 分布和 z 分布的关系，以下哪个说法是错误的？（ ）

A. t 分布和 z 分布都是单峰对称分布

B. t 分布和 z 分布的均数都为 0

C. t 分布和 z 分布曲线下的面积（或 t 和 z 的界值）都与自由度有关

D. 当样本含量较大时，t 分布趋于 z 分布

E. z 分布是一条与自由度无关的曲线，而 t 分布是一簇与自由度有关的曲线

36. 当 α 相同时，t 值和 z 值的关系是（ ）。

A. $|t| \leqslant |z|$　　B. $|t| \geqslant |z|$

C. $|t| = |z|$　　D. $|t|$ 可能大于也可能小于 $|z|$

E. t 和 z 没有关系

37. 欲探讨不同类型广告对于产品偏好的影响是否因顾客性别而异，可以使用何种统计方法？（ ）

A. 单因子方差分析　　B. 双因子方差分析

C. 卡方分析　　D. 平均数差异的 t 检验

38. 若某一统计量之抽样分布为正态分布，若以变动临界值之方式降低单尾检验之Ⅰ型误差，则Ⅱ型误差（ ）。

A. 降低　　B. 提高

C. 没影响　　D. 不确定

39. 假设检验中之Ⅱ型决策误差是指(　　)。

A. 当零假设为真,拒绝零假设　　B. 当备择假设为真,拒绝备择假设

C. 当零假设为真,拒绝备择假设　　D. 当备择假设为真,拒绝零假设

40. 作两样本均数的 t 检验,当差别有统计意义时,t 值越大则(　　)。

A. 两样本均数差异越大　　B. 两总体均数差异越大

C. 越有理由说两总体均数不同　　D. 越有理由说两样本均数不同

E. 以上都不对

41. 比较两药疗效时,若(　　),可做单侧检验。

A. 已知 A 药与 B 药均有效　　B. 不知 A 药好还是 B 药好

C. 已知 A 药不会优于 B 药　　D. 已知 A 药与 B 药差不多好

E. 不知 A 药和 B 药是否有效

42. 两样本均数的 t 检验(　　)。

A. 要求两组均数相近　　B. 要求两组方差齐性

C. 对均数和方差没有要求　　D. 要求均数和方差相近

E. 对资料没有要求

43. 有十位同学参加减重计划,每位同学减重前后的体重均记录下来检验减重计划有效的统计方法为何?(　　)

A. 单尾,两独立样本 t-检验　　B. 双尾,两独立本 t-检验

C. 单尾,成对样本 t-检验　　D. 双尾,成对样本 t-检验

44. 四家供货商提供原料,若欲检验此四家原料平均数是否相等,统计方法,可以用下列何种检验方法?(　　)

A. t 检验　　B. z 检验

C. 卡方检验　　D. F 检验

45. 甲地正常成年男子 H_b 均数为 14. 5 克,标准差为 1. 20 克,从该地随机抽取 10 名正常成年男子,其 H_b 均数为 12. 8 克,标准差为 2. 25 克。又从乙地随机抽取 15 名正常成年男子,其 H_b 均数为 16. 8 克,标准差为 1. 85 克。推断 16. 8 克与 14. 5 克代表的总体有无差别,选用的方法是(　　)。

A. 样本均数与总体均数比较的 t 检验　　B. 配对 t 检验

C. 成组 t 检验　　D. z 检验

E. 无法比较

46. 某公司员工离职人数为正态分布,根据过去数据显示,A、B 区分公司员工离职人数标准差相同,σ 均为 2 人/年。今两区各随机抽取 8 家分公司其平均员工离职人数分别为 1 210 人。总经理质疑今年 A 区与 B 区离职人数波动量可能已不相同,遂随机抽取 8 家 A 分公司资料,计算其员工离职人数标准差,结果为 4 人。若以 $\alpha=0.05$ 检验分公司今年员工离职人数之波动量是否与去年标准差(=2 人/年)相同,则以下叙述哪个选项为错误的?(　　)

A. $H_0:\sigma=2, H_a:\sigma\neq2$　　B. 临界值 $F=3.787$

C. 检验值-28　　D. 结论为拒 H_0

47. 手机公司欲了解消费者对旧产品以及新产品之满意度是否有差异,各随机抽取100位已购买旧产品与新产品的消费者,调查其是否满意。其中对旧产品满意者有85位,对新产品满意者有95位。若以 $\alpha=0.1$ 进行检验,下列哪一叙述是错误的?(　)

A. 备择假设为所有产品消费者满意之比例与所有新产品消费者满意之比例不相等

B. 两总体比例之差异检验的 Z 值临界值为±1.645

C. 检验统计量为=5

D. 检验结果为拒绝 H_0

48. 某罐装苏打饮料标示容量为330毫升。假设每罐饮料之容量服从正态分布,期望值为 μ,方差为40,随机抽出10罐饮料,若以样本平均 $\bar{X}$ 检验 H_0: $\mu\geqslant330$ *vs.* H_a: $u<330$,问:在1%的显著水平下拒绝域是(　)?

A. $X<326.08$　　B. $X<325.34$

C. $X<324.84$　　D. $X<323.24$

49. 检验总体平均数时,若总体为正态分布且为小样本,下列叙述哪个正确?(　)

A. 小样本时用 t 检验　　B. 总体方差已知时用 Z 检验

C. 总体偏正态时用 t 检验　　D. 以上皆是

50. 两正态总体 $N(\mu_x,\sigma_x^2)$ 与 $N(\mu_y,\sigma_y^2)$ 分别抽出25,20笔的随机样本,且其样本平均数分别为 $\bar{x}$、$\bar{y}$, 样本方差分别为 S_x^2 与 S_y^2。假设 $\bar{x}=118$, $\bar{y}=111$, $S_x^2=220$, $S_y^2=180$,下列有关检验假设 $H_0:\mu_x,=\mu_y$,和 $H_0:\sigma_x^2=\sigma_y^2$ 的叙述哪个不正确?(　)

A. 在显著水平为0.05时,不拒绝 H_0。　　B. 在显著水平为0.10时,不拒绝 H_0。

C. 在显著水平为0.20时,不拒绝 H_0。　　D. 检验统计量为1.640 4

51. 检验两个独立总体之方差是否相同常看哪个统计量?(　)

A. 样本方差之差　　B. 样本方差之比

C. 样本平均数之差　　D. 样本平均数之比

52. 关于检验假设,下面哪个说法是正确的?(　)

A. 检验假设是对总体做的某种假定　　B. 检验假设是对样本做的某种假定

C. 检验假设包括零假设和无效假设　　D. 检验假设是希望被拒绝的假设

E. 检验假设是被证明的假设

53. 在两样本均数比较的假设检验中,如果 $P<0.05$,则下面哪个结论正确?(　)

A. 两总体均数相同　　B. 两总体均数不同

C. 两样本均数相同　　D. 两样本均数不同

E. 以上都不正确

54. 若其他条件相同,则下列诸检验的 P 值中拒绝零假设理由最充分的是(　)。

A. 2%　　B. 10%

C. 25%　　D. 45%

55. 对服从对数正态分布的资料进行两样本的比较(　)。

A. 可直接用 t 检验　　B. 只能用其他检验方法

C. 可用 t 检验　　　　D. 将数据取对数后，用 t 检验

E. 用 z 检验

56. 假设某客服中心的顾客来电通话时间遵循正态分布，该中心主管想进一步估计平均通活时间，乃随机搜集 20 次来电的通话时间数据。然而主管无法得知总体标准差是多少，故使样本平均数经过标准化转换后，服从何种抽样分布？(　　)

A. 因为总体标准差为未知值，故无法推导出此一变量的抽样分布

B. 标准正态分布

C. 自由度为 20 的 t 分布

D. 自由度为 19 的 t 分布

57. 若某一统计量之抽样分布为正态分布，若以加大样本容量之方式降低单尾检验之Ⅰ型误差，但不改变临界值 C，则Ⅱ型误差(　　)。

A. 降低　　　　B. 提高

C. 没影响　　　　D. 不确定

58. 研究者检验一组数据是否来自正态分布，检验结果显示无法拒绝原假设(数据来自正态分布)，请问：该决策的结果为何？(　　)

A. 无法得知决策是否正确　　　　B. 决策正确

C. 犯Ⅰ型错误　　　　D. 犯Ⅱ型错误

59. 检验假设，若检验结果为在显著水平为 0.05 时拒绝零假设，其意义为(　　)。

A. 零假设不成立，故拒绝零假设

B. 当零假设成立时，零假设被拒绝的概率小于 0.05

C. 当零假设不成立时，零假设被拒绝的概率超过 0.95

D. 不论零假设是否成立，零假设被拒绝的概率小于 0.05

60. 下列有关 $\alpha=P$(第一类错误)，$\beta=P$(第二类错误)与 $n=$样本容量之关系的描述，哪个选项为真？(　　)

A. n 固定不动时，α 增加，β 就少，反之亦然

B. n 固定不动时，α 增加，β 就增加，反之亦然

C. n 增加，α 与 β 同时增加

D. n 增加时，α 增加，β 减少

61. 为教导幼儿认识性别，某位幼儿园的老师开设了一门课程，于实验前先拟好一份认识性别的问卷给受试幼儿填写，再于教授课程后让这群幼儿做一次相同的问卷，问卷中有问及“性别人我关系”指标。令 μ_1 及 μ_2 分别表示性别人我指标的前测与后测平均值，以下对于推论的叙述哪个选项正确？(　　)

A. $H_0: \mu_1=\mu_2$ 与 $H_a: \mu_1<\mu_2$，对应检验 P 值<0.000 1，拒绝 H_0 表示性别人我指标的后测平均值没有比较大

B. $H_0: \mu_1=\mu_2$ 与 $H_a: \mu_1<\mu_2$，对应检验 P 值<0.000 1，拒绝 H_0 表示性别人我指标的后测平均值明显较大

C. $H_0: \mu_1=\mu_2$ 与 $H_a: \mu_1 1\neq\mu_2$，对应检验 P 值<0.000 1，拒绝 H_0，表示性别人我指标的前测与后测平均值相似

D. $H_0:\mu_1=\mu_2$ 与 $H_a:\mu_1\neq\mu_2$，对应定值<0.000 1，拒绝 H_0，表示性别人我指标的后测平均值明显不同

62. t 检验中，$t>t_{(0.05,\nu)}$，$P<0.05$，拒绝零假设，其依据是（　　）。

A. 零假设本身是人为的，应该拒绝

B. 若认为零假设成立，正确的可能性很小

C. 零假设成立是完全荒谬的

D. 计算结果证明零假设是错误的

E. 零假设不可能成立

63. 某实验想得知人的双眼视力是否相等，于是从总体中简单随机抽样抽出 100 人分别测量每个人的左右眼视力，且假设双眼视力值均服从正态分布。请问以下哪一个检验可用来回答此实验的问题？（　　）

A. 二独立样本 t 检验　　B. 二相依样本 t 检验

C. 二独立样本 Z 检验　　D. 二相依样本 Z 检验

64. 企业总是想要把握新商机推出新商品，假设企业认为只要新产品上市的成功概率是 80%就会决定投入新产品的营销。套用假说检验的观念，此种想法相同于下列哪个选项？（　　）

A. 企业设定显著水平 p 值为 0.2　　B. 企业设定显著水平 α 值为 0.8

C. 企业设定显著水平 p 值为 0.8　　D. 企业设定着水平 α 值为 0.2

65. 欲确认一个四面骰子是否为一公正之骰子（$\alpha=0.05$），投此骰子 80 次，得以下结果：

点数	1	2	3	4
次数	50	10	10	10

请问下列哪个选项正确？（　　）

A. 卡方检验值为 60，认为此为一公正之骰子

B. F 检验值为 1.849，认为此为一公正之骰子

C. F 检验值为 7.398，认为此为一不公正之骰子

D. 以上皆非

66. 某公司员工离职人数为正态分布，根据资料显示上海、深圳分公司员工职人数标准差相同，均为 2 人/年，今两市各随机抽取 8 家分公司，其平均员工离职人数分别为 12 人和 10 人，若欲以 $\alpha=0.05$ 检验上海、深圳分公司平均员工离职人数是否相同，则以下叙述哪个选项错误？（　　）

A. H_0：上海、深圳分公司平均员工离职人数相同

B. 临界值为±1.96

C. $Z=1$

D. 结论为拒绝 H_0，上海、深圳分公司平均员工离职人数不相同

67. 网络购物公司欲以 $\alpha=0.05$，检验不同地区之消费者，对其产品退货服务满意之比例是否相同，随机由三大地区各抽取 100 位消费者调查其满意情形，数据如表 7-19 所示

($\alpha=0.05$),则哪个选项错误?(　　)

表 7-19

退货服务	地区			合计
	A	B	C	
满意	50	70	9	210
不满意	50	30	10	90
合计	100	100	100	300

A. 为齐一性检验,H_0:不同地区之消费者对其产品退货服务满意之比例相同

B. 临界值$\chi^2_{(0.05,2)}=5.991$

C. χ^2 检验值=19.085

D. 结论为拒绝 H_0

68. 某保险公司随机抽样调查分析后发现,过去两年中 400 名年轻保险客户中有 80 个要求保险赔偿,该保险公司想在 $\alpha=0.05$ 条件下检验年轻保险客户的求偿比例是否等于 0.2。下列哪一个选项是正确的?(　　)

A. 零假设 $H_0:P\neq0.2$

B. 95%的置信区间为(0.16, 0.24)

C. 未标准化临界值为-0.24 或 0.24

D. 年轻保险客户的求偿比例显著不等于 0.2

69. 某饮料商在试饮会后对部分消费者抽查他们对该饮料的看法,其结果与性别的条件如表 7-20 所示。欲检验“对该饮料的看法”与“性别”间是否独立,则原始假设为(　　)。

表 7-20

	喜欢	不喜欢	无意见
男性	50	40	10
女性	30	50	20

(a)男性喜欢该饮料的比例与女性一样　　B. 男性喜欢该饮料的比例与女性不一样

C. 对该饮料的看法与性别有关　　D. 对该饮料的看法与性别无关

70. 承上题。在原始假设成立下,性别为女性且喜欢该饮料,在显著水平=0.05 下的检验统计量的值为多少?(　　)

A. 2.76　　B. 4.96

C. 7.58　　D. 9.44

71. 小明从养殖场购买了十对出生一周内的小白鼠,从养殖场老板口中得知,有 5%的小白鼠活不过第一年,而活过第一年的母白鼠平均而言每只可生十只小白鼠。第一年过后剩下 10 只公鼠与 8 只母鼠,第二年过后总共生了 76 只小白鼠,请问下列描述哪个选项有误?(　　)

A. 5%指的是总体死亡率

B. 公鼠的死亡率为0%,此死亡率指的是样本死亡率

C. 每只母鼠一年可生10只小鼠指的是总体平均

D. 样本平均小于总体平均,可见养殖场老板说谎

72. 咖啡店老板根据三种咖啡豆的销量,分析哪个最受欢迎,结果 F 统计量大于临界值,以下论述哪个选项正确?(　　)

A. 代表三种咖啡豆的销售量没有差异　　B. 代表三种咖啡豆的销量各自不同

C. 检验值小于显著水平　　D. F 检验属于左尾检验

73. 随机抽取104个家庭询问“家里是否有计算机”及“今年暑期是否会全家出游”得到表7-21。

表 7-21

		今年暑期是否会全家出游			
		是	否	可能	合计
家里是否有桌面计算机	是	37	2	6	45
	否	40	18	1	59
	合计	77	20	7	104

请问:检验“家中是否有桌面计算机”与“今年暑假是否会全家出游”是否独立统计方法的拒绝域?(　　)

A. 右尾　　B. 双尾

C. 不一定　　D. 左尾

三、多选题

1. 参数估计有(　　)几种形式。

A. 无偏估计　　B. 点估计

C. 区间估计　　D. 以上都对

2. 在假设检验中,当我们做出拒绝零假设而接受备择假设的结论时,表示(　　)。

A. 有充足的理由否定零假设　　B. 零假设必定是错误的

C. 犯错误的概率不大于 α　　D. 在 H_0 为真的假设下发生了小概率事件

E. 犯错误的概率不大于 β

3. 显著性水平与检验拒绝域的关系是(　　)。

A. 显著性水平 α 变小,意味着拒绝域缩小

B. 显著性水平 α 变小,意味着拒绝域扩大

C. 显著性水平 α 变小或变大,不影响拒绝域的变化

D. 显著性水平 α 变大,意味着拒绝域扩大

E. 显著性水平 α 变大,意味着拒绝域缩小

4. 在假设检验中,下列说法错误的是(　　)。

A. H_a 为真时拒绝 H_a 称为犯Ⅱ类错误。

B. H_a 不真时接受 H_a 称为犯Ⅰ类错误。

C. 设 $P\{$拒绝 $H_0 | H_0$ 真$\} = \alpha$, $P\{$接受 $H_0 | H_0$ 真$\} = \beta$,则 α 变大时 β 变小。

D. α、β 的意义同(C),当样本容量一定时,α 变大时则 β 变小。

5. 在假设检验中,α 与 β 的关系是(　　)。

A. 在其他条件不变的情况下,α 增大,必然会减少 β

B. α 和 β 不可能同时减少

C. 在其他条件不变的情况下,α 增大,必然会增大 β

D. 只能控制 α 不能控制 β

E. 加样本容量可以同时减少 α 和 β

6. 在假设检验中,当我们做出拒绝零假设而接受备择假设的结论时,表示(　　)。

A. 有充足的理由否定零假设　　B. 零假设必定是错误的

C. 犯错误的概率不大于 α　　D. 犯错误的概率不大于 β

E. 在 H_0 为真的假设下发生了小概率事件

7. 对总体均值 μ 进行检验,影响检验结论的因素有(　　)。

A. 样本均值　　B. 总体均值

C. 样本容量 n　　D. 显著性水平

E. 总体方差

8. 在假设检验时,通常使用的显著性水平有(　　)。

A. 0.05　　B. 0.01

C. 0.1　　D. 0.5

9. 某橡胶厂生产汽车轮胎,根据历史资料统计结果,平均里程为 25 000 公里,标准差为 1 900 公里。现在从最新批量的轮胎中随机抽取 400 个做试验,求得样本平均里程 25 300 公里。试按 5%的显著性水平判断新批量轮胎的平均耐用里程与通常的耐用里程有没有显著的差异,或者它们属于同一总体的假设是否成立。(　　)

A. 这是双侧检验问题　　B. 这是单侧检验问题

C. 零假设表述为:$H_0: \mu = 2\ 500$ 公里　　D. 零假设表述为:$H_0: \mu \neq 2\ 500$ 公里

10. 零假设为 $H_0: \mu = 2\ 700$,与 H_0 对立的备择假设 H_a 为(　　)。

A. $H_a: \mu < 2\ 700$　　B. $H_a: \mu > 2\ 700$

C. $H_a: \mu \neq 2\ 700$　　D. $H_a: \mu = 3\ 500$

11. 设总体为正态总体,总体方差未知,在小样本条件下,对总体均值进行假设检验:$H_0: \mu = \mu_0$, $H_a: \mu \neq \mu$, $\alpha = 0.1$,则下列说法正确的有(　　)。

A. $(-, \infty, -Z_{0.1})$ 和 $(Z_{0.1}, \infty)$ 为零假设的拒绝区域

B. $(-, \infty, -Z_{0.05})$ 和 $(Z_{0.05}, \infty)$ 为零假设的拒绝区域

C. $(-, \infty, -t_{0.1})$ 和 $(t_{0.1}, \infty)$ 为零假设的拒绝区域

D. $(-, \infty, -t_{0.05})$ 和 $(t_{0.05}, \infty)$ 为零假设的拒绝区域

E. 检验统计量绝对值越大,则零假设越容易被拒绝

12. 已知总体服从正态分布,现抽取一小样本,拟对总体方差进行双侧检验,$\alpha = 0.05$,则零假设的拒绝区域为(　　)。

A. $(-\infty, \chi^2_{0..975}(n-1))$　　B. $(0, \chi^2_{0..975}(n-1))$

C. $(\chi^2_{0..025}(n-1), \infty)$　　D. $(\chi^2_{0..975}(n-1), \infty)$

E. $(0, \chi^2_{0..0255}(n-1))$

四、填空题

1. 在假设检验中,如果检验统计量的 P 值大于给定的显著性水平,则在做决策时,需要在该显著性水平情况下,______(可以或不可以)拒绝假设。

2. 在假设检验中,把符合 H_0 的总体判为不合格 H_0 加以拒绝,这类错误称为______错误;把不符合 H_0 的总体当作符合 H_0 而接受。这类错误称为______错误。

3. 在假设检验时,由于我们拒绝或接受某种假设,都是以______的资料为依据的,这就有可能犯两类错误,其中Ⅰ类错误为______,Ⅱ类错误为______。

4. 对总体均值的假设检验,若正态分布总体的方差已知,应采用______检验法;若正态总体的方差未知且小样本的情形下,则应采用______检验法。

5. 对总体比例的假设检验,一般采用______检验法。

6. 某医院自其住院病患中随机抽出 140 人,观察其年龄段及住院天数,得出表 7-22。

表 7-22

人数	<20 岁	21~35 岁	36~50 岁	51~65 岁	>65 岁
天数	3	15	17	10	10
5~10 天	2	5	12	15	17
>10 天	5	3	3	8	15

则其卡方检验之自由度为______。

五、计算题

1. 已知某味精厂袋装味精的重量 $x \sim N(\mu, \sigma^2)$,其中 $\mu = 15$, $\sigma^2 = 0.09$。技术革新后改用新机器包装,抽查 9 个样品,测定重量如下(单位:克):

14.7　15.1　14.8　15.0　15.3　14.9　15.2　14.6　15.1

已知方差不变。问:在 $\alpha = 0.05$ 显著性水平下,新机器包装的平均重量是否仍为 15?

2. 某手表厂生产的男表表壳在正常情况下,其直径(单位:mm)服从正态分布 N(20, 1)。在某天的生产过程中,随机抽查 4 只表壳,测得直径分别为:

19.5　19.8　20.0　20.5

问:在 $\alpha = 0.05$ 显著性水平下,这天生产的表壳的均值是否正常?

3. 某切割机在正常工作时,切割的每段金属的长度服从正态分布,且其平均长度为 10.5cm,标准差为 0.15cm。今从一批产品中随机抽取 16 段进行测量,计算平均长度为 $\bar{x} = 10.48$cm。假设方差不变,问在 $\alpha = 0.05$ 显著性水平下,该切割机工作是否正常?

4. 某厂生产某种零件,在正常生产的条件下,这种零件的周长服从正态分布,均值为 0.13 厘米。如果从某日生产的这种零件中任取 9 件测量后得 $\bar{x} = 0.146$ 厘米,$S = 0.016$ 厘米。问:该日生产的零件的平均周长是否与往日一样?

5. 某灯泡厂生产的灯泡平均寿命是 1 120 小时，现从一批新生产的灯泡中抽取 9 个样本，测得其平均寿命为 1 070 小时，样本标准差 $s=109$ 小时。问：在 $\alpha=0.05$ 显著性水平下，所检测的灯泡的平均寿命有无显著变化？

6. 正常人的脉搏平均为 72 次/分，今对某种疾病患者 9 人，测得其脉搏如下(次/分)：

68　65　77　70　64　69　72　62　71

设患者的脉搏次数"服从正态分布"，经计算，得其标准差为 4.583。试问：在显著性水平 $\alpha=0.05$ 下，所检测的患者的脉搏与正常人的脉搏有无显著差异？

7. 某质量管理部门从某厂抽出若干金属线组成的样本做断裂强度试验。已知这类金属线的断裂强度服从正态分布，标准差为 10 千克。按照标准，要求该金属线的平均断裂强度高于 500 千克。由 5 根金属线所组成的样本，其断裂强度的平均值为 504 千克。请以 0.01 的显著性水平判断该厂产品是否符合标准。

8. 某广告公司在广播电台做广告，它的插播广告是针对平均年龄 21 岁的年轻人的。这家广告公司经理想了解其节目是否为目标听众所接受。假定听众的年龄服从正态分布，现随机抽取 400 多位听众进行调查，得出的样本结果为 $\bar{x}=25$ 岁，$s^2=16$。请以 0.05 的显著性水平判断广告公司的广告策划是否符合实际。

9. 有一厂商声称，在他的用户中，有 75%以上的用户对其产品的质量感到满意。为了解该厂家产品质量的实际情况，某机构组织了跟踪调查。在对 60 名用户的调查中，有 50 人对该厂产品质量表示满意。试问：在显著性水平 0.05 下，跟踪调查的数据是否充分支持该厂商的说法？

10. 某研究者欲了解某市正常成年男性红细胞数的平均水平，于 2006 年随机抽取调查某市正常成年男子 256 人的红细胞数，测得红细胞数的均值为 5.28×10^{12}/L，标准差为 2.66×10^{12}/L。该研究者认为该市正常成年男性红细胞数的平均水平为 5.28×10^{12}L。

(1) 这是什么资料？

(2) 该资料属于何种设计方案？

(3) 该研究者的统计方法是否正确？为什么？

(4) 该资料应该用何种统计方法？

11. 某健身俱乐部承诺在一个为期 6 周的减肥训练中，至少可以使肥胖者平均减去 8.5 千克以上的体重。为了验证该承诺是否可信，调查人员从参加该训练的成员中随机抽取 10 人，得到他们训练前后的体重数据如表 7-23 所示。(根据自由度为 9 的分布表，查找临界值为 1.833。)

表 7-23　训练效果调查表　　　　单位：千克

时间(天)	1	2	3	4	5	6	7	8	9	10
练前	94.5	101	110	103.5	97	88.5	96.5	101	104	116.5
练后	85	89.5	101.5	96	86	80.5	87	93.5	93	101

试在显著性水平 0.05 下，检验调查结果是否支持该俱乐部的承诺。

12. 根据设计，某零件的内径标准差不得超过 0.30 厘米，现从该产品中随机抽验了 25 件，测得样本标准差为 $s=0.36$，问检验结果是否说明该产品的标准差增大了？

13. 根据记录,考驾照者测验成绩的方差为 $\sigma^2=100$。监理所目前刚设计出一份新的测验卷,抽取 30 位申请驾照者为样本,给予新测验卷作答。此 30 份测验成绩的样本显示,其样本方差为 $s^2=162$,问新的测验卷方差是否维持既有水平?

14. 某机构进行汽车品牌的忠诚度调查。该车有 3 种品牌,分别为 A、B、C,分别调查他们愿意再购买该车的意愿,调查数据如表 7-24 所示,试问:汽车品牌忠诚度是否存在品牌差异?

表 7-24

		汽车品牌		
		A	B	C
再购买意愿	是	69	120	123
	否	56	80	52

15. 分析性别与啤酒偏好是否有关?调查如表 7-25 所示。

表 7-25

		啤酒偏好		
		A	B	C
性别	男	51	56	25
	女	39	21	8

专有名词

零假设:在假设检验中暂时被假设为真的假设,用 H_0 表示。

备择假设:在拒绝零假设后,此结论为真的假设,用 H_a 表示。

显著性水平:当零假设 H_0 为真时,拒绝零假设的概率。

Ⅰ型错误:当 H_0 为真时,却拒绝 H_0。

Ⅱ型错误:当 H_0 为伪时,却不拒绝 H_0。

单尾检验:一种假设检验,检验统计量的值落在抽样分布的一个尾部时,则拒绝零假设。

双尾检验:一种假设检验,当检验统计量的值落在抽样分布其中任一个尾部时,则拒绝零假设。

检验统计量:为统计量,其值可用来决定是否拒绝零假设。

P 值:以检验统计量算出的概率,可用以衡量样本数据不支持零假设的程度。越小的 *P* 值表示越多的证据可以拒绝零假设。

临界值:一个数值,用来与检验统计量的值做比较,以决定是否要拒绝 H_0。

检验力:零假设为伪时,正确地拒绝零假设的概率。

检验力曲线:零假设为伪时,不同的总体参数值下,拒绝零假设的概率的图形。

重要公式

检验总体参数的 3 种形式如下：

$$H_0:\mu\geqslant\mu_0 \quad H_0:\mu\leqslant\mu_0 \quad H_0:\mu=\mu_0$$

$$H_a:\mu<\mu_0 \quad H_a:\mu>\mu_0 \quad H_a:\mu\neq\mu_0$$

P(Ⅰ型错误)：

$$\alpha=p(\text{拒绝 } H_0 \mid H_0 \text{ 真})$$

P(Ⅱ型错误)：

$$\beta=p(\text{接受 } H_0 \mid H_0 \text{ 假})$$

左尾检验(见图 7-8)：

$$H_0:\mu\geqslant\mu_0$$

$$H_a:\mu<\mu_0$$

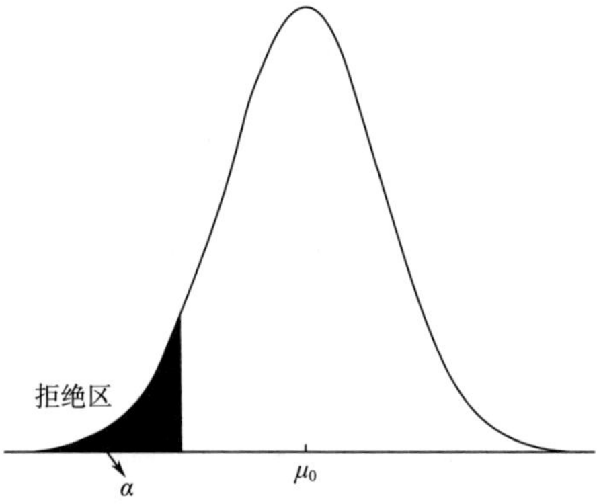

图 7-8　左尾检验示意图

右尾检验(见图 7-9)：

$$H_0:\mu\leqslant\mu_0$$

$$H_a:\mu>\mu_0$$

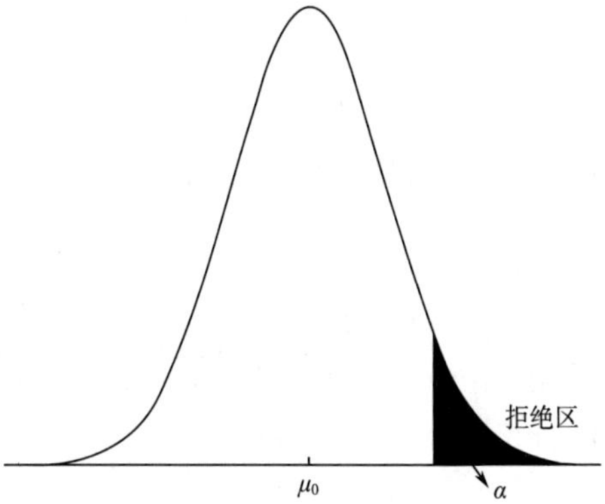

图 7-9　右尾检验示意图

双尾检验(见图 7-10):

$$H_0:\mu = \mu_0$$
$$H_a:\mu \neq \mu_0$$

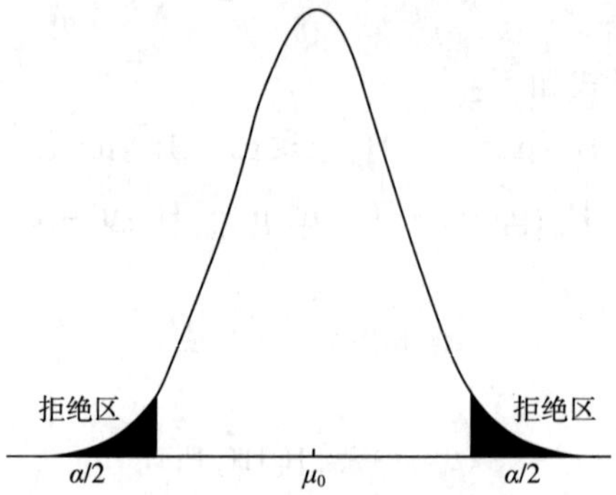

图 7-10　双尾检验示意图

总体 σ 是已知的,则检验统计量为

$$z = \frac{\bar{x} - \mu_0}{\sigma_{\bar{x}}} = \frac{\bar{x} - \mu_0}{\frac{\sigma}{\sqrt{n}}}$$

总体 σ 是未知的,则检验统计量为

$$t = \frac{\bar{x} - \mu_0}{\sigma_{\bar{x}}} = \frac{\bar{x} - \mu_0}{\frac{s}{\sqrt{n}}}$$

总体比例,检验统计量为

$$z = \frac{p - p_0}{\sqrt{\frac{p_0 \cdot (1 - p_0)}{n}}}$$

样本方差 s^2,检验统计量为

$$\chi^2 = \frac{(n-1)s^2}{\sigma^2}$$

两总体的检验,σ 是已知的,检验统计量为

$$z = \frac{(\bar{x}_1 - \bar{x}_2) - D_0}{\sqrt{\frac{{\sigma_1}^2}{n_1} + \frac{{\sigma_2}^2}{n_2}}}$$

两总体平均数的检验,σ 是未知的,检验统计量为

$$t = \frac{(\bar{x}_1 - \bar{x}_2) - D_0}{\sqrt{\frac{{s_1}^2}{n_1} + \frac{{s_2}^2}{n_2}}}, \ df = int\left(\frac{\left(\frac{{s_1}^2}{n_1} + \frac{{s_2}^2}{n_2}\right)^2}{\frac{1}{n_1 - 1} \cdot \left(\frac{{s_1}^2}{n_1}\right)^2 + \frac{1}{n_2 - 1} \cdot \left(\frac{{s_2}^2}{n_2}\right)^2}\right)$$

双总体检验方差,检验统计量为

$$F = \frac{s^2{}_1}{s^2{}_2}$$

适合度检验,检验统计量为

$$\chi^2 = \sum_{i=1}^{k} \frac{(f_i - e_i)^2}{e_i}$$

其中:f_i 观察值,e_i 为理论值。

8 简单回归

本章摘要

回归模型是财经领域中最常用的计量模型,甚至可以说几乎所有的计量模型都是从回归模型衍生出来的。

管理者经常利用两种或两种以上数据间的关系来制定决策。例如,在考虑广告费用与销售收入间的关系后,营销经理可能会尝试预测特定广告费用下的销售收入。回归模型在财经上的应用也主要用于各种决策的制定,例如,影响股价的因素(CAPM、三因子模型、套利理论……)、基础建设投资对 GDP 的影响,甚至价量关系的研究,这些研究就可以通过取得的相关数据进行分析。最常被使用的是一种名为回归分析(regression analysis)的统计程序,这种程序可以用来展开描述两种数据间的关系方程式。

以回归分析的术语来说,要预测的数值的变量称为因变量(dependent variable, 被解释变量),而用来预测数值的变量称为自变量(independent variable, 解释变量)。回归分析仅涉及单一自变量与单一因变量,且两变量间的关系近似直线的这种类型称为简单线性回归(simple linear regression)。本章讨论回归分析中最简单的类型;涉及两个或两个以上自变量的回归分析称为多元线性回归分析(multiple regression analysis),本书将于下一章(第九章)进行介绍。

简单线性回归(simple linear regression):

$$y = \alpha + \beta x + \varepsilon$$

多元线性回归分析(multiple regression analysis):

$$y = \beta_0 + \beta_1 x_1 + \cdots + \beta_n x_n + \varepsilon$$

α、$\beta(\beta_1, \beta_2, \cdots, \beta_n)$ 是未知模型的参数,一般会将上述模型利用最小二乘法导出估计式:

$$\hat{y} = a + bx + e$$

$$\hat{y} = b_0 + b_1 x_1 + \cdots + b_n x_n + e$$

a、$b(b_0, b_1, \cdots, b_n)$ 为 α、$\beta(\beta_1, \beta_2, \cdots, \beta_n)$ 的样本统计量。样本统计量是否显著,可以通过 t 检验或 F 检验来判断。关于误差项 e 的基本假设,本章后面会有说明。

决定系数是估计回归方程式适合度的测量指标,它可解释为因变量 y 的变异中,可被估计回归方程式所解释的部分。决定系数是相关系数的平方,我们把相关系数称为两变量间"线性"关系强度的衡量指标。

回归分析可用于分析和预测,分析模型就是检验回归系数是否具有统计显著性的,而预测模型则可以推导 y 的平均数的置信区间估计值与个别 y 值的预测区间估计值。

8.1 简单线性回归模型

营销经理倾向于分析广告费用的投入对销售收入的影响，但对财务管理经理来说，他更希望知道广告投入对公司绩效的影响，所以，财务管理经理会将广告投入转换成营销强度（营销费用/销售收入），根据过去学者对营销强度（以 *MI* 表示）与公司绩效（以 *CP* 表示）正向关系的研究，通过强化营销强度可以增加公司的绩效，这时，我们就可以利用回归分析探讨两个变量的关系，方程式如下：

$$CP = \alpha + \beta \cdot MI + \varepsilon$$

两个变量(x,y)再加上误差项的关系方程式，称为回归模型（regression model），表示如下：

$$y = \alpha + \beta x + \varepsilon$$

y 称为被解释变量（dependent variables，因变量、相依变量）；x 则称为解释变量（independent variables，自变量，独立变量）；α、β 则为回归模型的参数（parameters），称之为回归系数；ε 则为误差项，它是一个随机变量，所有的误差项必须相互独立，并且呈现平均数等于0、方差相等的正态分布（回归分析的基本假设），在统计上记作：

$$\varepsilon_i \overset{\text{iid}}{\sim} N(0, \sigma^2)$$ ①

上述基本假设同时隐含着以下几点关系：

(1) $E(\varepsilon_i) = 0,\ Var(\varepsilon_i) = \sigma^2, Cov(\varepsilon_i, \varepsilon_j) = 0,\ i \neq j$

(2) 因为 x_i 不是随机变量，所以 $Cov(\varepsilon_i, x_j) = 0$，也就是误差项必须与 x 无关。

(3) y_i 为随机变量，所以 $y_i \sim N(\alpha + \beta x_i,\ \sigma^2)$

这时就可以建立一个简单的线性回归方程式如下：

$$E(y) = \alpha + \beta x$$

α 为方程式的截距项，β 为方程式的斜率，方程式的可能关系如图 8-1 所示。

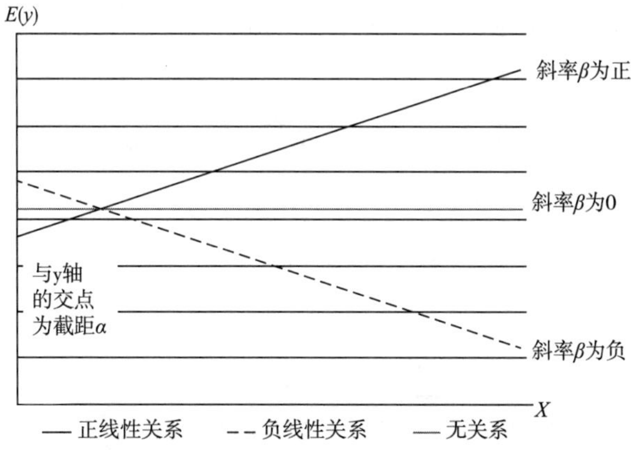

图 8-1 简单线性回归中可能的回归线

① iid 是表示“记做”的符号，称为独立同分布，全称为：Independent and identically distributed，还可缩写为 i. i. d、IID，是指一组随机变量中每个变量的分布概率都相同，且这些随机变量互相独立。

这时可以建立一个估计回归方程式，如果总体参数 α 和 β 之值已知，可以利用 $E(y) = \alpha + \beta x$ 计算已知的 x 值所应的 $E(y)$ 之平均值。但实际上，这些参数值常常是未知的，所以必须使用样本数距进行估计，这些计算而得的样本统计量（分别用 a，b 表示）用来作为参数 α 和 β 的估计值，因此就可以得到估计回归方程式（estimated regression equation）。估计回归方程式可以表示如下：

$$\hat{y} = a + bx$$

8.2 最小二乘法

最小二乘法（least squares method）是利用样本数据算出估计回归方程式的方法。也就是当存在一个样本观察值的方程式：

$$y_i = \alpha + \beta x_i + e_i$$

利用最小二乘法进行估计产生估计回归方程式：

$$\hat{y}_i = a + bx_i$$

样本观察值的方程式和估计回归方程式的关系如图 8-2 所示。

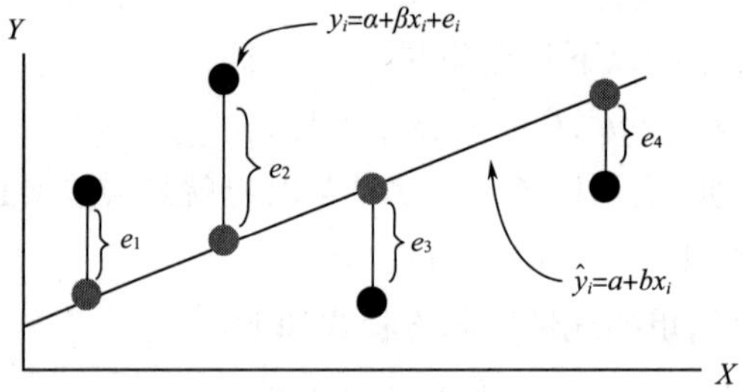

图 8-2　估计回归方程式与样本方程式的关系

最小二乘法的准则就是求出被解释变量 y 与预测值 $\hat{y}$ 差距的平方和最小的 a 和 b 值。如以下方程序所示：

$$\min \sum_{i=1}^{n} (y_i - \hat{y}_i)^2 = \min \sum_{i=1}^{n} (y_i - a - bx_i)^2$$

通过微积分的计算可以求得 a、b：

$$\frac{\partial \sum_{i=1}^{n} (y_i - a - bx_i)^2}{\partial a} = 0$$

$$\frac{\partial \sum_{i=1}^{n} (y_i - a - bx_i)^2}{\partial b} = 0$$

$$b = \frac{\sum_{i=1}^{n} (x_i - \bar{x})(y_i - \bar{y})}{\sum_{i=1}^{n} (x_i - \bar{x})^2}$$

$$a = \bar{y} - b\bar{x}$$

其中,

$$\sum_{i=1}^{n}(x_i - \bar{x})(y_i - \bar{y}) = \sum_{i=1}^{n} x_i y_i - n\bar{x} \cdot \bar{y} = (n-1)s_{xy}$$

$$\sum_{i=1}^{n}(x_i - \bar{x})^2 = \sum_{i=1}^{n} x_i^{\ 2} - n\bar{x}^2 = (n-1)s_x^{\ 2}$$

通过最小二乘法所得到的回归系数 a 和 b 都已被证实为 α 和 β 的无偏估计量。

【例 8-1】利用 CAPM 计算房地产业万科企业的股权资金成本(数据见表 8-1)。

表 8-1　中证指数与万科 A 年指数表

年份	中证全指	万科 A	定存利率
2011	2 629.35	7.47	3.50
2012	2 749.85	10.12	3.00
2013	2 893.21	8.03	3.00
2014	4 219.00	13.9	2.75
2015	5 592.64	24.43	1.50
2016	4 786.98	20.55	1.50
2017	4 898.90	31.06	1.50
2018	3 432.39	23.82	1.50
2019	4 500.13	32.18	1.50
2020	5 621.73	28.7	1.50

说明:CAPM 模型如下:

$$E(R_i) - R_f = \beta_i[E(R_m) - R_f]$$

其中:R_i 表示个别资产(如个股)报酬率;$E(R_i)$则为个别资产的预期报酬率;R_m 表示市场(如指数)报酬率;R_f 则为无风险报酬率。

建立如下回归方程式:

$$y_i = \alpha + \beta x_i + e_i$$

$$y_i = R_i - R_f$$

$$x_i = R_m - R_f$$

则股权资金成本为:

$$R_i = a + b(R_m - R_f) + R_f$$

解:利用 Excel 计算相关的数据如下:

$$R_t = \frac{P_t - P_{t-1}}{P_{t-1}} \times 100$$

$$\bar{x} = \frac{\sum_{i=1}^{n} x_i}{n}$$

$$\bar{y} = \frac{\sum_{i=1}^{n} y_i}{n}$$

参见表 8-2。

表 8-2　中证指数与万科 A 的 CAPM 系数关系表

年份	x_i	y_i	$(x_i - \bar{x})$	$(y_i - \bar{y})$	$(x_i - \bar{x})(y_i - \bar{y})$	$(x_i - \bar{x})^2$
2012	1. 08	31. 98	-8. 08	11. 96	-96. 60	65. 27
2013	2. 21	-23. 65	-6. 95	-43. 67	303. 45	48. 28
2014	42. 82	70. 10	33. 66	50. 08	1 685. 91	1 133. 16
2015	29. 81	73. 01	20. 65	52. 99	1 094. 00	426. 27
2016	-15. 91	-17. 38	-25. 07	-37. 40	937. 54	628. 39
2017	0. 84	49. 64	-8. 32	29. 63	-246. 60	69. 29
2018	-31. 44	-24. 81	-40. 60	-44. 83	1 819. 90	1 648. 16
2019	29. 61	33. 60	20. 45	13. 58	277. 62	418. 04
2020	23. 42	-12. 31	14. 26	-32. 33	-461. 12	203. 40
总和	82. 46	180. 16			5314. 10	4640. 26
	$\sum_{i=1}^{n} x_i$	$\sum_{i=1}^{n} y_i$			$\sum_{i=1}^{n} (x_i - \bar{x})(y_i - \bar{y})$	$\sum_{i=1}^{n} (x_i - \bar{x})^2$

$$\bar{y} = \frac{\sum_{i=1}^{n} y_i}{n} = \frac{180.16}{9} = 20.02$$

$$\bar{x} = \frac{\sum_{i=1}^{n} x_i}{n} = \frac{82.46}{9} = 9.16$$

$$b = \frac{\sum_{i=1}^{n} (x_i - \bar{x})(y_i - \bar{y})}{\sum_{i=1}^{n} (x_i - \bar{x})^2} = \frac{5\,314.10}{4\,640.26} = 1.145$$

$$a = \bar{y} - b\bar{x} = \frac{180.16}{9} - 1.145 \cdot \frac{82.46}{9} = 9.525$$

得到的估计回归方程式为：

$$\hat{y} = 9.53 + 1.15x$$

万科企业的股权资金成本等于：

$$E(R_i) = 9.53 + 1.15[E(R_m) - R_f] + R_f$$

所以，当预估来年经济增长率将达到 7.5%时，而定存年利率维持在 1.5%时，万科来年企业股权的资金成本就会等于：

$$E(R_i) = 9.53 + 1.15 \times (7.5 - 1.5) + 1.5 = 17.93(\text{元})$$

EViews的使用

步骤 1:档案开启。

File→Open→EViews Workfile...(如图 8-3 所示)。

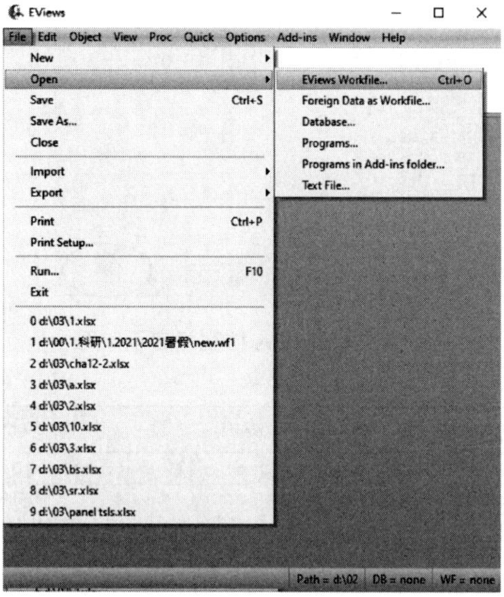

图 8-3 EViews 档案开启示范图

步骤 2:选取档案。

数据已 Excel 建立,所以在档案类别改成 All Files *. *,就可以看到全部的档案,选择所要打开的档案,如图 8-4 所示。

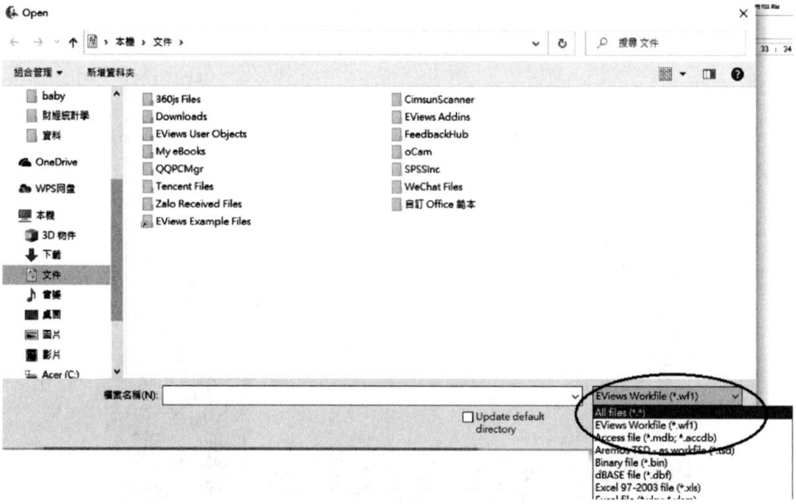

图 8-4 EViews 档案选择示范图

步骤 3：选取后，直接按“完成”。

见图 8-5、图 8-6，因为只开启简单回归的模式，所以后续的选择都可以省略。

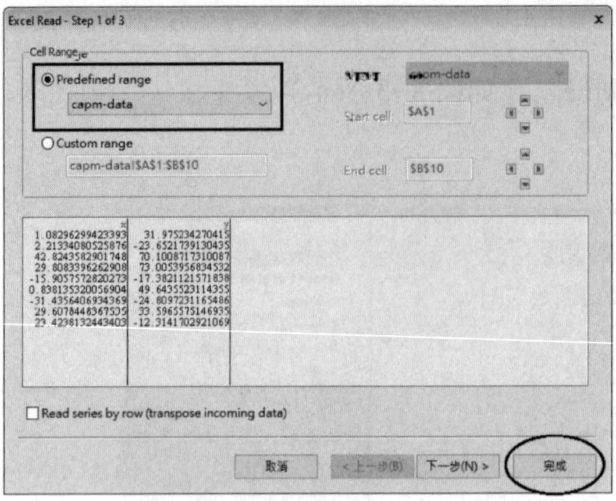

这可以选择要开启Excel哪一个工作表的数据

图 8-5　**EViews 档案开启示意图**

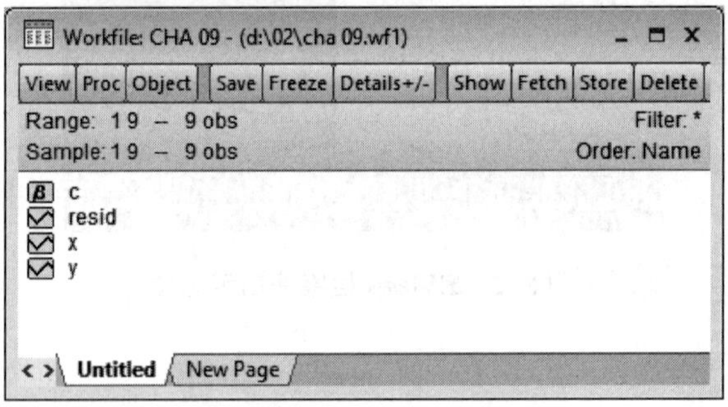

图 8-6　**EViews 档案开启结果图**

步骤 4：回归使用。

Quick→Estimates Equation...（如图 8-7 至图 8-9 所示）。

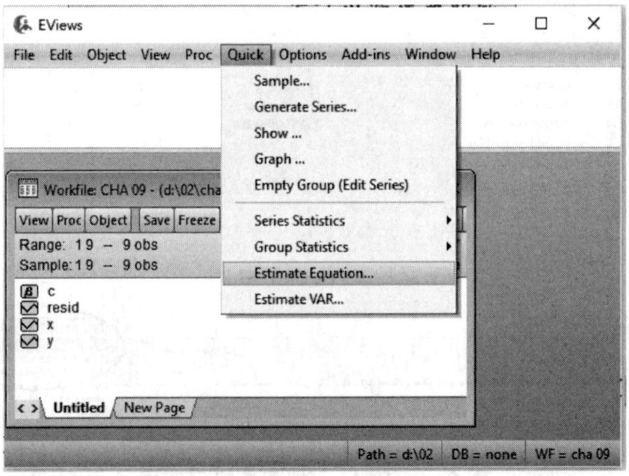

图 8-7　**EViews 回归指令示意图**

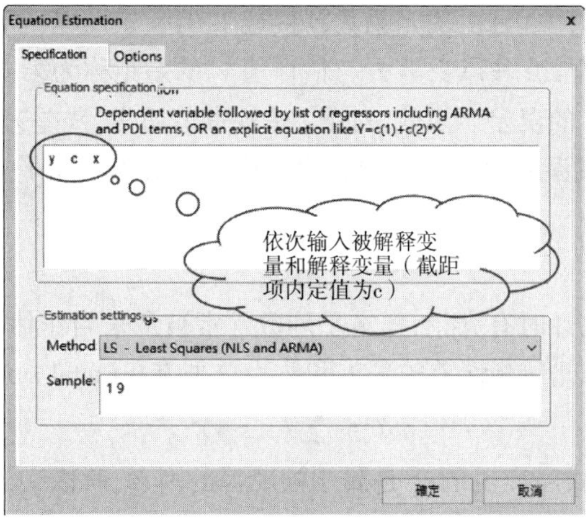

图 8-8　EViews 回归分析使用示范图

步骤 5:结果。

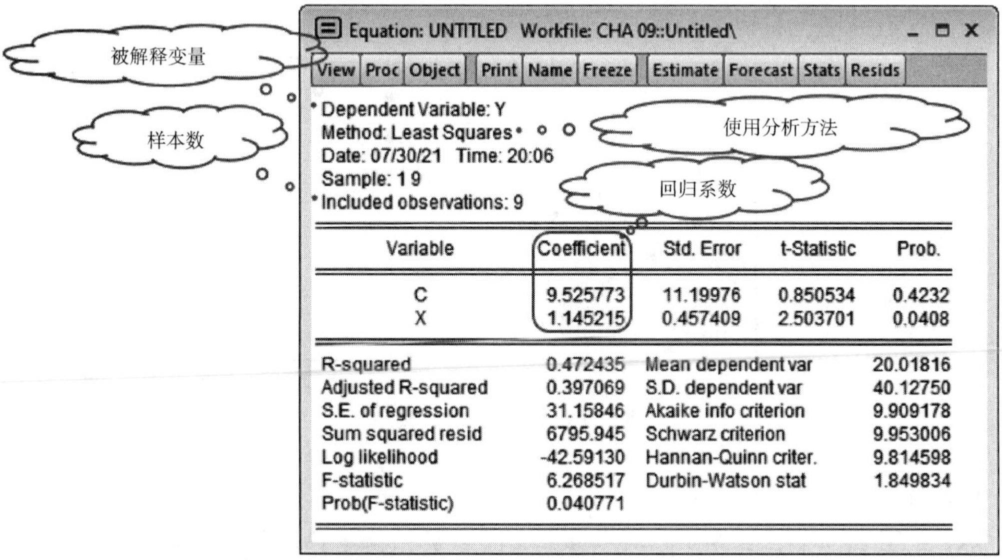

图 8-9　EViews 回归分析结果图

估计回归方程式为:

$$\hat{y} = 9.525 + 1.143x$$

8.3　决定系数

估计回归方程式建立后,这个方程式的匹配度如何,符不符合实际的回归方程式?一般判别的标准是使用决定系数(coefficient of determination)。在学术研究上,最主流的观点是决定系数越接近 1.0 越好。因此，决定系数越接近 1.0，代表此模式越有解释能力。

对第 i 个观察值而言，被解释变量 y_i 与估计值 $\hat{y}_i$ 的差距称为第 i 个残差(residual)。第 i 个残差代表以 $\hat{y}_i$ 估计 y_i 的误差。因此，对第 i 个观察值而言，残差为 $y_i - \hat{y}_i$。最小二乘法中最小的数值即残差值(或误差项)的平方和，我们称此数值为误差平方和(sum of squares due to error)，记作 SSE。

$$SSE = \sum (y_i - \hat{y}_i)^2 \tag{8-1}$$

此外，前面叙述点估计时有介绍，样本平均数常常被拿来当作估计值使用。所以可以再产生预测误差项 $y_i - \bar{y}$，此预测误差的平方和称为总平方和(total sum of squares)，记作 SST。

$$SST = \sum (y_i - \bar{y})^2 \tag{8-2}$$

最后估计回归方程式所产生的 $\hat{y}_i$ 是属于被解释的因素，所以 $\hat{y}_i$ 与 $\bar{y}_i$ 的差的平方和可以称为回归平方和(sum of squares due to regression)，记作 SSR。

$$SSR = \sum (\hat{y}_i - \bar{y})^2 \tag{8-3}$$

从式(8-1)至(8-3)中可以知道使用的三种变量分别为 y_i、$\hat{y}_i$ 与 $\bar{y}_i$，它们的关系可利用图 8-10 来表示。

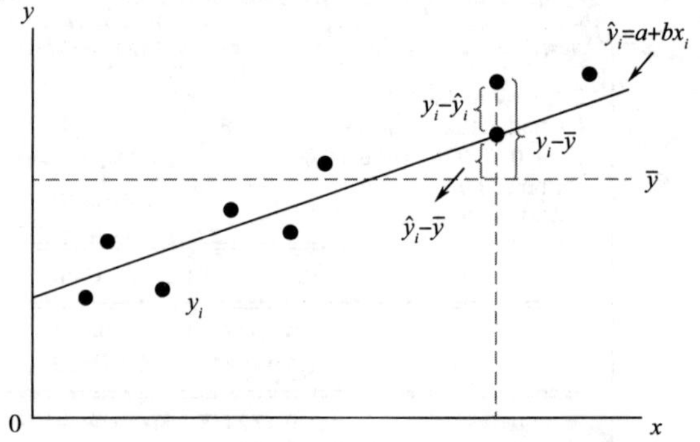

图 8-10　y_i、$\hat{y}_i$ 与 $\bar{y}_i$ 之离差

而通过数学运算：

$$SST = \sum (y_i - \bar{y}_i)^2 = \sum (y_i - \hat{y}_i + \hat{y}_i - \bar{y})^2 = \sum (y_i - \hat{y}_i)^2 + \sum (\hat{y}_i - \bar{y})^2 = SSE + SSR$$

可知总平方和等于回归平方和加上误差平方和。

所以，误差平方和越大，表示估计回归方程式的越不合适；当发生完美适配时，$SSE=0$，此时 $SSR=SST$。因为 $SST=SSR+SSE$，所以 SSR/SST 会介于 0 到 1 之间，因此可以利用 SSR/SST 来评估估计回归方程式的适合度，这个比例称为决定系数，记作 R^2。

$$R^2 = \frac{SSR}{SST}$$

但是使用决定系数 R^2 值作为判别标准，至少存在以下两大问题：

一是决定系数 R^2 值要多大才有价值？关于社会科学研究，R^2 值为 0.5 或 0.6 较常见，而根据财经方面的研究，0.3 算是正常的，R^2 值大于 0.7 则很少见。在生物或农业研究中，

R^2 大于 0.9 也不多。在实证的财经研究中,0.3 已经属于不错的 R^2 值,如果接近或是超过 0.9,那极有可能是估计回归方程式有问题,如共线性问题。因此,R^2 值要多大才有判别价值是一个问题。

二是决定系数 R^2 值很大,不见得模型正确。许多线性回归式,R^2 值高达 0.99,但是其残差图显示多项式才是正确的校正公式。

本书第二章讨论过判断 2 个变量的线性关系的强度指标——相关系数 r_{xy}(correlation coefficient)。相关系数会在-1 到 1 之间,正相关是(0,1),负相关为(-1,0),无线性相关则会接近于 0。相关系数与决定系数的关系如下:

$$r_{xy} = \frac{\sum_{i=1}^{n}(x_i - \bar{x})(y_i - \bar{y})}{\sqrt{\sum_{i=1}^{n}(x_i - \bar{x})^2}\sqrt{\sum_{i=1}^{n}(y_i - \bar{y})^2}} = \frac{s_{xy}}{s_x \cdot s} = \text{“}b\text{ 值的符号”}\sqrt{R^2}$$

$$R^2 = \frac{\left[\sum_{i=1}^{n}(x_i - \bar{x})(y_i - \bar{y})\right]^2}{\sum_{i=1}^{n}(x_i - \bar{x})^2\sum_{i=1}^{n}(y_i - \bar{y})^2} = b \cdot \frac{\sum_{i=1}^{n}(x_i - \bar{x})(y_i - \bar{y})}{\sum_{i=1}^{n}(y_i - \bar{y})^2}$$

事实上 $b' = \frac{\sum_{i=1}^{n}(x_i - \bar{x})(y_i - \bar{y})}{\sum_{i=1}^{n}(y_i - \bar{y})^2}$,$b'$ 为估计回归方程式 $x = a' + b'y$ 中 y 的系数,也就是说 $R^2 = b \cdot b'$。

【例 8-2】利用例 8-1 计算万科企业与市场指数的相关系数,见表 8-3。

表 8-3 中证指数与万科 A 股 CAPM 系数关系表

年份	x_i	y_i	$(x_i - \bar{x})^2$	$(\hat{y}_i - \bar{y})^2$	$(y_i - \bar{y})^2$	$(x_i - \bar{x})(y_i - \bar{y})$
2012	1.08	31.98	65.27	85.62	142.97	-96.60
2013	2.21	-23.65	48.28	63.34	1 907.10	303.45
2014	42.82	70.10	1 133.16	1 485.39	2 508.28	1 685.91
2015	29.81	73.01	426.27	558.73	2 807.65	1 094.00
2016	-15.91	-17.38	628.39	823.99	1 398.78	937.54
2017	0.84	49.64	69.29	90.89	877.66	-246.60
2018	-31.44	-24.81	1 648.16	2161.04	2 009.54	1 819.90
2019	29.61	33.60	418.04	547.93	184.37	277.62
2020	23.42	-12.31	203.40	266.57	1 045.38	-461.12
总和	82.46	180.16	4 640.26	6 083.50	12 881.73	5 314.10

$$R^2 = \frac{SSR}{SST} = \frac{\sum_{i=1}^{n}(\hat{y}_i - \bar{y})^2}{\sum_{i=1}^{n}(y_i - \bar{y})^2} = \frac{6\ 083.50}{12\ 881.73} = 0.47$$

或

$$R^2 = b \cdot \frac{\sum_{i=1}^{n}(x_i - \bar{x})(y_i - \bar{y})}{\sum_{i=1}^{n}(y_i - \bar{y})^2} = 1.145 \times \frac{5\ 314.10}{1\ 288.71} = 0.47$$

EViews 示范参见图 8-11。

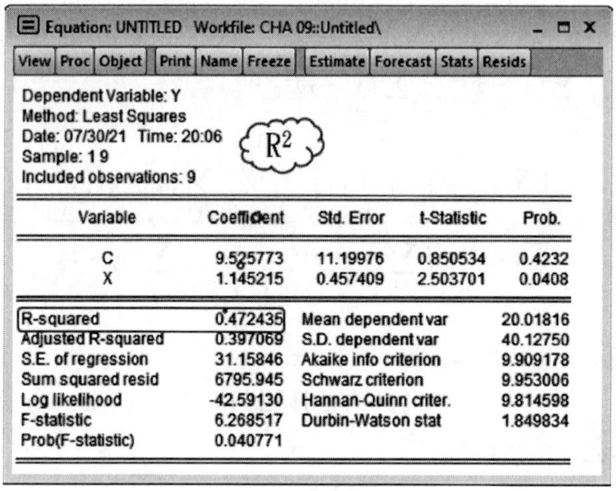

图 8-11 EViews 确定 R^2 系数

8.4 显著性检验

前面曾提到回归模型的假设：

$$\varepsilon_i \overset{\text{iid}}{\sim} N(0, \sigma^2)$$

$$y_i \sim N(\alpha + \beta x_i, \sigma^2)$$

回归方程式最常检验的是：

(1) H_0: $\alpha=\beta=0$，利用 F 右尾检验。

(2) H_0: $\beta=0$ 或 H_0: $\alpha=0$，利用 t 双尾检验。

所以，要进行检验时，首要的工作就是估计 σ^2。估计 σ^2 可以利用 SSE 来进行。通过数学式的整理，SSE 可以转换成 x、y 的方差和协方差来计算，如下式：

$$SSE = \sum (y_i - \hat{y}_i)^2$$

因为在计算 SSE 时须使用估计参数 α 和 β 的 a 和 b，所以 SSE 的自由度为 $n-2$，为了满足估计的一致性，误差均方（MSE，σ^2 的估计值）可由 SSE 除以 $n-2$ 而得

$$MSE = \frac{SSE}{n-2}$$

所以,估计值的标准误(standard error of the estimate,用 s 表示)如下:

$$s = \sqrt{MSE} = \sqrt{\frac{SSE}{n-2}}$$

【例 8-3】接续例 8-1,计算万科企业与市场指数估计值的标准误:

$$SSE = \sum (y_i - \hat{y}_i)^2 = 12\,881.73 - 6\,083.50 = 6\,798.23$$

$$s = \sqrt{MSE} = \sqrt{\frac{SSE}{n-2}} = \sqrt{\frac{6798.23}{9-2}} = 31.16$$

8.4.1 F 检验

本书第 4 章第 4 节曾介绍 F 分布为两个 χ^2 相除,即

$$F = \frac{\dfrac{\sum_{i=1}^{n_1} X_i^2}{n_1}}{\dfrac{\sum_{i=1}^{n_2} Y_i^2}{n_2}} \sim F(n_1, n_2)$$

所以,检验回归方程式是否存在,就可以利用 F 检验,原假设为

$$H_0: \alpha = \beta = 0$$

$$F = \frac{MSR}{MSE} = \frac{\dfrac{SSR}{\text{回归自由度}}}{\dfrac{SSE}{\text{均方自由度}}} = \frac{\dfrac{SSR}{2-1}}{\dfrac{SSE}{n-2}} \sim F_\alpha(1, n-2)$$

【例 8-4】接续例 8-1,检验万科企业与市场指数的线性回归方程式是否存在。

$$F = \frac{\dfrac{6\,083.50}{1}}{\dfrac{6\,798.23}{7}} = 6.26$$

Excel 查表 P 值 $=FDIST(6.261,1,7)=0.04<0.05$,拒绝 H_0。

$\alpha=0.05$ 临界值 $FINV(0.05,1,7)=5.59<6.26$,拒绝 H_0。

EViews 示范参见图 8-12。

8.4.2 相关系数的检验

本书第 2 章曾介绍相关系数,它是指 2 个变量之间关系的强度;除此之外,相关系数还可以用来检验两个变量的线性关系。当 2 个变量之间没有线性关系时,$\rho = 0$,因此,可以建立以下推论:

$$H_0: \rho = 0$$

$$H_1: \rho \neq 0$$

检验统计量为:

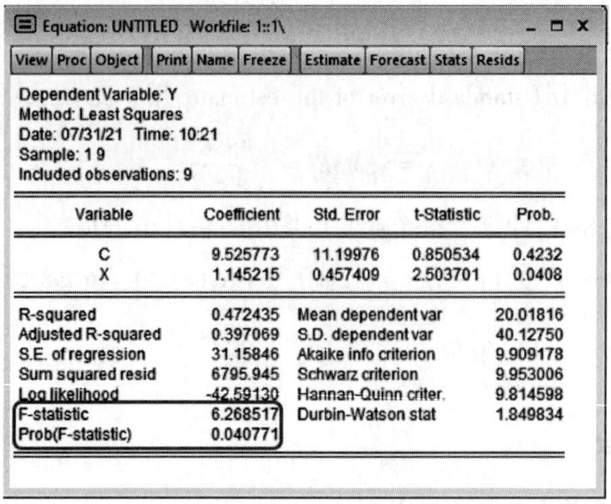
Equation: UNTITLED Workfile: 1::1\

View | Proc | Object | Print | Name | Freeze | Estimate | Forecast | Stats | Resids

Dependent Variable: Y
Method: Least Squares
Date: 07/31/21 Time: 10:21
Sample: 1 9
Included observations: 9

Variable	Coefficient	Std. Error	t-Statistic	Prob.
C	9.525773	11.19976	0.850534	0.4232
X	1.145215	0.457409	2.503701	0.0408

R-squared	0.472435	Mean dependent var	20.01816
Adjusted R-squared	0.397069	S.D. dependent var	40.12750
S.E. of regression	31.15846	Akaike info criterion	9.909178
Sum squared resid	6795.945	Schwarz criterion	9.953006
Log likelihood	-42.59130	Hannan-Quinn criter.	9.814598
F-statistic	6.268517	Durbin-Watson stat	1.849834
Prob(F-statistic)	0.040771		

图 8-12　EViews 决定系数图

$$t_{(n-2)} = r\sqrt{\frac{n-2}{1-r^2}} \qquad 其中\ r = \frac{s_{xy}}{s_x s_y}$$

【**例 8-5**】利用相关系数检验万科企业与市场指数是否存在线性关系。

$$r_{xy} = \frac{s_{xy}}{s_x \cdot s_y} = \frac{\sum_{i=1}^{n}(x_i - \bar{x})(y_i - \bar{y})}{\sqrt{\sum_{i=1}^{n}(x_i - \bar{x})^2}\sqrt{\sum_{i=1}^{n}(y_i - \bar{y})^2}} = \frac{5\,314.10}{\sqrt{4\,640.26}\sqrt{12\,881.73}} = 0.687\,3$$

$$t = 0.687\,3 \cdot \sqrt{\frac{9-2}{1-0.687\,3^2}} = 2.503$$

利用 Excel 计算 $TDIST(2.503,7,2)=0.04<0.05$，拒绝 H_0，所以存在线性关系。

8.4.3　*t* 检验

t 检验是检验回归系数是否存在，而在财经应用中更重视它们存在的形式（正或负）。检验分为两个方向：一个是截距项 α 的检验；另外一个是解释变量是否影响被解释变量 β 的检验。

要检验二者，首先就必须知道它们两个的抽样分布的形式，见表 8-4。

表 8-4　回归系数抽样分布的形式

	a	b
期望值	α	β
标准差	$\sigma \cdot \sqrt{\frac{1}{n} + \frac{\bar{x}^2}{\sum(x_i - \bar{x})^2}}$	$\frac{\sigma}{\sqrt{\sum(x_i - \bar{x})^2}}$
估计标准差	$s_a = \sqrt{MSE} \cdot \sqrt{\frac{1}{n} + \frac{\bar{x}^2}{\sum(x_i - \bar{x})^2}}$	$s_b = \frac{\sqrt{MSE}}{\sqrt{\sum(x_i - \bar{x})^2}}$
置信区间	$a \pm t_{\alpha/2}s_a \quad \nu = n-2$	$b \pm t_{\alpha/2}s_b \quad \nu = n-2$
分布形式	正态	正态

【例 8-6】接续例 8-1,检验万科企业风险是否存在,风险是否为正,风险是否大于市场风险,以及是否存在异常报酬。

解:如表 8-5 所示。

表 8-5

	备择假设	原假设
(1)风险是否存在	$H_{1a}:\beta \neq 0$	$H_{0a}:\beta = 0$
(2)风险是否为正	$H_{1b}:\beta > 0$	$H_{0b}:\beta \leqslant 0$
(3)风险是否大于市场风险	$H_{1c}:\beta > 1$	$H_{0c}:\beta \leqslant 1$
(4)是否存在异常报酬	$H_{1d}:\alpha \neq 0$	$H_{0d}:\alpha = 0$

先计算估计值:

$$s_b = \frac{\sqrt{MSE}}{\sqrt{\sum (x_i - \bar{x})^2}} = \frac{31.16}{\sqrt{4\,640.26}} = 0.45\,74$$

$$s_a = \sqrt{MSE} \cdot \sqrt{\frac{1}{n} + \frac{\bar{x}^2}{\sum (x_i - \bar{x})^2}} = 31.16 \cdot \sqrt{\frac{1}{9} + \frac{9.16^2}{4\,640.26}} = 11.199\,9$$

$$t_b = \frac{b}{s_b} = \frac{1.145}{0.457\,4} = 2.503$$

$$t_b = \frac{b-1}{s_b} = \frac{1.145-1}{0.457\,4} = 0.317$$

Excel 查表,P 值:

$TDIST(2.503,7,2) = 0.04 < 0.05$,拒绝 H_{0a}

$TDIST(2.503,7,1) = 0.02 < 0.05$,拒绝 H_{0b}

$TDIST(0.317,7,1) = 0.38 > 0.1$,无法拒绝 H_{0b}

$$t_a = \frac{b}{s_\alpha} = \frac{9.525}{11.199} = 0.851$$

Excel 查表,$P = TDIST(0.851,7,2) = 0.42 > 0.1$,无法拒绝 H_{0b}

所以风险存在且为正,但无法证明风险比市场大,而且也无法证明存在异常报酬。

EViews 示范如图 8-13 所示。

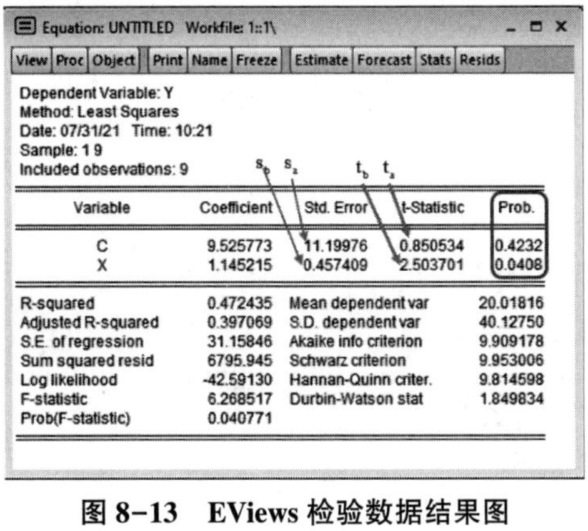

图 8-13 EViews 检验数据结果图

【例 8-7】 计算万科企业股票风险及异常报酬 95%的置信区间。

解：

利用 Excel 查 $t_{(0.025,7)} = TINV(0.05,7) = 2.365$

则风险 95%的置信区间为

$$b \pm t_{(0.025,7)} s_b = 1.145 \pm 2.365 \times 0.457 = (0.064,\ 2.225)$$

异常报酬 95%的置信区间为

$$a \pm t_{(0.025,7)} s_a = 9.526 \pm 2.365 \times 11.200 = (-16.962,\ 36.014)$$

8.5 估计与预测

本节叙述的估计与预测是针对被解释变量的估计与预测。点估计量与预测量并没有提供关于估计值和预测值的任何正确信息,若想要了解正确的估计信息,就必须建立置信区间或预测区间。置信区间(confidence interval)是对一个已知 x 值所对应的新观察值 y 的平均数的区间估计,预测区间(prediction interval)则是对一个已知 x 值所对应的个别 y 值的区间估计。虽然在已知 x 值的 y 的预测量和 y 平均数的估计量是相同的,但在两种状况下得到的区间计值并不相同。预测区间的边际误差比较大。

对于被解释变量 y,是无法利用观察值 y_i 来直接进行预测的,而是要以估计回归方程式估计 y 的平均值或预测个别 y 值,估计或预测显然是根据已知 x 值而定的,所以命名以下符号有助于进一步说明:

x^* 表示解释变量 x 的已知值;

y^* 表示当 $x = x^*$ 时被解释变量 y 的可能值的随机变量;

$E(y^*)$表示当 $x = x^*$ 时被解释变量 y 的平均数或期望值;

$\hat{y}^* = a + bx^*$ 为 $E(y^*)$的点估计量,也是 $x = x^*$ 时的个别值之预测量。

整个估计区间的运算,最重要的就是产生估计值的标准误,如上所述,有两个要做估计和预测,分别是 y 的平均值 $E(y^*)$或个别 y 值(y^*),其产生的方差分别为 $s_{\hat{y}^*}^2$ 和 s_{pred}^2,算式如下:

$$s_{\hat{y}^*}^2 = s^2\left[\frac{1}{n} + \frac{(x^* - \bar{x})^2}{\sum (x_i - \bar{x})^2}\right] = MSE \cdot \left[\frac{1}{n} + \frac{(x^* - \bar{x})^2}{\sum (x_i - \bar{x})^2}\right]$$

$$s_{pred}^2 = s^2 + s^2\left[\frac{1}{n} + \frac{(x^* - \bar{x})^2}{\sum (x_i - \bar{x})^2}\right] = MSE \cdot \left[1 + \frac{1}{n} + \frac{(x^* - \bar{x})^2}{\sum (x_i - \bar{x})^2}\right]$$

所以标准差分别为:

$$s_{\hat{y}^*} = s\sqrt{\left[\frac{1}{n} + \frac{(x^* - \bar{x})^2}{\sum (x_i - \bar{x})^2}\right]} = \sqrt{MSE} \cdot \sqrt{\left[\frac{1}{n} + \frac{(x^* - \bar{x})^2}{\sum (x_i - \bar{x})^2}\right]}$$

$$s_{pred}^2 = \sqrt{s^2 + s^2\left[\frac{1}{n} + \frac{(x^* - \bar{x})^2}{\sum (x_i - \bar{x})^2}\right]} = \sqrt{MSE} \cdot \sqrt{\left[1 + \frac{1}{n} + \frac{(x^* - \bar{x})^2}{\sum (x_i - \bar{x})^2}\right]}$$

因此,建构的区间分别如下。

y 的平均值 $E(y^*)$ 的置信空间：

$$\hat{y}^* \pm t_{\alpha/2} s_{\hat{y}^*}$$

个别 y 值(y^*)的预测区间：

$$\hat{y}^* \pm t_{\alpha/2} s_{pred}$$

【**例 8-8**】计算大盘涨 10%下万科企业股价的平均涨幅区间是多少,若预期大盘未来一年将上涨 5%,则万科企业股价在 95%的置信水平下,预测区间会是多少?

解:先计算:

$$\hat{y}^* = 9.526 + 1.145x^* = 9.641$$

$$s_{\hat{y}^*} = \sqrt{31.16} \cdot \sqrt{\left[\frac{1}{9} + \frac{(10-9.16)^2}{4640.26}\right]} = 1.862$$

$$s_{\text{pred}}^2 = 31.16 \cdot \sqrt{\left[1 + \frac{1}{9} + \frac{(10-9.16)^2}{4640.26}\right]} = 5.884$$

平均涨幅区间：$\hat{y}^* \pm t_{\alpha/2} s_{\hat{y}^*} = 9.641 \pm 2.365 \times 1.862 = (5.237, 14.045)$

预测区间：$\hat{y}^* \pm t_{\alpha/2} s_{\text{pred}} = 9.641 \pm 2.365 \times 5.884 = (-4.275, 23.557)$

8.6 残差分析

本章一开始提到,进行回归分析时的基本假设是:

(1) $\varepsilon_i \overset{\text{iid}}{\sim} N(0, \sigma^2)$: $E(\varepsilon_i) = 0$, $\text{Var}(\varepsilon_i) = \sigma^2$, $\text{Cov}(\varepsilon_i, \varepsilon_j) = 0$, $i \neq j$;

(2) $\text{Cov}(\varepsilon_i, x_i) = 0$。

也就是说,残差值必须满足正态分布、方差齐一并且彼此不相关,而且残差必须与解释变量 x_i 不相关。残差值、方差齐一并且彼此不相关将在第十一章讲解时间序列分析时进行介绍,残差与解释变量 x_i 不相关会在第 14 章第 2 节的工具变量中进行介绍。本节讲述如何判断残差是否具备正态分布。在判断数列具备何种分布时,可以通过卡方检验来判断。

H_0:观察值具备某种分布;

H_1:观察值不具备某种分布。

通常有两种方法:第一种采用 Jarque-Bera 检验(JB 检验),JB 统计量首先要计算偏态系数 S(skewness)和峰态系数 K(kurtosis):

$$JB = \frac{T-n}{6}\left(S^2 + \frac{1}{4}(K-3)^2\right) \sim \chi^2(2)$$

T、n 分别表示样本观察值和回归参数个数:

$$\chi^2 > \chi^2(1-\alpha, n-1)\text{,则拒绝 } H_0$$

这也可以利用 EViews 直接计算出来。

【**例 8-9**】接续例 8-1,检验该残差是否具备正态分布。

解:在回归分析结果的界面选取 View → Residual Diagnostics → Histogram-Normality Test,如图 8-14 所示。

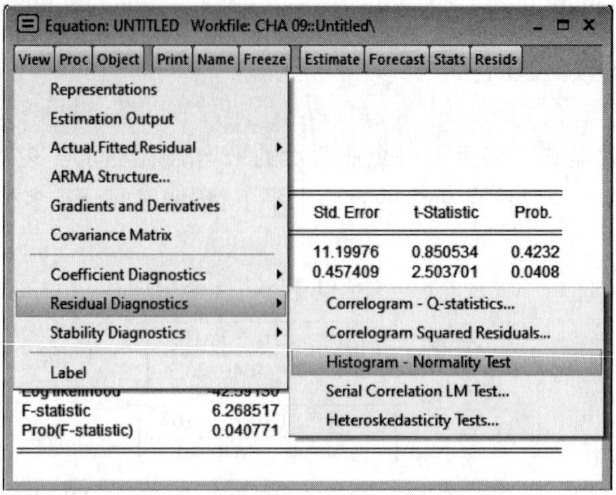

图 8-14 EViews 残差分布检验示范图

分析结果见图 8-15,结果显示 $JB=0.520$,$P=0.771>0.05$,无法拒绝 H_0。所以,无法拒绝残差是正态分布的假设。

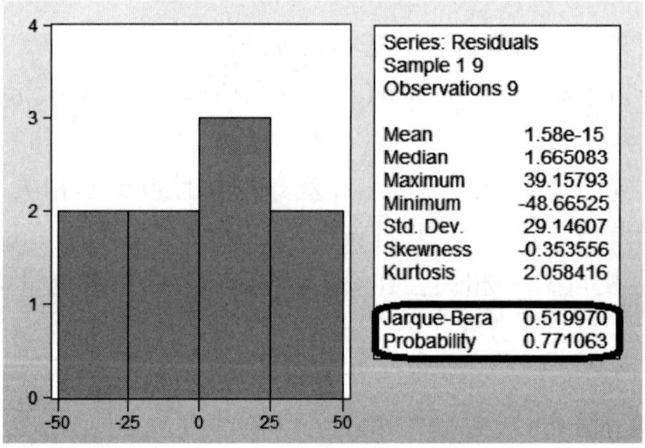

图 8-15 EViews 正态检验结果图

如果样本容量够大,则可采用第二种方法,即适合度检验(上一章已经介绍过,这里就不再进行示范了)。将观察样本进行分组,每组产生的观察值的个数为 o_i,根据正态分布的理论值个数 e_i 进行计算如下:

$$\chi^2 = \sum \frac{(o_i - e_i)^2}{e_i} \sim \chi^2(n-1)$$

如果遇到检验结果拒绝正态分布的假说,那么极有可能是遗漏了解释变量,所以,处理的办法一般会采用再增加解释变量,或是采用异常值常用的处理办法之一——直接把观察值删除,再重新做分析。

事实上,只要运用回归分析做预测和估计,预测被解释变量时,就必须满足残差为正态

分布 $\varepsilon_i \overset{iid}{\sim} N(0,\ \sigma^2)$ 以及 $\mathrm{Cov}(\varepsilon_i, x_j) = 0$ 的条件,但如果要再判断解释变量对被解释变量的影响,这时回归系数的 BLUE(最佳线性无偏)的性质就相当重要了。当残差满足 $\varepsilon_i \overset{iid}{\sim} N(0,\ \sigma^2)$ 时,就可以保证回归系数一定具备 BLUE 的性质;若残差没有满足正态分布,但满足均数等于 0、方差一致条件,则证明回归系数一样会满足 BLUE 的性质,因为最二乘法的推导与正态分布的假设无关,而且最小二乘法推导过程所得到的解就满足了无偏和一致性,再运用中央级限定理,更可以得知回归系数近似正态分布。所以在大样本条件下,在残差没有满足正态分布的情况下(但平均数和方差必须符合假设,且 $\mathrm{Cov}(\varepsilon_i, x_j) = 0$),回归系数的解释仍有效。

8.7 回归诊断的程序

回归模型建立后,一般都会采用最小二乘法建立估计回归方程式,然后进行相关系数的预测与估计以及最后的回归诊断。但在实际应用中,回归诊断应该在程序中较早的阶段执行;也就是在一个模型中被评估,并在使用回归方程式做预测和估计之前,就必须进行回归诊断。回归诊断及建模步骤的整个过程如下。

(1)发展一个具有理论基础的模型,也就是说,对研究问题中的被解释变量找出一个与它有线性关系的解释变量。

(2)搜集两个变量的数据。

(3)进行变量分析(判断是否存在线性模型)。

(4)决定回归方程式。

(5)计算残差并且检查必要的条件:

①残差是否服从常态?

②方差是否为常数?

③误差间是否独立?

④检查异常值。

(6)评估模型的配适度:

①计算估计的标准误。

②检验是否存在线性关系(检验 β 或 ρ。)。

③计算决定系数。

(7)如果模型拟合数据良好(采用稳健性检验),则使用回归方程式预测被解释变量的一个特别的值或估计它的平均数。

实训演练

浏览东方财富网(https://data.eastmoney.com/,如图 8-16 所示),按照行业、概念或地域,分析该范围存在异常报酬以及风险大于 1 的股票的占比。

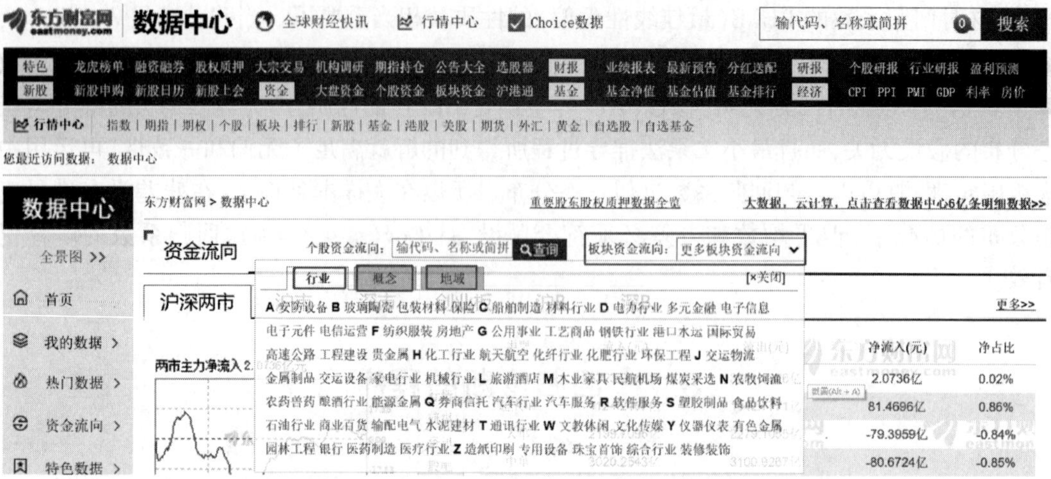

图 8-16　东方财富网上市公司分类示意图

习　题

一、判断题

1. 判断现象之间是否存在相关关系必须计算相关系数。（　）
2. 回归分析和相关分析一样，所分析的两个变量一定都是随机变量。（　）
3. 当直线相关系数 $r=0$ 时，说明变量之间不存在任何相关关系。（　）
4. 回归系数 b 的符号与相关系数 r 的符号一般相同，但有时也不相同。（　）
5. 相关系数的值越大，说明相关程度越高；反之，说明相关程度越低。（　）
6. 回归分析中计算的估计标准误就是因变量的标准差。（　）
7. 现象之间确实存在着的、关系值固定的依存关系，是相关关系。（　）
8. 按变量之间的相关强度不同，相关关系可分为正相关和负相关。（　）
9. 计算相关系数时，应首先确定自变量和因变量。（　）
10. 当一个变量增加时，相应的另一个变量随之也增加，我们称这两个变量之间为正相关。（　）
11. 相关系数是直线相关条件下说明两个现象之间相关密切程度的统计分析指标。（　）
12. 相关与回归分析是在定性分析基础上进行的定量分析。（　）
13. 若变量 x 的值增加时，变量 y 的值也加，说明 x 与 y 之间存在正相关关系；若变量 x 的值减少时，y 变量的值也减少，说明 x 与 y 之间存在负相关关系。（　）
14. 一元线性回归方程中 b 大于 0，表示两个变量之间存在正相关关系。（　）
15. 根据建立的直线回归方程，不能判断出两个变量之间相关的密切程度。（　）

16. 回归系数既可以用来判断两个变量相关的方向,也可以用来说明两个变量相关的密切程度。 (　　)

17. 产品产量随生产的固定资产价值的减少而减少,说明两个变量之间存在正相关关系。 (　　)

18. 计算相关系数的两个变量,要求一个是随机变量,另一个是可控制的变量。 (　　)

19. 完全相关即是函数关系,其相关系数为±1。 (　　)

20. 只有当相关系数接近于+1 时,才能说明两变量之间存在高度相关关系。 (　　)

21. 回归系数和相关系数都可用来判断现象之间相关的密切程度。 (　　)

22. 相关系数数值越大,说明相关程度越高;相关系数数值越小,说明相关程度越低。 (　　)

23. 当直线相关系数=0 时,说明变量之间不存在任何相关关系。 (　　)

24. 在进行相关分析和回归分析时,必须以定性分析为前提,从而决定现象之间有无关系及其作用范围。 (　　)

25. 进行相关分析与回归分析应注意对相关系数和回归直线方程的有效性进行检验。 (　　)

26. 工人的技术水平提高,使得劳动生产率提高。这种关系是一种不完全的正相关关系。 (　　)

27. 正相关指的就是两个变量之间的变动方向都是上升的。 (　　)

28. 相关的两个变量,只能算出一个相关系数。 (　　)

29. 利用最小二乘法配合的直线回归方程,要求实际测定的所有相关点和直线上的距离平方和为零。 (　　)

二、单选题

1. 当自变量的数值确定后,因变量的数值也随之完全确定,这种关系属于(　　)。

A. 相关关系　　B. 函数关系

C. 回归关系　　D. 随机关系

2. 相关关系是(　　)。

A. 现象间客观存在的依存关系　　B. 现象间的一种非确定性的数量关系

C. 现象间的一种确定性的数量关系　　D. 现象间存在的函数关系

3. 现象之间的相互关系可以归纳为两种类型,即(　　)。

A. 相关关系和函数关系　　B. 相关关系和因果关系

C. 相关关系和随机关系　　D. 函数关系和因果关系

4. 在相关分析中,要求相关的两变量(　　)。

A. 都是随机的　　B. 都不是随机变量

C. 因变量是随机变量　　D. 自变量是随机变量

5. 若自变量 x 的值增加,因变量 y 的值也随之增加,两变量之间存在着(　　)。

A. 曲线相关　　B. 正相关

C. 负相关　　D. 无相关

6. 测定变量之间相关程度的代表性指标是(　　)。

A. 估计标准误　　B. 两个变量的协方差

C. 相关系数　　D. 两个变量的标准差

7. 某校经济管理类的学生学习统计学的时间与考试成绩之间建立线性回归方程 $\hat{y}=\hat{\beta}_0+\hat{\beta}_1 x$。经计算,方程为 $\hat{y}=200-0.8x$,该方程参数的计算(　　)。

A. $\hat{\beta}_0$ 值是明显不对的

B. $\hat{\beta}_1$ 值是明显不对的

C. $\hat{\beta}_0$ 值和 $\hat{\beta}_1$ 值都是不对的

D. $\hat{\beta}_0$ 值和 $\hat{\beta}_1$ 值都是正确的

8. 当自变量 x 的值增加,因变量 y 的值也随之减少,两变量之间存在着(　　)。

A. 曲线相关　　B. 正相关

C. 负相关　　D. 无相关

9. 进行相关分析,要求相关的两个变量(　　)。

A. 都是随机的　　B. 都不是随机的

C. 一个是随机的,一个不是随机的　　D. 随机或不随机都可以

10. 下列关系中,属于正相关关系的有(　　)。

A. 合理限度内,施肥量和平均单位产量之间的关系

B. 产品产量与单位成本之间的关系

C. 商品流通费用与销售利润之间的关系

D. 流通费用率与商品销售量之间的关系

11. 相关系数 r 的取值范围是(　　)。

A. 从 0 到 1　　B. 从-1 到 0

C. 从-1 到 1　　D. 无范围限制

12. 说明回归直线拟合程度的统计量主要是(　　)。

A. 估计标准误差　　B. 相关系数

C. 决定系数　　D. 回归系数

13. 相关关系是(　　)。

A. 现象之间客观存在的,关系数值是不固定的依存关系

B. 函数关系

C. 因果关系

D. 现象之间客观存在的,关系数值是固定的依存关系。

14. 在回归直线 $\hat{y}=\hat{\beta}_0+\hat{\beta}_1 x$ 中,$\hat{\beta}_1<0$,则 x 与 y 之间的相关系数(　　)。

A. $r=0$　　B. $r=1$

C. $0<r<1$　　D. $-1<r<0$

15. 在回归直线 $\hat{y}=\hat{\beta}_0+\hat{\beta}_1 x$ 中,$\hat{\beta}_1$ 表示(　　)。

A. 当 x 增加一个单位时,y 增加 $\hat{\beta}_0$ 的数量

B. 当 y 增加一个单位时，y 增加 $\hat{\beta}_1$ 的数量

C. 当 x 增加一个单位时，y 的平均增加量

D. 当 y 增加一个单位时，x 的平均增加量

16. 当相关系数=0 时，表明(　　)。

A. 现象之间完全无关　　B. 相关程度较小

C. 现象之间完全相关　　D. 无直线相关关系

17. 下面有关相关关系的一些说法错误的是(　　)。

A. 相关关系是一种普遍存在的关系

B. 简单相关系数是用来定量描述变量之间线性相关程度

C. 简单相关系数为零时，说明两个变量之间不存在任何关系

D. 简单相关系数绝对值越大，两个变量之间的相关程度越密切

18. 下列现象的相关密切程度最高的是(　　)。

A. 某商店的职工人数与商品销售额之间的相关系数为 0.87

B. 流通费用水平与利润率之间的相关关系为-0.94

C. 商品销售额与利润率之间的相关系数为 0.51

D. 商品销售额与流通费用水平的相关系数为-0.819.

19. 估计标准误说明回归直线的代表性，因此(　　)。

A. 估计标准误数值越大，说明回归直线的代表性越大

B. 估计标准误数值越大，说明回归直线的代表性越小

C. 估计标准误数值越小，说明回归直线的代表性越小

D. 估计标准误数值越小，说明回归直线的实用价值越小

20. 一般来说，当居民收入减少时，居民储蓄存款也会相应减少，二者之间的关系是(　　)。

A. 负相关　　B. 正相关

C. 零相关　　D. 曲线相关

21. 配合回归方程比较合理的方法是(　　)。

A. 移动平均法　　B. 半数平均法

C. 散点法　　D. 最小平方法

22. 价格越低，商品需求量越大，这两者之间的关系是(　　)。

A. 复相关　　B. 不相关

C. 正相关　　D. 负相关

23. 判断现象之间相关关系密切程度的方法是(　　)。

A. 做定性分析　　B. 制作相关图

C. 计算相关系数　　D. 计算回归系数

24. 回归估计的估计标准误差的计算单位与(　　)。

A. 自变量相同　　B. 因变量相同

C. 自变量及因变量相同　　D. 相关系数相同

25. 已知某产品产量与生产成本有直线关系，在这条直线上，当产量为 1 000 件时，其生

产成本为 50 000 元,其中不随产量变化的成本为 12 000 元,则成本总额对产量的回归方程是(　　)。

A. $Y=12\ 000+38X$　　B. $Y=50\ 000+12\ 000X$

C. $Y=38\ 000+12X$　　D. $Y=12\ 000+50\ 000X$

26. 相关图又称(　　)。

A. 散布图　　B. 折线图

C. 茎叶图　　D. 曲线图

27. 工人的出勤率与产品合格率之间的相关系数如果等于 0.85,可以断定两者是(　　)。

A. 显著相关　　B. 低度相关

C. 正相关　　D. 负相关

28. 决定系数与相关系数的关系为(　　)。

A. 决定系数等于相关系数的平方　　B. 决定系数等于相关系数

C. 决定系数与相关系数无关　　D. 相关系数等于决定系数的平方

29. 当一个变量的变化完全由另一个变量确定时,称这两个变量之间的关系为(　　)。

A. 线性相关　　B. 非线性相关

C. 完全相关　　D. 不完全相关

30. 相关分析与回归分析的一个重要区别是(　　)。

A. 前者研究变量之间的关系程度,后者研究变量间的变动关系,并用方程式表示

B. 前者研究变量之间的变动关系,后者研究变量间的密切程度

C. 两者都研究变量间的变动关系

D. 两者都不研究变量间的变动关系

31. 当所有观测值都落在回归直线上,则这两个变量之间的相关系数为(　　)。

A. 1　　B. −1

C. +1 或−1　　D. 大于−1,小于+1

32. 现象之间相互依存关系的程度越高,则相关系数值(　　)。

A. 越接近于∞　　B. 越接近于 1

C. 越接近于 1　　D. 越接近于 1 或−1

33. 相关系数 $r=0$,说明两个变量之间(　　)。

A. 相关程度很低　　B. 不存在任何相关关系

C. 完全负相关　　D. 不存在直线相关关系

34. 根据以下变量 X 与 Y 之散点图,下列何者正确?（　　）

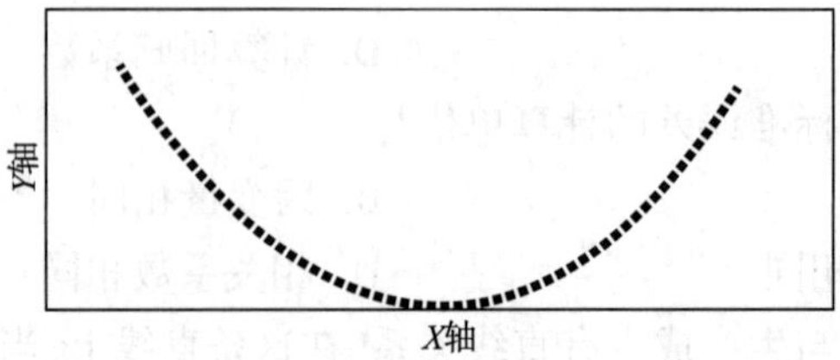

A. X 与 Y 之 Pearson(皮尔逊)简单相关系数为零
B. X 可以影响 Y
C. Y 可以影响 X
D. X 与 Y 有直线关系
35. 在回归方程中,回归系数 b 表示(　　)。
A. 当 $x=0$ 时 y 的期望值　　B. x 变动一个单位时 y 的变动总额
C. y 变动一个单位时 x 的平均变动量　　D. x 变动一个单位时 y 的平均变动量
36. 一元线性回归方程 $y=a+bx$ 中,b 表示(　　)。
A. 自变量 x 每增加一个单位,因变量 y 增加的数量
B. 自变量 x 每增加一个单位,因变量 y 平均增加或减少的数量
C. 自变量 x 每减少一个单位,因变量 y 减少的数量
D. 自变量 x 每减少一个单位,因变量 y 增加的数量
37. 某样本含 y、a、b、c、d 五个变量,并得下列四条估计回归线:
$\hat{y} = 7.2 + 4.5A$　$\hat{y} = 0.26 - 32B$　$\hat{y} = 126 + 0.05c$　$\hat{y} = 56.1 - 12d$
根据此样本信息,A、B、C、D 四个变量哪一个对 Y 的影响最大?(　　)
A. 一样大　　B. 无法判断
C. B　　D. A

三、多选题

1. 下列哪些现象之间的关系为相关关系(　　)。
A. 家庭收入与消费支出关系　　B. 圆的面积与它的半径关系
C. 广告支出与商品销售额关系　　D. 单位产品成本与利润关系
E. 在价格固定情况下,销售量与商品销售额关系
2. 在直线回归方程中,(　　)。
A. 要求因变量是随机的,而自变量是给定的数值
B. 回归系数只能取正值
C. 两个变量中须确定自变量和因变量
D. 一个回归方程只能做一种推算 E
E. 要求两个变量都是随机的
3. 可用来判断现象相关方向的指标有(　　)。
A. 相关系数　　B. 回归系数
C. 回归方程参数　　D. 估计标准误
E. x、y 的平均数
4. 直线回归分析中(　　)。
A. 自变量是可控量,因变量是随机的
B. 两个变量不是对等的关系
C. 利用一个回归方程两个变量可以相互推算
D. 根据回归系数可判定相关的方向
E. 对于没有明显因果关系的两个变量可求得两个回归方程

5. 判定现象之间相关关系密切程度的主要方法是(　　)。

A. 对客观现象做定性分析　　B. 计算相关系数

C. 绘制相关图　　D. 编制相关表

6. 直线回归方程 $\hat{y}=\hat{\beta}_0+\hat{\beta}_1x$ 中的 $\hat{\beta}_1$ 称为回归系数,回归系数的作用是(　　)。

A. 可确定两个变量之间因果的数量关系

B. 可确定两变量的相关方向

C. 可确定两变量相关的密切程度

D. 可确定因变量的实际值与估计值的变异程度

E. 可确定当自变量增加一个单位时,因变量平均增加值

7. 单位成本(元)依产量(千件)变化的回归方程为 $\hat{y}=78-2x$,这表示(　　)。

A. 产量为 1 000 件时,单位成本 76 元

B. 产量为 1 000 件时,单位成本 78 元

C. 产量每增加 1 000 件时,单位成本下降 2 元

D. 产量每加 1 000 件时,单位成本下降 78 元

E. 当单位成本为 72 元时,产量为 3 000 件

8. 在回归分析中,就两个相关变量 x 与 y 而言,变量 y 依变量 x 的回归和变量依变量 y 的回归所得的两个回归方程是不同的,这种表现在(　　)。

A. 方程中参数估计的方法不同

B. 方程中参数数值不同

C. 参数表示的实际意义不同

D. 估计标准误的计算方法不同

E. 估计标准误的数值不同

9. 确定直线回归方程必须满足的条件是(　　)。

A. 现象间确实存在数量上的相互依存关系

B. 相关系数必须等于 1

C. y 与必须同方向变化

D. 现象间存在着较密切的直线相关关系

E. 相关系数必须大于 0

10. 配合直线回归方程是为了(　　)。

A. 确定两个变量之间的变动关系　　B. 用因变量推算自变量

C. 用自变量推算因变量　　D. 两个变量相互推算

E. 确定两个变量间的相关程度

11. 相关分析(　　)。

A. 分析对象是相关关系

B. 分析方法是配合回归方程

C. 分析方法主要是绘制相关图和计算相关系数

D. 分析目的是确定自变量和因变量

E. 分析目的是判断现象之间相关的密切程度,并配合相应的回归方程以便进行推算和预测

12. 下列现象中存在相关关系的有(　　)。
A. 职工家庭收入不断增长,消费支出也相应增长
B. 产量大幅度增加,单位成本相应下降
C. 税率一定,纳税额随销售收入增加而增加
D. 商品价格一定,销售额随销量增加而增加
E. 农作物收获率随着耕作深度的加深而提高

13. 商品流通费用率与商品销售额之间的关系是(　　)。
A. 相关关系　　B. 函数关系
C. 正相关　　D. 负相关
E. 单相关

14. 相关系数(　　)。
A. 是测定两个变量间有无相关关系的指标
B. 是在线形相关条件下测定两个变量间相关关系密切程度的指标
C. 也能表明变量之间相关的方向
D. 其数值大小决定有无必要配合回归方程
E. 与回归系数密切相关

15. 直线回归方程(　　)。
A. 建立前提条件是现象之间具有较密切的直线相关关系
B. 关键在于确定方程中的参数 a 和 b
C. 表明两个相关变量间的数量变动关系
D. 可用来根据自变量值推算因变量值,并可进行回归预测
E. 回归系数 $b=0$ 时,相关系数 $r=0$

16. 相关系数与回归系数(　　)。
A. 回归系数大于零则相关系数大于零
B. 回归系数小于零则相关系数小于零
C. 回归系数大于零则相关系数小于零
D. 回归系数小于零则相关系数大于零
E. 回归系数等于零则相关系数等于零

17. 某种产品的单位成本(Y)(元)与工人劳动生产率(X)(件人)之间的回归直线方程 $Y=50-0.5X$,则(　　)。
A. 0.5 为回归系数
B. 50 为回归直线的起点值
C. 表明工人劳动生产率每增加 1 件/人,单位成本平均提高 0.5 元
D. 表明工人劳动生产率每增加 1 件人,单位成本平均下降 0.5 元
E. 表明工人劳动生产率每减少 1 件/人,单位成本平均提高 50 元

18. 按照相关变量变化的方向,分为(　　)。
A. 正相关　　B. 负相关
C. 单相关　　D. 偏相关

19. 按照相关关系的程度,分为(　　)。

A. 完全相关　　B. 不完全相关

C. 不相关　　D. 线性相关

20. 相关关系的特点是(　　)。

A. 现象之间确实存在数量上的依存关系

B. 现象之间不确定存在数量上的依存关系

C. 现象之间的数量依存关系值是不确定的

D. 现象之间的数量依存关系值是确定的

E. 现象之间不存在数量上的依存关系

21. 建立一元线性回归方程是为了(　　)。

A. 说明变量之间的数量变动关系

B. 通过给定自变量数值来估计因变量的可能值

C. 确定两个变量间的相关程度

D. 用两个变量相互推算

E. 用给定的因变量数值推算自变量的可能值

22. 在直线回归方程中(　　)。

A. 在两个变量中须确定自变量和因变量

B. 回归系数只能取正值

C. 回归系数和相关系数的符号是一致的

D. 要求两个变量都是随机的

E. 要求因变量是随机的,而自变量是给定的

23. 现象间的相关关系按相关形式分为(　　)。

A. 正相关　　B. 负相关

C. 直线相关　　D. 曲线相关

E. 不相关

24. 配合一元线性回归方程须具备下列前提条件(　　)。

A. 现象间确实存在数量上的相互依存关系

B. 现象间的关系是直线关系,这种直线关系可用散点图来表示

C. 具备一组自变量与因变量的对应资料,且能明确哪个是自变量,哪个是因变量

D. 两个变量之间不是对等关系

E. 自变量是随机的,因变量是给定的值

25. 由直线回归方程 $y=a+bx$ 所推算出来的 y 值(　　)。

A. 是一组估计值　　B. 是一组平均值

C. 是一个等差级数　　D. 可能等于实际值

E. 与实际值的离差平方和等于0

四、填空题

1. 一元线性回归中,使得残差平方和最小的估计回归系数的方法称为______。

2. 现象之间的相关关系按相关程度不同分为______、______和______。

3. 现象之间的相关关系按相关方向不同分为______和______。

4. 现象之间的相关关系按相关的形式不同分为______和______。

5. 相关系数 r 的值介于______之间，当它为正值时，表示现象之间存在着______；当它为负值时，表示现象之间存在着______。

6. 完全相关即是函数关系，其相关系数为______。

7. 直线相关系数等于零，说明两变量之间______；直线相关系数等于 1，说明两变量之间______；直线相关系数等于-1，说明两变量之间______。

8. 在回归分析中，两变量不是对等的关系，其中因变量是______变量，自变量是______变量。

9. 对变量之间关系的研究，统计是从两个方面进行的：一方面是研究变量之间关系的密切程度，这种研究称为______；另一方面是研究关于自变量和因变量之间的变动关系，用数学方程式表达，称为______。

10. 已知直线回归方程 $\hat{y} = \hat{\beta}_0 + \hat{\beta}_1 x$ 中，$\hat{\beta}_1 = 17.5$。已知=30，$\sum y = 13\ 500$，$\bar{x} = 12$ 则 $\hat{\beta}_0 =$ ______。

11. 有一个简单回归模型：$Y = \beta_0 + \beta_1 X + \varepsilon$，共取得 150 笔数据，并得：

$$\bar{X} = 150, \bar{Y} = 85$$

$$\sum (X - \bar{X})^2 = 20, \sum (Y - \bar{Y})^2 = 2\ 000$$

$$\sum (X - \bar{X})(Y - \bar{Y}) = 180$$

此估计回归之截距为______与斜率=______R^2=______之值。

12. 在直线回归分析中，因变量 y 的总变差平方和可以分解为______和______，用公式表示，即______。

五、计算题

1. 表 8-6 是某公司的 10 家下属企业的产量与生产费用的有关数据，根据 Pearson 相关系数的计算公式，计算产量和产费用之间的 Pearson 相关系数。

表 8-6 某公司的 10 家下属企业的产量与生产费用的有关数据

企业编号	1	2	3	4	5	6	7	8	9	10
产量(Y)	40	42	48	55	65	79	88	100	120	140
生产费用(X)	150	140	160	170	150	162	185	165	190	185

2. 某公司每周销售额和广告费支出数据如表 8-7 所示。

表 8-7 某公司每周销售额和广告费支出数据

销售额	Y(万元)	4 100	5 400	6 300	5 400	4 800	4 600	6 200	6 100	4 000	7 100
广告费	X(万元)	12.5	13.8	14.25	14.25	14.5	13	14	15	15.75	16.5

根据有关数据，建立销售额和广告费支出之间的回归方程。

3. 在其他条件不变的情况下,某种商品的需求量(y)与该商品的价格(x)有关,现对给定时期内的价格与需求量进行观察,得到如表 8-8 所示的一组数据。

表 8-8

价格 x(元)	12	9	10	6	8	11	9	10	12	7
需求量 y(吨)	55	56	60	72	70	57	57	53	54	70

(1)计算价格与需求量之间的简单相关系数。

(2)拟合需求量对价格的回归直线。

(3)确定当价格为 15 元时,需求量的估计值。

4. 某汽车生产商欲了解广告费用(x)对销售量(y)的影响,收集了过去 12 年的有关数据,得到下面的结果,见表 8-9。

表 8-9　广告费用(x)对销售量(y)的回归分析结果表

变量	系数	标准误	t 统计量	p-值
截距项	363.689	62.455	g	<0.000 1
广告量	1.420 21	0.071	h	<0.000 1

(1)完成下面的方差分析表(见表 8-10)。

(2)汽车销售量的变动中有多少是由广告费用的变动引起的?

(3)销售量与广告费用之间的相关系数是多少?

(4)写出估计的回归方程并解释回归系数的实际意义。

(5)检验线性关系的显著性($\alpha=0.05$)。

表 8-10　方差分析表

变异来源	df	SS	MS	F	显著量(F)
回归	a	c	d	f	2.17×10^{-9}
残差	b	40 158.07	e	–	–
合计	11	1 642 866.67	–	–	–

专有名词

被解释变量:又称因变量,待预测或待解释的变量,通常会以 y 表示。

解释变量:又称自变量,用来预测或解释的变量,通常会以 x 表示。

完全相关:当一个变量的变化完全由另一个变量确定时,称这两个变量之间的关系为完全相关。

回归分析:在统计学中,把通过搜集数据,建立回归方程,对其误差进行估计等的步骤,称为回归分析。

简单线性回归:由一个解释变量与一个被解释变量所组成的回归分析,且两变量间的关系以一条直线来近似表示。

简单线性回归模型:描述 y、x 和误差项间关系的方程式,模型是 $y = \alpha + \beta x + \varepsilon$ 。

简单线性回归方程式:描述解释变量之平均数或期值与解释变数间关系的方程式,方程式之估计式为: $E(y) = \alpha + \beta x$ 。

估计简单线性回归方程式:利用最小二乘法,由样本建立出来的方程式,该估计式为: $\hat{y} = a + bx$ 。

最小二乘法:建立估计归方程式的一种方法,其目标为极小化 $\sum (y - \hat{y})^2$。

散布图:根据两变量的数据集所绘出的图形,其中解释变量的数值置于横轴,被解释变量的数值置于纵轴。

决定系数:估计回归方程式的适合度的测量指标,它可被看作是被解释变量 y 的变异中,可由估计回归方程式所解释的百分比。

残差:被解释变量的观测值与利用估计回归方程式算出的预测值间的差距;第 i 个残差为 $y_i - \hat{y}_i$ 。

相关系数:两变量之间"直线"关系强度的测量值。

误差均方:误差项方差的估计值,记作 MSE 或 s^2。

估计值的标准误:误差均方的平方根,以 s 表示,它是误差项 ε 的标准差的估计值。

ANOVA 表:用以汇总检验显著性的 F 检验的相关计算的方差分析表。

y 的置信区间:对应已知 x 值的 y 平均值的区间估计值。

y 的预测区间:对已知 x 值的个别 y 值的区间估计值。

残差分析:对残差项进行分析,以判定关于回归模型的假设是否成立。

重要公式

简单线性回归模型:

$$y = \alpha + \beta x + \varepsilon$$

简单线性回归方程式:

$$E(y) = \alpha + \beta x$$

估计回归方程式:

$$\hat{y} = a + bx$$

简单回归系数:

$$b = \frac{\sum_{i=1}^{n} (x_i - \bar{x})(y_i - \bar{y})}{\sum_{i=1}^{n} (x_i - \bar{x})^2}$$

$$a = \bar{y} - b\bar{x}$$

误差平方和，记作 SSE：

$$SSE = \sum (y_i - \hat{y}_i)^2$$

总平方和，记作 SST：

$$SST = \sum (y_i - \bar{y})^2$$

回归平方和，记作 SSR：

$$SSR = \sum (\hat{y}_i - \bar{y})^2$$

SST、SSR 和 SSE 之间的关系：

$$SST = SSE + SSR$$

决定系数：

$$R^2 = \frac{SSR}{SST} = \frac{\left[\sum_{i=1}^{n} (x_i - \bar{x})(y_i - \bar{y})\right]^2}{\sum_{i=1}^{n} (x_i - \bar{x})^2 \sum_{i=1}^{n} (y_i - \bar{y})^2} = b \cdot \frac{\sum_{i=1}^{n} (x_i - \bar{x})(y_i - \bar{y})}{\sum_{i=1}^{n} (y_i - \bar{y})^2}$$

相关系数：

$$r_{xy} = \frac{\sum_{i=1}^{n} (x_i - \bar{x})(y_i - \bar{y})}{\sqrt{\sum_{i=1}^{n} (x_i - \bar{x})^2}\sqrt{\sum_{i=1}^{n} (y_i - \bar{y})^2}} = \frac{s_{xy}}{s_x \cdot s} = \text{“}b\text{ 值的符号”}\sqrt{R^2}$$

误差均方（MSE，σ^2 的估计值）：

$$MSE = \frac{SSE}{n-2}$$

估计值的标准误（s）：

$$s = \sqrt{MSE} = \sqrt{\frac{SSE}{n-2}}$$

F 检验：

$$F = \frac{MSR}{MSE} = \frac{\dfrac{SSR}{\text{回归自由度}}}{\dfrac{SSE}{\text{均方自由度}}} = \frac{\dfrac{SSR}{2-1}}{\dfrac{SSE}{n-2}} \sim F_{\alpha}(1, n-2)$$

相关系数 ρ 的检验统计量：

$$t_{(n-2)} = r\sqrt{\frac{n-2}{1-r^2}} \quad \text{其中 } r = \frac{s_{xy}}{s_x s_y}$$

α 的检验统计量：

$$t_{\alpha/2} s_a \quad \nu = n-2$$

$$s_a = \sqrt{MSE} \cdot \sqrt{\frac{1}{n} + \frac{\bar{x}^2}{\sum (x_i - \bar{x})^2}}$$

β 的检验统计量：

$$t_{\alpha/2} s_b \quad \nu = n-2$$

$$s_b = \frac{\sqrt{MSE}}{\sqrt{\sum (x_i - \bar{x})^2}}$$

y 的平均值 $E(y^*)$ 的置信空间：

$$\hat{y}^* \pm t_{\alpha/2} s_{\hat{y}^*}$$

$$s_{\hat{y}^*} = s\sqrt{\left[\frac{1}{n} + \frac{(x^* - \bar{x})^2}{\sum (x_i - \bar{x})^2}\right]} = \sqrt{MSE} \cdot \sqrt{\left[\frac{1}{n} + \frac{(x^* - \bar{x})^2}{\sum (x_i - \bar{x})^2}\right]}$$

个别 y 值(y^*)的预测区间：

$$\hat{y}^* \pm t_{\alpha/2} s_{\text{pred}}$$

$$s_{\text{pred}}^2 = \sqrt{s^2 + s^2\left[\frac{1}{n} + \frac{(x^* - \bar{x})^2}{\sum (x_i - \bar{x})^2}\right]} = \sqrt{MSE} \cdot \sqrt{\left[1 + \frac{1}{n} + \frac{(x^* - \bar{x})^2}{\sum (x_i - \bar{x})^2}\right]}$$

Jarque-Bera 检验(JB 检验)：

$$JB = \frac{T - n}{6}\left[S^2 + \frac{1}{4}(K - 3)^2\right] \sim \chi^2(2)$$

$$\chi^2 > \chi^2(1 - \alpha, n - 1) \text{ 则拒绝 } H_0$$

S 为偏态系数(skewness)；

K 为峰态系数(kurtosis)；

T 为样本观察值；

N 为回归参数个数。

适合度检验：

$$\chi^2 = \sum \frac{(o_i - e_i)^2}{e_i} \sim \chi^2(n - 1)$$

o_i 为观察值个数，e_i 为理论值个数。

附录：EViews 回归分析结果说明

EViews 回归分析结果有三大部分，分别为最上面的基本状态、回归分析统计量和统计量总结，如图 8-17 所示。

(1)基本状态。基本状态介绍了被解释变量(dependent variable)、分析方法(method)、分析时间(date, time)、样本数(sample)和观察值个数(included observations)。

(2)回归分析统计量。回归分析统计量则有变量(variable)、回归系数(coefficient)、标准误(std. error)、t 统计量(t-statistic)和边际显著性水平(prob.)

①回归系数(coefficient)。最小二乘估计的系数 b 是由以下的公式计算得到的：

$$b = (x'x)^{-1}x'y$$

注意回归系数的正负要符合理论和实际。截距项的回归系数无论是否通过 t 检验都没有实际的经济意义。

②标准误(Std. Error)。标准差项列出了系数估计的标准差。估计系数的协方差矩阵是由以下公式计算得到的：

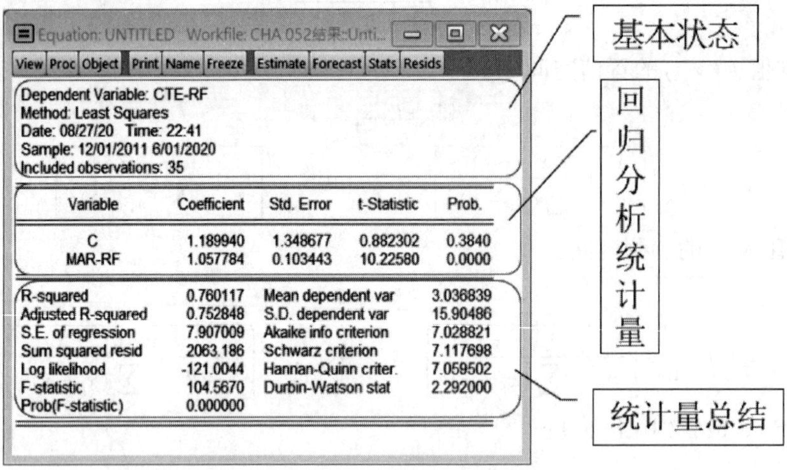

图 8-17 EViews 回归分析结果总图

$$\mathrm{Var}(b) = s^2(x'x)^{-1}s^2 = \frac{\hat{\varepsilon}'\hat{\varepsilon}}{(T-k)}$$

$$\hat{\varepsilon} = y - xb$$

标准误差越大,回归系数的估计值越不可靠,这可以通过 t 值的计算公式得知。

③t 统计量(t-statistic)。t 统计量是由系数估计值和标准差之间的比率来计算的,它是用来检验系数为零的假设的。

通过查表可以得到相应的临界值。如果该值大于临界值,则该系数在相应的显著水平上是可靠的;如果该值小于临界值,则该系数在相应显著水平上是不显著的。

④边际显著性水平(Prob.)。结果的最后一项是在误差项为正态分布或系数估计值为渐近正态分布的假设下,指出 t 统计量与实际观测值一致的概率。这个概率称为边际显著性水平或 P 值。

P 值为理论 t 值超越样本 t 值的概率,应该联系显著性水平 α 判断,α 表示在原假设成立的前提下,理论 t 值超过样本 t 值的概率,当 P 值$<\alpha$ 值时,说明虽然这种结果实际出现的概率比在原假设成立的前提下这种结果出现的可能性还小,但它偏偏出现了,因此拒绝接受原假设。

(3)统计量总结。统计量总结起来,有 R^2 统计量(R-squared)、调整 R^2(adjusted r-squared)、回归标准差(S. E. of regression)、残差平方和(sum squared resid)、对数似然函数值(log likelihood)、Durbin-Watson 统计量(Durbin-Watson sta)、因变量均值(mean dependent var)、因变量标准差(S. D. dependent var)、AIC 准则(Akaike info criterion)、Schwarz 准则(Schwarz criterion)、HQC 准则(Hannan-Quinn criter)、F 统计量(F-statistic)和边际显著性水平、Prob(F-statistic)。具体解释如下。

①R^2统计量。R^2 统计量衡量在样本内预测因变量值的回归是否成功。EViews 计算的公式为:

$$R^2 = 1 - \frac{\hat{\varepsilon}'\hat{\varepsilon}}{(y-\bar{y})'(y-\bar{y})}$$

$$\bar{y} = \sum_{i=1}^{T} \frac{y_i}{T}$$

R^2 表示回归的拟合程度,就是被解释变量被所有解释变量解释的部分。R^2 的取值范围在 0 到 1 之间:如果 R^2 等于零,则表示该回归并不比被解释变量的简单平均数预测得更好;如果 R^2 等于 1,则表示该回归拟合得最为完美。

②调整 R^2。使用 R^2 作为衡量工具存在一个问题,即在增加新的自变量时 R^2 不会减少。调整后的 R^2 通常解释为消除 R^2 中对模型没有解释力的新增变量。计算方法如下:

$$\bar{R}^2 = 1 - (1 - R^2)\frac{T - 1}{T - K}$$

即经自由度修正后的可决系数。从计算公式可知,调整后的可决系数小于未经调整的可决系数,并且可决系数可能为负,此种情况表明该模型极不可靠。

随着解释变量的增加,R^2 只会增加而不会减少。为对增加的解释变量进行调整,需对 R^2 进行调整。

③回归标准差。回归标准差是在残差的方差的估计值基础之上的一个总结。计算方法如下:

$$s = \sqrt{\frac{\hat{\varepsilon}'\hat{\varepsilon}}{T - K}}$$

残差是经自由度修正后的标准差,OLS 的实质其实就是使得均方差最小化,而均方差与它的区别就是没有经过自由度修正。

④残差平方和。残差平方和可以用于很多统计计算中,公式如下:

$$\hat{\varepsilon}'\hat{\varepsilon} = \sum_{i=1}^{T}(y_i - x_i b)^2$$

⑤对数似然函数值。对数似然计算公式如下:

$$L = -\frac{T}{2}\left[1 + \log(2\pi) + \log\left(\frac{\hat{\varepsilon}'\hat{\varepsilon}}{T}\right)\right]$$

离散分布用概率聚集函数表示,连续分布用概率密度函数表示。因为要使得样本中所有样本点都出现,假定抽样是随机的,则各个样本点是独立同分布的,所以最后总的概率表现为概率聚集函数或者概率密度函数的连乘形式,称之为似然函数。要取最大概率,即将似然函数对未知参数求导、令导数等于 0,即可获得极大似然函数。一般为简化函数的处理过程,都会对似然函数进行对数化处理,这样最后得到的极大似然函数就称之为对数极大似然函数。

首先,理解极大似然估计法。极大似然估计法虽然没有 OLS 运用广泛,但它是一个具有更强理论性质的点估计方法。极大似然估计的出发点是已知被观测现象的分布,但不知道其参数。极大似然法用得到观测值(样本)最高概率的那些参数的值来估计该分布的参数,从而提供一种用于估计刻画一个分布的一组参数的方法。

其次,理解对数似然估计函数值。对数似然估计函数值一般取负值,实际值(不是绝对值)越大越好。第一,基本推理。对于似然函数,如果是离散分布,最后得到的数值直接就是概率,取值区间为 0~1,对数化之后的值就是负数了;如果是连续变量,因为概率密度函数的取值区间并不局限于 0~1,所以最后得到的似然函数值不是概率而只是概率密度函数值,这样对数化之后的正负就不确定了。第二，Eviews 的计算公式解释：公式值的大小关键取决于残差平方和（以及样本容量），只有当残差平方和与样本容量的比之很小时，括号内的值才可能为负，从而公式值为正，这时说明参数拟合效度很高；反之公式值为负，其绝对值越小表示残差平方和越小，因而参数拟合效度越高。

⑥Durbin-Watson 统计量。*DW* 统计量用以衡量残差的序列相关性。作为一个规则，如果 *DW* 值小于 2，证明存在正序列相关。*DW* 的计算方法如下：

$$DW = \frac{\sum_{i=2}^{T}(\hat{\varepsilon}_i - \hat{\varepsilon}_{i-1})^2}{\sum_{i=2}^{T}\hat{\varepsilon}_i^{\ 2}}$$

DW 统计量用于检验序列的自相关，公式实际上就是测度残差序列与残差滞后一期序列之间差异的大小，经过推导可以得出 *DW* 值与两者相关系数的等式关系，因而很容易判断。*DW* 值的取值区间为 0~4。当 *DW* 值很小时（大致<1），表明序列可能存在正自相关；当 *DW* 值很大时（大致>3），表明序列可能存在负自相关；当 *DW* 值在 2 附近时（大致在 1.5 到 2.5 之间），表明序列无自相关；其余的取值区间，表明无法确定序列是否存在自相关。当然，*DW* 具体的临界值还需要通过查表、根据样本容量和解释变量的个数来确定。

DW 值并不是一个很适用的检验手段，因为它存在苛刻的假设条件：解释变量为非随机的，随机扰动项为一阶自回归形式，解释变量不能包含滞后的被解释变量，必须有截距项，数据无缺失值。当然，可以通过 *DW-h* 检验来检验包含滞后被解释变量作为解释变量的序列是否存在自相关。*h* 统计量与滞后被解释变量的回归系数的方差呈正相关关系，可以消除其影响。

⑦因变量均值和标准差。*y* 的均值和标准差由以下标准公式算出：

$$\bar{y} = \frac{\sum_{i=1}^{T} y_i}{T}, s_y = \sqrt{\frac{\sum_{i=1}^{T}(y_i - \bar{y})^2}{T-1}}$$

⑧AIC 准则。

$$AIC = -\frac{2L}{T} + \frac{2k}{T}$$

L 为对数似然估计函数值，*k* 为滞后阶数，*T* 为样本容量。

AIC 和 *SC* 在时间序列分析过程中滞后阶数的确定过程中非常重要，其值一般是越小越好。

一般理解，由 *AIC* 的计算公式可知：当滞后阶数小时，$2k/T$ 小，但因为模型的模拟效果会比较差，所以 *L*（负值）会比较小，加上负号之后则变得较大，因此，最后的 *AIC* 有可能较大；当滞后阶数大时，模型的模拟效果会比较好，所以 *L*（负值）会比较大，加上负号之后则变得较小，但是 $2k/T$ 过大（损失自由度的代价），因此，最后的 *AIC* 也有可能较大。综上所述，*AIC* 较小意味着滞后阶数较为合适。

⑨Schwarz 准则。Schwarz 准则是 AIC 准则的替代方法，它引入了对增加系数的更大的调整：

$$SC = -\frac{2L}{T} + \frac{(k\log T)}{T}$$

⑩HQC 准则。HQC 是"HANNAN QUINN CRITERION"的缩写，中文表示："汉南—奎因

准则”,计算公式如下:

$$HQC=-2\ln(L)+\ln(\ln n)\times k$$

其中 L 是在该模型下的最大似然,n 是数据数量,k 是模型的变量个数。

⑪F 统计量和边际显著性水平。F 统计量检验回归方程中所有的系数是否为零(除了常数或截距)。对于普通最小二乘模型,F 统计量由下式计算:

$$F=\frac{\dfrac{R^2}{(k-1)}}{\dfrac{(1-R^2)}{T-k}}$$

F 统计量考虑的是所有解释变量整体的显著性,所以 F 检验通过并不代表每个解释变量的 t 值都通过检验。当然,对于一元线性回归,t 检验与 F 检验是等价的。

F 统计量下的 P 值,是 F 检验的边际显著性水平。

第三篇　应用篇

9 多元回归

本章摘要

在第八章中介绍了简单线性回归,并说明了如何利用它来分析两个变量之间的关系。然而,在实证过程中,影响被解释变量的往往有很多种变量,本章介绍如何使用多个(两个或两个以上)解释变量,这种多个变量的回归分析称为多元回归分析(multiple regression analysis)。此种分析方法让我们能考虑更多的变量,并获得比简单线性回归更好的估计结果。

多元回归方程如下:

$$y = \beta_0 + \beta_1 x_1 + \beta_2 x_2 + \cdots + \beta_P x_P + \varepsilon$$

增加解释变量一定可以增加解释力,但变量的增加会降低自由度,所以必须有所取舍。多元回归提供了调整之后的决定系数来做判断,而检验变量是否显著,一样可以利用 F 检验和 t 检验来进行。

多元回归分析还有一个最大的限制,就是存在多重共线性的问题。本章对此也有详细的介绍。

9.1 多元回归模型

在运用多元回归分析研究一个变量 y 与两个或两个以上的解释变量之间的关系时,我们通常以 n 代表解释变量的数目。

第九章中介绍过的回归模型与回归方程式,仍可用在多元回归的情况,这就是用来描述被解释变量 y 和解释变量 $x_1, x_2, \cdots, x_n$ 及误差项 ε 之间的关系的方程式,它被称为多元回归模型(multiple regression model)。多元回归模型如下式所示:

$$y = \beta_0 + \beta_1 x_1 + \beta_2 x_2 + \cdots + \beta_P x_P + \varepsilon$$

在多元回归模型中,$\beta_1, \beta_2, \cdots, \beta_n$ 是参数,而 ε 为随机变量。y 是 $x_1, x_2, \cdots, x_P$ 的线性函数,即模型中 $\beta_0 + \beta_1 x_1 + \beta_2 x_2 + \cdots + \beta_P x_P$ 再加上误差项 ε。误差项 ε 用来解释 y 中不能被 P 个解释变量的线性效果所解释的变异,如下式所示:

观察现象=模型+误差

Y 就是观察现象,$\beta_0 + \beta_1 x_1 + \beta_2 x_2 + \cdots + \beta_P x_P$ 是模型,而 ε 是误差。在进行分析的过程中,误差项 ε 也要满足一般的假设,也就是:

$$\varepsilon \overset{\text{iid}}{\sim} N(0, \sigma^2)$$

$$\text{Cov}(x_i, \varepsilon) = 0$$

在误差项的假设条件下，可以得到多元回归方程式（multiple regression equation）如下：

$$E(y) = \beta_0 + \beta_1 x_1 + \beta_2 x_2 + \cdots + \beta_P x_P$$

通过研究方法（如最小二乘法）可以计算出估计多元回归方程式（estimated multiple regression equation）：

$$\hat{y} = b_0 + b_1 x_1 + b_2 x_2 + \cdots + b_P x_P$$

其中：$b_0, b_1, b_2, \cdots, b_P$ 分别为 $\beta_0, \beta_1, \beta_2, \cdots, \beta_P$ 的估计值。

9.2 最小二乘法

前面的简单线性回归运用最小二乘法（least squares method）找出估计回归方程式。同样的方法亦可用在建立估计多元回归方程式上。现对最小二乘法的准则进行说明。

最小二乘法准则：

$$\min \sum (y_i - \hat{y}_i)^2$$

其中：y_i 为第 i 个解释变量的观察值；$\hat{y}_i$ 为第 i 个解释变量的估计值。

所计算出来的结果如下：

$$\hat{y} = b_0 + b_1 x_1 + b_2 x_2 + \cdots + b_P x_P$$

估计简单线性回归方程式 $\hat{y} = b_0 + b_1 x_1$，在资料笔数不多的情况下，我们可以利用手算求得，但计算 $b_0, b_1, b_2, \cdots, b_P$ 时就涉及矩阵代数，因此计算时都会用到统计软件估计的回归方程式和其他信息。

【例 9-1】资本结构与公司绩效（以 2020 年零售及批发业为例）。负债比例对公司绩效有影响已经经过许多学者证实，但是正是负（甚至无关）并不一定。此外，资产成长率越高，代表公司未来有越多投资成长机会，故固定资产之成长系公司经营绩效指标之一。

$$负债比例 = \frac{总负债}{总资产} \times 100$$

$$固定资产成长率 = \frac{本期 - 上期}{上期固定资产} \times 100$$

为了方便数值的计算，本例将数据进行转换，将负债比例改成产权比例（ER），固定资产成长率采用自然对数计算，称为资本强度（CAI）。

$$ER = \ln(\frac{总负债}{股东权益})$$

$$CAI = \ln(\frac{本期固定资产}{上期固定资产})$$

公司绩效使用总资产报酬率（ROA）为指标，并取自然对数：

$$ROA = \ln(\frac{税后息后净利润}{平均总资产} \times 100)$$

建构的回归方程式如下：

$$ROA = \beta_0 + \beta_1 ER + \beta_2 CAI + \varepsilon$$

EViews的使用

如前所言,估计回归方程式将利用 EViews 来计算,输入页面见图 9-1。
开启 EViews:Quick→ Estimates Equation. . .

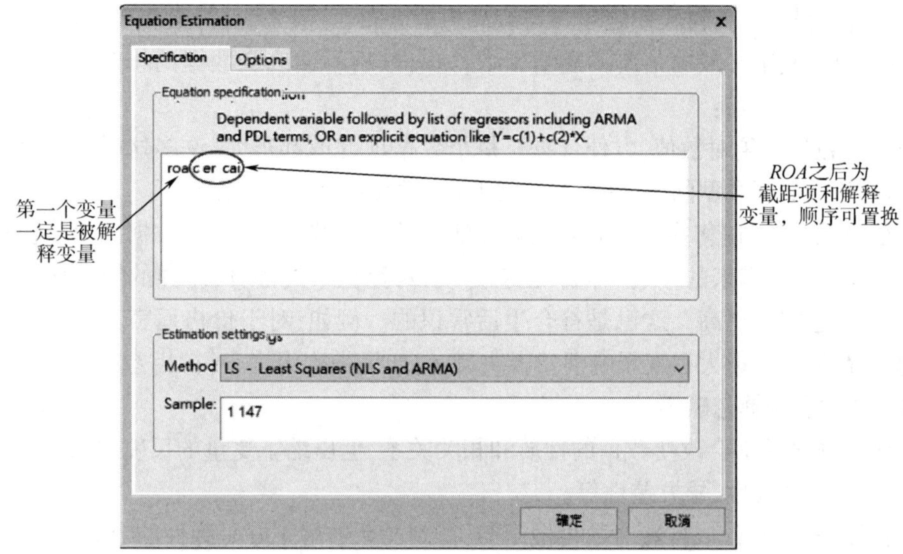

图 9-1　多元回归 EViews 输入示范图

结果如图 9-2 所示。

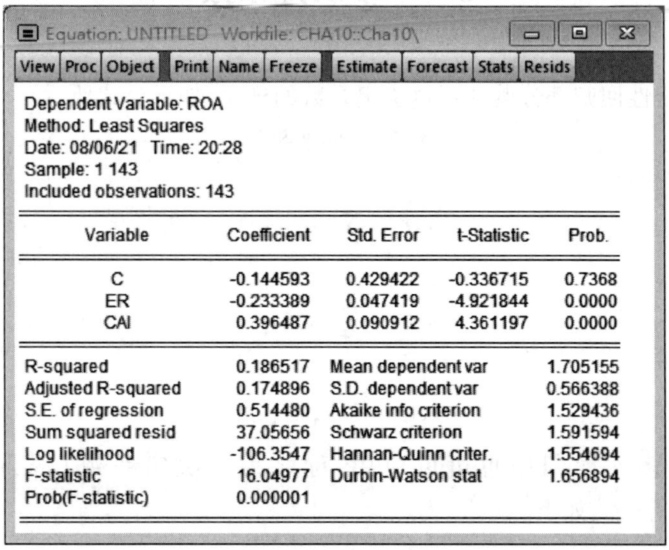

Dependent Variable: ROA
Method: Least Squares
Date: 08/06/21 Time: 20:28
Sample: 1 143
Included observations: 143

Variable	Coefficient	Std. Error	t-Statistic	Prob.
C	-0.144593	0.429422	-0.336715	0.7368
ER	-0.233389	0.047419	-4.921844	0.0000
CAI	0.396487	0.090912	4.361197	0.0000

R-squared	0.186517	Mean dependent var	1.705155
Adjusted R-squared	0.174896	S.D. dependent var	0.566388
S.E. of regression	0.514480	Akaike info criterion	1.529436
Sum squared resid	37.05656	Schwarz criterion	1.591594
Log likelihood	-106.3547	Hannan-Quinn criter.	1.554694
F-statistic	16.04977	Durbin-Watson stat	1.656894
Prob(F-statistic)	0.000001		

图 9-2　多元回归 EViews 结果图

通过图 9-2,可以建构估计回归方程式如下:

$$\widehat{ROA} = -0.145 - 0.233ER + 0.396CAI$$

$$(0.429)\quad(0.047)\quad(0.091)$$

$$***\qquad ***$$

注:这就是变量取自然对数的好处。

变量的使用非常重要。计量分析模型主要的基本假设是建立在数量的分布情况上的,所以常常会将变量进行转换,使之更加符合理想的分布,一般来说,都会将变量取自然对数。基于对数函数在其定义域内是单调递增函数,取对数后不会改变数据的相对关系。取对数的作用主要有以下几点:

(1)缩小数据的绝对数值,方便计算。每个数据项的值都很大,许多这样的值进行计算可能会超过常用数据类型的取值范围,这时取对数的话,就把数值缩小了。

(2)取对数后,可以将乘法计算转换为加法计算。某些情况下,在数据的整个值域中和在不同的区间,差异带来的影响不同。也就是说,对数值小的部分,差异的敏感程度比对数值大的部分敏感程度更高。这也是符合生活常识的。例如,对于价格而言,当购买家电时,价格相差几百块能够很大程度影响消费者决策,但如果是购买汽车,在相差几百块钱的情况下,消费者通常会选择忽略不计。

(3)取对数之后不会改变数据的性质和相关关系,但压缩了变量的尺度,数据更加平稳,也削弱了模型的共线性、异方差性等。

(4)在经济学中,常取自然对数再做回归,得到的系数解正好是弹性的定义。

$$\ln y = \alpha + \beta \ln x \xrightarrow{\text{对 } x \text{ 微分}} \frac{1}{y} \cdot \frac{dy}{dx} = \beta \cdot \frac{1}{x} \rightarrow \beta = \frac{x}{y} \cdot \frac{dy}{dx} = \frac{dy/y}{dx/x}$$

9.3 复决定系数

前面在简单线性回归部分曾介绍过决定系数的概念,如下公式所示:

$$SST = SSR + SSE$$

其中,总平方和:

$$SST = \sum (y_i - \bar{y})^2$$

回归平方和:

$$SSR = \sum (\hat{y}_i - \bar{y})^2$$

误差平方和:

$$SSE = \sum (y_i - \hat{y}_i)^2$$

这个概念在多元回归中也可以应用,称之为复决定系数(multiple coefficient of determination),计算公式如下:

$$R^2 = \frac{SSR}{SST}$$

一般而言,随着解释变量的增多,回归模型的 R^2 也会随着提高,所以许多分析人员较偏

好调整 R^2,以避免高估增加一个解释变量的影响。调整复决定系数(Adjusted Coefficient of Determination)的计算公式如下:

$$R_a^2 = 1 - (1 - R^2) \cdot \frac{n - 1}{n - p - 1}$$

n 代表观察值,p 代表解释变量的个数。

EViews的使用

如上面例子,EViews 结果如图 9-3 所示。

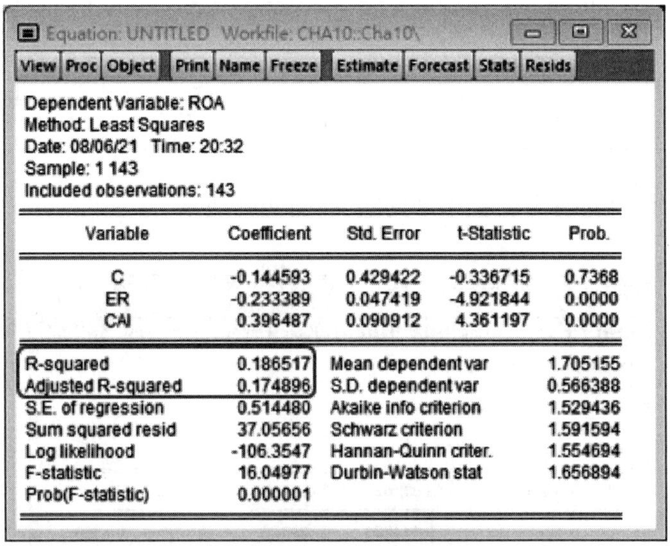

Variable	Coefficient	Std. Error	t-Statistic	Prob.
C	-0.144593	0.429422	-0.336715	0.7368
ER	-0.233389	0.047419	-4.921844	0.0000
CAI	0.396487	0.090912	4.361197	0.0000

R-squared	0.186517	Mean dependent var	1.705155
Adjusted R-squared	0.174896	S.D. dependent var	0.566388
S.E. of regression	0.514480	Akaike info criterion	1.529436
Sum squared resid	37.05656	Schwarz criterion	1.591594
Log likelihood	-106.3547	Hannan-Quinn criter.	1.554694
F-statistic	16.04977	Durbin-Watson stat	1.656894
Prob(F-statistic)	0.000001		

图 9-3 EViews 复决定系数结果图

$$R_a^2 = 1 - (1 - R^2) \cdot \frac{n - 1}{n - p - 1} = 1 - (1 - 0.187) \cdot \frac{143 - 1}{143 - 2 - 1} = 0.175$$

9.4 模型检验

这里延续第八章的介绍。回归分析的检验有两种,分别是 F 检验和 t 检验,以下分别介绍。

9.4.1 *F* 检验

F 检验是总体显著性的检验,其假设的设定如下:

$$H_0: \beta_1 = \beta_2 = \cdots = \beta_p = 0$$

$H_1: \beta_1, \beta_2, \cdots, \beta_p$ 至少一个不为 0

检验统计量:

$$F = \frac{MSR}{MSE} = \frac{\frac{SSR}{p}}{\frac{SSE}{n-p-1}}$$

拒绝法则有如下两种方法：

P 值法：若 P 值$\leqslant\alpha$，则拒绝 H_0。

临界值法：若 $F\geqslant F_{\alpha}(p,n-p-1)$，则拒绝 H_0。

上述要点可以整理成表 9-1，用来判断回归系数的检验（方差分析，ANOVA）。

表 9-1　回归系数的检验方差分析表

变异来源	*SS*	*DF*	*MS*	*F* 值
回归	*SSR*	*P*	*MSR* =	*F* =
误差	*SSE*	$n-p-1$	*MSE* =	
总和	*SST*	$n-1$		

同样，可以利用 EViews 分析结果来判断，如图 9-4 所示。

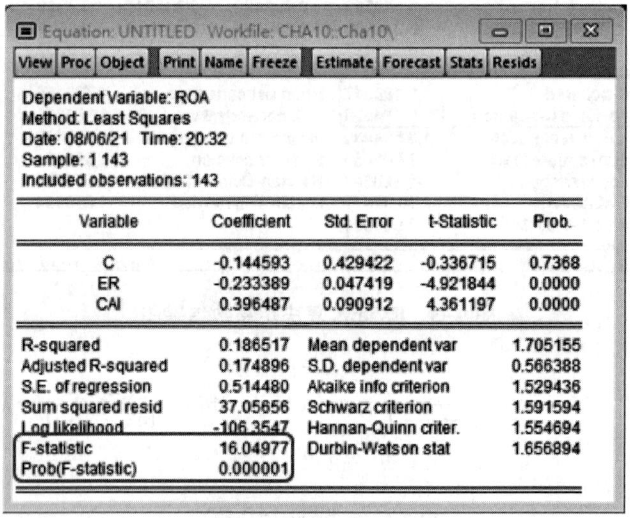

图 9-4　EViews *F* 检验结果图

由图 9-5，$P=0.000$（一般会写成<0.001）<0.05，所以拒绝 H_0；而 $F=12.434>F_{\alpha}(2,144)$（Excel 的指令为"$=FINV(0.05,2,144)$"）$=3.059$，所以拒绝 H_0。

F 检验主要是通过被解释因素来捍卫解释因素进行比较，来判断系数是否显著。很明显，*MSR* 够大就代表系数显著，所以这种原理也可以应用于个别系数的检验，我们通过下面的例子来说明。

既然 *F* 检验主要是检验整体回归的回归系数是否都为 0，那么如果要单独检验部分回归的回归系数，一样也可以利用本方法进行检验。但这时必须要有多个回归式。举例来说，当存在 3 个解释变量 X_1,X_2,X_3 时，被解释变量为 Y，这时可产生如下的回归方程式：

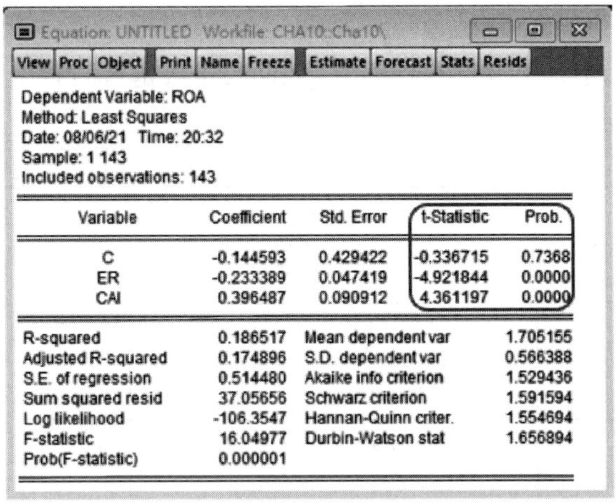

图 9-5 EViews t 检验结果图

$$\hat{Y} = \beta_{10} + \beta_{11}X_1$$

$$\hat{Y} = \beta_{20} + \beta_{21}X_1 + \beta_{22}X_2 + \beta_{23}X_3$$

第一条回归方程式的回归平方和为 $SSR(X_1)$，第二条回归方程式的回归平方和为 $SSR(X_1, X_2, X_3)$，所以很清楚，通过 X_2, X_3 所增加的解释力为：

$$SSR(X_1, X_2, X_3) - SSR(X_1)$$

可以记作 $SSR(X_2, X_3 | X_1, X_2, X_3)$。我们要检验 β_{22}、β_{23} 是否为 0，一样可以建构 ANOVA 表（如表 9-2 所示）。

表 9-2 部分回归系数的检验方差分析表

变异来源	DF	SS	MS	F 值
回归	2	$SSR(X_2, X_3 \| X_1, X_2, X_3)$	$MSR=$	$F=$
误差	$n-3-1$	$SSE(X_1, X_2, X_3)$	$MSE=$	
总和	$n-1$	SST		

上面回归的 DF 等于 2，是因为有 2 个解释变量 X_2、X_3，误差仍维持 $n-p-1$（$p=3, X_1, X_2, X_3$）。我们以例 9-2 来说明。

【例 9-2】 一样本数据（$n = 42$）含被解释变量 Y，解释变量 X_1、X_2、X_3，已知 $\sum (Y - \bar{Y})^2 = 660$。

模式 1：

$$\hat{Y} = 25 + 3X_1, SSR = 320$$

模式 2：

$$\hat{Y} = 70 + 4.1X_1 + 2.7X_2 + 0.26X_3, SSR = 470$$

检验：

(1) X_1 的回归条数是否为 0?

(2) X_1、X_2 及 X_3 的回归条数是否同时为 0?

(3)根据模型 2 及表 9-3,,检验 X_2 及 X_3 的回归条数是否同时为 0。

表 9-3

变异来源	平方和	自由度
回归	$SSR(X_1)=320$	1
误差	$SSE(X_1)$	42-1-1=40
回归	$SSR(X_1,X_2,X_3)=470$	3
误差	$SSE(X_1,X_2,X_3)$	42-3-1=38
总和	$SST=660$	42-1

解:

(1) $H_0:\beta_1=0$

$MSR(X_1)$ =

$MSE(X_1)$ =

$F=>5.424(F_{(0.975,1,40)})$ (Excel 指令为"$=FINV(0.975,1,40)$")

拒绝 $H_0:\beta_1=0$

(2) $H_0:\beta_1=\beta_2=\beta_3=0$

$MSR(X_1,X_2,X_3)$ =

$MSE(X_1,X_2,X_3)$ =

$F=>3.482(F_{(0.975,3,38)})$ (Excel 指令为"$=FINV(0.975,1,38)$")

拒绝 $H_0:\beta_1=\beta_2=\beta_3=0$

(3) $H_0:\beta_2=\beta_3=0$

$SSR(X_2,X_3|X_1,X_2,X_3)= SSR(X_1,X_2,X_3)-SSR(X_1)=470-320=150$

$MSR(X_2,X_3|X_1,X_2,X_3)$ =

$MSE(X_1,X_2,X_3)=660-470=190$

$MSE(X_1,X_2,X_3)$ =

$F=>4.071(F_{(0.975,\ 2,\ 38)})$ (Excel 指令为"$=FINV(0.975,2,38)$")

拒绝 $H_0:\beta_2=\beta_3=0$

同理,如果我们要检验 1 个系数是否为 0,也可以利用上面的方法来进行检验,可以建立 2 个回归方程式:

$$\hat{Y}=\beta_{10}+\beta_{11}X_1+\beta_{12}X_2$$

$$\hat{Y}=\beta_{20}+\beta_{21}X_1+\beta_{22}X_2+\beta_{23}X_3$$

这样就可以检验 β_{23} 是否为 0 了。当然,检验一个回归系数,使用 t 检验即可,以下是对此的介绍。

9.4.2 t 检验

t 检验进行的是个别参数的检验,所以其假设设定如下:

$$H_0:\beta_i=0$$
$$H_0:\beta_i\neq 0$$

检验统计量为:

$$t=\frac{b_i}{s_{b_i}}$$

拒绝法则有如下两种:

P 值法:若 p 值$\leqslant\alpha$,则拒绝 H_0。

临界值法:若 $|t|\geqslant t_\alpha(n-p-1)$,则拒绝 H_0。

一样可以利用 EViews 的分析结果来判断,如图 9-6 所示。

由图 9-5 可见,ER 和 SC 的 p 值分别是 0.000 0 和 0.000 0(一般会写作<0.001),均小于 0.05(显著水平为 0.05),所以均拒绝 H_0。

采用临界值法,$t_\alpha(n-p-1)=TINV(0.05,140)=1.977$,$|-4.922|$ 和 $|4.361|$ 都大于 1.977,所以均拒绝 H_0。

上述为双尾检验,若单尾检验($H_0:\beta_i\geqslant 0$ 或 $H_0:\beta_i\leqslant 0$),则显著水平就采用 2 倍计算,也就是将 $t_\alpha(n-p-1)$ 改为 $t_{2\alpha}(n-p-1)$。

9.5 多重共线性

在回归分析中,解释变量被用来预测、解释被解释变量的值,然而,这并不代表解释变量之间是相互独立的。在多元回归的问题中,许多解释变量之间几乎常有某种程度的相关。例如,前面的例 9-2 可以利用 EViews 计算出被解释变量和解释变量的相关系数矩阵。

Quick→Group Statistic→Correlations,输入变量名称即可(如图 9-6、图 9-7 所示)。

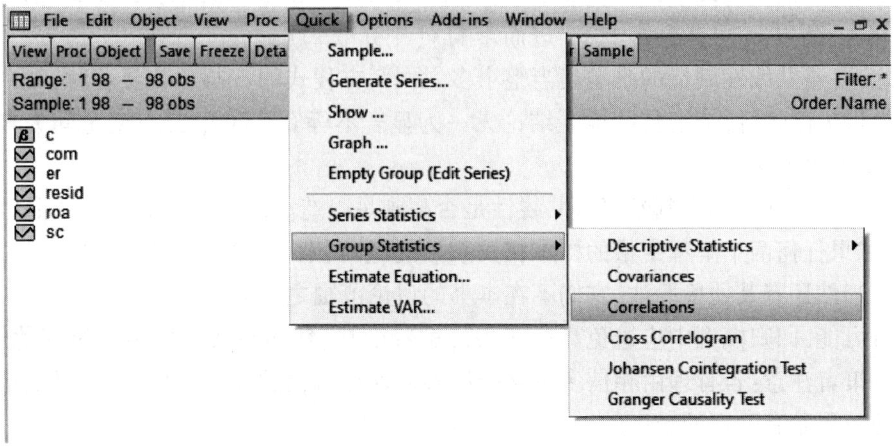

图 9-6 相关系数矩阵示范图

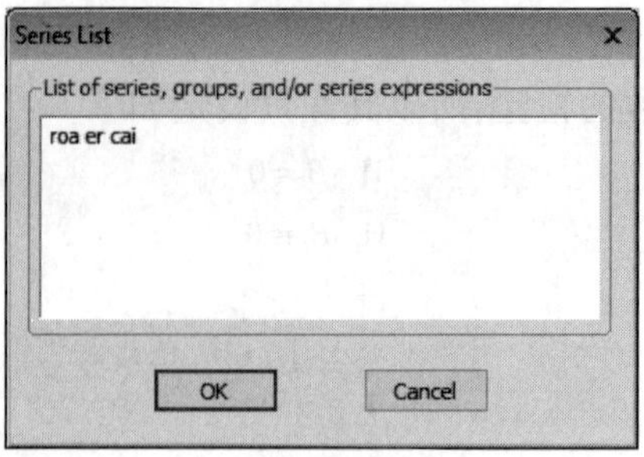

图 9-7　相关系数矩阵变量输入图

最后得到结果,是一个对称三角矩阵,见图 9-8。

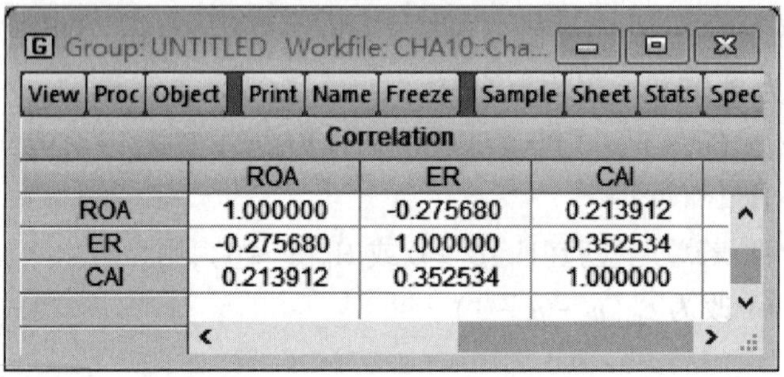

	ROA	ER	CAI
ROA	1.000000	-0.275680	0.213912
ER	-0.275680	1.000000	0.352534
CAI	0.213912	0.352534	1.000000

图 9-8　EViews 相关系数矩阵图

从图 9-9 可以得知,2 个解释变量的相关系数 $r_{er,sc}$ 为 0.353,所以这 2 个变量就存在某种程度的线性关系。在多元回归分析中,我们以多重共线性(multicollinearity)这个名词来表示解释变量之间的相关性。

假定我们得到的方程式为 $\hat{y}=b_0+b_1x_1+b_2x_2$,且 F 检验显示出关系显著,然后进行 t 检验,若 $\beta_1\neq0$ 时无法拒绝 $H_0:B_1=0$,那么此种情况是否意味着 x_1 与 y 无关呢？答案是未必,其可能意味着:当 x_2 已在模型中时,x_1 对 y 值的决定并无显著的贡献。甚至我们知道 x_1 与 x_2 高度相关,所以 x_1 可能会影响 x_2,进而影响 y(中介效果)。

总之,多重共线性制造的难题是当整个多元回归方程式的 F 检验为显著时,对个别参数的显著性做 t 检验后,个别数的检验结论无一为显著不等 0。当然,当自变量间为轻度相关时,此问题就可避免。

统计学家发展出几个判断多重共线性是否高到足以造成问题的检验法。依照经验法则检验法,如果任何两个解释变量的样本相关系数的绝对值大于 0.7,多重共线性就可能有潜在问题。当然还有其他检验法,它们不在本书的讨论范围之内。

如有可能,回归模型中应避免高度相关的解释变量,然而在实务中很难遵守此原则,所以提醒决策者注意:若有理由相信多重共线性可能存在时,想要区分出个别解释变量对被解释变量的效果是有一定的难度的。

事实上,多重共线性并不影响回归分析的进行方式或报表的解读。然而,当多重共线性很严重时,也就是当两个以上的解释变量高度相关时,进行个别参数的检验时会有困难。除了本节所说明的问题外,严重的多重共线性更可导致最小二乘估计的符号错误。所以,当遇到高度相关的两个变量时:第一,忽略高度相关变量;第二,只做预测,对回归系数不做解释;第三,用来了解关系;第四,使用其他回归分析来处理多重共线性的问题。

9.6 建立回归模型的步骤

所有的实证分析的过程一定要先明确研究对象及范围,然后再确立研究变量,并建立假设进行检验。明确研究变量时,一定要厘清数据的来源(必须是具备公信力的数据),然后再进行数据的分析(描述统计量、相关系数矩阵),描述统计量的说明着重在观察值数量、集中趋势(平均数、中位数……)、离散程度(方差或标准偏差)、偏态和峰度,甚至还包括变量是否呈现正态分布(特别是被解释变量),而对解释变量间的关系的说明则是为了考虑数据是否适合分析(是否存在共线性或高度相关)。

不过,研究者必须先明确研究的方向,若研究方向是以预测模型为主,那被解释变量是否形成正态分布就相当重要,并且之后的解释力也是判断的主要因素。当然,在财经方面的研究主要是探讨解释变量如何影响被解释变量的状况,此时回归系数的正确与否就相当重要了,需要非常重视解释变量间是否存在多重共线性和是否存在极端值。

对所有变量进行说明及处理后,就可以建立分析的模型了。然后,即进行计量分析。数据的稳健性相当重要,因为分析结果可能是"恰好"发生的,所以必须通过稳健性检验来说明分析结果不是"恰好"发生的。分析结果确定后,就可以开始撰写报告了。整个分析过程如图 9-9 所示。

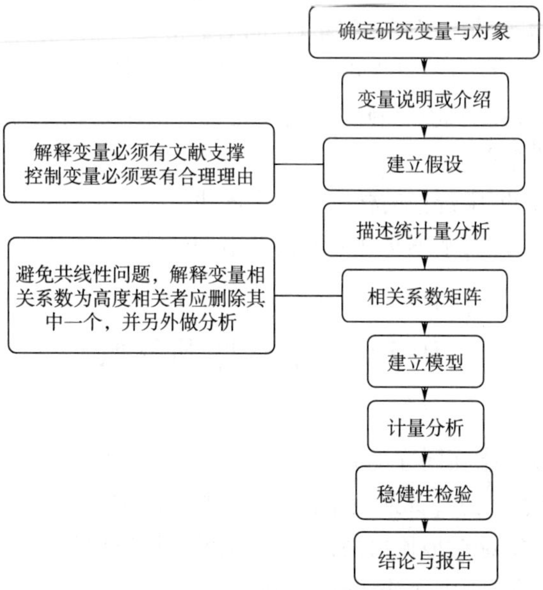

图 9-9 实证分析流程图

上面提到了因为要避免研究结果是“刚好”发生的,所以必须进行稳健性检验。也就是若改变某些参数时,评价方法和指标是否仍然能对评价结果保持比较一致和稳定的解释。

造成不稳健性的因素有很多,其中,研究样本的异常值和解释变量的共线性也是造成不稳健性的原因。

一般来说稳健性检验的思路如下:

(1)变量替换。比如在研究公司规模时,一般采用总资产取自然对数来解决,可以将总资产改为总营收或是总员工数,或是更进一步使用工具变量来解决。

(2)模型检验方法的替换。当主题所考察的被解释变量为连续变量,其存在不少变量数值为0的样本时,选择最小二乘法(OLS)、Tobit模型都比较适宜。这两种方法在一定程度上是可以相互替换的。当然,这种方法的替换思路和思维不仅仅局限于此,还应考虑样本的特性,如横截面数据抑或面板数据等,此时两类不同样本间也存在较大差异,自然所采用的方法也会有所不同,从而使得所得到的结论的说服力也存在差异。

(3)剔除可能影响结论的特殊样本。剔除特殊样本是我们实证分析中比较常见的一种方法。例如,研究新冠肺炎疫情对企业投资发展的影响时,将湖北地区的企业样本予以剔除,这是因为考虑到湖北是此次疫情的重灾区,影响可能更为突出。

(4)增加其他一些重要的控制变量。这是因为考虑到回归分析模型中可能有被我们忽视或遗漏的重要因素,而这些因素将是影响我们考察的因果关系的重要变量。例如,研究董事会结构对公司绩效的影响,分析完后可以再将董事会兼任决策者的变数加入做进一步分析。

(5)变换研究样本,进一步考察所得结论。可以针对研究样本进行随机抽取,然后再进一步分析看结果是不是有改变。

(6)内生性问题的检验。内生性问题是社会科学领域中研究因果关系时必须关注和考察的问题之一。一般而言,内生性问题产生的原因有如下几个方面:

①遗漏变量,且遗漏变量与引入模型的其他变量相关。

②解释变量和被解释变量相互作用、相互影响、互为因果。

③自我选择偏误:解释变量不是随机的,而是选择的结果,这个选择的过程会对我们研究的主效应的估计产生偏差。

④样本选择偏误:研究中选择的样本非完全随机。

解决内生性问题的方法,本书将在后面的章节中介绍。

9.7 标准化回归系数

变量的重要性比较是指在同样的条件下,哪一个变量更有效。比较的前提是它们的测量单位必须一样,如成本(元)。如果变量的单位不同,就不能绝对地说哪个变量更重要。不同单位的两个变量是不能绝对地比出高低、轻重来的。所以要想进行绝对比较,就需要两个变量有着共同的测度单位,否则无法比较。换句话说就是,一般的回归系数体现的是自变量对因变量的绝对作用的大小,而要解释变量间的相对作用,就必须通过标准化回归系数来比较。标准化回归系数反映的是不同自变量对因变量的相对作用的大小，可以显示出不同自变量对因变量影响的重要性。

所以，比较变量影响的前提就是单位要一样，而在某种情况下，自变量间的离散程度与单位有关，如果要消除这种关系，就可以利用标准化回归系数来处理，也就是对数据进行标准化处理，即将原始数据减去相应变量的平均数后，再除以该变量的标准差，计算得到的回归方程称为标准化回归方程，相应的回归系数为标准化回归系数。

实训演练——资产专用性程度

解释变量：企业的专属性资产分别指研发强度（研发费用占比）、营销强度（营销费用占比）和资本强度（固定资产成长率）。

被解释变量：*ROA* 或 *ROE*。

控制变量：公司规模、负债比例。

注：可以利用东方财富网（见图 9-10）的财报栏目下载各家公司的财报数据，然后进行计算。

图 9-10　东方财富网财报数据下载示意图

习　题

一、判断题

1. 多重相关就是多个变量间的共同相关。（　　）
2. 偏相关是一个变量与另一些变量的线性组合的相关。（　　）
3. 多重回归分析中对变量的量化方向不同时可导致偏回归系数的符号不同。（　　）
4. 偏回归系数的符号与同级偏相关系数的符号是一致的。（　　）
5. 偏回归系数的符号说明该变量对因变量的作用方向。（　　）
6. 多重回归中校正的复相关系数越大，说明回归方程越好。（　　）

7. 多重回归的检验与复相关系数的检验是等价的。 ( )

8. 复相关系数一定是正值。 ( )

9. 当只有两个变量时,复相关系数与简单相关系数的绝对值相等。 ( )

10. 多重相关中要求各变量服从多元正态分布。 ( )

11. 多重回归中要求因变量服从正态分布。 ( )

12. 作多重回归分析时,应作回归诊断以说明资料是否适合作多重线性回归。 ( )

13. 多重回归中求解系数常采用最小二乘法。 ( )

14. 多重回归中没有进入回归方程的变量表明该变量对因变量无作用。 ( )

15. 存在严重的多重共线性时可能导致回归系数的求解失败。 ( )

16. 设多元线性回归方程为 $\hat{y}=\hat{\beta}_0+\hat{\beta}_1x_1+\hat{\beta}_2x_2+\cdots+\hat{\beta}_kx_k$,若自变量 x_i 的回归系数 $\hat{\beta}_1$ 的取值接近 0,这表明自变量 x_i 对因变量 y 的影响不显著。 ( )

二、单选题

1. 在多元线性回归分析中,t 检验是用来检验( )。

A. 总体线性关系的显著性　　B. 各回归系数的显著性

C. 样本线性关系的显著性　　D. $H_0:\beta_1=\beta_2=\cdots=\beta_n=0$

2. 在多元线性回归模型中,若自变量 x 对因变量 y 的影响不显著,那么它的回归系数 B 的取值( )。

A. 可能为 0　　B. 可能为 1

C. 可能小于 0　　D. 可能大于 1

3. 在多元线性回归方程 $\hat{y}=\hat{\beta}_0+\hat{\beta}_1x_1+\hat{\beta}_2x_2+\cdots+\hat{\beta}_kx_k$ 中,回归系数 $\hat{\beta}_i$ 表示( )。

A. 自变量 x_i 变动 1 个单位时,因变量 y 的平均变动额为 $\hat{\beta}_i$

B. 其他变量不变的条件下,自变量 x_i 变动 1 个单位时,因变量 y 的平均变动额为 $\hat{\beta}_i$

C. 其他变量不变的条件下,自变量 x_i 变动 1 个单位时,因变量 y 的变动总额为 $\hat{\beta}_i$

D. 因变量 y 变动 1 个单位时,因变量 x_i 的变动总额为 $\hat{\beta}_i$

4. 设自变量的个数为 5,样本容量为 21。在多元回归分析中,估计标准误差的自由度为( )。

A. 20　　B. 16

C. 15　　D. 21

5. 在多元回归分析中,通常需要计算调整多重决定系数 R^2,这样可以避免 R^2 的值( )。

A. 由于模型中自变量个数的增加而越来越接近 1

B. 由于模型中自变量个数的增加而越来越接近 0

C. 由于模型中样本容量的增加而越来越接近 1

D. 由于模型中样本容量的增加而越来越接近 0

6. 在多元线性回归分析中,如果 F 检验表明线性关系显著,则意味着( )。

A. 在多个自变量中至少有一个自变量与因变量之间的线性关系显著

B. 所有的自变量与因变量之间的线性关系都显著

C. 在多个自变量中至少有一个自变量与因变量之间的线性关系不显著

D. 所有的自变量与因变量之间的线性关系都不显著

7. 在多元线性回归分析中，如果 t 检验表明回归系数 β_i 不显著，则意味着(　　)。

A. 整个回归方程的线性关系不显著

B. 整个回归方程的线性关系显著

C. 自变量 x_i 与因变量之间的线性关系不显著

D. 自变量 x_i 与因变量之间的线性关系显著

8. 一家出租汽车公司为确定合理的管理费用，需要研究出租车司机每天的收入(元)与其行驶时间(小时)、行驶里程(公里)之间的关系，为此随机调查了 20 位出租车司机，根据每天的收入(y)、行驶时间(x_1)和行驶里程(x_2)的有关数据进行回归，得到下面的有关结果($\alpha=0.05$)，见表 9-4。

表 9-4

方程的截距 $\hat{\beta}_0=42.38$	截距的标准差 $s_{\hat{\beta}_0}=36.59$
回归系数 $\hat{\beta}_1=9.16$	回归系数的标准差 $s_{\hat{\beta}_1}=4.78$
回归系数 $\hat{\beta}_2=0.46$	回归系数的标准差 $s_{\hat{\beta}_2}=0.14$
回归平方和 $SSR=29\ 882$	残差平方和 $SSE=5\ 205$

根据上表计算的决定系数为(　　)。

A. 0.922 9　　B. 1.148 3

C. 0.385 2　　D. 0.851 6

9. 一家出租汽车公司为确定合理的管理费用，需要研究出租车司机每天的收入(元)与其行驶时间(小时)、行驶的里程(公里)之间的关系，为此随机调查了 20 位出租车司机，根据每天的收入(y)、行驶时间(x_1)和行驶的里程(x_2)的有关数据进行回归，得到下面的有关结果($\alpha=0.05$)，见表 9-5。

表 9-5

方程的截距 $\hat{\beta}_0=42.38$	截距的标准差 $s_{\hat{\beta}_0}=36.59$
回归系数 $\hat{\beta}_1=9.16$	回归系数的标准差 $s_{\hat{\beta}_1}=4.78$
回归系数 $\hat{\beta}_2=0.46$	回归系数的标准差 $s_{\hat{\beta}_2}=0.14$
回归平方和 $SSR=29\ 882$	残差平方和 $SSE=5\ 205$

根据上表计算的用于检验线性关系的统计量为(　　)。

A. 306.18　　B. 48.80

C. 5.74　　D. 41.93

10. 一家产品销售公司在 30 个地区设有销售分公司。为研究产品销售量(y)与该公的销售价格(x_1)、各地区的年人均收入(x_2)、广告费用(x_3)之间的关系，收集到 30 个地区的有关数据，建构多元线性回归方程 $\hat{y}=\hat{\beta}_0+\hat{\beta}_1x_1+\hat{\beta}_2x_2+\hat{\beta}_3x_3$，分析结果如表 9-6 所示($\alpha=$

0.05)。

表 9-6

	系数值	标准误	t 统计量	P 值
β_0	7 589.102 5	2 445.021 3	3.103 9	0.004 57
β_1	117.886 1	31.897 4	-3.695 8	0.001 03
β_2	80.610 7	14.767 6	5.458 6	0.000 01
β_3	0.501 2	0.125 9	3.981 4	0.000 49

根据表 9-6 可知(　　)。

A. 回归系数 β_1 不显著,β_2 和 β_3 显著
B. 回归系数 β_1 和 β_2 不显著,β_3 显著
C. 回归系数 β_1,β_2 和 β_3 都不显著
D. 回归系数 β_1,β_2 和 β_3 都显著

11. 在多元回归分析中,多重共线性是指模型中(　　)。

A. 两个或两个以上的自变量彼此相关
B. 两个或两个以上的自变量彼此无关
C. 因变量与一个自变量相关
D. 因变量与两个或两个以上的自变量相关

12. 多重相关系数 R 的平方根度量了(　　)。

A. k 个自变量之间的相关程度
B. 因变量同 k 个自变量之间的相关程度
C. 因变量之间的相关程度
D. 因变量同某个自变量之间的相关程度

13. 下面的陈述正确的是(　　)。

A. 若 F 检验表明回归方程的线性关系显著,则意味着每个自变量同因变量的关系都显著

B. 若 F 检验表明回归方程的线性关系显著,则意味着至少有一个自变量同因变量的关系显著

C. 若 F 检验表明回归方程的线性关系显著,则意味着每个自变量同因变量的关系都不显著

D. 若 F 检验表明回归方程的线性关系显著,则意味着至少有一个自变量同因变量的关系不显著

14. 设估计的多元线性回归方程为 $\hat{y}=\hat{\beta}_0+\hat{\beta}_1x_1+\hat{\beta}_2x_2+\hat{\beta}_3x_3$,若回归系数 β_2 没有通过检验,但在现实的经济环境中,自变量 x_2 对因变量 y 确定是有影响的,则表明(　　)。

A. 整个回归模型的线性关系不显著
B. 新发现自变量 x_2 同因变量 y 的线性关系肯定不显著
C. 自变量 x_1,x_2,x_3 之间肯定存在多重共线性
D. 自变量 x_1,x_2,x_3 之间可能存在多重共线性

15. 如果回归模型中存在多重共线性,则(　　)。

A. 整个回归模型的线性关系不显著
B. 肯定有一个回归系数通不过显著性检验
C. 肯定导致某个回归系数的符号与预期的相反
D. 可能导致某些回归系数通不过显著性检验

16. 如果某个回归系数的正负号与预期的相反，则表明(　　)。

A. 所建立的回归模型是错误的

B. 该自变量与因变量之间的线性关系不显著

C. 模型中可能存在多重共线性

D. 模型中肯定不存在多重共线性

17. 如果回归模型中存在多重共线性，则(　　)。

A. 不能对因变量 y 值进行预测

B. 对因变量 y 值进行预测时应限定在自变量样本值的范围内

C. 无法对回归系数进行显著性检验

D. 无法对回归模型的线性关系进行检验

18. 在由 $n=30$ 的一组样本估计，包含 3 个解释变量的线性回归模型中，计算得可决系数为 0.850 0，则调整后的可决系数为(　　)

A. 0.860 3　　B. 0.838 9

C. 0.865 5　　D. 0.832 7

19. 用一组有 30 个观测值的样本估计模型 $y=b_0+b_1x_1+b_2x_2+b_3x_3+\varepsilon$ 后，在 $\alpha=0.05$ 的显著性水平上对 x_1 的显著性做 t 检验，则 x_1 显著地不等于 0 的条件是其统计量 t 大于等于(　　)。

A. $t_{(0.05,30)}$　　B. $t_{(0.05,28)}$

C. $t_{(0.05,27)}$　　D. $F_{(0.025,28)}$

20. 线性回归模型 $y=b_0+b_1x_1+b_2x_2+\cdots+b_kx_k+\varepsilon$ 中，检验 $\mathrm{H}_0: bt=0(i=0,1,\cdots,k)$ 时，所用的统计量 $t=\dfrac{\hat{\beta}_i}{\sqrt{\mathrm{Var}(\hat{\beta})}}$ 服从(　　)。

A. $t(n-k+1)$　　B. $t(n-k-2)$

C. $t(n-k-1)$　　D. $t(n-k+2)$

21. 对模型 $y=b_0+b_1x_1+b_2x_2+\varepsilon$ 进行总体显著性 F 检验，检验的原假设是(　　)。

A. $b_1=b_2=0$　　B. $b_1=0$

C. $b_2=0$　　D. $b_1=0$ 或 $b_2=0$

22. 调整的决定系数 $\bar{R}^2$ 与多重决定系数 R^2 之间有如下关系(　　)。

A. $\bar{R}^2=\dfrac{n-1}{n-k-1}R^2$　　B. $\bar{R}^2=1-\dfrac{n-1}{n-k-1}R^2$

C. $\bar{R}^2=1-\dfrac{n-1}{n-k-1}(1+R^2)$　　D. $\bar{R}^2=1-\dfrac{n-1}{n-k-1}(1-R^2)$

23. 多元线性回归分析中的 SSE 反映了(　　)。

A. 因变量观测值总方差的大小　　B. 因变量回归估计值总方差的大小

C. 因变量观测值与估计值之间的总方差　　D. Y 关于 X 的边际变化

24. 下列说法中，正确的是(　　)。

A. 如果模型的 R^2 很高，我们可以认为此模型的质量较好

B. 如果模型的 R^2 较低，我们可以认为此模型的质量较差

C. 如果某一参数不能通过显著性检验，我们应该剔除该解释变量

D. 如果某一参数不能通过显著性检验，我们不应该随便剔除该解释变量

25. 一元回归模型加入一个与变量有负关系的解释变量，则下列哪个选项是正确的？（　　）

A. SSR 减少，SSE 增加，SST 不变　　B. SSR 减少，SSE 不变，SST 减少

C. SSR 增加，SSE 增加，SST 增加　　D. SSR 增加，SSE 减少，SST 不变

26. Y 为月手机通话费，解释变量为年龄（X_1）、职业（蓝领、白领、学生）（令 $X_2=1$ 为蓝领；$X_2=0$ 为其他职业；$X_3=1$ 为学生；$X_3=0$ 为其他职业）、性别（$X_4=1$ 表示女性；$X_4=0$ 表示男性）、薪资（X_5）。

回归模型 $Y=\beta_0+\beta_1X_1+\beta_2X_2+\beta_3X_3+\beta_4X_4+\beta_5X_5$，分析结果如表 9-7、表 9-8 所示。

表 9-7　ANOVA

SOURCE	DF	Sum of Squares	Mean Squares	F	Prob>F
Model	5	399 382	123.96	23.1	0.000 1
Errpr	25	151.56	6.06		
Total	30	851.38			

表 9-8

Variable	Parameter Estimates	Standard Erorr	T for H_0: parameter=0	Prob>|T|
Intercept	108.59	13.85	7.84	0.000 1
X_1	−0.26	0.10	−2.60	0.016 0
X_2	−0.06	0.06	−1.00	0.343 4
X_3	−2.73	0.37	−7.37	0.000 1
X_4	−0.16	0.06	−2.67	0.002 2
X_5	0.06	0.07	0.86	0.388 1

一位年龄 30 岁、白领、薪资 2.5 万元的女性，预估手机通话费为（　　）。

A. 98.05　　B. 100.78

C. 100.72　　D. 100.88

27. Y 为月手机通话费，解释变量为年龄（X_1）、职业（蓝领、白领、学生）（令 $X_2=1$ 为蓝领；$X_2=0$ 为其他职业；$X_3=1$ 为学生；$X_3=0$ 为其他职业）、性别（$X_4=1$ 表示女性；$X_4=0$ 表示男性）、薪资（X_5），回归模式 $Y=\beta_0+\beta_1X_1+\beta_2X_2+\beta_3X_3+\beta_4X_4+\beta_5X_5+e$，分析结果如表 9-9、表 9-10 所示：

表 9-9　ANOVA

SOURCE	DF	Sum of Squares	Mean Squares	F	Prob>F
Model	5	399 382	123.96	23.1	0.000 1
Errpr	25	151.56	6.06		
Total	30	851.38			

表 9-10

Variable	Parameter Estimates	Standard Erorr	T for H_0 : parameter = 0	Prob>|T|
Intercept	108.59	13.85	7.84	0.000 1
X_1	-0.26	0.10	-2.60	0.016 0
X_2	-0.06	0.06	-1.00	0.343 4
X_3	-2.73	0.37	-7.37	0.000 1
X_4	-0.16	0.06	-2.67	0.002 2
X_5	0.06	0.07	0.86	0.388 1

观察上面的报表，哪个解释变量对 Y 的影响最为显著？（　　）

A. X_1　　B. X_2

C. X_3　　D. X_4

E. X_5

28. 某研究机构欲对全国旅游饭店进行一项旅游问卷调查，共包含 5 个问项如下：饭店类型（国际级与非国际级）、区位（位于旅游景点与非旅游景点）、员工人数、房间数和饭店收入金额等。下列表述哪个是错误的？（　　）

A. 问卷调查中 5 个问项均属随机变量

B. 饭店类型为质化变量

C. 区位变量属名目尺度

D. 员工人数、房间数、饭店收入金额，均为量化且连续性的变量

29. 一个回归分析中使用了 100 个观察值，得到如下回归估计式：

$\hat{y} = -1.5 + 7.5x_1 - 6.4x_2 + 3.8x_3 + 0.9x_4$，其中总平方和 $SST = 1\ 075$ 且误差平方和 $SSE =$，则其回归平方和 SSR 为（　　）。

A. 200　　B. 275

C. 345　　D. 800

30. 一样本数据（$n = 42$）含反应变量 Y，解释变 X_1、X_2、X_3，已知 $(Y - \bar{Y})^2 = 660$，且：

模型 1：$\hat{Y} = 25 + 3X_1, SSR = 320$

模型 2：$\hat{Y} = -0.7 + 1.57X_2, SSR = 100$

模型 3：$\hat{Y} = 175 - 15X_3, SSR = 60$

模型 4：$\hat{Y} = 110 + 2.4X_1 + 1.5X_2, SSR = 440$

模型 5：$\hat{Y} = 70 + 4.1X_1 + 2.7X_2 + 0.26X_3, SSR = 470$

问下列哪个选项是与模型 5 检验 X_2 及 X_3 之回归系数是否同时为 0 相关？（　　）

A. 卡方检验统计值为 16　　B. F 检验统计值为 15

C. F 检验统计值为 16　　D. F 检验统计值为 30

三、多选题

1. 在回归分析中，按研究中使用自变量个数的多少，可分为（　　）。

A. 一元回归　　　　B. 多元回归

C. 复相关　　　　D. 单相关

2. 调整后的决定系数与决定系数 R 之间的关系叙述正确的有（　　）。

A. 与 R 均非负

B. 有可能大于 R

C. 在判断多元回归模型拟合优度时使用

D. 模型中包含的解释变量个数越多，与 R 就相差越大

E. 只要模型中包括截距项在内的参数的个数大于1，则 R 就比较大

3. 回归平方和（或回归变差）是指（　　）。

A. 被解释变量的实际值与平均值的离差平方和

B. 被解释变量的回归值与平均值的离差平方和

C. 被解释变量的总方差与剩余变差之差

D. 解释变量变动所引起的被解释变量的方差

E. 随机因素影响所引起的被解释变量的方差

4. 对模型 $y=b_0+b_1x_1+b_2x_2+\varepsilon$ 进行总体显著性检验，如果检验结果总体线性关系显著，则有（　　）。

A. $b_1=b_2=0$　　　　B. $b_1\neq0, b_2\neq0$

C. $b_1=0, b_2\neq0$　　　　D. $b_1\neq0, b_2=0$

E. $b_1=b_2\neq0$

四、填空题

一元回归分析的结果如下：见表9-11、表9-12中

(1) $A=$______，$B=$______，$C=$______，$D=$______。

(2) $E=$______，$F=$______，$G=$______，$H=$______，$I=$______，$J=$______，$K=$______。

表9-11　ANOVA

SOURCE	DF	Sum of Squares	Mean Squares	*F*	*Prob>F*
Model	a	2 724. 049 03	454. 008 17	d	0. 000 1
Errpr	b	5 789. 504 82	99. 819 05		
Total	c	8 513. 553 85			

表9-12

Variable	Parameter Estimates	Standard Erorr	*t* value	*Prob>|T|*
Intercept	34. 639 67	8. 113 99	*E*	<0. 000 1
X_1	0. 262 67	0. 108 30	*F*	0. 018 4
X_2	1. 023 88	0. 251 67	*G*	<0. 000 1
X_3	1. 601 2=35	0. 613 58	*H*	0. 011 5

续表

Variable	Parameter Estimates	Standard Erorr	t value	$Prob>\|T\|$
X_4	-4.356 71	3.847 59	I	0.262 2
X_5	-4.356 71	3.332 16	J	0.657 9
X_6	1.019 56	2.833 83	K	0.720 3

五、计算题

1. 某计量经济学家曾用 1921—1941 年与 1945—1950 年(1942—1944 年战争期间略去)美国国内消费 C 和工资收入 W、非工资—非农业收入 P、农业收入 A 的时间序列资料,利用普通最小二乘法估计得出了以下回归方程:

$$\hat{Y}=8.133+1.059W+0.452P+0.121A$$
$$(8.92)\quad(0.17)\quad(0.66)\quad(1.09)$$
$$R^2=0.95\qquad F=107.37$$

方程式下括号中的数字为相应参数估计量的标准误。试对该模型进行评析,指出其中存在的问题。

2. 假设要求你建立一个计量经济模型来统计在学校跑道上慢跑一千米或一千米以上的人数,以便决定是否修建第二条跑道以满足所有的锻炼者。你通过整个学年收集数据,得到两个可能的解释性方程如下:

方程 A:$Y=1250-150X_1-1.0X_2+1.5X_3\quad \bar{R}^2=0.75$

方程 B:$Y=1230-14.0X_1+5.5X_2-3.7X_3\quad \bar{R}^2=0.73$

其中:

Y 为某一天慢跑者的人数;

X_1 为该天降雨的毫米数;

X_2 为该天日照的小时数;

X_3 为该天的最高温度(按摄氏温度);

X_4 为第二天需交学期论文的班级数。

请回答下列问题:

(1)这两个方程你认为哪个更合理些,为什么?

(2)为什么用相同的数据去估计相同变量的系数会得到不同的符号?

3. 计算下面三个自由度调整后的决定系数。这里,R^2 为决定系数,n 为样本数目,k 为解释变量个数。

(1)$R^2=0.751, n=8, k=2$。

(2)$R^2=0.35, n=9, k=3$。

(3)$R^2=0.95, n=31, k=5$。

专有名词

多元回归分析:包含两个或两个以上解释变量的回归分析。

多元回归分析模型:描述被解释变量 y 对解释变量 $x_1, x_2, \cdots, x_n$ 及误差项 ε 系的数学方程式。

多元回归方程式:被解释变量 y 的期望值或平均数对解释变量的值的数学方程式也就是

$$E(y) = \beta_0 + \beta_1 x_1 + \beta_2 x_2 + \cdots + \beta_P x_P$$

估计多元回归方程式:基于样本数据及最小二乘法所建立的多元回归方程式,即

$$\hat{y} = b_0 + b_1 x_1 + b_2 x_2 + \cdots + b_P x_P$$

最小二乘法:用建立估计回归方程式的方法,将残差平方和最小化。

残差:被解释变量的观察值 y 和被解释变量的估计值 $\hat{y}$ 的误差。

复决定系数:用来衡量估计多元回归方程式的适合度的指标,可以解释为估计回归方程式所能解释的被解释变量变异的百分比。

调整复决定系数:用来衡量估计复回归方程式的适合度的指标。将模型中解释变量的个数列入考虑,以避免由于增加解释变量的个数而高估了对被解释变量变异的解释力。

多重共线性:多元回归模型中解释变量之间高度相关。

重要公式

多元回归模型:

$$y = \beta_0 + \beta_1 x_1 + \beta_2 x_2 + \cdots + \beta_P x_P + \varepsilon$$

多元回归方程式:

$$E(y) = \beta_0 + \beta_1 x_1 + \beta_2 x_2 + \cdots + \beta_P x_P$$

估计多元回归方程式:

$$\hat{y} = b_0 + b_1 x_1 + b_2 x_2 + \cdots + b_P x_P$$

其中 $b_0, b_1, b_2, \cdots, b_P$ 分别为 $\beta_0, \beta_1, \beta_2, \cdots, \beta_P$ 的估计值。

最小二乘法准则:

$$\min \sum (y_i - \hat{y}_i)^2$$

弹性的定义:

$$\ln y = \alpha + \beta \ln x \xrightarrow{\text{对 } x \text{ 微分}} \frac{1}{y} \cdot \frac{\mathrm{d}y}{\mathrm{d}x} = \beta \cdot \frac{1}{x} \rightarrow \beta = \frac{x}{y} \cdot \frac{\mathrm{d}y}{\mathrm{d}x} = \frac{\mathrm{d}y/y}{\mathrm{d}x/x}$$

复决定系数:

$$R^2 = \frac{SSR}{SST}$$

调整复决定系数：

$$R_a^2 = 1 - (1 - R^2) \cdot \frac{n - 1}{n - p - 1}$$

F 检验的检验统计量：

$$F = \frac{MSR}{MSE} = \frac{\frac{SSR}{p}}{\frac{SSE}{n - p - 1}}$$

t 检验的检验统计量：

$$t = \frac{b_i}{s_{b_i}}$$

附录：最小二乘法

多元回归方程式的一般表达式为：

$$y_i = \beta_0 + \beta_1 x_{i1} + \beta_2 x_{i2} + \cdots + \beta_k x_{ik} + \varepsilon_i$$
$$i = 1,2,\cdots,n$$

令

$$\boldsymbol{Y} = \begin{bmatrix} y_1 \\ y_2 \\ \vdots \\ y_n \end{bmatrix}, \boldsymbol{X} = \begin{bmatrix} 1 & x_{11} & x_{12} & \cdots & x_{1k} \\ 1 & x_{21} & x_{22} & \cdots & x_{2k} \\ \vdots & \vdots & \vdots & & \vdots \\ 1 & x_{nk} & x_{n2} & \cdots & x_{nk} \end{bmatrix}, \boldsymbol{\beta} = \begin{bmatrix} \beta_0 \\ \beta_1 \\ \beta_2 \\ \vdots \\ \beta_k \end{bmatrix}, \boldsymbol{B} = \begin{bmatrix} b_0 \\ b_1 \\ b_1 \\ \vdots \\ b_n \end{bmatrix}, \boldsymbol{E} = \begin{bmatrix} \varepsilon_1 \\ \varepsilon_2 \\ \vdots \\ \varepsilon_n \end{bmatrix}$$

则多元回归方程式一般式可写成：

$$\boldsymbol{Y} = \boldsymbol{X\beta} + \boldsymbol{E}$$

多元回归估计方程式为：

$$\hat{y}_i = b_0 + b_1 x_{i1} + b_2 x_{i2} + \cdots + b_n x_{ik}$$

则回归估计式可写成：

$$\boldsymbol{Y} = \boldsymbol{XB}$$

最小二乘法：

$$F = \min \sum_{i=1}^{n} (y_i - \hat{y}_i)^2$$
$$= \min \sum_{i=1}^{n} (y_i - b_0 - b_1 x_{i1} - b_2 x_{i2} - \cdots - b_n x_{ik})^2$$

对所有系数微分：

$$\frac{\partial \sum_{i=1}^{n} (y_i - \hat{y}_i)^2}{\partial b_j} = 0, j = 0,1,2,\cdots,k$$

$$\frac{\partial F}{\partial b_0} = -2 \sum_{i=1}^{n} (y_i - b_0 - b_1 x_{i1} - b_2 x_{i2} - \cdots - b_n x_{ik}) = 0$$

$$\frac{\partial F}{\partial b_1} = -2\sum_{i=1}^{n} x_{i1}(y_i - b_0 - b_1x_{i1} - b_2x_{i2} - \cdots - b_nx_{ik}) = 0$$

$$\frac{\partial F}{\partial b_2} = -2\sum_{i=1}^{n} x_{i2}(y_i - b_0 - b_1x_{i1} - b_2x_{i2} - \cdots - b_nx_{ik}) = 0$$

$$\vdots$$

$$\frac{\partial F}{\partial b_k} = -2\sum_{i=1}^{n} x_{ik}(y_i - b_0 - b_1x_{i1} - b_2x_{i2} - \cdots - b_nx_{ik}) = 0$$

$$\Rightarrow \begin{cases} \sum_{i=1}^{n} y_i = \sum_{i=1}^{n} b_0 + b_1\sum_{i=1}^{n} x_{i1} + b_2\sum_{i=1}^{n} x_{i2} + \cdots + b_k\sum_{i=1}^{n} x_{ik} \\ \sum_{i=1}^{n} x_{i1}y_i = \sum_{i=1}^{n} b_0x_{i1} + b_1\sum_{i=1}^{n} x_{i1}x_{i1} + b_2\sum_{i=1}^{n} x_{i2}x_{i1} + \cdots + b_k\sum_{i=1}^{n} x_{ik}x_{i1} \\ \sum_{i=1}^{n} x_{i2}y_i = \sum_{i=1}^{n} b_0x_{i2} + b_1\sum_{i=1}^{n} x_{i1}x_{i2} + b_2\sum_{i=1}^{n} x_{i2}x_{i2} + \cdots + b_k\sum_{i=1}^{n} x_{ik}x_{i2} \\ \vdots \\ \sum_{i=1}^{n} x_{ik}y_i = \sum_{i=1}^{n} b_0x_{ik} + b_1\sum_{i=1}^{n} x_{i1}x_{ik} + b_2\sum_{i=1}^{n} x_{i2}x_{ik} + \cdots + b_k\sum_{i=1}^{n} x_{ik}x_{ik} \end{cases}$$

将上式用矩阵来表示，得到如下式子：

$$\boldsymbol{X}^T\boldsymbol{Y} = (\boldsymbol{X}^T\boldsymbol{X})\boldsymbol{B} \Rightarrow \boldsymbol{B} = (\boldsymbol{X}^T\boldsymbol{X})^{-1}(\boldsymbol{X}^T\boldsymbol{Y})$$

其中，

$$\boldsymbol{X}^T\boldsymbol{Y} = \begin{bmatrix} 1 & x_{11} & x_{12} & \cdots & x_{1k} \\ 1 & x_{21} & x_{22} & \cdots & x_{2k} \\ \vdots & \vdots & \vdots & & \vdots \\ 1 & x_{nk} & x_{n2} & \cdots & x_{nk} \end{bmatrix}^T \begin{bmatrix} y_1 \\ y_2 \\ \vdots \\ y_n \end{bmatrix} = \begin{bmatrix} 1 & 1 & \cdots & 1 \\ x_{11} & x_{21} & \cdots & x_{nk} \\ x_{12} & x_{22} & \cdots & x_{n2} \\ \vdots & \vdots & & \vdots \\ x_{1k} & x_{2k} & \cdots & x_{nk} \end{bmatrix}^T \begin{bmatrix} y_1 \\ y_2 \\ \vdots \\ y_n \end{bmatrix} = \begin{bmatrix} \sum_{i=1}^{n} y_i \\ \sum_{i=1}^{n} x_{i1}y_i \\ \sum_{i=1}^{n} x_{i2}y_i \\ \sum_{i=1}^{n} x_{ik}y_i \end{bmatrix}$$

$$\boldsymbol{X}^T\boldsymbol{X} = \begin{bmatrix} 1 & x_{11} & x_{12} & \cdots & x_{1k} \\ 1 & x_{21} & x_{22} & \cdots & x_{2k} \\ \vdots & \vdots & \vdots & & \vdots \\ 1 & x_{nk} & x_{n2} & \cdots & x_{nk} \end{bmatrix}^T \begin{bmatrix} 1 & x_{11} & x_{12} & \cdots & x_{1k} \\ 1 & x_{21} & x_{22} & \cdots & x_{2k} \\ \vdots & \vdots & \vdots & & \vdots \\ 1 & x_{n1} & x_{n2} & \cdots & x_{nk} \end{bmatrix}$$

$$= \begin{bmatrix} 1 & 1 & \cdots & 1 \\ x_{11} & x_{21} & \cdots & x_{nk} \\ x_{12} & x_{22} & \cdots & x_{n2} \\ \vdots & \vdots & & \vdots \\ x_{1k} & x_{2k} & \cdots & x_{nk} \end{bmatrix}^T \begin{bmatrix} 1 & x_{11} & x_{12} & \cdots & x_{1k} \\ 1 & x_{21} & x_{22} & \cdots & x_{2k} \\ \vdots & \vdots & \vdots & & \vdots \\ 1 & x_{n1} & x_{n2} & \cdots & x_{nk} \end{bmatrix}$$

$$= \begin{bmatrix} n & \sum_{i=1}^{n} x_{i1} & \sum_{i=1}^{n} x_{i2} & \cdots & \sum_{i=1}^{n} x_{ik} \\ \sum_{i=1}^{n} x_{i1} & \sum_{i=1}^{n} x_{i1}{}^{2} & \sum_{i=1}^{n} x_{i1}x_{i2} & \cdots & \sum_{i=1}^{n} x_{i1}x_{ik} \\ \sum_{i=1}^{n} x_{i2} & \sum_{i=1}^{n} x_{i1}x_{i2} & \sum_{i=1}^{n} x_{i2}^{2} & \cdots & \sum_{i=1}^{n} x_{i2}x_{ik} \\ \vdots & \vdots & \vdots & & \vdots \\ \sum_{i=1}^{n} x_{ik} & \sum_{i=1}^{n} x_{i1}x_{i2} & \sum_{i=1}^{n} x_{i2}x_{ik} & \cdots & \sum_{i=1}^{n} x_{ik}^{2} \end{bmatrix}$$

也可以先不考虑截距项,先计算各解释变量的系数,如下:

$$\sum_{i=1}^{n} y_i = \sum_{i=1}^{n} b_0 + b_1 \sum_{i=1}^{n} x_{i1} + b_2 \sum_{i=1}^{n} x_{i2} + \cdots + b_k \sum_{i=1}^{n} x_{ik}$$

$$\Rightarrow \sum_{i=1}^{n} y_i = nb_0 + b_1 \sum_{i=1}^{n} x_{i1} + b_2 \sum_{i=1}^{n} x_{i2} + \cdots + b_k \sum_{i=1}^{n} x_{ik}$$

$$\Rightarrow b_0 = \frac{\sum_{i=1}^{n} y_i}{n} - b_1 \frac{\sum_{i=1}^{n} x_{i1}}{n} - b_2 \frac{\sum_{i=1}^{n} x_{i2}}{n} - \cdots - b_k \frac{\sum_{i=1}^{n} x_{ik}}{n}$$

$$\Rightarrow b_0 = \bar{y} - b_1\bar{x}_1 - b_2\bar{x}_2 - \cdots - b_k\bar{x}_k$$

为了方便介绍,先假设只有 2 个解释变量的情况,则

$$b_0 = \bar{y} - b_1\bar{x}_1 - b_2\bar{x}_{2k}$$

$$\sum_{i=1}^{n} x_{i1}y_i = \sum_{i=1}^{n} b_0 x_{i1} + b_1 \sum_{i=1}^{n} x_{i1}x_{i1} + b_2 \sum_{i=1}^{n} x_{i2}x_{i1}$$

$$\sum_{i=1}^{n} x_{i2}y_i = \sum_{i=1}^{n} b_0 x_{i2} + b_1 \sum_{i=1}^{n} x_{i1}x_{i2} + b_2 \sum_{i=1}^{n} x_{i2}x_{i2}$$

$$\Rightarrow \begin{array}{l} \sum_{i=1}^{n} x_{i1}y_i = \sum_{i=1}^{n} (\bar{y} - b_1\bar{x}_1 - b_2\bar{x}_2)x_{i1} + b_1 \sum_{i=1}^{n} x_{i1}{}^{2} + b_2 \sum_{i=1}^{n} x_{i2}x_{i1} \\ \sum_{i=1}^{n} x_{i2}y_i = \sum_{i=1}^{n} (\bar{y} - b_1\bar{x}_1 - b_2\bar{x}_2)x_{i2} + b_1 \sum_{i=1}^{n} x_{i1}x_{i2} + b_2 \sum_{i=1}^{n} x_{i2}{}^{2} \end{array}$$

$$\Rightarrow \begin{array}{l} \sum_{i=1}^{n} (y_i - \bar{y})(x_{i1} - \bar{x}_1) = b_1 \sum_{i=1}^{n} (x_{i1} - \bar{x}_1)^2 + b_2 \sum_{i=1}^{n} (x_{i1} - \bar{x}_1)(x_{i2} - \bar{x}_2) \\ \sum_{i=1}^{n} (y_i - \bar{y})(x_{i2} - \bar{x}_2) = b_1 \sum_{i=1}^{n} (x_{i2} - \bar{x}_2)(x_{i1} - \bar{x}_1) + b_2 \sum_{i=1}^{n} (x_{i2} - \bar{x}_2)^2 \end{array}$$

另

$$m_{yu} = \sum_{i=1}^{n} (y_i - \bar{y})(x_{iu} - \bar{x}_u), m_{uv} = \sum_{i=1}^{n} (x_{iu} - \bar{x}_u)(x_{iv} - \bar{x}_v)$$

则

$$m_{y1} = b_1 m_{11} + b_2 m_{12}$$
$$m_{y2} = b_1 m_{12} + b_2 m_{22}$$

$$b_1 = \frac{\begin{vmatrix} m_{y1} & m_{12} \\ m_{y2} & m_{22} \end{vmatrix}}{\begin{vmatrix} m_{11} & m_{12} \\ m_{12} & m_{22} \end{vmatrix}} = \frac{m_{y1}m_{22} - m_{y2} - m_{12}}{m_{11}m_{22} - {m_{12}}^2}$$

$$b_2 = \frac{\begin{vmatrix} m_{11} & m_{y2} \\ m_{12} & m_{y2} \end{vmatrix}}{\begin{vmatrix} m_{11} & m_{12} \\ m_{12} & m_{22} \end{vmatrix}} = \frac{m_{y2}m_{11} - m_{y2}m_{12}}{m_{11}m_{22} - {m_{12}}^2}$$

所以,在先不计算截距项的情况下,可以先稍进行一点计算,不过要先去中心化。此时:

$$\boldsymbol{B} = \begin{bmatrix} b_1 \\ b_1 \\ \vdots \\ b_n \end{bmatrix}, \boldsymbol{X}^T\boldsymbol{X} = \begin{bmatrix} m_{11} & m_{21} & \cdots & m_{1k} \\ m_{12} & m_{22} & \cdots & m_{2k} \\ \vdots & \vdots & & \vdots \\ m_{1k} & m_{2k} & \cdots & m_{kk} \end{bmatrix}, \boldsymbol{X}^T\boldsymbol{Y} = \begin{bmatrix} m_{y1} \\ m_{y2} \\ \vdots \\ m_{yk} \end{bmatrix}$$

$$\boldsymbol{B} = (\boldsymbol{X}^T\boldsymbol{X})^{-1}\boldsymbol{X}^T\boldsymbol{Y}$$

10 时间序列分析

本章摘要

时间序列分析主要是进行单变量的纵向数据的分析,这与前面横截面数据有所不同。一般时间序列都会存在单根,所以时间序列分析的首要步骤往往是降级;而且,横截面再进行回归分析最重要的是 $\varepsilon \overset{iid}{\sim} N(0,\sigma^2)$,但时间序列分析一般来说也会符合这个条件,事实上,财经数据还存在条件异方差(波动丛集),而且它的分布是尖峰分布,因为这两种性质的存在,所以时间序列分析会更偏向于对残差(在财经领域可定义为风险)的研究,这就是 GARCH 模型,而预测模型往往也属于时间序列分析的一环。

多变量的时间序列分析则变成了向量自回归分析,该种分析可以通过因果关系的判断、脉冲反应和方差分解进行,而进一步的残差分析则称为多变量 GARCH 分析。

10.1 数列类型

经济数据有三种类型:横截面数据(cross-sectional data)、时间序列数据(time series data)和面板数据(panel data)。

所谓横截面数据,又称截面数据、静态数据,是通过观察许多主体(如个人、公司、国家、地区等)在同一时间点或同一时间段截面上反映一个总体的一批(或全部)个体的同一特征变量的观测值。例如,某一时间的经济普查数据、人口普查数据、家庭收入调查数据等。像 2020 年各省的 GDP、人口数,2020 年所有上市公司的流动比例、总资产报酬率等。

时间序列(或称动态数列)是按照时间排序的一组随机变量,时间序列本质上反映的是某个或者某些随机变量随时间不断变化的趋势,像我国历年来的 GDP、某公司历年的 ROA、某公司每天的股票收盘价等。财经数据中,大多数的数据是以时间序列的形式给出的。根据观察时间的不同,时间序列中的时间可以是年份、季度、月份,也可以是其他任何时间形式。时间序列分析的主要目的是根据已有的历史数据对未来进行预测。时间序列预测方法的核心就是从数据中挖掘出这种规律,并利用该规律对将来的数据做出估计。

一般来说,时间序列有以下四种要素:长期趋势、季节变动、循环变动、不规则变动。长期趋势是指在较长时期内受某种根本性因素作用而形成的总的变动趋势。季节变动是指在一年内随着季节的变化而发生的有规律的周期性变动。循环变动是指在以若干年为周期所呈现出的波浪起伏形态的有规律的变动。不规则变动是一种无规律可循的变动,包括严格的随机变动和不规则的突发性影响变动两种类型。不过,一般时间序列都存在单根状况,所以降级是时间序列分析的首要步骤,再降完阶之后,时间序列分析就变成自回归(AR)分析和条件异方差(ARCH)分析。

同时具备横截面和时间序列两种特征的数据则称为面板数据(又称追踪数据),所以该类数据会拥有各种横断面的变量说明,如“各省”“各公司”以及时间面的历年、“2007—2020年”“每天”等,如2007—2020年所有上市公司的财报数据,或者历年的经济数据。所以,一组数据,它的变量就会涵盖到“横断面”和“时间面”,再加上所有研究的变量。举例来说,2020年贵州茅台的流动比例、2019年贵州茅台的流动比例、2019年五粮液的流动比例等。

10.2 指数

从广义上来说,指数反映的是现象总体数量变动的相对数;狭义上,指数在于反映复杂现象总体数量上的变动。

时间序列分析在财经上是经常使用的,特别是在宏观面上的分析。宏观面的变量很多,所以必须通过一定的科学方法对其加以整合,整合众多变量的方式就是指数的编制。

指数的编制是由于物价的变动产生的。18世纪中叶,欧洲由于金银大量流入导致物价飞涨,引起社会不安,于是产生了反映物价变动的要求,这就是物价指数产生的来源。指数常常反映在宏观层面,如消费品价格指数(CPI),它反映的是生活费用价格指数以及人们的日常生活;还有一些指数则反映企业的经营环境,如生产者物价指数(PPI)、波罗的海指数,此外还有股票指数、债券指数等,这些指数会对人们的投资活动造成直接影响,被视为人们的投资活动,乃至社会经济的晴雨表。

指数通常表现为百分数,用作一种对比性的统计指标,所以具有相对数的概念。也就是说,若把对比基期(比较的基准)视为100,指数则表示所要考察的现象的水平相当于基期的多少。举例来说,某年全国的零售物价指数为110,这就表示若将基期年份(通常为上年)的一般价格水平看成是100,则当年全国的价格水平就相当于基年的110%,或者说当年的价格上涨了10%。

针对指数的分析有“增长率”这一概念(与第二章介绍的成长率相同)。增长率是对现象在不同时间的变化状况所做的描述。由于对比的基期不同,增长率有不同的计算方法,一般有增长率和平均增长率的计算方法。

10.2.1 增长率

增长率(growth rate)也称增长速度,由于对比的基期不同,增长率可以分为环比增长率和定基增长率。

环比增长率:

$$g_t = \frac{y_t - y_{t-1}}{y_{t-1}}$$

定基增长率:

$$g_t = \frac{y_t - y_0}{y_0}$$

环比增长率是报告期观察值与前一时期观察值比较的结果,说明现象逐期增长变化的程度,定基增长率是报告期观察值与某一固定时期观察值比较的结果,说明现象在整个观察期内总的增长变化程度。

10.2.2 平均增长率

本书第二章曾特别强调增长率平均值不一定用算术平均法来计算,应该采用几何平均法来计算,计算公式如下:

$$\bar{g}_t = \sqrt[t]{g_1 \cdot g_2 \cdots g_t} - 1 = \sqrt[t]{\left(\frac{y_1}{y_0}\right) \cdot \left(\frac{y_2}{y_1}\right) \cdots \left(\frac{y_t}{y_{t-1}}\right)} - 1 = \sqrt[t]{\left(\frac{y_t}{y_0}\right)} - 1$$

从公式可见,平均增长率就是环比乘积开根号减 1 的结果,环比乘积开根号又称环比发展速度。

从对比性质来看,指数通常是不同时间、空间或特定比较对象的现象水平的对比。就时间而言,它表明现象在时间上的变动情况(动态);空间上它可以是不同国家、地区、部门、企业等的现象水平的对比;特定的比较对象如实际水平与计划(规划或目标)水平的对比,这些可以看成是动态对比指数方法的拓展。可见,指数在财务、经济分析中的运用十分广泛。像在股票市场上,指数是用以衡量股票市场交易整体波动幅度和景气状况的综合指标,是投资人做投资决策的重要依据。

一般来说,指数的分类有三种:按照所反映的内容可分为数量指数(如产品产量指数、商品销售指数等)和质量指数(如价格指数、产品成本指数等);按照计入指数的项目多少可分为个体指数和总指数;按计算形式可分为简单指数和加权指数。

指数具备如下功能:

(1)反映复杂现象总体数量上的变动。

(2)分析复杂现象总体的变动中受各个因素变动的影响方向和影响程度。

(3)研究现象的长期变动趋势。

(4)综合评价和分析现象数量的变化。

指数的编制一般有两种,分别为拉氏指数和帕氏指数。拉氏指数和帕氏指数统称为综合指数,综合指数的特点是先综合、后对比。这样对比结果得出的总指数,就是所要研究的现象综合变动的程度。

拉氏指数又称为“基期加权综合指数”,是德国经济学家拉斯贝尔(LASPEYRE)于 1864 年首先提出的,是把销售量固定在基期水平上所编制的价格指数,该方法后来被推广到其他各种综合指数的计算上。习惯上,把同度量因素固定在基期水平上所编制的综合指数统称为拉氏指数。拉斯贝尔主张无论是数量指标指数还是质量指标指数,都采用基期同度量因素(权数)。拉氏指数分为拉氏物价指数(Lp)和拉氏物量指数(Lq),其计算公式为:

$$L_p = \frac{\sum q_0 p_1}{\sum q_0 p_0}, L_q = \frac{\sum q_1 p_0}{\sum q_0 p_0}$$

帕氏指数又称报告期加权综合指数,是 1874 年德国学者帕煦(Paasche)所提出的一种指数计算方法。它在计算一组项目的综合指数时,把作为权数的变量固定在报告期,公式如下:

$$P = \frac{\sum q_1 p_1}{\sum q_1 p_0}$$

拉氏指数和帕氏指数最大的不同就是加权的方式不同,以物价指数而言,拉氏指数加权的因子是基期的货量,而帕氏指数采用的是当期的货量。

当反映的对象为范围时,指数可分为个体指数和总指数。个体指数是反映个别现象(即简单现象总体)数量变动的相对数,总指数是反映全部现象总体(即复杂现象总体)数量变动的相对数。总指数按其计算方法和计算公式的不同,分为综合指数和平均指数。若指标反应的是性质,则指数又可分为数量指标指数和质量指标指数。

事实上市场上最频繁出现的指数应该属于股票指数,像我国就有沪深 300 指数、上海综合指数、深圳综合指数等,这些都是属于广基指数(broad-base index),代表整个股票市场的绩效,采用选样的方式反映投资人对经济现况的敏感度。最常被提及的广基指数多以一个国家最大的证券交易所里最具规模的上市公司为基础编制,例如境外的指数有美国道琼斯工业指数(Dow Jones Industrial Average)及标准普尔 500 指数(S&P 500 Index),英国伦敦金融时报指数(或伦敦金融时报 100 种股价指数、伦敦金融时报 100 指数、the British FTSE 100),法国证商公会指数(或法国证商公会 40 种股价指数、the French CAC 40),德国法兰克福股价指数(the German DAX)及日本日经指数(或日经 225 指数、Nikkei 225)。

也有专门的指数追踪特定市场部门绩效的指数,像国证 2000(小型股)、国证 1000(大型股)、中证的商业指数等,都属于这类的指数。

而一般股票指数的编制加权方式则跟拉氏和帕氏不尽相同。股票编制的加权形式有价格加权(Price-weighted)、市值加权(market-value weighted)或资本加权(capitalization-weighted)和市占率加权指数(market-share weighted)。

价格加权指数仅以个别成分股的价格计算指数。因此,虽然可能价格变动对某高单价个股并不属重大,但却会显著影响指数,此外,该指数未考虑整体公司的相对规模,例如道琼工业指数及纽约证交所科技 100 指数(NYSE ARCA Tech 100 Index)。

市值加权(market-value weighted)或资本加权(capitalization-weighted)指数是以公司规模为基础编制,例如标准普尔 500 指数、香港地区的恒生指数(Hang Seng Index)及中国台湾地区的加权股价指数。因此,大公司的小幅价格波动即会显著影响指数。另外,市占加权指数(market-share weighted index)的计算依股数为基础加权平均,而非市值。

目前我国股票指数编制有中证系列指数、上证系列指数、深证系列指数和国证系列指数四个系列指数。股票指数可作为观察、预测社会政治、经济发展形势的参考指标。

股票指数的编制步骤如下:

(1)根据上市公司的行业分布、经济实力、资信等级等因素,选择适当数量的有代表性的股票,作为编制指数的样本股票。样本股票可随时变换或作数量上的增减,以保持良好的代表性。举例来说,沪深 300 指数由上海和深圳证券市场中市值大、流动性好的 300 只股票组成。依据样本稳定性和动态跟踪相结合的原则,每半年审核一次沪深 300 指数样本股,并根据审核结果调整指数样本股。一般在每年 5 月和 11 月的下旬审核沪深 300 指数样本股,样本股调整实施时间分别是每年 6 月和 12 月的第二个星期五的下一交易日。

按期到股票市场上采集样本股票价格简称采样。采样的时间隔取决于股价指数的编制周期。以往的股价指数较多是按天编制的,采样价格即为每一交易日结束时的收盘价。近年来,股价指数的编制周期日益缩短,由“天”到“时”直至“分”,采样频率由一天一次变为全天随时连续采样,采样价格也从单一的收盘价发展为每时每刻的最新成交价或一定时间周期内的平均价。一般来说,编制周期越短,股价指数的灵敏性越高,越能及时地体现股价的涨落变化。像沪深 300 指数,它是实时计算和发布的,指数每 5 秒更新一次。

(2)利用科学的方法和先进的手段计算出指数值。股价指数的计算方法主要有总和法、简单平均法、综合法等,计算手段已普及使用电子计算机技术。为了增强股价指数的准确性和灵敏性,必须寻求科学的计算方法和先进的计算技术的支持。

指数值的计算方式有加权、未加权的算数平均、几何平均和调和平均,然后跟基期做比较,相除再乘以一定的数值(10,100 或 1 000),像标准普尔公司股票价格指数以 1941—1943 年抽样股票的平均市价为基期,以上市股票数为权数,按基期进行加权计算,其基点数为 10;上证综合指数以 1990 年 12 月 19 日为基期,以 100 点为基点。中证流通指数以 2005 年 12 月 30 日为基期,以 1 000 点为基点。目前使用最多的是加权股价平均指数,也就是加权因子采用公司的发行股数。我国证券指数几乎都是采用发行量作为加权因子,但国外有些指数采用成交量或是不加权,美国道 · 琼斯工业股票价格平均数就没有加权,直接成分股取平均。

(3)通过新闻媒体向社会公众公开发布。

为保持股价指数的连续性,使各个时期计算出来的股价指数相互可比,有时还需要对指数值做相应的调整。

10.3 时间序列分析模式

本章将对时间序列进行探讨。时间序列由变量 $y_t, y_{t-1}, y_{t-2}, \cdots, y_1, y_0$ 组成,y_t 表示当期的数值,y_{t-1} 为上一期的数值,依此类推。

时间序列的预测分析一般可以区分为三种,分别是平稳序列的预测分析、趋势序列的预测分析以及自相关分析。

平稳序列的预测采用的是简单平均法和移动平均法,举例来说,已知有前几期的观察值 $y_{t-1}, y_{t-2}, \cdots, y_1, y_0$,现要针对 t 期 y_t 进行预测,则简单平均法的计算式如下:

$$\hat{y}_t = \frac{y_{t-1} + y_{t-2} + \cdots - y_0}{t} = \frac{\sum_{i=1}^{t} y_{t-i}}{t}$$

移动平均法则是采用不同时期的简单平均进行预测,举例来说,以 k 期当作移动平均的指针,则

$$\hat{y}_t = \frac{y_{t-1} + y_{t-2} + \cdots - y_{t-k}}{k} = \frac{\sum_{i=1}^{k} y_{t-i}}{k}$$

各种不同的移动平均已经成为股票预测的神器,这里以下例进行说明。

【例 10-1】 绘制国证 1000 指数的日线(每日收盘价)、月线(20 日移动平均线)的折

线图。

分析过程直接用图 10-1 表示，周线即前 5 日（含当日）的平均，月线则是前 20 日的平均。

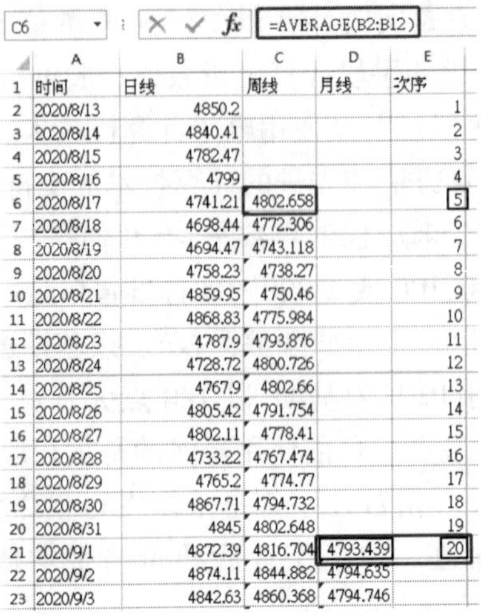

C6 =AVERAGE(B2:B12)

	A	B	C	D	E
1	时间	日线	周线	月线	次序
2	2020/8/13	4850.2			1
3	2020/8/14	4840.41			2
4	2020/8/15	4782.47			3
5	2020/8/16	4799			4
6	2020/8/17	4741.21	4802.658		5
7	2020/8/18	4698.44	4772.306		6
8	2020/8/19	4694.47	4743.118		7
9	2020/8/20	4758.23	4738.27		8
10	2020/8/21	4859.95	4750.46		9
11	2020/8/22	4868.83	4775.984		10
12	2020/8/23	4787.9	4793.876		11
13	2020/8/24	4728.72	4800.726		12
14	2020/8/25	4767.9	4802.66		13
15	2020/8/26	4805.42	4791.754		14
16	2020/8/27	4802.11	4778.41		15
17	2020/8/28	4733.22	4767.474		16
18	2020/8/29	4765.2	4774.77		17
19	2020/8/30	4867.71	4794.732		18
20	2020/8/31	4845	4802.648		19
21	2020/9/1	4872.39	4816.704	4793.439	20
22	2020/9/2	4874.11	4844.882	4794.635	
23	2020/9/3	4842.63	4860.368	4794.746	

图 10-1　月线、周线和日线数值表

然后通过折线图来表现，如图 10-2 所示。

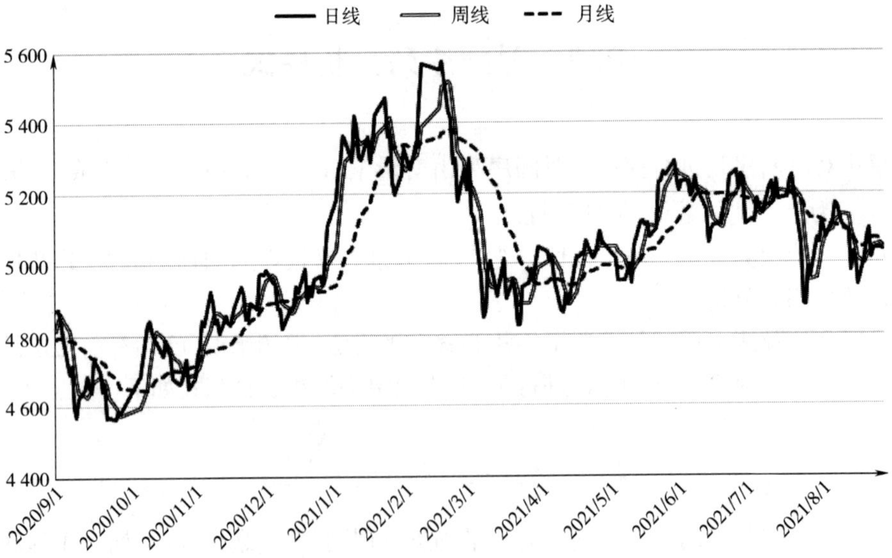

图 10-2　月线、周线和日线走势图

由图 10-2 可以发现，3 条线都会产生不同的交叉点，交叉点一般称为黄金交叉或死亡交叉，这些时点都是买进卖出的倍号。除了周线、月线以外，还有季线、半年线和年线，这些移动平均线的综合分析又可以产生长期、短期的投资信息。

但由于已过去的时间有年代久远的问题，所以人们将过去的移动平均数值和上一期的数值通过加权的方式处理以进行预测，这种方法称为指数平滑法，其模型如下：

$$\hat{y}_t = \alpha y_{t-1} + (1 - \alpha)\hat{y}_{t-1}$$

第二种方式是加入趋势分析，该模型为：

$$\hat{y}_t = \beta_0 + \beta_1 t$$

然后进行回归分析。例子如下。

【**例 10-2**】万科企业 2006—2017 年的投资活动现金流出数据见表 10-1，请利用趋势预测 2018 年万科投资活动现金流出。

表 10-1　2006—2017 年的“投资活动现金流出”

年份	投资活动现金流出	年份	投资活动现金流出
2006	19 89 410	2012	3 632 961
2007	4 992 700	2013	10 232 203
2008	4 268 553	2014	10 296 915
2009	5 359 473	2015	24 593 147
2010	4 892 382	2016	49 953 817
2011	6 517 937	2017	71 384 801

解：EViews 结果如图 10-3 所示。

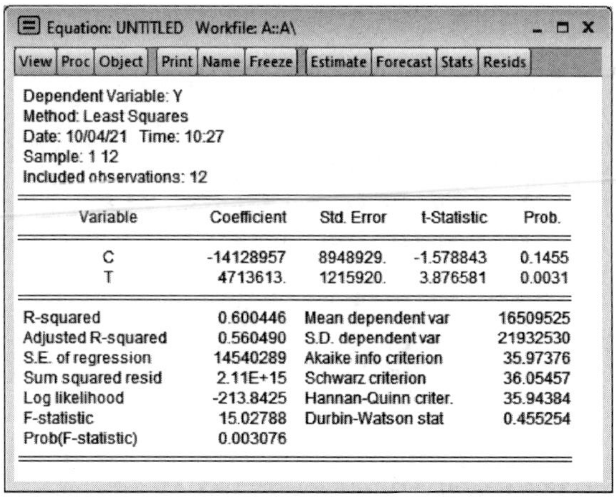
Equation: UNTITLED Workfile: A::A\
View Proc Object Print Name Freeze Estimate Forecast Stats Resids

Dependent Variable: Y
Method: Least Squares
Date: 10/04/21 Time: 10:27
Sample: 1 12
Included observations: 12

Variable	Coefficient	Std. Error	t-Statistic	Prob.
C	-14128957	8948929.	-1.578843	0.1455
T	4713613.	1215920.	3.876581	0.0031

R-squared	0.600446	Mean dependent var	16509525
Adjusted R-squared	0.560490	S.D. dependent var	21932530
S.E. of regression	14540289	Akaike info criterion	35.97376
Sum squared resid	2.11E+15	Schwarz criterion	36.05457
Log likelihood	-213.8425	Hannan-Quinn criter.	35.94384
F-statistic	15.02788	Durbin-Watson stat	0.455254
Prob(F-statistic)	0.003076		

图 10-3　万科投资活动现金流出趋势分析结果

由图 10-3 可以建立模型：

$$\hat{y}_t = -14\ 128\ 957 + 4\ 713\ 613\beta_1 t$$

根据模型，可以产生趋势预测图，见图 10-4。

由上所述可发现，预测值与实际值差距颇大，其主要原因是时间数列的影响因素可分解为长期趋势、季节变动、周期变动和不规则变动，而上面的预测只是针对长期趋势所做的分析而已。

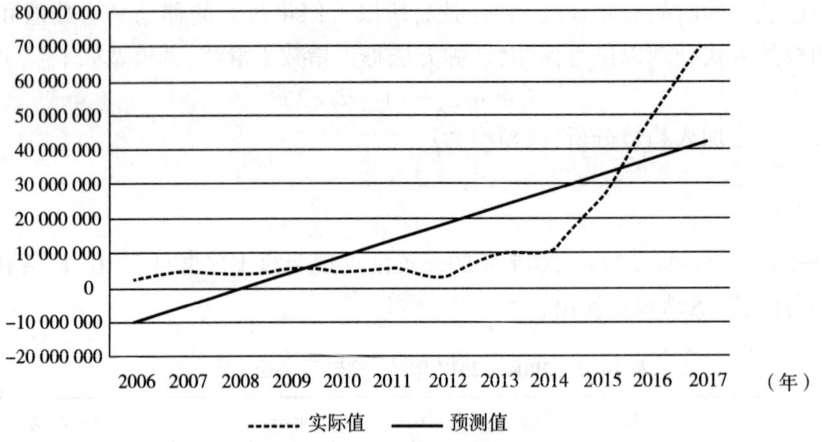

图 10-4　趋势预测折线图

第三种方式则是专业统计人员常用的分析模式——自回归分析(auto-regression,AR),它是对一个变量进行回归分析,这是本章介绍的重点。时间序列最简单的模型就是 $AR(1)$,也就是将滞后 1 期的变量当作解释变量,模型如下:

$$y_t = f(y_{t-1}) = a_0 + a_1 y_{t-1} + \varepsilon_t$$

将每个阶段用 AR(1)模型表示,可得以下式子:

$$y_t = a_0 + a_1 y_{t-1} + \varepsilon_t$$

$$y_{t-1} = a_0 + a_1 y_{t-2} + \varepsilon_{t-1}$$

$$\vdots$$

$$y_1 = a_0 + a_1 y_{t-2} + \varepsilon_1$$

所以:

$$\begin{aligned} y_t &= a_0 + a_1 y_{t-1} + \varepsilon_t \\ &= a_0 + a_1(a_0 + a_1 y_{t-2} + \varepsilon_{t-1}) + \varepsilon_t \\ &= a_0 + (a_1 \cdot a_0 + a_1 \cdot a_1 y_{t-2} + a_1 \cdot \varepsilon_{t-1}) + \varepsilon_t \\ &\vdots \\ &= a_0 \sum_{i=0}^{t-1} a_1{}^i + a_1{}^t y_0 + \sum_{i=0}^{t-1} \sum a_1{}^i \varepsilon_{t-i} \end{aligned}$$

将上式取期望值:

$$\begin{aligned} E(y_t) &= E\left(a_0 \sum_{i=0}^{t-1} a_1{}^i + a_1{}^t y_0 + \sum_{i=0}^{t-1} \sum a_1{}^i \varepsilon_{t-i}\right) \\ &= Ea_0\left(\sum_{i=0}^{t-1} a_1{}^i\right) + E(a_1{}^t y)_0 + E\left(\sum_{i=0}^{t-1} \sum a_1{}^i \varepsilon_{t-i}\right) \\ &= a_0 \sum_{i=0}^{t-1} a_1{}^i + a_1{}^t y_0 \end{aligned}$$

经济分析主张长期达到均衡才有意义,所以在“无限长”的情况下,$|a_1| < 1$,这样 $\lim\limits_{t\to\infty} E(y_t) = \lim\limits_{t\to\infty}(a_0 \sum_{i=0}^{t-1} a_1{}^i + a_1{}^t y_0)$ 才会收敛,才满足经济上“均衡”的意义。

所以:

$$\lim_{t\to\infty}E(y_t) = \lim_{t\to\infty}(a_0\sum_{i=0}^{t-1}a_1{}^i + a_1{}^t y_0)$$
$$= \frac{a_0}{1-a_1}$$

10.4 ARMA 模型

时间序列(time series)是一组按照时间发生先后顺序进行排列的数据点序列。现代市场交易频率的不断增加，为实证研究提供了更多的大样本、长时间序列数据。时间序列分析中最大的问题是数据的平稳性。如果数据是平稳的，最小二乘法模型的基本特征就可以移植到时间序列里。通常的分析模型包括 ARMA、VAR、GARCH 等模型。

ARMA 模型是由 AR 模型+MA(move average)模型组合而成的,前面介绍了 $AR(1)$，$AR(P)$指的是采用滞后 p 期的变量,即

$$y_t = a_0 + a_1 y_{t-1} + a_2 y_{t-2} + \cdots + a_p y_{t-p} + \varepsilon_t$$
$$= a_0 + \sum_{i=1}^{p} a_i y_{t-i}$$

而要了解 MA 模型,就要先了解白噪音(whitenoise)。时间序列是属于随机漫步的(Random Walk,即无法预测下一期的变化)。其模型为：

$$y_t = y_{t-1} + \varepsilon_t$$

其中：ε_t 为白噪音。

MA 模型就是由过去期数函数的白噪音所组成,所以 $MA(1)$为：

$$y_t = a_0 + \varepsilon_t + b_1\varepsilon_{t-1}$$

依此类推：

$$MA(2) \quad y_t = a_0 + \varepsilon_t + b_1\varepsilon_{t-1} + b_2\varepsilon_{t-2}$$
$$MA(3) \quad y_t = a_0 + \varepsilon_t + b_1\varepsilon_{t-1} + b_2\varepsilon_{t-2} + b_3\varepsilon_{t-3}$$
$$\vdots$$
$$MA(q) \quad y_t = a_0 + \varepsilon_t + \sum_{i=1}^{q} b_1\varepsilon_{t-q}$$

所以 $ARMA(p,q)$为：

$$y_t = a_0 + \sum_{i=1}^{p} a_i y_{t-i} + \varepsilon_t + \sum_{i=1}^{q} b_1\varepsilon_{t-q}$$

上述滞后期数不一定要连续,举例来说,AR 只选择落后 2、4 期,MA 选择落后 1、3、5 期,这时候可以用 $ARMA[(2,4),(1,2,5)]$来表示,模型如下：

$$ARMA[(2,4),(1,2,5)]: y_t = a_0 + a_2 y_{t-2} + a_4 y_{t-4} + \varepsilon_t + b_1\varepsilon_{t-1} + b_2\varepsilon_{t-2} + b_5\varepsilon_{t-5}$$

当然,必须在经济学有意义的条件下才能进行,就是说必须具备平稳性(stationarity)及波动幅度随时间变化(Time-varying Volatility)的特征。形成平稳性的条件为(Ender,2004)：

$$\sum_{=1}^{p} a_i < 1$$
$$a_i < 1$$

进行时间序列分析时的首要工作就是看数据是否具有平稳性,一般采用单根检验,最常用的为 Augmented Dickey-Fuller(ADF)检验、Phillips-Perron(PP)检验以及 KPSS 检验等。非平稳性的数据就没办法利用一般的计量模型去分析,要将非平稳性序列变成平稳性,一般都会采用差分的方法(也就是降级),通常会采用 $\frac{x_t}{x_{t-1}}$ 或 $x_t - x_{t-1}$。

$ARMA(p,q)$ 到底使用哪一种滞后期最为合适,可以利用 ACF(自相关函数)和 $PACF$(偏自相关函数)来判断,碍于篇幅限制,本书就不介绍了。

时间序列模型的选择(落后期数)依据一般来说是:小样本(<100)采用 AIC,中样本(100~600)采用 HQC,大样本采用 SBC。

$$AIC = T \times \ln(SSE) + 2k$$

$$SBC = T \times \ln(SSE) + k \times \ln(T)$$

$$HQC = -2L + k\ln(T)$$

$$SSE = \sum e^2 = SST - SSR = \sum (Y - \bar{Y})^2 - \sum (\hat{Y} - \bar{Y})^2$$

其中:T 为总样本数;K 为待估参数总数;L 为模型估计所得之对数概似值。

10.5 向量自回归

时间序列是由单一变量构成的,通过自回归进行分析;在多变量的情况下,可以通过建立联立方程组的结构性方法建立用于讨论经济理论变量之间关系的模型。这个联立方程组就是本章讲述的向量自回归模型(Vector Auto-regression model,简称 VAR 模型)。

向量自回归模型是由计量经济学家、宏观经济学家克里斯多福·西姆斯(Christopher Sims)提出的。它扩充了只能使用一个变量的自回归模型(AR),使模型容纳 1 个以上变量,因而常用于多变量时间序列模型的分析。

$VAR(P)$ 里面的 y_t 向量包含了 k 个变量,本书只是用了简化的形式来展现 VAR 方程。x_t 到 x_{t-s} 是外生变量,μ_t 是扰动项。因此,这就是一个有 k 个变量且存在 P 期滞后因子的一般 VAR 形式。它是一个简约式(reduced form)VAR,即一个变量由自己的滞后项和其他变量的滞后项进行解释,而不包括当期项。这个里面的误差项在各个方程之间很可能出现相关性。递归的 VAR(Recursive VAR)可以保证每个方程的误差项与前一个方程的误差项不存在相关性。VAR 方程如下:

$$y_t = A + A_1 y_{t-1} + \cdots + A_p y_{t-p} + B_0 x_t + B_1 x_{t-1} + \cdots + B_s x_{t-s} + \mu_t$$

为了进行对比,我们写出结构 VAR(SVAR),两者明显的区别在于 SVAR 中有了其他变量的当期值。SVAR 可以转化成简约式 VAR,转换过程也比较简单。我们把 y_t 方程代入 x_t 方程里,然后进行简单的移项和合并,就可以得到 x_t 的表达式,同理,我们可以把 x_t 方程代入 y_t 的表达式进行相同的操作,从而得到 y_t 的表达式。然后,我们就得到了 x_t 和 y_t 关于它们各自滞后项和对方滞后项的函数,这就是我们想要的简约表达式:

$$x_t = \alpha_x + \alpha_{x,0}y_t + \sum_{j=1}^{p}\alpha_{x,j}x_{t-j} + \sum_{j=1}^{p}\beta_{x,j}y_{t-j} + \varepsilon_{x,t}$$

$$y_t = \alpha_z + \alpha_{z,0}x_t + \sum_{j=1}^{p}\alpha_{z,j}x_{t-j} + \sum_{j=1}^{p}\beta_{z,j}y_{t-j} + \varepsilon_{z,t}$$

但是,经济理论通常并不足以对变量之间的动态联系提供一个严密的说明。并且,内生变量既可以出现在等式的左端又可以出现在等式的右端,从而使得估计和推断变得更加复杂。为解决这些问题,产生了一种用非结构性方法来建立各个变量之间关系的模型。所以,除了本章讲的基本的向量自回归模型,还有向量误差修正模型(Vector Error Correction, VEC)的估计与分析。

进行向量自回归须注意的事项如下:

(1)选择相关变量,切记根据理论模型选择重要变量,若是变量过多,会导致待估计的参数过大而出现问题。

(2)检查数据时尽量做一些合理的调整,比如对于收入或者股票指数或 GDP 等这些数据,我们尽量取 log 对数值。

(3)检查数据是否包含非平稳的部分。常用的单位根检验方法是 ADF test,在这个检验里面包括三种类型:没有常数项和趋势项、没有常数项但有趋势项、有常数项和趋势项(注:不区分漂移项和趋势项了)。因为这三种类型对应着各自不同的单位根显著性表格,所以根据散点图或者直觉观察数据类型符合哪种类型。如果要进一步核实,可以使用 PP test 再次检验数据中的单位根。

(4)选择 VAR 系统的滞后阶数,这里面的指标包括 AIC、BIC、HQ 等,输入指令后窗口会自动输出最优的滞后阶数。

(5)检验是否存在协整关系,常用的就是 Johansen test。如果存在协整关系,那么就选择 VECM 模型进行回归(实际上 VECM 模型与 VAR 模型区别不大)

(6)估计模型,VAR 或者 VECM。

(7)回归后的检验,比如我们用 Ljung-Box test 等去检验残差是否存在自相关。

(8)可以进行预测,得到脉冲响应函数 IRF 和方差分解函数 VDF。

VAR 或者 SVAR 模型的具体操作如图 10-5 所示。

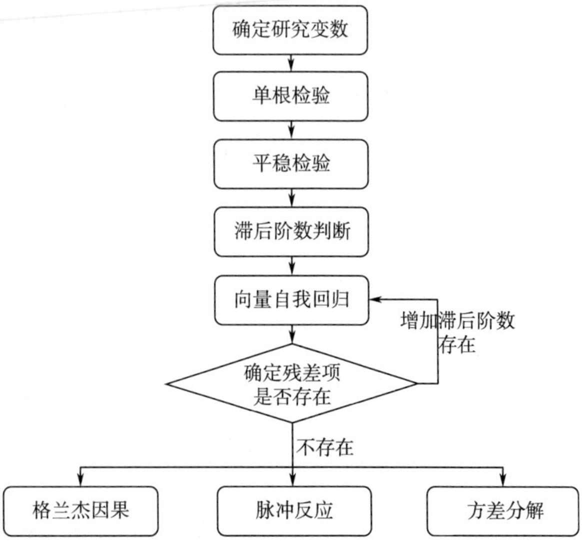

图 10-5　向量自回归分析流程图

本节向量自回归模型的介绍将以价量轮动关系和规模指数轮动作为范例,采用的指数为国证系列指数的大盘(国证 1000,指数代码为 399311)和小盘(国证 2000,指数代码为 399303)指数数据,国证系列指数的规模指数以国内上市公司为成分股的指数见表 10-2。

表 10-2　国证 1000、2000 指数简介

指数代码	指数名称	数量	指数简介
399303	国证 2000	2 000	国证 2000 由全部 A 股扣除国证 1000 指数样本股后,市值大、流动性好的 2 000 只 A 股组成,反映 A 股市场小微盘股票的价格变动趋势
399311	国证 1000	1 000	国证 1000 指数由 A 股市场中市值大、流动性好的 1 000 只股票构成,反映 A 股市场大中盘股票的价格变动趋势

数据来源:http://www.cnindex.com.cn/及本书整理。

由表 10-2 可知,国证 1000 的成分股由市值较大的前 1 000 家企业组成,国证 2000 则是以扣除国证 1000 指数成分股后再选择 2 000 家企业组成的,所以国证 1000 可谓为大型股指数,国证 2000 则为小型股指数,所以本范例的规模指数轮动将采用国证 1000、国证 2000 进行分析规模指数轮动及价量关系。研究时间定为 5 年,从 2016 年 9 月 1 日至 2021 年 8 月 31 日。

步骤 1:选择相关变量。

如上所说,本范例的规模指数轮动及价量关系将采用国证 1000(大盘)、国证 2000(小盘),如图 10-6 所示。

	A	B	C	D	E
1	时间	国证1000指数	国证1000成交值	国证2000指数	国证2000成交值
2	2016/8/1	3615.035	233577746	8411.457	158955449
3	2016/8/2	3636.343	171519455	8490.907	130104470
4	2016/8/3	3644.824	201285415	8535.528	150653444
5	2016/8/4	3659.652	218211589	8592.573	158765200
6	2016/8/5	3654.125	219593327	8544.481	150415448
7	2016/8/8	3692.396	234325716	8629.657	149174432
8	2016/8/9	3721.984	253644311	8721.614	172243022
9	2016/8/10	3706.508	246131735	8704.778	178873192
1241	2021/9/1	5063.75	1020620084	8510.99	456615691
1242	2021/9/2	5084.07	833372159	8668.81	397719673
1243	2021/9/3	5054.07	890989980	8637.23	457193810
1244	2021/9/6	5143.77	834590712	8704.54	395323623
1245	2021/9/7	5214.32	801188192	8863.9	404423980
1246	2021/9/8	5202.81	826616259	8933.11	441013205
1247	2021/9/9	5215.92	805532932	8936.58	430436810
1248	2021/9/10	5245.66	905086844	8937.92	433447677
1249	2021/9/13	5238.15	839248398	9006.96	429090137
1250	2021/9/14	5173.94	838449392	8953.77	463912554
1251	2021/9/15	5145.43	736363437	9062.79	420232456
1252					

图 10-6　研究指数数据图

步骤 2:数据的介绍。

时间序列特别是指数一般都会使用走势图来进行数据介绍,而成交量则会采用柱状图来呈现,因此可以利用 Excel 的组合图进行操作。如图 10-7 所示。

图 10-7 研究指数走势图

为了方便比较,根据中证系列指数的计算模式(如下所示),本范例再把 4 种指数以 2016 年 9 月 11 日当作基期并设为 4 000 点,另外制图进行比较,后面的指数名称符号分别改为国证 1000 指数-BI、国证 2000 指数-SI、国证 1000 成交量-BV、国证 2000 成交量-SV,指数走势图及成交量直方图如图 10-8 所示。

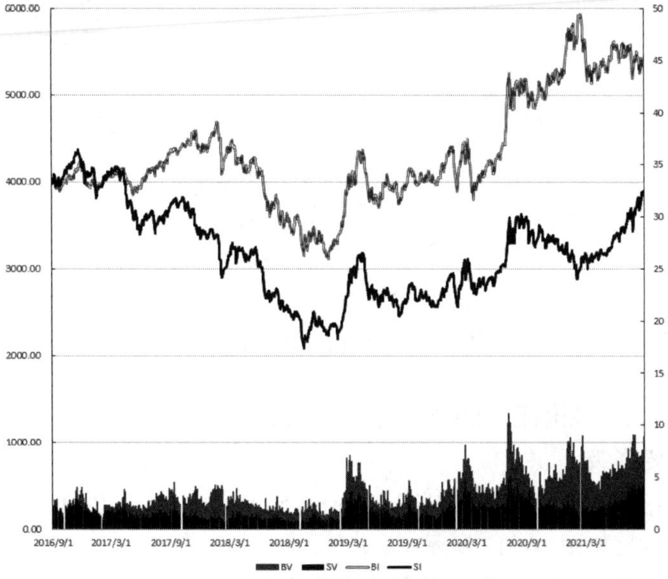

图 10-8 研究指数调整后走势图

通过图 10-8 可以发现,前期 2 个指数波动都差不多,但后期大市值(国证 1000 指数)涨得比较多。成交量的部分国证 1000 指数比国证 2000 指数多,并且在第一季成交量比较大。

步骤 3:降级。

一般来说时间序列的原始数据都会呈现单根(检验如下),所以都必须降级。

(1)单根检验指令框。开启 4 个数据的个别检验,在每个数据的窗口点选 View→Unit Root Test...,如图 10-9 所示。

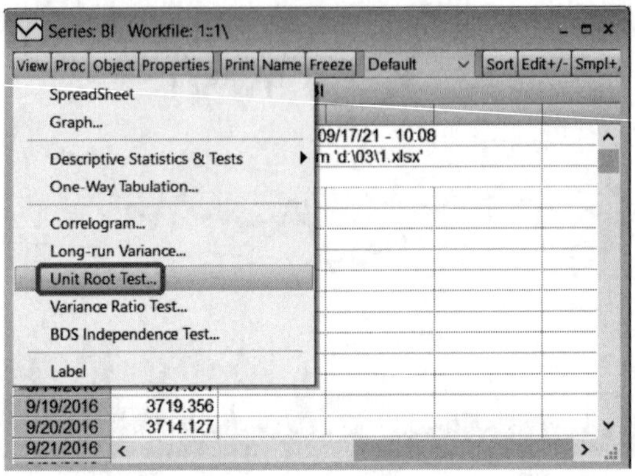

图 10-9 EViews 单根检验指令框

(2)单根检验选择框。选择框内有检验方法、是否要降级、是否要有截距项和趋势以及滞后期数的选择,如图 10-10 所示,结果见图 10-11。

单根检验有很多种方法,可以选取常用的 ADF 或 PP 检验。

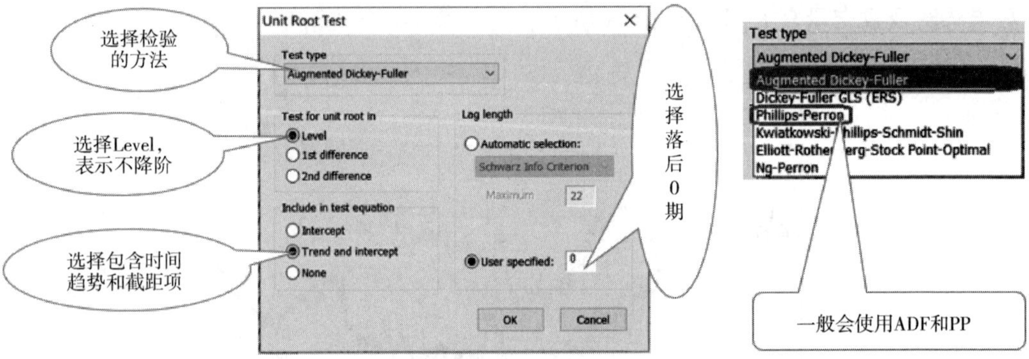

图 10-10 EViews 单根检验选择框

从图 10-11 可以发现国证 1000 指数单跟检验的 P 值 $=0.741>0.05$,无法拒绝 H_0,所以判定存在单根,需要降级。

也可以不开启 as group,直接从 Quick→series Statistics→Unit Root Test... 来做,不过必须在此输入那些变量,如图 10-12 所示。

步骤 4:建立合理的分析数据,也就是将指数改成收益率。

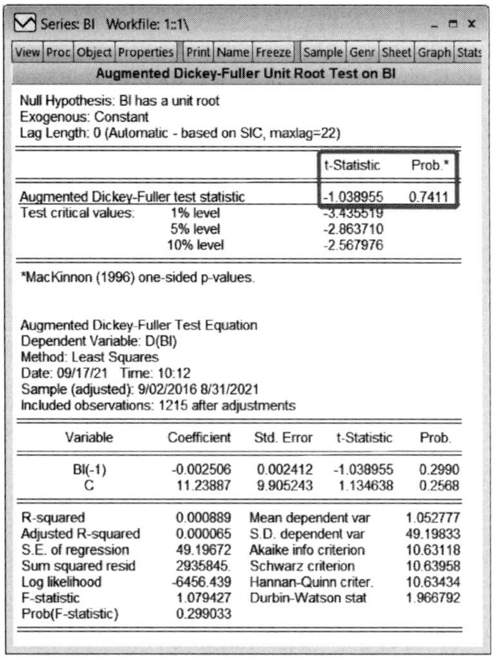

图 10-11 EViews 单根检验结果框

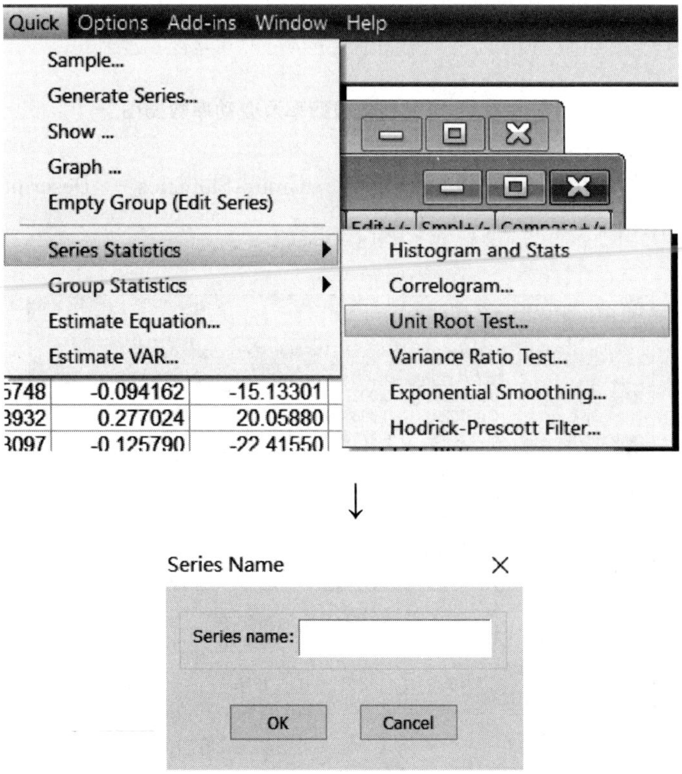

图 10-12 EViews 群单根检验的另外一种输入法

如前一章所言,取自然对数最为合理。并要建立描述统计量(利用 EViews 开启并计算):

$$r_t = \ln\left(\frac{I_t}{I_{t-1}}\right) \times 100$$

利用 Excel 建构,如图 10-13 所示。

B3 =LN(指数!B3/指数!B2)*100

	A	B	C	D	E
1	date	BR	BV	SR	SV
2	2016/9/1	-0.76	4.31	-0.74	3.52
3	2016/9/2	0.07	-1.46	-0.47	-8.62
4	2016/9/5	0.29	-8.72	0.54	-0.87
5	2016/9/6	1.03	30.99	1.50	23.26
6	2016/9/7	-0.06	1.63	0.13	12.54
7	2016/9/8	0.10	-25.82	0.50	-19.59
8	2016/9/9	-0.68	9.15	-0.57	4.39
9	2016/9/12	-2.20	19.80	-3.02	2.82
10	2016/9/13	0.15	-39.19	0.99	-22.07
1208	2021/8/18	1.05	-5.52	0.82	-16.24
1209	2021/8/19	-0.35	1.38	0.25	0.53
1210	2021/8/20	-1.53	3.89	0.08	0.41
1211	2021/8/23	1.55	0.47	2.80	17.02
1212	2021/8/24	1.08	7.59	0.64	5.32
1213	2021/8/25	0.52	-9.40	0.73	-4.73
1214	2021/8/26	-1.62	4.97	-0.74	6.87
1215	2021/8/27	0.52	-0.34	0.29	-4.23
1216	2021/8/30	0.01	20.44	0.65	10.26
1217	2021/8/31	-0.05	-4.72	0.12	-8.38
1218					

图 10-13 研究指数报酬率及变动率数据图

建立描述统计量:事先选定变量→ Quick → Group Statistics → Descriptive → Common sample,结果见图 10-14。

Group: UNTITLED Workfile: 1::1\

View | Proc | Object | Print | Name | Freeze | Sample | Sheet | Stats | Spec

	BR	SR	BV	SV
Mean	0.023459	-0.002777	0.112383	0.070096
Median	0.051029	0.086388	-0.689545	0.032946
Maximum	5.691558	4.771348	57.92154	99.85114
Minimum	-8.322440	-9.191230	-56.46760	-89.21610
Std. Dev.	1.208287	1.413891	15.72247	12.45866
Skewness	-0.594192	-0.950412	0.311076	0.285925
Kurtosis	7.491578	7.464808	3.577096	8.701103
Jarque-Bera	1093.718	1193.081	36.48573	1663.366
Probability	0.000000	0.000000	0.000000	0.000000
Sum	28.52573	-3.376315	136.6579	85.23721
Sum Sq. Dev.	1773.850	2428.892	300343.3	188590.0
Observations	1216	1216	1216	1216

图 10-14 研究指数描述统计量

步骤 5:对所有变量均进行单根检验。

(1)开启数据:Open→as Multiple series,如图 10-15、图 10-16 所示。

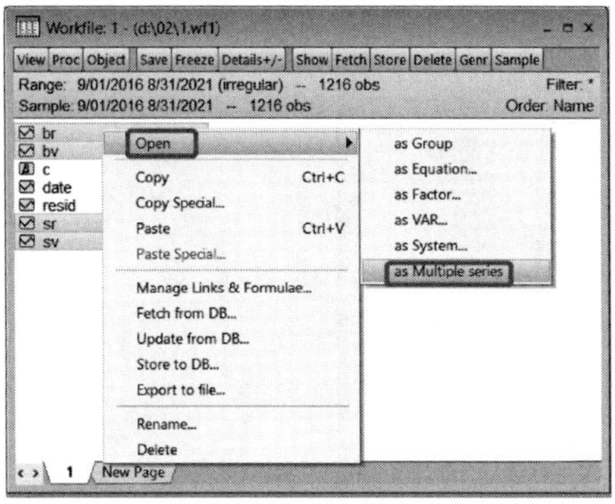

图 10-15　开启所有变量

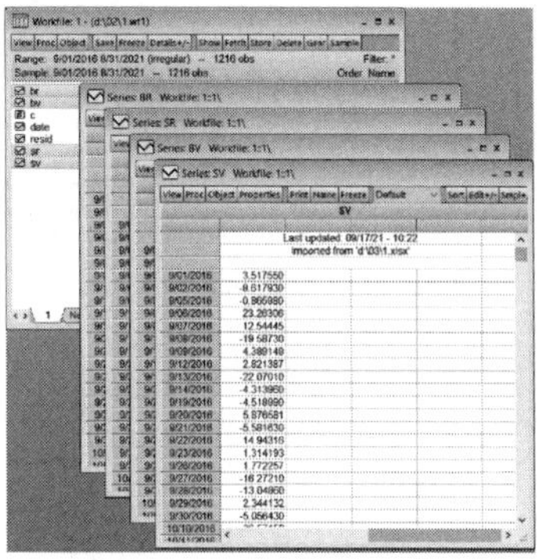

图 10-16　开启所有变量结果

(2)单根检验。同上面的步骤,4 个数据个别检验,结果如图 10-17 和表 10-3 所示。

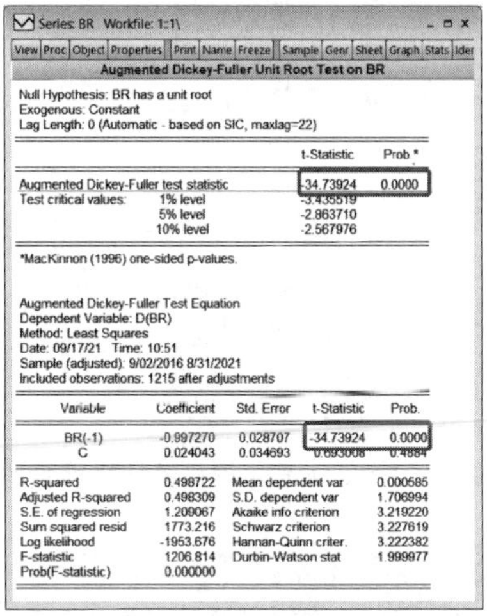

图 10-17　EViews 单根检验结果

表 10-3　单根检验结果

变量	*ADF*		*PP*	
	t 统计量	P 值	t 统计量	P 值
BR	-34.739	(0.000)	-34.753	(0.000)
SR	-33.084	(0.000)	-33.044	(0.000)
BV	-19.790	(0.000)	-70.661	(0.000)
SV	-20.785	(0.000)	-54.070	(0.000)

2 种检验(*ADF*、*PP*):4 个变量的 P 值均小于 0.05,表示不存在单根。

步骤 6:群单根检验。

在 ad group 窗口下点选 View→Unit Root Test...,如图 10-18 至图 10-20 所示。

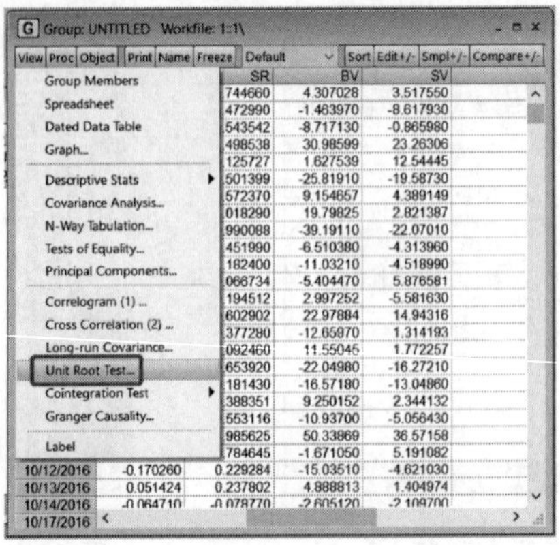

图 10-18　EViews 群单根检验选定

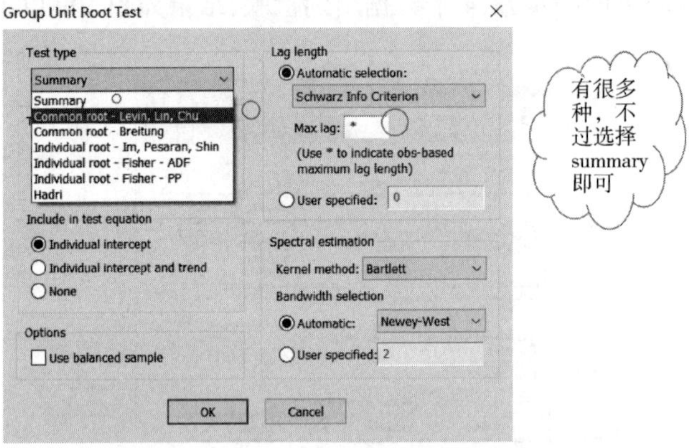

图 10-19　EViews 群单根检验选择检验的方法

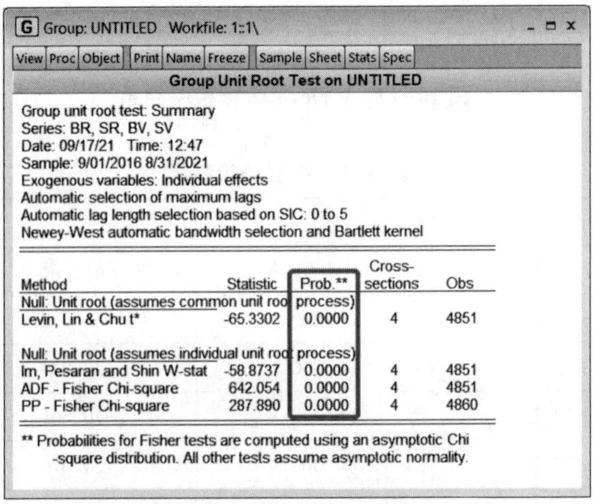

图 10-20　EViews 群单根检验结果

由图 10-20 可知,4 种检验方式的 p 值<0. 05,证实 4 个变量不存在群单根,表示 4 个变量是平稳的。

步骤 7:选择 VAR 系统的滞后阶数,一般的指标包括 AIC、BIC、HQ,本范例采用 AIC 来判断。

选取变量→鼠标右键→Open→as Var...(见图 10-21)→修改滞后阶数(见图 10-22)→确定(见图 10-23)→View→Lag Structure→Lag Length Criteria...(见图 10-24)→ok→判断(见图 10-25)。

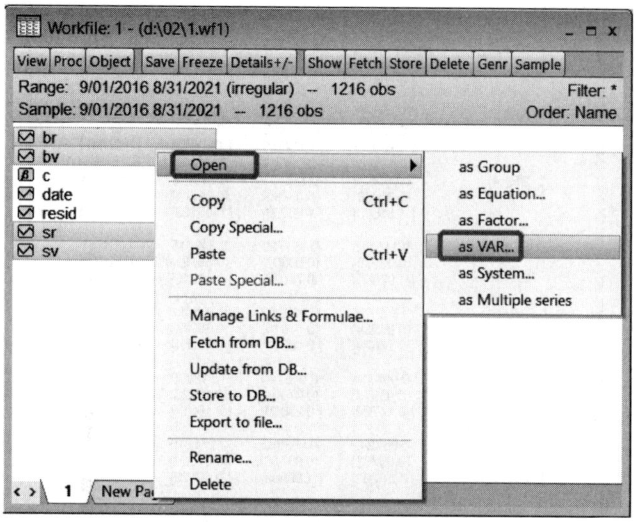

图 10-21　数据 VAR 模式开启

修改滞后阶数见图 10-22,可以滞后期数先输入“1 8”(也就是 1~8 期)。

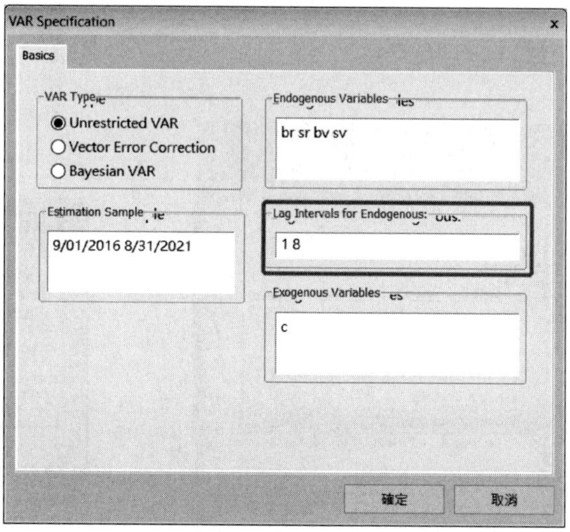

图 10-22　VAR 系统的滞后阶数判断、滞后阶数选择

整个 VAR 的初步分析完成如图 10-23 所示。

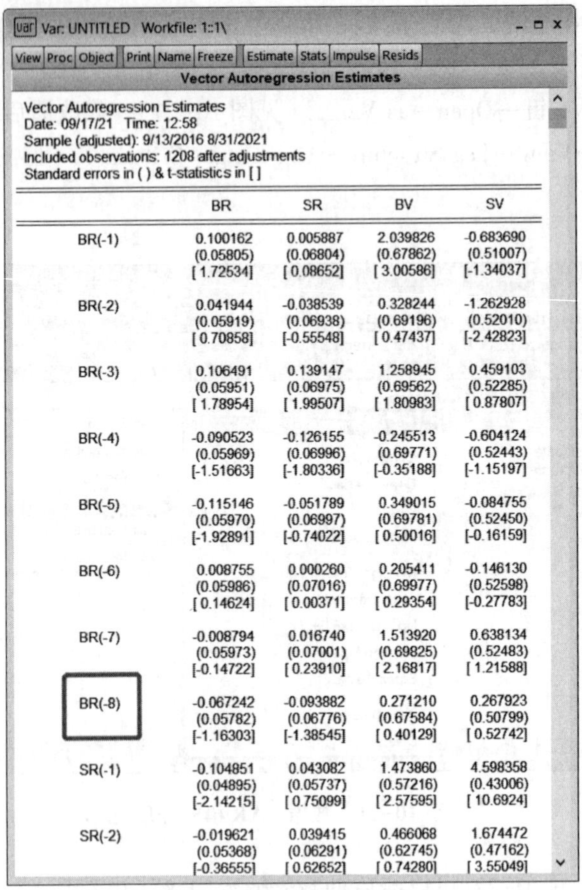

Vector Autoregression Estimates
Date: 09/17/21 Time: 12:58
Sample (adjusted): 9/13/2016 8/31/2021
Included observations: 1208 after adjustments
Standard errors in ( ) & t-statistics in [ ]

	BR	SR	BV	SV
BR(-1)	0.100162	0.005887	2.039826	-0.683690
	(0.05805)	(0.06804)	(0.67862)	(0.51007)
	[1.72534]	[0.08652]	[3.00586]	[-1.34037]
BR(-2)	0.041944	-0.038539	0.328244	-1.262928
	(0.05919)	(0.06938)	(0.69196)	(0.52010)
	[0.70858]	[-0.55548]	[0.47437]	[-2.42823]
BR(-3)	0.106491	0.139147	1.258945	0.459103
	(0.05951)	(0.06975)	(0.69562)	(0.52285)
	[1.78954]	[1.99507]	[1.80983]	[0.87807]
BR(-4)	-0.090523	-0.126155	-0.245513	-0.604124
	(0.05969)	(0.06996)	(0.69771)	(0.52443)
	[-1.51663]	[-1.80336]	[-0.35188]	[-1.15197]
BR(-5)	-0.115146	-0.051789	0.349015	-0.084755
	(0.05970)	(0.06997)	(0.69781)	(0.52450)
	[-1.92891]	[-0.74022]	[0.50016]	[-0.16159]
BR(-6)	0.008755	0.000260	0.205411	-0.146130
	(0.05986)	(0.07016)	(0.69977)	(0.52598)
	[0.14624]	[0.00371]	[0.29354]	[-0.27783]
BR(-7)	-0.008794	0.016740	1.513920	0.638134
	(0.05973)	(0.07001)	(0.69825)	(0.52483)
	[-0.14722]	[0.23910]	[2.16817]	[1.21588]
BR(-8)	-0.067242	-0.093882	0.271210	0.267923
	(0.05782)	(0.06776)	(0.67584)	(0.50799)
	[-1.16303]	[-1.38545]	[0.40129]	[0.52742]
SR(-1)	-0.104851	0.043082	1.473860	4.598358
	(0.04895)	(0.05737)	(0.57216)	(0.43006)
	[-2.14215]	[0.75099]	[2.57595]	[10.6924]
SR(-2)	-0.019621	0.039415	0.466068	1.674472
	(0.05368)	(0.06291)	(0.62745)	(0.47162)
	[-0.36555]	[0.62652]	[0.74280]	[3.55049]

图 10-23　VAR 初步分析结果图

然后判断滞后的期数,见图 10-24。

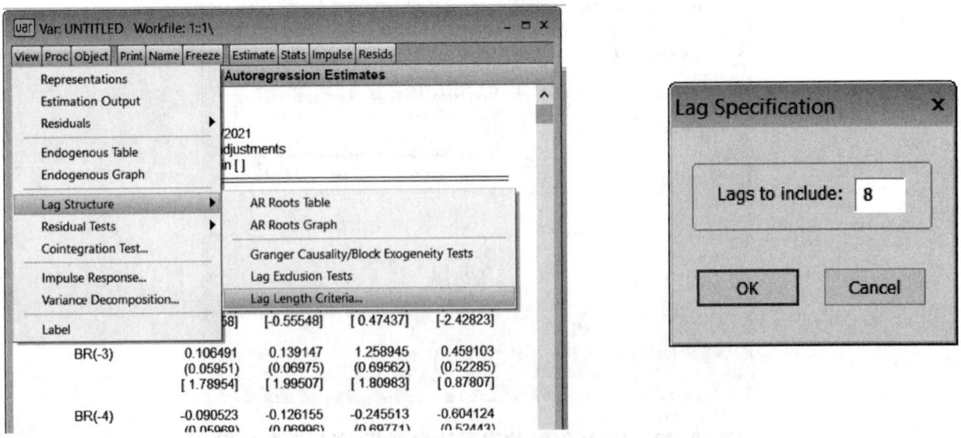

图 10-24　滞后期数选择框

利用 AIC 进行判断,见图 10-25。

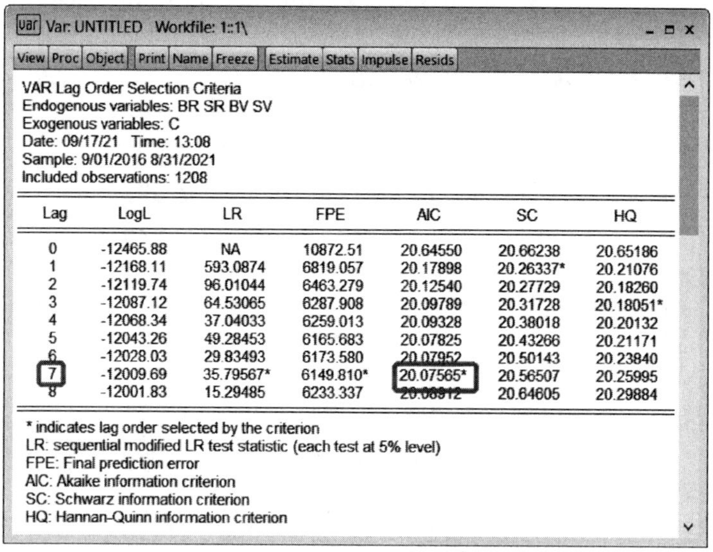
Var: UNTITLED Workfile: 1::1\

View Proc Object Print Name Freeze Estimate Stats Impulse Resids

VAR Lag Order Selection Criteria
Endogenous variables: BR SR BV SV
Exogenous variables: C
Date: 09/17/21 Time: 13:08
Sample: 9/01/2016 8/31/2021
Included observations: 1208

Lag	LogL	LR	FPE	AIC	SC	HQ
0	-12465.88	NA	10872.51	20.64550	20.66238	20.65186
1	-12168.11	593.0874	6819.057	20.17898	20.26337*	20.21076
2	-12119.74	96.01044	6463.279	20.12540	20.27729	20.18260
3	-12087.12	64.53065	6287.908	20.09789	20.31728	20.18051*
4	-12068.34	37.04033	6259.013	20.09328	20.38018	20.20132
5	-12043.26	49.28453	6165.683	20.07825	20.43266	20.21171
6	-12028.03	29.83493	6173.580	20.07952	20.50143	20.23840
7	-12009.69	35.79567*	6149.810*	20.07565*	20.56507	20.25995
8	-12001.83	15.29485	6233.337	20.08912	20.64605	20.29884

* indicates lag order selected by the criterion
LR: sequential modified LR test statistic (each test at 5% level)
FPE: Final prediction error
AIC: Akaike information criterion
SC: Schwarz information criterion
HQ: Hannan-Quinn information criterion

图 10-25 Var 系统的滞后阶数判断结果

由图 10-25 可见,利用 AIC 准则可以发现滞后 7 阶最合适(画框的地方)

步骤 8:向量自回归。

Quick→Estimate Var...,如图 10-26 至图 10-28 所示。

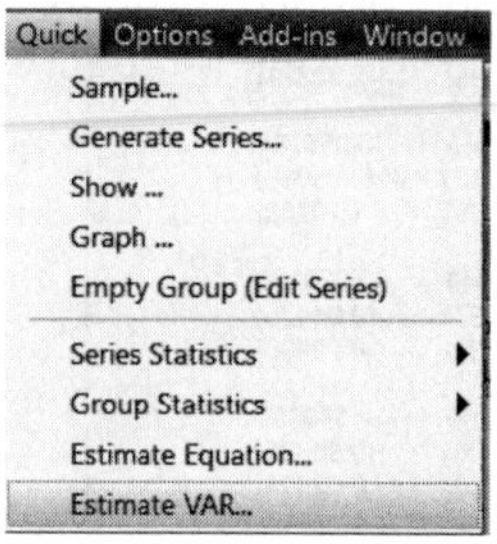

图 10-26 Var 模型指令选择框

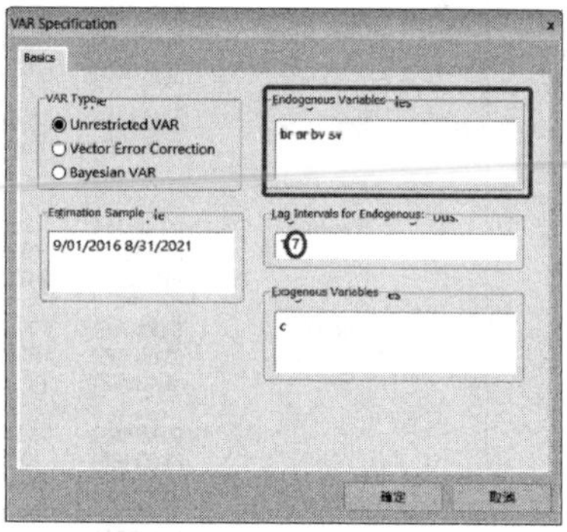

图 10-27 Var 模型模型设定

点击图 10-27 左上角 Var Type(模型选定),一般会内定选第一个 Var 模型。Estimation Sample(样本估计的时间)内定所有值可以变成研究的时间。右上角的第一个(Endogenous Variables)是向量回归的输入变量,这必须自行输入。Lag Intervals for Endogenous(滞后期数),要输入最适的滞后期数。最下面(Exogenous Variables)则输入其他变量,也就不是被解释变量的变量。点击"确定"后可以产生如图 10-28 所示的结果。

由图 10-28 可见,每个都有三排数字,第一排为系数,第二排为标准误第三排为 t 值。

Var: UNTITLED Workfile: 1::1\

View Proc Object Print Name Freeze Estimate Stats Impulse Resids

Vector Autoregression Estimates

Vector Autoregression Estimates
Date: 09/17/21 Time: 14:18
Sample (adjusted): 9/12/2016 8/31/2021
Included observations: 1209 after adjustments
Standard errors in ( ) & t-statistics in [ ]

	BR	SR	BV	SV
BR(-1)	0.105961	0.012557	2.076625	-0.694100
	(0.05791)	(0.06789)	(0.67674)	(0.50790)
	[1.82968]	[0.18496]	[3.06859]	[-1.36661]
BR(-2)	0.044944	-0.035355	0.220751	-1.281478
	(0.05897)	(0.06913)	(0.68910)	(0.51717)
	[0.76215]	[-0.51141]	[0.32035]	[-2.47785]
BR(-3)	0.111102	0.145482	1.269906	0.441919
	(0.05941)	(0.06965)	(0.69428)	(0.52107)
	[1.86997]	[2.08866]	[1.82909]	[0.84811]
BR(-4)	-0.084492	-0.119673	-0.312373	-0.631506
	(0.05964)	(0.06992)	(0.69690)	(0.52303)
	[-1.41675]	[-1.71166]	[-0.44823]	[-1.20740]
BR(-5)	-0.115234	-0.052345	0.346158	-0.053954
	(0.05960)	(0.06987)	(0.69644)	(0.52268)
	[-1.93351]	[-0.74918]	[0.49704]	[-0.10323]
BR(-6)	0.003456	-0.007670	0.226050	-0.115162
	(0.05975)	(0.07005)	(0.69819)	(0.52400)
	[0.05784]	[-0.10950]	[0.32377]	[-0.21978]
BR(-7)	-0.002949	0.021712	1.207461	0.620059
	(0.05758)	(0.06750)	(0.67287)	(0.50499)
	[-0.05122]	[0.32164]	[1.79450]	[1.22786]
SR(-1)	-0.106816	0.040182	1.442432	4.602993
	(0.04890)	(0.05733)	(0.57145)	(0.42888)
	[-2.18429]	[0.70089]	[2.52418]	[10.7327]

⋮

	BR	SR	BV	SV
SV(-4)	-0.002449	-0.003231	-0.013948	-0.145356
	(0.00603)	(0.00706)	(0.07041)	(0.05284)
	[-0.40651]	[-0.45736]	[-0.19809]	[-2.75064]
SV(-5)	-0.008326	-0.016549	-0.043599	-0.121352
	(0.00594)	(0.00697)	(0.06943)	(0.05211)
	[-1.40134]	[-2.37584]	[-0.62795]	[-2.32881]
SV(-6)	-0.002084	-0.000652	0.185568	0.055784
	(0.00574)	(0.00673)	(0.06712)	(0.05038)
	[-0.36276]	[-0.09680]	[2.76465]	[1.10736]
SV(-7)	0.002219	-0.001898	0.077046	-0.026106
	(0.00505)	(0.00592)	(0.05897)	(0.04425)
	[0.43967]	[-0.32092]	[1.30662]	[-0.58990]
C	0.020073	-0.005435	0.123200	0.189889
	(0.03465)	(0.04062)	(0.40486)	(0.30385)
	[0.57937]	[-0.13381]	[0.30430]	[0.62494]
R-squared	0.045241	0.041328	0.226306	0.305773
Adj. R-squared	0.022586	0.018580	0.207947	0.289300
Sum sq. resids	1691.483	2324.752	230975.1	130100.3
S.E. equation	1.197272	1.403613	13.99077	10.50021
F-statistic	1.996948	1.816781	12.32681	18.56185
Log likelihood	-1918.495	-2110.731	-4890.643	-4543.657
Akaike AIC	3.221663	3.539670	8.138367	7.564362
Schwarz SC	3.343936	3.661944	8.260641	7.686636
Mean dependent	0.023603	-0.003520	0.104700	0.058391
S.D. dependent	1.211026	1.416837	15.72043	12.45532

Determinant resid covariance (dof adj.)	5617.908
Determinant resid covariance	5097.972
Log likelihood	-12022.36
Akaike information criterion	20.08000
Schwarz criterion	20.56910

图 10-28 VAR 模型结果

步骤 9:检查残差是否有为自相关。

(1)建立残差值 Proc→Make Residuals,如图 10-29 所示。

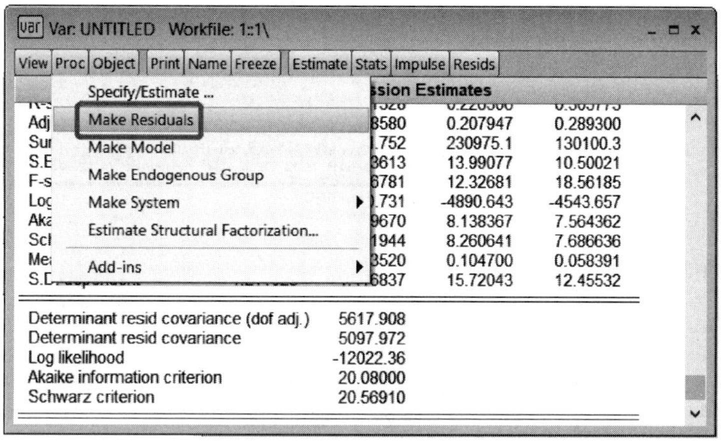

图 10-29 产生残差

这时就会产生 resid01-04 4 个变量,分别代表当初输入变量顺序的残差值(br sr bv sv),见图 10-30。

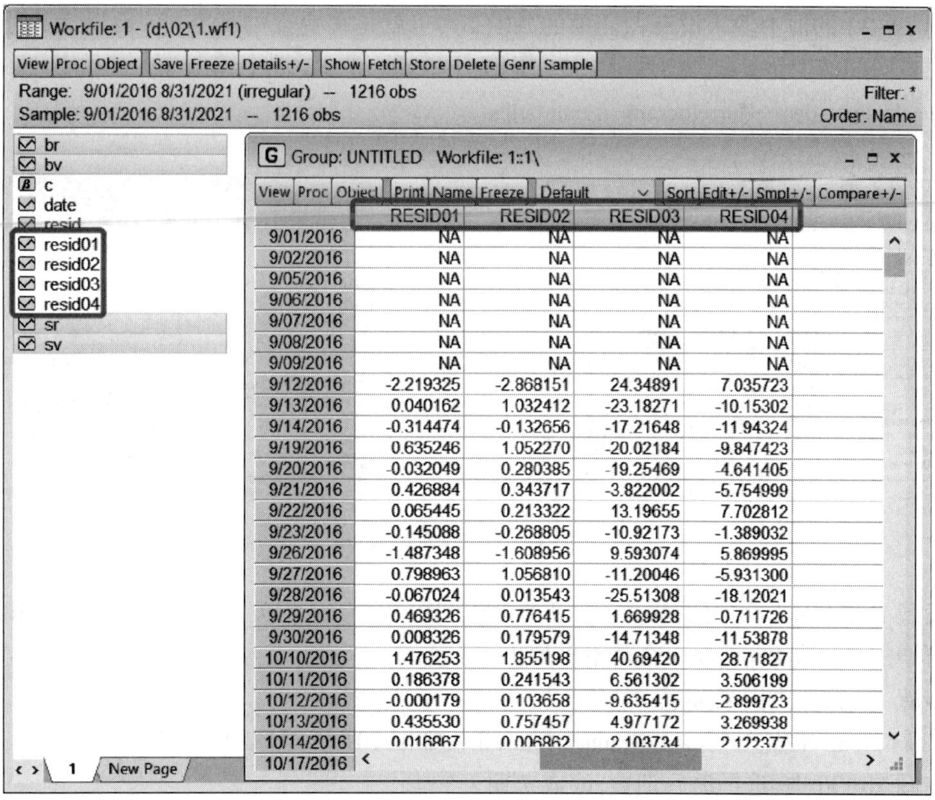

图 10-30 残差数据

将 4 个残差值分别进行 Q 检定,看看是否存在自相关,若有任何一个残差存在自相关,则必须再增加 VAR 的滞后期数。

(2)进行残差的 1 阶时间序列分析,如图 10-31 至图 10-34 所示。

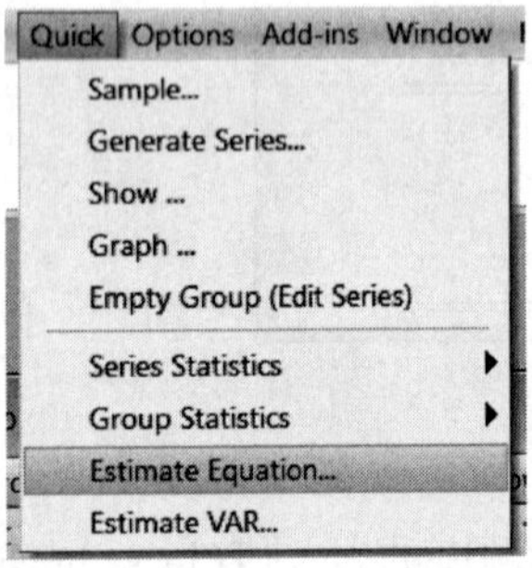

图 10-31　残差数据——建立残差

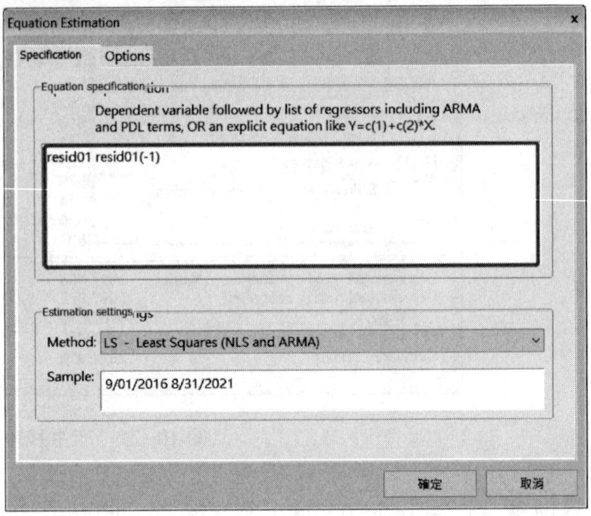

图 10-32　残差数据——形成数据

图 10-32 的框中输入没有截距项的 AR(1),也就是在变量中多个"(-1)",就表示滞后一期的自回归的变量。结果如图 10-33 所示,并在图 10-33 框中建立 JB-Q 检验:Views→Residual Diagnostics→Correlogram-q-statistics。

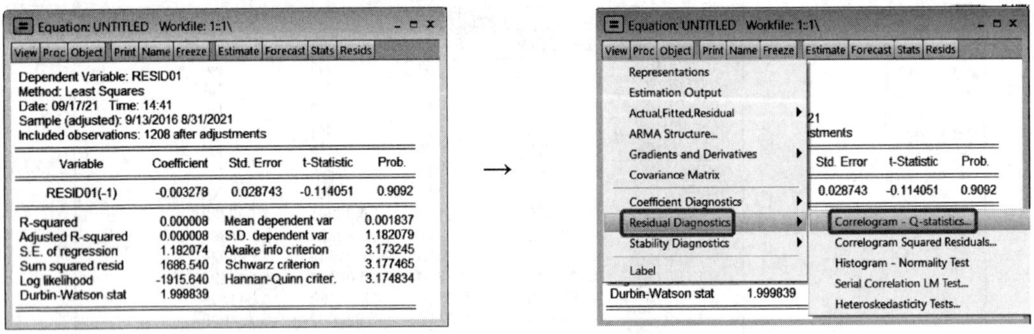

图 10-33　残差检验

发现 P 值($Prob$)均大于 0.05,所以 1-36 阶皆不存在自相关,倘若如果存在自相关,则需要再增加落后期数(其他 3 个就不再列出了)。

步骤 10:格兰杰因果关系。

在 as group 中点选 View→Granger Causality,如图 10-35 至图 10-37 所示。

在图 10-36 中,选择滞后期数,改成 7 期。

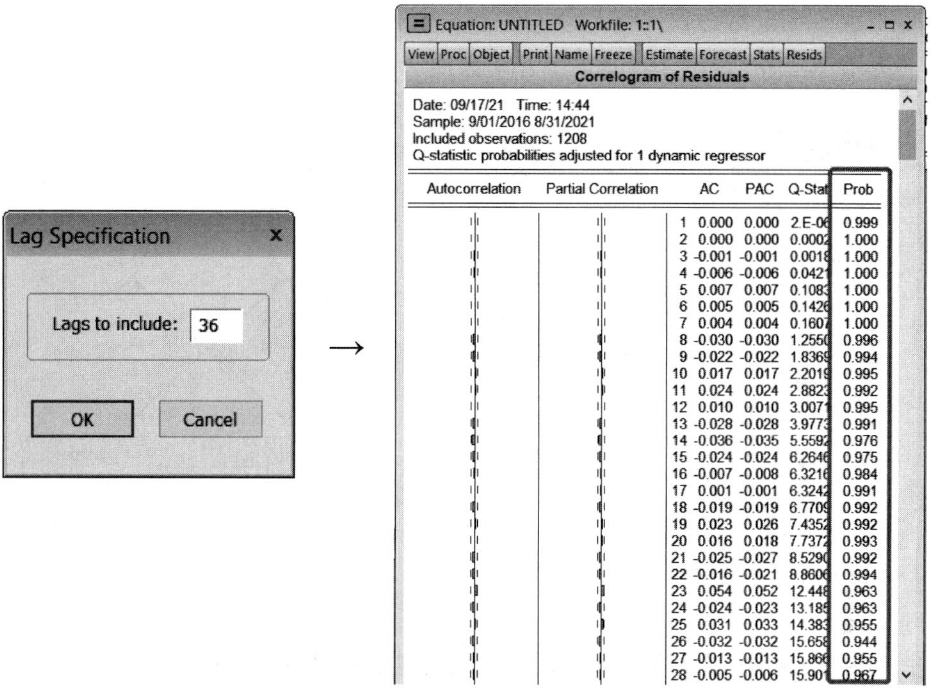

图 10-34　残差检验结果

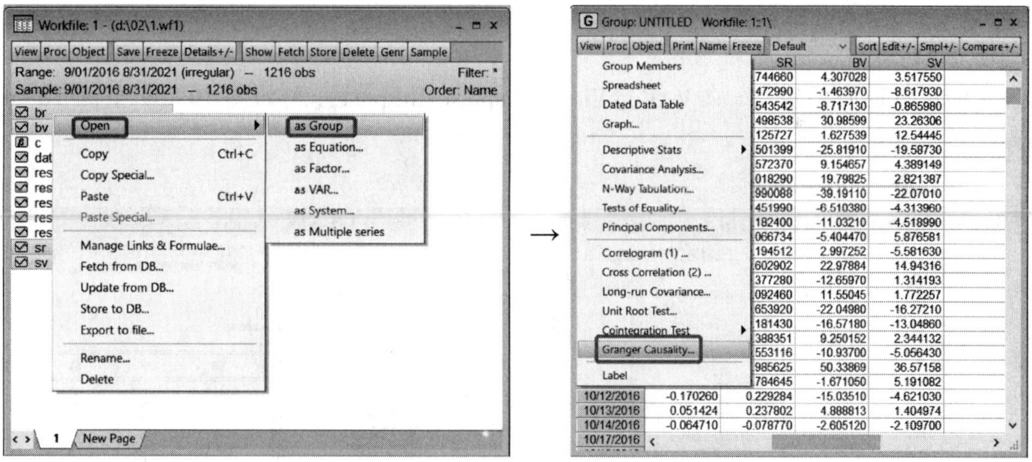

图 10-35　格兰杰因果关系指令框

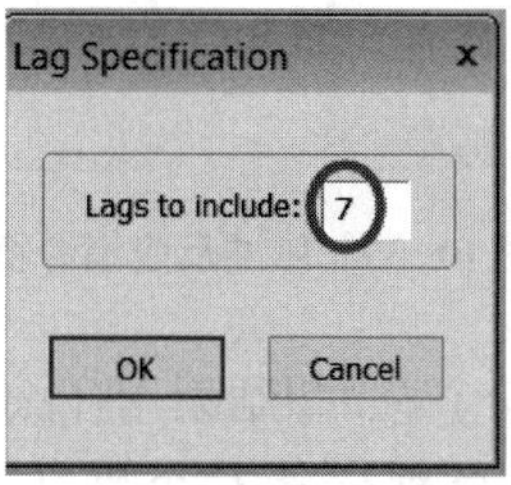

图 10-36　格兰杰因果关系滞后阶数选择框

框框表示在显著水平($\alpha=0.05$)下(EViews 的 p 值所呈现都是双尾检验)有显著影响,这种因果关系用图 10-38 来表示将会表达得更清楚。

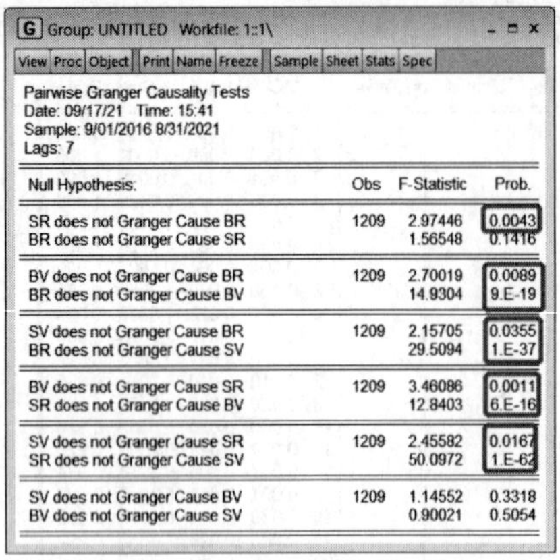

Group: UNTITLED Workfile: 1::1\

View | Proc | Object | Print | Name | Freeze | Sample | Sheet | Stats | Spec

Pairwise Granger Causality Tests
Date: 09/17/21 Time: 15:41
Sample: 9/01/2016 8/31/2021
Lags: 7

Null Hypothesis:	Obs	F-Statistic	Prob.
SR does not Granger Cause BR	1209	2.97446	0.0043
BR does not Granger Cause SR		1.56548	0.1416
BV does not Granger Cause BR	1209	2.70019	0.0089
BR does not Granger Cause BV		14.9304	9.E-19
SV does not Granger Cause BR	1209	2.15705	0.0355
BR does not Granger Cause SV		29.5094	1.E-37
BV does not Granger Cause SR	1209	3.46086	0.0011
SR does not Granger Cause BV		12.8403	6.E-16
SV does not Granger Cause SR	1209	2.45582	0.0167
SR does not Granger Cause SV		50.0972	1.E-62
SV does not Granger Cause BV	1209	1.14552	0.3318
BV does not Granger Cause SV		0.90021	0.5054

图 10-37 格兰杰因果关系结果

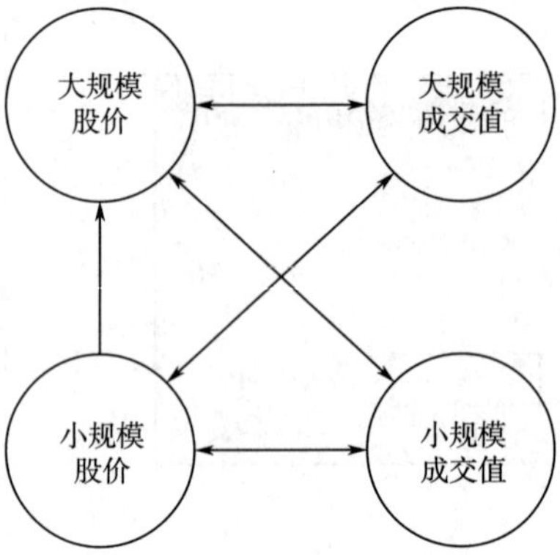

图 10-38 格兰杰因果关系图

由图 10-38,我们可以很清楚地看出价量关系以及规模指数的轮动关系了。举例来说,小规模指数股价会影响大规模指数股价,而且不论大规模指数或小规模指数股票价量是互相影响的。当然这只能判断因果关系,而具体怎么影响(正向或负向),用格兰杰因果关系就无法判断了。但我们可以通过脉冲响应来判断。

步骤 11:脉冲反映。

在向量自回归的窗口(as VAE):View→Impulse Respone...,如图 10-39 至图 10-41 所示。

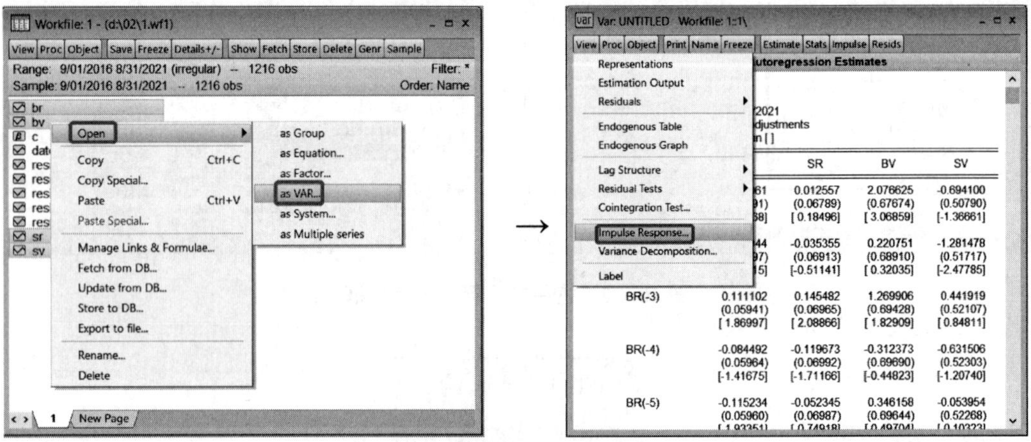

图 10-39 脉冲反应指令框

图 10-40 的左上角(框内的部分)是希望结果用什么来呈现:Table 是用数字来呈现(见图 10-41),Multiple Graphs 则是以个别变量对个别变量的冲击来呈现(见图 10-42),Combined Graphs 则是以其他变量对某一变量的冲击来呈现(见图 10-43)。

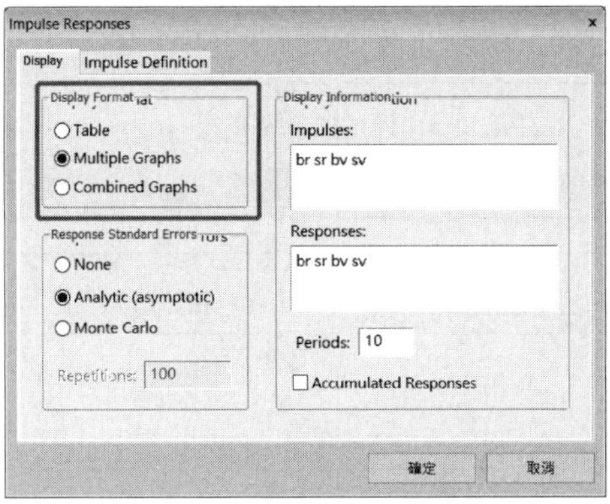

图 10-40 脉冲反应变量输入

Var: UNTITLED Workfile: 1::1\

View | Proc | Object | Print | Name | Freeze | Estimate | Stats | Impulse | Resids

Impulse Response to Cholesky (d.f. adjusted) One S.D. Innovatic

Response of BR:

Period	BR	SR	BV	SV
1	1.197272	0.000000	0.000000	0.000000
2	0.002452	-0.099566	0.050953	-0.071019
3	0.006676	-0.046072	-0.035688	-0.006405
4	0.062646	-0.061486	-0.014206	-0.017839
5	-0.075218	-0.011986	0.020799	0.004025
6	-0.034346	0.055227	-0.010566	-0.034903
7	-0.057991	-0.067645	0.091746	0.020179
8	0.042923	0.014211	0.048807	0.026402
9	0.015023	0.028245	-0.050850	-0.003392
10	-0.006799	0.002532	0.001412	0.004750

Response of SR:

Period	BR	SR	BV	SV
1	1.196264	0.734222	0.000000	0.000000
2	0.084245	-9.04E-06	0.114771	-0.039007
3	0.027726	0.013589	0.009856	-0.036248
4	0.068401	-0.070373	-0.041876	-0.043812
5	-0.080053	-0.004369	0.019368	0.005441
6	-0.047193	-0.000952	-0.020434	-0.082565
7	-0.047375	-0.069497	0.107631	0.037764
8	0.046642	-0.021367	0.058074	0.011098
9	0.004603	0.014405	-0.053715	0.011151
10	0.001609	-0.004773	-0.003330	0.007998

Response of BV:

Period	BR	SR	BV	SV
1	2.976341	-2.761648	13.38866	0.000000
2	2.777444	2.044336	-5.765379	-1.362649
3	-1.355983	-0.457732	-0.855005	0.796720
4	0.258255	-0.324360	-0.968796	0.195930
5	-0.805658	0.143910	-0.617393	-0.235912
6	0.311650	0.408845	-0.406509	-0.064831
7	-0.825750	-0.352329	0.293820	1.189040
8	0.189466	-0.649412	0.660254	-0.288787
9	0.262557	0.333477	0.527919	-0.480768
10	0.048512	0.038195	-0.181249	-0.077591

Response of SV:

Period	BR	SR	BV	SV
1	2.479310	-0.685138	7.942392	6.368397
2	3.808322	3.404160	-2.350133	-3.074976
3	-1.216505	-0.101769	-0.487406	-0.740589
4	0.329885	-0.312860	-0.566981	-0.047298

图 10-41 脉冲反应结果-Table

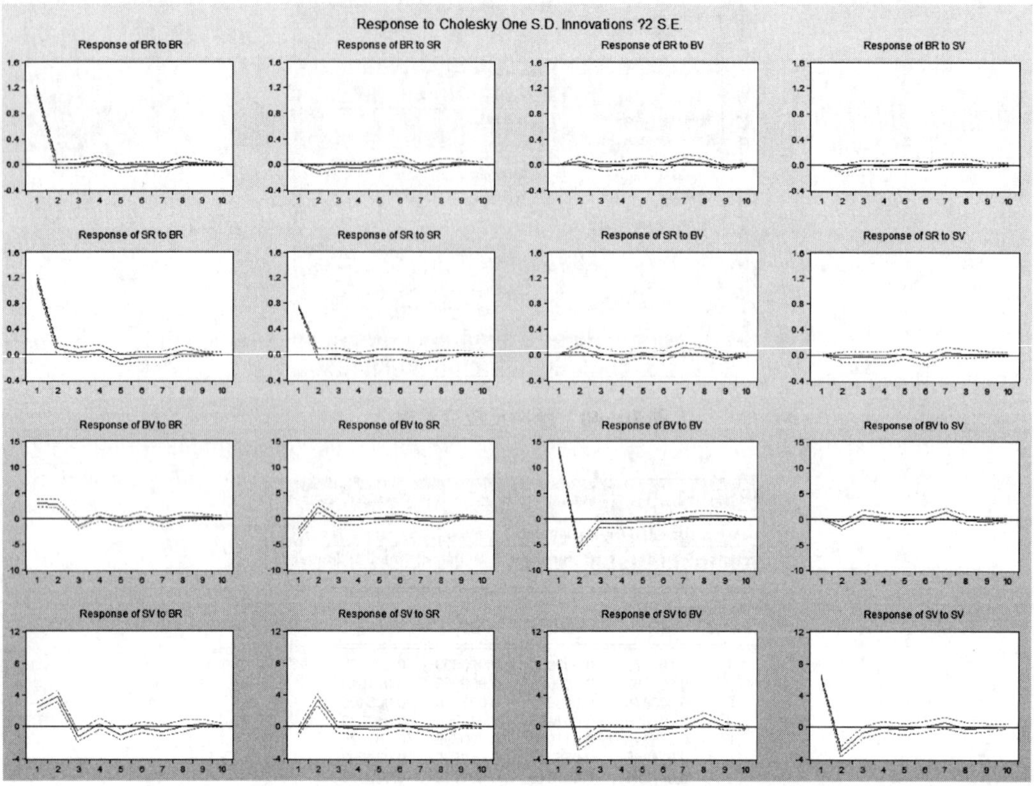

图 10-42　脉冲反应结果-Multiple Graphs

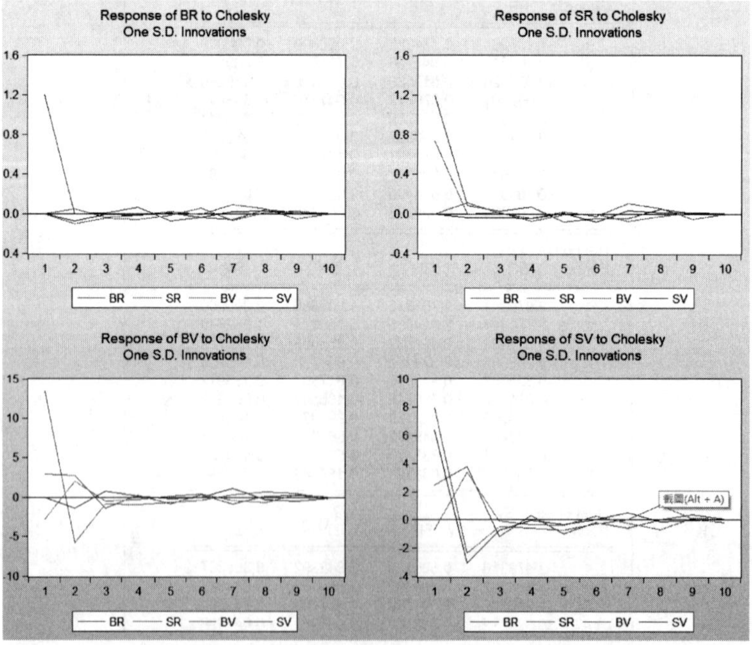

图 10-43　脉冲反应结果-Combined Graphs

从图 10-41 至图 10-43,我们可以了解每个变量对其他变量每期的影响状况。

步骤 12:方差分解。

View → Variance Decomposition,如图 10-44、图 10-45 所示。

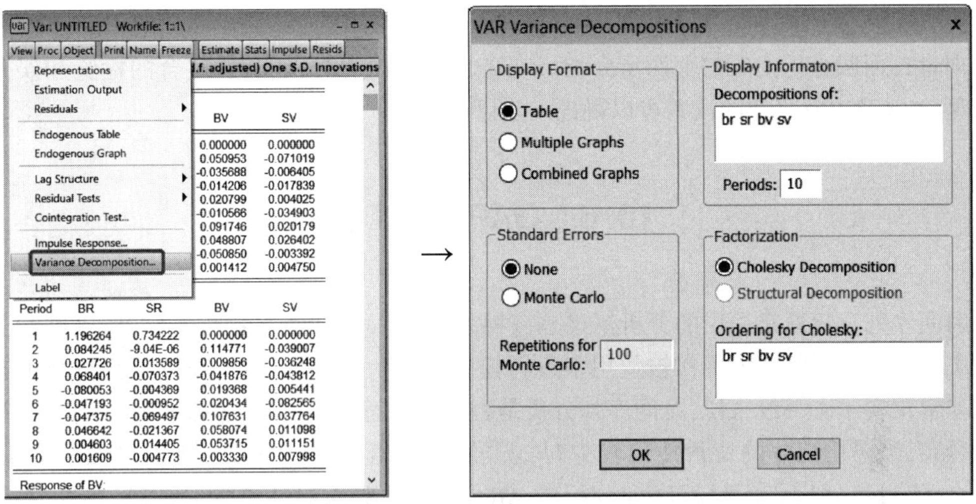

图 10-44 方差分解指令框

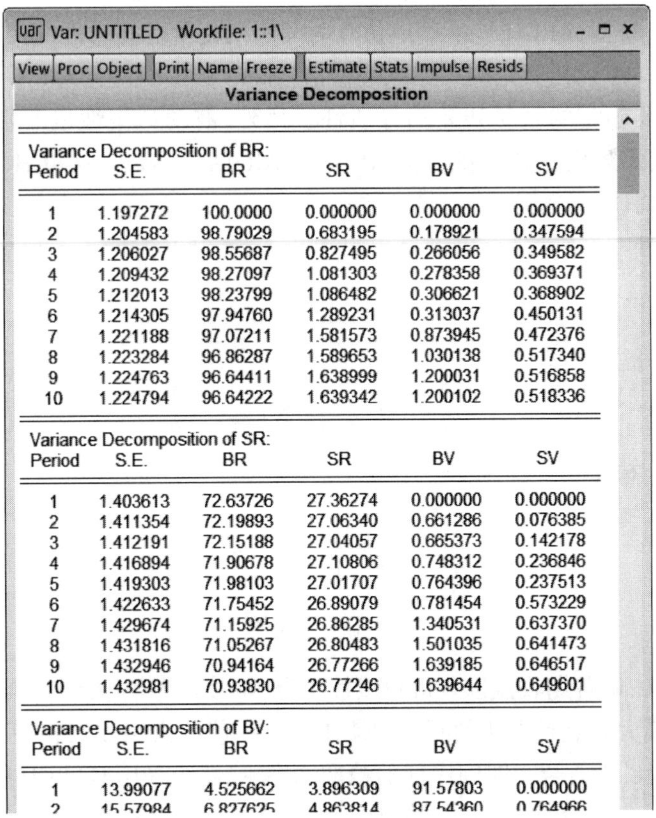

Var: UNTITLED Workfile: 1::1\

Variance Decomposition

Variance Decomposition of BR:

Period	S.E.	BR	SR	BV	SV
1	1.197272	100.0000	0.000000	0.000000	0.000000
2	1.204583	98.79029	0.683195	0.178921	0.347594
3	1.206027	98.55687	0.827495	0.266056	0.349582
4	1.209432	98.27097	1.081303	0.278358	0.369371
5	1.212013	98.23799	1.086482	0.306621	0.368902
6	1.214305	97.94760	1.289231	0.313037	0.450131
7	1.221188	97.07211	1.581573	0.873945	0.472376
8	1.223284	96.86287	1.589653	1.030138	0.517340
9	1.224763	96.64411	1.638999	1.200031	0.516858
10	1.224794	96.64222	1.639342	1.200102	0.518336

Variance Decomposition of SR:

Period	S.E.	BR	SR	BV	SV
1	1.403613	72.63726	27.36274	0.000000	0.000000
2	1.411354	72.19893	27.06340	0.661286	0.076385
3	1.412191	72.15188	27.04057	0.665373	0.142178
4	1.416894	71.90678	27.10806	0.748312	0.236846
5	1.419303	71.98103	27.01707	0.764396	0.237513
6	1.422633	71.75452	26.89079	0.781454	0.573229
7	1.429674	71.15925	26.86285	1.340531	0.637370
8	1.431816	71.05267	26.80483	1.501035	0.641473
9	1.432946	70.94164	26.77266	1.639185	0.646517
10	1.432981	70.93830	26.77246	1.639644	0.649601

Variance Decomposition of BV:

Period	S.E.	BR	SR	BV	SV
1	13.99077	4.525662	3.896309	91.57803	0.000000
2	15.57984	6.827625	4.863814	87.54360	0.764966

图 10-45 方差分解结果

方差分解主要是了解每个变量每期变异的来源。举例来说，大型股的价格，变异来源主要还是自己，不过长期而言呈现逐渐下降的趋势，而大型股的数量影响大型股的价格有逐渐增加的趋势，对小型股的量而言，变异的主要来源是大型股的建立，初期有 72.637%，然后下降，长期变成大约 70.938%。当然本范例只做了 10 期，有兴趣的读者可以看看长期 1 个月的状况，或许会产生另外一种启发。

向量自回归分析主要如上面所介绍。在分析长期均衡时，还有协整合的检验和误差修正模型（VECM），有兴趣的读者可以再进一步研读。

10.6 GARCH 模型

时间序列分析通常采用的分析模式是自相关回归（auto-regression, AR），所以判断滞后几期是关键。但时间序列最常被使用来进行模型预测。进行预测时，残值是否符合正态分布就非常重要了。一般来说，时间序列分析是否符合正态分布，会用 J-B 检验。倘若不符合正态分布，当滞后期数的变量使用较少时，就再增加 AR；若使用很多，则增加 MA（Brooks, 2002）。不过，一般而言，时间序列分析中 AR(p) 常常要面对残差的异质性，所以才会有 ARCH 模型（Autoregressive conditional heteroskedasticity model，自回归条件方差模型）的出现。时间序列分析大部分以分析波动幅度为主，主要应用在金融工程学的实证研究上，分析的模型称为 ARCH 模型，ARCH 能准确地仿真时间序列变量的波动性的变化，所以能更加准确地把握风险（波动性），尤其是应用在风险价值（value at risk）理论时。所以，在进行 ARCH 模型分析时，首先要确定的就是残差的异质性。另外，波动丛集性也非常重要（Bollerslev, 1986），以下为时间序列模型的扩展过程：AR(r)→ARMA(r, m) →ARCH(q) →GARCH(p, q) →双变量 GARCH(p, q)。

（1）AR(r)模型：

$$r_t = a_0 + \sum_{i=1}^{p} b_i r_{t-i} + \varepsilon_t$$

（2）ARMA(r, m) 模型：

$$r_t = a_0 + \sum_{i=1}^{p} b_i r_{t-i} + \sum_{i=1}^{q} d_j \varepsilon_{t-i} + \varepsilon_t$$

（3）ARCH(q) 模型：

$$r_t = a_0 + \sum_{i=1}^{p} b_i r_{t-i} + \sum_{i=1}^{q} d_i \varepsilon_{t-i} + \varepsilon_t$$

$$\sigma_t^{\ 2} = \alpha_0 + \sum_{i=1}^{q} \alpha_i \varepsilon_{t-i}^2$$

$\alpha_0 > 0, \alpha_i \geqslant 0$，即各期收益以非负数线性组合，常数项为正数。

ARCH(q)的最大缺点是无法判断 q 的使用量——使用太少无法精确预测，使用太多会使条件方差<0；并且，为符合半时间序列的精准原则，一般会采用 GARCH 模型。

（4）GARCH(p,q) 模型（Generalized AutoRegressive Conditional Heteroskedasticity）：

$$r_t = a_0 + \sum_{i=1}^{p} b_i r_{t-i} + \sum_{i=1}^{q} d_i \varepsilon_{t-i} + \varepsilon_t$$

$$\sigma_t{}^2 = \alpha_0 + \sum_{i=1}^{p} \alpha_i \sigma_{t-1}^2 + \sum_{i=1}^{q} \beta_i \varepsilon_{t-i}^2$$

很显然,GARCH(1,1)可以表示为 ARCH(∞),所以采用 GARCH 模型可以达到精简性(parsimony),并且 GARCH(1,1)模型已经几乎可以完全表达 GARCH(p,q)(Bollerslev, Chou, and Kroner,1992),所以一般在做 GARCH 模型预测时都只采用 GARCH(1,1)。

(5)双变量 GARCH(p, q) 模型。双变量 GARCH 模型有两种,依据条件相关系数是否固定,可分为 CCC－GARCH(Constant Conditional Correlation GARCH)及 DCC－GARCH(Dynamic Conditional Correlation Documentation－GARCH),模型见本章附录。根据单变量 GARCH 家族,双变量 GARCH 模型也可以产生出相同的家族。

GARCH 家族有 IGARCH、TGARCH、EGARCH、GJR、Component GARCH……(参见本章附录)。本章以介绍 EGARCH 模型为主。

进行时间序列分析的基本条件是变量不能是单根。Bollerslev 等(1983)指出,ARCH/GARCH 需具备尖峰分布及波动丛集性。

本节主要利用时间序列来分析金融资产报酬波动的不对称问题。所谓波动不对称现象,指的是新信息会带来价格的波动,而当新信息属于利好(Positive)时,未来的价格波动会变小;反之,当新信息系属于利空(Negative)时,未来的价格波动较大。

波动不对称的现象最早出现于 Black(1976)对股票市场的研究,他首先检验出股市的当期报酬与未来波动具有负向关系;Christie(1982)、Schwert(1990)以及 Koutomos and Saidi(1995) 亦发现相同的结果。以上研究推论:当新信息造成股价下跌时,将使公司财务杠杆比率上升,亦即持有股票的风险增大(未来报酬率的波动较大);反之,当新信息造成股价上涨时,公司财务杠杆比率下降,未来报酬率的波动较小。此现象并被称为杠杆效果(Leverage Effect)。

不过, Lo and MacKinlay(1988) 则认为,此现象是起源于异步交易(Nonsynchronous Trading);Sentana and Wadhwani(1992)的研究认为,波动不对称的现象是由于交易者的群聚行为(Herding behavior)所造成,所以,股票报酬波动不对称现象是否由杠杆效果所造成,学界仍未达成一致结论。

用 EGARCH 来讨论波动不对称,依据的是 Bollerslev, Chou 和 Kroner(1992)的研究,他们建议模型设定应以精简为原则。本书采用 Nelson(1991)发展的 EGARCH(1,1)模型进行分析,模型描述如下:

$$r_t \mid I_{t-1} \sim f(\mu_t, \sigma_t) \tag{10-1}$$

$$r_t = b_0 + \sum_{i=1}^{p} b_i r_{t-i} + \varepsilon_t \tag{10-2}$$

$$\ln(\sigma_t^2) = \alpha_0 + \alpha_1 \left| \frac{\varepsilon_{t-1}}{\sigma_{t-1}} \right| + \gamma \frac{\varepsilon_{t-1}}{\sigma_{t-1}} + \beta_1 \ln(\sigma_{t-1}^2) \tag{10-3}$$

上列模式中,式(10－1)表示基于第 $t-1$ 期的信息集合(I_{t-1}),第 t 期的报酬率(R_t)服从期望值与方差皆随时间变化的分布。式(10－2)描述报酬率的自相关行为,即平均数方程式。式(10－3)方差方程式为 EGARCH 模型的关键式,说明方差亦具有指数形式的自相关,且残差会影响未来的变异。

在不对称项上的处理。EGARCH 是利用误差滞后项取绝对值的方式来处理，主要是当 $\varepsilon_{t-1} \geqslant 0$ 时，取绝对值和不取绝对值的结果相同，即 $\left|\frac{\varepsilon_{t-1}}{\sigma_{t-1}}\right| = \frac{\varepsilon_{t-1}}{\sigma_{t-1}}$，上一期如果是坏消息的话，则 $\left|\frac{\varepsilon_{t-1}}{\sigma_{t-1}}\right|$ 和 $\frac{\varepsilon_{t-1}}{\sigma_{t-1}}$ 的值会相同，但符号相反，所以如果杠杆效果存在的话，$n(\sigma_t^2) = \alpha_0 + \alpha_1 \left|\frac{\varepsilon_{t-1}}{\sigma_{t-1}}\right| + \gamma \frac{\varepsilon_{t-1}}{\sigma_{t-1}} + \beta_1 \ln(\sigma_{t-1}^2)$ 式中的 $\gamma<0$，因为 $\varepsilon_{t-1}<0$ 且 $\gamma<0$ 同时成立时，代表前一期的坏消息（相对于好消息时）将使当期的条件方差增加较多。所以 $\gamma<0$ 表示产生负向信息所造成的未来波动增加幅度，将大于正向信息所造成的未来波动增加幅度；而若 $\gamma>0$，则会产生正向信息造成的未来的波动增加幅度，将大于负向信息所造成的未来波动增加幅度。此即为波动不对称情况。

下面采用巨潮大规模、中规模和小规模指数分析规模指数的波动不对称，并分析中美贸易摩擦对规模指数的波动不对称的影响。

巨潮系列指数是由深交所授权、深圳证券信息有限公司推出的，其中大盘、中盘和小盘指数分别代表大规模、中规模和小规模公司的指数。相关信息见表 10-4。

通过大规模、中规模和小规模的指数分析指数规模对波动不对称是否有影响，并分析中美贸易摩擦对指数波动不对称的影响，中美贸易摩擦是指 2018 年特朗普政府不顾中方劝阻，执意发动贸易战，掀起的中美贸易争端。2018 年 7 月 11 日美国参议院以国家安全为由通过该项决议，呼吁特朗普加征关税时应得到美国国会的批准。2018 年 7 月 16 日中方根据《中华人民共和国对外贸易法》相关规定，不得不采取进一步行动，以平衡美钢铝 232 措施对中方造成的利益损失，维护自身的合法权益。

表 10-4　巨潮规模指数基本数据

指数名称	指数代码	基日	基点	发布日期	样本股数量
巨潮大盘指数	399314	2002/12/31	1 000	2005/1/4	200
巨潮中盘指数	399315	2002/12/31	1 000	2005/1/4	300
巨潮小盘指数	399316	2002/12/31	1 000	2005/1/4	500

由于 GARCH 系列的研究最好要有 500 笔，所以有关中美贸易摩擦的影响，本案例采用前后期的比较，后期选取时间为 2018 年 7 月 16 日至 2020 年 8 月 25 日，配合年度的时间前期选择 2015 年 7 月 16 日至 2017 年 8 月 25 日，规避中间约一年时间的混沌时期（因为信息不完整而造成投资人过度反应的状况）。全期分析使用 2015 年 7 月 16 日至 2020 年 8 月 25 日。

整体模型分析流程和整体分析步骤大致按图 10-46 所示步骤来进行。

步骤 1：使用 Excel 绘制股价走势图（见图 10-47）。

走势图的标示是为了要看数据的状况，由图形可以发现，在研究期间，前期指数大涨过，之后下跌，然后走势平稳。到中美贸易摩擦后，指数又开始下跌。而后开始趋势向上地上涨。

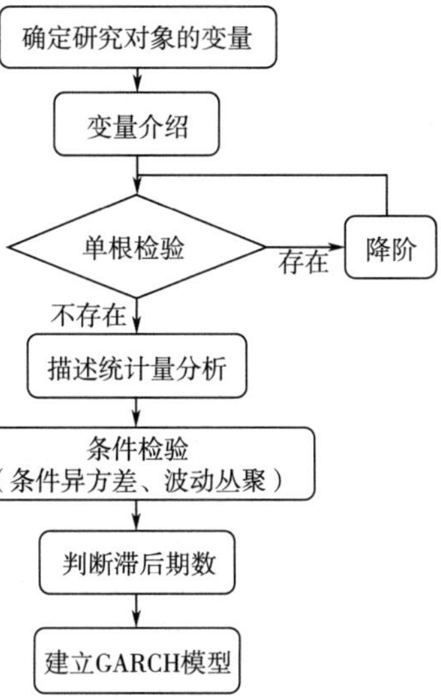

图 10-46 时间序列分析流程图

图 10-47 巨潮规模指数走势图

步骤 2:降级。

如上节所述,一般来说,指数都会呈现“单根”,所以必须选取 1 阶差分的数据,也就是收益率;而进行时间序列分析时,1 阶差分最好取自然对数的收益率比较好,即

$$r_t = \ln\left(\frac{I_t}{I_{t-1}}\right) \times 100$$

这些都可在 Excel 或 EViews 上操作。

步骤 3:描述统计量分析。

重新开启档案建立描述统计量:事先选定变量→ Quick → Group Statistics → Descriptive → Common sample 并解释,结果如图 10-48 所示。

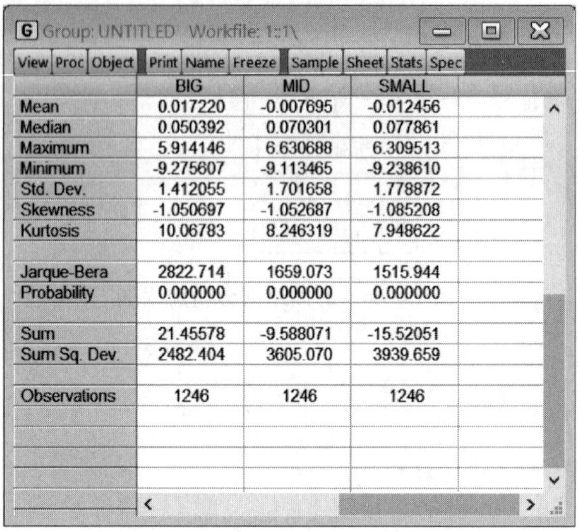

	BIG	MID	SMALL
Mean	0.017220	-0.007695	-0.012456
Median	0.050392	0.070301	0.077861
Maximum	5.914146	6.630688	6.309513
Minimum	-9.275607	-9.113465	-9.238610
Std. Dev.	1.412055	1.701658	1.778872
Skewness	-1.050697	-1.052687	-1.085208
Kurtosis	10.06783	8.246319	7.948622
Jarque-Bera	2822.714	1659.073	1515.944
Probability	0.000000	0.000000	0.000000
Sum	21.45578	-9.588071	-15.52051
Sum Sq. Dev.	2482.404	3605.070	3939.659
Observations	1246	1246	1246

图 10-48　巨潮规模指数报酬率描述统计量

步骤 4:单根检验。

重新进行单根检验,结果见表 10-5,均不存在单根。若还存在单根,再降级。

表 10-5　巨潮规模指数报酬率单根检验

检验	ADF		PP	
统计值	t 值	P 值	t 值	P 值
大规模指数	-16.37	0.00	-34.20	0.00
中规模指数	-16.02	0.00	-34.99	0.00
小规模指数	-15.98	0.00	-34.28	0.00

步骤 5:GARCH 检验。

Bollerslev(1986)指出,ARCH/ GARCH 需具备尖峰分布及条件变异异质性。

(1)判断尖峰。看描述统计量全部都大于 3,所以全部的研究数据都具备尖峰,如图 10-49 所示。

对于数据是否具有 ARCH 效果,本书使用 Ljung-Box 的 Q 统计量来进行观察。LB $(2)^2$~LB$(12)^2$ 检定大部分均在 1%显著水平之下显著,表示各数列残差平方可能有自相关,因此均具有条件异质(Conditional Hetrocedesticity; CH)等现象。

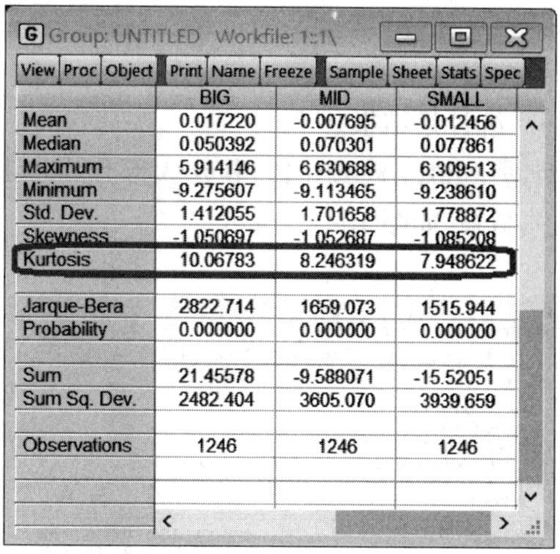

图 10-49　巨潮规模指数收益率尖峰检查

(2)建立无截距项的自回归。Quick→Estimate Equation,如图 10-50 所示。

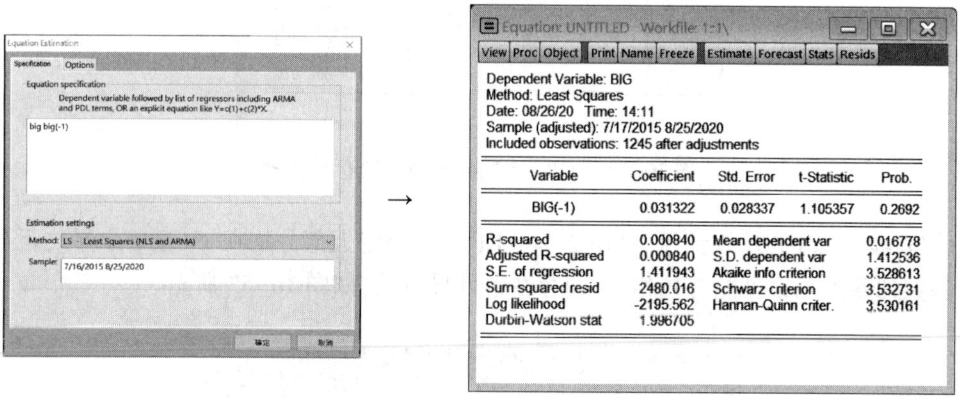

图 10-50　EViews 自回归

(3)确定 Ljung-Box 的 Q^2 统计量。Views →Residual Diagnostics,如图 10-51 所示。

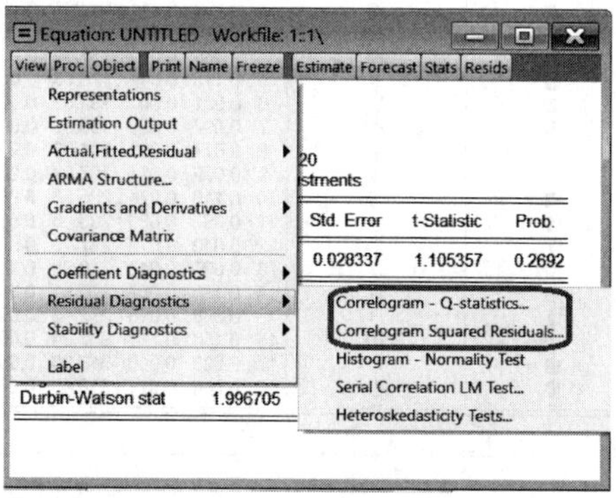

图 10-51　EViews Q 和 Q^2 统计量指令

第一个即为 Ljung-Box 的 Q 统计量(检定是否存在自回归),第二个为 Ljung-Box 的 Q^2 统计量。

(4)jung-Box 的 Q 和 Q^2 统计量结果。

①Ljung-Box 的 Q 统计量。LB(2)~LB(12)检定大部分均在 1%显著水平之下显著,表示各数列残差可能有自相关结果,如图 10-52 所示。

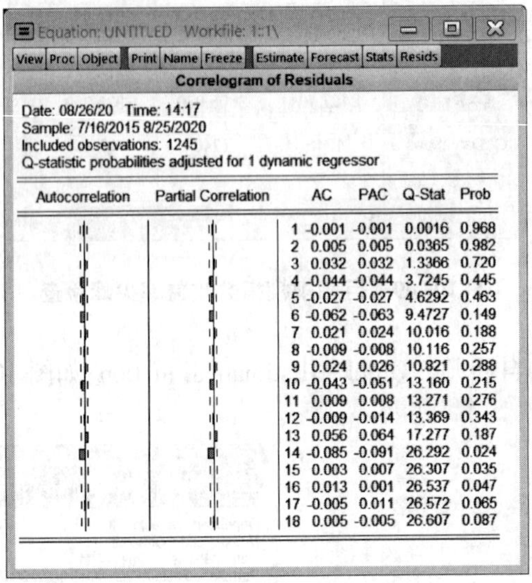
Equation: UNTITLED Workfile: 1::1\
View | Proc | Object | Print | Name | Freeze | Estimate | Forecast | Stats | Resids

Correlogram of Residuals

Date: 08/26/20 Time: 14:17
Sample: 7/16/2015 8/25/2020
Included observations: 1245
Q-statistic probabilities adjusted for 1 dynamic regressor

	AC	PAC	Q-Stat	Prob
1	-0.001	-0.001	0.0016	0.968
2	0.005	0.005	0.0365	0.982
3	0.032	0.032	1.3366	0.720
4	-0.044	-0.044	3.7245	0.445
5	-0.027	-0.027	4.6292	0.463
6	-0.062	-0.063	9.4727	0.149
7	0.021	0.024	10.016	0.188
8	-0.009	-0.008	10.116	0.257
9	0.024	0.026	10.821	0.288
10	-0.043	-0.051	13.160	0.215
11	0.009	0.008	13.271	0.276
12	-0.009	-0.014	13.369	0.343
13	0.056	0.064	17.277	0.187
14	-0.085	-0.091	26.292	0.024
15	0.003	0.007	26.307	0.035
16	0.013	0.001	26.537	0.047
17	-0.005	0.011	26.572	0.065
18	0.005	-0.005	26.607	0.087

图 10-52 EViews Ljung-Box 的 Q 统计量

②Ljung-Box 的 Q^2 统计量。LB(2)^2~LB(12)^2 检定大部分均在 1%显著水平之下显著,表示各数列残差平方可能有自相关,即存在条件异方差,如图 10-53 所示。

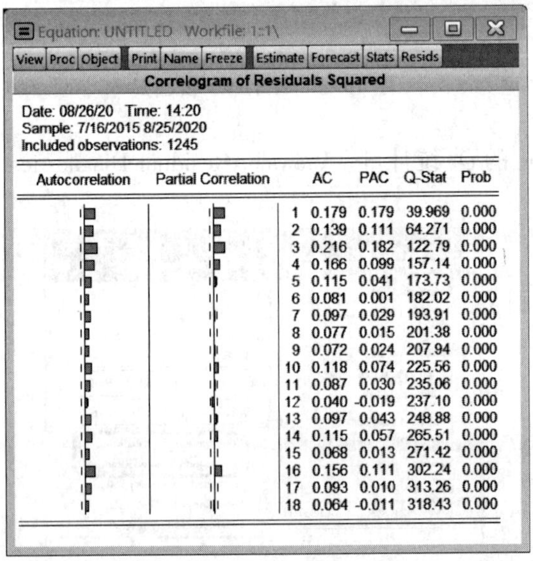
Equation: UNTITLED Workfile: 1::1\
View | Proc | Object | Print | Name | Freeze | Estimate | Forecast | Stats | Resids

Correlogram of Residuals Squared

Date: 08/26/20 Time: 14:20
Sample: 7/16/2015 8/25/2020
Included observations: 1245

	AC	PAC	Q-Stat	Prob
1	0.179	0.179	39.969	0.000
2	0.139	0.111	64.271	0.000
3	0.216	0.182	122.79	0.000
4	0.166	0.099	157.14	0.000
5	0.115	0.041	173.73	0.000
6	0.081	0.001	182.02	0.000
7	0.097	0.029	193.91	0.000
8	0.077	0.015	201.38	0.000
9	0.072	0.024	207.94	0.000
10	0.118	0.074	225.56	0.000
11	0.087	0.030	235.06	0.000
12	0.040	-0.019	237.10	0.000
13	0.097	0.043	248.88	0.000
14	0.115	0.057	265.51	0.000
15	0.068	0.013	271.42	0.000
16	0.156	0.111	302.24	0.000
17	0.093	0.010	313.26	0.000
18	0.064	-0.011	318.43	0.000

图 10-53 EViews Ljung-Box 的 Q^2 统计量

（5）LM 检验。大部分的学者对于异方差的检定都会采用 LM 检验，本书就不再列出结果了。指令如图 10-54 所示。

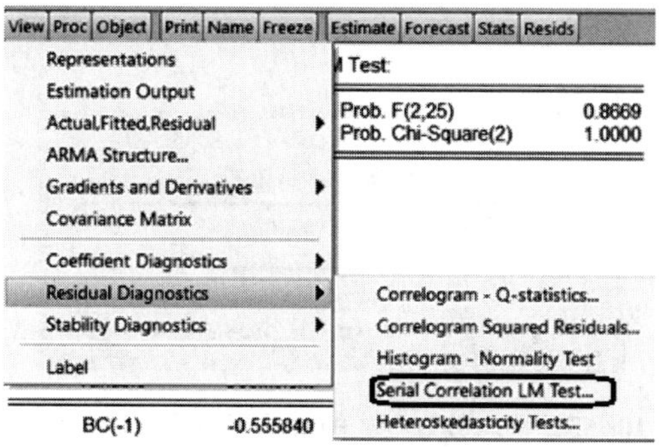

图 10-54 EViews LM 检验指令框

3 个变量的 Ljung-Box 的 Q 和 Ljung-Box 的 Q^2 统计量结果列于表 10-6。

表 10-6 巨潮规模指数报酬率 Ljung-Box 的 Q 和 Ljung-Box 的 Q^2 统计量表

	大规模指数				中规模指数				小规模指数			
落后	Q		Q^2		Q		Q^2		Q		Q^2	
1	0.00	(0.97)	39.97	(0.00)	0.02	(0.90)	30.71	(0.00)	0.01	(0.92)	30.33	(0.00)
2	0.04	(0.98)	64.27	(0.00)	0.03	(0.99)	81.73	(0.00)	0.03	(0.98)	104.73	(0.00)
3	1.34	(0.72)	122.79	(0.00)	0.98	(0.81)	135.03	(0.00)	0.50	(0.92)	174.59	(0.00)
4	3.72	(0.45)	157.14	(0.00)	1.43	(0.84)	170.94	(0.00)	0.55	(0.97)	218.32	(0.00)
5	4.63	(0.46)	173.73	(0.00)	1.52	(0.91)	208.97	(0.00)	0.89	(0.97)	270.89	(0.00)
6	9.47	(0.15)	182.02	(0.00)	2.49	(0.87)	229.04	(0.00)	1.31	(0.97)	294.58	(0.00)
7	10.02	(0.19)	193.91	(0.00)	2.74	(0.91)	244.56	(0.00)	1.48	(0.98)	316.13	(0.00)
8	10.12	(0.26)	201.38	(0.00)	3.09	(0.93)	256.61	(0.00)	1.73	(0.99)	335.64	(0.00)
9	10.82	(0.29)	207.94	(0.00)	3.21	(0.96)	274.27	(0.00)	1.77	(1.00)	360.46	(0.00)
10	13.16	(0.22)	225.56	(0.00)	8.54	(0.58)	304.37	(0.00)	7.43	(0.69)	395.55	(0.00)
11	13.27	(0.28)	235.06	(0.00)	12.60	(0.32)	323.75	(0.00)	12.04	(0.36)	416.77	(0.00)
12	13.37	(0.34)	237.10	(0.00)	12.79	(0.38)	331.31	(0.00)	12.21	(0.43)	425.71	(0.00)

步骤 6：建立平均数方程式的最适落后期数——适配度。

建立平均数方程式（落后 1~6 期分别比较），如图 10-55、图 10-56 所示。

研究样本数为 1 240 笔，所以适合采用 SBC（4.0191）来判断，各个分析模型适配度见表 10-7。

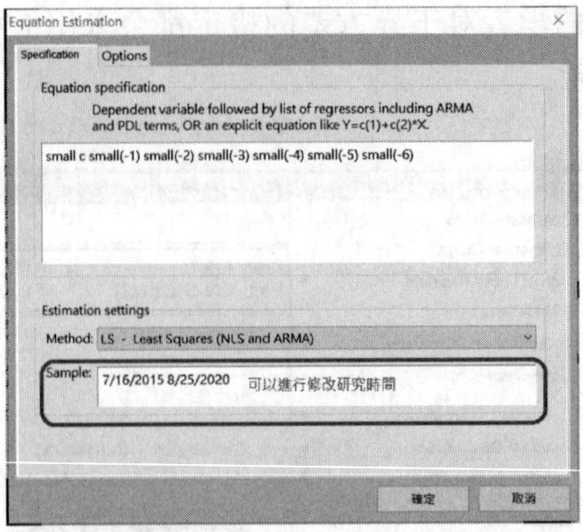

图 10-55　平均数方程式的最适落后期数建立指令框

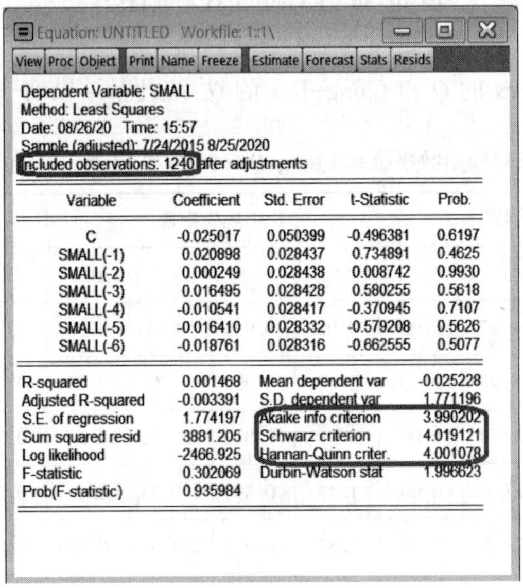

图 10-56　平均数方程式的最适落后期数建立结果

表 10-7　巨潮规模指数报酬率适配度统计量表

	BIG			MID			SMALL		
方法	SBC	HQC	HQC	SBC	HQC	HQC	SBC	HQC	HQC
落后	前期	前期	后期	前期	前期	后期	前期	前期	后期
1	3. 538 3	3. 700 2	3. 547 5	3. 911 0	4. 172 9	3. 808 3	3. 999 6	4. 301 1	3. 837 4
2	3. 539 5	3. 698 1	3. 554 6	3. 909 1	4. 166 1	3. 815 2	3. 998 9	4. 297 2	3. 844 3
3	3. 545 1	3. 705 8	3. 553 0	3. 913 9	4. 173 3	3. 820 8	4. 004 0	4. 304 4	3. 851 2
4	3. 549 6	3. 714 7	3. 551 6	3. 919 8	4. 181 1	3. 822 9	4. 009 7	4. 310 8	3. 854 7
5	3. 555 3	3. 720 1	3. 558 7	3. 926 0	4. 188 7	3. 829 8	4. 015 6	4. 317 9	3. 861 7
6	3. 555 7	3. 719 8	3. 559 6	3. 929 7	4. 193 5	3. 835 3	4. 019 1	4. 322 3	3. 867 7

由表 10-7 可知，大、中和小规模指数均适合落后 1 期或 2 期平均数的方程式。

步骤 7：建立 EGARCH 最适模型：

$$r_t \mid I_{t-1} \sim f(\mu_t, \sigma_t)$$

$$r_t = b_0 + \sum_{i=1}^{p} b_i r_{t-i} + \varepsilon_t$$

$$\ln(\sigma_t^2) = \alpha_0 + \alpha_1 \left| \frac{\varepsilon_{t-1}}{\sigma_{t-1}} \right| + \gamma \frac{\varepsilon_{t-1}}{\sigma_{t-1}} + \beta_1 \ln(\sigma_{t-1}^2)$$

找出最适的方程式：

$$\ln(\sigma_t^2) = \alpha_0 + \alpha_1 \left| \frac{\varepsilon_{t-1}}{\sigma_{t-1}} \right| + \gamma \frac{\varepsilon_{t-1}}{\sigma_{t-1}} + \beta_1 \ln(\sigma_{t-1}^2)$$

为了设定适用于各类股价指数报酬波动的相关性研究之 GARCH 模型，需决定前项所述模型通式中的最适滞后期数，亦即需决定平均数方程式与变异数方程式的最滞后期数。在有关变异数方程式中的滞后期数方面，Brooks(2002)认为通常 GARCH(1,1) 模型即可捕捉数据中的波动丛聚效果，亦即只要取滞后一期的条件变异与残差平方即可。本研究基于参数节省(parsimonious)目的，先设定 GARCH(1,1) 模型进行实证检验。并且在估计系数之后，对标准化残差及标准化残差的平方检定其自相关效果是否已经不存在，以确定 GARCH(1,1)模型的适用性。

Quick→Estimate Equation→输入平均数方程式，并将 Method 改为 ARCH，如图 10-57 所示。

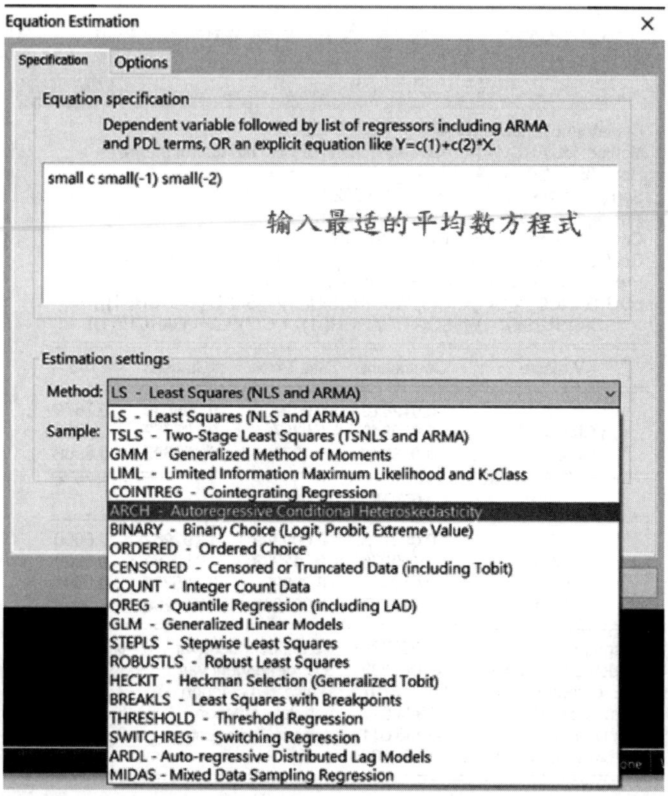

图 10-57 EViews GARCH 分析选取

选择 ARCH 后按“确定”选项，将新的选择框的 Method 改为 EGARCH，如图 10-58 所示。

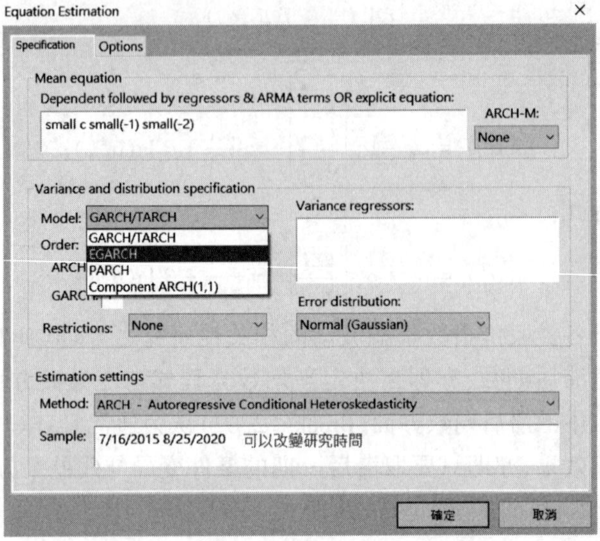

图 10-58　EViews EGARCH 分析选择框

分析结果见图 10-59。

Equation: UNTITLED　Workfile: 1::1\

View | Proc | Object | Print | Name | Freeze | Estimate | Forecast | Stats | Resids

Dependent Variable: SMALL
Method: ML ARCH - Normal distribution (BFGS / Marquardt steps)
Date: 08/26/20　Time: 17:38
Sample (adjusted): 7/20/2015 8/25/2020
Included observations: 1244 after adjustments
Convergence achieved after 31 iterations
Coefficient covariance computed using outer product of gradients
Presample variance: backcast (parameter = 0.7)
LOG(GARCH) = C(4) + C(5)*ABS(RESID(-1)/@SQRT(GARCH(-1))) +
C(6)*RESID(-1)/@SQRT(GARCH(-1)) + C(7)*LOG(GARCH(-1))

Variable	Coefficient	Std. Error	z-Statistic	Prob.
C	-0.012610	0.042735	-0.295080	0.7679
SMALL(-1)	0.022849	0.029761	0.767752	0.4426
SMALL(-2)	0.003620	0.027910	0.129693	0.8968
		Variance Equation		
C(4)	-0.090703	0.008299	-10.92962	0.0000
C(5)	0.149075	0.012933	11.52688	0.0000
C(6)	-0.019457	0.008986	-2.165281	0.0304
C(7)	0.980467	0.003098	316.5288	0.0000

R-squared	0.000729	Mean dependent var	-0.018234
Adjusted R-squared	-0.000882	S.D. dependent var	1.773015
S.E. of regression	1.773797	Akaike info criterion	3.703555
Sum squared resid	3904.627	Schwarz criterion	3.732400
Log likelihood	-2296.611	Hannan-Quinn criter.	3.714401
Durbin-Watson stat	1.996903		

图 10-59　EViews EGARCH 分析结果

以小型股指数为例,所得 EGARCH 模型为:

$$samll_t = -0.013 + 0.023small_{t-1} - 0.004small_{t-2}$$

$$\ln(\sigma_t^2) = -0.091 + 0.149\left|\frac{\varepsilon_{t-1}}{\sigma_{t-1}}\right| - 0.019\frac{\varepsilon_{t-1}}{\sigma_{t-1}} + 0.980\ln(\sigma_{t-1}^2)$$

因为 $\delta(-0.019)$ 显著($p=0.03<0.05$),所以不存在波动不对称。

所有 EGARCH 分析结果如表 10-8 所示。

表 10-8 巨潮规模指数 EGARCH 分析表

		大规模指数	中规模指数	小规模指数
全期	C	0.056	-0.012	-0.013
		(2.006)**	-(0.321)	-(0.295)
	$AR(1)$	0.059	0.006	0.023
		(2.064)**	(0.198)	(0.768)
	$AR(2)$		-0.004	0.004
			-(0.123)	(0.130)
	α_0	-0.136	-0.113	-0.091
		-(14.214)***	-(12.178)***	-(10.930)***
	α_1	0.191	0.175	0.149
		(14.696)***	(13.547)***	(11.527)***
	δ	-0.006	-0.026	-0.019
		-(0.709)	-(2.739)***	-(2.165)**
	ψ	0.989	0.982	0.980
		(325.037)***	(308.555)***	(316.529)***
前期	C	0.047	-0.047	-0.065
		(1.238)	-(0.826)	-(0.998)
	$AR(1)$	0.023	-0.026	-0.008
		(0.515)	-(0.555)	-(0.179)
	$AR(2)$	0.041	0.006	0.001
		(0.946)	(0.141)	(0.025)
	α_0	-0.058	-0.032	-0.025
		-(5.461)***	-(2.991)***	-(2.278)**
	α_1	0.072	0.042	0.033
		(4.888)***	(2.957)***	(2.198)**
	δ	-0.009	-0.064	-0.076
		-(0.479)	-(3.623)***	-(4.562)***
	ψ	0.999	0.995	0.996
		(597.866)***	(634.536)***	(553.628)***

续表

		大规模指数	中规模指数	小规模指数
后期	C	0.062	0.015	0.026
		(1.661) *	(0.317)	(0.398)
	$AR(1)$	0.057	0.027	0.090
		(1.417)	(0.646)	(1.690) *
	$AR(2)$			0.003
				(0.077)
	α_0	-0.197	-0.194	-0.120
		-(8.857) ***	-(6.197) ***	-(2.360) **
	α_1	0.291	0.352	0.312
		(10.221) ***	(9.557) ***	(6.045) ***
	δ	-0.041	-0.119	-0.089
		-(2.852) ***	-(6.790) ***	-(3.424) ***
	ψ	0.954	0.901	0.880
		(84.239) ***	(44.796) ***	(28.995) ***

注：*，**，***分别表示在显著水平为0.1,0.05,0.01下显著不等于0。

步骤8：结果检验。

波动不对称的测量系数可以用$\frac{1+|\gamma|}{1-|\gamma|}$（Koutmos 和 Saidi，1995），因为当$\frac{1+|\gamma|}{1-|\gamma|}$很大时，$\gamma$的绝对值亦很大，所以我们考虑前后期的波动不对称的变化时可以采用$\frac{1+|\gamma|}{1-|\gamma|}$。各规模指数各个阶段的$\frac{1+|\gamma|}{1-|\gamma|}$如表10-9所示。

表10-9　巨潮规模指数报酬率波动不对称显著状况表

时段	大规模	中规模	小规模
全期	不显著	1.05	1.04
前期	不显著	1.14	1.16
后期	1.09	1.27	1.20

由表10-9可见，大规模指数全期和前期没有波动不对称，而贸易摩擦使得波动不对称变大。但有没有显著变大？通过表10-10检验可知，只有中规模指数有显著变大（显著水平为0.05），当然，如果显著水平设为0.1，那大规模指数也会呈现有显著的变大。

表 10-10 巨潮规模指数报酬率波动不对称变化显著状况表

规模	时期	系数	标准误	t 值
大	前期	-0.009	0.019	1.34
	后期	-0.041	0.014	
中	前期	-0.064	0.018	2.21
	后期	-0.119	0.018	
小	前期	-0.076	0.017	0.43
	后期	-0.089	0.026	

注：$t=\dfrac{|\gamma_{post}|-|\gamma_{pre}|}{\sqrt{\dfrac{\hat{\sigma}_{post}^{2}}{n_{post}}+\dfrac{\hat{\sigma}_{pre}^{2}}{n_{pre}}}}$

实训演练——波动不对称与市场机能轮动

（1）金融市场的 5 种基本指标——股票、期货、债券、利率和汇率，针对 5 种指标表进行向量自回归的系列分析。

（2）请分别就深圳、国证指数（http://www.cnindex.com.cn/）系列（如图 10-60 所示）选择规模指数或是行业指数进行波动不对称分析。

图 10-60 深圳、国证指数系列图

步骤 1：选取任一种指数（例如规模指数），如图 10-61 所示。

指数代码	指数简称	样本数	收盘点位	涨跌幅	PE(滚动)	成交量*	成交额*	总市值*	自由流通市值*
399303	国证2000	2000	9062.79	1.22%	28.41	33245.31	4202.32	143170.38	69981.66
399310	国证A50	50	7721.91	-1.44%	16.33	3935.17	1122.65	190592.04	80254.84
399311	国证1000	1000	5145.43	-0.55%	15.99	49271.78	7363.63	626919.56	270889.33
399312	国证300	300	5721.23	-1.17%	18.07	14764.54	3495.31	395942.04	174569.69
399313	巨潮100	100	5563.70	-1.33%	12.46	7926.59	1711.60	297821.01	120795.75
399314	巨潮大盘	200	5238.24	-1.19%	13.71	14599.70	2925.36	393118.69	163321.13

图 10-61　国证规模指数系列图

步骤 2：选取要分析的指数(例如国证 2000)，如图 10-62 所示。

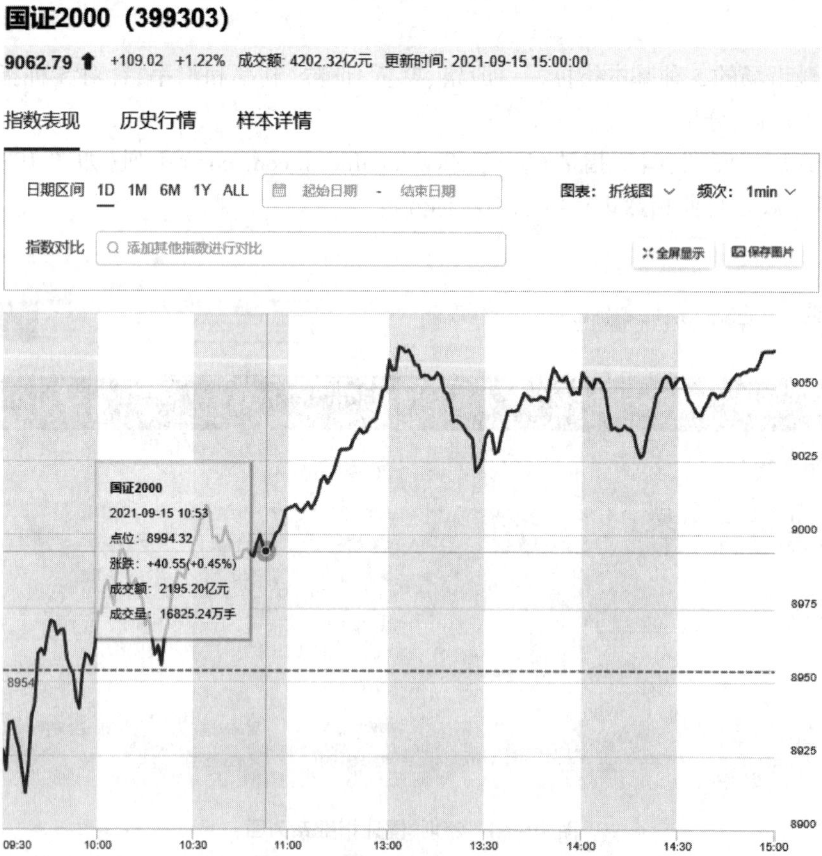

图 10-62　国证指数画面

步骤 3:修改时间,并下载。如图 10-63 所示。

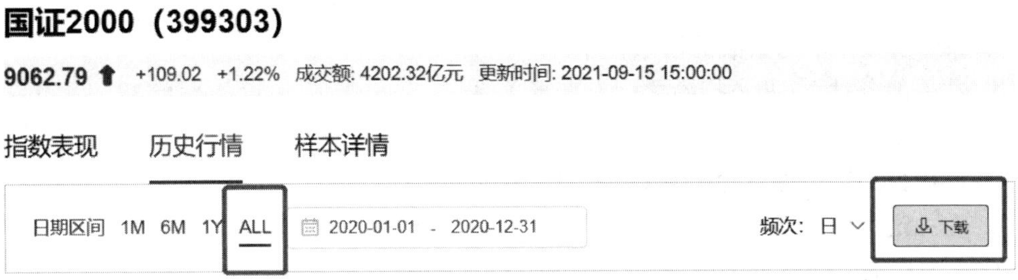

图 10-63　国证指数时间选取画面

步骤 4:下载结果(Excel 文档),见图 10-64。

日期	开盘价	收盘价	最高价	最低价	涨跌幅	成交量(万手)	成交额(亿元)
2020-12-31	7082.78	7177.61	7177.76	7082.78	1.48%	23207.79	2222.49
2020-12-30	7023.42	7072.97	7104.22	7013.24	0.57%	21814.07	2062.01
2020-12-29	7064.88	7033.04	7106.9	7029.48	-0.49%	23723.51	2295.85
2020-12-28	7127.61	7067.98	7131.82	7039.27	-0.83%	24436.32	2331.13
2020-12-25	7030.46	7126.83	7148.03	7014.69	0.91%	23205.52	2191.87
2020-12-24	7186.23	7062.38	7186.23	7048.12	-1.79%	24508.58	2389.76
2020-12-23	7136.32	7190.87	7211.57	7136.32	0.71%	24209.64	2448.25
2020-12-22	7251.92	7140.22	7279.55	7134.19	-1.85%	25126.93	2486.75
2020-12-21	7183.26	7274.47	7275.16	7170.36	1.30%	21851.23	2150.04
2020-12-18	7198.89	7181.17	7230.88	7166.3	-0.25%	20393.04	1939.44
2020-12-17	7124.97	7199.31	7201.64	7040.92	0.80%	20672.99	1960.28
2020-12-16	7213.16	7141.86	7213.81	7135.94	-1.04%	18309.37	1793.19
2020-12-15	7194.76	7217.16	7224.78	7174	0.19%	17153.15	1736
2020-12-14	7126	7203.42	7205.53	7083.22	0.96%	18465.53	1781.41
2020-12-11	7260.1	7135.09	7267.27	7069.65	-1.68%	22554.4	2167.33
2020-12-10	7233.56	7256.71	7302.04	7209.76	-0.03%	19171.72	1880.97
2020-12-09	7405.47	7259.04	7407.3	7259.04	-1.97%	21385.98	2142.1
2020-12-08	7410.22	7404.8	7425.98	7392.61	-0.07%	18298.18	1870.95

图 10-64　指数下载结果图

(3)分析沪深 300 指数的现货、期货和期权的波动不对称。

(4)分析沪深 300 指数的现货、期货和期权的因果关系、方差分解和脉冲反应的状况。

习　题

一、判断题

1. 广义指数就是各种相对数。　(　　)
2. 总指数就是加权指数。　(　　)
3. 编制综合指数的关键问题是同度量因素及其时期的选择。　(　　)
4. 编制平均数指数,实质上就是计算个体指数的平均数。　(　　)
5. 如果物价上涨 10%,则现在 100 元钱只值原来的 90 元了。　(　　)
6. 在我国的统计实践中,销售物价指数的编制是采用固定权数的加权平法。　(　　)
7. 总指数能说明不可相加现象总变动的情况。　(　　)
8. 不存在趋势的时间序列称为平稳时间序列。　(　　)
9. 拉氏物价指数是以基期的商品交易量作为同度量因素加权的。　(　　)
10. 展示时间序列数据的最佳图形是折线图　(　　)
11. 用几何法计算的平均发展速度的大小,与中间各期水平的大小无关。　(　　)

12. 编制时点数列，各项指标的时点间隔长短必须保持一致。（　　）

二、单选题

1. 综合指数与平均指数的联系在于（　　）。

A. 在一般条件下，两类指数之间有变形关系

B. 在一定权数条件下，两类指数之间有变形关系

C. 在权数固定条件下，两类指数之间有变形关系

D. 在一定的同度量因素下，两类指数之间有变形关系

2. 下列有关时间序列的说法错误的是（　　）。

A. 长期趋势是指指标值随时间变化呈现出持续的上升或下降的变动

B. 循环波动是一种周期性变动

C. 季节变动是指周期为一年以上的周期性变动

D. 不规则变动是没有特定规律的随机变动

3. 现有5年各个季度的资料，用四项移动平均对其进行修匀，则修匀后的时间数列项数为（　　）。

A. 12项　　B. 16项

C. 17项　　D. 18项

4. 已知各期环比增长速度为7.1%、3.4%、3.6%、5.3%，则定基增长速度是（　　）。

A. 7.1%×3.4%×3.6%×5.3%

B. (7.1%3.4%3.6%5.3%)−1

C. 107.1%×103.4%×103.6%×105.3%

D. (107.1%×103.49%×103.6%×105.3%)−1

5. 用最小平方法配合直线趋势，如果 $y=a+bx$ 中 b 为正值，则这条直线呈（　　）。

A. 下降趋势　　B. 上升趋势

C. 不升不降　　D. 无法确定

6. 用最小平方法配合直线趋势，如果 $y=a+bx$ 中 b 为负值，则这条直线呈（　　）。

A. 下降趋势　　B. 上升趋势

C. 不升不降　　D. 无法确定

7. 总指数的基本形式是（　　）。

A. 个体指数　　B. 综合指数

C. 算术平均数　　D. 调和平均数指数

8. 统计指数是一种反映现象变动的（　　）。

A. 绝对数　　B. 相对数

C. 平均数　　D. 序时平均数

9. 副食品类商品价格上涨10%，销售量增长20%，则副食品类商品销售总额增长（　　）。

A. 30%　　B. 32%

C. 10%　　D. 2%

10. 如果物价上升10%，则现在的1元钱（　　）。

A. 只是原来的 0.09 元　　B. 与原来的 1 元钱等价

C. 无法与过去进行比较　　D. 只是原来的 0.91 元

11. 我国零售物价指数的编制是采用(　　)方法。

A. 个体指数

B. 综合指数

C. 平均数指数

D. 固定权数平均数指数

12. 下列不可能是横断面数据(Cross-sectional Data)的分析单位(　　)。

A. 消费者　　B. 国家

C. 年龄　　D. 员工

13. 指标数列中以某一固定时期的水平作为对比时期的指数是(　　)。

A. 综合指数　　B. 平均指数

C. 环比指数　　D. 定基指数

14. 不存在趋势的序列称为(　　)。

A. 平稳序列　　B. 周期性序列

C. 季节性序列　　D. 非平稳序列

15. 包含趋势性、季节性或周期性的序列称为(　　)。

A. 平稳序列　　B. 周期性序列

C. 季节性序列　　D. 非平稳序列

16. 时间序列在长时期内现出来的某种持续向上或持续下降的变动称为(　　)。

A. 趋势　　B. 季节性

C. 周期性　　D. 随机性

17. 时间序列在一年内重复出现的周期性波动称为(　　)。

A. 趋势　　B. 季节性

C. 周期性　　D. 随机性

18. 时间序列中呈现出来的围绕长期趋势的一种波浪形或振荡式变动称(　　)。

A. 趋势　　B. 季节性

C. 周期性　　D. 随机性

19. 时间序列中除去趋势、周期性和节性之后的偶然性波动称为(　　)。

A. 趋势　　B. 季节性

C. 周期性　　D. 随机性

20. 增长率是时间序列中(　　)。

A. 报告明观察值与基期观察值之比

B. 报告期观察值与基期观察值之比减 1

C. 报告期观察值与基期观察值之比加 1

D. 基期观察值与报告期观察值之比减 1

21. 环比增长率是(　　)。

A. 报告期观察值与前一时期观察值之比减 1

B. 报告期观察值与前一时期观察值之比加 1

C. 报告期观察值与某一固定时期观察值之比减 1

D. 报告期观察值与某一固定时期观察值之比加 1

22. 定基增长率是(　　)。

A. 报告期观察值与前一时期观察值之比减 1

B. 报告期观察值与前一时期观察值之比加 1

C. 报告期观察值与某一固定时期观察值之比减 1

D. 报告期观察值与某一固定时期观察值之比加 1

23. 时间序列中各逐期环比值的几何平均数开根号后减 1 后的结果称为(　　)。

A. 环比增长率　　B. 定基增长率

C. 平均增长率　　D. 年度化增长率

24. 增长 1 个百分点而增加的绝对数量称为(　　)。

A. 环比增长率　　B. 平均增长率

C. 年度增长率　　D. 增长 1%绝对值

25. 判断时间序列是否存在趋势分析的一种方法是(　　)。

A. 计算环比增长率　　B. 利用回归分析拟合一条趋势线

C. 计算平均增长率　　D. 计算季节指数

26. 指数平滑法适合于预测(　　)。

A. 平稳序列　　B. 非平稳序列

C. 有趋势成分的序列　　D. 有季节成分的序列

27. 移动平均法适合于预测(　　)。

A. 平稳序列　　B. 非平稳序列

C. 有趋势成分的序列　　D. 有季节成分的序列

28. 下面的哪种方法不适合于对平稳序列的预测(　　)。

A. 移动平均法　　B. 简单平均法

C. 指数平滑法　　D. 线性模型法

29. 对某企业各年的销售额拟合的直线趋势方程为 $\hat{y}_t = 6 + 1.5t$，则(　　)。

A. 时间每加 1 年,销售额平均增加 1 个单位

B. 时间每加 1 年,销售额平均减少 1 个单位

C. 时间每加 1 年,销售额平均增加 1.5%

D. 下一年度的销售额为 15 个单位

30. 对某一时间序列拟合的直线趋势方程为 $\hat{y}_t = \beta_0 + \beta_1 t$，如果 $\beta_1 = 0$，表明该序列(　　)。

A. 没有趋势　　B. 有上升趋势

C. 有下降趋势　　D. 有非线性趋势

31. 对时间序列数据作季节调整的目的是(　　)。

A. 消除时间序列中季节变动的影响　　B. 描述时间序列中季节变动的影响

C. 消除时间序列中趋势的影响　　D. 消除时间序列中随机波动的影响

32. 如果某月份的商品销售额为84万元,该月的季节指数等于1.2,在消除季节因素后该月的销售额为(　　)万元。

A. 60　　B. 70

C. 90.8　　D. 100.8

三、多选题

1. 在编制指数时,有几种基本要求,它们是(　　)。

A. 所选样本除数据本身的准确性　　B. 可比性

C. 充分性　　D. 代表性

2. 编制时间数列应遵循的原则有(　　)。

A. 时间长短应该一致

B. 总体范围应该一致

C. 指标的经济内容应该一致

D. 指标的计算方法、计算价格、计量单位应该一致

E. 指标数值的变化幅度应该一致

3. 在直线趋势方程 $y=a+bt$ 中的参数 b 表示(　　)。

A. 趋势值

B. 趋势线的截距

C. 趋势线的斜率

D. 当 t 变动一个单位时 y 平均增减的数值

E. 当 $t=0$ 时 y 的数值

4. 综合指数(　　)。

A. 是两个总量指标对比的动态相对指标

B. 分子、分母分别是两个或两个以上因素的乘积之和

C. 分子、分母有一个是假定的总量指标,综合反映多种现象的变动程度

D. 固定一个或一个以上的因素,观察另一个因素的变动

5. 2003年某种产品的生产总费用为50万元,比2002年多2万元,而单位产品成本2003年比2002年降低5%,则(　　)。

A. 生产费用总指数为104.17%

B. 生产费用指数为108.56%

C. 单位成本指数为95%

D. 产量指数为109.65%

E. 由于成本降低而节约的生产费用为2.63万元

6. 关于拉氏指数和帕氏指数的说法,正确的是(　　)。

A. 拉氏指数主要受基期商品的结构影响

B. 帕氏指数主要受报告期商品的结构影响

C. 数量指标综合指数采用拉氏指数

D. 质量指标综合指数属于帕氏指数

四、填空题

1. 狭义地讲，______都是衡量多个项目综合变动的相对数。

2. 时间数列的影响因素可分解为______、______、______和______。

专有名词

横截面数据：也称截面数据、静态数据，通过观察许多主体（如个人、公司、国家、地区等）在同一时间点或同一时间段截面上反映一个总体的一批（或全部）个体的同一特征变量的观测值。

时间序列：或称动态数列，是按照时间排序的一组随机变量，时间序列本质上反映的是某个或者某些随机变量随时间不断变化的趋势。

时间序列构成要素：长期趋势、季节变动、循环变动、不规则变动。

面板数据：又称追踪数据，同时具备横截面数据和时间序列特征的数据。

指数：广义上，反映现象总体数量变动的相对数；狭义上，反映复杂现象总体数量上的变动。

个体指数：反映个别现象（即简单现象总体）数量变动的相对数。

总指数：反映全部现象总体（即复杂现象总体）数量变动的相对数。

广基指数：代表整个股票市场的绩效，采用选样的方式反映投资人对经济现状的敏感度。

股票编制：根据各种指标进行股价的加权来计算，加权方式有价格加权指数、市值加权或资本加权（capitalization-weighted）和市占率加权指数。

自回归分析：是统计上一种处理时间序列的方法。用同一变量，例如 x_t 之前的各期，亦即 x_1 至 x_{t-1} 来预测本期 x_t 的表现，并假设它们为一线性关系。因为是从回归分析中的线性回归发展而来，只是不用 x 预测 y，而是用 x 预测 x（自己），所以称作自回归。

平稳性：假定某个时间序列为一个随机变量。该随机变量满足均值、方差固定且与时间无关，协方差则与时间的间隔有关但与时间无关，则称此随机变量生成的时间序列是（弱式）平稳的。

单根：时间序列上单根的意思指的是自相关回归系数大于等于 1，不平稳则存在单根。

波动丛集：变量的变动聚在一起的现象。

向量自回归：所有当期变量对所有变量的若干滞后变量进行的回归。

格兰杰因果关系：若在包含了变量 X、Y 的过去信息的条件下，对变量 Y 的预测效果要优于只单独由 Y 的过去信息对 Y 进行的预测效果，即变量 X 有助于解释变量 Y 的将来变化，则认为变量 X 是引致变量 Y 的格兰杰原因。

脉冲反应函数：预测某一个变量的改变对整体 VAR 系统中所有变量的影响。

方差分解：分析变量之间的变动关系，也就是计算某一个变量的预测误差变异的来源。

波动不对称：新信息会带来价格的波动，而当新信息属于正面影响（positive）时，未来的价格波动会变小；反之，当新信息属于负面影响（negative）时，未来的价格波动较大。

条件异方差:条件方差会随时间而改变。

重要公式

环比增长率:

$$g_t = \frac{y_t - y_{t-1}}{y_{t-1}}$$

定基增长率:

$$g_t = \frac{y_t - y_0}{y_0}$$

平均增长率:

$$\bar{g}_t = \sqrt[t]{g_1 \cdot g_2 \cdot \cdots \cdot g_t} - 1 = \sqrt[t]{\left(\frac{y_1}{y_0}\right) \cdot \left(\frac{y_2}{y_1}\right) \cdot \cdots \cdot \left(\frac{y_t}{y_{t-1}}\right)} - 1 = \sqrt[t]{\left(\frac{y_t}{y_0}\right)} - 1$$

拉氏指数:

$$L_p = \frac{\sum q_0 p_1}{\sum q_0 p_0}, L_q = \frac{\sum q_1 p_0}{\sum q_0 p_0}$$

帕氏指数:

$$P = \frac{\sum q_1 p_1}{\sum q_1 p_0}$$

简单平均法:

$$\hat{y}_t = \frac{y_{t-1} + y_{t-2} + \cdots - y_0}{t} = \frac{\sum_{i=1}^{t} y_{t-i}}{t}$$

移动平均法:

$$\hat{y}_t = \frac{y_{t-1} + y_{t-2} + \cdots - y_{t-k}}{k} = \frac{\sum_{i=1}^{k} y_{t-i}}{k}$$

指数平滑法:

$$\hat{y}_t = \alpha y_{t-1} + (1 - \alpha)\hat{y}_{t-1}$$

$AR(p)$模型:

$$r_t = a_0 + \sum_{i=1}^{p} b_i r_{t-i} + \varepsilon_t$$

$AR(p)$模型平稳的条件:

$$\sum_{i=1}^{p} b_i < 1 \qquad \text{(充要条件)}$$

$$\sum_{i=1}^{p} b_i < 1 \qquad \text{(必要条件)}$$

ARMA(*r*, *m*)模型：

$$r_t = a_0 + \sum_{i=1}^{p} b_i r_{t-i} + \sum_{i=1}^{q} d_j \varepsilon_{t-i} + \varepsilon_t$$

向量自回归模型：

$$y_t = \Lambda + A_1 y_{t-1} + \cdots + A_p y_{t-p} + B_0 x_t + B_1 x_{t-1} + \cdots + B_s x_{t-s} + \mu_t$$

向量自回归模型简约表达式：

$$x_t = \alpha_x + \alpha_{x,0} y_t + \sum_{j=1}^{p} \alpha_{x,j} x_{t-j} + \sum_{j=1}^{p} \beta_{x,j} y_{t-j} + \varepsilon_{x,t}$$

$$y_t = \alpha_z + \alpha_{z,0} x_t + \sum_{j=1}^{p} \alpha_{z,j} x_{t-j} + \sum_{j=1}^{p} \beta_{z,j} y_{t-j} + \varepsilon_{z,t}$$

ARCH(q)模型：

$$r_t = a_0 + \sum_{i=1}^{p} b_i r_{t-i} + \sum_{i=1}^{q} d_i \varepsilon_{t-i} + \varepsilon_t$$

$$\sigma_t^{\ 2} = \alpha_0 + \sum_{i=1}^{q} \alpha_i \varepsilon_{t-i}^{\ \ 2}$$

ARCH(q)模型存在的条件：

(1)尖峰分布

(2)波动丛集

GARCH(p,q)模型：

$$r_t = a_0 + \sum_{i=1}^{p} b_i r_{t-i} + \sum_{i=1}^{q} d_i \varepsilon_{t-i} + \varepsilon_t$$

$$\sigma_t^{\ 2} = \alpha_0 + \sum_{i=1}^{p} \alpha_i \sigma_{t-1}^{\ \ 2} + \sum_{i=1}^{q} \beta_i \varepsilon_{t-i}^{\ \ 2}$$

EGARCH 模型：

$$r_t \mid I_{t-1} \sim f(\mu_t, \sigma_t)$$

$$r_t = b_0 + \sum_{i=1}^{p} b_i r_{t-i} + \varepsilon_t$$

$$\ln(\sigma_t^2) = \alpha_0 + \alpha_1 \left| \frac{\varepsilon_{t-1}}{\sigma_{t-1}} \right| + \gamma \frac{\varepsilon_{t-1}}{\sigma_{t-1}} + \beta_1 \ln(\sigma_{t-1}^2)$$

附录 10-1：GARCH 家族的模型

(1) ARCH(q)模型(Engle, 1982)。

$$r_t = \alpha_1 + \sum_{i=1}^{m} \beta_i r_{t-i} + \sum_{j=1}^{n} \gamma_j \varepsilon_{t-j} + \varepsilon_t \ \varepsilon_t \overset{\text{iid}}{\sim} N(0,\ h_t): h_t^{\ 2} = \frac{\varepsilon_t}{\mu_t}$$

$$h_t = \alpha_0 + \sum_{i=1}^{q} \alpha_i \varepsilon_{t-i}^{\ \ 2}$$

$\alpha_0 > 0, \alpha_i \geqslant 0$，即各期收益以非负数线性组合，常数项为正数。

(2)GARCH 模型(Bollerslev, 1986)。

$$r_t = \alpha_1 + \sum_{i=1}^{m} \beta_i r_{t-i} + \sum_{j=1}^{n} \gamma_j \varepsilon_{t-j} + \varepsilon_t$$

$$h_t = \phi_0 + \sum_{j=1}^{q} \theta_j \varepsilon_{g,t-j}{}^2 + \sum_{i=1}^{p} \phi_i h_{t-1}$$

(3)IGARCH 模型(Engle and Bollerslev, 1986)。

$$h_t = \psi + \sum_{j=1}^{q} \theta_j \varepsilon_{g,t-j}{}^2 + \sum_{i=1}^{p} \phi_i h_{t-1}$$

$$\sum_{i=1}^{p} \phi_i + \sum_{j=1}^{q} \theta_j = 1$$

(4)GARCH-M 模型(Engle, Lilien and Robins; 1986)(Chou, 1988; ARCH-M)。GARCH-M 模型把方差项引入平均数方程式:

$$r_t = \beta_0 + \beta_1 r_{t-1} + \phi h_t + \varepsilon_t$$

$$h_t = \theta_0 + \sum_{i=1}^{q} \theta_1 \varepsilon_{t-i}{}^2 + \sum_{i=1}^{p} \phi_i h_{t-1}$$

(5)AGARCH 模型(Engle, 1990)。

$$h_t = \psi + \sum_{j=1}^{q} \theta_j (\varepsilon_{g,t-j} + \gamma_i)^2 + \sum_{i=1}^{p} \phi_i h_{t-1}$$

若 $\gamma_i < 0$,表示负向未预期报酬所引起的波动大于正向未预期所引起的波动。

(6)EGARCH 模型(Nelson, 1991)。

$$\ln(h_t) = \alpha_0 + \alpha_1 (|z_{t-1}| - E[|z_{t-1}|] + \delta \cdot z_{t-1}) + \phi \ln(h_{t-1})$$

$$z_t = \frac{\varepsilon_t}{h_t}$$

(7)GJR 模型(Glosten, Jagannathan and Runkle; 1993)。

$$h_t = \psi + \sum_{j=1}^{q} (\alpha_i \varepsilon_{t-j}{}^2 + \beta_i D_{t-j} \varepsilon_{t-j}{}^2) + \sum_{i=1}^{p} \phi_i h_{t-1} \quad D_{t-j} = \begin{cases} 1 & \varepsilon_{t-j} < 0 \\ 0 & \varepsilon_{t-j} \geqslant 0 \end{cases}$$

若 $\beta_i < 0$,表示负向未预期报酬所引起的波动大于正像未预期所引起的波动。

(8)TGARCH 模型(Rabemananjara and Zakoian, 1993)。

$$h_t = \psi + \sum_{j=1}^{q} (\alpha_i^+ \varepsilon_{t-j}^{+\ 2} - \alpha_i^- \varepsilon_{t-j}^{-\ 2}) + \sum_{i=1}^{p} \phi_i h_{t-1} \quad \begin{aligned} \varepsilon_{t-j}^+ &= \max(\varepsilon_{t-j}, 0) \\ \varepsilon_{t-j}^- &= \min(\varepsilon_{t-j}, 0) \end{aligned}$$

若 $P=1$ 且 $\alpha_i^+ < \alpha_i^-$,表示负向未预期报酬所引起的波动大于正向未预期所引起的波动。

(9)Component GARCH 模型(Engle and Lee, 1993)。

$$h_t = \omega + \alpha \varepsilon_{t-1}{}^2 + \beta h_{t-1}$$

$$h_{t+k} = \frac{\omega[1-(\alpha+\beta)^k]}{1-\alpha-\beta} \overset{k\to\infty}{=} \frac{\omega}{1-\alpha-\beta}$$

$$\sigma \overset{k\to\infty}{=} \mathrm{Var}(r_t)$$

所以

$$h_t = (1-\alpha-\beta)\sigma^2 + \alpha\varepsilon_{t-1}{}^2 + \beta h_{t-1} = \sigma^2 + \alpha(\varepsilon_{t-1}{}^2 - \sigma^2) + \beta(h_{t-1} - \sigma)$$

q_t 为长期记忆,

$$\begin{aligned} h_t &= q_t + \alpha(\varepsilon_{t-1}{}^2 - q_{t-1}) + \beta(h_{t-1} - q_{t-1}) \\ &= \omega + \rho q_{t-1} + \phi(\varepsilon_{t-1}{}^2 - h_{t-1}) \end{aligned}$$

$$\rightarrow\begin{cases}h_{t+k}-q_{t+k}=(\alpha+\beta)^{k}(h_{t}-q_{t})\\ q_{t+k}=\left(\dfrac{(1-\rho^{k})}{1-\rho}\right)\omega+\rho^{k}q_{t}\end{cases}$$

$$\rightarrow\begin{cases}h_{t}=q_{t}++\alpha(\varepsilon_{t-1}{}^{2}-q_{t-1})+\beta(h_{t-1}-q_{t-1})\\ q_{t}=\omega+\rho(q_{t-1}-\omega)+\phi(\varepsilon_{t-1}{}^{2}-h_{t-1})\end{cases}$$

其中，$\rho<1$（长期效果），$(\alpha+\beta)<1$（短期效果），$\rho>(\alpha+\beta)$ 长期趋势会消失得比短期趋势还快。若长期趋势是稳定的，则条件变异数最终会收敛至一个常数。

（10）CCC-GARCH 模型（Bollerslev，1990）。

$$r_{1,t}=\alpha_{1,0}+\sum_{i=1}^{m_1}\alpha_{1,i}r_{1,t-i}+\sum_{j=1}^{n_1}\beta_{1,j}r_{2,t-j}+\varepsilon_{1,t}$$

$$r_{2,t}=\alpha_{2,0}+\sum_{i=1}^{m_2}\alpha_{2,i}r_{2,t-i}+\sum_{j=1}^{n_2}\beta_{2,j}r_{2,t-j}+\varepsilon_{2,t}$$

$$h_{11,t}=\phi_{1,0}+\sum_{i=1}^{p_1}\phi_{1,i}h_{11,t-i}+\sum_{j=1}^{q_1}\theta_{1,j}h_{22,t-j}+\sum_{k=1}^{s_1}\omega_{1,k}\varepsilon_{1,t-k}{}^{2}$$

$$h_{22,t}=\phi_{2,0}+\sum_{i=1}^{p_2}\phi_{2,i}h_{22,t-i}+\sum_{i=j}^{q_2}\theta_{2j}h_{11,t-j}+\sum_{k=1}^{s_2}\omega_{2,k}\varepsilon_{2,t-k}{}^{2}$$

$$\rho_{12,t}{}^{2}=\rho_{12}\sqrt{h_{11,t}\cdot h_{22,t}}$$

其中，$r_{1,t}$、$r_{2,t}$ 为股票指数报酬率，$\varepsilon_{1,t}$、$\varepsilon_{2,t}$ 为误差项，服从正态分布，期望值为 0，方差为 $h_{11,t}$、$h_{22,t}$。故 $h_{11,t}=VAR_{t-1}(\varepsilon_{1,t})$、$h_{22,t}=VAR_{t-1}(\varepsilon_{2,t})$ 为股价指数报酬数列条件方差。ρ_{12} 为固定的条件相关系数，即

$$\rho=\frac{E(r_1\cdot r_2)}{\sqrt{E(r_1{}^{2})\cdot E(r_2{}^{2})}}$$

（11）DCC-GARCH 模型。

$$r_{1,t}=\alpha_{1,0}+\sum_{i=1}^{m_1}\alpha_{1,i}r_{1,t-i}+\sum_{j=1}^{n_1}\beta_{1,j}r_{2,t-j}+\varepsilon_{1,t}$$

$$r_{2,t}=\alpha_{2,0}+\sum_{i=1}^{m_2}\alpha_{2,i}r_{2,t-i}+\sum_{j=1}^{n_2}\beta_{2,j}r_{2,t-j}+\varepsilon_{2,t}$$

$$h_{11,t}=\phi_{1,0}+\sum_{i=1}^{p_1}\phi_{1,i}h_{11,t-i}+\sum_{j=1}^{q_1}\theta_{1,j}h_{22,t-j}+\sum_{k=1}^{s_1}\omega_{1,k}\varepsilon_{1,t-k}{}^{2}$$

$$h_{22,t}=\phi_{2,0}+\sum_{i=1}^{p_2}\phi_{2,i}h_{22,t-i}+\sum_{i=j}^{q_2}\theta_{2j}h_{11,t-j}+\sum_{k=1}^{s_2}\omega_{2,k}\varepsilon_{2,t-k}{}^{2}$$

$$q_{12,t}=\bar{\rho}_{12}+\alpha(z_{1,t-1}z_{2,t-1}-\bar{\rho}_{12})+\beta(q_{12,t-1}-\bar{\rho}_{12})$$

$$\rho_{12,t}=\frac{\sigma_{12,t}}{\sqrt{q_{11,t}\cdot q_{22,t}}}$$

其中，$q_{12,t}$ 为两数列的共变异数（covariance），$\rho_{12,t}$ 为动态条件相关系数，为每期皆变动的值，此式即 DCC—GARCH 模型与 CCC—GARCH 模型设定不同处。$z_{i,t}=\dfrac{r_{i,t}}{\sigma_{i,t}}$，动态条件相关

系数定义为

$$\rho_{12,t} = \frac{E_{t-1}(r_{1,t} \cdot r_{2,t})}{\sqrt{E_{t-1}(r_{1,t}^2) \cdot E_{t-1}(r_{2,t}^2)}}$$

附录 10-2:残差检验

回归模型估计完毕后,通常研究者会对模型估计的残差进行检验,通过回归残差的性质来判断模型估计的效果。常用的检验有:Q 检验和 LM 检验,用来判断残差是否违背无相关假定;异方差检验,用来判断残差是否违背同方差假定;正态性检验,用于判断残差的分布。检验的一般程序(适用于绝大部分统计量检验)是计算相关统计量的原假设成立的概率 P 值:如果该概率 P 值小于某个设定显著水平(通常为 5%),则拒绝原假设,认为备择假设成立;反之,则不能拒绝原假设。

(1)残差自相关的 Q 检验。

检验目的:Q 统计量的全称是 Ljung-Box Q,该统计量一般用于检验序列是否存在自相关。该统计量的原假设与备择假设如下:

H_0:残差序列不存在自相关;

H_1:残差序列存在自相关。

(2)残差自相关的 LM 检验。

LM 检验是 Breush-Godfrey Lagrange Multiplier 的简称,主要用于检验残差序列是否存在高阶自相关的重要假设。该统计量的计算首先必须利用 OLS 估计出原模型的残差序列 u;然后以 u 为被解释变量,以 u 的 1 到 P 阶滞后项为解释变量再次进行回归,同时记录该回归的拟合优度 R^2。LM 检验统计量的原假设与备择假设如下:

H_0:残差序列直到 P 阶不存在自相关;

H_1:残差序列 P 阶内存在自相关。

(3)残差的正态性检验。

检验目的:Histogram-Normality Test 检验主要是通过计算 JB 统计量实现的,JB 统计量用来检验序列观测值是否服从正态分布,在零假设下,JB 统计量服从 $\chi^2(2)$ 分布。原假设与备择假设如下:

H_0:样本残差服从正态分布;

H_1:残差序列不服从正态分布。

(4)残差的异方差检验。

检验目的:由于最小二乘方法是建立在残差同方差假设基础上的,一旦出现异方差就说明 OLS 方法就不可靠了,需要利用加权最小二乘方法进行纠正。异方差检验是利用辅助回归的方法进行的,该统计量服从卡方分布。原假设与备择假设如下:

H_0:残差序列不存在异方差;

H_1:残差序列存在异方差。

11 非线性模型

本章摘要

本章开始介绍回归模型的应用。首先介绍非线性模型,非线性模型一般包含对数模型、半对数模型、倒数模型、多项次模型、交叉项模型和成长曲线模型。这些模型的处理方式都是将变量进行转换得到的,而在变量的转换过程中最常遇见的问题是在新变量产生后之间形成共线性的问题(高度相关),因此,处理共线性是本单元最大的重点,就多项次来说,采用去中心化,大部分平方项的处理都可以解决;若遇到 3 项次以上,则又要进行变量之间的转换才可以解决。

目前最常使用的非线性模型要进行为交叉项分析,也就是所谓的调节效果。调节效果其实就是应用交叉项,也就是将两个解释变量相乘后产生一个新的解释变量,然后进行分析。

11.1 变量应用

本章将对回归模型进行深入探讨,也就是通过时下所称的计量经济学或计量方法进行实证分析。

什么是计量经济学? 计量经济学是以经济理论和统计数据为基础,运用数学、统计方法与计算机技术,以建立经济计量模型为主要手段,通过定量分析研究具有随机性特性的经济变量关系的学科。计量经济学学科关系如图 11-1 所示。

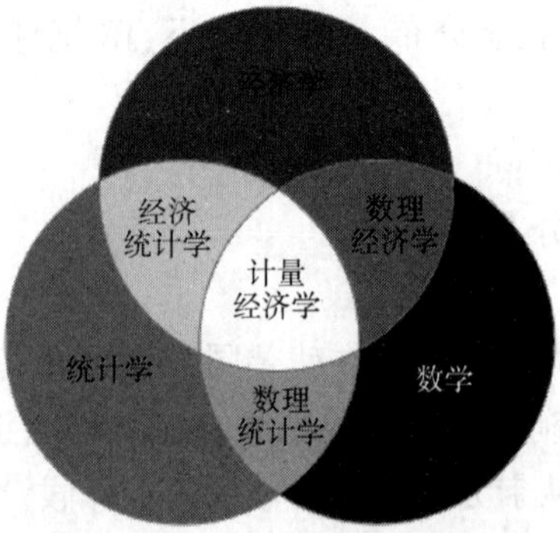

图 11-1 计量经济学学科关系图

实证分析就是要把观察到的现象通过模型来表达。用公式可表示如下:

观察现象=模型+误差

将上述模型用数理模型描述，就形成下列方程式：

$$y = f(x) + \text{error}$$

也就是：

观察值=信号+噪声

所以，这就存在量化目标值 y 和关键变量 $x_1, x_2, \cdots, x_n$。整体来说，建立量化模型可以通过统计学习、机器学习来实现。

一般建立的模型就是：

$$Y = X\beta + \varepsilon$$

11.1.1 回归模型的关键要素

本书前面对回归模型的介绍，可以整理成以下的关键要素：

(1)条件：**Y** 与 **X** 要有线性关系。

(2)用途：预测、分析。

(3)预测：要求 R^2 越高越好。但 R^2 过高会有伪回归的问题。

(4)分析：**X** 对 **Y** 的影响必须要检验(t 检验、F 检验)，所以必须满足无偏、有效和一致。

(5)不论分析或预测，最重要的是随机误差项 ε 必须满足以下的条件：

① $\varepsilon \overset{iid}{\sim} N(0,\sigma^2)$：随机误差项必须独立且形成平均数等于0，方差齐一的正态分布。

② $\text{Cov}(x_i,\varepsilon)=0$，随机误差项必须与所有解释变量不相关。

11.1.2 变量的类型

(1)解释变量和被解释变量。计量方法中，变量一般可以被区分为被解释变量和解释变量，如图11-2所示。

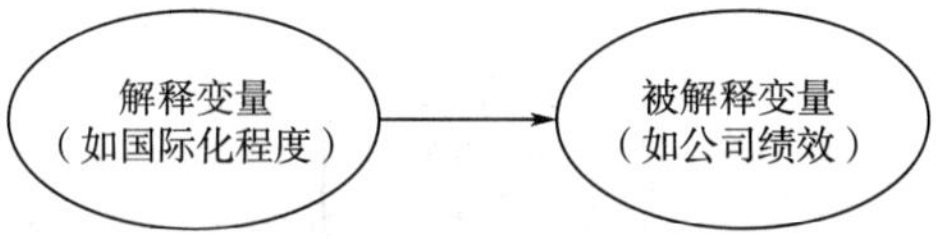

图11-2 解释变量与被解释变量关系图

①解释变量。解释变量也称自变量，是用来解释被解释变量的，因此，要么解释变量是原因，要么解释变量是被解释变量的先行指标。

②被解释变量。被解释变量也称因变量，是作为研究对象的变量。它的变动是由解释变量做出解决的，表现为结果。

(2)一般来说解释变量根据其采用的研究方式可以再细分为控制变量、中介变量、调节变量。

①控制变量(controlled variable, CV)。控制变量是指除了研究的解释变量以外，有可能影响被解释变量的变量，但这些变量并不是在模型中想要研究的变量。控制变量不会单独存在，它是一个已经被证明对被解释变量是有影响的变量。其使用的意义在于，因为在解释变量对被解释变量的影响中，除了解释变量本身以外，尚可能受到其他因素的影响，所以排

除其他可能对被解释变量造成影响的变量,而单纯探讨解释变量对被解释变量的影响,会使得研究结果产生严重的偏误,如图 11-3 所示。

②调节变量(moderator, Mo)。调节变量又称为干扰变量,是一个外来的变量,而这个外来变量会改变解释变量与被解释变量之间关系的强弱(斜率),此时这个外来变量为干扰变量。调节变量可以是类别变量(如产业类别、生命周期等),也可以是连续变量(如研发强度、资本强度等)。在使用的目的上,调节变量是为了了解解释变量对被解释变量的影响在不同的情况下有何不同,如图 11-4 所示。

③中介变量(mediator, Me)。解释变量通过一个中间变量影响被解释变量,这个变量就称为中介变量。使用的目的上,中介变量是为了了解解释变量对被解释变量的影响中,会不会因为解释变量通过某个特定的中介变量而影响被解释变量,如图 11-5 所示。

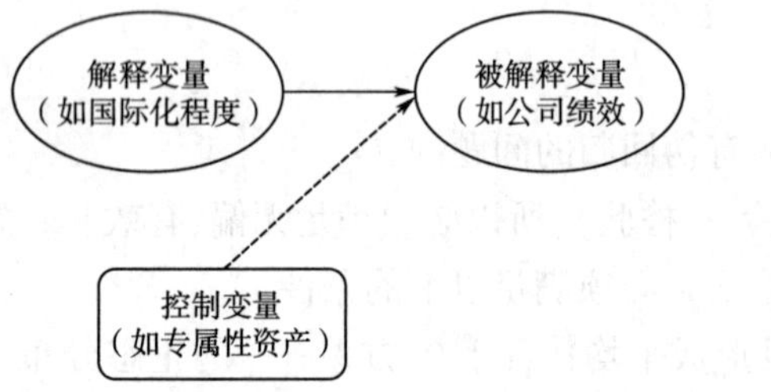

图 11-3 解释变量、控制变量与被解释变量关系图

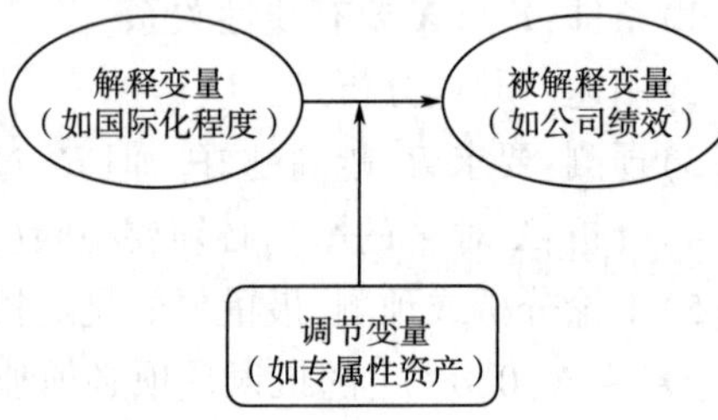

图 11-4 解释变量、调节变量与被解释变量关系图

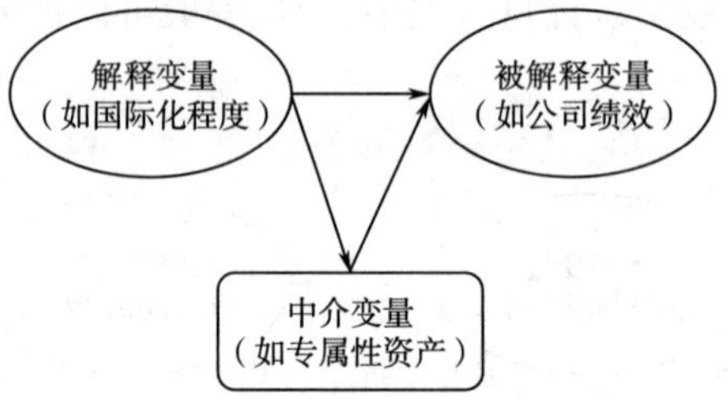

图 11-5 解释变量、中介变量与被解释变量关系图

(3)变量从功用来区分,有虚拟变量、代理变量和工具变量。

①虚拟变量(dummy variable)。虚拟变量又称虚设变量、名义变量或哑变量,是用以反映质的属性的一个人工变量,是量化了的质变量,通常取值为 0 或 1。引入虚拟变量可使线性回归模型变得更复杂,但对问题描述会更简明,一个方程能起到两个方程的作用,而且更加接近现实。例如,公司产权属性可以分国有和民营,我们就会用虚拟变量来代替,也就是国有=1、民营=0(当然也可以设国有=0,民营=1),通常与研究假设相关的质变量设为 1,否则为 0。用公式表示如下:

$$D=\begin{cases}1 & 是\\0 & 否\end{cases}$$

②代理变量。当一个变量无法被“测量”时 那么研究者通常会寻找一个“可以被测量”

的相近变量当作“代理变量”。例如,当公司规模无法测量时,我们必须找一个代理变量来代替,一般会使用公司的总资产或总营收或是员工人数来代替。

③工具变量。工具变量是上述所有变量中最难寻得的。寻找到一个好的工具变量,可以直接帮助一位博士生毕业,可见找工具变量是一件具有挑战性的事情。工具变量必须是一个外生变量,找工具变量除了需要有经济学的素养和逻辑外,还需要这个人知识面广,拥有自然、地理、人文常识及世俗的智慧和经验等。通常,这跟一个人熟悉的领域,以及长期观察和思考产生的洞见有关。

工具变量的原理最早出现在菲利普 · 莱特(Philip Wright) 1928 年写的书(*The Tariff on Animal and Vegetable Oils*)里。为了进一步解释这个原理,首先给出一个典型的线性回归模型:

$$y = \beta_0 + \beta_1 x_1 + \beta X + \varepsilon$$

y 为被解释变量,x_1 为解释变量。X 为外生控制项向量(也即一组假定为外生的其他控制变量),ε 则为误差项。如果 ε 与 x_1 不相关,那么我们可以利用 OLS 模型对方程进行无偏估计。然而,如果一个重要变量 x_2 被模型遗漏了,且 x_1 和 x_2 也相关,那么对 β_1 的 OLS 估计值就必然是有偏的(也就是产生了 ε 与 x_1 的相关性)。此时,x_1 被称作“内生”的解释变量,这就是“内生性”问题。所以工具变量主要是用来解决内生问题的。

上述各变量的使用都会在本章及后续章节中分别介绍。“内生性”问题,例如断点回归(第 12 章)、倍差法(第 12 章)、工具变量法(第 13 章)、面板数据模型(第 14 章)等方法都可以解决。

11.2 常见的非线性模型

常见的非线性回归模型主要有以下几种。

(1)对数模型:

$$\ln y = \beta_0 + \beta_1 \ln x + \varepsilon$$

其中:β_1 表示 Y 关于 X 的弹性。

$$\ln y = \alpha + \beta \ln x \xrightarrow{\text{对 } x \text{ 微分}} \frac{1}{y} \cdot \frac{\mathrm{d}y}{\mathrm{d}x} = \beta \cdot \frac{1}{x} \rightarrow \beta = \frac{x}{y} \cdot \frac{\mathrm{d}y}{\mathrm{d}x} = \frac{\mathrm{d}y/y}{\mathrm{d}x/x}$$

(2)半对数模型:

$$y = \beta_0 + \beta_1 \ln x + \varepsilon$$

其中:β_1 表示 X 的相对变化,引起 Y 的期望值绝对量变化。

$$\ln y = \beta_0 + \beta_1 x + \varepsilon$$

β_1 表示 X 的绝对量发生一定变动时,引起因变量 Y 的相对变化率。

(3)倒数模型:

$$y = \beta_0 + \beta_1 \frac{1}{x} + \varepsilon$$

$$\frac{1}{y} = \beta_0 + \beta_1 \frac{1}{x} + \varepsilon$$

(4)多项式模型：

$$y = \beta_0 + \beta_1 x + \beta_2 x^2 + \cdots + \beta_k x^k + \varepsilon$$

(5)成长曲线模型：

①逻辑成长曲线模型：

$$y_t = \frac{K}{1 + \beta_0 e^{-\beta_1 t}}$$

②Gompertz 成长曲线模型：

$$y_t = e^{K+\beta_0 \beta_1^{\ t}}$$

上述模型的变量都可以通过变量转换的方式进行计量分析，但变量转换过程中，交叉项和多项式模型会存在变量之间高度相关的问题。这将在本章下面几节分别介绍。

11.3 调节效果

当某家公司拟针对商品进行打折促销时，根据价量关系，降价可以促使销售量增加，所以“极”有可能让营收增加。但商品的降价对人的购买意愿产生的影响，会与个体对价格敏感度不同而存在差异。高价格敏感度的人很可能会增加购买量，低价格敏感度的人的购买意愿可能不变，甚至会降低，因为他们可能觉得降价行为降低了品牌的感知价值。此时，价格敏感度就调节了打折促销(解释变量)和购买意愿(被解释变量)之间的关系。

调节(moderating)变量解释的是两个变量之间的关系在不同条件下是否会有所变化。也就是我们通常所说的“视情况而定”里的“情况”。

如果被解释变量 Y 与解释变量 X 的关系是变量 M 的函数，就可以称 M 为调节变量。也即 Y 与 X 的关系受到第三个变量 M 的影响。这三者之间的关系即为调节效应。

图 11-6 表示的是最简单的调节效应。

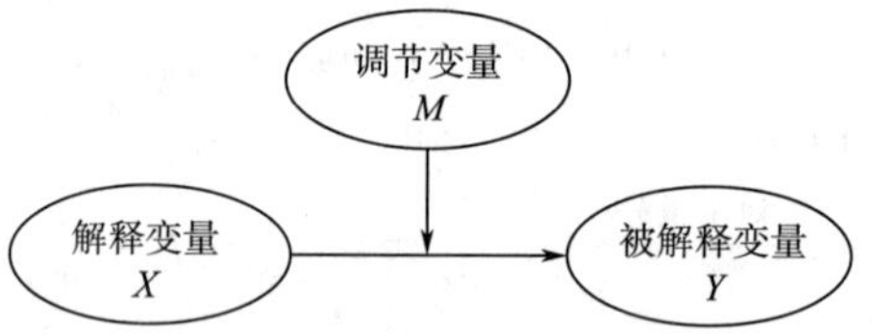

图 11-6 调节效应示意图

用模型表示，即假设 Y 与 X 有如下关系：

$$Y = aX + bM + cX \cdot M + \varepsilon$$

对于固定的 M，这是 Y 对 X 的直线回归。Y 与 X 的关系由回归系数 $a + cM$ 来刻画，它是 M 的线性函数，c 衡量了调节效应(moderating effect)的大小。

调节变量既可以是类别变量(如性别、国籍、公司规模、企业所有制)，也可以是连续变量(如年龄、环境不确定性、竞争程度)；既可以是潜变量(实际工作中无法直接测量到的变量)，又可以是显变量(可以直接测量到的变量)。根据调节变量和解释变量类型的不同，在分析调节效应时使用的方法也有所不同。

调节变量影响被解释变量和解释变量之间关系的方向和强弱。调节变量的意义在于能够识别解释变量对被解释变量影响的边界条件。引入新的调节变量是理论研究的一个思路。

在运算过程中,$X \cdot M$ 常常会和 X 或 M 形成高度相关,要解决这种问题,通常要将解释变量和调节变量做中心化变换(即变量减去其均值)。如应用于下一节的例 11-1 中,表 11-1 为未去中心化的结果,表 11-2 为去中心化的结果。

表 11-1　未去中心化 *CAI*、*MAI* 和 *RDI* 的相关系数矩阵表

	RDI	*MAI*	*CAI*	*RDI · MAI*	*RDI · CAI*	*MAI · CAI*
RDI	1.000					
MAI	0.117	1.000				
CAI	0.314	−0.237	1.000			
RDI · MAI	0.785	0.618	0.041	1.000		
RDI · CAI	0.664	−0.092	0.790	0.369	1.000	
MAI · CAI	0.371	0.464	0.544	0.529	0.558	1.000

表 11-2　去中心化 *CAI*、*MAI* 和 *RDI* 的相关系数矩阵表

	RDI	*MAI*	*CAI*	φ	ψ	ω
RDI	1.000					
MAI	0.117	1.000				
CAI	0.314	−0.237	1.000			
φ	0.243	−0.125	−0.057	1.000		
ψ	0.323	−0.034	0.386	−0.105	1.000	
ω	−0.043	0.056	−0.483	0.313	−0.062	1.000

注:其中 $\varphi = (RDI - \overline{RDI})(MAI - \overline{MAI})$, $\psi = (RDI - \overline{RDI})(CAI - \overline{CAI})$, $\omega = (CAI - \overline{CAI})(MAI - \overline{MAI})$

由表 11-1、表 11-2 就可以发现,去中心化后两变量的乘积与两个个别变量的相关系数明显变小,甚至高度相关的情况也不复见。去中心化后,调节效果模型由 $Y = aX + bM + cX \cdot M$ 变成 $Y = aX + bM + c(X - \bar{X}) \cdot (M - \bar{M})$,很明显,调节变量中也存在 X 和 M,因此 X 和 M 的显著状况必须重新计算,公式如下:

$$
\begin{aligned}
Y &= aX + bM + c(X - \bar{X}) \cdot (M - \bar{M}) \\
&= \bar{x} \cdot \bar{M} + (a - c\bar{M})X + (b - c\bar{X})M + cX \cdot M
\end{aligned}
$$

X 的检定力:

$$
t = \frac{(a - c\bar{M})}{\sqrt{s_a^2 + \bar{M}^2 \cdot s_c^2}}
$$

M 的检定力:

$$t = \frac{(b - c\bar{X})}{\sqrt{s_b^2 + \bar{X}^2 \cdot s_c^2}}$$

实证分析中的数据研究与方法，首要的是数据研究，包含研究对象、数据来源以及数据的介绍（描述统计量），之后就是研究方法。财经的实证分析最常采用的是回归分析的计量方法。之后就是建立模型，由于大部分进行的是复回归，所以解释变量会有两个以上，因此，解释变量间不能存在高度相关。所以，相关系数矩阵的建立非常重要。若实证分析要用到预测模型，那么模型的误差项必须服从平均数等于 0、方差齐一且独立的正态分布即 $\varepsilon \overset{iid}{\sim} N(0,\sigma^2)$ 。误差项是否满足假设，要等模型分析完后才能进一步判断，因为误差项与被解释变量在计量分析中，它们的分布和方差是相等的，所以可以在进行统计量分析时就对被解释变量进行分析。当然，解释变量最好也呈现正态分布，只是解释变量没有呈现正态分布并不会影响分析结果。最后查看整个模型的分析结果，然后再进行稳健性检验。

所以，本书的范例示范模式是：研究对象的介绍→变量介绍→描述统计量→相关系数矩阵→建立模型→实证分析→稳健性检验。

本节实证分析将对专属性资产（firm-specific asset）调节效果对公司绩效的影响进行探讨。专属性资产指的是企业在非生产基础的资产（non-production bases）上拥有的几项特质（Caves，1996），这些资产包括技术诀窍、营销能力、相关顾客满意度、有效及专属的管理（Morck and Yeung，1991），通常专属性资产可以从企业的管理、营销、研发、信息投资和资本属性来衡量，本节范例采用较常见的营销强度、研发强度和资本强度（Wei al et.，2020；Bae et al. 2008；Lu and Beamish ，2004； Jung，1991）来进行演练。

【例 11-1】专属性资产的调节效果（以 2020 年医疗制造业为例）。

步骤 1：研究对象。

本研究目的是获得 2020 年医疗制造业专属性资产投入费用对公司绩效的调节效果分析结论，并删除 ST 以及数据缺失的公司，分析过程也将极端值给予删除，研究对象是删除不符合要求公司后获得的 161 家企业。

步骤 2：变量介绍。

变量一共分为 3 种，分别为研究的解释变量（专属性资产）、被解释变量（公司绩效）和控制变量（公司规模、产权比例和企业成立时间）。

（1）专属性资产：研发强度、营销强度和资本强度。一般研发强度（*RDI*）、营销强度（*MAI*）都采用费用率（费用除以营业收入）来表示，而资本强度（*CAI*）则用固定资产成长率，本例为了方便比较 3 种强度指标的效果，将资本强度改用投入费用率，计算式如下：

$$RDI = \frac{\text{研发费用}}{\text{营业收入}}$$

$$MAI = \frac{\text{营销费用}}{\text{营业收入}}$$

$$CAI = \frac{\text{建构支付固定资产的现金} - \text{处置取得固定资产的现金}}{\text{营业收入}}$$

（2）公司绩效：采用总资产收益率（*ROA*）。

$$ROA = \frac{\text{息税前净利润}}{\text{平均总资产}}$$

（3）控制变量：公司规模（SC）、产权比例（ER）、企业成立时间（AGE）。

$$SC = \ln(\frac{总资产}{1亿})$$

$$ER = \ln(\frac{总负债}{股东权益})$$

$$AGE = \ln(企业成立时间)$$

根据上述介绍将解释变量建立假设，见表 11-3。

表 11-3　各变量预期假设

变量	备择假设	原假设	变量	备择假设	原假设
研发强度	$H_{a1}: RDI > 0$	$H_{01}: RDI \leq 0$	公司规模	$H_{a4}: SC > 0$	$H_{04}: SC \leq 0$
营销强度	$H_{a2}: MAI > 0$	$H_{02}: MAI \leq 0$	产权比例	$H_{a5}: ER \neq 0$	$H_{05}: ER = 0$
资本强度	$H_{a3}: CAI > 0$	$H_{03}: CAI \leq 0$	企业成立时间	$H_{a6}: AGE > 0$	$H_{06}: AGE \leq 0$

步骤 3：描述统计量。

一般来说，描述统计量包含集中趋势（平均数、中位数、众数、全距、最大值、和最小值）、离散程度（方差、标准偏差、离散系数）、偏态和峰度。利用 EViews 可以计算，如图 11-7 至图 11-9 所示。

选择指令：Quick→Group Statistics→Descriptive Statistic→Common sample。

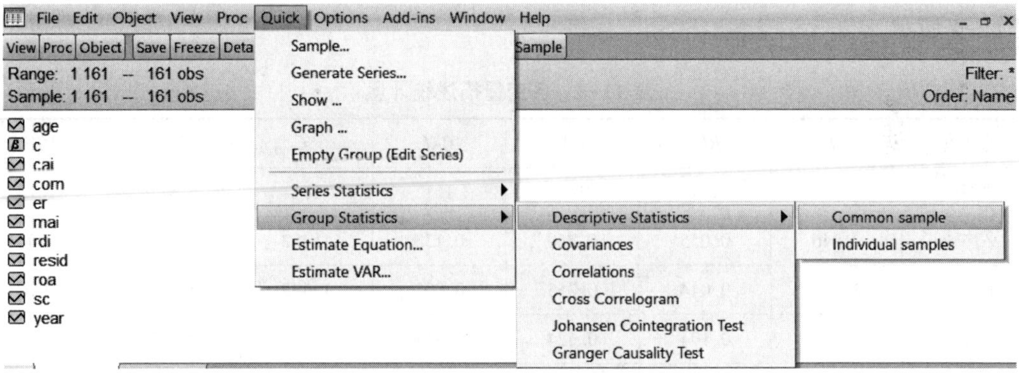

图 11-7　EViews 描述统计量选择框

图 11-8　EViews 描述统计量指令框

View Proc Object Print Name Freeze Sample Sheet Stats Spec	ROA	RDI	MAI	CAI	SC	ER	AGE
Mean	2.246052	0.055456	0.260047	0.132586	1.482081	-0.979049	3.103792
Median	2.252477	0.043570	0.255130	0.091163	1.494947	-0.937391	3.095822
Maximum	3.530315	0.194010	0.623884	0.823606	4.427072	0.872085	4.356691
Minimum	1.254821	0.001807	0.007107	0.003320	-0.571912	-4.235395	1.677563
Std. Dev.	0.524352	0.037431	0.163499	0.126639	1.004600	0.810823	0.311285
Skewness	0.095163	1.333557	0.217629	2.585174	0.316590	-0.647654	0.156337
Kurtosis	2.352406	4.777161	2.035849	11.72807	2.671293	4.150047	7.632789
Jarque-Bera	3.056328	68.90666	7.506875	690.3663	3.414309	20.12789	144.6350
Probability	0.216934	0.000000	0.023437	0.000000	0.181381	0.000043	0.000000
Sum	361.6143	8.928479	41.86764	21.34639	238.6150	-157.6269	499.7105
Sum Sq. Dev.	43.99127	0.224169	4.277126	2.565977	161.4755	105.1895	15.50373
Observations	161	161	161	161	161	161	161

图 11-9　EViews 描述统计量结果图

由图 11-9 可以获得描述统计量的结果：Mean（平均数），Median（中位数），Maximim（最大值），Minimum（最小值），Std. Dev（标准偏差），Skewness（偏态），Kurtosis（峰度），Jarque Beta（J-B 值），Probabiliyt（J-B P 值），Sum（总和：变量总和），Sum Sq. Dev（变量离散平方和），Observations（观察值）。

一般要呈现出来的有 Observations（观察值）、Mean（平均数）、Median（中位数）、Maximim（最大值）、Minimum（最小值）、Std. Dev（标准偏差）、Skewness（偏态）、Kurtosis（峰度）；由平均数和中位数的差距可以得知极端值是否存在、偏态（左偏，小于 0；右偏，大于 0）和峰度（尖峰，大于 3；扁平峰，小于 3），当然若是预测模型，则 J-B 值必须呈现出来，呈现结果如表 11-4 所示。

表 11-4　各变量描述统计量

统计量	*ROA*	*RDI*	*MAI*	*CAI*	*SC*	*ER*	*AGE*
观察值	161	161	161	161	161	161	161
平均数	2. 246	0. 055	0. 260	0. 133	1. 482	−0. 979	3. 104
中位数	2. 252	0. 044	0. 255	0. 091	1. 495	−0. 937	3. 096
最大值	3. 530	0. 194	0. 624	0. 824	4. 427	0. 872	4. 357
最小值	1. 255	0. 002	0. 007	0. 003	−0. 572	−4. 235	1. 678
标准差	0. 524	0. 037	0. 163	0. 127	1. 005	0. 811	0. 311
偏态	0. 095	1. 334	0. 218	2. 585	0. 317	−0. 648	0. 156
峰度	2. 352	4. 777	2. 036	11. 728	2. 671	4. 150	7. 633

由表 11-4 可见，平均数与中位数差距不大，结合最大值、最小值及标准偏差的状况，可以得知本研究观察值各变量不存在极端值。可以发现，各变量的分布状况：*ER*（−0. 648）呈现左偏的分布，其余则为右偏，而 *RDI*（4. 777）、*CAI*（11. 728）、*ER*（4. 150）和 *AGE*（7. 633）呈现尖峰，其他 3 个指标则是扁平峰。

步骤 4:相关系数矩阵。

相关系数矩阵的建立主要是为了检查解释变量间是否存在高度相关,还有就是初步检查解释变量与被解释变量之间的关系。请注意,相关系数只能了解 2 个变量的相关关系,而不能了解变量间影响的因果关系。EViews 操作流程如图 11-10 至图 11-12 所示。

选择指令:Quick→Group Statistics→Correlogram。

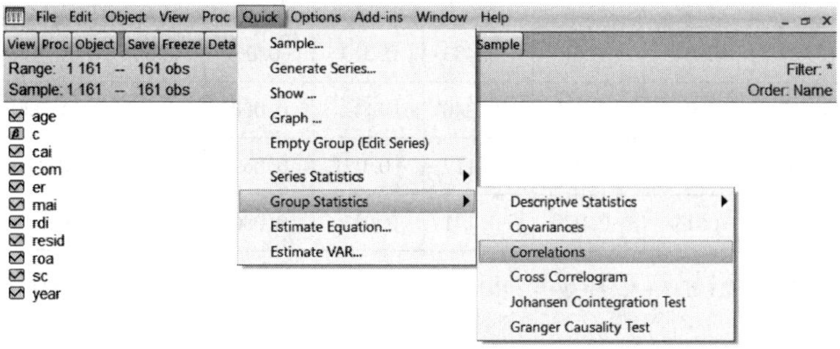

图 11-10 EViews 相关系数矩阵选择框

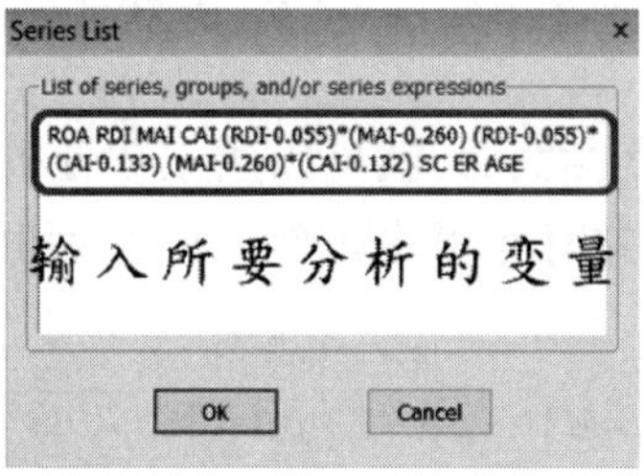

图 11-11 EViews 相关系数矩阵指令框

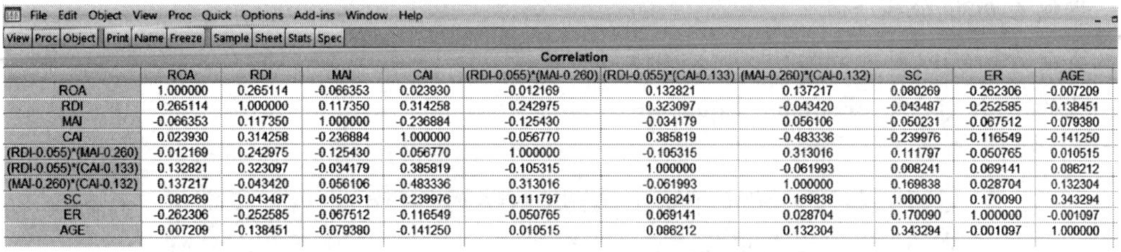

Correlation

	ROA	RDI	MAI	CAI	(RDI-0.055)*(MAI-0.260)	(RDI-0.055)*(CAI-0.133)	(MAI-0.260)*(CAI-0.132)	SC	ER	AGE
ROA	1.000000	0.265114	-0.066353	0.023930	-0.012169	0.132821	0.137217	0.080269	-0.262306	-0.007209
RDI	0.265114	1.000000	0.117350	0.314258	0.242975	0.323097	-0.043420	-0.043487	-0.252585	-0.138451
MAI	-0.066353	0.117350	1.000000	-0.236884	-0.125430	-0.034179	0.056106	-0.050231	-0.067512	-0.079380
CAI	0.023930	0.314258	-0.236884	1.000000	-0.056770	0.385819	-0.483336	-0.239976	-0.116549	-0.141250
(RDI-0.055)*(MAI-0.260)	-0.012169	0.242975	-0.125430	-0.056770	1.000000	-0.105315	0.313016	0.111797	-0.050765	0.010515
(RDI-0.055)*(CAI-0.133)	0.132821	0.323097	-0.034179	0.385819	-0.105315	1.000000	-0.061993	0.008241	0.069141	0.086212
(MAI-0.260)*(CAI-0.132)	0.137217	-0.043420	0.056106	-0.483336	0.313016	-0.061993	1.000000	0.169838	0.028704	0.132304
SC	0.080269	-0.043487	-0.050231	-0.239976	0.111797	0.008241	0.169838	1.000000	0.170090	0.343294
ER	-0.262306	-0.252585	-0.067512	-0.116549	-0.050765	0.069141	0.028704	0.170090	1.000000	-0.001097
AGE	-0.007209	-0.138451	-0.079380	-0.141250	0.010515	0.086212	0.132304	0.343294	-0.001097	1.000000

图 11-12 EViews 相关系数矩阵结果图

图 11-12 可以发现相关系数矩阵是一个对称的矩阵,所以呈现时可以用上三角或是下三角来表示,如表 11-5 所示。

表 11-5 相关系数矩阵

变量	*ROA*	*RDI*	*MAI*	*CAI*	φ	ψ	ω	*SC*	*ER*	*AGE*
ROA	1. 000									
RDI	0. 265	1. 000								
MAI	−0. 066	0. 117	1. 000							

续表

变量	ROA	RDI	MAI	CAI	φ	ψ	ω	SC	ER	AGE
CAI	0.024	0.314	−0.237	1.000						
φ	−0.012	0.243	−0.125	−0.057	1.000					
ψ	0.133	0.323	−0.034	0.386	−0.105	1.000				
ω	0.137	−0.043	0.056	−0.483	0.313	−0.062	1.000			
SC	0.080	−0.043	−0.050	−0.240	0.112	0.008	0.170	1.000		
ER	−0.262	−0.253	−0.068	−0.117	−0.051	0.069	0.029	0.170	1.000	
AGE	−0.007	−0.138	−0.079	−0.141	0.011	0.086	0.132	0.343	−0.001	1.000

注：其中 $\varphi = (RDI-\overline{RDI})(MAI-\overline{MAI})$，$\psi = (RDI-\overline{RDI})(CAI-\overline{CAI})$，$\omega = (CAI-\overline{CAI})(MAI-\overline{MAI})$。

由表 11-5 可以发现解释变量与被解释变量之间的关系：研发强度、资本强度、公司规模以及研发强度与资本强度的调节效果以及资本强度与营销强度的调节效果和公司绩效呈现正相关，而其他变量与公司绩效则是负相关，并且，解释变量之间并不呈现高度相关。

步骤 5：建立模型。

确定解释变量间不存在高度相关后，就可以建立欲分析的模型。本例要分析专属性资产的调节效果，所以解释变量一共有专属性资产 3 个变量和两两交叉项共 3 个，以及 3 个控制变量，模型如下：

$$ROA = \beta_1 RDI + \beta_2 MAI + \beta_3 CAI + \beta_4 (RDI-\overline{RDI})\cdot(MAI-\overline{MAI}) + \beta_5 (RDI-\overline{RDI})\cdot(MAI-\overline{MAI}) + \beta_6 (RDI-\overline{RDI})\cdot(MAI-\overline{MAI}) + \beta_7 SC + \beta_8 ER + \beta_9 AGE + \beta_0$$

步骤 6：实证分析。

实证分析仍以复回归分析为主，操作过程见图 11-13 至图 11-15。

选择指令：Quick→Estimate Equation...

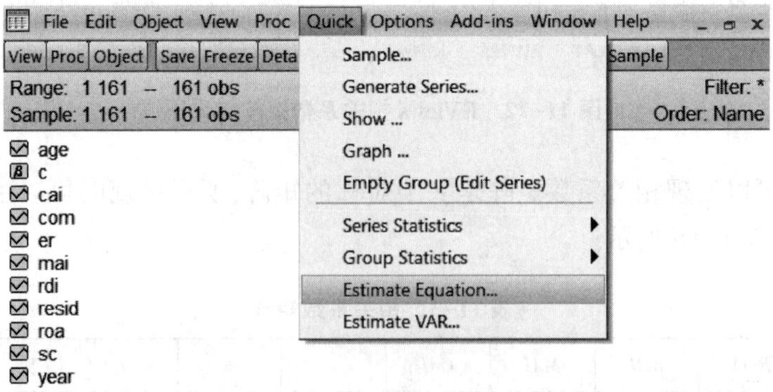

图 11-13　EViews 回归分析选择框

上述分析结果，通过模型来表示，就是：

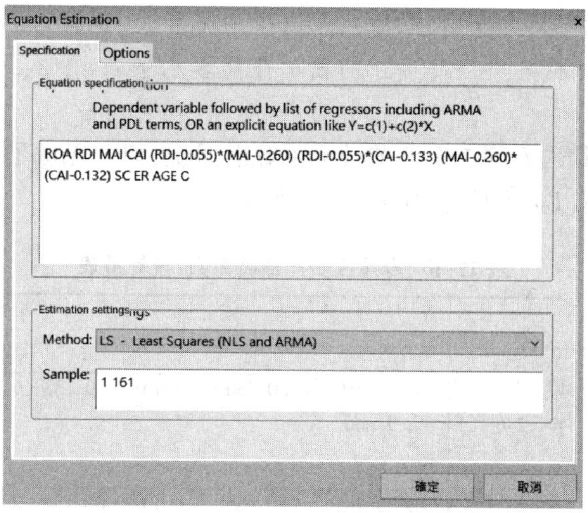

图 11-14　EViews 回归分析指令框

View | Proc | Object | Print | Name | Freeze | Estimate | Forecast | Stats | Resids

Dependent Variable: ROA
Method: Least Squares
Date: 08/14/21 Time: 15:20
Sample: 1 161
Included observations: 161

Variable	Coefficient	Std. Error	t-Statistic	Prob.
RDI	3.585506	1.260440	2.844645	0.0051
MAI	-0.495458	0.254980	-1.943125	0.0539
CAI	-0.224343	0.422002	-0.531617	0.5958
(RDI-0.055)*(MAI-0.260)	-17.43059	8.490579	-2.052933	0.0418
(RDI-0.055)*(CAI-0.133)	6.330227	6.818034	0.928453	0.3547
(MAI-0.260)*(CAI-0.132)	4.551440	2.228061	2.042781	0.0428
SC	0.064288	0.042666	1.506782	0.1340
ER	-0.164951	0.050872	-3.242465	0.0015
AGE	-0.107571	0.135721	-0.792593	0.4293
C	2.308160	0.433272	5.327202	0.0000

R-squared	0.192266	Mean dependent var	2.246052
Adjusted R-squared	0.144123	S.D. dependent var	0.524352
S.E. of regression	0.485097	Akaike info criterion	1.451165
Sum squared resid	35.53325	Schwarz criterion	1.642557
Log likelihood	-106.8188	Hannan-Quinn criter.	1.528878
F-statistic	3.993632	Durbin-Watson stat	1.707111
Prob(F-statistic)	0.000135		

图 11-15　EViews 回归分析结果图

$$ROA = 3.586RDI - 0.491MAI - 0.224CAI - 17.431(RDI - 0.055)\cdot(MAI - 0.260) +$$

$$(1.260)\quad(0.255)\quad(0.422)\quad(8.491)$$

$$***\quad *\quad **$$

$$6.330(RDI - \overline{0.055})\cdot(CAI - \overline{0.133}) + 4.551(MAI - 0.260)\cdot(CAI - 0.133) +$$

$$(6.818)\quad(2.228)$$

$$**$$

$$0.064SC - 0.165ER - 0.108AGE + 2.307$$

$$(0.043)\quad(0.051)\quad(0.136)\quad(0.433)$$

$$***\quad ***$$

此表示方式中,第一排为模型(系数),第二排为标准误(也有人会用 t 值来呈现),第三排为双尾检定结果(＊＊＊、＊＊、＊分别表示在显著水平 $\alpha=1\%$、5%和 10%下显著不为 0)。

上述模型可以很精准看到 3 个调节效果的显著状况,但并无法了解 3 个专属性资产变量的实际影响状况,所以必须整理,如表 11-6 所示。

表 11-6 专属性资产最终系数、统计量表

变量	系数	标准误	t 值
RDI	3.586−0.260×(−17.431)−0.133×(6.330)=7.276	$\sqrt{(1.260)^2+(0.260\cdot 8.491)^2+(0.133\cdot 6.818)^2}=2.699$	2.696
MAI	−0.491−0.055×(−17.431)−0.133×(4.551)=−0.138	$\sqrt{(0.245)^2+(0.055\cdot 8.491)^2+(0.132\cdot 2.228)^2}=0.609$	−0.226
CAI	−0.224−0.055×(−17.431)−0.260×(4.551)=−0.449	$\sqrt{(0.422)^2+(0.055\cdot 6.818)^2+(0.255\cdot 2.228)^2}=0.809$	−0.555

整理模型如下:

$$\underset{***}{\underset{(1.260)}{ROA=7.276RDI}}-\underset{(0.255)}{0.138MAI}-\underset{(0.422)}{0.449CAI}-\underset{**}{\underset{(8.491)}{17.431RDI\cdot MAI}}+\underset{(6.818)}{6.330RDI\cdot CAI}+$$

$$\underset{**}{\underset{(2.228)}{4.551MAI\cdot CAI}}+\underset{(0.043)}{0.064SC}-\underset{***}{\underset{(0.051)}{0.165ER}}-\underset{(0.136)}{0.108AGE}+C$$

所以,每增加 1 单位的专属性资产,对 ROA 的影响如下:

$$\frac{\partial ROA}{\partial RDI}=7.276-17.431MAI+6.330CAI\overset{\text{只写显著的}}{=}7.276-17.431MAI$$

$$\frac{\partial ROA}{\partial MAI}=-0.138-17.431RDI+4.551CAI\overset{\text{只写显著的}}{=}-17.431RDI+4.551MAI$$

$$\frac{\partial ROA}{\partial CAI}=-0.449+6.330RDI+4.551MAI\overset{\text{只写显著的}}{=}+4.551MAI$$

通过以上计算可以发现,医疗制造业的公司绩效很大程度上归功于研发工作,在公司经费投入固定的情况下,营销和资本的费用投入将会与研发投入产生冲突,不利公司绩效的成长,唯独营销与资产同时投入,才会显著增加公司绩效。

步骤 7:稳健性检验。

本书第 9 章曾介绍稳健性检验的方法。本节利用抽取的 95%的样本进行分析。抽取 95%的样本可以利用 Excel 的指令 RAND(大于等于 0 且小于 1 的随机数,但当工作表重算时,都会随机返回一个新的随机数)来进行,将产生的数乘以 100 并取整数值后,将 95~99 的样本删除即可得稳健性分析所需的 95%的样本数(请注意本方法并不一定刚好会抽取 95%的样本,但要保证随机抽样的严谨性)。如图 11-16 所示。

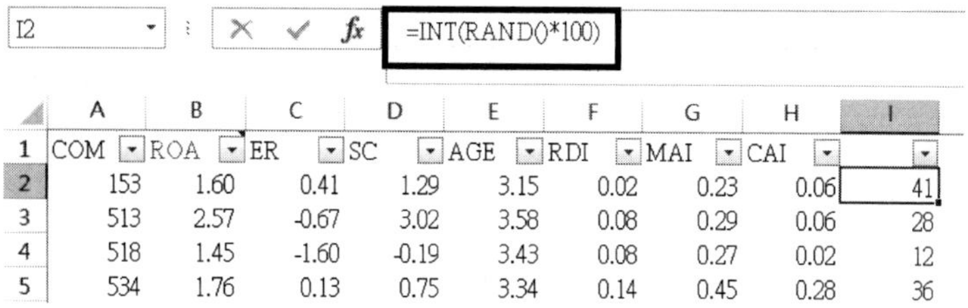

图 11-16 Excel 随机抽样 95%样本

稳健性检验结果见表 11-7。

表 11-7 稳健性检验结果

模型	原模型		稳健性检验模型	
被解释变量	*ROA*			
方法	最小二乘法			
观察值	161		154	
变量	系数		系数	
	标准误	显著状况	标准误	显著状况
RDI	3.586		3.837	
	(1.260)	***	(1.260)	***
MAI	-0.491		-0.395	
	(0.255)	*	(0.255)	*
CAI	-0.224		-0.184	
	(0.422)		(0.422)	
$(RDI-\overline{RDI})(MAI-\overline{MAI})$	-17.431		-19.411	
	(8.491)	**	(8.491)	**
$(RDI-\overline{RDI})(CAI-\overline{CAI})$	6.330		5.056	
	(6.818)		(6.818)	
$(CAI-\overline{CAI})(MAI-\overline{MAI})$	4.551		4.411	
	(2.228)	**	(2.228)	**
SC	0.064		0.052	
	(0.043)		(0.043)	
ER	-0.165		-0.166	
	(0.051)	***	(0.051)	***
AGE	-0.108		-0.069	
	(0.136)		(0.136)	

续表

模型	原模型		稳健性检验模型	
C	2.307		2.154	
	(0.433)	***	(0.433)	***
R^2	0.192		0.192	
Adjusted R^2	0.144		0.141	
F-统计量	3.994		3.800	
P 值(F-统计量)	<0.001		<0.001	

注：*，**，***分别表示在显著水平为0.1，0.05，0.01下显著不等于0。

11.4 多项次模型

多项次模型指的是解释变量影响被解释变量呈现“加速”状况的模型，它的曲线有转折点，像平方项就呈现U形，三次方则是S形，四次方式W(或M)形。而平方项与调节效果的概念就像方差与协方差的关系，因此进行平方项的关系探讨时，也要将二项式的变量进行去中心化。

一般模型：

$$Y = \beta_0 + \beta_1 X + \beta_2 X^2 + \varepsilon$$

去中心化模型：

$$Y = \beta_0 + \beta_1 X + \beta_2 (X - \bar{X})^2 + \varepsilon$$

是否是线性或是U形，除了判断β_2是否显著外，还要比较调整的R^2，若二项式模型的调整的R^2比线性模型还要大，则适合用U形来解释，反之则要用线性模型来解释，当然，在财经领域，是否是U形仍需要有文献支持才可以确认。

U形则有正U和倒U的状况，这可以由β_2来判断：β_2显著正则是正U形，如果是显著负则是倒U形。反折点发生的地方(这也是估计值)为：

$$Y = \beta_0 + \beta_1 X + \beta_2 (X - \bar{X})^2$$

$$\frac{\mathrm{d}Y}{\mathrm{d}X} = \beta_1 + 2\beta_2 (X - \bar{X}) = 0$$

$$X = \bar{X} - \frac{\beta_1}{2\beta_2}$$

【例11-2】本节的范例拟采用资本结构示范，负债对公司绩效的影响，相关理论有正、负影响，结果并不一致。除了线性关系以外，很多实证分析也很明显地会存在“加速”或反转的状况，因此，也有不少实证分析研究产生有U形的影响。这里以2020年医疗制造业为例，利用上节的数据进行示范，分析产权比例的U形效果。

分析步骤：研究对象的介绍→变量介绍→描述统计量→相关系数矩阵→建立模型→实证分析→稳健性检验。与前面叙述类似的就不再重复了，解释变量为产权比例，控制变量为公司规模、企业成立时间，所以，从相关系数矩阵进行操作。

步骤 1：相关系数矩阵。

选择指令：Quick→ Group Statistics→ Correlogram，如图 11-17、图 11-18 所示。

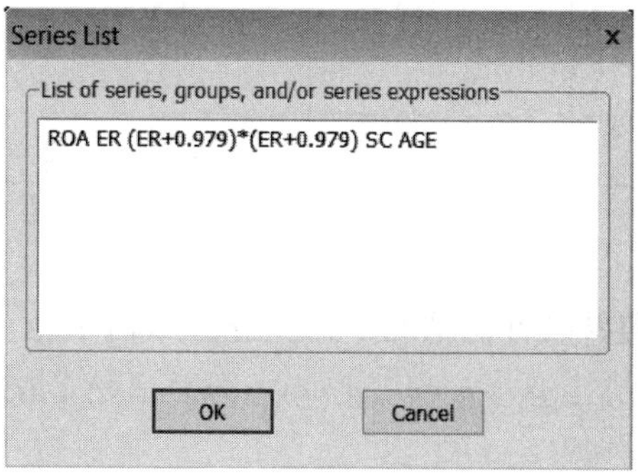

图 11-17　EViews 相关系数矩阵指令框

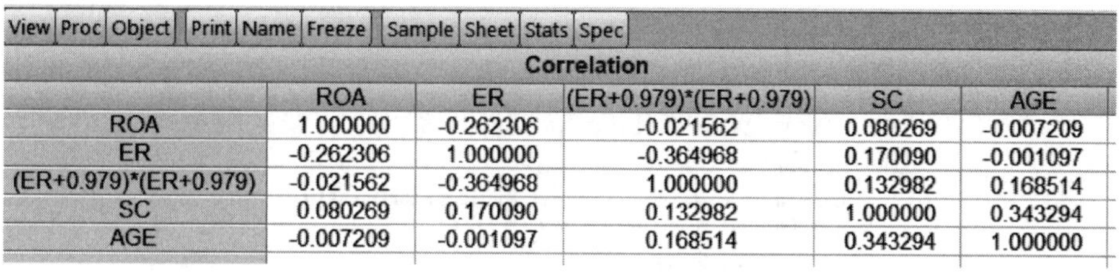

View Proc Object Print Name Freeze Sample Sheet Stats Spec

Correlation

	ROA	ER	(ER+0.979)*(ER+0.979)	SC	AGE
ROA	1.000000	-0.262306	-0.021562	0.080269	-0.007209
ER	-0.262306	1.000000	-0.364968	0.170090	-0.001097
(ER+0.979)*(ER+0.979)	-0.021562	-0.364968	1.000000	0.132982	0.168514
SC	0.080269	0.170090	0.132982	1.000000	0.343294
AGE	-0.007209	-0.001097	0.168514	0.343294	1.000000

图 11-18　EViews 相关系数矩阵结果图

由图 11-18 可见，*ER* 和 *AGE* 与 *ROA* 呈负相关，*ER* 平方项与 *SC* 和 *ROA* 呈正相关，解释变量之间相关系数绝对值最高的为 *ER* 和平方项，但也未超过 0.7，符合没有多重共线性的状况。比较 *ER* 和去中心化的状况（如图 11-19 所示），就可以发现它们形成高度负相关（-0.881），所以去中心化的步骤相当重要。

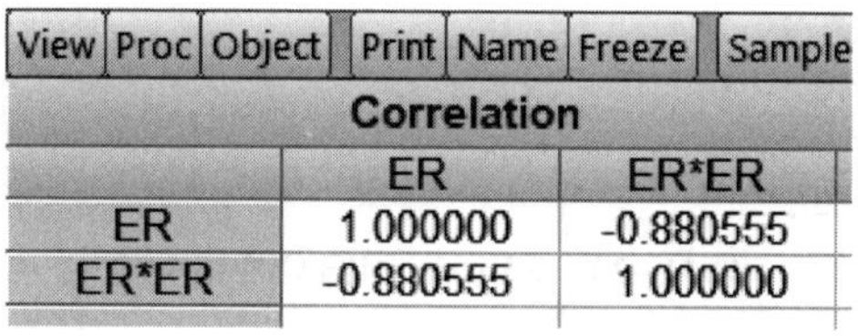

View Proc Object Print Name Freeze Sample

Correlation

	ER	ER*ER
ER	1.000000	-0.880555
ER*ER	-0.880555	1.000000

图 11-19　一项式与二项式的相关系数

当然最重要的是表格的呈现，必须将结果整理成表格形式。

整个变量相关系数矩阵如表 11-8 所示。

表 11-8　相关系数矩阵表

变量	*ROA*	*ER*	$(ER+0.979)^2$	*SC*	*AGE*
ROA	1.000				
ER	-0.262	1.000			

续表

变量	*ROA*	*ER*	$(ER+0.979)^2$	*SC*	*AGE*
$(ER+0.979)^2$	-0.023	-0.360	1.000		
SC	0.080	0.170	0.134	1.000	
AGE	-0.007	-0.001	0.169	0.343	1.000

步骤 2:建立模型。

在变量之间不存在多重共线性的情况下,建立模型如下:

$$ROA = \beta_0 + \beta_1 ER + \beta_2 (ER - \overline{ER})^2 + SC + AGE$$

步骤 3:实证分析。

实证分析仍以复回归分析为主,操作如图 11-20、图 11-21 所示。

选择指令:Quick→Estimate Equation...

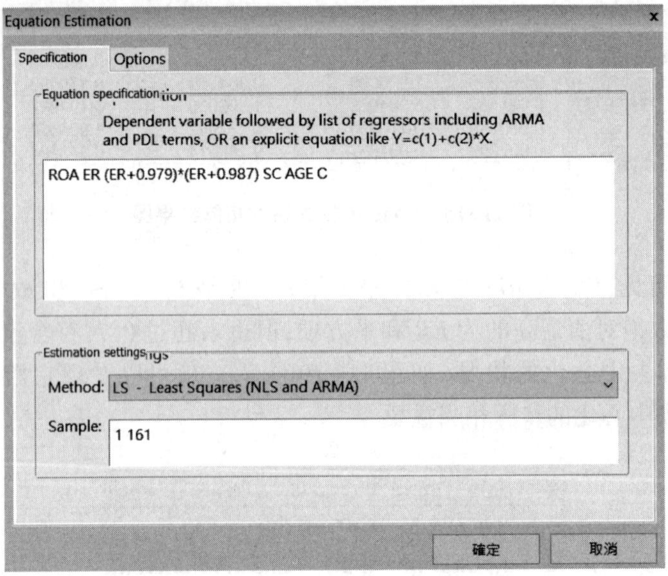

图 11-20　EViews 回归分析指令框

将最后结果用方程式表示如下:

$$ROA = -0.228ER - 0.075(ER + 0.979)^2 + 0.092SC - 0.067AGE + 2.144$$

(0.054)　　(0.038)　　(0.092)　(-0.067)　(0.410)

***　　**　　**　　***

很明显,平方项系数显著,并且为负,所以为倒 U 形,高点落在 $ER = -2.499$ 处。

$$-0.228ER - 0.075(ER + 0.979)^2 = -0.075ER^2 - 0.375ER - 0.072$$
$$= -0.075(ER + 2.499)2 + 0.396$$

并且,可以发现:$-4.798 < ER < -0.200$ 处对公司绩效形成正向影响;$ER > -0.200$,$ER < -4.798$ 处对公司绩效就形成负向影响。

View | Proc | Object | Print | Name | Freeze | Estimate | Forecast | Stats | Resids

Dependent Variable: ROA
Method: Least Squares
Date: 08/14/21 Time: 16:35
Sample: 1 161
Included observations: 161

Variable	Coefficient	Std. Error	t-Statistic	Prob.
ER	-0.227928	0.053867	-4.231287	0.0000
(ER+0.979)*(ER+0.987)	-0.075393	0.037666	-2.001641	0.0471
SC	0.092036	0.043240	2.128506	0.0349
AGE	-0.067287	0.136615	-0.492531	0.6230
C	2.144598	0.410232	5.227768	0.0000

R-squared	0.110743	Mean dependent var	2.246052
Adjusted R-squared	0.087942	S.D. dependent var	0.524352
S.E. of regression	0.500766	Akaike info criterion	1.485206
Sum squared resid	39.11953	Schwarz criterion	1.580902
Log likelihood	-114.5591	Hannan-Quinn criter.	1.524063
F-statistic	4.856849	Durbin-Watson stat	1.673369
Prob(F-statistic)	0.001019		

图 11-21 EViews 回归分析结果图

$$-0.075(ER+2.499)2+0.396>0$$
$$0.075(ER+2.499)2<0.396$$
$$(ER+2.499)2<5.287$$
$$-2.299<ER+2.499<2.299$$
$$-4.798<ER<-0.200$$

倒 U 形也可以利用 Excel 来表示，如图 11-22 所示。

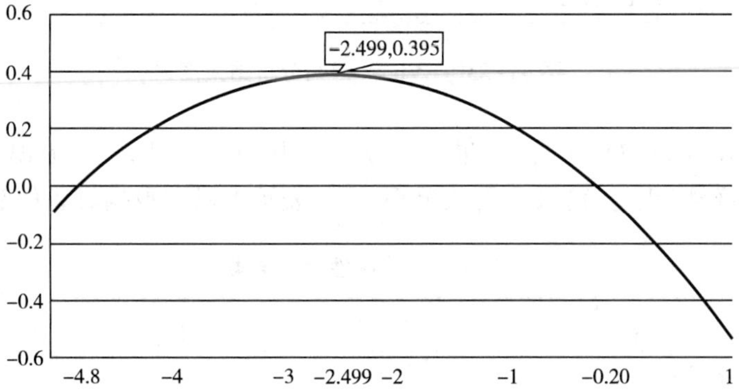

图 11-22 *ER* 影响 *ROA* 状况图

在进行解释时，需特别注意当初的定义：

$$ER=\ln\left(\frac{总负债}{股东权益}\right)=-4.798,\ -0.200$$

$$\frac{总负债}{股东权益}=0.008,\ 0.819$$

$$负债比例=0.008,\ 0.450$$

所以，负债比例在(0.008, 0.450)区间对公司绩效为正影响，其他两端对公司绩效影响为负。

$$ER=\ln\left(\frac{总负债}{股东权益}\right)=-2.499$$

$$\frac{总负债}{股东权益}=0.082$$

$$负债比例=\frac{0.082}{1+0.082}=0.076$$

因此,负债比例超过 0.076 时,对公司绩效的影响就会开始下降。

步骤 4:稳健性检验。

上一节利用抽取 95%的数据进行稳健性检验,本节的示例再增加一个控制变量进行分析。通过上一节可得研发强度(RDI)对公司绩效有影响,因此,增加的变量为研发强度,分析结果如图 11-23 所示。

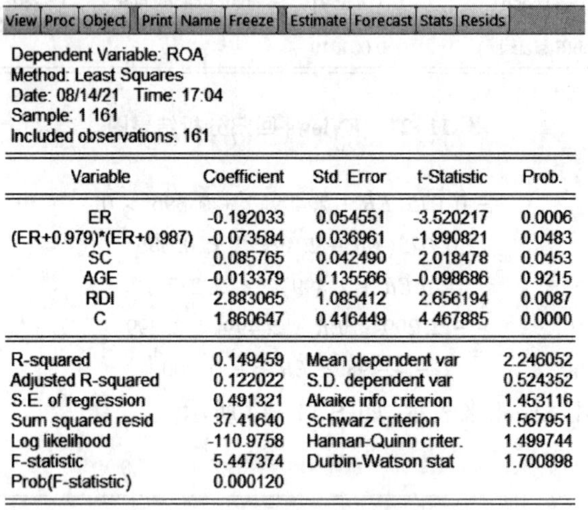

View | Proc | Object | Print | Name | Freeze | Estimate | Forecast | Stats | Resids

Dependent Variable: ROA
Method: Least Squares
Date: 08/14/21 Time: 17:04
Sample: 1 161
Included observations: 161

Variable	Coefficient	Std. Error	t-Statistic	Prob.
ER	-0.192033	0.054551	-3.520217	0.0006
(ER+0.979)*(ER+0.987)	-0.073584	0.036961	-1.990821	0.0483
SC	0.085765	0.042490	2.018478	0.0453
AGE	-0.013379	0.135566	-0.098686	0.9215
RDI	2.883065	1.085412	2.656194	0.0087
C	1.860647	0.416449	4.467885	0.0000

R-squared	0.149459	Mean dependent var	2.246052
Adjusted R-squared	0.122022	S.D. dependent var	0.524352
S.E. of regression	0.491321	Akaike info criterion	1.453116
Sum squared resid	37.41640	Schwarz criterion	1.567951
Log likelihood	-110.9758	Hannan-Quinn criter.	1.499744
F-statistic	5.447374	Durbin-Watson stat	1.700898
Prob(F-statistic)	0.000120		

图 11-23 EViews 回归分析结果图

须建构一个表(如表 11-9 所示)进行比较。由表 11-9 可以发现原模型的变量与稳健性检验的的数字符号(正与负)及显著状况都一致,表示本研究数据具备稳健性。

表 11-9 稳健性检验结果

模型	原模型		稳健性检验模型	
被解释变量	*ROA*			
方法	最小二乘法			
观察值	144			
变量	系数		系数	
	标准误	显著状况	标准误	显著状况
ER	-0.228		-0.192	
	(0.054)	* * *	(0.054)	* * *

续表

模型	原模型		稳健性检验模型	
$(ER+0.963)^2$	-0.075		-0.074	
	(0.038)	* *	(0.038)	* *
SC	0.092		0.086	
	(0.043)	* *	(0.043)	* *
AGE	-0.067		-0.013	
	(0.137)		(0.137)	
RDI			2.883	
			(1.085)	* * *
C	2.145		1.861	
	(0.410)	* * *	(0.410)	* * *
R^2	0.111		0.149	
Adjusted R^2	0.088		0.122	
F-统计量	4.857		5.447	
P 值(F-统计量)	0.001		<0.001	

注:*,* *,* * *分别表示在显著水平为 0.1,0.05,0.01 下显著不等于 0。

实训演练

1. 利用第 9 章实训演练的数据,分析研发强度和营销强度的调节效果。
2. 研发强度、营销强度对公司绩效是否存在 U 形影响?

习 题

一、单选题

1. 半对数模型 $y=\beta_0+\beta_1\ln x+\varepsilon$ 中,参数 β_1 的含义是(　　)。

A. x 的绝对量变化,引起 y 的绝对量变化

B. y 关于 x 的边际变化

C. x 的相对变化,引起 y 的期望值绝对量的变化

D. y 关于 x 的弹性

2. 半对数模型 $\ln y=\beta_0+\beta_1 x+\varepsilon$ 中,参数 β_1 的含义是(　　)。

A. x 的绝对量发生一定变动时,引起因变量 y 的相对变化率

B. y 关于 x 的弹性

C. x 的相对变化,引起 y 的期望值绝对量的变化

D. y 关于 x 的边际变化

3. 双对数模型 $\ln y = \beta_0 + \beta_1 \ln x + \varepsilon$ 中,参数 β_1 的含义是(　　)

A. x 的相对变化,引起 y 的期望值绝对量的变化

B. y 关于 x 的边际变化

C. x 的绝对量发生一定变动时,引起因变量 y 的相对变化率

D. y 关于 x 的弹性

二、多选题

在模型 $\ln y = \ln\beta_0 + \beta_1 \ln x + \varepsilon$ 中(　　)。

A. y 与 x 是非线性的

B. y 与 β_1 是非线性的

C. $\ln y$ 与 $\ln\beta_0$ 是线性的

D. $\ln Y$ 与 $\ln X$ 是线性的

E. y 与 $\ln x$ 是线性的

三、计算与问答题

1. 根据某地 1961—1999 年共 39 年的总产出 Y、劳动投入 L 和资本投入 K 的年度数据,运用普通最小二乘法估计,得出了下列回归方程:

$$\ln\hat{y} = -3.938 + 1.451\ln L + 0.3841\ln K$$
$$(0.237)\quad(0.083)\quad(0.048)$$
$$R^2 = 0.9946, DW = 0.858$$

括号中的数字为相应估计量的标准误。

(1)解释回归系数的经济含义;

(2)系数的符号符合你的预期吗？为什么？

2. x 与 y 两变量的资料如下:

x:	22	24	26	30	35	40
y:	12	21	33	35	40	36

(1)建立形式为 $\hat{y} = b_0 + b_1 x$ 的估计回归方程式;

(2)在 $\alpha = 0.05$ 的情况下利用(1)的估计回归方程式检验 x 和 y 之间的显著性;

(3)建立本题数据的散点图。散布图是否显示估计回归方程式的形式为 $\hat{y} = b_0 + b_1 x + b_2 x^2$？请解释之;

(4)建立形式为 $\hat{y} = b_0 + b_1 x + b_2 x^2$ 的估计回归方程式;

(5)参考问题(4)中的回归方程式,在 $\alpha = 0.05$ 情况下,x、x^2 与 y 之间的关系具显著性吗?

(6)当 $x = 25$,时 y 的预测值是多少?

3. x 与 y 两个变量的资料如下:

x:	9	32	18	15	26
y:	10	20	21	16	22

(1)建立形式为 $\hat{y} = b_0 + b_1 x$ 的估计回归方程式;

(2)在 $\alpha=0.05$ 的情况下利用(1)的估计回归方程式检验 x 和 y 之间的显著性;

(3)建立本题数据的散点图。散布图是否显示估计回归方程式的形式为 $\hat{y}=b_0+b_1x+b_2x^2$? 请解释之;

(4)建立形式为 $\hat{y}=b_0+b_1x+b_2x^2$ 的估计回归方程式;

(5)参考问题(4)中的回归方程式在 $\alpha=0.05$ 情况下,x、x^2 与 y 之间的关系具显著性吗?

(6)当 $x=20$ 时,y 的预测值是多少?

专有名词

计量经济学:是以经济理论和统计数据为基础,运用数学、统计方法与计算机技术,以建立经济计量模型为主要手段,通过定量分析研究具有随机性特性的经济变量关系。

实证分析:把观察现象通过模型来表达。

解释变量:用来解释被解释变量。

控制变量:指除了研究的解释变量以外,有可能影响被解释变量的变量,但这些变量并不是在模型中想要研究的变量。

调节变量:又称为干扰变量,是一个外来的变量,而这个外来变量会改变解释变量与被解释变量之间关系的强弱(斜率),则称这个外来变量为干扰变量。

中介变量:解释变量通过一个中间变量影响被解释变量,这个中间变量就称为中介变量。

虚拟变量:又称虚设变量、名义变量或哑变量,是用以反映质的属性的一个人工变量,是量化了的质变量,通常取值为 0 或 1。

代理变量:当一个变量无法被"测量"时 那么研究者通常会寻找一个"可以被测量"的相近变量当作"代理变量"。

工具变量:为解决解释变量不一致性,取而代之变量。

去中心化:为避免变量乘积与原变量之间形成高度相关,而将变量转换为扣除平均数后相乘的变量。

重要公式

对数模型:

$$\ln y=\beta_0+\beta_1\ln x+\varepsilon$$

其中:β_1 表示 Y 关于 X 的弹性。

半对数模型:

$$y=\beta_0+\beta_1\ln x+\varepsilon$$

其中,β_1 表示 X 的相对变化,引起 Y 的期望值绝对量的变化。

$$\ln y = \beta_0 + \beta_1 x + \varepsilon$$

其中,β_1 表示 X 的绝对量发生一定变动时,引起因变量 Y 的相对变化率。

倒数模型：

$$y = \beta_0 + \beta_1 \frac{1}{x} + \varepsilon$$

$$\frac{1}{y} = \beta_0 + \beta_1 \frac{1}{x} + \varepsilon$$

多项式模型：

$$y = \beta_0 + \beta_1 x + \beta_2 x^2 + \cdots + \beta_k x^k + \varepsilon$$

二项式一般模型：

$$Y = \beta_0 + \beta_1 X + \beta_2 X^2 + \varepsilon$$

去中心化模型：

$$Y = \beta_0 + \beta_1 X + \beta_2 (X - \bar{X})^2 + \varepsilon$$

逻辑成长曲线模型：

$$y_t = \frac{K}{1 + \beta_0 e^{-\beta_1 t}}$$

Gompertz 成长曲线模型：

$$y_t = e^{K + \beta_0 \beta_1{}^t}$$

调节效果检验：

$$Y = aX + bM + c(X - \bar{X}) \cdot (M - \bar{M})$$

$$Y = aX + bM + c(X - \bar{X}) \cdot (M - \bar{M}) = \bar{X} \cdot \bar{M} + (a - c\bar{M})X + (b - c\bar{X})M + cX \cdot M$$

X 的检定力：

$$t = \frac{(a - c\bar{M})}{\sqrt{s_a^2 + \bar{M}^2 \cdot s_c^2}}$$

M 的检定力：

$$t = \frac{(b - c\bar{X})}{\sqrt{s_b^2 + \bar{X}^2 \cdot s_c^2}}$$

12 虚拟变量

本章摘要

对于分类数据的分析，一般统计学的应用可以通过方差分析来进行，而计量方法可采用虚拟变量来分析。所谓虚拟变量，是对分类数据采用二分法，分别等于 1 或 0，若分类数据存在 k 种，则记为 $k-1$ 个虚拟变量。在计量方法中，使用虚拟变量的方法称之为差分法。差分法的使用需要更高进阶的双重差分，顾名思义，就是采用 2 个分类变量、通过 2 个虚拟变量进行分析；甚至有三重差分。将定量数据进行分组的研究方法，则称为断点回归分析。

12.1 方差分析

在介绍虚拟变量之前，先来介绍在统计学上常使用的方法——方差分析。一般用于统计实际操作人员比较两个或更多个区间数据的总体时分析总体平均数之间是否存在差异。“方差分析”这个名称是由通过分析样本的方差而取得。

方差分析是一个检验两个或多个总体平均数之间是否存在着差异的程序。方法的名称起源于它执行计算的方法。也就是此方法分析数据的方差，以决定能否推论总体平均数存在不同。

方差分析的首次应用是在 19 世纪 20 年代，它被用来判断不同肥料的处理(treatment)是否产生不同的农作物产量。原始实验的有关名词被沿用至今。无论什么实验，此程序都是设计用来处理确定平均数(treatment means)之间是否有显著的差异存在。

利用方差分析的过程，一般会统称为实验设计。实验设计通常有三种类型，分别为完全随机设计(单因子)、随机区集设计(双因子)和因子实验。

12.1.1 方差分析的基本假设

使用方差分析前必须满足以下三项假设：

(1)每组的观察值均为常态分配。

(2)每组的方差均相等。

(3)每组观察值必须互相独立。

12.1.2 单因子方差分析

通过处理一个因子来分辨各组的总体平均数是否相等，称为单因子方差分析。建立单因子方差分析首先确定所需的基本变量，如表 12-1 所示。也就是说，每个总体 $j(j=1,2,\cdots,$

k)个别存在平均数 μ_j 和方差 σ_j^2,通过随机抽样所得到的样本 X_{ij} 后,利用样本数计算出样本的平均数 $\bar{x}_j$ 及方差 s_j^2。

表 12-1 方差分析的基本变量

总体参数及样本统计量	总体 1	总体 2	…	总体 k
总体平均数	μ_1	μ_2	…	μ_k
总体方差	σ_1^2	σ_2^2	…	σ_k^2
样本大小	n_1	n_2	…	n_3
样本平均数	$\bar{x}_1$	$\bar{x}_2$	…	$\bar{x}_k$
样本方差	s_1^2	s_2^2	…	s_k^2

了解上述基本变量后,为了方便计算过程,再建立各项数据所需的“符号”,如表 12-2 所示。

表 12-2 单因子方差分析的符号

组别	处理(treatment)					
	组 1	组 2	…	组 j	…	组 k
数据	x_{11}	x_{12}	…	x_{1j}	…	x_{1k}
	x_{21}	x_{22}	…	x_{2j}	…	x_{2k}
	⋮	⋮	…	⋮	…	⋮
	$x_{n_1 1}$	$x_{n_2 2}$	…	$x_{n_j j}$	…	$x_{n_k k}$
样本大小	n_1	n_2	…	n_j	…	n_k
样本平均数	$\bar{x}_1$	$\bar{x}_2$	…	$\bar{x}_j$	…	$\bar{x}_k$

注:x_{ij}:第 j 组的第 i 样本数数据;

n_j:第 j 组的样本数;

$$\bar{x}_j = \frac{\sum_{i=1}^{n_j} x_{ij}}{n_j};$$

$\bar{x}_j$:第 j 组的平均数;

$$\bar{\bar{x}} = \frac{\sum_{j=1}^{k}\sum_{i=1}^{n_j} x_{ij}}{n}, \text{其中 } n=n_1+n_2+\cdots+n_k;$$

$\bar{\bar{x}}$:所有样本数数据的总平均。

变量 x 称为反应变量(response variable),其数值称为反应值(responses),要测量的单位称为实验单位(experimental unit)。另外,用来区分各组总体的因素称为因子(factor)。每组总体皆称为一个因子水平(level)。

在进行统计检验时,必须将相关的检验统计量计算出来。首先建立备择假设与零假设如下：

$$H_0: \mu_1 = \mu_2 = \mu_3 = \cdots = \mu_k$$

$$H_a: \mu_i \text{ 至少有一个不相等}$$

如果零假设为真,则各组总体平均数将全部相等,同时预期整体样本平均数彼此相近。如果备择假设为真,则一些样本平均数之间会有大的差异。测量样本平均数之间彼此近似程度的统计量称为处理间变异(between-treatments variation),以 SST 表示代表处理平方和(sum of squares for treatments)。

$$SST = \sum_{j=1}^{k} n_j(\bar{x}_j - \bar{\bar{x}})^2$$

如果各组的样本平均数非常接近,那么可预期 SST 将是一个很小的数值,甚至所有组别的样本平均数都相等,也就是说

$$\bar{x}_1 = \bar{x}_2 = \cdots = \bar{x}_k$$

很明显,这时 $SST=0$,换句话说,SST 越小,将会越支持零假设。

假如样本平均数之间存在着大的差异,至少有一些样本平均与总平均数差距非常大,这样就会产生一个大的 SST 数值,这时拒绝零假设而倾向备择假设是合理的。

检验统计量 SST 必须达到何种数值才能判定拒绝零假设?为了回答这个问题,就需要知道 SST 之间存在有多少百分比的差异。这时候需要“处理”内变异(within-treatments variation)来进行测量,记为 SSE——误差平方和(sum of squares for error)。“处理”内变异是用以测量反应变量之变异性中不是由“处理”造成的部分。很清楚,这些(以及其他我们可能甚至无法识的)变量都是变异的来源,变异的综合就可称为误差。一般利用误差平方和来测量,公式如下：

$$SSE = \sum_{j=1}^{k} \sum_{i=1}^{n_j} n_j(x_{ij} - \bar{x}_j)^2$$

当 SSE 被部分展开,可以得到：

$$\begin{aligned} SSE &= \sum_{i=1}^{n_1}(x_{i1} - \bar{x}_1)^2 + \sum_{i=1}^{n_2}(x_{i2} - \bar{x}_2)^2 + \cdots + \sum_{i=1}^{n_k}(x_{ik} - \bar{x}_k)^2 \\ &= (n_1 - 1)s_1^{\ 2} + (n_2 - 1)s_2^{\ 2} + \cdots + (n_k - 1)s_k^{\ 2} \end{aligned}$$

所以很清楚,SSE 是 k 组样本的合并或混合变异。其能相加的必要条件就是各组间的方差必须相等。(基本假设 2。)

下一步就是产生均方(mean squares),“处理”(SST)的自由度为 $k-1$,而“误差”(SSE)的自由度为 $n-k$,所以这 2 个统计量的均方分别为：

$$MST = \frac{SST}{k-1}$$

$$MSE = \frac{SSE}{n-k}$$

检验的统计量为：

$$F = \frac{MST}{MSE} \sim F(k-1, n-k)$$

若 SST 够大,表示样本平均数的差异大,则拒绝零假设,衡量标准就是检验值:$F>F(\alpha, k-1, n-k)$。

所以,可以建构一个方差分析表,如表 12-3 所示。

表 12-3　单因子方差分析(ANOVA)表

变异来源	自由度	平方和	均方	F 统计量
处理	$k-1$	SST	MST	$F=\dfrac{MST}{MSE}\sim F(k-1,n-k)$
误差	$n-k$	SSE	MSE	
总和	$n-1$	$SS(\text{Total})$		

根据表 12-3,总变异公式为:

$$SS(\text{Total})=\sum_{j=1}^{k}\sum_{i=1}^{n_j}(x_{ij}-\bar{\bar{x}})^2=\sum_{j=1}^{k}n_j(\bar{x}_j-\bar{\bar{x}})^2+\sum_{j=1}^{k}\sum_{i=1}^{n_j}(x_{ij}-\bar{x})^2=SST+SSE$$

可得:

$$SS(\text{Total})=\sum_{j=1}^{k}\sum_{i=1}^{n_j}(x_{ij}-\bar{\bar{x}})^2=(n-1)s^2$$

$$SSE=(n_1-1){s_1}^2+(n_2-1){s_2}^2+\cdots+(n_k-1){s_k}^2$$

$$SST=SS(\text{Total})-SSE$$

本节的例子采用股票市场的周末效应介绍方差分析。一般而言,此种与时间攸关的异常现象大致可区分为以下几种:日内效应,隔夜效应,周末效应,月份效应,元月效应;也就是在假期前,股票收益反映的状况。

【例 12-1】分析 2016 年 7 月 1 日—2020 年 6 月 30 日巨潮小盘日指数(Z399316),研究是否存在假期效应。

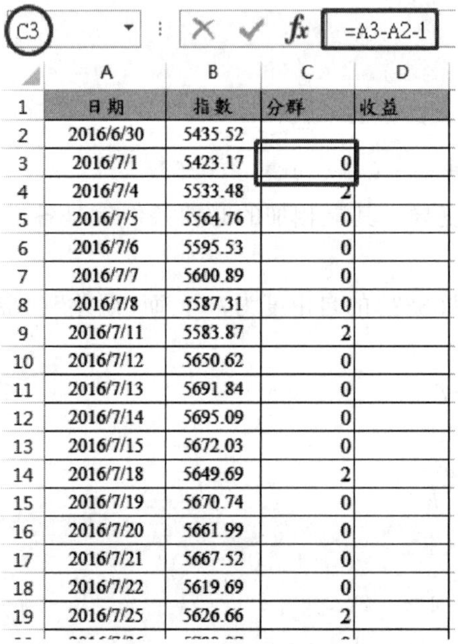
C3　=A3-A2-1

	A	B	C	D
1	日期	指数	分群	收益
2	2016/6/30	5435.52		
3	2016/7/1	5423.17	0	
4	2016/7/4	5533.48	2	
5	2016/7/5	5564.76	0	
6	2016/7/6	5595.53	0	
7	2016/7/7	5600.89	0	
8	2016/7/8	5587.31	0	
9	2016/7/11	5583.87	2	
10	2016/7/12	5650.62	0	
11	2016/7/13	5691.84	0	
12	2016/7/14	5695.09	0	
13	2016/7/15	5672.03	0	
14	2016/7/18	5649.69	2	
15	2016/7/19	5670.74	0	
16	2016/7/20	5661.99	0	
17	2016/7/21	5667.52	0	
18	2016/7/22	5619.69	0	
19	2016/7/25	5626.66	2	

图 12-1　Excel 计算隔天放假天数图

首先分成 4 组,分别是隔天未放假、放假 1~2 天(固定假期)、放假 3 天(特殊假期)、放假 4(含)天以上。

利用方差分析来探讨隔天的放假程度对收益率的影响。即

$\mu_1=$　隔天未放假的平均振幅

$\mu_2=$　隔天放假 1 ~ 2 天的平均振幅

$\mu_3=$　隔天放假 3 天的平均振幅

$\mu_4=$　隔天放假 4(含) 天以上的平均振幅

步骤 1:放假天数的设定。

步骤 2:利用 Excel 进行分组,利用 Excel 的时间定义,2 个日期相减再减 1 即可产生隔天放假天数(股价只有当天开盘才有数据),如图 12-1 所示。

步骤 3:将放假天数依隔天未放假、放假 1~2 天(固定假期)、放假 3 天(特殊假期)、放假 4(含)天以上分群,并用 A、B、C、D 符号

代替,如图 12-2 所示。

	A	B	C	D
1	日期	指数	分群	收益
50	2016/9/6	5696.82	A	
51	2016/9/7	5690.62	A	
52	2016/9/8	5712.92	A	
53	2016/9/9	5669.39	A	
54	2016/9/12	5506.45	B	
55	2016/9/13	5539.67	A	
56	2016/9/14	5512.22	A	
57	2016/9/19	5568.76	D	
58	2016/9/20	5566.04	A	
59	2016/9/21	5573.73	A	
60	2016/9/22	5601.92	A	
61	2016/9/23	5583.02	A	
62	2016/9/26	5473.74	B	
63	2016/9/27	5511.96	A	
64	2016/9/28	5509.01	A	
65	2016/9/29	5528.42	A	
66	2016/9/30	5554.64	A	
67	2016/10/10	5662.81	D	

图 12-2　Excel 分群示意图

步骤 4:建立收益率指标如下。

$$r_t = \ln\left(\frac{Index_t}{Index_{t-1}}\right) \times 100$$

Excel 图示见图 12-3。

D3　=LN(B3/B2)*100

	A	B	C	D
1	日期	指数	分群	收益
2	2016/6/30	5435.52		
3	2016/7/1	5423.17	A	-0.227
4	2016/7/4	5533.48	B	2.014
5	2016/7/5	5564.76	A	0.564
6	2016/7/6	5595.53	A	0.551
7	2016/7/7	5600.89	A	0.096
8	2016/7/8	5587.31	A	-0.243
9	2016/7/11	5583.87	B	-0.062
10	2016/7/12	5650.62	A	1.188
11	2016/7/13	5691.84	A	0.727

图 12-3　Excel 分群示意图

步骤5:通过数据分析建立各群的样本容量、平均数和标准差。见图 12-4。

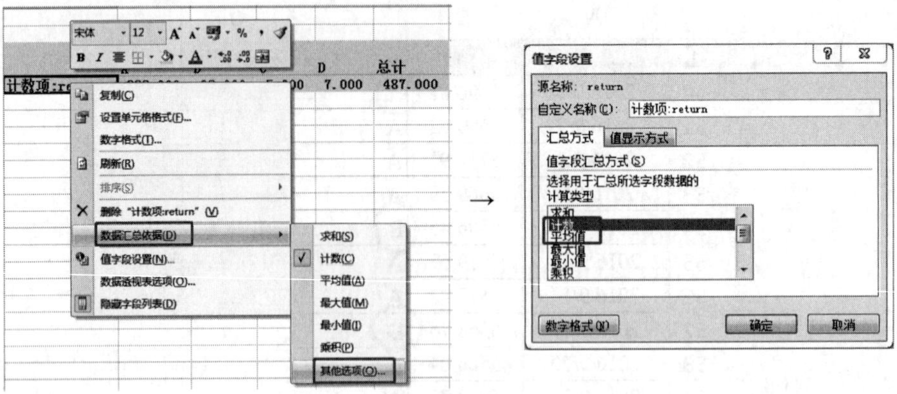

图 12-4　Excel

步骤6:建立假说和 ANOVA 表。

$$H_0: \mu_1 = \mu_2 = \mu_3 = \mu_4$$

$$H_1: \mu_i \text{ 至少有一个不相等}$$

利用上述的公式,使用 Excel 计算见表 12-4,然后建构 ANOVA 表(见表 12-5)。

表 12-4　分组变量基本统计量

群	A	B	C	D	总和
样本数	959	225	12	20	1216
平均数	-0.054	0.233	0.077	-0.207	-0.002
方差	1.408	2.853	5.612	9.960	1.856
平方差和	1 348.694	639.089 3	61.730 88	189.238 9	2 254.662

注:平方差和 = $(n-1)s^2$

表 12-5　ANOVA 表

变异来源	自由度	平方和	均方	F-统计量
处理 SST	4-1=3	15.909	5.303	2.871>2.61
误差 SSE	1216-4=1 212	2 238.753	1.847	拒绝 H_0
总和 SS(Total)	1 216-1=1 215	2 254.662		

步骤7:SST=2 254.662-2 238.753=15.909

步骤8:$F(0.05,3,1212)$(Excel 指令:$FINV(0.05,3,1212)$)= 2.61

EViews 也提供了 ANOVA,分析过程很简单(但要把变量名称改成英文避免出现乱码),如图 12-5 所示。

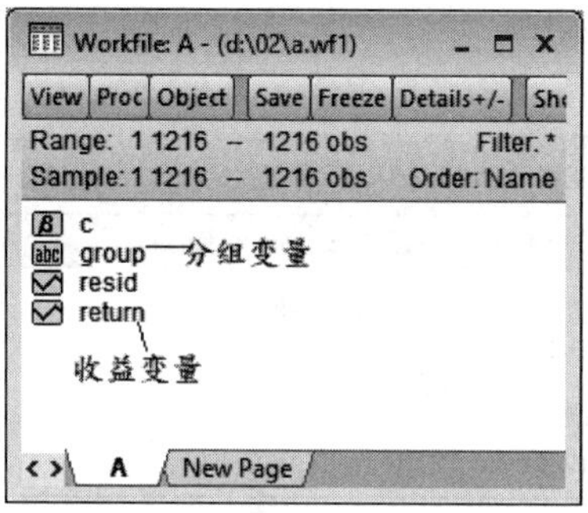

图 12-5 EViews 档案开启图

直接开启 return(收益率)的数据后:选择 View→Descriptive Statistics & Tests→Equality Tests by Classification...(如图 12-6 所示)。

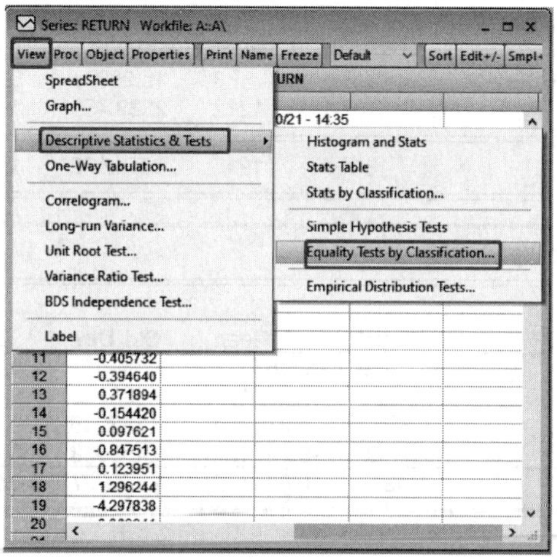

图 12-6 EViews 方差分析开启示意图

根据图 12-6 所示开启后,会产生如图 12-7 所示的指令图,在左上的空格输入分组变量的名称即可。

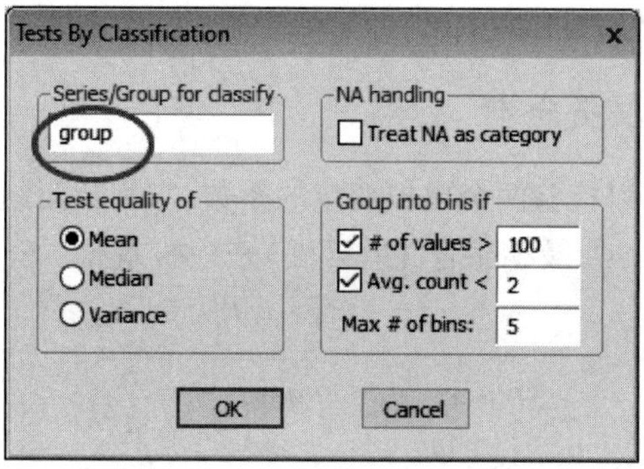

图 12-7 EViews 方差分析指示图

产生的结果如图 12-8 所示。

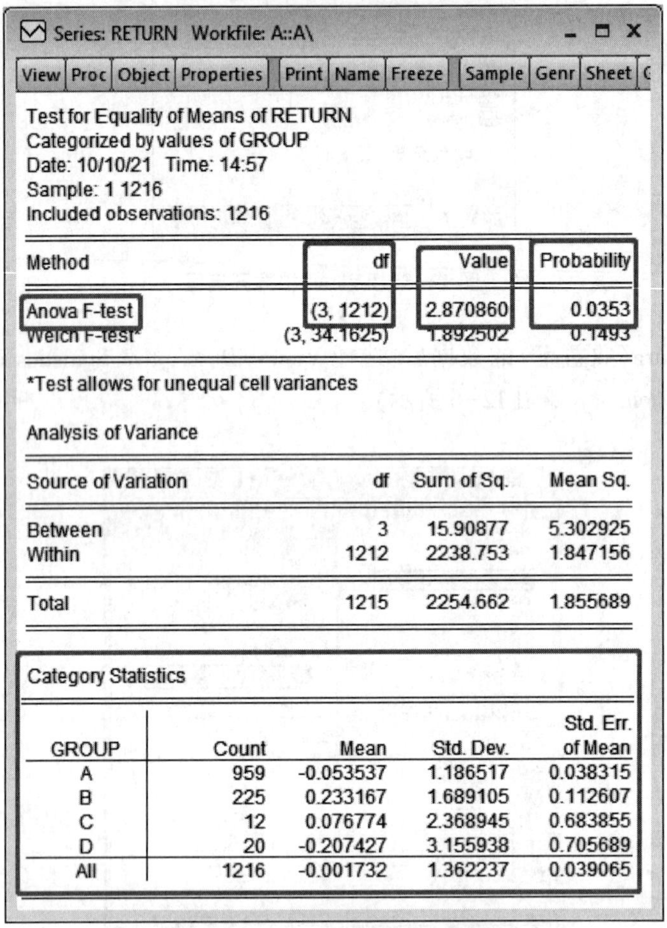

Series: RETURN Workfile: A::A\

View | Proc | Object | Properties | Print | Name | Freeze | Sample | Genr | Sheet

Test for Equality of Means of RETURN
Categorized by values of GROUP
Date: 10/10/21 Time: 14:57
Sample: 1 1216
Included observations: 1216

Method	df	Value	Probability
Anova F-test	(3, 1212)	2.870860	0.0353
Welch F-test*	(3, 34.1625)	1.892502	0.1493

*Test allows for unequal cell variances

Analysis of Variance

Source of Variation	df	Sum of Sq.	Mean Sq.
Between	3	15.90877	5.302925
Within	1212	2238.753	1.847156
Total	1215	2254.662	1.855689

Category Statistics

GROUP	Count	Mean	Std. Dev.	Std. Err. of Mean
A	959	-0.053537	1.186517	0.038315
B	225	0.233167	1.689105	0.112607
C	12	0.076774	2.368945	0.683855
D	20	-0.207427	3.155938	0.705689
All	1216	-0.001732	1.362237	0.039065

图 12-8　EViews 方差分析结果图

由图 12-8 可以发现方差分析分析结果(当然它采用两种方法,这边使用方差分析即可)。

方差分析结果表明拒绝 H_0,也就是说,4 组的平均数至少有一个是不相等的。如何判断 4 个中哪些不相等,就必须通过多重比较分析来判断了。

12.1.3　双因子方差分析

前面所述方差分析可以检验两个虚拟变量的系数,来判断两组平均数是否有差异;方差分析还可利用多重比较(*LSD*,最小显著性差异法)来检验差异。公式如下:

$$|\bar{x}_i - \bar{x}_j| > LSD$$

$$LSD = t_{(\alpha/2, n-k)} \sqrt{MSE\left(\frac{1}{n_i} + \frac{1}{n_j}\right)}$$

4 组多重比较分析如表 12-6 所示。

表 12-6 多重比较分析

$\lvert \mu_i - \mu_j \rvert$	值	LSD	显著
$\lvert \mu_2 - \mu_1 \rvert$	0.287	0.226*	
$\lvert \mu_3 - \mu_1 \rvert$	0.130	0.886	
$\lvert \mu_4 - \mu_1 \rvert$	0.154	0.689	
$\lvert \mu_3 - \mu_2 \rvert$	0.156	0.904	
$\lvert \mu_4 - \mu_2 \rvert$	0.441	0.712	
$\lvert \mu_4 - \mu_3 \rvert$	0.284	1.114	

结果也很明显，隔天放假的波动显著比没放假大，而且随着放假天数的增多，波动随着变大（天数越多越显著）。

双因子方差分析就是单因子的“处理”再加上区集（Blocks）的因子，计算过程与上面的单因子几乎相同，在财经上的应用相当少（且该种方法不如双重差分好操作），所以将其放在本章附录，有兴趣的读者可以将此附录上作为参考。

12.2 二元变量

方差分析主要用在分析变量质的属性，也就是用于可以分组的变量（定类尺度、定距尺度），但若使用一般回归，就比较难处理。不过变量的质属性可以通过虚拟变量来处理，也就是利用二元信息的方式呈现。例如：某个人的“性别”（男和女）、时间的“前后”、“是否”拥有某项属性，例如公司“是否”有提供员工退休金计划、“是否”是警示股、“是否”存在异常报酬等，这些相关信息都可以被定义成二元变量（binary variable），或是一种 0 或 1 的变数。在计量经济学中，这类二元变量通常称为虚拟变量（dummy variables）。

在使用虚拟变量时，必须要先决定关注什么事件发生，将其变量值给定为 1，而另外的事件发生时则将变量值给定为 0。

$$D = \begin{cases} 1 & \text{Yes} \\ 0 & \text{No} \end{cases}$$

若质的变量存在多个，也可以利用多个虚拟变量来处理，因为使用一个虚拟变量可以用二分法；若有 g 种质的变量，则可以利用 $g-1$ 个虚拟变量进行区分。例如，企业生命周期（类似产品生命周期）有导入期、生长期、成熟期和衰退期 4 个阶段，此时就可以利用 3 个虚拟变量进行如下区分：

$$(D_1, D_2, D_3) = \begin{matrix} (0,0,0) & \text{导入期} \\ (1,0,0) & \text{生长期} \\ (0,1,0) & \text{成熟期} \\ (0,0,1) & \text{衰退期} \end{matrix}$$

所以,就上述虚拟变量建立的,可用分析模型表示如下:

$$y = \beta_0 + \beta_1 D_1 + \beta_2 D_2 + \beta_s D_3$$

虚拟变量一般可以应用在解释变量或被解释变量上。对于解释变量,有两种方法:差分法(Differences)和断点回归法(Regression Discontinuity)。差分法是将变量进行分组作研究(这有另外一种的研究方法,在实验设计中常用的为方差分析(Analysis of Variance, ANOVA);若是通过解释变量的大小进行区分,则称之为断点回归。虚拟变量用在被解释变量上,就称为逻辑回归(Logistic regression)。

12.3 断点回归

断点回归的设计,是一个解释变量或干扰变量完全依赖于一个参考变量(X),英文中称为 running variable、forcing variable 或 assignment variable,我们称之为参考变量,因为解释变量或干扰变量的分配完全参考这一变量是否超过一个临界值。

解释变量本身可以对结果产生影响又或者没有产生影响。如果有影响,假设被解释变量(Y) 与解释变量(X)之间的关系是连续的,其他可能影响结果的因素(Z)在断点处也是连续的,那么,被解释变量 Y 在断点处的跳跃就可以解释为干扰变量 D 的影响。

也就是说,若存在一个 x 可以解释 y 的线性回归方程式:

$$y_i = \alpha + \beta x_i + \varepsilon_i \qquad i = 1,2,\cdots,n$$

但 x 与 y 之间的线性关系在 $x=c$ 处存在一个向上跳跃(jump)的断点,如图 12-9 所示。

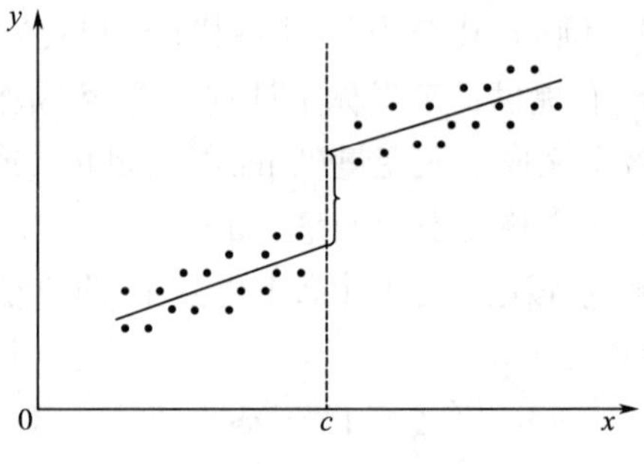

图 12-9 断点回归示意图

很清楚,在 $x>c$ 时都造成了条件期望函数 $E(y|x_i)$ 的跳跃。所以,我们可以建立一个虚拟变量 D,将之分组,以利于处理这个效应。

$$D = \begin{cases} 1 & 若\ x \geq c \\ 0 & 若\ x < c \end{cases}$$

为了估计此跳跃关系,我们可以将方程式改成:

$$y_i = \alpha + \gamma D + \beta x_i + \delta D \cdot x_i + \varepsilon_i \qquad i = 1,2,\cdots,n$$

可以发现,我们引入了交叉项 $\delta D \cdot x$,也就是说,我们怀疑 2 个组的斜率是不同的。当然,断点回归当初的设计是探讨 $\hat{\gamma}$ 这个估计量所引起的局部平均效应(The Local Average

Treatment Effect,LATE)。不过笔者认为,在财经的应用上,γ 和 δ 所起的作用同等重要,因为 δ 直接造成解释变量影响的改变。

本节拟采用四大股东的竞合对公司绩效的影响,文献中的 Shapley 值越高,对公司影响越大,Shapley 值大约超过 1/3 时,大股东会合作引发侵占效果。

【例 12-2】大股东的竞争与合作对公司绩效的影响。

由于 $x=1/3$ 处会形成断点,所以,建构相关变量。

(1)解释变量:

$$SP = \varphi_i[v] = \sum_{\substack{T\subset N \\ i\in T}} \frac{(t-1)!\ \cdot (n-t)!}{n!}[v(T) - v(T-\{i\})]$$

其中:n 为所有参赛者的个数;t 为联盟 T 中成员个数;$v(T)$ 为联盟 T 中成员的控制权;$v(T-\{i\})$ 为联盟 T 未包含参赛者 i 的控制权。

(2)虚拟变量:

$$D = \begin{cases} 1 & 若\ SP \geqslant 1/3 \\ 0 & 若\ SP < 1/3 \end{cases}$$

(3)被解释变量(公司绩效):

$$ROA = \ln\left(\frac{息税前净利润}{平均总资产} \times 100\right)$$

步骤 1:研究对象及范围。

利用 2019 年下游产业上市公司(并扣除警示股)数据。

步骤 2:建立 Excel 文件(利用 Excel 筛选功能建立虚拟变量),如图 12-10 所示。

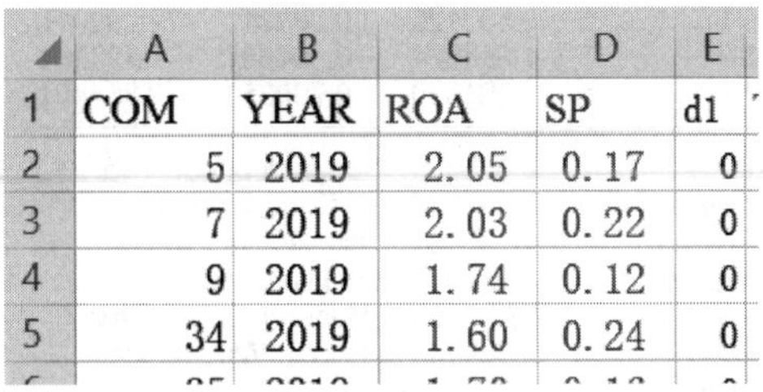

	A	B	C	D	E
1	COM	YEAR	ROA	SP	d1
2	5	2019	2.05	0.17	0
3	7	2019	2.03	0.22	0
4	9	2019	1.74	0.12	0
5	34	2019	1.60	0.24	0

图 12-10 Excel 筛选功能建立虚拟变量示范图

步骤 3:描述统计量。

参见图 12-11。

步骤 4:建立模型。

$$ROA = \alpha + \gamma D + \beta SP + \delta D \cdot SP$$

步骤 5:实证结果。

由图 12-12 可以得知,产生的模型为:

$$ROA = 1.31 + 0.59D + 1.90SP - 1.88D \cdot SP$$

***　**　　***　　**

步骤 6:结论。

大股东的合作与竞争对公司绩效是有利的(1.90),但超过跳跃点(1/3),大股东的竞合

Group: UNTITLED Wor...

View | Proc | Object | Print | Name | Freeze | Sample | Sheet

	ROA	SP
Mean	1.785228	0.301032
Median	1.857824	0.283100
Maximum	3.861273	0.809000
Minimum	-2.352853	0.047600
Std. Dev.	0.747782	0.143676
Skewness	-0.851252	0.795066
Kurtosis	5.356881	3.509781
Jarque-Bera	170.8293	56.34879
Probability	0.000000	0.000000
Sum	865.8357	146.0004
Sum Sq. Dev.	270.6423	9.991143
Observations	485	485

图 12-11　描述统计量

Dependent Variable: ROA
Method: Least Squares
Date: 10/04/20 Time: 17:58
Sample: 1 485
Included observations: 485

Variable	Coefficient	Std. Error	t-Statistic	Prob.
C	1.309428	0.133776	9.788199	0.0000
D1	0.592125	0.283311	2.090017	0.0371
SP	1.898974	0.594681	3.193264	0.0015
SP*D1	-1.881990	0.799350	-2.354401	0.0190

R-squared	0.036009	Mean dependent var	1.785228
Adjusted R-squared	0.029997	S.D. dependent var	0.747782
S.E. of regression	0.736481	Akaike info criterion	2.234347
Sum squared resid	260.8967	Schwarz criterion	2.268856
Log likelihood	-537.8293	Hannan-Quinn criter.	2.247906
F-statistic	5.989169	Durbin-Watson stat	1.781022
Prob(F-statistic)	0.000517		

图 12-12　断点回归结果

(大股东倾向合作)产生的侵占效果将逐步侵蚀掉公司利益[正效果消失(1.90-1.88)],当,然大股东会合作的最重要动机是公司利益的上升(0.59,跳跃点产生的利基)。

12.4　差分

计量分析中,虚拟变量的使用可以发挥类似方差分析的功能。本节中比较两组或更多组的数据。

假设分析两组数据是否相同，建立模型如下：

$$D=\begin{cases}1 & \text{第一组}\\0 & \text{第二组}\end{cases}$$

$$y=\beta_0+\beta_1 D+\varepsilon$$

$$\frac{\mathrm{d}y}{\mathrm{d}D}=\beta_1$$

很清楚，β_1 就是两组的差异，所以此种方法称之为差分法。当然面对 n 组数据，就必须建立 $n-1$ 个虚拟变量。

当为多组数据时，要比较各组的差异，则须再通过检验来判断。例如：当有 3 组数据时，则须建立 2 个虚拟变量：

$$(D_1,D_2)=\begin{cases}(0,0) & \text{第一组}\\(1,0) & \text{第二组}\\(0,1) & \text{第三组}\end{cases}$$

$$y=\beta_0+\beta_1 D_1+\beta_2 D_2+\varepsilon$$

很清楚，β_0 为第一组的状况，第二组则为 $\beta_0+\beta_1$，第三组则为 $\beta_0+\beta_2$，第二组（第三组）与第一组的差异是 $\beta_1(\beta_2)$，所以，必须查看 $\beta_1(\beta_2)$ 是否存在显著差异。第二组与第三组的差异则是 $\beta_2-\beta_1$，所以必须检验该差异是否为 0。

$$\mathrm{H}_0:\beta_2-\beta_1=0$$

$$t=\frac{|\beta_2-\beta_1|}{\sqrt{s_{\beta_1}{}^2+s_{\beta_2}{}^2}}$$

本节延续第一节方差分析的例子，利用周末效应与突发事件进行说明，通过周末效应来介绍差分效果，再利用双重差分来分析周末效应与突发事件的双重效应。

【例 12-3】 差分分析周末效应。

分析时间，采用 2016 年 7 月 1 日—2020 年 6 月 30 日巨潮小盘日指数（Z399316），研究是否存在假期效应。

首先，设置虚拟变量如下：

$$(D_1,D_2,D_3)=\begin{cases}(0,0,0) & \text{隔天未放假}\\(1,0,0) & \text{隔天放假 1 ~ 2 天}\\(0,1,0) & \text{隔天放假 3 天}\\(0,0,1) & \text{隔天放假 4(含) 天以上}\end{cases}$$

收益率为：

$$r_t=\ln\left(\frac{\mathrm{Index}_t}{\mathrm{Index}_{t-1}}\right)\times 100$$

因是探讨假期效应，所以必须建立波动的模型。利用第 9 章回归分析的概念可得：

$$y_i=\alpha+\beta x_i+\varepsilon_i \qquad \varepsilon_i\overset{\mathrm{iid}}{\sim}N(0,\sigma^2)$$

$$\mathrm{Var}(y_i)=\mathrm{Var}(\varepsilon_i)$$

$$h_i=\frac{\sqrt{\varepsilon_i{}^2}}{\mu_i}$$

$$h_i=\beta_0+\beta_1 D_1+\beta_2 D_2+\beta_3 D_3+e_i$$

D_1、D_2 和 D_3 分别表示放假 1~2 天、放假 3 天和放假 4(含)天以上与没有放假的差异。

步骤 1:根据所给的数据(巨潮小盘日指数 2016 年 6 月 30 日—2021 年 6 月 30 日)建构收益率。见图 12-13。

	A	B	C
1	日期	巨潮小盘	
2	2016/6/30	5435.515	
3	2016/7/1	5423.173	=LN(B3/B2)*100
4	2016/7/4	5533.479	

图 12-13　收益率的计算

C3 的字段右下有个小点,连续按两下,每个时间的收益率即可全部算出,结果如图 12-14 所示。

	A	B	C
1	日期	巨潮小盘	
2	2016/6/30	5435.515	
3	2016/7/1	5423.173	-0.23
4	2016/7/4	5533.479	
5	2016/7/5	5564.755	

→

	A	B	C
1	日期	巨潮小盘	
2	2016/6/30	5435.515	
3	2016/7/1	5423.173	-0.23
4	2016/7/4	5533.479	2.01
5	2016/7/5	5564.755	0.56
6	2016/7/6	5595.53	0.55
7	2016/7/7	5600.893	0.10
8	2016/7/8	5587.309	-0.24
9	2016/7/11	5583.874	-0.06
10	2016/7/12	5650.617	1.19
11	2016/7/13	5691.842	0.73
12	2016/7/14	5695.093	0.06
13	2016/7/15	5672.028	-0.41
14	2016/7/18	5649.689	-0.39
15	2016/7/19	5670.739	0.37

图 12-14　收益率的计算结果图

步骤 2:虚拟变量(同 12.1 节的方式)。

(1)首先计算第二天放假的状况(利用前后日期相减再减 1 即可),见图 12-15、图 12-16。

	A	B	C	D
1	日期	巨潮小盘	return	
2	2019/6/28	3541.46		
3	2019/7/1	3638.78	2.71	=A3-A2-1
4	2019/7/2	3638.55	-0.01	
5	2019/7/3	3604.36	-0.94	
6	2019/7/4	3588.64	-0.44	

图 12-15　第二天放假的状况

	A	B	C	D
1	日期	巨潮小盘	return	
2	2019/6/28	3541.46		
3	2019/7/1	3638.78	2.71	2
4	2019/7/2	3638.55	-0.01	0
5	2019/7/3	3604.36	-0.94	0
6	2019/7/4	3588.64	-0.44	0
7	2019/7/5	3597.05	0.23	0
8	2019/7/8	3490.39	-3.01	2
9	2019/7/9	3500	0.27	0
10	2019/7/10	3479.76	-0.58	0
11	2019/7/11	3478.54	-0.04	0
12	2019/7/12	3484.89	0.18	0
13	2019/7/15	3530.56	1.30	2
14	2019/7/16	3529.05	-0.04	0
15	2019/7/17	3530.54	0.04	0
16	2019/7/18	3471.78	-1.68	0
17	2019/7/19	3501.69	0.86	0

图 12-16　第二天放假的状况结果图

(2)通过筛选将 (D_1、D_2、D_3) 建立虚拟变量,见图 12-17。

	A	B	C	D	E
1	date	r	d1	d2	d3
2	2016/7/1	-0.23	0	0	0
3	2016/7/4	2.01	1	0	0
4	2016/7/5	0.56	0	0	0
5	2016/7/6	0.55	0	0	0
6	2016/7/7	0.10	0	0	0
7	2016/7/8	-0.24	0	0	0
8	2016/7/11	-0.06	1	0	0
9	2016/7/12	1.19	0	0	0
10	2016/7/13	0.73	0	0	0
11	2016/7/14	0.06	0	0	0
12	2016/7/15	-0.41	0	0	0
13	2016/7/18	-0.39	1	0	0
14	2016/7/19	0.37	0	0	0
15	2016/7/20	-0.15	0	0	0

图 12-17　虚拟变量建立示意图

步骤 3:建立波动值(也就是风险)。

利用第 10 章介绍的时间序列,取最合适的模型(样本数=972,所以利用 SBC 来判断),参见图 12-18,使用 EViews 进行回归分析:Quick→Estimate Equation…

结果如表 12-7 所示。

表 12-7　滞后期数 SBC 值

滞后期数	*SBC*	滞后期数	*SBC*
AR(1)	**3.486**	*AR*(4)	3.502
AR(2)	3.491	*AR*(5)	3.510
AR(3)	3.496	*AR*(6)	3.517

注:黑体表示最小值,表示该模型为最适模型。

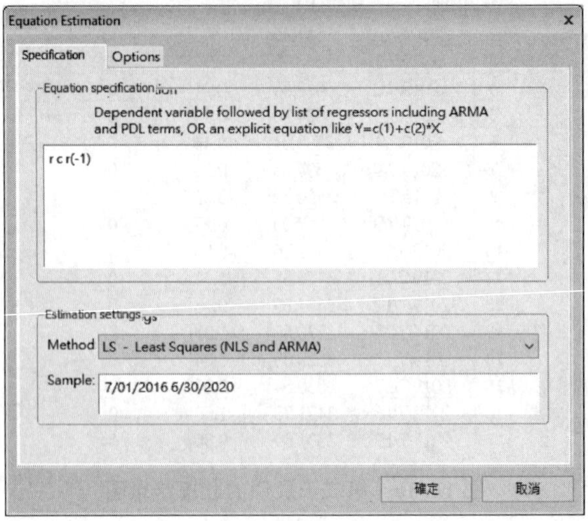

↓

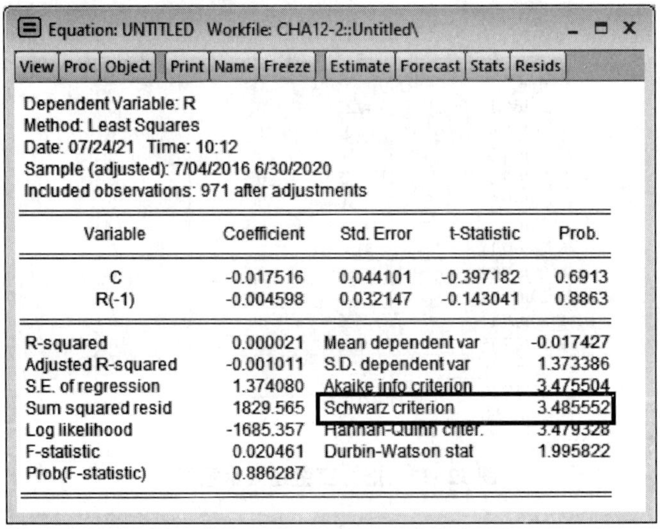

Equation: UNTITLED Workfile: CHA12-2::Untitled\

View | Proc | Object | Print | Name | Freeze | Estimate | Forecast | Stats | Resids

Dependent Variable: R
Method: Least Squares
Date: 07/24/21 Time: 10:12
Sample (adjusted): 7/04/2016 6/30/2020
Included observations: 971 after adjustments

Variable	Coefficient	Std. Error	t-Statistic	Prob.
C	-0.017516	0.044101	-0.397182	0.6913
R(-1)	-0.004598	0.032147	-0.143041	0.8863

R-squared	0.000021	Mean dependent var	-0.017427
Adjusted R-squared	-0.001011	S.D. dependent var	1.373386
S.E. of regression	1.374080	Akaike info criterion	3.475504
Sum squared resid	1829.565	Schwarz criterion	3.485552
Log likelihood	-1685.357	Hannan-Quinn criter.	3.479328
F-statistic	0.020461	Durbin-Watson stat	1.995822
Prob(F-statistic)	0.886287		

图 12-18 判断最适模型图

所以滞后 1 期为最佳,建立误差项(见图 12-19):Proc→Make Residual Series...

步骤 4:建立新变量。

$$h_i = \frac{\sqrt{Rish_i^2}}{\mu_{\sqrt{Rish^2}}}$$

步骤 5:进行回归分析,结果如下:

$$h = 0.88 + 0.51D_1 + 0.73D_2 + 1.42D_3$$

$$(0.04)\quad(0.08)\quad(0.34)\quad(0.25)$$

$$*** \quad *** \quad ** \quad ***$$

所以,可以发现巨潮小型股指数波动是存在的(0.88),并且只要隔天放假,就可发现指

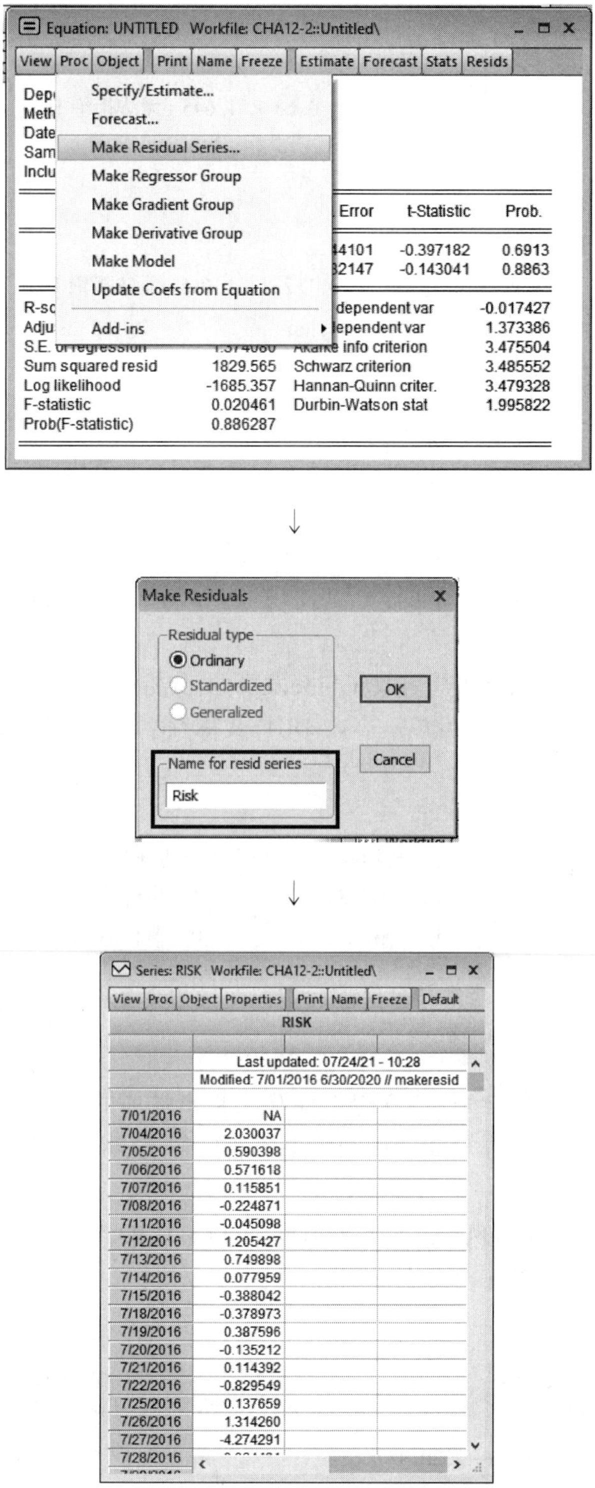

图 12-19 判断最适模型图

数比未放假的日期波动更大,再分析单个放假天数的差异:

$H_1:\beta_2>\beta_1 \rightarrow H_0:\beta_2\leqslant\beta_1$

$$t = \frac{0.73 - 0.51}{\sqrt{0.08^2 + 0.34^2}} = 0.63 < 1.645,\text{无法拒绝 } H_0$$

$H_1:\beta_3>\beta_2 \rightarrow H_0:\beta_3\leqslant\beta_2$

$$t = \frac{1.42 - 0.73}{\sqrt{0.25^2 + 0.34^2}} = 1.23 < 1.645,\text{无法拒绝 } H_0$$

$H_1:\beta_3>\beta_1 \rightarrow H_0:\beta_3\leqslant\beta_1$

$$t = \frac{1.42 - 0.51}{\sqrt{0.25^2 + 0.08^2}} = 2.83 > 1.645,\text{拒绝 } H_0$$

所以,隔天放假 1~2 天与隔天放假 3 天,没有证据证明其波动有不同;但隔天放假 4 天以上的波动明显与放假 1~2 天不同,可以发现,随着隔天放假天数的增多,风险也随着变大。

【例 12-4】双重差分法分析周末效应与突发事件:分析武汉封城与假期效应。

双重差分法(differences-in-differences, DID)又称"倍差法",它是政策、经济效应评估方法中的一大利器。

模型如下:

$$y_{it} = \beta_0 + \beta_1 \mathrm{d}\mu + \beta_2 \mathrm{d}t + \beta_3 \mathrm{d}\mu \cdot \mathrm{d}t + \varepsilon_{it}$$

$$\mathrm{d}u = \begin{cases} 1 & \text{第一组} \\ 0 & \text{第二组} \end{cases} \qquad \mathrm{d}t = \begin{cases} 1 & \text{事件前} \\ 0 & \text{事件后} \end{cases}$$

这样, $\mathrm{d}\mu$、$\mathrm{d}t$ 为分组虚拟变量与事件前后虚拟变量的交互项, $\frac{\mathrm{d}y}{\mathrm{d}u}\cdot\frac{\mathrm{d}y}{\mathrm{d}t}=\beta_3$ 就反映了政策实施的净效应。

DID 的稳健性检验一般会采用"安慰剂检验",将事件前的组别分成两组再进行分析。如果不同虚构方式下的 DID 估计量的回归结果依然显著,说明原来的估计结果很有可能出现了偏误。

对新冠疫情的发生,本范例以武汉封城时间为准(1 月 23 日—4 月 7 日),研究期间为 3 年,即 2017 年 7 月 1 日—2020 年 6 月 30 日。

原模型

$$\mathrm{d}u = \begin{cases} 1 & \text{隔天放假} \\ 0 & \text{其他} \end{cases}$$

$$\mathrm{d}t = \begin{cases} 1 & \text{2020/1/23—2020/4/7} \\ 0 & \text{其他} \end{cases}$$

安慰剂检验

$$\mathrm{d}u = \begin{cases} 1 & \text{隔天放假} \\ 0 & \text{其他} \end{cases}$$

$$\mathrm{d}t = \begin{cases} 1 & \text{2018/1/23—2018/4/7} \\ 0 & \text{其他} \end{cases}$$

分析结果如表 12-8 所示。

表 12-8 武汉封城与假期效应结果表

模型	原模型		安慰剂检验	
解释变量	系数		系数	
	标准差	显著水平	标准差	显著水平
C	0.94		0.97	
	(0.04)	* * *	(0.05)	* * *
DU	0.49		0.64	
	(0.10)	* * *	(0.10)	* * *
DT	0.57		0.13	
	(0.18)	* * *	(0.18)	
$DU \times DT$	1.91		-0.45	
	(0.38)	* * *	(0.40)	
R^2	0.13		0.05	
调整后 R^2	0.13		0.05	
F-统计量	35.84		13.58	
P 值	<0.001		<0.001	

根据表 12-8 建构出来的模型如下：

原模型：

$$h = 0.94 + 0.49d\mu + 0.57dt + 1.91d\mu \cdot dt + \varepsilon$$

(21.05) (5.05) (3.27) (5.01)

* * *   * * *   * * *   * * *

安慰剂检验：

$$h = 0.97 + 0.64d\mu + 0.13dt - 0.45d\mu \cdot dt + \varepsilon$$

(20.80) (6.36) (0.71) (-1.14)

* * *   * * *

由上述原模型结果，发现假期效应是存在的(0.49，非常显著)，而且武汉封城确实加大了巨潮小型股指数的波动(0.57，非常显著)，并且也让封城和假期效应的净效果为正(1.91，非常显著)；通过安慰剂检验，也证实了封城和净效果确实存在(非封城期间，不显著了)。

实训演练

(1)期货是否存在结算效应。

注：结算效应指期货结算前几天，收益振幅发生异常。

(2)总经理和董事会秘书性别对公司绩效之影响。

注：利用东方财富网搜寻数据。进入要研究对象的公司→公司概况→主要高管(更多)→高管列表(可取得当年度该公司的高管人员数据)，如图 12-20、图 12-21 所示。

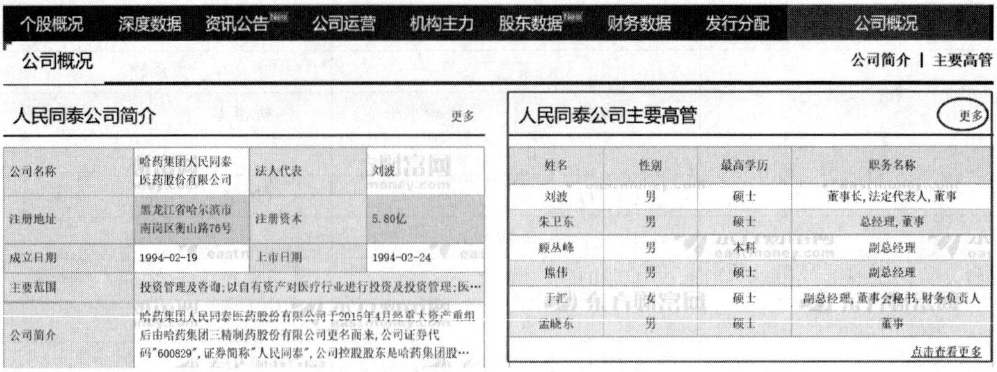

个股概况 深度数据 资讯公告 公司运营 机构主力 股东数据 财务数据 发行分配 公司概况

公司概况　　公司简介 | 主要高管

人民同泰公司简介　　更多

公司名称	哈药集团人民同泰医药股份有限公司	法人代表	刘波
注册地址	黑龙江省哈尔滨市南岗区衡山路76号	注册资本	5.80亿
成立日期	1994-02-19	上市日期	1994-02-24
主要范围	投资管理及咨询;以自有资产对医疗行业进行投资及投资管理;医…		
公司简介	哈药集团人民同泰医药股份有限公司于2015年4月经重大资产重组后由哈药集团三精制药股份有限公司更名而来,公司证券代码"600829",证券简称"人民同泰",公司控股股东是哈药集团股…		

人民同泰公司主要高管　　更多

姓名	性别	最高学历	职务名称
刘波	男	硕士	董事长,法定代表人,董事
朱卫东	男	硕士	总经理,董事
顾丛峰	男	本科	副总经理
熊伟	男	硕士	副总经理
于汇	女	硕士	副总经理,董事会秘书,财务负责人
孟晓东	男	硕士	董事

点击查看更多

图 12-20　东方财富网公司概况

数据来源:http://data.eastmoney.com/stockdata/600829.html。

高管列表

序号	姓名	性别	年龄	学历	持股数(股)	薪酬(元)	职务
1	刘波	男	58	硕士			董事长,法定代表人,董事
2	朱卫东	男	52	硕士		95.89万	总经理,董事
3	顾丛峰	男	52	本科		86.74万	副总经理
4	于汇	女	37	硕士		15.89万	副总经理,董事会秘书,财务负责人
5	熊伟	男	45	硕士			副总经理
6	孟晓东	男	49	硕士			董事
7	王鹏浩	男	46	本科			董事
8	哈书菊	女	50	博士		8.000万	独立董事
9	韩东平	女	56	博士		8.000万	独立董事
10	武滨	男	61	硕士		8.000万	独立董事
11	鲍玉红	女	47	本科		21.97万	监事会主席,职工监事
12	李松	女	45	本科		6.690万	监事
13	管平		49	本科			监事

图 12-21　东方财富网公司高管示意图

数据来源:http://emweb.eastmoney.com/CompanyManagement/Index? type=web&code=SH600829。

习　题

一、判断题

1. 方差分析是通过分析数据的方差来确定是否能够推断出总体均值存在差异。　(　　)

2. 方差分析是一种检验若干个正态分布的均值和方差是否相等的一种统计方法。　(　　)

3. 方差分析是一种检验若干个独立正态总体均值是否相等的一种统计方法。　(　　)

4. 方差分析实际上是一种 F 检验。　(　　)

5. 方差分析基于偏差平方和的分解和比较。　(　　)

二、单选题

1. 在单因素方差分析中,各次试验观测应(　　)。

A. 相互关联　　B. 相互独立

C. 计量逐步精确　　D. 方法逐步改进

2. 方差分析作为一种统计研究方法,研究的是(　　)。

A. 数值型变量与分类型变量之间的关系

B. 类变量之间的关系

C. 数值型变量之间的关系

D. 分类型变量与数值型变量之间的关系

3. 方差分析的主要目的是判断(　　)。

A. 各总体是否存在方差

B. 各样本数据之间是否有显著差异

C. 分类型自变量对数值型因变量的影响是否显著

D. 分类型因变量对数值型自变量的影响是否显著

4. 在方差分析中,检验统计量 F 是(　　)。

A. 组间平方和除以组内平方和　　B. 组间均方除以组内均方

C. 组间平方除以总平方和　　D. 组间均方除以总均方

5. 在方差分析中,某一水平下样本数据之间的误差称为(　　)。

A. 随机误差　　B. 非随机误差

C. 系统误差　　D. 非系统误差

6. 在方差分析中,不同水平下样本数据之间的误差称为(　　)。

A. 组内误差　　B. 组间误差

C. 组内平方　　D. 组间平方

7. 组间误差是衡量不同水平下各样本数据之间的误差,它(　　)。

A. 只包括随机误差

B. 只包括系统误差

C. 既包括随机误差,也包括系统误差

D. 有时包括随机误差,有时包括系统误差

8. 组内误差是衡量某一水平下样本数据之间的误差,它(　　)。

A. 只包括随机误差

B. 只包括系统误差

C. 既包括随机误差,也包括系统误差

D. 有时包括随机误差,有时包括系统误差

9. 在下面的假定中,哪一个不属于方差分析中的假定?(　　)

A. 每个总体都服从正态分布

B. 各总体的方差相等

C. 观测值是独立的

D. 各总体的方差等于 0

10. 在方差分析中,所提出的零假设是 $H_0:\mu_1=\mu_1=\cdots=\mu_k$,各备择假设是(　　)。

A. $H_0:\mu_1\neq\mu_1\neq\cdots\neq\mu_k$　　B. $H_0:\mu_1>\mu_1>\cdots>\mu_k$

C. $H_0:\mu_1<\mu_1<\cdots<\mu_k$　　D. $H_0:\mu_1,\mu_1,\cdots,\mu_k$ 不全相等

11. 在方差分析中,数据的误差是用平方和来表示的。其中反映两个分类型因变量值误差大小的平方和称为(　　)。

A. 组间平方和　　B. 组内平方和

C. 总平方和　　D. 水平项平方和

12. 在方差分析中,数据的误差是用平方和来表示的。其中反映各个样本值之间误差大小的平方和称为(　　)。

A. 误差项平方和　　B. 组内平方和

C. 组间平方和　　D. 总平方和

13. 在方差分析中,数据的误差是用平方和来表示的。其中反映全部观测误差大小的平方和称为(　　)。

A. 误差项平方和　　B. 组内平方和

C. 组间平方和　　D. 总平方和

14. 组内平方和除以相应的自由度的结果称为(　　)。

A. 组内平方和　　B. 组内方差

C. 组间方差　　D. 总方差

15. 组间平方和除以相应的自由度的结果称为(　　)。

A. 组内平方和　　B. 组内方差

C. 组间方差　　D. 总方差

16. 在方差分析中,进行多重比较的前提是(　　)。

A. 拒绝零假设

B. 不拒零假设

C. 可以拒绝零假设也可以不拒绝零假设

D. 各样本均值相等

17. 在方差分析中,多重比较的目的是通过配对比较检验(　　)。

A. 哪两个总体均值之间有差异　　B. 哪两个总体方差之间有差异

C. 哪两个样本均值之间有差异　　D. 哪两个样本方差之间有差异

18. 方差分析中检验统计量的抽样分布是(　　)。

A. 卡方分布　　B. t 分布

C. 正态分布　　D. F 分布

19. 在方差分析中,(　　)反映的是样本数据与其组平均值的差异。

A. 总体离差平方和　　B. 组间误差

C. 抽样误差　　D. 组内误差

20. 在下列假定中,哪一个不属于方差分析中的假定?(　　)

A. 每个总体都服从正态分布　　B. 各总体的方差相等

C. 观察值是独立的　　D. 各总体的方差等于零

21. 组间误差是衡量因素的不同水平(不同总体)下各样本之间的误差,它(　　)。
A. 只包括随机误差
B. 只包括系统误差
C. 既包括随机误差,也包括系统误差
D. 有时包括随机误差,有时包括系统误差
22. 在方差分析中,数据的误差是用平方和表示的。其中,组间平方和反映的是(　　)。
A. 一个样本观测值之间误差的大小
B. 全部观测值误差的大小
C. 各个样本均值之间误差的大小
D. 各个样本方差之间误差的大小
23. 单因素方差分析中,组内误差平方和对应的自由度是(　　)。
A. n　　B. $k-1$
C. $n-k$　　D. $n-1$
24. 如果分析数据来自不同总体,在组间误差中除了包含随机误差外,还会包含系统误差。方差分析中有三个基本假定:①每个总体都应服从正态分布;②各个总体的方差,必须相同;③观测值是独立的。方差分析是通过对多个总体均值差异的比较来(　　)。
A. 判断各总体是否存在方差
B. 检验各样本数据是否来自正态总体
C. 比较各总体的方差是否相等
D. 研究分类自变量对数值因变量的影响是否显著
25. 从 4 个总体中各选取了 5 个观察值,得到组间平方和 $SSA=375$,组内平方和 $SSE=480$,则统计量 F 的值为(　　)。
A. 0.78　　B. 1.30
C. 2.50　　D. 4.17
26. 关于方差分析,下列说法正确的是(　　)。
A. 方差分析的目的是分析各组总体方差是否相同
B. 方差分析的组间均方差仅仅衡量了随机误差的变异大小
C. 各组数据呈严重偏态时,也可以作方差分析
D. 方差分析的目的是分析各组总体的均值是否相同

三、多选题

1. 方差分析包括(　　)。
A. 单因素方差分析　　B. 双因素方差分析
C. 多因素方差分析　　D. 回归分析
2. 下列叙述哪种说法正确(　　)。
A. 方差分析是一种检验若干个正态分布的均值和方差是否相等的一种统计方法
B. 方差分析是一种检验若干个独立正态总体均值是否相等的一种统计方法
C. 方差分析实际上是一种 F 检验
D. 方差分析基于偏差平方和的分解和比较

3. 在方差分析中,进行多重比较的前提是(　　)。

A. 拒绝原假设

B. 不拒绝原假设

C. 可以拒绝原假设也可以不拒绝原假设

D. 各样本均值相等

四、计算题

1. 某家有三家工厂,公司想了解 3 个工厂品管人员对公司品管质量的认知是否有所不同,随机从 3 个工厂挑选员工进行测验,分数如表 12-9 所示。

表 12-9

	A	B	C
	85	71	59
	75	75	64
	82	73	62
	76	74	69
	71	69	75
	85	82	67
样本平均数	79	74	66
样本方差	34	20	32
样本标准差	5.83	4.47	5.66

利用方差分析进行如下的操作:

(1)建立假设检验;

(2)建立方差分析表;

(3)统计推论;

(4)若存在显著不同,请进行多重比较分析 3 个工厂的差异。

2. 根据上题,利用差分法分析 3 个工厂品管人员对公司品管质量的认知是否有所不同。

3. 随机区集设计试验结果见表 12-10,请检验在 $\alpha=0.05$ 下,是否存在显著差异。

表 12-10

		处理		
		A	B	C
区集	1	10	9	8
	2	12	6	5
	3	18	15	14
	4	20	18	18
	5	8	7	8

4. 因子试验结果见表 12-11,试检验在 $\alpha=0.05$ 下,主效果和交叉作用效果是否存在。

表 12-11

		因素 B		
		状况 1	状况 2	状况 3
因素 A	状况 I	135	90	75
		165	66	93
	状况 Ⅱ	125	127	120
		95	105	136

专有名词

方差分析:简称 ANOVA,是检验判断两个或多个总体均值间是否存在差异的一种方法。方差分析是通过分析数据的方差来确定我们是否能够推断出总体均值存在差异。

方差分析的基本假设:

(1)每组的观察值均为常态分配。

(2)每组的方差均相等。

(3)由每组观察值必须互为独立。

方差分析备择假设与零假设:

$$H_0:\mu_1=\mu_2=\mu_3=\cdots=\mu_k$$

$$H_a:\mu_i \text{ 至少有一个不相等}$$

虚拟变量:又称二元变量,一种只有 0 或 1 的变数。

断点回归:一般回归分析解释变量对被解释变量会形成连续性的影响,而有时候会发生在某一点不连续处,并造成跳跃式地影响被解释变量,这一点称为断点,分析的方法称为断点回归。

重要公式

方差分析:

处理:

自由度: $k-1$

平方和: $$SSE=\sum_{j=1}^{k}\sum_{i=1}^{n_j}(x_{ij}-\bar{x})^2$$

均方: $$MST=\frac{SST}{k-1}$$

误差：

自由度：

$$n-k$$

平方和：

$$SST = \sum_{j=1}^{k} n_j(\bar{x}_j - \bar{\bar{x}})^2$$
$$= (n_1 - 1)s_1{}^2 + (n_2 - 1)s_2{}^2 + \cdots + (n_k - 1)s_k^2$$

均方：

$$MSE = \frac{SSE}{n-k}$$

总和：

自由度：

$$n-1$$

平方和：

$$SS(\text{Total}) = \sum_{j=1}^{k} \sum_{i=1}^{n_j} (x_{ij} - \bar{\bar{x}})^2$$

F 统计量：

$$F = \frac{MST}{MSE} \sim F(k-1, n-k)$$

多重比较分析：

$$|\bar{x}_i - \bar{x}_j| > LSD$$

$$LSD = t_{(\alpha/2, n-k)} \sqrt{MSE\left(\frac{1}{n_i} + \frac{1}{n_j}\right)}$$

双因子方差分析：

处理因子：

自由度：

$$k-1$$

平方和：

$$SST = \sum_{j=1}^{k} b(\bar{x}_{[T]_j} - \bar{\bar{x}})^2$$

均方：

$$MST = \frac{SST}{k-1}$$

区集因子：

自由度：

$$b-1$$

平方和：

$$SSB = \sum_{i=1}^{b} b(\bar{x}_{[B]_j} - \bar{\bar{x}})^2$$

均方：

$$MSB = \frac{SSB}{b-1}$$

误差因子：

自由度：

$$n-k-b+1$$

平方和：

$$SSE = \sum_{j=1}^{k} \sum_{i=1}^{b} (x_{ij} - \bar{x}_{[T]_j} - \bar{x}_{[B]_i} - \bar{\bar{x}})^2$$

均方：

$$MSE = \frac{SSE}{n-k-b+1}$$

双因子 F 统计量：

$$F = \frac{MST}{MSE}$$

$$F = \frac{MSB}{MSE}$$

断点回归：

$$y_i = \alpha + \gamma D + \beta x_i + \delta D \cdot x_i + \varepsilon_i \qquad i = 1,2,\cdots,n$$

$$D = \begin{cases} 1 & 若\ x \geqslant c \\ 0 & 若\ x < c \end{cases}$$

差分法：

$$D = \begin{cases} 1 & 第一组 \\ 0 & 第二组 \end{cases}$$

$$y = \beta_0 + \beta_1 D + \varepsilon$$

$$\frac{\mathrm{d}y}{\mathrm{d}D} = \beta_1$$

双重差分法：

$$y_{it} = \beta_0 + \beta_1 \mathrm{d}\mu + \beta_2 \mathrm{d}t + \beta_3 \mathrm{d}\mu \cdot \mathrm{d}t + \varepsilon_{it}$$

$$\mathrm{d}u = \begin{cases} 1 & 第一组 \\ 0 & 第二组 \end{cases} \qquad \mathrm{d}t = \begin{cases} 1 & 事件前 \\ 0 & 事件后 \end{cases}$$

附录 12-1：双因子方差分析（随机区集设计）

这类似于使用两种因素的虚拟变量，本书将以表来说明，如表 12-12、表 12-13 所示。

实证例子可以再行分析周末效应与突发事件的影响，此例留在后面叙述双重差分时再进行介绍。

表 12-12 随机化区集方差分析的符号

区集	处理				区集平均数
	1	2	…	k	
1	x_{11}	x_{12}	…	x_{1k}	$\bar{x}_{[B]_1}$
2	x_{21}	x_{22}	…	x_{2k}	$\bar{x}_{[B]2}$
	⋮	⋮	…	⋮	⋮
B	x_{b1}	x_{b2}	…	x_{bk}	$\bar{x}_{[B]_b}$
“处理”平均数	$\bar{x}_{[T]_1}$	$\bar{x}_{[T]2}$	…	$\bar{x}_{[T]_k}$	

表 12-13 双因子方差分析平方和及均方

变异来源	自由度	平方和	均方	F 统计量
处理	$k-1$	$SST = \sum_{j=1}^{k} b(\bar{x}_{[T]_j} - \bar{\bar{x}})^2$	$MST = \frac{SST}{k-1}$	$F = \frac{MST}{MSE}$
区集	$b-1$	$SSB = \sum_{i=1}^{b} b(\bar{x}_{[B]_j} - \bar{\bar{x}})^2$	$MSB = \frac{SSB}{b-1}$	$F = \frac{MSB}{MSE}$

续表

变异来源	自由度	平方和	均方	F 统计量
误差	$n-k-b+1$	$SSE=\sum_{j=1}^{k}\sum_{i=1}^{b}(x_{ij}-\bar{x}_{[T]_j}-\bar{x}_{[B]_i}-\bar{\bar{x}})^2$	$MSE=\dfrac{SSE}{n-k-b+1}$	
总和		$SS(Total)=\sum_{j=1}^{k}\sum_{i=1}^{b}(x_{ij}-\bar{\bar{x}})^2$		

附录 12-2:因子试验

与上面双重差分所提到的净效果相类似。本书以表进行说明,如表 12-14 所示。

表 12-14　因子试验 ANOVA 表

变异来源	自由度	平方和	均方	F 统计量	推论
因素 A	$a-1$	SSA	$MSA=\dfrac{SSA}{a-1}$	$\dfrac{MSA}{MSE}$	
因素 B	$b-1$	SSB	$MSA=\dfrac{SSA}{b-1}$	$\dfrac{MSB}{MSE}$	
交叉作用	$(a-1)(b-1)$	$SSAB$	$MSAB=\dfrac{SSAB}{(a-1)(b-1)}$	$\dfrac{MSAB}{MSE}$	
误差	$n-ab$	SSE	$MSE=\dfrac{SSE}{n-ab}$		
总和	$n-1$	SST			

相关符号定义:

a 为因素 A 的分类数;

b 为因素 B 的分类数;

r 为重复数,即每个因素 A、因素 B 里面的样本数;

n 为样本总容量;

x_{ijk} 为 因素 A 的第 i 个处理与因素 B 的第 j 个处理之第 k 个观察值;

$\bar{x}_{i\cdot}$ 为 第 i 个处理(因素 A)观察值的样本平均数;

$\bar{x}_{\cdot j}$ 为 第 j 个处理(因素 B)观察值的样本平均数;

$\bar{x}_{ij}$ 为第 i 个处理(因素 A)与第 j 个处理(因素 B)的样本平均数;

$\bar{\bar{x}}$ 为总样本平均数。

由上述的符号定义,可以将上述的平方和计算出来。

$$SST = \sum_{i=1}^{a}\sum_{j=1}^{b}\sum_{k=1}^{r}(x_{ijk} - \bar{\bar{x}})^2$$

$$SSA = br\sum_{i=1}^{a}(\bar{x}_{i\cdot} - \bar{\bar{x}})^2$$

$$SSB = ar\sum_{j=1}^{b}(\bar{x}_{\cdot j} - \bar{\bar{x}})^2$$

$$SSAB = r\sum_{i=1}^{a}\sum_{j=1}^{b}(\bar{x}_{ij} - \bar{x}_{i\cdot} - \bar{x}_{\cdot j} + \bar{\bar{x}})^2$$

$$SSE = SST - SSA - SSB - SSAB$$

【例 12-5】校商学院拟针对学生进行密集培训,以参加高级会计师的考试。训练模式分为 3 种:自修、讲义、上课。并调查财务管理专业、会计专业和其他专业学生专业、训练课程以及训练课程对专业学生是否有影响。最终考试结果如表 12-15 所示。

表 12-15

		因素 B:学生专业		
		财管	会计	其他
因素 A:训练模式	自修	60 68	64 56	58 50
	讲义	56 64	66 72	52 58
	上课	66 70	70 68	58 51

将上述成绩整理如表 12-16 所示。

表 12-16

		因素 B:学生专业			
		财管	会计	其他	B 平均数
因素 A:训练模式	自修	$\bar{x}_{11} = 64$	$\bar{x}_{12} = 60$	$\bar{x}_{13} = 54$	$\bar{x}_{1\cdot} = 59.33$
	讲义	$\bar{x}_{21} = 60$	$\bar{x}_{22} = 69$	$\bar{x}_{23} = 55$	$\bar{x}_{2\cdot} = 61.33$
	上课	$\bar{x}_{31} = 68$	$\bar{x}_{32} = 69$	$\bar{x}_{33} = 54.5$	$\bar{x}_{3\cdot} = 63.83$
	A 平均数	$\bar{x}_{\cdot 1} = 64$	$\bar{x}_{\cdot 2} = 66$	$\bar{x}_{\cdot 3} = 54.5$	$\bar{\bar{x}} = 61.5$

$$SST = \sum_{i=1}^{a}\sum_{j=1}^{b}\sum_{k=1}^{r}(x_{ijk} - \bar{\bar{x}})^2 = 824.5$$

$$SSA = br\sum_{i=1}^{a}(\bar{x}_{i.} - \bar{\bar{x}})^2 = 3 \times 2 \times [(59.33 - 61.5)^2 + (61.33 - 61.5)^2 + (63.83 - 61.5)^2] = 61$$

$$SSB = ar\sum_{j=1}^{b}(\bar{x}_{.j} - \bar{\bar{x}})^2 = 3 \times 2 \times [(64 - 61.5)^2 + (66 - 61.5)^2 + (54.5 - 61.5)^2] = 453$$

$$SSAB = r\sum_{i=1}^{a}\sum_{j=1}^{b}(\bar{x}_{ij} - \bar{x}_{i.} - \bar{x}_{.j} + \bar{\bar{x}})^2 = 2 \times [(64 - 59.33 - 64 + 61.5)^2 + \cdots] = 112$$

$$SSE = SST - SSA - SSB - SSAB = 824.5 - 61 - 453 - 112 = 198.5$$

建构 ANOVA 表如表 12-17 所示。

表 12-17　因子试验 ANOVA 表实例

变异来源	*DF*	*SS*	*MS*	*F* 统计量	*P* 值
因素 A	2	61	$\frac{61}{2} = 30.5$	$\frac{30.5}{22.06} = 1.38$	0.299
因素 B	2	453	$\frac{453}{2} = 226.5$	$\frac{226.5}{22.06} = 10.27$	0.005
交叉作用	4	112	$\frac{112}{4} = 28$	$\frac{28}{22.06} = 1.27$	0.350
误差	9	198.5	$\frac{198.5}{9} = 22.06$		
总和	17	824.5			

所以，由表 12-17 可以得知，学生专业会影响高级会计师的考试，培训方式和交叉作用，则没有显著影响。

13 联立方程组

本章摘要

蛛网理论(cobweb theory)是一个在财经领域常常被提起的模型,是根据供需法则建构出来的联立方程组,其模型如下:

需求函数

$$q_t^d = \alpha_0 - \alpha_1 p_t$$

供给函数

$$q_t^s = \beta_0 + \beta_1 p_t^*$$

市场均衡条件

$$q_t^d = q_t^s$$

其中 q_t^d 代表在 t 期的需求量,α_0 为需求函数的截距项,$\alpha_1 > 0$ 则表示此需求函数符合需求法则,q_t^s 代表在 t 期的供给量,β_0 为供给函数的截距项,$\beta_1 > 0$ 则表示此供给函数符合供给法则,p_t^* 为供给者在 t 期对"未来"产品价格的预期。根据理性预期理论,供给者会根据"过去"的市场价格来预测未来价格,所以当 $p_t^* = p_{t-1}$ 时,通过解联立方程式可得:

$$p_t = \frac{(\alpha_0 - \beta_0)}{\alpha_1} + (-\frac{\beta_1}{\alpha_1})p_{t-1}$$

$$\Rightarrow p_t = a_0 + a_1 p_{t-1}$$

形成时间序列 $AR(1)$ 的模型。

所谓联立方程式(simultaneous equations),又称方程组(system of equations),是两个或两个以上含有多个未知数的方程式联立得到的集。联立方程组除了上面所说的蛛网理论的应用以外,还有中介效应和工具变量的使用,当然这两种使用模式是不同的,是本章介绍的重点。

13.1 中介效应

中介效应(mediation)最早被 Baron 和 Kenny(1986)在分析社会心理和消费者行为的关系中使用(自变量)。

BK 框架要考虑一个简单的三变量:解释变量(自变量)X 通过中介变量(mediating variable)M 来影响被解释变量(因变量)Y。如图 13-1 所示。

BK 框架认为,要使变量 M 起到"中介作用",需满足三个条件:自变量 X 的变动应能够显著解释待定中介变量 M 的变动(路径 a 显著);中介变量 M 的变动能够显著解释因变量 Y

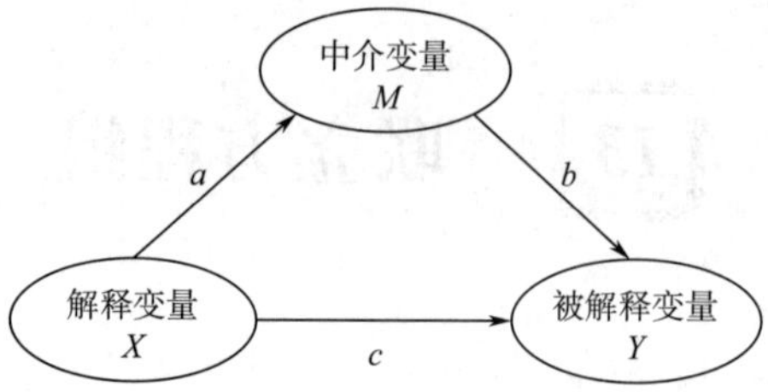

图 13-1　中介效应示范图

的变动(路径 b 显著);控制路径 a 和 b 后,X 与 Y 之间原本显著的关联将消失(路径 c 不显著)。

因此,*BK* 框架需要估计以下 3 个方程:

$$M = \beta_{10} + aX + \varepsilon_1$$

$$Y = \beta_{20} + c'X + \varepsilon_2$$

$$Y = \beta_{30} + cX + bM + \varepsilon_3$$

与上述判定条件对应,系数 a、c'和 b 的显著性决定了中介效应是否存在。同时,BK 框架还要求进一步对间接路径做 Sobel z 检验,其统计量由下式给出:

$$Z = \frac{a \times b}{\sqrt{b^2 s_a^2 + a^2 s_b^2}}$$

其中 s_a 和 s_b 分别是 a 和 b 系数估计的标准误。BK 框架认为,识别中介效应最强的证据是间接效应(a 和 b)显著而直接效应(c)不显著,称该情况为“完全中介效应”(full mediation)。如果间接和直接效应均显著,则称为“部分中介效应”(partial mediation)。

尽管完全中介效应被 BK 框架视为最优情形,但多数研究却只能识别出部分中介效应,即直接效应 c 在控制了中介变量后仍然显著。Zhao 等(2010)认为这并不是一个令人失望的事实,因为显著直接效应的符号能够为理论构建提供直观的启示。在特定情况下,研究者能够依据先前的经验理论预期显著直接效应的存在。

在 BK 框架下,进行中介效应分析的前提是自变量 X 对于因变量 Y 存在着显著的“零阶效应”,即系数 c'需要是显著的。这样的 $X-Y$ 检验被一些文献称为“待调节效应”(effect to be mediated)。从直觉上看,如果待调节效应本身并不显著,似乎就没有寻找中介变量的必要了。但是这样的想法是错误的,因为 BK 框架忽略了一个基本事实:X 对 Y 总效应的影响。

$$c' = a \times b + c$$

也就是说,X 对 Y 的“总效应”相当于间接效应与直接效应 c 之和。若与 c 均显著且正负符号相同,则称这种情况为“互补调节”(complementary mediation);若二者均显著但正负符号相反,则称为“竞争调节”(competitive mediation)。竞争调节可能会造成两种特殊的结果。若直接效应和间接效应的绝对值相近,那么净效应 c'便接近于 0,从而很可能导致 $X-Y$ 检验被拒绝;另一方面,若直接效应的绝对值远大于间接效应,那么间接效应的符号便会与待调节效应的符号相反。

中介效应检验流程如图 13-2 所示。

本节的范例将企业能力当作中介变量进行分析。

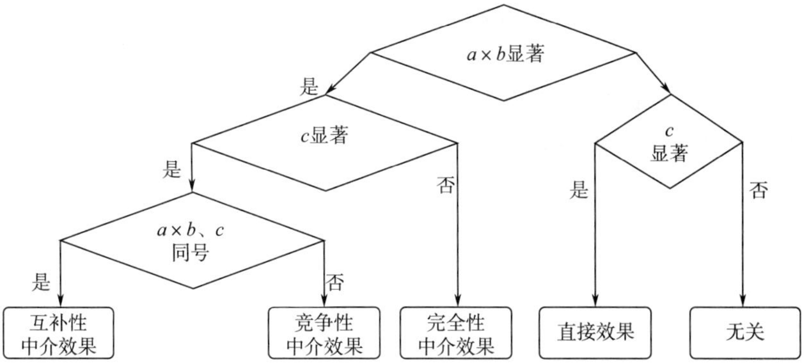

图 13-2 中介效应检验流程图

企业能力是指企业在生产、技术、销售、管理和资金等方面能力的总和。企业的竞争力来源于企业的组织能力,而组织能力来源于企业在市场竞争中的学习、积累相关的知识和能力并将其嵌入到企业组织中,体现在企业的运作程序上。企业组织能力主要分为三种:技术能力、功能性能力(产品开发能力、生产能力、营销能力)和管理能力。

因此,我们可以这样定义企业能力:所谓企业能力,是指企业配置资源并发挥其生产和竞争作用的能力。企业能力来源于企业有形资源、无形资源和组织资源的整合。

在战略管理领域,一个普遍的观点是:企业能力(company capacity)是不容易被识别的,它难以被模仿或购买。已有文献对能力的界定比较宽泛,例如包括可能决定管理企业创新、声誉的研发和营销能力、管理交易成本的治理能力和涉及价值链不同阶段的运营能力。

一般而言,企业能力通常取决于企业有效整合所拥有的资源,从而实现特定目标的整体效率。进一步地,能力概念被界定为:企业比竞争对手更加有效地将投入转换为产出的一个中间转换过程。由于能力是投入和产出之间的一个中间步骤,可以帮助企业提高其所拥有的其他资产的效率和生产率。因此,能力强的企业可以更有效率、更具创造性地利用和整合它们的资产,从而实现比能力较弱企业更卓越的绩效。

Jacobides(2013)对企业能力进行了衡量。能力的具体计算方法是:

$$TPF = \ln\left(\frac{Sale}{K^{\beta} \cdot L^{1-\beta}}\right)$$

其中:β 是资本占 GDP 的比例,$Sale$ 是销售收入,K 是有形资产和无形资产,L 是员工人数。

【例 13-1】本例研究专属性资产与高管属性对公司绩效的影响——将企业能力作为中介变量。

(1)研究对象:2016—2020 年食品业上市公司。

(2)研究方法:中介效应。

(3)具体研究变量如下:

①解释变量。共有三类,分别为企业能力、专属性资产以及高管属性。

- 企业能力:

$$TPF = \ln\left(\frac{Sale}{K^{\beta} \cdot L^{1-\beta}}\right)$$

预期企业能力与公司绩效呈正相关关系,即

$$H_{a1}: TPF > 0$$

• 专属性资产在前面第 11 章第 3 节有提及,分别为研发、营销和资本。本节将变量转换为一般研究人员使用的强度,算式如下。

研发强度:

$$RDI = \ln\left(\frac{研发费用 + 1}{营业收入} \times 100\right)$$

$$H_{a2}: RDI > 0$$

营销强度 :

$$MAI = \ln\left(\frac{营销费用 + 1}{营业收入} \times 100\right)$$

$$H_{a3}: MAI > 0$$

资本强度:

$$CAI = \ln\left(\frac{本期非流动资产}{前期非流动资产} \times 100\right)$$

$$H_{a4}: CAI \neq 0$$

• 高管属性也通过三个变量进行衡量,分别是高管平均年龄、高管平均工龄和高管平均教育程度。

高管平均年龄:

$$HAI = \ln(高管平均年龄,年)$$

$$H_{a5}: HAI > 0$$

高管平均工龄:

$$EAI = \ln(高管平均工龄,年)$$

$$H_{a6}: HAI > 0$$

高管平均教育程度:

$$HLI = \ln(高管平均受教育时间,年)$$

$$H_{a7}: HLI > 0$$

②被解释变量。

公司绩效(*ROA*):

$$ROA = \ln\left(\frac{息税前净利润}{平均总资产} \times 100\right)$$

③控制变量。

产权比例(*ER*):

$$ER = \ln\left(\frac{总负债}{股东权益}\right)$$

$$H_{a8}: ER \neq 0$$

企业成立时间(*AGE*):

$$AGE = \ln(企业成立年数)$$

$$H_{a9}: AGE > 0$$

(4)EViews 步骤。

步骤 1:描述统计量。

选择指令:Quick→ Group Statistics→ Descriptive Statistic→ Common sample,如图 13-3、图 13-4 所示。

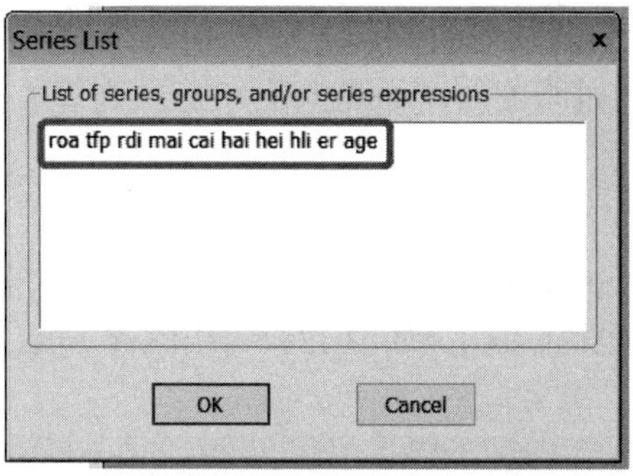

图 13-3 EViews 描述统计量指令框

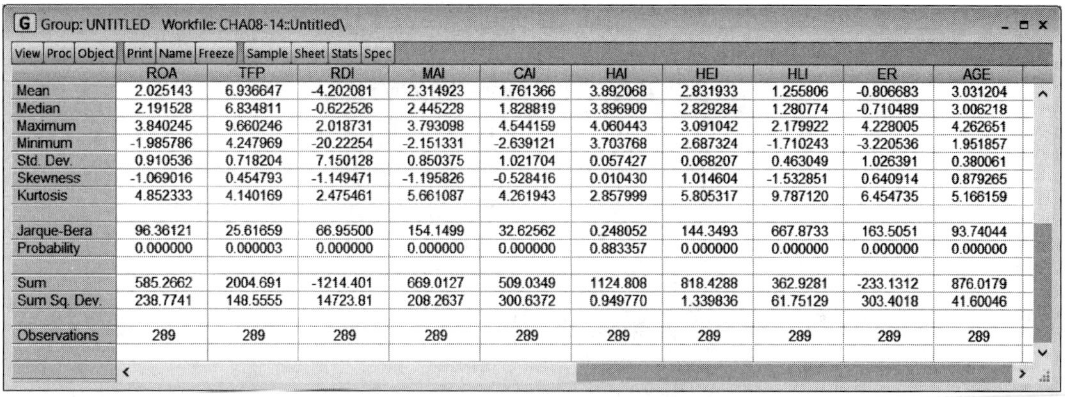
Group: UNTITLED Workfile: CHA08-14::Untitled\

View Proc Object Print Name Freeze Sample Sheet Stats Spec

	ROA	TFP	RDI	MAI	CAI	HAI	HEI	HLI	ER	AGE
Mean	2.025143	6.936647	-4.202081	2.314923	1.761366	3.892068	2.831933	1.255806	-0.806683	3.031204
Median	2.191528	6.834811	-0.622526	2.445228	1.828819	3.896909	2.829284	1.280774	-0.710489	3.006218
Maximum	3.840245	9.660246	2.018731	3.793098	4.544159	4.060443	3.091042	2.179922	4.228005	4.262651
Minimum	-1.985786	4.247969	-20.22254	-2.151331	-2.639121	3.703768	2.687324	-1.710243	-3.220536	1.951857
Std. Dev.	0.910536	0.718204	7.150128	0.850375	1.021704	0.057427	0.068207	0.463049	1.026391	0.380061
Skewness	-1.069016	0.454793	-1.149471	-1.195826	-0.528416	0.010430	1.014604	-1.532851	0.640914	0.879265
Kurtosis	4.852333	4.140169	2.475461	5.661087	4.261943	2.857999	5.805317	9.787120	6.454735	5.166159
Jarque-Bera	96.36121	25.61659	66.95500	154.1499	32.62562	0.248052	144.3493	667.8733	163.5051	93.74044
Probability	0.000000	0.000003	0.000000	0.000000	0.000000	0.883357	0.000000	0.000000	0.000000	0.000000
Sum	585.2662	2004.691	-1214.401	669.0127	509.0349	1124.808	818.4288	362.9281	-233.1312	876.0179
Sum Sq. Dev.	238.7741	148.5555	14723.81	208.2637	300.6372	0.949770	1.339836	61.75129	303.4018	41.60046
Observations	289	289	289	289	289	289	289	289	289	289

图 13-4 EViews 描述统计量结果

将图 13-4 利用 Excel 呈现出来,如表 13-1 所示。

表 13-1 描述统计量

统计量	*ROA*	*TFP*	*RDI*	*MAI*	*CAI*	*HAI*	*HEI*	*HLI*	*ER*	*AGE*
观察值	289	289	289	289	289	289	289	289	289	289
平均数	2.025	6.937	−4.202	2.315	1.761	3.892	2.832	1.256	−0.807	3.031
中位数	2.192	6.835	−0.623	2.445	1.829	3.897	2.829	1.281	−0.710	3.006
最大值	3.840	9.660	2.019	3.793	4.544	4.060	3.091	2.180	4.228	4.263
最小值	−1.986	4.248	−20.223	−2.151	−2.639	3.704	2.687	−1.710	−3.221	1.952
标准差	0.911	0.718	7.150	0.850	1.022	0.057	0.068	0.463	1.026	0.380
偏态	−1.069	0.455	−1.149	−1.196	−0.528	0.010	1.015	−1.533	0.641	0.879
峰度	4.852	4.140	2.475	5.661	4.262	2.858	5.805	9.787	6.455	5.166

由表 13-1 可以发现,所有变量的平均数与中位数几乎都差不多,只有研发强度(*RDI*)差距最大,但这并不表明有异常,研发强度之所以差距那么大,主要是部分企业没有研发费用的投入,导致衡量数值为-20。

根据偏态状况,发现企业能力(*TFP*)、高管人员平均年龄(*HAI*)、高管人员教育程度(*HEI*)、产权比例(*ER*)和企业成立时间(*AGE*)为右偏,其余呈现左偏的分布。

变量集中的状况可以通过峰度加以了解, 研发强度、高管人员平均年龄成扁平峰,其余为尖峰分布。

步骤 2:相关系数矩阵。

选择指令:Quick→ Group Statistics→ Correlogram,也可以从描述统计量那个窗口直接下达指令:Views→ Covariance Analysis... 如图 13-5、图 13-6 所示。

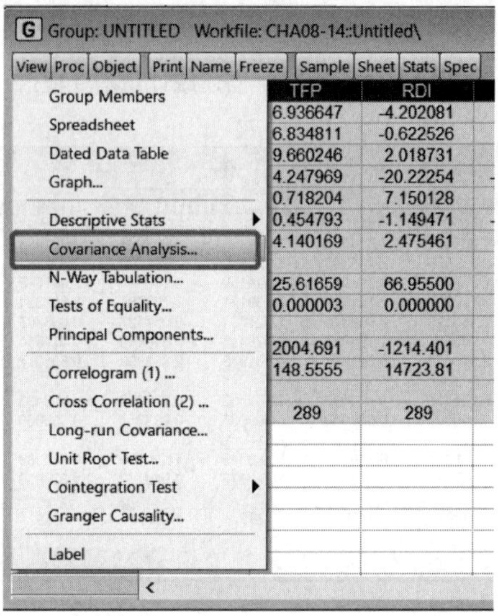

图 13-5　相关系数矩阵指令图

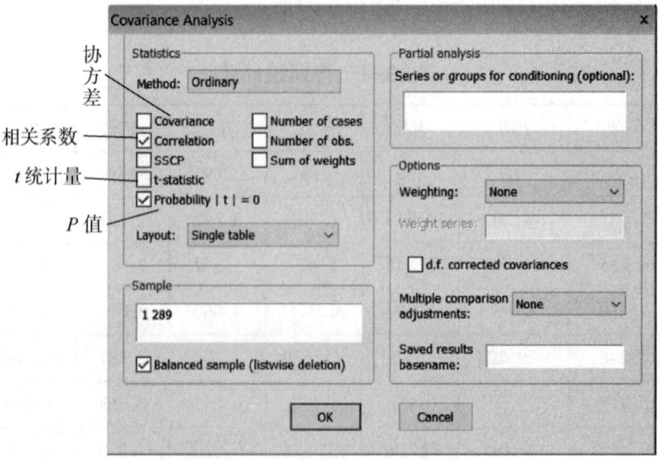

图 13-6　相关系数矩阵选择框

可以在图 13-6 中的选择框上选协方差、相关系数、t 统计量和 P 值…，结果会依次显示出来，如图 13-7 所示。（一般只要表现相关系数即可，有些学者会希望把 t 值和 P 值也呈现出来。）

G Group: UNTITLED Workfile: CHA08-14::Untitled\

View Proc Object Print Name Freeze Sample Sheet Stats Spec

Covariance Analysis: Ordinary
Date: 08/29/21 Time: 15:43
Sample: 1 289
Included observations: 289

Correlation Probability	ROA	TFP	RDI	MAI	CAI	HAI	HEI	HLI	ER	AGE
ROA	1.000000 -----									
TFP	0.124878 0.0338	1.000000 -----								
RDI	0.215334 0.0002	0.111319 0.0587	1.000000 -----							
MAI	0.157933 0.0071	-0.385266 0.0000	0.111980 0.0573	1.000000 -----						
CAI	-0.040492 0.4929	-0.332017 0.0000	0.113039 0.0549	0.137789 0.0191	1.000000 -----					
HAI	0.063060 0.2853	0.096735 0.1008	0.067568 0.2522	-0.056245 0.3407	-0.045700 0.4390	1.000000 -----				
HEI	0.021276 0.7187	0.067309 0.2540	0.033882 0.5662	0.048288 0.4135	-0.059796 0.3110	-0.055513 0.3470	1.000000 -----			
HLI	-0.214165 0.0002	0.088232 0.1346	-0.025578 0.6650	-0.111287 0.0588	0.050818 0.3894	0.206888 0.0004	0.014621 0.8045	1.000000 -----		
ER	-0.233215 0.0001	0.110015 0.0618	-0.090168 0.1262	-0.066375 0.2607	-0.120166 0.0412	0.081692 0.1660	0.037292 0.5278	0.108680 0.0650	1.000000 -----	
AGE	0.050587 0.3916	0.312755 0.0000	-0.000773 0.9896	-0.215813 0.0002	-0.297728 0.0000	0.192734 0.0010	-0.019003 0.7477	0.287834 0.0000	0.077069 0.1914	1.000000 -----

图 13-7 相关系数矩阵结果图

也可以利用 Excel 将结果呈现出来，如表 13-2 所示。

表 13-2 相关系数矩阵

相关系数 *P* 值	*ROA*	*TFP*	*RDI*	*MAI*	*CAI*	*HAI*	*HEI*	*HLI*	*ER*	*AGE*
ROA	1.000 —									
TFP	0.125 (0.034)	1.000 —								
RDI	0.215 (0.000)	0.111 (0.059)	1.000 —							
MAI	0.158 (0.007)	−0.385 (0.000)	0.112 (0.057)	1.000 —						
CAI	−0.040 (0.493)	−0.332 (0.000)	0.113 (0.055)	0.138 (0.019)	1.000 —					

续表

相关系数 P 值	ROA	TFP	RDI	MAI	CAI	HAI	HEI	HLI	ER	AGE
HAI	0.063 (0.285)	0.097 (0.101)	0.068 (0.252)	−0.056 (0.341)	−0.046 (0.439)	1.000 —				
HEI	0.021 (0.719)	0.067 (0.254)	0.034 (0.566)	0.048 (0.414)	−0.060 (0.311)	−0.056 (0.347)	1.000 —			
HLI	−0.214 (0.000)	0.088 (0.135)	−0.026 (0.665)	−0.111 (0.059)	0.051 (0.389)	0.207 (0.000)	0.015 (0.805)	1.000 —		
ER	−0.233 (0.000)	0.110 (0.062)	−0.090 (0.126)	−0.066 (0.261)	−0.120 (0.041)	0.082 (0.166)	0.037 (0.528)	0.109 (0.065)	1.000 —	
AGE	0.051 (0.392)	0.313 (0.000)	−0.001 (0.990)	−0.216 (0.000)	−0.298 (0.000)	0.193 (0.001)	−0.019 (0.748)	0.288 (0.000)	0.077 (0.191)	1.000 —

检查相关系数矩阵,主要是为了避免解释变量间存在高度相关,而造成回归系数判断错误;相关系数无法判断两变量影响的情况,因为变量的影响来源复杂,所以有时候会造成两变量是高度相关,但却彼此间没有因果关系,或是两变量是正相关,但实际上的"影响"关系不是正影响,且相关系数只是在判断"线性"关联程度,当两变量形成非线性关系时,是无法通过相关系数来判断的。

由表 12-2 可以解释变量间并不存在高度相关,所以,通过回归分析影响所产生的结果是合理的。

步骤 3:建立模型。

本节研究模型有两个:一个是直接效应(模型Ⅰ);另外一个是中介效应(模型Ⅱ)。

模式Ⅰ:

$$ROA = \beta_0 + \beta_1 TFP + \beta_2 RDI + \beta_3 MAI + \beta_4 CAI + \beta_5 HAI + \beta_6 HEI + \beta_7 HLI + \beta_8 ER + \beta_8 AGE$$

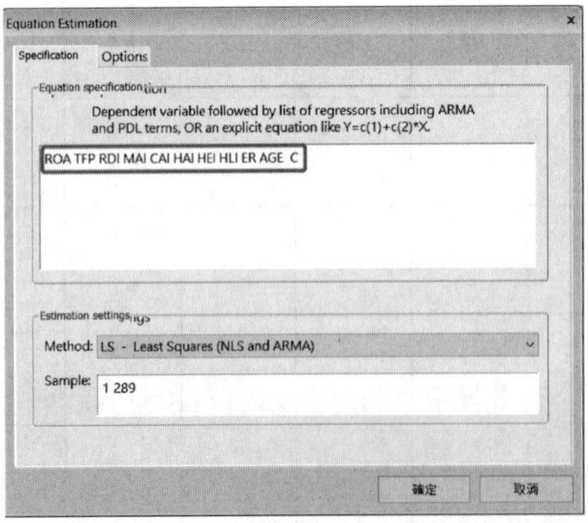

图 13-8　EViews 回归分析指令框

模式Ⅱ:

$$TFP = \phi_0 + \phi_1 RDI + \phi_2 MAI + \phi_3 CAI + \phi_4 HAI + \phi_5 HEI + \phi_6 HLI + \phi_7 ER + \phi_8 AGE$$

步骤 4:实证分析。

实证分析仍以复回归分析为主,操作如图 13-8、图 13-9 所示。

选择指令:Quick→ Estimate Equation...

按照同样的方式,将模型Ⅱ变回归分析也做出来,结果如表 13-3 所示,并根据 Sobel z 检验算出中介效果的 t 值。

Equation: UNTITLED Workfile: CHA08-14::Untitled\

View | Proc | Object | Print | Name | Freeze | Estimate | Forecast | Stats | Resids

Dependent Variable: ROA
Method: Least Squares
Date: 08/29/21 Time: 16:07
Sample: 1 289
Included observations: 289

Variable	Coefficient	Std. Error	t-Statistic	Prob.
TFP	0.240983	0.080927	2.977798	0.0032
RDI	0.017753	0.007122	2.492554	0.0133
MAI	0.216048	0.063790	3.386892	0.0008
CAI	-0.000846	0.053535	-0.015811	0.9874
HAI	1.480633	0.884618	1.673755	0.0953
HEI	0.167659	0.723823	0.231630	0.8170
HLI	-0.450752	0.113839	-3.959549	0.0001
ER	-0.194404	0.048646	-3.996267	0.0001
AGE	0.238661	0.147175	1.621610	0.1060
C	-6.622237	4.105621	-1.612968	0.1079

R-squared	0.197055	Mean dependent var	2.025143
Adjusted R-squared	0.171154	S.D. dependent var	0.910536
S.E. of regression	0.828962	Akaike info criterion	2.496703
Sum squared resid	191.7224	Schwarz criterion	2.623569
Log likelihood	-350.7736	Hannan-Quinn criter.	2.547538
F-statistic	7.607879	Durbin-Watson stat	0.863652
Prob(F-statistic)	0.000000		

图 13-9 EViews 回归分析结果图

表 13-3 食品业上市公司中介效果结果

模型	I		Ⅱ		中介效果	
被解释变量	*ROA*		*TFP*			
方法	最小二乘法					
观察值	289					
变量	系数		系数		系数	
	标准误	显著	标准误	显著	标准误	显著
TFP	0. 241					
	(0. 081)	* * *				
RDI	0. 018		0. 018		0. 004	
	(0. 007)	* * *	(0. 005)	* * *	(0. 002)	* * *
MAI	0. 216		−0. 282		−0. 068	
	(0. 064)	* * *	(0. 044)	* * *	(0. 025)	* * *
CAI	−0. 001		−0. 175		−0. 042	
	(0. 054)		(0. 038)	* * *	(0. 017)	* * *
HAI	1. 481		0. 261		0. 063	
	(0. 885)	* *	(0. 653)		(0. 159)	
HEI	0. 168		0. 678		0. 163	
	(0. 724)		(0. 533)		(0. 140)	

续表

模型	I		II		中介效果	
HLI	-0.451		0.018		0.004	
	(0.114)	* * *	(0.084)		(0.020)	
ER	-0.194		0.040		0.010	
	(0.049)	* * *	(0.036)		(0.009)	
AGE	0.239		0.295		0.071	
	(0.147)	*	(0.107)	* * *	(0.035)	* * *
C	-6.622		4.152		1.001	
	(4.106)		(3.022)		(0.802)	
R^2	0.197		0.294			
调整后 R^2	0.171		0.274			
F-统计量	7.608		14.553			
P 值	0.000		0.000			

注：*，* *，* * * 分别表示在显著水平为 0.1，0.05，0.01 下显著不等于 0。

由表 13-3，我们可以发现如下结果：

- 企业能力对公司绩效呈现正显著效果(0.241)。
- 研发强度对公司绩效呈现互补性正效果(直接效果：0.018；中介效果：0.004)。
- 营销强度对公司绩效则呈现竞争性效果(直接效果：0.216；中介效果：-0.068)。
- 资本强度对公司绩效呈现完全中介效果(中介效果：-0.042)。
- 管理团队属性只存在直接效果，其中高管年龄为正影响(1.481)，高管工龄为负影响(-0.451)。
- 产权比例为负影响(-0.194)，企业成立时间为正影响(0.239)，也有中介效果(0.071)。

步骤 5：稳健性检验。

中介效果模型的稳健性检验需要检验两个模型，可采用抽样 95%进行，操作模式都一样，这里就不再重复了。

13.2 工具变量

经济学中最困难的问题就是变量外生性的检验。在经济学理论中，外生变量独立于经济模型系统，是在系统外发生变动的变量。而计量经济学中的外生性是指自变量和模型的误差项之间不存在相关性。与外生性相对应的一个概念就是内生性：自变量和模型的误差项之间存在相关性。内生性问题会造成模型参数估计不满足一致性的严重后果。这里通过图 13-10 加以说明。

举例来说，一个典型的线性回归模型如下：

解释变量x和误差项u独立影响被解释变量y　　误差项u影响解释变量x，因而间接影响被解释变量y

图 13-10　工具变量示意图

$$y = \beta_0 + \beta_1 x_1 + \beta_2 x_2 + \varepsilon$$

其中 y 为被解释变量；x_1 为自变量，或者解释变量，也即“原因”；x_2 为外生控制变量（也即一组假定为外生的其他控制变量，例如公司规模、负债比例等）；ε 则为误差项。如果 ε 与 x_1 不相关，那么我们可以利用 OLS 模型对方程进行无偏估计。

然而，如果一个重要变量 x_3 被 $y = \beta_0 + \beta_1 x_1 + \beta_2 x_2 + \varepsilon$ 模型遗漏了，且 x_1 和 x_2 也相关，那么对 β_1 的 *OLS* 估计值就必然是有偏的。此时，x_1 被称作“内生”的解释变量，这就是“内生性”问题。遇到“内生性”问题如何解决？其中一个方法就是找工具变量（instrumental variable，IV）Z。

13.2.1　内生变量与外生变量

如果存在内生性，则称解释变量为“内生变量”（endogenous variable）；反之，则称为“外生变量”（exogenous variable）。内生性的严重后果是使 OLS 估计量不一致（inconsistent），即无论样本容量多大，OLS 估计量也不会收敛至真实的参数值 。

在计量经济学中，把所有与误差项 ε 相关的解释变量都称为“内生变量”。这与一般经济学理论中的定义有所不同。

（1）与误差项相关的变量称为内生变量（endogenous variable）。

（2）与误差项不相关的变量称为外生变量（exogenous variable）。

外生性假设对经济模型的估计结果衍生出来的政策建议具有至关重要的作用。只有满足了外生性假设的估计结果，才能对现实政策的分析有意义。否则，只能解释为变量之间存在相关关系，但是却不能给出政策建议。从上述说明，可以很清楚地了解到实证分析的最大问题来自“变量”的共线问题，外生性问题主要是解释变量之间的共线问题，而内生性问题则是解释变量与误差项存在共线的问题。

13.2.2　内生问题原因

对于造成内生问题的原因，Stock 等（2007）认为包括以下几点：

（1）相关变量的丢失。

（2）方程形式错误（把非线性方程设定为线性方程）。

（3）变量中存在系统性测量误差。

（4）样本选择。

（5）联立因果关系。

（6）误差项之间存在相关性。

解决内生问题的办法一般有:从研究设计和模型直接解决(增加控制变量或模型变更),面板数据模型,工具变量法,Heckman 选择模型,双重差分法(DID),断点回归,等等。

面板数据模型我们将在下一章介绍,双重差分法(DID)和断点回归将在第 14 章介绍,本节针对工具变量法进行说明。

变量 z 可以作为变量 x 的有效工具变量,满足工具变量必须外生,即

$$\mathrm{Cov}(z,u) = 0$$

工具变量必须与内生变量 x 相关,即

$$\mathrm{Cov}(z,x) \neq 0$$

不过 $\mathrm{Cov}(z,u) = 0$ 无法验证,$\mathrm{Cov}(z,x) \neq 0$ 可以验证。

13.2.3 工具变量的使用必须满足的条件

工具变量的两个要求之间有一个非常重要的差别。因为 $\mathrm{Cov}(z,u)$ 是 z 与不可观测的误差 u 的协方差,我们无法对它进行检验或验证:我们必须求助于经济行为直觉来维持这一假定。所以,工具变量的使用必须满足以下条件:

(1)工具变量应该尽量是外生的(如历史、自然、气候、地理之类)。它应该在理论上对被解释变量(以下称 Y)没有直接影响,但应该通过影响“被当作工具”的变量(以下称 X)而间接影响被解释变量 Y。

(2)如果上述理论逻辑可行的话,将内生变量 X 作为解释变量,工具变量和其他变量(X_2)作为解释变量,观察工具变量应该会显著(不显著就不适合被当作工具的变量)。如果选了多个工具变量,就用 F 检验看其是否都不显著。同时,如果在多个工具变量中,有一个确定为外生,那么可以用 Sargan test of over-identifying restrictions 来检验确定其他的工具变量是不是外生的。

(3)如果上述情况都没有问题,做一下工具变量回归。完成后,用 HAUSMAN 检验,这个检验的原假设是工具变量回归与原回归(不用工具变量的回归)的变量系数并没有显著的不同。观察一下 p 值,如果 p 小于 0.1 或者 0.05,说明工具变量回归与原来的回归显著不同,原来的方程的确有内生性问题导致的估计偏误。反之,如果 P 很高,超过 0.1 或 0.05,那说明工具变量回归与原来的回归没有显著不同,无法拒绝原来的回归没有显著的内生问题导致的估计偏误的原假设。

如果选择的工具变量本身就影响 Y,那它就不能被当作工具变量。例如,Y 在左边,右边是 X(被当成工具变量),X_2(工具变量)。当工具变量被放在方程右边时,它最好是不显著影响 Y 的。*Acemoglu*(2001)曾检验过他们的工具变量是否直接影响被解释变量,结果说明不直接影响,于是这个工具变量是好的。当然,一个好的工具变量在前面的回归中也可能是显著的(不过如果理论和逻辑上工具变量是通过被工具的内生解释变量间接影响被解释变量的话,一般来说应该是被工具的内生解释变量使得工具变量不显著,或者由于两者相关性很高,两者都不显著),但判断的标准还只是 t 值。这个变量显著完全有可能是因为它影响了其他显著的变量(比如被工具的变量),如果是这样,当原方程包含了工具变量以后,其他变量(特别需要注意的是被当成工具的变量 X)的系数可能发生明显变化。

工具变量法的使用,事实上就是采用二阶段回归分析法(2SLS 或 TSLS),也就是我们要

将内生性因素移除。

二阶段回归分析法的概念参见图 13-11。

第一阶段将内生变量通过第一回归式子移除内生性。

第二阶段则进行一般回归。

当然,选用的变量适不适合进行工具变量法分析,可以通过检验方法判断,这里边提供了若干工具变量来检验。

本章范例如下。

【例 13-2】本例采用 2019 年制造业数据。

步骤 1:变量建立。

(1)解释变量:研发强度(参见表 13-4)。

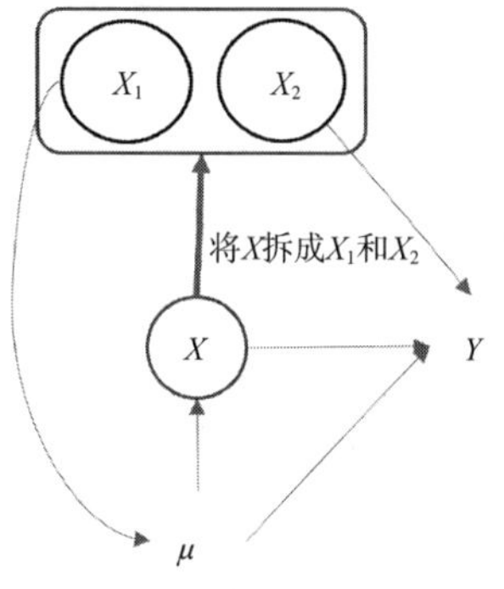

图 13-11 二阶段回归分析法概念

表 13-4 解释变量及算式

	一般算式	修正算式
研发强度	$RD = \frac{研发费用}{营业收入} \times 100$	$RDI = \ln\left(\frac{研发费用 + 1}{营业收入} \times 100\right)$

(2)被解释变量:公司绩效。对公司绩效,中国的学者一般比较偏爱 ROA,而国外学者则偏爱 Tobin's Q,不过由于国内股价波动比国外大,所对于市值的选择,本例使用 ROA 并取自然对数。

$$ROA = \ln\left(\frac{息税前净利润}{平均总资产} \times 100\right)$$

(3)工具变量。使用两个工具变量,分别为前面介绍过的企业生命周期(ELC)以及行业竞争程度(DIC)。

企业生命周期并不存在观测值,没有观测值是无法当作变量使用的,因此,必须产生一个代理变量。前面说工具变量必须是外生变量,所以可以根据 Anthony 和 Ramesh(1992)与 Black(1998)的方法,分别使用股利支付率、销货成长率、资本支出与公司成立年数等四个变量将所有企业进行比较后排序,作为判定各样本应归属于哪一个企业生命周期阶段的因子,如此就产生了外生变量。

企业此处的生命周期一般有初创期、成长期、成熟期和衰退期。初创期上市的企业一般较少,所以本研究根据 Anthony 和 Ramesh(1992)与 Black(1998)的方法,将企业生命周期分为 3 个阶段,分别为成长期、成熟期和衰退期,而判断模式则根据上述作者的方法采用销货成长率(SG)、资本支出率(CEV)、股利支付率(DP)与成立时间长短(AGE)等四个变量为依据,计算如下:

$$SAG = \ln\left(\frac{S(t)}{S(t-1)}\right)$$

其中:$s(t)$为企业 t 期营业收入。

$$CV = \frac{CE(t)}{S(t)}$$

其中:$CE(t)$为企业 t 期固定资产现金流出。

$$DP = \frac{DIV(t)}{NI(t)}$$

其中：DIV 为企业 t 期发放现金股利；$NI(t)$ 为企业 t 期净利润；AGE 为企业成立天数取自然对数。

Anthony 和 Ramesh(1992)提出的综合生命周期指标，用以判定公司所处的生命周期阶段。它是将每一样本的 4 个单一指标，分别给予 0（成长期）、1(成熟期)、2(衰退期)的赋值，如表 13-5 所示，并将每一个样本的 4 个指针值加总，得到一个综合指标。当此程序所得到的综合指针数介于 0～2 之间时，企业处于成长期；介于 3～5 时，企业处于成熟期；介于 6～8 时，企业处于衰退期。

表 13-5　企业生命周期各阶段特性

	销货成长率	资本支出率	股利支付率	成立天数
成长期	高	高	低	年轻
成熟期	中	中	中	成年
衰退期	低	低	高	老年

因是 3 个时期，故建立 2 个虚拟变量如下：

$$(D_1, D_2) = \begin{cases} (0,0) & \text{成长期} \\ (1,0) & \text{成熟期} \\ (0,1) & \text{衰退期} \end{cases}$$

不过，我们是要以企业生命周期作为研发强度的工具变量，因此，取消虚拟变量的设定，维持原有的 0～8 分的设计。

使用行业竞争程度时，要先介绍赫芬达指数(Herfindal index)。赫芬达指数指的是市场竞争的均衡状态，可以分为集中程度(concentration)与分散程度(differences)。举例来说，前四大股东控制权集中度用四大控制权的平方和表示，即

$$\text{股权集中度} = [(voting_1)^2 + (voting_2)^2 + (voting_3)^2 + (voting_4)^2]$$

其值越大，代表股权越集中。而控制权分散度用前四大控制权之差的平方和表示，即

$$\text{控制权分散度} = (voting_1 - voting_2)^2 + (voting_2 - voting_3)^2 + (voting_3 - voting_4)^2$$

其值越小，表明四大股东的控制权越均等，则竞争程度越高。

研究公司绩效时，常常用虚拟变量把行业进行分组，若采用行业的竞争程度(变量将呈正态分布)来做区分将会更好。行业的竞争程度恰可利用赫芬达指数集中度来代替。

$$DIC = \Sigma(\text{行业内所有上市公司营收比例})^2$$

(4)控制变量(见表 13-6)。

表 13-6　控制变量算式及预期结果汇总

变量	算式	假设
公司规模	$SC = \ln(\text{总资产})$	$H_{1e}: SC > 0$
产权比例	$ER = \ln(\frac{\text{负债}}{\text{股东权益}})$	$H_{1f}: ER \neq 0$
公司成立年数	$AGE = \ln(\text{当年度年底} - \text{企业成立时间} + 1)$	$H_{1g}: AGE \neq 0$

步骤 2：建立 Excel 档（如图 13-12 所示）。

	A	B	C	D	E	F	G	H
1	COM	ROA	AGE	SC	ER	RDI	DIC	ELC
2	4	-0.42	9.54	11.59	-2.75	-0.06	5.17	5
3	8	1.74	10.07	14.98	-0.53	2.04	7.52	4
4	12	1.67	9.47	16.16	-0.17	1.25	6.72	7
5	16	1.37	9.59	17.83	1.19	-0.10	5.97	5
6	19	1.89	9.73	16.22	-0.76	-2.10	6.95	6
7	20	1.09	9.56	13.49	-0.15	-0.08	5.97	5
8	21	1.48	9.44	16.40	0.47	0.45	5.97	6
9	23	1.70	9.56	14.42	1.20	-9.81	6.72	5
10	30	2.06	9.48	16.12	-0.31	0.75	7.32	5
11	39	1.63	9.59	18.27	0.75	0.52	6.87	6

图 13-12　研究变量数据示范

步骤 3：描述统计量及相关系数矩阵。

参见图 13-13 及图 13-14。

	ROA	SC	ER	AGE	RDI	DIC	ELC
Mean	1.832546	14.61383	-0.559302	8.904100	0.927962	6.196822	3.906136
Median	1.885602	14.44450	-0.506527	8.884402	1.328286	6.243354	4.000000
Maximum	4.062412	20.55286	4.622718	10.66273	3.507707	8.106854	8.000000
Minimum	-3.582840	9.247829	-3.457819	7.401231	-12.36639	5.161706	0.000000
Std. Dev.	0.810725	1.366936	0.915018	0.400930	1.724292	0.747038	1.669395
Skewness	-0.772287	0.587439	0.139174	0.728354	-3.931568	0.247061	0.037616
Kurtosis	5.003016	3.737402	4.020041	5.643090	23.03378	2.208503	2.420062
Jarque-Bera	582.1984	175.0931	101.7345	828.8211	42149.49	79.22678	31.12095
Probability	0.000000	0.000000	0.000000	0.000000	0.000000	0.000000	0.000000
Sum	4002.281	31916.60	-1221.516	19446.55	2026.670	13533.86	8531.000
Sum Sq. Dev.	1434.833	4078.963	1827.735	350.9056	6490.457	1218.258	6083.758
Observations	2184	2184	2184	2184	2184	2184	2184

图 13-13　研究变量描述统计量

Covariance Analysis: Ordinary
Date: 10/06/20　Time: 12:59
Sample: 1 2468
Included observations: 2184
Balanced sample (listwise missing value deletion)

Correlation Probability	ROA	SC	ER	AGE	RDI
ROA	1.000000 -----				
SC	0.022569 0.2918	1.000000 -----			
ER	-0.247882 0.0000	0.470882 0.0000	1.000000 -----		
AGE	-0.160045 0.0000	0.226892 0.0000	0.109185 0.0000	1.000000 -----	
RDI	0.064131 0.0027	-0.150003 0.0000	-0.156867 0.0000	-0.218167 0.0000	1.000000 -----

图 13-14　研究变量相关系数矩阵

步骤4:建立模型。

$$RDI = \beta_0 + \beta_1 DIC + \beta_2 ECL \tag{13-1}$$

$$CAI = \beta_0 + \beta_1 DOI + \beta_2 DIC + \beta_3 SC + \beta_4 ER + \beta_5 AGE \tag{13-2}$$

步骤5:分析过程。

首先打开分析的页面,选择 Quick→Estimate Equation,如图 13-15 所示。

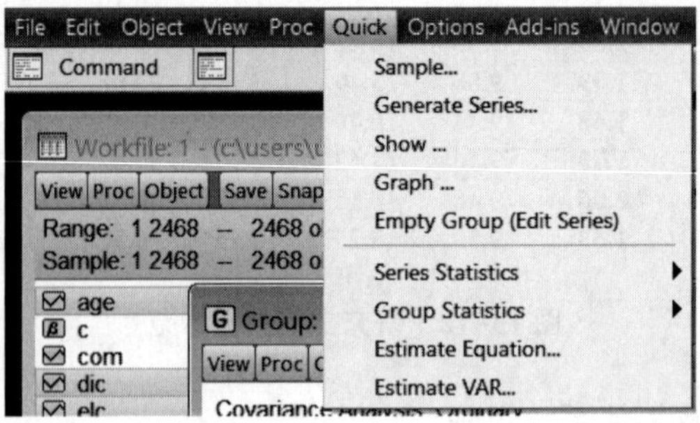

图 13-15　开启分析的页面

在分析的窗口选择 TSLS(如图 13-16 所示)。

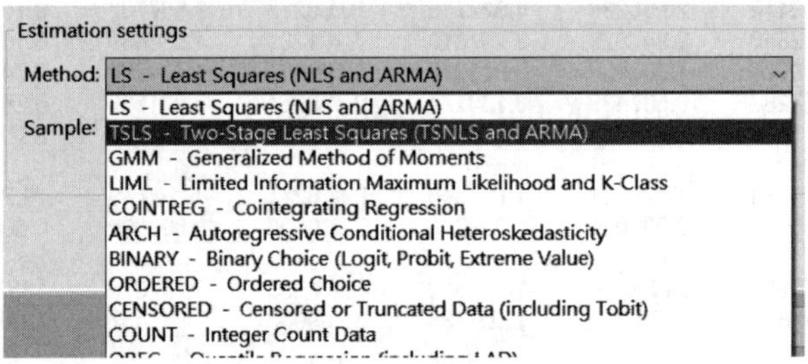

图 13-16　二阶段回归选定

选择后,进行变量的输入(如图 13-17 所示)。

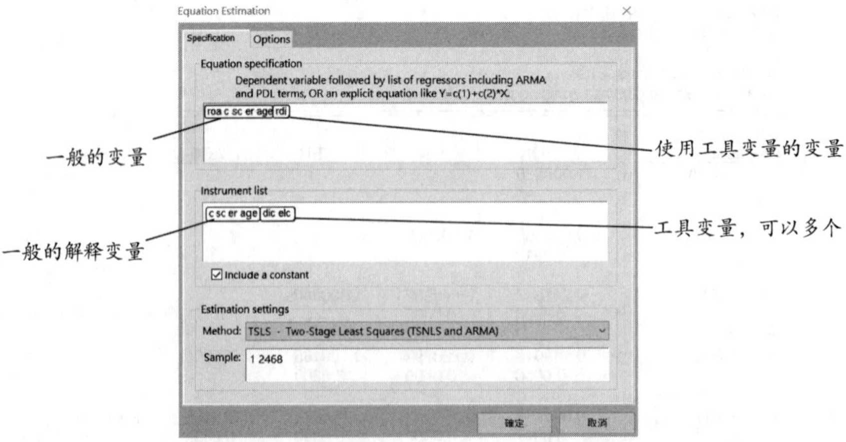

图 13-17　二阶段回归对话框变量输入模式

步骤 6:实证结果(见图 13-18)。

Dependent Variable: ROA
Method: Two-Stage Least Squares
Date: 10/06/20 Time: 13:18
Sample: 1 2468
Included observations: 2184
Instrument specification: C SC ER AGE DIC ELC

Variable	Coefficient	Std. Error	t-Statistic	Prob.
C	0.413645	0.772165	0.535695	0.5922
SC	0.147702	0.016644	8.874078	0.0000
ER	-0.237936	0.027320	-8.709362	0.0000
AGE	-0.126057	0.074462	-1.692913	0.0906
RDI	0.269151	0.067903	3.963747	0.0001

R-squared	-0.182621	Mean dependent var	1.832546
Adjusted R-squared	-0.184792	S.D. dependent var	0.810725
S.E. of regression	0.882460	Sum squared resid	1696.863
F-statistic	56.83829	Durbin-Watson stat	1.804838
Prob(F-statistic)	0.000000	Second-Stage SSR	1257.785
J-statistic	22.86526	Instrument rank	6
Prob(J-statistic)	0.000002		

图 13-18 二阶段回归结果

步骤 7:弱工具变量检验(Weak Instruments Diagnostics)。

EViews 提供了 4 个工具变量的检验,如图 13-19 所示;最常用的还是最下面 2 个。

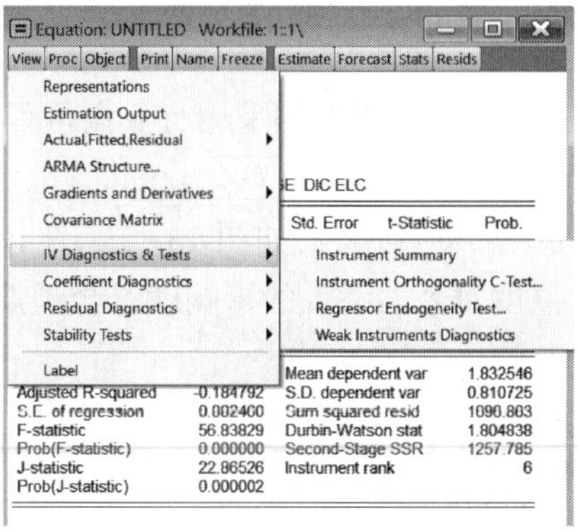

图 13-19 弱工具变量检验

(1)回归内生性检验(Regressor Endogeneity test),如图 13-20、图 13-21 所示。

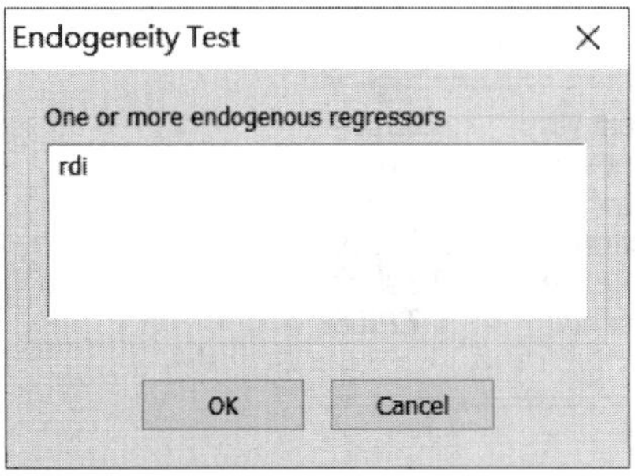

图 13-20 内生性检验

Endogeneity Test
Null hypothesis: RDI are exogenous
Equation: UNTITLED
Specification: ROA C SC ER AGE RDI
Instrument specification: C SC ER AGE DIC ELC
Endogenous variables to treat as exogenous: RDI

	Value	df	Probability
Difference in J-stats	21.03243	1	0.0000

J-statistic summary:

	Value
Restricted J-statistic	51.58432
Unrestricted J-statistic	30.55190

图 13-21 内生性检验结果

P 值小于 0.05，所以 *RDI* 为内生变量。

（2）弱工具变量检验（Weak Instruments Diagnostics），如图 13-22 所示。

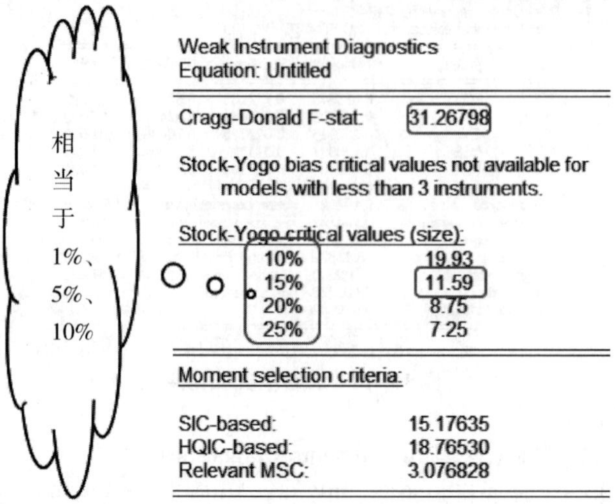

图 13-22　弱工具变量检验

31.27>11.59，超过 5%的临界值，所以本例采用行业竞争程度与企业生命周期作为研发强度的工具变量是合理的。

可以与未使用工具变量的结果进行比较，如图 13-23、图 13-24 所示，从中可以很清楚地发现使用工具变量后，研发强度对公司绩效的影响就符合预期的假设了。

Dependent Variable: ROA
Method: Least Squares
Date: 10/06/20 Time: 14:41
Sample: 1 2468
Included observations: 2184

Variable	Coefficient	Std. Error	t-Statistic	Prob.
RDI	0.003533	0.009814	0.360043	0.7188
SC	0.129568	0.013845	9.358194	0.0000
ER	-0.293104	0.020344	-14.40743	0.0000
AGE	-0.347506	0.042638	-8.150186	0.0000
C	2.866069	0.400339	7.159102	0.0000

R-squared	0.114918	Mean dependent var	1.832546
Adjusted R-squared	0.113293	S.D. dependent var	0.810725
S.E. of regression	0.763420	Akaike info criterion	2.300271
Sum squared resid	1269.945	Schwarz criterion	2.313295
Log likelihood	-2506.896	Hannan-Quinn criter.	2.305032
F-statistic	70.72984	Durbin-Watson stat	1.729066
Prob(F-statistic)	0.000000		

图 13-23　未使用工具变量结果

Dependent Variable: ROA
Method: Two-Stage Least Squares
Date: 10/06/20 Time: 13:18
Sample: 1 2468
Included observations: 2184
Instrument specification: C SC ER AGE DIC ELC

Variable	Coefficient	Std. Error	t-Statistic	Prob.
C	0.413645	0.772165	0.535695	0.5922
SC	0.147702	0.016644	8.874078	0.0000
ER	-0.237936	0.027320	-8.709362	0.0000
AGE	-0.126057	0.074462	-1.692913	0.0906
RDI	0.269151	0.067903	3.963747	0.0001

R-squared	-0.182621	Mean dependent var	1.832546
Adjusted R-squared	-0.184792	S.D. dependent var	0.810725
S.E. of regression	0.882460	Sum squared resid	1696.863
F-statistic	56.83829	Durbin-Watson stat	1.804838
Prob(F-statistic)	0.000000	Second-Stage SSR	1257.785
J-statistic	22.86526	Instrument rank	6
Prob(J-statistic)	0.000002		

图 13-24 使用工具变量结果

实训演练——企业能力与三大费用

(1)选定一个产业后,分析该产业的企业能力、三大费用(管理费用、销售费用和研发费用)及固定资产投入对企业能力和对公司绩效的影响。

注:企业三大费用(管理费用、销售费用和研发费用)以及固定资产投入等在东方财富网下载。

例如,贵州茅台(如图 13-25 所示)。

操盘必读 | 股东研究 | 经营分析 | 核心题材 | 资讯公告 | 公司大事 | 公司概况 | 同行比较 | 盈利预测 | 研究报告
财务分析 | 分红融资 | 股本结构 | 公司高管 | 资本运作 | 关联个股 | 资金流向 | 龙虎榜单 | 机构评级 | 智能点评

主要指标 | 杜邦分析 | 资产负债表 | 利润表 | 现金流量表 | 百分比报表

审计意见(境内)	—	—	标准无保留意见	—	—

○ 利润表

按报告期 | 按年度 | 按单季度 | 报告期同比 | 年度同比 | 单季度环比

利润表	2021-06-30	2021-03-31	2020-12-31	2020-09-30	2020-06-30
营业总收入	507.2亿	280.6亿	979.9亿	695.7亿	456.3亿
营业收入	490.9亿	272.7亿	949.2亿	672.1亿	439.5亿
利息收入	16.34亿	7.939亿	30.78亿	23.60亿	16.82亿
营业总成本	157.0亿	83.56亿	313.1亿	215.3亿	135.0亿
营业成本	42.32亿	22.70亿	81.54亿	58.31亿	37.52亿
利息支出	7516万	3520万	1.111亿	7904万	5299万
手续费及佣金支出	35.94万	19.70万	10.59万	47.35万	32.71万
税金及附加	69.55亿	38.28亿	138.9亿	94.14亿	56.04亿
销售费用	12.91亿	5.671亿	25.48亿	17.76亿	11.63亿
管理费用	34.87亿	17.80亿	67.90亿	45.50亿	29.73亿
研发费用	2309万	1143万	5040万	3789万	2359万
财务费用	-3.661亿	-1.361亿	-2.346亿	-1.553亿	-7285万
其中:利息费用	1284万	—	—	—	—
利息收入	3.804亿	1.428亿	2.787亿	1.639亿	7849万
其他经营收益					
加:公允价值变动收益	-224.5万	-221.4万	489.8万	631.8万	731.7万
投资收益	2784万	—	30.56万	6.818万	—
信用减值损失(新)	1313万	26.31万	-7137万	-7522万	-7647万
其他收益	923.0万	718.5万	1314万	1252万	1155万
营业利润	350.7亿	197.1亿	666.4亿	479.9亿	320.8亿
加:营业外收入	272.0万	86.64万	1105万	736.0万	262.1万
减:营业外支出	2349万	2005万	4.492亿	1.145亿	1.051亿
利润总额	350.5亿	196.9亿	662.0亿	478.8亿	319.8亿
减:所得税	88.44亿	49.23亿	166.7亿	120.3亿	80.51亿
净利润	262.1亿	147.7亿	495.2亿	358.5亿	239.3亿

图 13-25 东方财富网贵州茅台三大费用示意图

数据来源:http://emweb.eastmoney.com/FinanceAnalysis/Index? type=web&code=SH600519。

GDP 数据从国家统计局网站下载(如图 13-26 所示)。

图 13-26 国家统计局 GDP 下载示意图

数据来源:https://data. stats. gov. cn/easyquery. htm? cn=C01

(2)参照本章工具变量的例子,选定一个产业进行研发强度分析。产业类别的选定可以根据东方财富网的概念股来选定,或是根据中证指数或是国证指数的各种指数的成分股来选定。如图 13-27 所示。

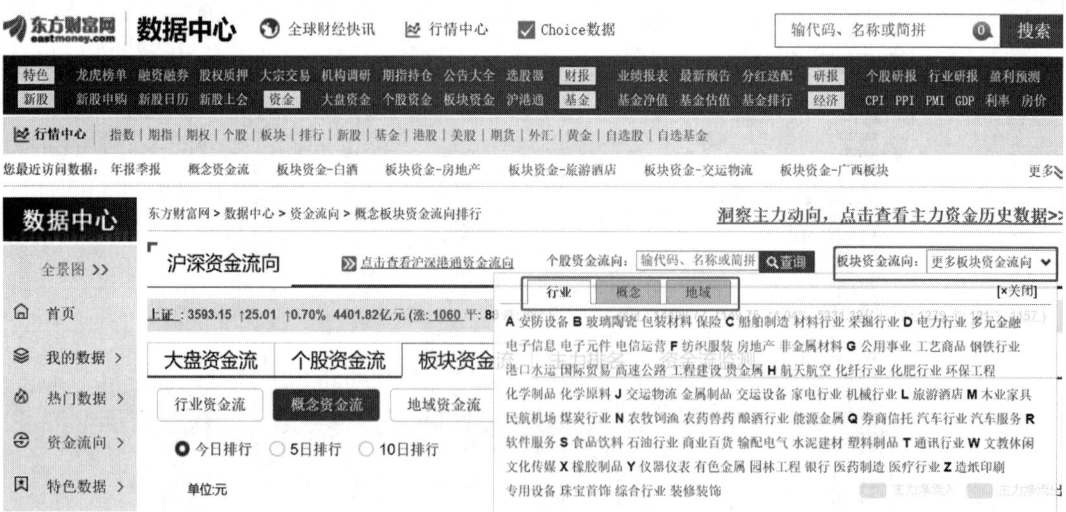

图 13-27 东方财富网概念股示意图

数据来源:http://data. eastmoney. com/bkzj/gn. html

(3)根据工具变量的例子研究,销售强度是否也适合作为工具变量进行分析?

专有名词

蛛网理论:是一种说明商品的价格及其交易量变化的理论,价格与成交量的变化图形宛如一个蜘蛛网,故称为蛛网理论。

中介效应:自变量 X 通过某一变量 M 对因变量 Y 产生一定影响,则称 M 为 X 和 Y 的中介变量。研究中介变量作用的目的是在已知 X 和 Y 关系的基础上,探索产生这个关系的内部作用机制。

互补性中介效果:解释变量本身对被解释变量有显著性,并且中介效果也显著且呈现正负符号相同的状况。

竞争性中介效果:解释变量本身对被解释变量有显著性,并且中介效果也显著且呈现正负符号不同的状况。

完全中介效果:解释变量本身对被解释变量不显著,通过中介才呈现显著性。

内生变量:与误差项相关的变量。

外生变量:与误差项不相关的变量。

重要公式

Sobel z 检验:

$$M = \beta_{10} + aX + \varepsilon_1$$

$$Y = \beta_{20} + c'X + \varepsilon_2$$

$$Y = \beta_{30} + cX + bM + \varepsilon_3$$

$$Z = \frac{a \times b}{\sqrt{b^2 s_a^2 + a^2 s_b^2}}$$

其中;s_a 和 s_b 分别是 a 和 b 系数估计的标准误。

工具变量使用原理:

变量 z 可以作为变量 x 的有效工具变量,必须满足以下条件:

(1) 工具变量必须外生,即 $Cov(z,u) = 0$。

(2) 工具变量必须与内生变量 x 相关,即 $Cov(z,x) \neq 0$,其中 u 为误差项。

14 面板数据

本章摘要

面板数据指同时具备横截面数据与时间序列的特点,因此其分析样本数比较多,并且面板数据分析也可以解决内生性问题,所以该分析方法已经成为目前的主流。面板数据分析一般可以分为固定效果和随机效果,且根据是否利用到递延性的变量,又可以分为静态面板数据和动态面板数据。

14.1 基本概念

前文曾提到经济数据有三种类型:横截面数据(cross-sectional data)、时间序列数据(time series data)和面板数据(panel data)。对于应用微观研究而言,主要还是采用横截面数据和面板数据,而时间序列数据多应用于金融等方面的研究。

有关横截面和时间序列分析在前面几章已经分别介绍过。面板数据就是同时具备横截面与时间序列特征的数据,所以,一般横截面 N 比时间序列的 T 还要大很多时,无形中使样本数变大,增加检验统计量的自由度和增强估计结果的有效性。虽然面板数据存在时间序列数据,却没有时间序列常发生的单根问题。当然,为了实验的严谨性,存在很多面板单根检验和面板平稳检验的研究方法。

面板数据同时具备截断面数据与时间序列数据的特征。其中横断面有 N 个群,时间序列有 T 组,数据如果每个 N 和每个 T 都有,我们称此数据为平衡数据(balance data),也就是当观察值等于 $N \cdot T$ 时,此面板数据为平衡数据;若有缺失或缺漏,则称为不平衡数据(unbalance data),缺失或缺漏数据可以通过统计方式补足(利用预测模型),不过不补足或将缺漏的该笔横断面数据删除也不会影响分析结果。事实上,分析的大部分面板数据都属于不平衡数据。

线性面板数据模型如下:

$$y_{it} = \beta_{0i} + \beta_1 x_{it1} + \beta_2 x_{it2} + \cdots + \beta_n x_{itk} + \varepsilon_{it}$$
$$i = 1,2,\cdots,N \; t = 1,2,\cdots,T$$
$$E(\varepsilon_{it}) = 0, Var(\varepsilon_{it}) = \sigma^2 < \infty \quad (14\text{-}1)$$

其中:N 表示纵横资料中有 N 个个体,T 表示时间序列的最大长度,K 为解释变量的数目。

随着 i 的改变,β_{0i} 的变化可以衍生出 2 种类型,分别为混合回归模型(pooled regression model)和个体均值修正回归模型(individual-mean corrected regression model)。

(1)混合回归模型。若 $\beta_{01}=\beta_{02}=\cdots=\beta_{0N\cdot T}$,表示随着个体间和时间上的观察,截距项没有显著差异(随机误差项也满足假设),此时面板数据可以混合在一起,用一般的最小二乘法估计参数即可。此时模型可以写成:

$$y_{it}=\beta_0+\beta_1x_{it1}+\beta_2x_{it2}+\cdots+\beta_nx_{itk}+\varepsilon_{it}$$
$$i=1,2,\cdots,N\ t=1,2,\cdots,T \tag{14-2}$$

(2)个体均值修正回归模型。若 β_{0i} 显著不同,也就是 β_{0i} 会随着个体间和时间上的改变而改变(或随机误差项会因个体间和时间上而不一致),此时面板数据可以混合在一起,用一般的最小二乘法估计参数即可。此时模型可以写成:

$$y_{it}=\beta_{0i}+\beta_1x_{it1}+\beta_2x_{it2}+\cdots+\beta_nx_{itk}+\varepsilon_{it}$$
$$i=1,2,\cdots,N\ t=1,2,\cdots,T \tag{14-3}$$

但实际上,还存在一种类别,就是 β_{0i} 不但会随着个体间和时间上改变而改变(或随机误差项会因个体间和时间上而不一致),经济结构也跟着个体(或时间)不同,此称为无约束模型(unrestricted model)。这个模型必须在同一个时间、同一个个体有多个观察值时才有办法使用,并且使用过后,自由度将大幅度降低,不利于现况的解释。

面板数据模型基本上可分为固定效果模型(亦称为虚拟变量模型, dummy variable model)与随机效果模型(亦称误差成分模型, error component model)。

固定效果模型是在模型中假设总体内相似程度低,直接以全部总体观察所有横断面之间的差异,在该模型中,横断面数据的差异通过截距项来消除。所以其可分为因横断面(个体)不同、时期不同或二者皆不同的固定效果模型。也就是上面模型(14-3)的 β_{0i} 。所以固定效果可以选择固定时间的效果或是固定个体的效果,当然也可以把时间跟个体同时进行考虑。

随机效果模型则是在模型中假设总体内的横断面间差异较小、相似程度高,但受横断面(ε_{it} 的 i) 或时期(ε_{it} 的 t) 影响会存在特定的误差,所以必须通过变量将此误差消除。建构的方程式如下:

$$y_{it}=\beta_0+\beta_1x_{it1}+\beta_2x_{it2}+\cdots+\beta_nx_{itk}+\varepsilon_i+\varepsilon_{it}$$
$$i=1,2,\cdots,N$$
$$t=1,2,\cdots,T$$
$$E(\varepsilon_{it})=0$$
$$Var(\varepsilon_{it})=\sigma_{\varepsilon_i}^{2}+\sigma_{\varepsilon_{it}}^{2} \tag{14-4}$$

其中 β_0 为未知的总体平均截距, ε_i 为横断面中个别差异之无法观察到的随机误差,假设 ε_i 互相独立且和 ε_{it}互为独立, ε_{it}表示的是整体的误差,而 ε_i 表示的是特定的误差。这反映了横断面差异,它会因不同的横断面而改变,但对时间却是固定不变的,所以随机效果一样存在个体随机效果和时间随机效果。

并非所有的面板数据都适合面板数据分析,前面谈到,若判定为随机效果,就必须进行误差修正,那就可确认随机效果就是最终模型。但若固定效果是以增加虚拟变量修正时期或个体产生的影响,这跟增加控制变量是相同的道理,所以就必须探讨这个虚拟变量是否“值得”增加。从理论上说,只要 β_{0i} 有一个不相等(如 14-1 式所示),就是个体均值修正回归模型。是否存在不相等,可以利用如下所说的检验部分系数是否为 0 的模式进行检验。

建立一个原假说：

$$H_0:\beta_{01}=\beta_{02}=\cdots=\beta_{0N}$$

检验的方式 F 检验相同($\frac{MSR}{MSE}$,MSE 为未能解释的均方,MSR 为已解释的均方)，$S_1{}^2$、$S_2{}^2$ 分别为 14-2 式(一般回归模型)和 14-3 式(个体均值修正回归模型-固定时间)的残差平方和,则可知 $\frac{S_1{}^2}{\sigma^2}\sim\chi^2_{(N(T-K-1))}$、$\frac{S_1{}^2-S_2{}^2}{\sigma^2}\sim\chi^2_{((N-1)\cdot K)}$ 又 $\frac{S_1{}^2}{\sigma^2}\frac{S_1{}^2-S_2{}^2}{\sigma^2}$ 独立，$S_1{}^2-S_2{}^2$ 就成为时期的解释力，$S_1{}^2-S_2{}^2$ 的自由度为 $T-1$，$S_2{}^2$ 的自由度为 $N\cdot T-T-(K+1)-1$ $S_1{}^2-S_2{}^2$ 的自由度为 $T-1$,S_2^2 的自由度为 $N\cdot T-T-(K+1)-1$,所以统计量为：

$$F=\frac{\dfrac{S_1{}^2-S_2{}^2}{T-1}}{\dfrac{S_2{}^2}{N\cdot T-T-K-1}}\sim F_{((T-1),(N\cdot T-T-K-1))}$$

然后进行检验,其中的 $N\cdot T$ 应为观察值的个数,K 为解释变量数,T 为所使用的虚拟变量。上面的例子是固定时期,若使用固定个体,则 T 就必须改为个体数 N;如果时期跟个体都使用,那就是 2 个相加。每个模型的 SSE 自由度如表 14-1 所示。

表 14-1　面板数据模型的 *SSR*、*SSE* 自由度

模型		自由度
总和		$N\cdot T-1$
一般回归	SSR	$(K+1)-1$
	SSE	$N\cdot T-(K+1)$
固定(随机)时期	SSR	$(K+1)+T-1$
	SSE	$N\cdot T-(K+1)-T$
固定(随机)个体	SSR	$(K+1)+N-1$
	SSE	$N\cdot T-(K+1)-N$
两个都固定	SSR	$(K+1)+T+N-1$
	SSE	$N\cdot T-(K+1)-T-N$

按照上述的式子检验,观察值要是够大,几乎都会是面板数据分析。面板数据分析的固定效果与随机效果模型各有优缺点:固定效果模型须使用虚拟变量进行估计,易造成自由度大幅减少,随机效果模型不会有此缺点;固定效果模型无须假设个别效果 ε_i 拥有哪种分配,也不需假设它与随机干扰项 ε_{it} 独立以及和解释变量间不相关,但随机效果模型必须做这些假定。

既然两个模型各有优劣,研究者应选用何者?

Mundlak(1978)认为,若随机效果模型的截距项与解释变量间具有相关性,则会产生偏误的情形,此时应该使用固定效果模型;若截距项与解释变量间无关,则使用随机效果模型。可采用简单的判断来选取,直觉上若未经过抽样过程选取的横断面单位应采用固定效果模型;反之,选取的横断面单位经过抽样过程时,则应采用随机效果模型。

但此判断方法缺乏科学的依据,统计分析原则须由正式检定过程来判断,在判定模型的选择上,可利用 Hausman(1978)提出的 Hausman 检验。

Hausman 检验的检定统计量为:

$$H = \frac{\sum_{m=1}^{k}(\hat{\beta}_{FE_m} - \hat{\beta}_{rE_m})^2}{\frac{1}{N}\left[\sum_{m=1}^{k}\mathrm{Var}(\hat{\beta}_{FE_m}) - \sum_{m=1}^{k}\mathrm{Var}(\hat{\beta}_{RE_m})\right]} \sim \chi^2(k) \tag{14-5}$$

其中,$\hat{\beta}_{FE}$ 为固定效果模型的系数估计数,$\hat{\beta}_{RE}$ 为随机效果模型的系数估计数,k 为解释变量个数。在显著水平 σ 下,若 $H > \chi^2_\alpha(k)$ (一般采用 α<0.05),则采用固定效果模型较佳,反之则采用随机效果模型。

所以,整体操作模式是,必须把个体均值修正回归模型的 2 个模型(固定效果模型、随机效果模型)分析出来,通过 Hausman 检验(下面会介绍),了解何种模型比较合适,再将合适的模型与混合回归模型利用 F 检验判断最适的模型。

前面介绍回归分析时也分析过模型的选择,一般来说,随着变量的增加 R^2 就会增加,面板数据模型的特征就是增加虚拟变量,所以 R^2 一定会增加,因此,选择面板数据模型亦可以通过调整后的 R^2 来判断。

面板数据一般都属于静态模型,如果再进行解释变量滞后项的分析,则就变成动态面板数据了。而在经济学的领域,解释变量再增加地理的概念(像省份、纬度等),就构成空间面板数据了。

14.2 静态面板数据

通过前面对基本概念的介绍,可以了解到面板数据检验的基本过程为:首先,检验变量的属性是否存在单根或不平稳性(预测模型就必须再考虑变量间的因果关系);其次,再通过 Hausman 检验进行面板数据模型的选择,确定后再通过调整后的 R^2 确定面板数据需要增加何种虚拟变量(时期、个体或两者都增加);最后,再利用 F 检验分析一般回归和面板数据哪一个比较合适最后的模型。整体分析流程如图 14-1 所示。

【例 14-1】本例研究自贸区成立对上海地区上市公司国际化绩效(高次项)的影响。

(1)研究主题:国际化绩效(高次项)。

(2)研究对象:2007—2020 年上海市有外销业务的上市公司,共计 1 320 家/年,每年分布如表 14-2 所示。

表 14-2 研究数据分布图

年份	2007	2008	2009	2010	2011	2012	2013	2014	2015	2016	2017	2018	2019	2020	合计
公司数	40	37	55	79	82	81	86	94	102	121	130	128	140	127	1 302

(3)研究方法:面板数据分析、双重差分。

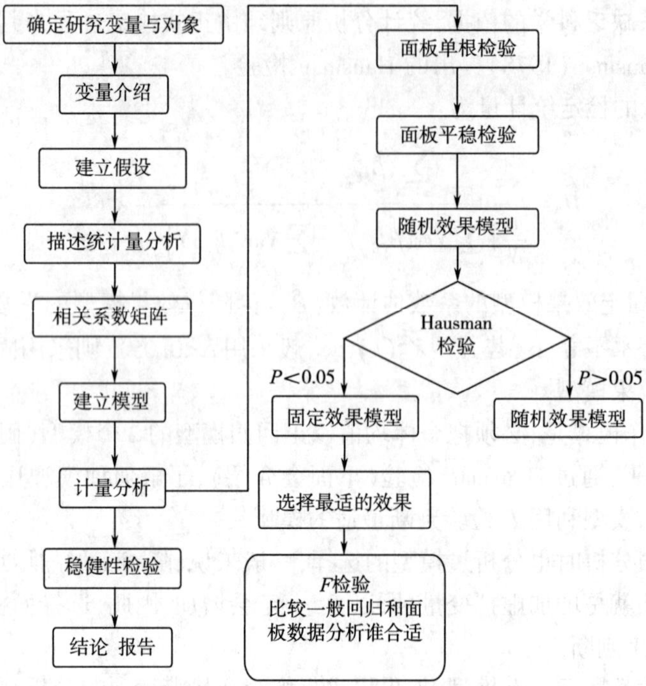

图 14-1　面板数据模型分析流程图

(4)研究变量。

①解释变量。

- 国际化程度(DOI)。
- 自贸区(du):

$$du = \begin{cases} 1 & \text{自贸区内} \\ 0 & \text{自贸区外} \end{cases}$$

- 成立时间(dt):

$$dt = \begin{cases} 1 & \text{成立后} \\ 0 & \text{成立前} \end{cases}$$

②被解释变量(ROA)。

③控制变量。

- 公司规模(SC)。
- 产权比例(ER)。
- 企业成立时间(AGE):

$$AGE = \ln(\text{企业成立年数})$$

(5)研究模型。根据学者过去的研究,国际化绩效的影响存在无关、线性(正或负)关系、U 形关系、S 形关系和 W 形关系,所以建立模型如下:

$$ROA = \beta_0 + \beta_1 DOI + \beta_2 DOI^2 + \beta_3 DOI^3 + \beta_4 DOI^4 + \beta_5 SC + \beta_6 ER + \beta_7 AGE + \varepsilon$$

$$DOI = \alpha_0 + \alpha_1 \mathrm{du} + \alpha_2 \mathrm{dt} + \alpha_3 \mathrm{du} \cdot \mathrm{dt} + \varepsilon_{(2)}$$

(6)EViews 步骤。

步骤 1:描述统计量。

选择指令:Quick→ Group Statistics→ Descriptive Statistic→ Common sample

结果如图 14-2 所示。

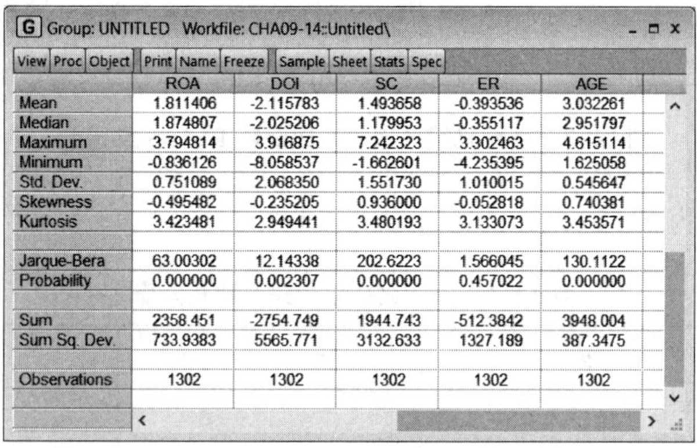
G Group: UNTITLED Workfile: CHA09-14::Untitled\

View Proc Object Print Name Freeze Sample Sheet Stats Spec

	ROA	DOI	SC	ER	AGE
Mean	1.811406	-2.115783	1.493658	-0.393536	3.032261
Median	1.874807	-2.025206	1.179953	-0.355117	2.951797
Maximum	3.794814	3.916875	7.242323	3.302463	4.615114
Minimum	-0.836126	-8.058537	-1.662601	-4.235395	1.625058
Std. Dev.	0.751089	2.068350	1.551730	1.010015	0.545647
Skewness	-0.495482	-0.235205	0.936000	-0.052818	0.740381
Kurtosis	3.423481	2.949441	3.480193	3.133073	3.453571
Jarque-Bera	63.00302	12.14338	202.6223	1.566045	130.1122
Probability	0.000000	0.002307	0.000000	0.457022	0.000000
Sum	2358.451	-2754.749	1944.743	-512.3842	3948.004
Sum Sq. Dev.	733.9383	5565.771	3132.633	1327.189	387.3475
Observations	1302	1302	1302	1302	1302

图 14-2 国际化绩效描述统计量 EViews 结果图

通过 Excel 整理为表 14-3。

表 14-3 国际化绩效描述统计量表

统计量	ROA	DOI	SC	ER	AGE
观察值	1 302	1 302	1 302	1 302	1 302
平均数	1. 811	-2. 116	1. 494	-0. 394	3. 032
中位数	1. 875	-2. 025	1. 180	-0. 355	2. 952
最大值	3. 795	3. 917	7. 242	3. 302	4. 615
最小值	-0. 836	-8. 059	-1. 663	-4. 235	1. 625
标准差	0. 751	2. 068	1. 552	1. 010	0. 546
偏态	-0. 495	-0. 235	0. 936	-0. 053	0. 740
峰度	3. 423	2. 949	3. 480	3. 133	3. 454

步骤 2:相关系数矩阵。

因为是高次项,所以要先确定高次项的变量。前面第 11 章 11. 3 节说过,变量高次项会存在高度相关,必须进行变量转换。对于 2 至 4 次方的变量转换,本书介绍如下:

平方项:

$$(DOI - \overline{DOI})^2 \overset{令}{=} \varphi^2$$

三次方:

$$减去 2^3 倍一次方 \rightarrow \varphi^3 - 8 \cdot DOI$$

四次方:

$$去中心化 4 次方 - 3^3 倍去中心化平方 \rightarrow \varphi^4 - 27 \cdot \varphi^2$$

选择指令:Quick→ Group Statistics→ Correlogram,见图 14-3。

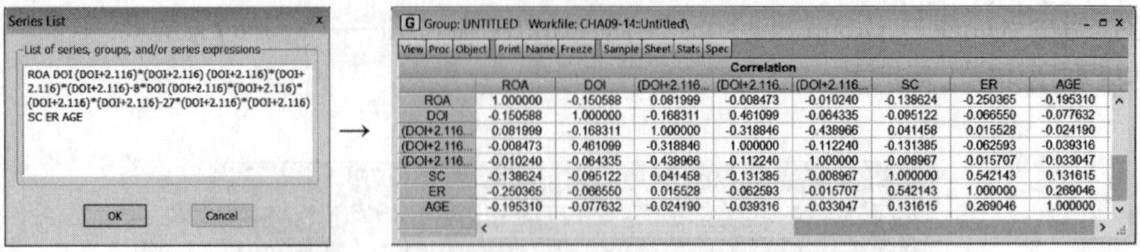

图 14-3 国际化绩效相关系数矩阵 EViews 结果图

通过 Excel 整理为表 14-4。

表 14-4 国际化绩效相关系数矩阵表

变量	*ROA*	*DOI*	φ^2	$\varphi^3-8\cdot\varphi$	$\varphi^4-27\cdot\varphi^2$	*SC*	*ER*	*AGE*
ROA	1.000							
DOI	-0.151	**1.000**						
φ^2	0.082	**-0.168**	**1.000**					
$\varphi^3-8\cdot\varphi$	-0.008	**0.461**	**-0.319**	**1.000**				
$\varphi^4-27\cdot\varphi^2$	-0.010	**-0.064**	**-0.439**	**-0.112**	**1.000**			
SC	-0.139	**-0.095**	**0.041**	**-0.131**	**-0.009**	1.000		
ER	-0.250	-0.067	0.016	-0.063	-0.016	0.542	1.000	
AGE	-0.195	-0.078	-0.024	-0.039	-0.033	0.132	0.269	1.000

步骤 3:面板单根检验。

面板单根检验必须每个变量单独进行检验。

选择指令:选取每个研究变量→鼠标右键→ OPEN→ as Multiple series→选择一个变量进行单根检验→ View→Unit Root Test,如图 14-4、图 14-5 所示。

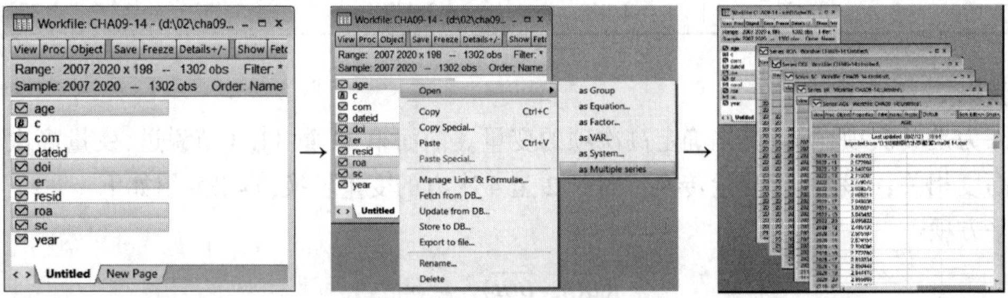

图 14-4 面板单根检验开启顺序图

图 14-5 上的检定方法有很多种,不用改即为 Summary(总结),可以产生 4 种单根检验结果,如图 14-6 所示。

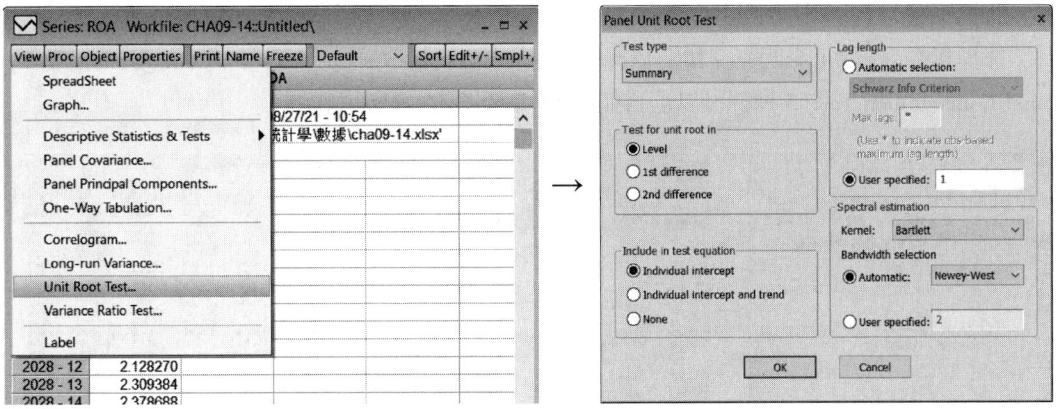

图 14-5 面板单根检验操作图

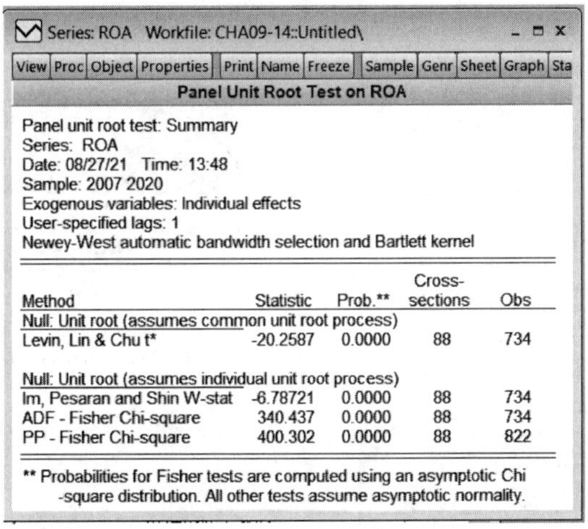

图 14-6 面板单根检验结果图

整个变量的单根检验结果见表 14-5。

表 14-5 变量单根检验表

变量	*ROA*		*DOI*		*SC*		*ER*		*AGE*	
方法	统计量	*P* 值	统计量	*P* 值	统计量	*P* 值	统计量	*P* 值	统计量	*P* 值
LLC t 检验	-20. 259	<0. 001	-4. 796	<0. 001	-12. 666	<0. 001	-6. 734	<0. 001	-41. 692	<0. 001
IPS W 统计量	-6. 787	<0. 001	1. 253	0. 895	1. 504	0. 934	-0. 114	0. 455	-17. 108	<0. 001
ADF X^2 统计量	340. 437	<0. 001	159. 110	0. 815	173. 984	0. 529	199. 051	0. 112	283. 949	<0. 001
PP X^2 统计量	400. 302	<0. 001	225. 596	<0. 001	253. 359	<0. 001	245. 868	<0. 001	999. 841	<0. 001

从表 14-5 可以发现，*LLC t* 检验和 *PP* X^2 统计量全部都拒绝 H_0，即存在单根的假设，而其他 2 个则有些变量是“无法拒绝”；要知道“无法拒绝”不代表接受，所以，一般只要有统计检验拒绝，就可以拒绝 H_0。所以，上述结论是变量不存在单根。

步骤 4：面板平稳性检验。

面板平稳性检验则是所有变量一起进行检验。

选择指令:选取每个研究变量→鼠标右键→OPEN →as Group→ View→Cointegration Test→Panel Cointegration Test(3 种都可以选),如图 14-7 至图 14-9 所示。

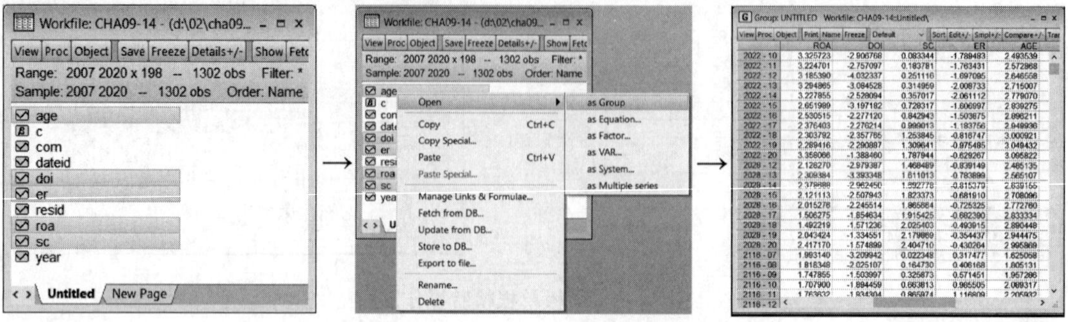

图 14-7 面板平稳性检验开启顺序图

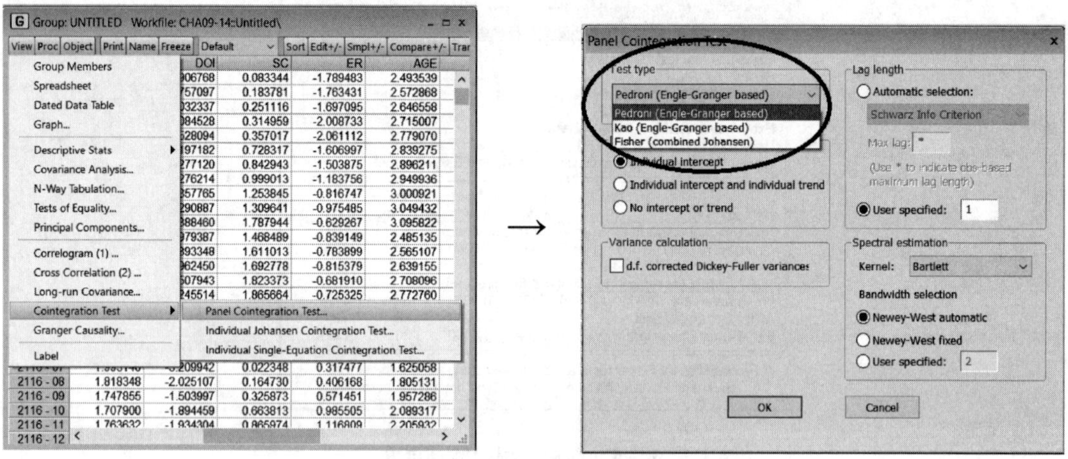

图 14-8 面板平稳性检验操作图

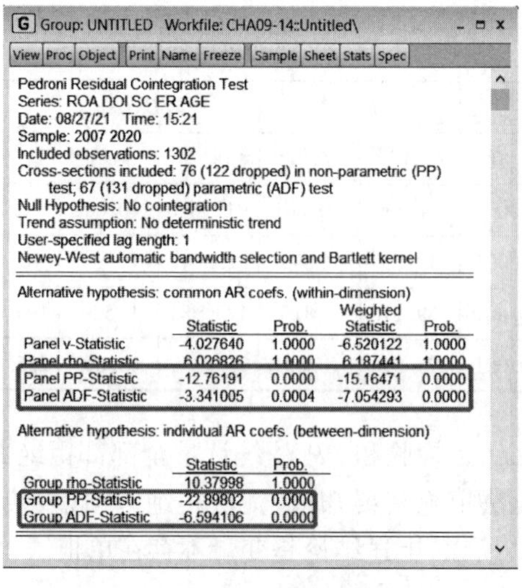
Group: UNTITLED Workfile: CHA09-14::Untitled\

View Proc Object Print Name Freeze Sample Sheet Stats Spec

Pedroni Residual Cointegration Test
Series: ROA DOI SC ER AGE
Date: 08/27/21 Time: 15:21
Sample: 2007 2020
Included observations: 1302
Cross-sections included: 76 (122 dropped) in non-parametric (PP) test; 67 (131 dropped) parametric (ADF) test
Null Hypothesis: No cointegration
Trend assumption: No deterministic trend
User-specified lag length: 1
Newey-West automatic bandwidth selection and Bartlett kernel

Alternative hypothesis: common AR coefs. (within-dimension)

	Statistic	Prob.	Weighted Statistic	Prob.
Panel v-Statistic	-4.027640	1.0000	-6.520122	1.0000
Panel rho-Statistic	6.026826	1.0000	6.187441	1.0000
Panel PP-Statistic	-12.76191	0.0000	-15.16471	0.0000
Panel ADF-Statistic	-3.341005	0.0004	-7.054293	0.0000

Alternative hypothesis: individual AR coefs. (between-dimension)

	Statistic	Prob.
Group rho-Statistic	10.37998	1.0000
Group PP-Statistic	-22.89802	0.0000
Group ADF-Statistic	-6.594106	0.0000

图 14-9 面板单根检验结果图

从图 14-5 也能发现有不少检验方法。

①Panel PP-统计量(-12.762, p<0.001)。

②Panel PP 统计量(-3.341, p<0.001)。

③Group PP-统计量(-22.898, p<0.001)。

④Group PP 统计量(-6.594, p<0.001)。

都是拒绝 H_0:不平稳,所以变量是平稳的。(因为并不是所有方法都是拒绝,一般只有一两个拒绝,所以可以不用直接绘表,直接用文字说明即可。)

步骤 5:Hausman 检验。

进行 Hausman 检验之前,要先将随机效果分析出来。此外,本例要探讨自贸区成立对国际化绩效的影响,所以要先进行时间随机效果分析再进行 Hausman 检验(个体随机效果不再分析)。

选择指令:Quick→Estimates Equation…→输入变量→点 Panel Options→随机效果有 2 个可以选,先进行个体随机→View→Fixed/Random Effects Testing→ Correlated Random Effect-Hausman Test,如图 14-10 至图 14-12 所示。

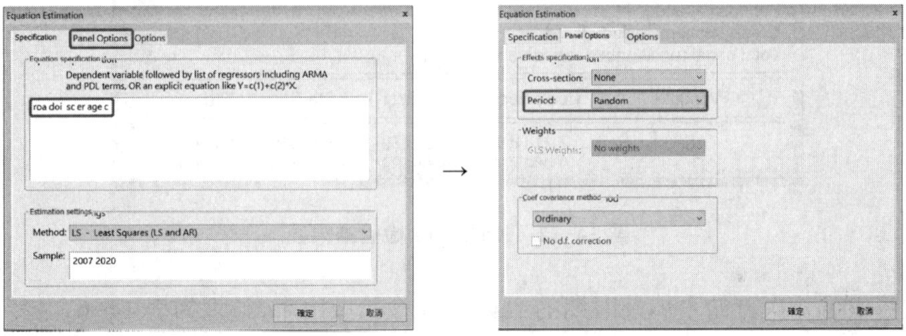

图 14-10 面板数据随机效果操作图

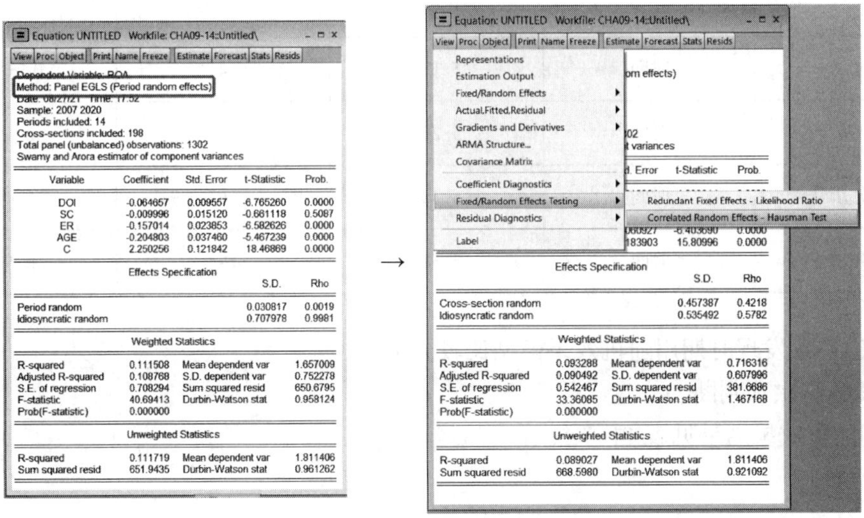

图 14-11 Hausman 检验操作图

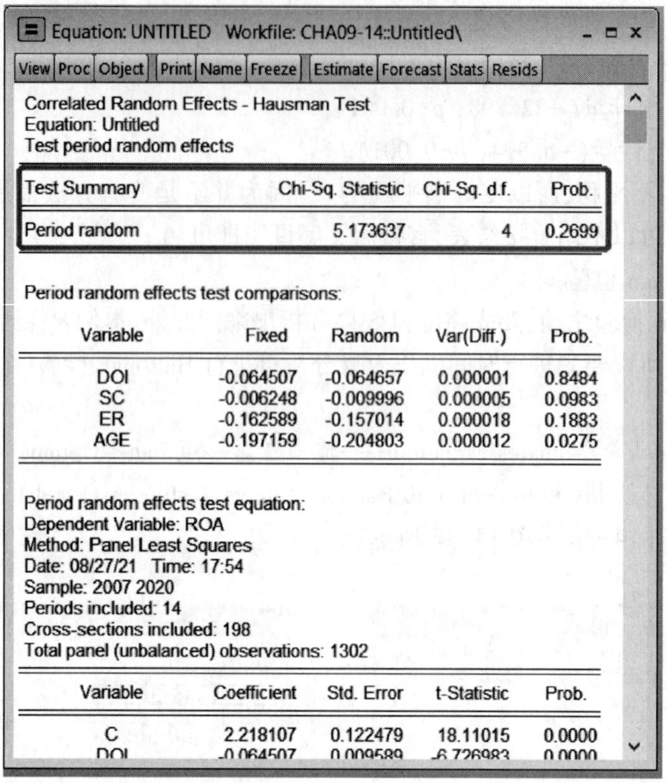
Equation: UNTITLED Workfile: CHA09-14::Untitled\

View | Proc | Object | Print | Name | Freeze | Estimate | Forecast | Stats | Resids

Correlated Random Effects - Hausman Test
Equation: Untitled
Test period random effects

Test Summary	Chi-Sq. Statistic	Chi-Sq. d.f.	Prob.
Period random	5.173637	4	0.2699

Period random effects test comparisons:

Variable	Fixed	Random	Var(Diff.)	Prob.
DOI	-0.064507	-0.064657	0.000001	0.8484
SC	-0.006248	-0.009996	0.000005	0.0983
ER	-0.162589	-0.157014	0.000018	0.1883
AGE	-0.197159	-0.204803	0.000012	0.0275

Period random effects test equation:
Dependent Variable: ROA
Method: Panel Least Squares
Date: 08/27/21 Time: 17:54
Sample: 2007 2020
Periods included: 14
Cross-sections included: 198
Total panel (unbalanced) observations: 1302

Variable	Coefficient	Std. Error	t-Statistic	Prob.
C	2.218107	0.122479	18.11015	0.0000
DOI	-0.064507	0.009589	-6.726983	0.0000

图 14-12 Hausman 检验结果图

依次将 1 到 4 次方的个体及时期的 Hausman 检验做出来,整理为表 14-6。

表 14-6 Hausman 检验结果表

		卡方值	自由度	*P* 值
1 次方	时间	5. 174	4	0. 269 9
2 次方	时间	5. 281	5	0. 383
3 次方	时间	5. 388	6	0. 495
4 次方	时间	5. 588	7	0. 589

由表 14-6 发现时期用随机效果模型比较合适。

步骤 6:高次项判断。

时期随机效果结果见表 14-7。

表 14-7 时期随机效果结果表

被解释变量 *ROA*

方法 面板 *EGLS*(时期随机效果)

时期:14

个体:198

总观察数(不平衡):1 302

变量	系数		系数		系数		系数	
	标准差	显著	标准差	显著	标准差	显著	标准差	显著
DOI	-0.075		-0.075		-0.061		-0.065	
	(0.011)	***	(0.011)	***	(0.010)	***	(0.010)	
ψ^2	0.010		0.010		0.007			
	(0.004)	**	(0.003)	***	(0.003)	**		
$\psi^3-8\cdot DOI$	0.003		0.003					
	(0.001)	***	(0.001)	***	(0.000)	***		
$\psi^4-27\cdot\psi^2$	0.000							
	(0.000)		(0.000)	***	(0.000)	***		
SC	-0.006		-0.006		-0.011		-0.010	
	(0.015)		(0.015)		(0.015)		(0.015)	
ER	-0.159		-0.159		-0.157		-0.157	
	(0.024)	***	(0.024)	***	(0.024)	***	(0.024)	***
AGE	-0.199		0.200		-0.202		-0.205	
	(0.037)	***	(0.037)	***	(0.037)	***	(0.037)	***
C	2.119		2.119		2.220		2.250	
	(0.127)	***	(0.127)	***	(0.123)	***	(0.122)	***
R^2	0.120		0.120		0.114		0.112	
调整后 R^2	0.115		0.116		0.111		0.109	
F 统计量	25.226		29.433		33.433		40.694	
P 值	<0.001		<0.001		<0.001		<0.001	

由表 14-7 可以发现 4 次方的模型,*DOI* 的 4 次方不显著,并且 4 次方模型调整后 R^2 比 3 次方小,所以可以确定国际化程度的影响。再通过随机面板数据分析,对公司绩效的影响为 S 型效果。

再通过 Excel 绘制成走势图,该图更具备表达力,如图 14-13 所示。

步骤 7:再分析自贸区面板双重差分。

因步骤一样,就不再重复了,结果整理为表 14-8、表 14-9。

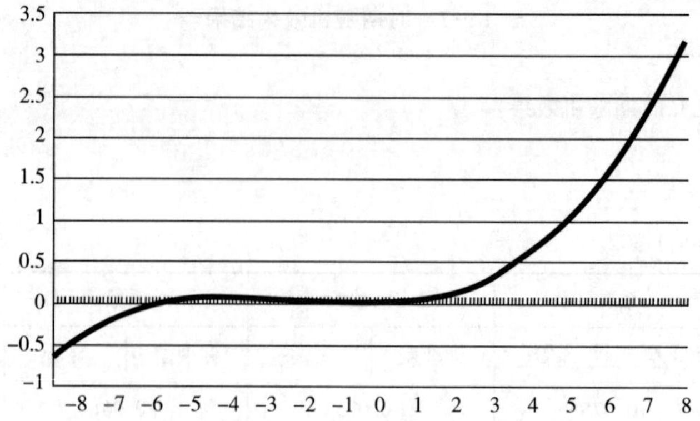

图 14-13 国际化绩效走势图

表 14-8 自贸区面板双重差分 Hausman 检验结果表

	卡方统计量	自由度	*P* 值
双重差分	4. 593	5	0. 468

表 14-9 自贸区面板双重差分结果表

被解释变量	*DOI*	
解释变量	系数	
	标准误	显著
d*u*	−0. 282	
	(0. 323)	
d*t*	−0. 057	
	(0. 127)	
d*u*◇d*t*	0. 689	
	(0. 406)	* *
SC	−0. 113	
	(0. 044)	* *
ER	<0. 001	
	(0. 070)	*
AGE	−0. 270	
	(0. 111)	* *
C	−1. 103	
	(0. 358)	* * *
R^2	0. 016	
Adj-R^2	0. 011	
F-statistic	3. 498	
Prob.	0. 002	

步骤 8:残差分析。

残差分析可以利用残差图来进行,由图 14-14、图 14-15 可见残差图皆成钟形分布,并且平均数等于 0,方差齐一,与各变量的相关系数都趋近于 0。满足假设条件。

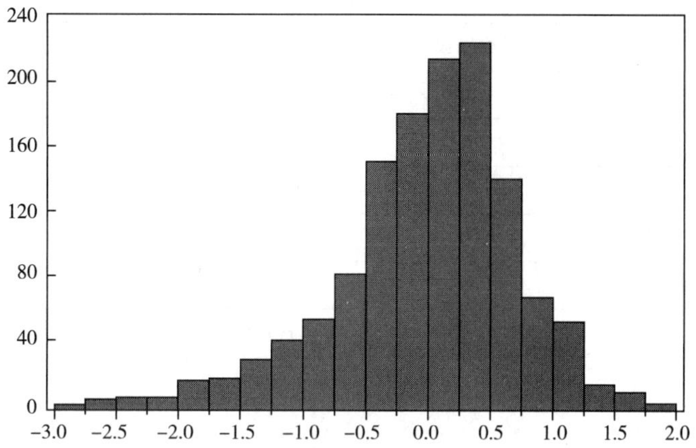

图 14-14 国际化绩效残差分布图

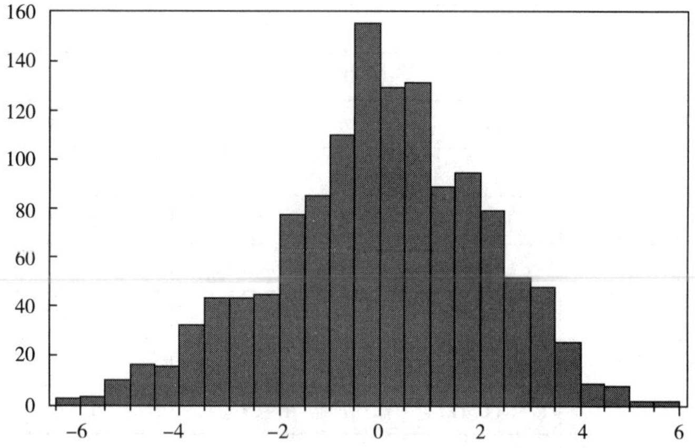

图 14-15 自贸区国际化程度残差分布图

步骤 9:稳健性检验。

国际化绩效的稳健性检验可采用不同分析方法。这里利用固定效果模型进行分析,而双重差分须采用安慰剂检验。将 dt 改为:

$$dt = \begin{cases} 1 & 2010\text{—}2012 \\ 0 & \text{其他} \end{cases}$$

结果见表 14-10,从中可见系数的符号和显著状况与前面结果一致,代表本研究数据稳健。

表 14-10　稳健性检验结果表

方法	固定效果		安慰剂检验	
被解释变量	*ROA*		*DOI*	
解释变量	系数		系数	
	标准误	显著	标准误	显著
DOI	-0.075			
	(0.011)	* * *		
ψ^2	0.009			
	(0.003)	* * *		
ψ^3-8◇*DOI*	0.003			
	(0.001)	* * *		
d*u*			0.144	
			(0.454)	
d*t*			-0.101	
			(0.086)	
d*u*◇d*t*			-0.240	
		(0.268)		
SC	-0.003		-0.205	
	(0.015)		(0.054)	* * *
ER	-0.164		0.104	
	(0.024)	* * *	(0.062)	*
AGE	-0.194		-0.027	
	(0.038)	* * *	(0.177)	
C	2.091		-1.883	
	(0.127)	* * *	(0.520)	* * *
R^2	0.132		0.015	
Adj-R^2	0.119		0.011	
F-statistic	10.233		3.324	
Prob.	<0.001		0.003	

14.3　动态面板数据

前面说过动态面板数据就是将变量各期滞后项再纳入解释变量中，模型如下：

$$y_{it} = \beta_{0i} + \beta_1 x_{it1}(0) + \beta_2 x_{it1}(-1) + \cdots + \beta_m x_{it}(-m) + \varepsilon_{it}$$

$$i = 1,2,\cdots,N,t = 1,2,\cdots,T$$

$$E(\varepsilon_{it}) = 0, Var(\varepsilon_{it}) = \sigma^2 < \infty \tag{14-6}$$

但是在财经数据中，滞后项往往会形成高度相关，所以，对滞后项彼此间高度相关的处理是运用动态面板数据的首要工作。在时间序列，处理高度相关的方式为降级（当然也可以利用数据转换的方式），降级的处理也非常适用面临高度相关的动态面板数据。

降级的方式更加有利于处理未观察到的因素，说明如下式：

$$y_{i1} = \beta_0 + \beta_1 x_{i1} + a_i + \varepsilon_{i1}(t = 1) \tag{14-7}$$

a_i 在时间上是固定的数，也是无法观察的效应。建立以下二期（$t=2$）的模型为：

$$y_{i1} = \beta_0 + \delta + \beta_1 x_{i2} + a_i + \varepsilon_{i2} \tag{14-8}$$

将式 14-7 和式 14-8 相减得：

$$\Delta y_i = \delta + \beta_1 \Delta x_i + \Delta\varepsilon_i \tag{14-9}$$

"Δ"表示 $t=1$ 到 $t=2$ 的变化，无法观察的效应 a_i 没有出现在式中，很明显它已经被差分掉了，此称为一阶差分方程（first differenced equation）。当然这也必须满足回归的基本假设，即

$$\Delta\varepsilon_i \overset{iid}{\sim} N(0,\sigma^2)$$

$$Cov(\Delta x_i, \Delta\varepsilon_i) = 0$$

【例 14-2】一阶差分的好处是几乎可以把滞后项的高度相关给完全剔除掉。本案例采用研发强度变量，分析它对公司绩效的滞后影响。

（1）研究主题：研发强度对公司绩效的滞后效应。

（2）研究对象：制造业。

（3）研究期间：2014—2020 年，滞后期间 9 年（研发强度 2006—2020）。

（4）研究方法：动态面板数据分析、一阶差分方程。

（5）研究变量。

①被解释变量——Tobin's Q（TQ）：

$$TQ = \ln\left(\frac{\text{股权市值} + \text{总负债}}{\text{总资产}} \times 100\right)$$

②解释变量——研发强度：

$$RDI = \ln\left(\frac{\text{研发费用} + 1\text{元}}{\text{销售收入}} \times 100\right)$$

③控制变量：

- 公司规模：

$$SC = \ln\left(\frac{\text{总资产}}{1\text{亿}}\right)$$

- 产权比例：

$$ER = \ln\left(\frac{\text{总负债}}{\text{股东权益}}\right)$$

- 高管平均工龄：

$$LSA = \ln(\text{高管平均工龄,年})$$

（6）研究模型：

$$\Delta TQ = \Delta RDI(0) + \Delta RDI(1) + \Delta RDI(2) + \Delta RDI(3) + \Delta RDI(4) + \Delta RDI(5) +$$

$\Delta RDI(6) + \Delta RDI(7) + \Delta SC + \Delta ER + \Delta LSA + C$

(7)EViews 步骤。

步骤 1:描述统计量。

选择指令:Quick→ Group Statistics→ Descriptive Statistic→ Common sample,如图 14-16、图 14-17 所示。

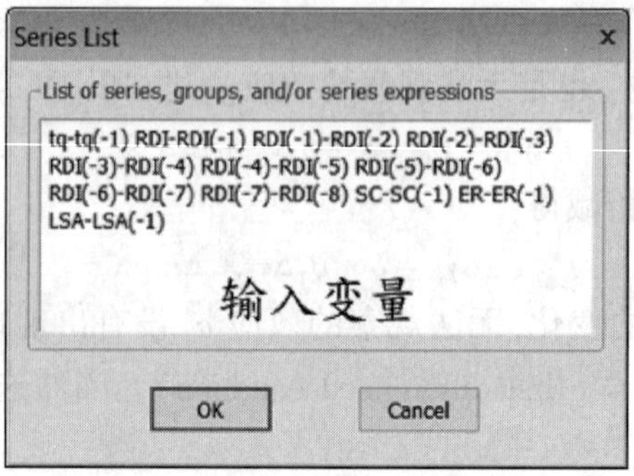

图 14-16　变量输入示范图

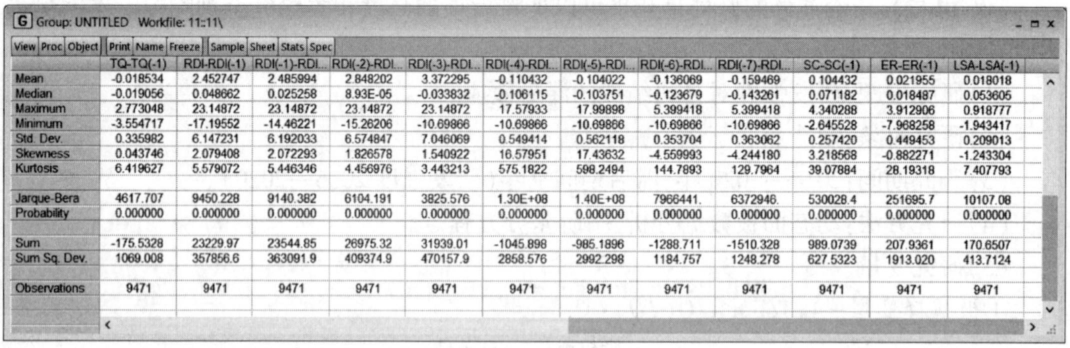

Group: UNTITLED Workfile: 11::11\

	TQ-TQ(-1)	RDI-RDI(-1)	RDI(-1)-RDI...	RDI(-2)-RDI...	RDI(-3)-RDI...	RDI(-4)-RDI...	RDI(-5)-RDI...	RDI(-6)-RDI...	RDI(-7)-RDI...	SC-SC(-1)	ER-ER(-1)	LSA-LSA(-1)
Mean	-0.018534	2.452747	2.485994	2.848202	3.372295	-0.110432	-0.104022	-0.136069	-0.159469	0.104432	0.021955	0.018018
Median	-0.019056	0.048662	0.025258	8.93E-05	-0.033832	-0.106115	-0.103751	-0.123679	-0.143261	0.071182	0.018487	0.053605
Maximum	2.773048	23.14872	23.14872	23.14872	23.14872	17.57933	17.99898	5.399418	5.399418	4.340288	3.912906	0.918777
Minimum	-3.554717	-17.19552	-14.46221	-15.26206	-10.69866	-10.69866	-10.69866	-10.69866	-10.69866	-2.645528	-7.968258	-1.943417
Std. Dev.	0.335982	6.147231	6.192033	6.574847	7.046069	0.549414	0.562118	0.353704	0.363062	0.257420	0.449453	0.209013
Skewness	0.043746	2.079408	2.072293	1.826578	1.540922	16.57951	17.43632	-4.559993	-4.244180	3.218568	-0.882271	-1.243304
Kurtosis	6.419627	5.579072	5.446346	4.456976	3.443213	575.1822	598.2494	144.7893	129.7964	39.07884	28.19318	7.407793
Jarque-Bera	4617.707	9450.228	9140.382	6104.191	3825.576	1.30E+08	1.40E+08	7966441.	6372946.	530028.4	251695.7	10107.08
Probability	0.000000	0.000000	0.000000	0.000000	0.000000	0.000000	0.000000	0.000000	0.000000	0.000000	0.000000	0.000000
Sum	-175.5328	23229.97	23544.85	26975.32	31939.01	-1045.898	-985.1896	-1288.711	-1510.328	989.0739	207.9361	170.6507
Sum Sq. Dev.	1069.008	357856.6	363091.9	409374.9	470157.9	2858.576	2992.298	1184.757	1248.278	627.5323	1913.020	413.7124
Observations	9471	9471	9471	9471	9471	9471	9471	9471	9471	9471	9471	9471

图 14-17　研发强度滞后项描述统计量结果图

通过 Excel 整理为表 14-11。

表 14-11　研发强度滞后项描述统计量

统计量	ΔTQ	$\Delta RD(0)I$	$\Delta RDI(-1)$	$\Delta RDI(-2)$	$\Delta RDI(-3)$	$\Delta RDI(-4)$	$\Delta RDI(-5)$	$\Delta RDI(-6)$	$\Delta RDI(-7)$	ΔSC	ΔER	ΔLSA
观察值	9 471	9 471	9 471	9 471	9 471	9 471	9 471	9 471	9 471	9 471	9 471	9 471
平均数	-0. 019	2. 453	2. 486	2. 848	3. 372	-0. 110	-0. 104	-0. 136	-0. 159	0. 104	0. 022	0. 018
中位数	-0. 019	0. 049	0. 025	0. 000	-0. 034	-0. 106	-0. 104	-0. 124	-0. 143	0. 071	0. 018	0. 054
最大值	2. 773	23. 149	23. 149	23. 149	23. 149	17. 579	17. 999	5. 399	5. 399	4. 340	3. 913	0. 919
最小值	-3. 555	-17. 196	-14. 462	-15. 262	-10. 699	-10. 699	-10. 699	-10. 699	-10. 699	-2. 646	-7. 968	-1. 943
标准差	0. 336	6. 147	6. 192	6. 575	7. 046	0. 549	0. 562	0. 354	0. 363	0. 257	0. 449	0. 209

续表

统计量	ΔTQ	ΔRD (0)I	ΔRDI (−1)	ΔRDI (−2)	ΔRDI (−3)	ΔRDI (−4)	ΔRDI (−5)	ΔRDI (−6)	ΔRDI (−7)	ΔSC	ΔER	ΔLSA
偏态	0.044	2.079	2.072	1.827	1.541	16.580	17.436	−4.560	−4.244	3.219	−0.882	−1.243
峰度	6.420	5.579	5.446	4.457	3.443	575.182	598.249	144.789	129.796	39.079	28.193	7.408

步骤 2:相关系数。

选择指令:Quick→ Group Statistics→ Correlogram。

先示范未差分的滞后项,如图 14-18 所示。

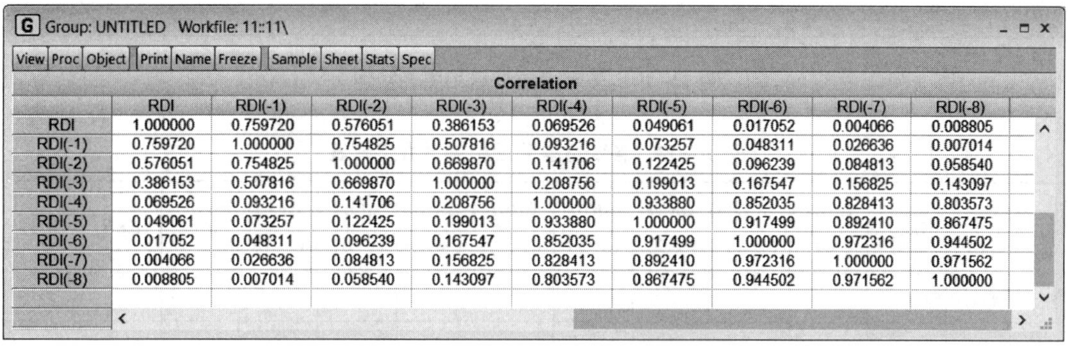

	RDI	RDI(-1)	RDI(-2)	RDI(-3)	RDI(-4)	RDI(-5)	RDI(-6)	RDI(-7)	RDI(-8)
RDI	1.000000	0.759720	0.576051	0.386153	0.069526	0.049061	0.017052	0.004066	0.008805
RDI(-1)	0.759720	1.000000	0.754825	0.507816	0.093216	0.073257	0.048311	0.026636	0.007014
RDI(-2)	0.576051	0.754825	1.000000	0.669870	0.141706	0.122425	0.096239	0.084813	0.058540
RDI(-3)	0.386153	0.507816	0.669870	1.000000	0.208756	0.199013	0.167547	0.156825	0.143097
RDI(-4)	0.069526	0.093216	0.141706	0.208756	1.000000	0.933880	0.852035	0.828413	0.803573
RDI(-5)	0.049061	0.073257	0.122425	0.199013	0.933880	1.000000	0.917499	0.892410	0.867475
RDI(-6)	0.017052	0.048311	0.096239	0.167547	0.852035	0.917499	1.000000	0.972316	0.944502
RDI(-7)	0.004066	0.026636	0.084813	0.156825	0.828413	0.892410	0.972316	1.000000	0.971562
RDI(-8)	0.008805	0.007014	0.058540	0.143097	0.803573	0.867475	0.944502	0.971562	1.000000

图 14-18　研发强度滞后项相关系数

运用 Excel 将上图整理成表 14-12,并将高度相关系数以粗体字呈现,可以发现,滞后 1 期、2 期以及滞后 4 期以后都呈现高度相关。

表 14-12　研发强度滞后项相关系数矩阵表

	RDI(0)	RDI(−1)	RDI(−2)	RDI(−3)	RDI(−4)	RDI(−5)	RDI(−6)	RDI(−7)	RDI(−8)
RDI(0)	1.000								
RDI(−1)	**0.760**	1.000							
RDI(−2)	0.576	**0.755**	1.000						
RDI(−3)	0.386	0.508	0.670	1.000					
RDI(−4)	0.070	0.093	0.142	0.209	1.000				
RDI(−5)	0.049	0.073	0.122	0.199	**0.934**	1.000			
RDI(−6)	0.017	0.048	0.096	0.168	**0.852**	**0.917**	1.000		
RDI(−7)	0.004	0.027	0.085	0.157	**0.828**	**0.892**	**0.972**	1.000	
RDI(−8)	0.009	0.007	0.059	0.143	**0.804**	**0.867**	**0.945**	**0.972**	1.000

相关系数图见图 14-19,相关系数矩阵如表 14-13 所示。

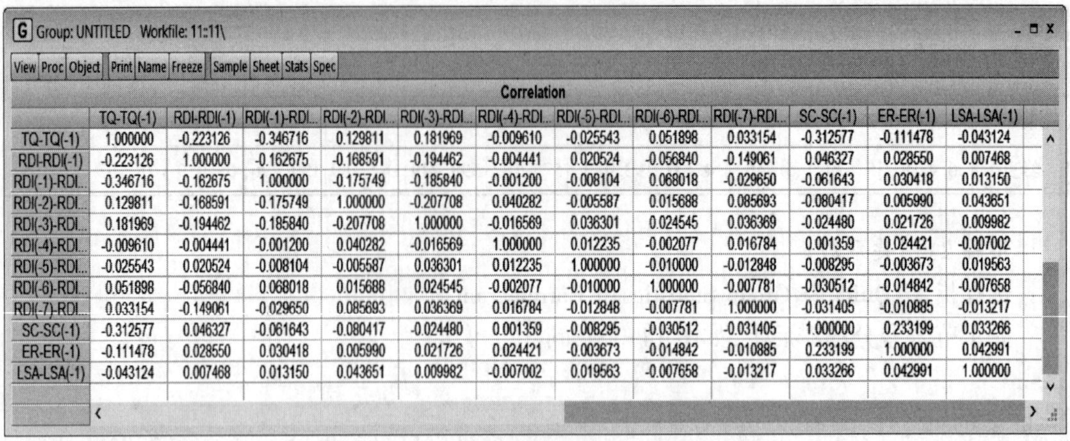

	TQ-TQ(-1)	RDI-RDI(-1)	RDI(-1)-RDI...	RDI(-2)-RDI...	RDI(-3)-RDI...	RDI(-4)-RDI...	RDI(-5)-RDI...	RDI(-6)-RDI...	RDI(-7)-RDI...	SC-SC(-1)	ER-ER(-1)	LSA-LSA(-1)
TQ-TQ(-1)	1.000000	-0.223126	-0.346716	0.129811	0.181969	-0.009610	-0.025543	0.051898	0.033154	-0.312577	-0.111478	-0.043124
RDI-RDI(-1)	-0.223126	1.000000	-0.162675	-0.168591	-0.194462	-0.004441	0.020524	-0.056840	-0.149061	0.046327	0.028550	0.007468
RDI(-1)-RDI...	-0.346716	-0.162675	1.000000	-0.175749	-0.185840	-0.001200	-0.008104	0.068018	-0.029650	-0.061643	0.030418	0.013150
RDI(-2)-RDI...	0.129811	-0.168591	-0.175749	1.000000	-0.207708	0.040282	-0.005587	0.015688	0.085693	-0.080417	0.005990	0.043651
RDI(-3)-RDI...	0.181969	-0.194462	-0.185840	-0.207708	1.000000	-0.016569	0.036301	0.024545	0.036369	-0.024480	0.021726	0.009982
RDI(-4)-RDI...	-0.009610	-0.004441	-0.001200	0.040282	-0.016569	1.000000	0.012235	-0.002077	0.016784	0.001359	0.024421	-0.007002
RDI(-5)-RDI...	-0.025543	0.020524	-0.008104	-0.005587	0.036301	0.012235	1.000000	-0.010000	-0.012848	-0.008295	-0.003673	0.019563
RDI(-6)-RDI...	0.051898	-0.056840	0.068018	0.015688	0.024545	-0.002077	-0.010000	1.000000	-0.007781	-0.030512	-0.014842	-0.007658
RDI(-7)-RDI...	0.033154	-0.149061	-0.029650	0.085693	0.036369	0.016784	-0.012848	-0.007781	1.000000	-0.031405	-0.010885	-0.013217
SC-SC(-1)	-0.312577	0.046327	-0.061643	-0.080417	-0.024480	0.001359	-0.008295	-0.030512	-0.031405	1.000000	0.233199	0.033266
ER-ER(-1)	-0.111478	0.028550	0.030418	0.005990	0.021726	0.024421	-0.003673	-0.014842	-0.010885	0.233199	1.000000	0.042991
LSA-LSA(-1)	-0.043124	0.007468	0.013150	0.043651	0.009982	-0.007002	0.019563	-0.007658	-0.013217	0.033266	0.042991	1.000000

图 14-19　各变量差分后相关系数图

表 14-13　各变量差分后相关系数矩阵表

	ΔTQ	ΔRDI (0)	ΔRDI (-1)	ΔRDI (-2)	ΔRDI (-3)	ΔRDI (-4)	ΔRDI (-5)	ΔRDI (-6)	ΔRDI (-7)	ΔSC	ΔER	ΔLSA
ΔTQ	1.000											
$\Delta RDI(0)$	-0.223	1.000										
$\Delta RDI(-1)$	-0.347	-0.163	1.000									
$\Delta RDI(-2)$	0.130	-0.169	-0.176	1.000								
$\Delta RDI(-3)$	0.182	-0.194	-0.186	-0.208	1.000							
$\Delta RDI(-4)$	-0.010	-0.004	-0.001	0.040	-0.017	1.000						
$\Delta RDI(-5)$	-0.026	0.021	-0.008	-0.006	0.036	0.012	1.000					
$\Delta RDI(-6)$	0.052	-0.057	0.068	0.016	0.025	-0.002	-0.010	1.000				
$\Delta RDI(-7)$	0.033	-0.149	-0.030	0.086	0.036	0.017	-0.013	-0.008	1.000			
ΔSC	-0.313	0.046	-0.062	-0.080	-0.024	0.001	-0.008	-0.031	-0.031	1.000		
ΔER	-0.111	0.029	0.030	0.006	0.022	0.024	-0.004	-0.015	-0.011	0.233	1.000	
ΔLSA	-0.043	0.007	0.013	0.044	0.010	-0.007	0.020	-0.008	-0.013	0.033	0.043	1.000

步骤 3：平稳性检验。

本例使用动态面板数据分析，所以，平稳性检验相对静态面板数据分析更为重要，平稳性检验如下：

选择指令：Quick→ Group Statistics→ Johansen Cointegration Test，如图 14-20 所示。

前面已提及，EViews 提供了 3 种检验方法。不过，当涉及滞后项分析时，Pedroi 会消失，剩下 Kao 和 Fisher，选择其中一个方法即可。本例选择 Kao，如图 14-21 所示。

由以上结果可知 $P<0.001<0.05$，拒绝原假设。本研究数据是平稳的。

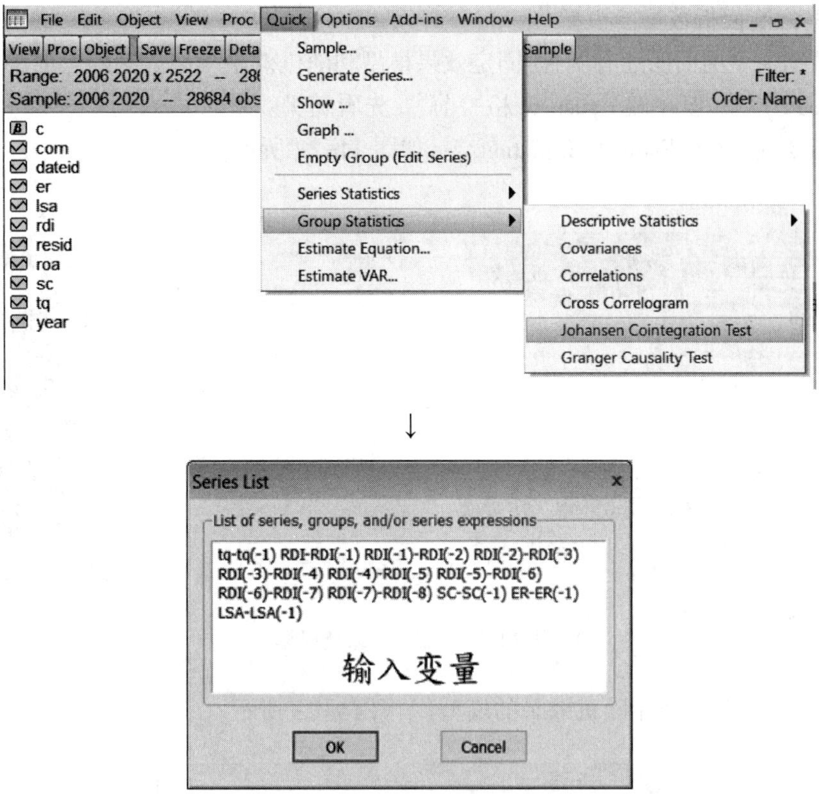

图 14-20 平稳性检验示范图

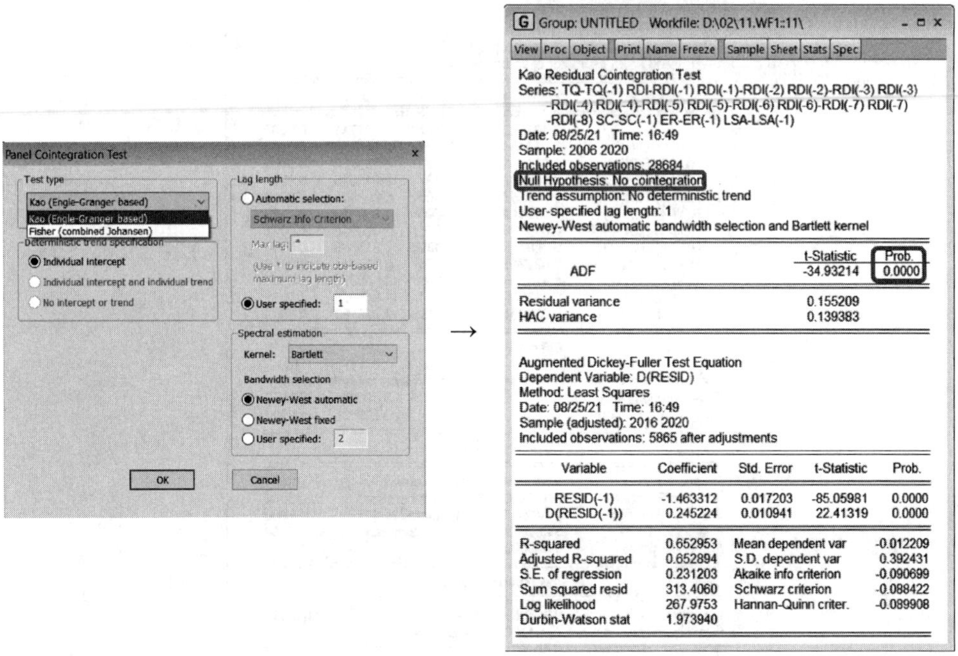

图 14-21 平稳性检验示范图

步骤 4:判断面板数据的模型。

面板数据模型前面所述有两种:固定效果模型和随机效果模型。判断是何种模型,可以利用 Hausman 检验,但在做 Hausman 检验前,要先看随机效果。

选择指令:Quick→Estimate Equation...,如图 14-22 所示。

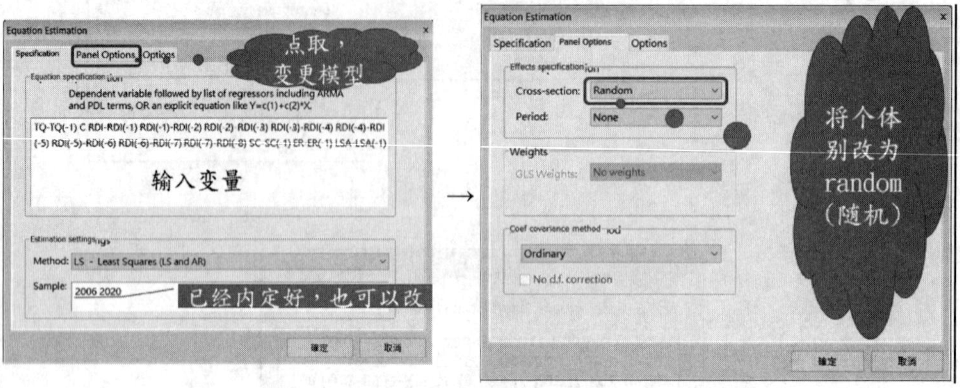

图 14-22 随机效果选择框

按"确定"后,就会产生随机效果的模型,如图 14-23 所示。

Equation: UNTITLED Workfile: D:\02\11.WF1::11\

View | Proc | Object | Print | Name | Freeze | Estimate | Forecast | Stats | Resids

Dependent Variable: TQ-TQ(-1)
Method: Panel EGLS (Cross-section random effects)
Date: 08/25/21 Time: 17:09
Sample (adjusted): 2014 2020
Periods included: 7
Cross-sections included: 1973
Total panel (unbalanced) observations: 9471
Swamy and Arora estimator of component variances

Variable	Coefficient	Std. Error	t-Statistic	Prob.
C	0.107522	0.005437	19.77711	0.0000
RDI-RDI(-1)	-0.014454	0.000528	-27.37349	0.0000
RDI(-1)-RDI(-2)	-0.021904	0.000523	-41.85732	0.0000
RDI(-2)-RDI(-3)	0.000107	0.000497	0.215516	0.8294
RDI(-3)-RDI(-4)	0.002357	0.000465	5.068415	0.0000
RDI(-4)-RDI(-5)	-0.005449	0.005396	-1.009951	0.3125
RDI(-5)-RDI(-6)	-0.016229	0.005274	-3.076982	0.0021
RDI(-6)-RDI(-7)	0.049765	0.008409	5.918038	0.0000
RDI(-7)-RDI(-8)	-0.028245	0.008275	-3.413149	0.0006
SC-SC(-1)	-0.415920	0.011956	-34.78872	0.0000
ER-ER(-1)	-0.012559	0.006807	-1.845059	0.0651
LSA-LSA(-1)	-0.039601	0.014213	-2.786183	0.0053

Effects Specification

	S.D.	Rho
Cross-section random	0.000000	0.0000
Idiosyncratic random	0.288075	1.0000

Weighted Statistics

R-squared	0.313269	Mean dependent var	-0.018534
Adjusted R-squared	0.312470	S.D. dependent var	0.335982
S.E. of regression	0.278587	Sum squared resid	734.1208
F-statistic	392.2682	Durbin-Watson stat	2.117286
Prob(F-statistic)	0.000000		

Unweighted Statistics

R-squared	0.313269	Mean dependent var	-0.018534
Sum squared resid	734.1208	Durbin-Watson stat	2.117286

图 14-23 随机效果结果图

从随机效果结果图可以发现，分析时间变成 2014—2020，时期变成 7 个时间段(上面选择滞后 8 期，所以从 2014 年才有滞后 8 期的数值)。接下来，在结果图页面上面进行 Hausman 检验的指令下达。

选择指令：View→ Fixed/Random Effect Testing→ Correlated Random Effects-Hausman Test，如图 14-24 所示。

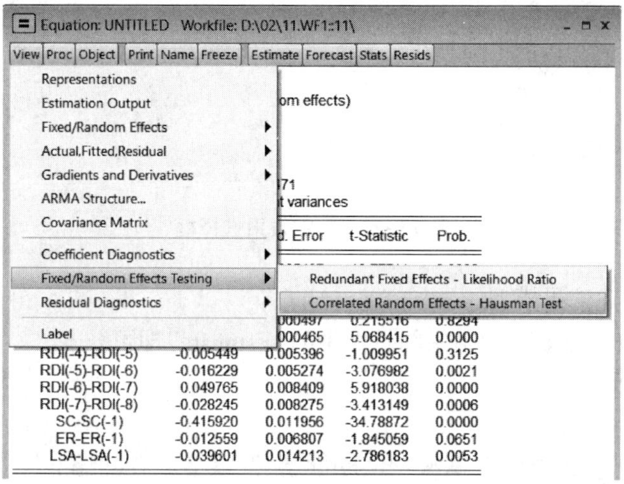

图 14-24 Hausman 检验示范图

Hausman 检验为卡方检验，$P<0.001<0.05$，所以研究数据适合用固定效果来解释，结果如图 14-25 所示。

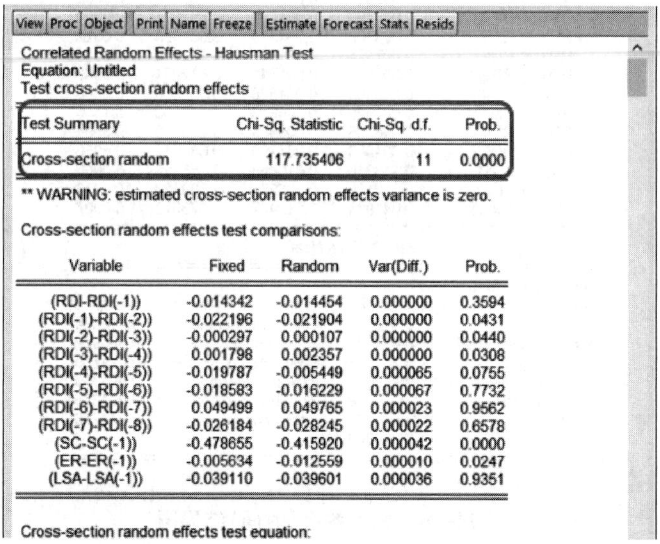
View Proc Object Print Name Freeze Estimate Forecast Stats Resids

Correlated Random Effects - Hausman Test
Equation: Untitled
Test cross-section random effects

Test Summary	Chi-Sq. Statistic	Chi-Sq. d.f.	Prob.
Cross-section random	117.735406	11	0.0000

** WARNING: estimated cross-section random effects variance is zero.

Cross-section random effects test comparisons:

Variable	Fixed	Random	Var(Diff.)	Prob.
(RDI-RDI(-1))	-0.014342	-0.014454	0.000000	0.3594
(RDI(-1)-RDI(-2))	-0.022196	-0.021904	0.000000	0.0431
(RDI(-2)-RDI(-3))	-0.000297	0.000107	0.000000	0.0440
(RDI(-3)-RDI(-4))	0.001798	0.002357	0.000000	0.0308
(RDI(-4)-RDI(-5))	-0.019787	-0.005449	0.000065	0.0755
(RDI(-5)-RDI(-6))	-0.018583	-0.016229	0.000067	0.7732
(RDI(-6)-RDI(-7))	0.049499	0.049765	0.000023	0.9562
(RDI(-7)-RDI(-8))	-0.026184	-0.028245	0.000022	0.6578
(SC-SC(-1))	-0.478655	-0.415920	0.000042	0.0000
(ER-ER(-1))	-0.005634	-0.012559	0.000010	0.0247
(LSA-LSA(-1))	-0.039110	-0.039601	0.000036	0.9351

Cross-section random effects test equation:

⋮

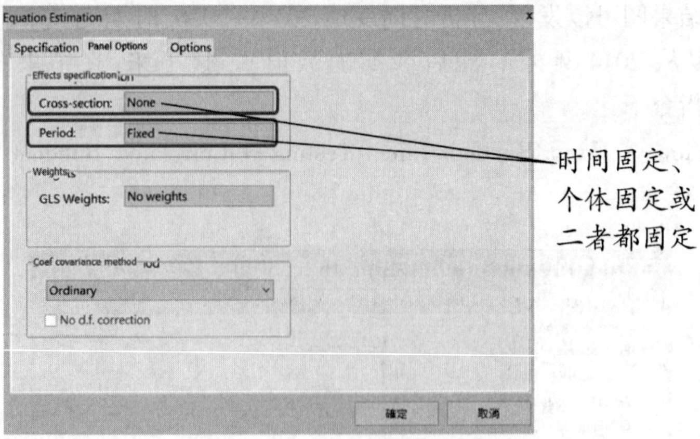

图 14-25　固定效果选择框

步骤 5：选择固定效果模型。

要变更模型，只要点取上面结果图页面中的“Estimate”即可。

结果如图 14-26 所示。

View | Proc | Object | Print | Name | Freeze | Estimate | Forecast | Stats | Resids

Dependent Variable: TQ-TQ(-1)
Method: Panel Least Squares
Date: 08/25/21 Time: 17:40
Sample (adjusted): 2014 2020
Periods included: 7
Cross-sections included: 1973
Total panel (unbalanced) observations: 9471

Variable	Coefficient	Std. Error	t-Statistic	Prob.
C	-0.042818	0.011634	-3.680575	0.0002
RDI-RDI(-1)	0.006499	0.001443	4.504937	0.0000
RDI(-1)-RDI(-2)	0.004706	0.001539	3.057686	0.0022
RDI(-2)-RDI(-3)	0.007824	0.001657	4.722749	0.0000
RDI(-3)-RDI(-4)	0.005848	0.001713	3.412834	0.0006
RDI(-4)-RDI(-5)	0.016486	0.004898	3.365966	0.0008
RDI(-5)-RDI(-6)	-0.007590	0.004823	-1.573853	0.1156
RDI(-6)-RDI(-7)	0.006865	0.007489	0.916630	0.3594
RDI(-7)-RDI(-8)	-0.004968	0.007290	-0.681518	0.4956
SC-SC(-1)	-0.413310	0.010448	-39.55981	0.0000
ER-ER(-1)	-0.012120	0.005946	-2.038223	0.0416
LSA-LSA(-1)	-0.041923	0.012427	-3.373572	0.0007

Effects Specification

Period fixed (dummy variables)

R-squared	0.440334	Mean dependent var	-0.018534
Adjusted R-squared	0.439328	S.D. dependent var	0.335982
S.E. of regression	0.251576	Akaike info criterion	0.079759
Sum squared resid	598.2870	Schwarz criterion	0.093359
Log likelihood	-359.6988	Hannan-Quinn criter.	0.084375
F-statistic	437.4963	Durbin-Watson stat	2.071276
Prob(F-statistic)	0.000000		

图 14-26　固定效果(时间)结果图

固定效果(随机效果亦可)的虚拟变量(以时间或个体建立的虚拟变量)的系数可以通过以下指令来取得：View→Fixed/Random Effects→固定时间就选 Periods Effects(反之就取另外一个 Cross section Effects)，如图 14-27 所示。

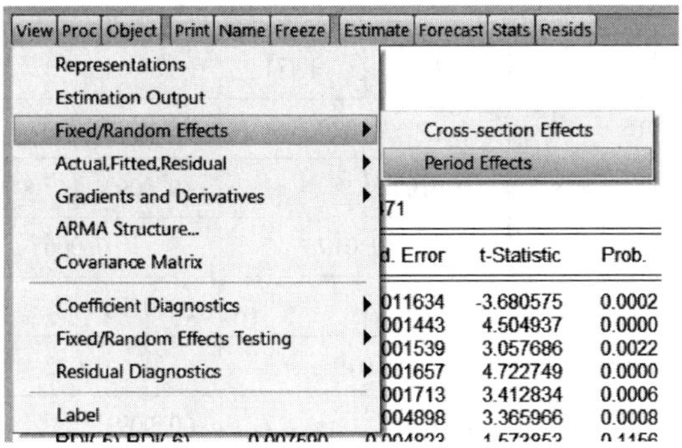

图 14-27　虚拟变量系数呈现选择框

结果如图 14-28 所示。

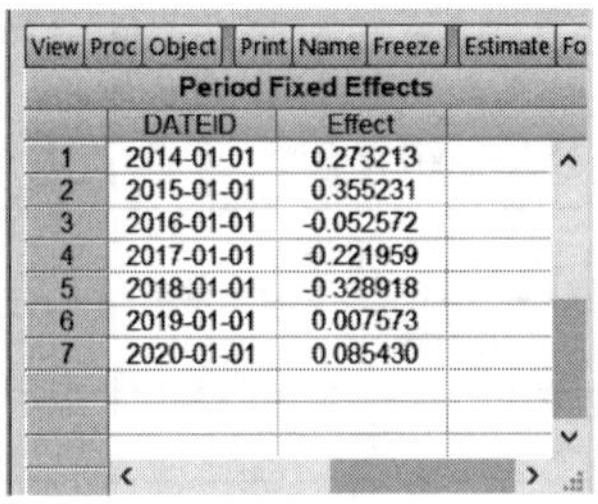

图 14-28　固定效果虚拟变量系数结果图

步骤 6:选定模型。

固定效果有 3 种形式,可以通过 F 检验来判断,不过笔者认为,利用 Adjusted R^2 判断即可。3 种形式整理如表 14-14 所示。

表 14-14　分析结果表

解释变量	Δ*TQ*		样本数	9 471	期数	7	个体数	1 973
固定方法	时间		个体		都固定		一般回归	
变量	系数		系数		系数		系数	
	标准差	显著	标准差	显著	标准差	显著	标准差	显著
Δ*RDI*(0)	0.006		-0.014		0.009		0.006	
	(0.001)	* * *	(0.001)	* * *	(0.002)	* * *	(0.001)	* * *
Δ*RDI*(-1)	0.005		-0.022		0.007		0.005	
	(0.002)	* * *	(0.001)	* * *	(0.002)	* * *	(0.002)	* * *
Δ*RDI*(-2)	0.008		0.000		0.011		0.008	
	(0.002)	* * *	(0.001)		(0.002)	* * *	(0.002)	* * *
Δ*RDI*(-3)	0.006		0.002		0.010		0.006	
	(0.002)	* * *	(0.001)	* * *	(0.002)	* * *	(0.002)	* * *

续表

解释变量	ΔTQ		样本数	9 471	期数	7	个体数	1 973
$\Delta RDI(-4)$	0.016		-0.020		0.039		0.016	
	(0.005)	***	(0.010)	**	(0.009)	***	(0.005)	***
$\Delta RDI(-5)$	-0.008		-0.019		0.006		-0.008	
	(0.005)		(0.010)	*	(0.009)		(0.005)	
$\Delta RDI(-6)$	0.007		0.049		0.012		0.007	
	(0.007)		(0.010)	***	(0.009)		(0.007)	
$\Delta RDI(-7)$	-0.005		-0.026		0.001		-0.005	
	(0.007)		(0.009)	***	(0.009)		(0.007)	
ΔSC	-0.413		-0.479		-0.478		-0.413	
	(0.010)	***	(0.014)	***	(0.012)	***	(0.010)	***
ΔER	-0.012		-0.006		-0.009		-0.012	
	(0.006)	**	(0.007)		(0.007)		(0.006)	**
ΔLSA	-0.042		-0.039		-0.041		-0.042	
	(0.012)	***	(0.015)	**	(0.014)	***	(0.012)	***
C	-0.043		0.116		-0.067		-0.043	
	(0.012)	***	(0.007)	***	(0.017)	***	(0.012)	***
R^2	0.440		0.419		0.538		0.313	
Adjusted R^2	0.439		0.265		0.415		0.312	
SSE	598.287		621.323		494.027		734.121	
F - statistic	437.496		2.720		4.378		392.268	
P 值	0.000		0.000		0.000		0.000	

由表 14-13 可知，调整后的 R^2 最高值为固定时间的效果（0.439，固定时间为 0.265，两个都固定 0.415），并且它也比一般回归调整后的 R^2 还要高（0.312），所以解释模型为固定时间效果模型。分析结果为固定效果，是增加变量的模式，所以再来通过检定分析

$$F=\frac{\dfrac{S_1^{\ 2}-S_2^{\ 2}}{(T-1)}}{\dfrac{S_2^{\ 2}}{N\cdot T-T-K-1}}=\frac{\dfrac{734.121-598.287}{7-1}}{\dfrac{598.287}{9471-7-11-1}}=357.661>F_{(0.05,6.945\,2)}=0.999$$

所以拒绝 H_0，固定时期的固定效果的虚拟变量至少有一个不相等，所以须采用固定效果模型。

发现研发强度的滞后效应长达 4 期，并且都是正显著效果。

步骤 7：稳健性检验。

通过表 14-14，固定时间、同时固定时间和个体以及一般回归，这三种方式所呈现的结果是各系数显著和正负符号都一样，这就表示本项研究数据是稳健的，然而，固定效果的固定个体有些研发滞后项显著符号不同，这也表示部分企业研发的效果可能与大部分公司不

同,而产生不同的结果,若再持续探讨将是一个不错的研究的方向。

实训演练

1. 选定一个产业,分析专属性资产对公司绩效的影响。
2. 分析专属性资产对公司绩效的递延效果。

注:数据从东方财富网下载。

专有名词

面板数据:同时具备横断面(N群)与时间序列(T组)的数据。

平衡数据:面板数据如果每个N和每个T都有,也就是当观察值等于$N \cdot T$时,则为平衡面板数据。

不平衡数据:面板数据如果每个N和每个T中有缺失或缺漏,那么就为不平衡面板数据。

固定效果模型:在模型中假设总体内相似程度低,因此直接以全部总体观察所有横断面之间的差异,在该模型中,横断面数据的差异通过截距项来消除。所以,其可分为因横断面(个体)不同、时期不同或二者皆不同的固定效果模型,亦可称为虚拟变量模型。

随机效果模型:模型中假设总体内的横断面间差异较小、相似程度高,但随着横断面或时期会存在特定的误差,必须将此误差通过变量将其消除。亦可称为误差成分模型。

动态面板数据:面板数据中解释变量存在滞后项。

重要公式

固定效果模型:

$$y_{it} = \beta_{0t} + \beta_1 x_{it1} + \beta_2 x_{it2} + \cdots + \beta_n x_{itk} + \varepsilon_{it}$$
$$i = 1,2,\cdots,N;t = 0,1,2,\cdots,T$$

随机效果模型:

$$y_{it} = \beta_0 + \beta_1 x_{it1} + \beta_2 x_{it2} + \cdots + \beta_n x_{itk} + \varepsilon_i + \varepsilon_{it}$$
$$i = 1,2,\cdots,N;t = 1,2,\cdots,T$$
$$E(\varepsilon_{it}) = 0;\mathrm{Var}(\varepsilon_{it}) = \sigma_{\varepsilon_i}{}^2 + \sigma_{\varepsilon_{it}}{}^2$$

Hausman 检定统计量:

$$H = \frac{\sum_{m=1}^{k} (\hat{\beta}_{FE_m} - \hat{\beta}_{rE_m})^2}{\frac{1}{N}\left[\sum_{m=1}^{k} \mathrm{Var}(\hat{\beta}_{FE_m}) - \sum_{m=1}^{k} \mathrm{Var}(\hat{\beta}_{RE_m})\right]} \sim \chi^2(k)$$

动态面板数据：

$$y_{it} = \beta_{0i} + \beta_1 x_{it1}(0) + \beta_2 x_{it1}(-1) + \cdots + \beta_m x_{it}(-m) + \varepsilon_{it}$$

$$i = 1,2,\cdots,N; t = 1,2,\cdots,T$$

$$E(\varepsilon_{it}) = 0, \mathrm{Var}(\varepsilon_{it}) = \sigma^2 < \infty$$

一阶差分方程：

$$\Delta y_i = \delta + \beta_1 \Delta x_i + \Delta\varepsilon_i$$

$$\Delta\varepsilon_i \overset{\text{iid}}{\sim} N(0,\sigma^2)$$

$$\mathrm{COV}(\Delta x_i, \Delta\varepsilon_i) = 0$$

参考文献

[1]ACEMOGLU D, JOHNSON S, ROBINSON J A. American economic association the colonial origins of comparative development: an empirical investigation [J]. The American economic review, 2001, 91 (5): 1369-1401.

[2]ANTHONY J H, RAMESH K. Association between accounting performance measures and stock prices [J]. Journal of Accounting and Economics, 1992, 15: 203-227.

[3]BLACK E L. Life-cycle impacts on the increment value-relevance of earnings and cash flow measure [J]. Journal of Financial Statement Analysts, 1998: 40-56.

[4]BLACK F, SCHOLES M. The pricing of options and corporate liabilities [J]. Journal of political economy, 1973, 81(3): 637~654.

[5]BLACK F. Studies in stock price volatility changes [J]. Proceedings of the 1976 Business Meeting of the Business Economic Statistics Section, American Statistical Association: 177-181.

[6]BOLLERSLEV T, CHOU R, KRONER K. ARCH modeling in finance: a review of the theory and empirical evidence [J]. Journal of Econometrics, 1992, 51: 5-59.

[7] BOLLERSLEV T. Generalized autoregressive conditional heteroskedasticity [J]. Journal of Econometrics, 1976, 31: 307- 327.

[8]BOLLERSLEV T. Modeling the coherence in short-run nominal exchange rates: multivariate generalized ARCH approach [J]. Review of Economics and Statistics, 1990, 72: 498-505.

[9]CHRISTIE A A. The stochastic behavior of common stock variances: value, leverage and interest rate effects [J]. Journal of Financial Economics , 1982, 10: 407-432.

[10]ECKBO B E, VERMA S. Managerial shareholders, voting power, and cash dividend policy [J]. Journal of Corporate Finance, 1994, 1: 33-62.

[11]EISENHARDT K M, SCHOONHOVEN C B. Organizational growth: Linking founding team, strategy, environment, and growth among U. S. semiconductor ventures, 1978 - 1988 [J]. Administrative Science Quarterly, 1990, 35(3): 504-529.

[12]ENGLE R F, BOLLERSLEV T. Modelling the persistence of conditional variances [J]. Journal of Econometric Reviews, 1986, 5(1): 1-50.

[13] ENGLE R F. Autoregressive conditional heteroskedasticity with estimates of the variance of United Kingdom inflation [J]. Econometrica, 1982, 50: 987-1007.

[14]ENGLE R F, V K NG. Measuring and testing the impact of news on volatility[J]. Journal of Finance, 1993, 48: 1749-1778.

[15]ENGLE R F. Dynamic conditional correlation- a simple class of multivariate GARCH models[J]. Journal of Business and Economic Statistics, 2002, 20: 339 - 350.

[16]ENGLE R F, GRANGER C W J, ROBINS R. Wholesale and retail prices: bivariate modeling with forecast able variances [M]. D Belsey, E Kuh (Eds). Model Reliability Cambridge: MIT Press,1986.

[17]FAMA E F, FRENCH K R. Common risk factors in the returns on stocks and bonds [J]. Journal of Financial Economics, 1993, 33(1), 3-56.

[18]FAMA E F, FRENCH K R. The cross-section of expected stock returns [J]. Journal of Finance, 1992,

47(2), 427-465.

[19]FAMA E F. Efficient Capital Markets: A Review of Theory and Empirical Work [J]. Journal of Financial, 1970, 25: 383~417.

[20]GERINGER J M, BEAMISH P W, DA COSTA R C. Diversification strategy and internationalization: implication for MNE's performance [J]. Strategic Management Journal, 1989, 10(2):109-119.

[21]GLOSTEM L R, JAGANNATHAN R, RUNKLE D E. On the relation between the expected value and the volatility of the nominal excess return on stocks [J]. Journal of Finance, 1993, 48(5): 1779-1801.

[22] GREENWALD B, J STIGLITZ, A WEISS. Informational imperfections in capital market and macroeconomic fluctuations [J]. American Economic Review, 1984, 74: 194-199.

[23]GUEDES J C, G LOUREIRO. Estimating the expropriation of minority shareholders: results from a new empirical approach [J]. The European Journal of Finance, 2006, 12: 421-448.

[24]HAMBRICK D C, D'AVENI R A. Top team deterioration as part of downward spiral of large corporate bankruptcies [J]. Management Science, 1992, 38(10):1445-1466.

[25]HITT M A, HOSKISSON R E, KIM H. International diversification: Effects on innovation and firm performance in product-diversified firms[J]. Academy of Management Journal, 1997, 40(4): 767-798.

[26]JANICE S MILLER, ROBERT M WISEMAN, LUIS R GOMEZ - MEJIA. The fit between CEO compensation design and firm risk [J]. Academy of Management Journal, 2002, 45(4): 745-756.

[27]JENSEN M, MECKLING W. Theory of the firm: managerial behavior, agency costs and ownership structure [J]. Journal of Financial Economics, 1976, 3: 305 - 360.

[28] KOTHARI S P, LAGUERRE T, LEONE A. Capitalization versus expensing: Evidence on the uncertainty of future earnings from current investment in PP&E and R&D[J]. University of Rochester. Lev, B. 1989.

[29] KOUTMOS G, R SAIDI. The leverage effect in individual stocks and the debt to equity ratio [J]. Journal of Business Finance and Accounting, 1995, 22: 1063-1075.

[30]LA PORTA R, LOPEZ-DE-SILANES F, SHLEIFER A, VISHNY R W. Investor protection and corporate valuation [J]. Journal of Finance, 2002, 57:1147-1171.

[31]LINTNER JOHN. The valuation of risk assets and the selection of risky investments in stock portfolios and capital budgets [J]. Review of Economics and Statistics, 1965, 47 (1): 13 - 37

[32]LO A W, MACKINLAY A C. Stock market prices do not follow random walks: evidence from a simple specification test [J]. The Review of Financial Studies, 1988, 1(1): 41-66.

[33]M JENSEN, W H MECKLING. theory of the firm: managerial behavior, agency cost, and ownership structure [J]. Journal of Financial Economics, 1976, 3: 305-360.

[34]MACKINLAY A C. Event studies in economics and finance [J]. Journal of Economic Literature, 1997, 35(1): 13-39.

[35]MARKOWITZ H. Portfolio selection [J]. Journal of Finance, 1952, 7(1): 77-91

[36]MODIGLIAN F, M Miller. The cost of capital, corporation finance and the theory of investment [J]. The American Economic Review, 1958, 48(3):261-297.

[37]MODIGLIAN F, MILLER M. Corporate income taxes and the cost of capital: a collestion [J]. American Economic Review, 1963, 53: 433-443.

[38]MORCK R, A SHLEIFER, R W VISHNY. Management ownership and market valuation: An Empirical Analysis [J]. Journal of Financial Economics, 1988, 20: 293-315.

[39]MUELLER D C. A life-cycle theory of the firm [J]. Journal of Industrial Economics, 1972, 20: 199-

219.

[40]NELSON D. Conditional heteroskedasticity in asset returns: a new approach [J]. Econometrics, 1991, 59: 347-70.

[41]O' REILLY C A, FLATT S. Executive team demography, organizational innovation, and firm performance [D]. Unpublished manuscript, Stanford University, 1989

[42]PASHLEY M M, PHILIPATTOS G C. Voluntary divestitures and corporate life cycle: some empirical evidence [J]. Applied Economics, 1990: 1181-1196.

[43]PAUL E SPECTOR, MICHAEL T BRANNICK. Methodological urban legends: the misuse of statistical control variables [J]. Organizational Research Methods, 2005, 8(3)274-289.

[44]PORTER M E. Competitive strategy: Techniques for analyzing industries and competitors[M]. New York:Free Press, 1980.

[45] R RABEMANANJARA, J M ZAKOIAN. Threshold arch models and asymmetries in volatility [J]. Journal of applied econometrics, 1993, 8(1): 31-49.

[46]RINK D R, SWAN J E. Product life-cycle research: A literature review [J]. Journal of Business Research, 1979: 219-247.

[47]SCHWERT W G. Stock volatility and the crash of '87 [J]. The Review of Financial Studies, 1990, 3: 77-102.

[48]SENTANA E, S WADHWANI. Feedback traders and stock return autocorrections: evidence from a century of daily data [J]. Economic Journal, 1992,102: 415-425.

[49]SHAPIRO N Z, L S SHAPLEY. Value of large games, I: a limit theorem [J]. Mathematics of Operations Research, 1978, 3: 1-9.

[50]SHAPLEY L S, M SHUBIK. A method for evaluating of distribution power in a committee system [J]. The American Political Science Review, 1954, 48: 787-792.

[51]SHARPE WILLIAM F. 1964. Capital asset prices: A theory of market equilibrium under conditions of risk [J]. Journal of Finance,1964,19 (3): 425 - 442.

[52]SHLEIFER A, R VISHNY. A Survey of corporate governance [J]. Journal of Financial Economics, 1997, 52: 737-783.

[53]SPENCE A M. Entry, capacity, investment, and oligopolistic pricing [J]. Bell Journal of Economics, 1977, 8: 534-544.

[54]SPENCE A M. Investment strategy and growth in a new market [J]. Bell Journal of Economics, 1979, 10: 1-19.

[55]SPENCE A M. The learning curve and competition [J]. Bell Journal of Economics, 1981, 12: 49-70.

[56]STOCK J, M WATSON. Introduction to Econometrics [M]. 2nd edition. Pearson Education. 2007.

[57]THOMAS E BECKER. Potential problems in the statistical control of variables in organizational research: a Qualitative analysis with recommendations [J]. Organizational Research Methods, 2011, 14(2), 287-305.